DONGFAN

DONGFAN

DONGFAN

DONGFAN

周守正先生像

该书获河南大学学术著作和教材出版基金资助

周守正文集

河南大学名家文存

（上）

许兴亚 编

河南大学出版社
HENAN UNIVERSITY PRESS

图书在版编目（CIP）数据

周守正文集.上／许兴亚编.—开封：河南大学出版社，2008.7
ISBN 978-7-81091-816-9

Ⅰ.周... Ⅱ.许... Ⅲ.资本论－马克思著作研究－文集
Ⅳ.A811.25-53

中国版本图书馆CIP数据核字（2008）第066335号

书 名 周守正文集（上）
许兴亚 编

责任编辑 张玉梅
装帧设计 王四朋

出版发行 河南大学出版社
地址：河南省开封市明伦街85号 邮编：475001
电话：0378-2864669（行管部） 0378-2825001（营销部）
http://www.hupress.com E-mail:bangong@hupress.com
排 版 郑州市今日文教印制有限公司
印 刷 河南省瑞光印务股份有限公司
版 次 2008年7月第1版
印 次 2008年7月第1次印刷
开 本 787mm×1092mm 1/16
印 张 36.75
字 数 597千字
插 页 2
印 数 0 001-1 000册
定 价 72.00元

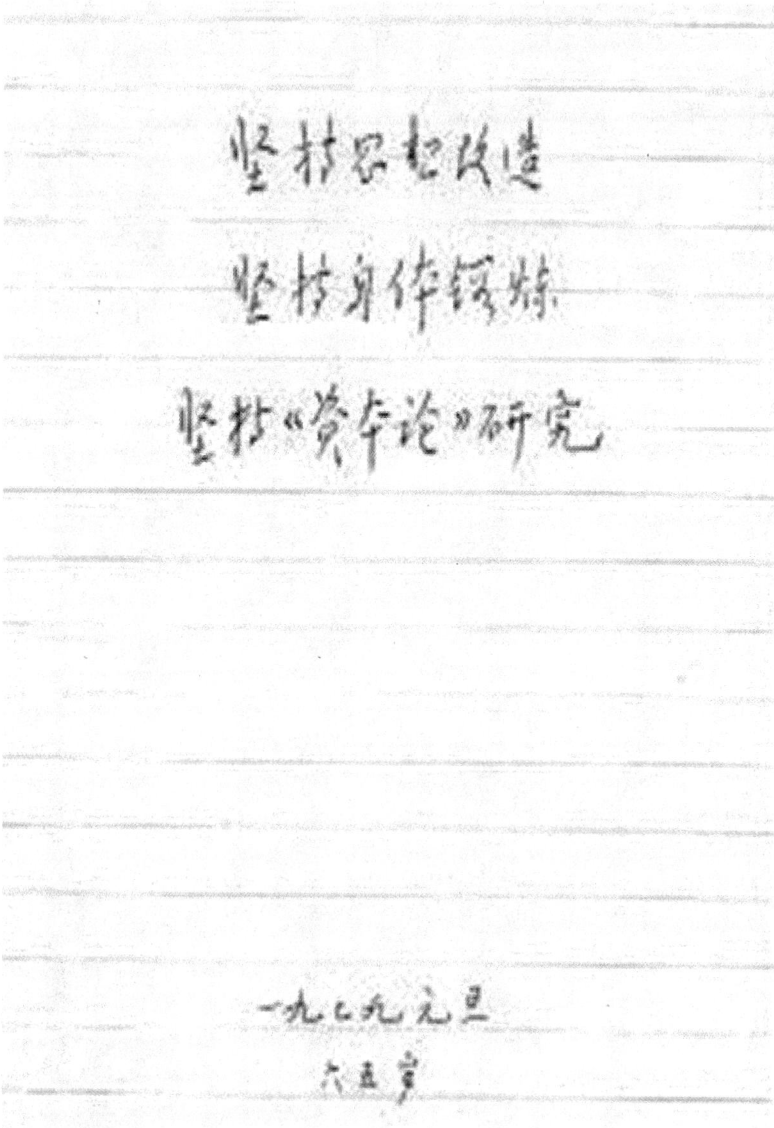
坚持思想改造
坚持身体锻炼
坚持《资本论》研究
一九七九元旦
六五岁

坚持思想改造，坚持身体锻炼，坚持《资本论》研究
1979 年元旦，65 岁 日记自题

编者前言

本书是为纪念我国老一辈马克思主义经济学家、教育家、《资本论》研究专家周守正教授95周年诞辰而编辑出版的。为了既要尽可能地保持作者手稿的原貌，使之成为作者的而非编者的著作，同时又要尽可能地反映作者晚年的某些学术上的新进展，我们对原稿进行了某些必要的整理、合并和加工。但书中的基本思想和框架，仍然完全是属于作者本人的。编者所做的工作，仅属于对原稿的整理、加工、补充和完善。

作为新中国老一辈的一位马克思主义经济学家，周守正教授把他的一生大部分宝贵的时间和精力，都献给了中国人民的社会主义建设和教育事业，也献给了马克思主义经济学和马克思主义理论的教学、研究和建设、发展事业。他对革命、对人民高度负责的精神，及对马克思主义理论一丝不苟的、严谨的科学态度，都为他的学生和后人树立了光辉的榜样。

为了纪念先生的光辉业绩，成立了由中共河南省委、省人民政府有关负责同志以及河南大学党政领导等各界有关人士和同志组成的“纪念周守正教授学术活动筹备委员会”及其工作委员会和编辑小组。本书的编辑工作，是根据该筹备委员会及其工作委员会的决定，并在上述领导同志的热情关心、支持和帮助下完成的。师母马超然先生精心保存并整理了老师的全部手稿的原件。谨向他们一并表示崇高的敬意！

河南大学政治经济学专业研究生徐祥军等同学，承担了手稿打印稿的校对工作，谨此致谢。

作为周老师的学生，我们一定要更好地继承先生的遗志，把他老人家的未竟事业更好地发扬光大下去，为全中国和全人类的解放事业，为马克思主义的理论事业和马克思主义经济学的进一步繁荣和发展，做出我们自己不懈的努力。

谨以此书献给热爱马克思主义事业的人们！

本书编者

2007 年 8 月 1 日

目　录

第一卷
资本的生产过程

第一编　《资本论》第一卷学习辅导

引言……………………………………………………………………（ 3 ）
学习第一卷的七篇序言和跋……………………………………………（ 6 ）
学习第一篇　商品和货币………………………………………………（ 11 ）
前言…………………………………………………………………………（ 11 ）
第一章　商品………………………………………………………………（ 12 ）
第二章　交换过程…………………………………………………………（ 32 ）
第三章　货币或商品流通…………………………………………………（ 38 ）
学习第二篇　货币转化为资本…………………………………………（ 52 ）
前言…………………………………………………………………………（ 52 ）
第四章　货币转化为资本…………………………………………………（ 53 ）
学习第三篇　绝对剩余价值的生产……………………………………（ 66 ）
前言…………………………………………………………………………（ 66 ）
第五章　劳动过程和价值增殖过程………………………………………（ 67 ）
第六章　不变资本和可变资本……………………………………………（ 72 ）
第七章　剩余价值率………………………………………………………（ 76 ）
第八章　工作日……………………………………………………………（ 81 ）
第九章　剩余价值率和剩余价值量………………………………………（ 87 ）
学习第四篇　相对剩余价值的生产……………………………………（ 90 ）

前言…………………………………………………………………… (90)
第十章　相对剩余价值的概念…………………………………… (91)
第十一章　协作…………………………………………………… (93)
第十二章　分工和工场手工业…………………………………… (96)
第十三章　机器和大工业………………………………………… (101)
学习第五篇　绝对剩余价值和相对剩余价值的生产………… (111)
前言…………………………………………………………………… (111)
第十四章　绝对剩余价值和相对剩余价值……………………… (111)
第十五章　劳动力价格和剩余价值的量的变化………………… (115)
第十六章　剩余价值率的各种公式……………………………… (117)
学习第六篇　工资……………………………………………… (119)
前言…………………………………………………………………… (119)
第十七章　劳动力的价值或价格转化为工资…………………… (120)
第十八章　计时工资……………………………………………… (123)
第十九章　计件工资……………………………………………… (124)
第二十章　工资的国民差异……………………………………… (126)
学习第七篇　资本的积累过程………………………………… (127)
前言…………………………………………………………………… (127)
第二十一章　简单再生产………………………………………… (128)
第二十二章　剩余价值转化为资本……………………………… (132)
第二十三章　资本主义积累的一般规律………………………… (142)
第二十四章　所谓原始积累……………………………………… (152)
第二十五章　现代殖民理论……………………………………… (159)
附录:典故注释 ………………………………………………… (161)

第二编　《资本论》第一卷讲稿

课题一:商品二因素和劳动二重性 ……………………………… (206)
课题二:价值形式 ………………………………………………… (208)
课题三:商品拜物教,交换过程…………………………………… (213)
课题四:货币职能 ………………………………………………… (216)
课题五:货币转化为资本 ………………………………………… (220)
课题六:价值增殖过程。不变资本和可变资本 ………………… (224)
课题七:剩余价值率和它的量,工作日………………………… (228)
课题八:相对剩余价值概念。协作,分工和工场手工业……… (229)
课题九:机器和大工业 …………………………………………… (235)

课题十：剩余价值的两种形式，剩余价值生产的两种方法…… (239)
课题十一：资本积累 …………………………………………… (243)
附录一：如何学习《资本论》 …………………………………… (250)
附录二：资本生产过程中的若干矛盾 ………………………… (251)

第二卷

资本的流通过程

第三编 《资本论》第二卷讲稿

第一篇 第一章……………………………………………… (255)
前言……………………………………………………………… (255)
第一章 货币资本的循环……………………………………… (257)
第一篇 第二、三章 ………………………………………… (260)
第二章 生产资本的循环……………………………………… (260)
第三章 商品资本的循环……………………………………… (261)
第一篇 第四、五、六章……………………………………… (264)
第四章 循环过程的三个公式………………………………… (264)
第五章 流通时间……………………………………………… (267)
第六章 流通费用……………………………………………… (268)
第二篇 第七至十四章……………………………………… (270)
第二篇 第十五至十七章…………………………………… (271)
第十五章 周转时间对预付资本量的影响…………………… (271)
第十六章 可变资本的周转…………………………………… (273)
第十七章 剩余价值的流通…………………………………… (275)
第三篇 第十八、十九章 …………………………………… (279)
第十八章 导言………………………………………………… (279)
第三篇 第二十章…………………………………………… (285)
第二十章 简单再生产………………………………………… (285)
第三篇 第二十一章………………………………………… (293)
第二十一章 积累和扩大再生产……………………………… (293)

第四编 《资本论》第二卷提要

序言…………………………………………………………… (299)
一、关于本卷的研究对象和方法 ……………………………… (299)
二、学习恩格斯的序言 ………………………………………… (307)

第一篇　资本形态变化及其循环……………………………（311）
引言…………………………………………………………………（311）
第一章　货币资本的循环……………………………………………（313）
第二章　生产资本的循环……………………………………………（320）
第三章　商品资本的循环 …………………………………………（326）
第四章　循环过程的三个公式………………………………………（327）
第二篇　资本的周转……………………………………………（330）
一、马克思的资本循环和周转理论的要点 …………………………（330）
二、几个问题的说明 ………………………………………………（331）
三、思考和笔记的提示 ……………………………………………（333）
第三篇　社会总资本的再生产和流通……………………………（334）
一、讲授要点 ………………………………………………………（334）
第十八章　导言……………………………………………………（334）
第二十章　简单再生产……………………………………………（337）
第二十一章　积累和扩大再生产…………………………………（345）
二、阅读和思考的提示 ……………………………………………（349）
三、马克思社会资本运动理论的十个要点 …………………………（350）
Ⅰ.问题的提出……………………………………………………（350）
Ⅱ.两个部类之间的交换…………………………………………（351）
Ⅲ.社会资本的运动包含十个矛盾的互相交错而复杂
的运动……………………………………………………………（351）
Ⅳ.两种错觉或假象………………………………………………（352）
Ⅴ,货币回流规律(价值补偿形式)………………………………（353）
Ⅵ.实物补偿的形式………………………………………………（353）
Ⅶ.从货币积累到资本积累 ………………………………………（354）
Ⅷ.从简单再生产过渡到扩大再生产。简单再生产为扩大
再生产提供物质条件……………………………………………（354）
Ⅸ.第Ⅰ部类的积累是第Ⅱ部类积累的前提,后者又制约着
前者………………………………………………………………（355）
Ⅹ.积累的条件……………………………………………………（355）
四、第三篇讲授提纲 ………………………………………………（356）
第十八章　导言……………………………………………………（356）
第二十章　简单再生产……………………………………………（359）

第三卷

资本主义生产的总过程

第五编 《资本论》第三卷讲稿

序言……………………………………………………………(367)

一、研究对象 ……………………………………………………(367)

二、关于资本运动的具体形式 …………………………………(369)

三、本卷任务:揭露各资本家集团瓜分剩余价值………………(371)

四、第三卷的结构 ………………………………………………(372)

五、恩格斯对第三卷的评价 ……………………………………(373)

第一篇 剩余价值转化为利润和剩余价值率转化为利润率
……………………………………………………………(375)

前言…………………………………………………………………(375)

第一章 成本价格和利润…………………………………………(377)

第二章 利润率……………………………………………………(380)

第二篇 利润转化为平均利润…………………………………(382)

前言:研究对象和结构 …………………………………………(382)

第八章 不同生产部门的资本的不同构成和由此引起的利润
率的差别……………………………………………………(387)

第九章 一般利润率(平均利润率)的形成和商品价值转化为
生产价格……………………………………………………(389)

第十章 一般利润率通过竞争而平均化。市场价格和市场
价值。超额利润……………………………………………(392)

第十一章 工资的一般变动对生产价格的影响………………(397)

第十二章 补充说明………………………………………………(398)

第三篇 利润率趋向下降的规律………………………………(399)

前言…………………………………………………………………(399)

第十三章 规律本身………………………………………………(402)

第十五章 规律的内部矛盾的展开………………………………(404)

**第四篇 商品资本和货币资本转化为商品经营资本和货币经
营资本(商人资本)**……………………………………………(406)

前言…………………………………………………………………(406)

几个范畴的联系与差别……………………………………………(407)

第二十章 关于商人资本的历史考察……………………………(408)

第五篇　利润分为利息和企业主收入。生息资本……………（412）
本篇的对象和结构……………………………………………………（412）
第二十一章　生息资本……………………………………………（414）
第二十二章　利润的分割。利息率。“自然”利息率…………（416）
第二十三章　利息和企业主收入…………………………………（417）
第二十四章　资本关系在生息资本形式上的外表化…………（418）
第二十五章　信用和虚拟资本……………………………………（419）
第二十六章　货币资本的积累，它对利息率的影响 …………（421）
第二十七章　信用在资本主义生产中的作用……………………（421）
第二十八章　流通手段和资本。图克和富拉顿的见解………（421）
第二十九章　银行资本的组成部分………………………………（422）
第三十、三十一、三十二章　货币资本和现实资本…………（425）
第三十三、三十四、三十五章的主要内容………………………（430）
学习第五篇要搞清楚的几个问题…………………………………（431）
第三十六章　资本主义以前的状态………………………………（438）
第六篇　超额利润转化为地租……………………………………（442）
第三十七章　导论……………………………………………………（442）
第三十八章　级差地租：概论 ……………………………………（449）
第三十九章　级差地租的第一形式（级差地租Ⅰ）……………（453）
第四十章　级差地租第二形式（级差地租Ⅱ）…………………（458）
第四十一章至第四十四章　级差地租Ⅱ的各种组合…………（462）
第四十一章　级差地租Ⅱ——第一种情况：生产价格不变 …（463）
第四十二章　级差地租Ⅱ——第二种情况：生产价格下降 …（465）
第四十三章　级差地租Ⅱ——第三种情况：生产价格上涨。
　　结论……………………………………………………………（467）
第四十四章　最坏耕地也有级差地租……………………………（471）
第四十五章　绝对地租………………………………………………（474）
第四十六章　建筑地段的地租。矿山地租。土地价格………（477）
第四十七章　资本主义地租的起源………………………………（480）
马克思对资本主义地租的辩证分析………………………………（483）
第七篇　各种收入及其源泉………………………………………（486）
前言：本篇是全卷和全书的总结 …………………………………（486）
第七篇的结构和内容…………………………………………………（490）
第四十八章　三位一体的公式……………………………………（491）
第四十九章　关于生产过程的分析………………………………（493）

第五十章　竞争的假象…………………………………………（499）
第五十一章　分配关系和生产关系……………………………（504）
第五十二章　阶级………………………………………………（507）

第六编　《资本论》的结束部分

第一节　《资本论》的逻辑终点………………………………（512）
第二节　批判三位一体的公式　………………………………（518）
第三节　资本的拜物教和收入的拜物教………………………（523）
第四节　关于生产过程的分析…………………………………（548）
第五节　竞争过程的假象………………………………………（557）
第六节　生产关系和分配关系…………………………………（567）
第七节　《资本论》“第三卷末篇”与第四卷“附录”的比较……（574）
第八节　向“国家”、“对外贸易”和“世界市场”的过渡　………（575）

第一卷

资本的生产过程

第一编 《资本论》第一卷学习辅导

（供讨论用）

1977年4月

引　言

伟大的革命导师卡尔·马克思从1843年起，便开始创立无产阶级政治经济学。19世纪40年代的许多著作，如《德意志意识形态》、《哲学的贫困》、《雇佣劳动和资本》、《共产党宣言》等，都反映了这一时期马克思在政治经济学方面所进行的理论斗争的成果。

1857年，马克思在他的《政治经济学批判大纲》（即《1857—1858年经济学手稿》）中，拟定了他的《政治经济学批判》六册宏伟经济学著作及其第一册《资本》的计划。1859年出版的《政治经济学批判》，就是这个第一册的第一分册，1867年出版了《资本论》第一卷。这以后，马克思继续创作其他各卷，同时还为第一卷的几种文字的译本进行校订，工作极其繁忙。由于马克思在从事理论战线的斗争的同时，亲自领导和参加了当时的国际无产阶级革命运动，长期的、紧张的、艰苦的战斗生活，影响了他的身体健康。所以，直到1883年马克思逝世时，仍未来得及亲自出版其他三卷。第二、三卷由伟大导师恩格斯负责编辑出版，第四卷则只留下了马克思的手稿。

《资本论》的创作时代，如果从1857年算起，到马克思逝世为止，经历了25年。这一段时间处于历史上一个重要的时期：资本主义制度已经完全成熟，越过了它的发展顶端而走向下坡。它不仅在欧美各国占了统治地位，而且普及到全世界。早在1825年开始了的周期性经济危机，已经从英国扩展到各主要资本主义国家。资本主义社会的基本矛盾愈益尖锐，各主要资本主义国家的资产阶级专政都已经建立起来，无产阶级和资产阶级的阶级矛盾空前激化。无产阶级已经开始了在自己的政党的领导下为夺取政权、推翻旧世界而英勇奋斗的伟大革命运动。1864年第一国际的成立和1871年巴黎公社的诞生，便是它的主要标志。

无产阶级革命运动的发展，要求彻底地、全面地批判资本主义制度，建立科学的社会主义理论体系，以武装广大革命群众的思想，制定无产阶级革命路线、战略和策略，引导无产阶级朝着共产主义的大方向前进。无产阶级革命运动的发展，还要求彻底地、全面批判资产阶级经济学、历史学等对资本主义制度的一切辩护遁词，批判形形色色的机会主义和空想主义的观点，清除这一切流毒，解放广大革命群众的思想。无产阶级革命的进程，必须经过这样大破大立，把意识形态领域的斗争全面开展起来，才有可能彻底摧毁一切旧制度，建设社会主义新制度。正是为了这个伟大的历史使命，马克思创作出《资本论》这部光辉的、不朽的巨著。

《资本论》是一部划时代的、具有极其重要意义的伟大文献。它是马克思的辩证唯物主义和历史唯物主义的最深刻、最全面、最详细的证明和运用。它不仅揭示了资本主义生产方式的发展规律，而且阐明了社会主义生产方式产生的基础、方法和社会力量。它使社会主义从空想变成了科学。恩格斯指出："《资本论》在大陆上常常被称为'工人阶级的圣经'"①，"自世界上有资本家和工人以来，没有一本书像我们面前这本书那样，对于工人具有如此重要的意义。"②各国工人阶级的政党都"把它看作自己的理论圣经，看作一个武库，他们将从这个武库中汲取自己所需的最重要的论据"③。

《资本论》的科学真理给了资产阶级一个使它永远翻不了身的打

---

① 马克思：《资本论》第1卷，北京，人民出版社，2004年，第2版，第34页。以下引自该书的引文，不再全部标注出处。

② 《马克思恩格斯选集》第2卷，北京，人民出版社，1995年，第2版，第589页。

③ 《马克思恩格斯全集》第21卷，北京，人民出版社，2003年，第2版，第308页。

击。它“所研究的材料的特殊性，把人们心中最激烈、最卑鄙、最恶劣的感情，把代表私人利益的复仇女神召唤到战场上来反对自由的科学研究。”（第一版序言）最初，资产阶级企图用沉默置《资本论》于死地。当他们无法封锁它以后，便无休止地发动攻击、诬蔑和歪曲。例如某些资产阶级奴仆造谣说，马克思在《资本论》里“犯了写作上的大错”。又如臭名昭著的拉萨尔、杜林之流，任意剽窃篡改《资本论》中的许多重要原理，反过来却恶毒诽谤它“只是历史幻想和逻辑幻想的杂种的荒谬观念”①。现代修正主义者也从未放松过对《资本论》的进攻。如林彪就曾公开鼓吹《资本论》“过时论”，说“《资本论》只解决一个问题，只解决资本主义社会发展规律问题，现在我国资本主义已经打倒了，现在是解决社会主义的规律问题”。这伙叛徒以此为借口，拼命反对革命群众学习《资本论》。

我们知道，我们学习《资本论》同学习其他马克思列宁主义的书一样，是学习马克思列宁主义的放之四海而皆准的普遍真理，是学习无产阶级的立场、观点、方法，是学习革命导师们怎样去批判旧世界、去同阶级敌人战斗。所有这一切，都永远不受任何时间和空间的限制。新老修正主义分子鼓噪《资本论》“过时了”，这恰好从反面告诉我们：这部不朽的光辉的经典著作中所昭示的普遍真理和革命原则，完全适应于我们眼前的阶级斗争和路线斗争的现实需要。

《资本论》第一卷问世以来，已经一个多世纪，从其中放射出来的真理光芒，有如旭日朝晖，驱散了一切旧制度的黑暗，照亮了通往共产主义的光明大道。在马克思主义的光辉照耀下，人类社会发生了翻天覆地的变化。俄国十月革命和中国人民革命的辉煌胜利证明了：资本主义必亡、社会主义必胜，已不再是科学预言，而是确凿的现实了。当前世界革命形势的发展，继续证明着《资本论》所作的革命结论具有无比巨大的生命力。它仍然是一切还处在帝国主义、社会帝国主义奴役下的无产阶级革命运动的基本原则。即使是社会主义国家的无产阶级，为了坚持无产阶级专政下继续发展社会主义事业，也仍然要从《资本论》等马克思列宁主义经典著作中吸取战无不胜的取之不尽的思想力量。

毫无疑问，学习《资本论》，具有极为重要的现实意义和战斗意义。

---

① 恩格斯：《反杜林论》，见《马克思恩格斯选集》第3卷，北京，人民出版社，1995年，第2版，第546页。

学习第一卷的七篇序言和跋

马克思、恩格斯为《资本论》第一卷写了七篇序言和跋。在第一版序言中，马克思说明了本书的研究对象和目的、研究方法以及政治经济学的阶级性。在第二版跋中，马克思着重论述了他在本书中运用的唯物辩证法。他引用俄国经济学家考夫曼的一篇关于本书的研究方法的评论文章，来说明他的辩证方法，指出他的辩证方法和黑格尔的辩证方法是根本不同的。他把黑格尔的唯心论的辩证法变成唯物辩证法。马克思强调指出，唯物辩证法是批判的和革命的。在法文版序言和法文版跋中，马克思鼓励我们克服困难，认真学习这部伟大著作。恩格斯的三篇序言，阐明了《资本论》的伟大意义，有力地回击了阶级敌人对《资本论》的诽谤和进攻。

学习这七篇序言和跋，我们着重领会的有下列几点：

1.《资本论》研究的对象和目的

在第一版序言中，马克思提出本书的目的在“揭示现代社会的经济运动规律”，即资本主义社会的发生、发展和灭亡的规律。资产阶级的各派经济学都把资本主义制度说成是天然的、永远不变的制度。本书的目的就是要彻底粉碎资产阶级费尽心机编造的这个谎言，论证资本主义社会和其他各种社会制度一样，不过是一个有始有终的发展过程，它在历史上只是暂时存在的东西，它的灭亡同它的产生都是不可避免的。

伟大领袖和导师毛主席说：“社会的变化，主要地是由于社会内部矛盾的发展，即生产力和生产关系的矛盾，阶级之间的矛盾，新旧之间的矛盾，由于这些矛盾的发展，推动了社会的前进，推动了新旧社会的代谢。”①为了揭示资本主义社会发展变化的规律，必须分析资本主义的生产关系和生产力之间的矛盾，研究资本主义生产方式。

按照历史唯物主义的基本观点，在一定的生产方式中，生产力是矛盾的主要方面，对生产关系起着决定的作用。但是，当一定的生产

① 《毛泽东选集》第1卷，北京，人民出版社，1991年版，第302页。

关系产生以后，它便对生产力起着促进或阻碍的反作用，制约着生产力在它的范围内发展变化。这样，一定的生产方式的矛盾运动，是通过生产关系促进或阻碍生产力的发展而表现出来，因而生产关系便成为区分不同的社会制度的基本标志。

因此，在研究资本主义生产方式时，要从这种生产方式的社会方面，研究资本主义生产关系怎样由促进生产力发展转化为阻碍生产力发展，由生产力的推动者变成生产力的桎梏，以致达到跟生产力发展不能相容的地步，终于不可避免地为社会主义生产关系所代替。所以，马克思在第一版序言中说："我要在本书研究的，是资本主义生产方式以及和它相适应的生产关系和交换关系。"这里，马克思指明，他研究资本主义生产方式是着眼于资本主义的生产关系和交换关系，而不是研究生产力本身。恩格斯在《卡尔·马克思〈政治经济学批判〉》一文中对此作了很好说明，他说：政治经济学"所研究的不是物，而是人和人之间的关系，归根到底是阶级和阶级之间的关系；可是这些关系总是同物结合着，并且作为物出现"①。

2.《资本论》的方法

在《资本论》中自始至终贯穿着辩证唯物主义和历史唯物主义，彻底地全面地批判了资产阶级经济学中的唯心主义和形而上学，因此使政治经济学发生了根本的变革。

列宁在《黑格尔辩证法的纲要》中写道："虽说马克思没有遗留下'逻辑'(大写字母的)，但他遗留下《资本论》的逻辑，应当充分地运用这种逻辑来解决这一问题。在《资本论》中，逻辑辩证法和唯物主义的认识论(不必要三个词：它们是同一个东西)都应用于同一门科学，而唯物主义则从黑格尔那里吸取了全部有价值的东西，并且向前推进了这些有价值的东西。"②

在第二版跋中，马克思阐述了他唯物辩证法的特点。从根本上说他的辩证方法是同黑格尔的辩证方法截然相反，他把黑格尔辩证法颠倒过来，确立了存在决定意识、物质决定思维的原则。他抛弃了黑格尔的唯心论的外壳，吸取其合理的内核。马克思的辩证法在对现存事物的肯定的理解中，同时包含对现存事物的否定的理解，即对现存事物的必然灭亡的理解；对每一种既成的形式都是从不断的运

① 《马克思恩格斯选集》第 2 卷，北京，人民出版社，1995 年，第 2 版，第 44 页。

② 《列宁全集》第 55 卷，北京，人民出版社，1990 年，第 2 版，第 290 页。

动中，因而也是从它的暂时性方面去理解。马克思的辩证法是批判的和革命的。

在《资本论》中，马克思运用他的辩证方法，揭示出资本主义制度的历史暂时性，它的灭亡的客观必然性。资产阶级经济学正是从唯心主义和形而上学出发，得出资本主义制度永恒不变的荒谬结论。马克思运用存在决定意识的原则，深刻地揭露出资产阶级的本性：资本家不过是人格化的资本，资本家的灵魂就是资本的灵魂。这就彻底戳穿了资产阶级经济学美化资本家的种种唯心主义的奇谈怪论。资产阶级经济学只承认经济关系中的统一的一面，否定和抹煞它的对立的一面，把对立物的统一化为直接的同一，从而掩盖无产阶级和资产阶级的对立，并借此宣扬“劳资调和论”。马克思运用辩证方法分析一切经济关系中固有的对抗性的矛盾，揭露出无产阶级和资产阶级之间的不可调和的对立的经济基础。所有这些都证明马克思的唯物辩证法真正是批判的和革命的。

资本主义经济现象是极其复杂的，各种经济规律和经济关系都被五花八门、变化多端的现象和假象所掩盖，人们不能一眼就看清楚。因此，这就需要用具体的方法，透过各种表面现象，去发现它们的本质，把它们的内在联系和矛盾运动作为一个辩证发展的体系在观念上再现出来。这样的具体方法就是抽象分析方法。马克思指出：“分析经济形式，既不能用显微镜，也不能用化学试剂。二者都必须用抽象力来代替。”这里，马克思告诉我们，研究社会科学，不可能像自然科学那样利用显微镜一类工具，而只能用抽象力对各种社会现象进行抽象分析。什么是抽象力？毛主席曾教导我们：“要完全地反映整个的事物，反映事物的本质，反映事物的内部规律性，就必须经过思考作用，将丰富的感觉材料加以去粗取精、去伪存真、由此及彼、由表及里的改造制作工夫，造成概念和理论的系统，就必须从感性认识跃进到理性认识。”①下这样的功夫，表现出来的便是抽象力。

马克思的抽象分析方法是他的辩证法在认识过程和研究过程中的具体运用和表现形式。这就是列宁讲的，在《资本论》中，逻辑、辩证法和唯物论的认识论应用于同一门科学。这种抽象方法同唯心论的先验论根本相反，绝不是主观随意的抽象，而是根据丰富的感觉材料进行抽象，是科学的抽象。列宁说：“《资本论》不是别的，正是‘把

---

① 《毛泽东选集》第1卷，北京，人民出版社，1991年版，第291页。

堆积如山的实际材料总结为几点概括的、彼此紧相联系的思想。'"①这种抽象的方法同超历史、超阶级的绝对抽象根本相反，它把一切经济范畴看作是现实的特定历史过程的社会关系的反映。它从历史唯物主义出发去分析各种经济关系。恩格斯说："历史从哪里开始，思想进程也应从哪里开始，而思想进程的进一步发展不过是历史过程在抽象的、理论上前后一贯的形式上的反映；这种反映是经过修正的，然而是按照现实的历史过程本身的规律修正的。"②

在第二版跋中，马克思说明了他的叙述方法和他的研究方法不同。他说："研究必须充分地占有材料，分析它的各种发展形式，探寻这些形式的内在联系。只有这项工作完成以后，现实的运动才能适当地叙述出来。"马克思在研究资本主义生产方式时，首先占有了堆积如山的实际材料，然后进行科学的深入的分析，总结出其中的本质和规律。这个研究过程是由现象到本质、由具体到抽象的。在这种研究工作完成以后，需要用一定的叙述方法把研究的结果加以表述和说明，综合成完整的理论体系，用以指导实践。在叙述的时候，如果从现实生活的总体入手去描绘各种现象，那就不能摆脱表面现象的干扰。因此必须由简单的抽象上升到复杂的具体，由本质上升到现象。正如本书的体系那样，从商品、货币等抽象范畴开始，进而分析资本和剩余价值，然后上升到利润、利息、地租。这样，资本主义经济关系全面地再现出来，在观念上有条不紊地反映出一个资本主义经济运动的客观世界。

3. 政治经济学的阶级性

政治经济学是研究各种社会的生产关系的科学。对于资本主义社会来说，它要阐明这一社会的各阶级在社会经济结构中的地位和相互关系，这就一定要涉及各阶级的切身利益，因而使它成为具有最鲜明、最直接、最强烈的阶级性的科学。世界上从来没有过所谓"超阶级的"、"自由的"、"公正的"政治经济学。毛主席说："在阶级社会中，每一个人都在一定的阶级地位中生活，各种思想无不打上阶级的烙印。"③

在第二版跋中，马克思叙述了英国和德国资产阶级经济学的发

---

① 《列宁选集》第 1 卷，北京，人民出版社，1995 年，第 3 版，第 9—10 页。

② 《马克思恩格斯选集》第 2 卷，北京，人民出版社，1995 年，第 2 版，第 290 页。

③ 《毛泽东选集》第 1 卷，北京，人民出版社，1991 年版，第 283 页。

展历史。资产阶级经济学，不管在什么时候，不管什么学派，都具有鲜明的资产阶级的阶级性，都具有为资产阶级利益服务、为资本主义制度辩护的性质。如果说在资本主义发展初期，阶级斗争还没有全面展开的时候，它还包含一些科学的成分，一旦资产阶级夺得了政权，无产阶级和资产阶级的斗争全面展开，从此，它就不再是什么科学了，它彻头彻尾庸俗化了，成了资本家的日常观念和浅薄教条的复制品。

《资本论》是无产阶级政治经济学的主要著作。它的字字句句都表现出无比坚定的无产阶级的立场，洋溢着无比强烈的无产阶级感情。马克思在本书中，叙述工人为争取正常工作日进行的艰苦卓绝的斗争，他们为了争得起码的生存条件而同资本家作殊死的搏斗，这些情景是何等深刻！在叙述所谓原始积累，农民土地被剥夺而被迫流浪受到残酷无情的、非人道的惩罚时，马克思对受压迫、受迫害的无产者，倾注了无比深厚的阶级感情。本书对资本主义制度的一切烂疮的深刻揭露，对资产者贪婪本性的无情暴露，对造谣诡辩的御用经济学家的致命抨击，表现了马克思的无比鲜明的阶级立场。

马克思说得好："我的政治经济学著作《资本论》……最后在理论方面给资产阶级一个使它永远翻不了身的打击。"①

《资本论》的阶级性、革命性和科学性是统一的。因为无产阶级的根本利益和社会发展方向完全一致。马克思主义的理论的任务就是用社会发展规律和阶级斗争规律的知识去武装广大革命群众，为无产阶级革命实践提供思想武器。马克思主义的理论是无产阶级政党制定路线、战略、策略的理论基础。在马克思主义理论基础上，无产阶级革命导师为无产阶级政党制定了用暴力革命夺取政权，剥夺剥夺者这条基本的政治路线，指引无产阶级用无产阶级专政代替资产阶级专政，用社会主义战胜资本主义，并最终实现共产主义。

---

① 《马克思恩格斯全集》第 31 卷，北京，人民出版社，1972 年，第 1 版，第 425 页。

学习第一篇　商品和货币

前　　言

第一篇的主要内容是对商品的具体的全面的分析，阐明商品和货币的来源、本质。

分析商品就是分析商品的矛盾。

毛主席在《矛盾论》中写道："事物发展过程的自始至终的矛盾运动，列宁指出马克思在《资本论》中模范地作了这样的分析。"①毛主席接着引了列宁讲的一段话："马克思在《资本论》中，首先分析的是资产阶级社会（商品社会）里最简单的、最普通的、最基本的、最常见的、最平常的、碰到亿万次的关系——商品交换。这一分析在这个最简单的现象之中（资产阶级社会的这个'细胞'之中）暴露了现代社会的一切矛盾（以及一切矛盾的胚芽）。往后的叙述又向我们表明了这些矛盾和这个社会各个部分总和的自始至终的发展（增长与运动两者）。"②

根据马克思的教导，商品内部潜藏着使用价值和价值的对立，私人劳动和社会劳动的对立，具体劳动和抽象劳动的对立，物的人格化和人格的对象化的对立。这种内在矛盾，由于商品本来是为交换而生产的，由于商品不过是社会关系的体现，所以必然要在它的外部的各方面表现出来，必然要表现为相对价值形式和等价形式的对立，商品和货币的对立，卖和买的对立等等。商品矛盾的焦点，在于价值如何表现并且如何实现的问题。围绕着这个问题，商品矛盾运动一步步地展开。随着商品的发展，商品矛盾运动获得了自己的运动形式。

---

① 《毛泽东选集》第1卷，北京，人民出版社，1991年版，第307页。

② 《毛泽东选集》第1卷，北京，人民出版社，1991年版，第307—308页。

马克思对商品矛盾的分析，从一个方面，即从价值形式的角度，揭示了货币的起源。从而为其后揭示作为价值的资本奠定了理论前提。

马克思在本篇中阐明了他的劳动价值学说的基本观点，批判了资产阶级的价值理论。

毛主席在关于无产阶级专政的理论问题的重要指示中曾讲到，我国现在还实行商品制度、货币交换等等，这些跟旧社会没有多少差别，所不同的是所有制变更了。这只能在无产阶级专政下加以限制。我们学习这一篇，对于深入理解毛主席的重要指示，理解我国现在实行商品制度和货币交换的必然性，在无产阶级专政下对它们加以限制的必要性，有着非常重要的现实意义。

学习本篇时，应同时阅读马克思的《政治经济学批判》。本篇是这一著作的内容的概述。

第一章　商　　品

1. 商品的两个因素：使用价值和价值（价值实体，价值量）

〔内容提要〕

1. 研究资本主义生产方式要从分析商品开始（第 1 段）

马克思在开头一段中指出，对资本主义生产方式的研究，要从分析商品开始。分析商品就是分析商品这一事物的矛盾，就是对商品作一分为二的分析。商品是使用价值和价值的对立统一体。

2. 使用价值（第 2—4 段）

商品是一个客观存在的物，一个能够满足人的某种需要的物，一个有用的物。

物的有用性使它成为使用价值。

使用价值在任何社会都构成财富的物质内容，而在商品制度下，它又是交换价值的物质承担者。

3. 价值（第 5—18 段）

(1)交换价值

商品不仅能满足人的需要，而且能够交换，具有交换价值。交换价值首先表现为一种使用价值同另一种使用价值相交换的量的关系或比例。

一种商品可以同许多别种商品相交换，因此它有许多种交换价值，而不是只有一种。另外，多种不同的商品也可以有相同的交换价值。但是，许多种交换比例却都表示它们与一个共同的东西相等，交换价值不过是这个共同的东西的表现形式。

这种共同的东西是什么呢？不是商品的几何的、物理的、化学的或其他天然属性。因为这些天然属性只能表示各种商品的差别，只能表示这些商品是不同的使用价值。商品交换关系的特点，正在于抽去商品的使用价值。“作为使用价值，商品首先有质的差别；作为交换价值，商品只能有量的差别，因而不包含任何一个使用价值的原子。”

(2)价值、价值的实体

如果我们把商品的使用价值撇开，比如把桌子、衣服、铁锹等等作为使用价值这一点都撇开，那么它们都只是木工、缝纫工、铁工等工人的劳动产品。既然这些劳动产品的有用性都抽去了，那么木工、缝纫工、铁工的劳动具体形式自然也抽去，各种劳动不再有什么差别，全都化为相同的、无差别的人类劳动。

这种相同的、无差别的抽象人类劳动就是一切商品的共同的东西。

正是从这个意义上马克思写道：一切劳动产品“只是无差别的人类劳动的单纯凝结，即不管以哪种形式进行的人类劳动力耗费的单纯凝结，这些物现在只是表示，在它们的生产上耗费了人类劳动力，积累了人类劳动。这些物，作为它们共有的这个社会实体的结晶，就是价值——商品价值。”

在商品的交换关系或交换价值中表现出来的共同东西，就是商品的价值，交换价值是价值的表现形式，价值是交换价值的内容。

(3)价值量、价值规律

商品的价值量是怎样计量的呢？是用它所包含的形成价值实体的人类劳动的量来计量。人类劳动的量乃是由劳动的持续时间来计量。而劳动时间又是用一定的时间单位如小时、日等作尺度。

这个劳动时间不是具体的哪一个人生产商品所耗费的时间，不是每个劳动者所耗费的个别劳动时间，而是社会必要劳动时间。因为，形成价值实体的是相同的人类劳动。体现在商品世界全部价值中的社会的全部劳动力，在这里是当作一个同一的人类劳动力。每一个单个劳动力，同别一个劳动力一样，都是同一的人类劳动力的一部分，只要它具有社会平均劳动力的性质，起着社会平均劳动力的作用，从而在商品生产上只使用平均必要劳动时间。

社会必要劳动时间是在现有的社会正常的生产条件下，在社会平均的劳动熟练程度和劳动强度下，制造某种使用价值所需要的劳动时间。商品价值量就是由这个社会必要劳动时间决定的。这就是价值规律的基本点。按照这个规律，如果商品按等价进行交换，那就是按照相等的劳动量交换。因为这时相交换的两种商品价值的比例，就是生产这两种商品的必要劳动时间的比例。

生产商品所需要的劳动时间随着劳动生产力的变动而变动。劳动生产力越高，生产商品所需要的劳动时间就越少，商品的价值就越小。反之，劳动生产力越低，商品的价值就越大。可见，商品的价值量与体现在商品中的劳动的量成正比，与这一劳动的生产力成反比。

4. 本节最后一段(第 19 段)

点出商品是使用价值和价值的统一体，一物如只有使用价值而没有价值，那么这种物不是商品。一物虽然是劳动产品，如果不交换，也不是商品。一物如果没有用，其中包含的劳动也没用，因此不形成价值，当然也不是商品。

〔难点试解〕

1. “从分析商品开始”(第 1 段)

对资本主义生产方式的研究为什么要从分析商品开始呢？因为，第一，商品是资本主义财富的元素形式，是资本主义经济的细胞形式。从分析商品开始意味着从最普遍的存在出发。第二，商品的内在矛盾是资本主义一切矛盾的萌芽。社会发展过程同一切事物发展过程一样，是一个自始至终的矛盾运动过程。从分析商品中包含的资本主义一切矛盾的萌芽开始，是认识资本主义经济运动规律的出发点。第三，商品流通是资本主义生产方式的历史源头，从分析商品开始，符合历史发展的进程，理论分析和历史进程是一致的，即逻辑的方法和历史的方法是一致。

2. “商品首先是一个外界的对象”(第 2 段)

商品是在人们的主观意志和感觉之外客观存在着的东西。马克思用这一句话划清了他的劳动价值学说和资产阶级的主观价值论的界限。马克思坚持了商品是客观存在的，因而商品的价值也是客观存在的。这就坚持了唯物主义的观点。主观价值论者却认为价值是由人们的主观需要决定的，从而陷入了唯心主义的泥坑。

3.“不论财富的社会形式如何……物质承担者”(第 4 段)

不管在哪一个社会里，封建社会也好，资本主义社会也好，一切财富都是有用的东西，毫无用处的东西不会成为财富。所以使用价值是任何社会的财富的物质内容。在资本主义社会，使用价值不仅是财富的物质内容，而且是交换价值或价值的物质承担者。这就是说，在资本主义社会，财富采取商品形式，商品的价值本身不是物，而是人与人的社会关系，它要由一种物来承担，使用价值就是它的物质承担者。这就是使用价值在资本主义社会的特殊的作用。这里，我们可以领会到使用价值和价值二者的同一性。

2. 体现在商品中的劳动的二重性

〔内容提要〕

1. 劳动二重性是理解政治经济学的枢纽(第 1 段)

马克思在第一段中指出，劳动二重性原理“是首先由我批判地证明的。这一点是理解政治经济学的枢纽”。

马克思首先发现生产商品的劳动是具体的有用劳动和抽象人类劳动的对立统一体。

2. 有用劳动(第 2—8 段)

生产任何一种使用价值，都要进行特定种类的生产活动。这种生产活动是由它的目的、操作方法、对象、手段和结果决定的。生产使用价值的劳动，叫做有用劳动。

各种有用劳动的总和表现出社会分工。社会分工是商品生产存在的条件，但是有社会分工存在，还不一定就会有商品。马克思说：“只有独立的互不依赖的私人劳动的产品，才作为商品互相对立。”商品生产存在的另一个条件是私有制。

有用劳动是一切社会人类生存的条件，是人和自然之间的物质变换，即人类生活得以实现的永恒的自然必然性。

但是，劳动并不是财富的唯一源泉。劳动和自然物质相结合，才是一切财富的源泉。

3. 抽象的人类劳动(第 9—15 段)

如果把生产活动的各种特定性质撇开，例如撇开织布和缝衣等生产活动的不同性质，那么织和缝等生产活动便都是人的脑、肌肉、神经、手等等的生产耗费，都是人类劳动力的耗费。织和缝都是人类劳动。商品价值所体现的劳动就是人类劳动。

织和缝等人类劳动力的耗费，是指每个没有任何专长的普通人的有机体平均具有的简单劳动力的耗费。复杂劳动不过是多倍的简单劳动。在商品交换中，复杂劳动的产品能够同简单劳动的产品相交换，并具有较大的价值，就是由于以简单劳动作为衡量价值的尺度，把各种劳动按照不同的比例折算为简单劳动来进行交换的结果。这种折算行为是通过商品交换过程自发地进行的。

乍一看，生产商品的劳动的这两种属性即具体劳动和抽象劳动，好像很难区别。但在对商品进行分析时，分清它们却是至关重要的。

把劳动作为具体劳动来考察，所考察的是劳动的质，它说明劳动是怎样进行的、是何种劳动的问题。把劳动作为抽象劳动来考察，所考察的则是劳动的量，也就是劳动的多少、劳动时间的长短的问题。劳动的二重性体现了生产商品的劳动的质和量的关系。

同时，价值量和使用价值量之间的相反的变化也反映了抽象劳动和具体劳动之间的差别。使用价值量的大小是用商品本身的量的多少来计量的，而价值量的大小是用商品中包含的劳动量的多少来计量的。商品的使用价值量和价值量，随着生产商品的劳动生产力的变化，形成相反方向的运动。例如，生产上衣的劳动生产力如果提高一倍，上衣的产量也会增加一倍。如果原来一天生产一件，现在就会生产出两件。所以，作为使用价值的上衣增加了一倍，但每件上衣的价值量却减少了一半。

为什么会有这种相反的对立的运动呢？这是来源于劳动的二重性。劳动生产力始终是具体有用劳动的生产力，使用价值量同它的高低成正比。但也正因为生产力是具体有用劳动的生产力，所以它就不再同抽象劳动有关了。因此，不管生产力发生什么变化，同一劳动在同样的时间内提供的价值量总是相同的。可见，价值量和使用价值量的相反的运动，反映了劳动作为抽象劳动和具体劳动的差别。

劳动，作为抽象劳动形成商品价值；作为具体有用劳动生产使用价值。

〔难点试解〕

1. “劳动的二重性是理解政治经济学的枢纽”(第 1 段)

对这句话我们的初步领会是:(1)劳动二重性原理是马克思的劳动价值学说的核心,不理解劳动的二重性就不能理解马克思的劳动价值学说,而这个劳动价值学说又是剩余价值学说的理论前提。本书第 243—244 页①马克思写道:“把价值看作只是劳动时间的凝结,只是对象化的劳动,这对于认识价值本身具有决定性的意义,同样,把剩余价值看作只是剩余劳动时间的凝结,只是对象化的剩余劳动,这对于认识剩余价值也具有决定性的意义。”在本书第 222 页②马克思指出了劳动二重性表现为资本主义生产过程的二重性:劳动的过程和价值增殖过程。不理解劳动二重性就不能理解剩余价值是怎样产生出来的,因而也就不懂得资本主义剥削的实质。(2)劳动二重性原理是理解马克思资本积累学说的枢纽。我们知道,劳动二重性产生了资本主义的劳动结果的二重性:旧价值的保存和新价值的创造。正是通过对于劳动的二重性及其二重结果的分析,马克思才把资本区分为不变资本和可变资本两个部分。并且也正是首先划分了资本的这两部分,马克思才提出了资本有机构成的原理,从而创立了科学的资本积累学说。这样,便使资本主义社会的贫富两极分化和无产阶级贫困化从生产上得到了科学的说明,而批判了那种只从分配上去说明无产阶级状况的种种非科学的理论。(3)马克思在本书的第四篇详细地分析了资本主义基本矛盾的发展。而生产的社会化和资本主义私人占有的这个基本矛盾的发展是劳动过程和价值增殖过程的二重性的表现。资本主义基本矛盾的发展集中地表现为无产阶级和资产阶级的阶级矛盾的尖锐化。可见,劳动二重性是资本主义社会一切矛盾的胚芽。

2. 对这两节所分析的商品矛盾的理解

对马克思在这两节中所作的商品矛盾的分析,我们获得几点初步的认识:(1)首先分析商品矛盾的每一个侧面的特点。毛主席教导

---

① 这里是《资本论》中文第 1 版中的页码。参见《资本论》第 1 卷,北京,人民出版社,2004 年,第 2 版,第 251 页。

② 同上。参见《资本论》第 1 卷,北京,人民出版社,2004 年,第 2 版,第 229—230 页。

我们：矛盾的事物及其每一个侧面，各有其特点。“只有从矛盾的各个方面着手研究，才有可能了解其总体。”①这两节正是分别研究矛盾的各个方面，每次研究一个方面的特点。(2)在分析矛盾着的双方的特点时，分析了他们的差别：如使用价值就是商品体本身，是商品的自然形式，价值则是其中凝结的人类劳动时间；作为使用价值，商品首先有质的差别，作为交换价值，商品只能有量的差别。毛主席说：“世界上的每一差异中就已经包含着矛盾，差异就是矛盾。”②(3)马克思不但分析了对立双方的互相依存，而且分析了对立双方的互相转化：如第一节的第12段和第二节的第10段。这样，马克思全面地分析了商品矛盾的同一性。毛主席指出：“一切矛盾着的东西，互相联系着，不但在一定条件之下共处于一个统一体中，而且在一定条件之下互相转化，这就是矛盾的同一性的全部意义。”③(4)从两节的商品矛盾的分析中可以领会到马克思侧重于对价值、对抽象劳动的分析。说明了：价值(其实体为抽象劳动)是商品矛盾的主要方面。价值和价值形式决定了作为商品的劳动产品和其他劳动产品的区别。而劳动产品的商品形式就是价值形式，价值的发展过程就是劳动产品转化为商品的过程。根据以上的认识，我们认为整个这两节的全部内容都是对商品矛盾的分析。有的同志认为只有其中的某一段才是讲商品矛盾的，我们不同意这种看法。

3. 价值形式或交换价值

〔本节大意〕

在本节开头，马克思写了一个前言，指出：从前两节的分析中我们已经知道，商品作为价值，只不过是商品中所体现的一定的社会劳动时间，所以“商品的价值对象性纯粹是社会的”。因此它也只能在商品同商品的“社会关系”中表现出来。因此本节就来进一步分析商品的这种价值关系或价值表现，尤其是探讨商品价值关系中包含的价值表现怎样从简单价值形式发展到货币形式。

---

① 《毛泽东选集》第1卷，北京，人民出版社，1991年版，第312页。

② 《毛泽东选集》第1卷，北京，人民出版社，1991年版，第307页。

③ 《毛泽东选集》第1卷，北京，人民出版社，1991年版，第330页。

A. 简单的、个别的或偶然的价值形式

(1) 价值表现的两极:相对价值形式和等价形式

商品的价值本身,是一种由生产商品的劳动所具有的特殊社会性质和社会形式所赋予商品的一种“幽灵般的价值对象性”。这种“幽灵般的价值对象性”同使用价值即“商品体的可感觉的粗糙的对象性”不同,单靠人们的感官是不可捉摸的,而是只有通过商品同商品的“社会关系”才能表现出来。商品的这种“社会关系”,就是价值关系,也叫价值表现和价值形式。这种价值形式又由对立的两个“极”构成:相对价值形式和等价形式。它们是同一价值表现的互相依赖、互为条件、不可分离的两个因素,同时又是互相排斥、互相对立的。这两种形式总是分配在通过价值表现互相发生关系的不同商品上。如果用一个最简单的形式来表示,就是 x 量的商品 A(如麻布)=y 量的商品 B(如上衣)。这里,麻布是价值被表现的商品,上衣是表现价值的商品。麻布通过上衣表现自己的价值,上衣则成为表现麻布价值的材料。

这样的价值表现叫做简单的、个别的或偶然的价值形式。这种形式最先是产生于商品交换的最初发展阶段,是在原始社会的后期出现的。那时人们还不是为了交换而生产,交换最初是在不同的共同体之间偶然发生的,所交换的东西也只是原始部落里的个别的多余产品。因此,价值形式只能是简单的、偶然的、个别的。虽然如此,但它包含着复杂的内容,一切价值形式的秘密都隐藏在这个简单的价值形式中。

(2) 相对价值形式

(a) 相对价值形式的内容

商品的价值关系,在资产阶级经济学家看来,只是两种商品的量的比例。其实,不同的物的量,只有化为同一单位,只有作为同一单位的表现,作为同一性质的东西,才能互相比较。换句话说,只有质上相同,才能在量上互相比较。例如 20 尺麻布=1 件上衣,这一等式的基础是麻布=上衣。因为麻布和上衣都是劳动产品,都是价值物,二者在质上是相同的,是同一性质的东西。

但是，在这里，只有麻布的价值得到表现。

麻布的价值是怎样表现出来的呢？

首先，把麻布化为价值抽象。

上面讲过，价值表现必须把两种商品还原为同一性质的东西，形成等同的价值关系。麻布和上衣的交换是以价值作基础的。它们所以相等，首先是由于它们都被当作相同的价值物。而在麻布和上衣的这个价值关系中，麻布是通过把上衣当作它的"等价物"，当作与它"能交换的东西"而使自己的价值性质得到表现的。在这里，上衣被当作了价值的存在形式，当作了价值物。另一方面，麻布则通过作为价值而可以与上衣这个"价值物"相等，而使自己的价值性质显示出来了，得到了独立的表现。马克思用丁酸和甲酸丙酯这两种不同的物体有着共同的化学实体作比喻来说明价值抽象。其结果是：在这个具体的价值形式中，人们首先是把上衣当作表现价值的东西，当作麻布的等价物，也就是当作了价值物；其次是通过使麻布与作为价值物的上衣相等，从而化为了与上衣在质上等同的东西，也就是把麻布化为了价值抽象。

其次，把具体劳动化为相同的一般人类劳动。

在上面的麻布＝上衣这个简单价值形式的例子中，既然上衣是作为价值物被看作同麻布相等的，从而缝上衣的劳动也就被看作了与织麻布的劳动相同的劳动。这实际上就是把"缝"这种具体劳动当作了在"缝"和"织"这两种不同的具体劳动中确实相同的东西，化为人类劳动的共同性质。但由于麻布与上衣相等，所以"织"的劳动就其作为创造价值的劳动来说，也就被看作了与"缝"相同的一般人类劳动，从而不再具有与"缝"不同的特征。所以马克思说："通过这种间接的办法"也就把"织"这种具体劳动化作了"抽象人类劳动"。不过马克思同时指出："只有不同种商品的等价表现才使形成价值的劳动的这种特殊性质显示出来，因为这种等价表现实际上是把不同种商品所包含的不同种劳动化为它们的共同东西，化为一般人类劳动。"关于这一点，马克思在注(17a)中指出："最早的经济学家之一"、著名的美国经济学家富兰克林，就已经"继威廉·配第之后看出了价值的本质。……富兰克林没有意识到，既然他'用劳动'来估计一切物的价值，他也就抽掉了各种互相交换的劳动的差别，这样就把这些劳动化为相同的人类劳动。他虽然没有意识到这一点，却把它说了出来。"

最后，还必须把"构成麻布价值的劳动的特殊性质"表现为一种

“与麻布本身的物体不同，同时又是麻布与其他商品所共有的”、可以捉摸的“对象化形式”或“对象性”。

马克思说：“这个问题已经解决了。”

然而，是怎样解决的呢？麻布怎样取得了同它的自然形式不同的价值形式呢？什么样的物体才是麻布与其它商品所共有的呢？

上衣这个“物”便起着这样的作用。

在麻布的价值关系中，上衣是当作表现价值的物，以自己的可以捉摸的自然形式表现价值的物。当然，上衣本来也只不过是一种使用价值。但在上衣的生产中“人类劳动力确实是以缝的形式被耗费的”，因此在上衣中也就确实“积累了人类劳动”。因此“从这方面看，上衣是‘价值承担者’”。而在麻布的价值关系中，上衣只显示出作为“价值承担者”、作为“物体化的价值”这一方面。可见，在这里，上衣形式（上衣的物体形态）起着价值形式的作用。这样，一个商品（如麻布）的价值就表现在另一个商品（如上衣）的使用价值上。麻布作为使用价值是在感觉上与上衣不同的物；作为价值却是与上衣相同的东西，因而看起来就像上衣。麻布就是这样取得了与它本身的自然形式不同的价值形式。

可见，通过价值关系，商品 B 的自然形式成了商品 A 的价值形式，即商品 B 的物体成了反映商品 A 的价值的镜子。

(b) 相对价值形式的量的规定性

价值形式不只是要表现出价值，而且要表现价值量。如 20 码麻布＝1 件上衣，二者包含相等的价值量，即它们耗费了同样多的劳动时间。但是，生产它们所耗费的社会必要劳动时间，是随着织布和缝衣的劳动生产力的变化而变化的。这种变化对价值量的相对表现有如下的影响。

1. 如果商品 B 的价值不变，商品 A 的相对价值（即表现在商品 B 上的价值）的增减，同商品 A 的价值成正比。

2. 如果商品 A 的价值不变，商品 B 的价值发生变化，那么商品 A 的相对价值会与商品 B 的价值变化成反比例增减。

3. 如果商品 A 和商品 B 在生产上耗费的社会必要劳动时间同时同比例地变动，那么商品 A 的相对价值会保持不变。

如果这两种商品在生产上耗费的社会必要劳动时间按同一方向但程度不同的变动，或按相反方向变动等等，那么商品 A 的相对价值的变动，可以通过上面三种情况推算出来。

可见，价值量的实际变化不能完全地反映在价值量的相对表现即相对价值上。庸俗经济学家利用价值量与它的相对表现之间的不一致现象，企图推翻劳动价值学说，胡说“劳动价值论破产了”，这是枉费心机的。

(3) 等价形式

处于相对价值形式的商品 A，通过不同种类的商品 B 的使用价值来表现它的价值时，商品 B 便取得了一种特殊的价值形式，即等价形式。一个商品的等价形式，就是它能与另一商品直接交换的形式。

作为等价物的商品，只以它的物的一定量来表现别种商品的价值量，而不表现它本身的价值量。

等价形式有三个特点：

第一个特点，是使用价值成为它的对立面即价值的表现形式。

在价值表现中，处于等价形式地位上的商品是用它的使用价值表现价值的，是把它当作体现价值的东西。但这种转换只有在两种商品的价值关系中才适用。因为任何商品都不能用自己的自然外形来表现自己的价值，而必须借别一商品的自然外形来表现自己的价值。马克思拿用铁块来表现塔糖重量的比喻来说明这个道理。不过在铁表现的是铁和塔糖这两种物体中共有的一种自然属性，即它们的重量；而在麻布的价值表现中，上衣代表的则是上衣和麻布所共有的某种超自然的属性，亦即它们的价值。马克思还通过与相对价值形式的比较而揭露了等价形式的神秘性。在商品的相对价值形式中，例如在把麻布的价值用上衣来表现的这个“麻布的相对价值形式”中，这个表现本身也隐藏了某种“劳动的社会关系”，但这种社会关系却是通过另一种“关系”即“物与物之间的社会关系”表现出来的。因此这种被隐藏的关系还比较容易被发现。但等价形式却不是这样了。在价值表现中，它的自然形式本身就表现价值，它的物体就代表价值。因此，似乎它天然就具有价值形式，天然就具有能与其他商品直接交换的属性，如同它天然就具有有重量的物质属性一样。从这里产生了等价形式的谜的性质。

第二个特点，是具体劳动成为它的对立面即抽象劳动的表现形式。

各种不同的具体劳动都具有一般人类劳动的属性，这本来并不神秘。但在商品的价值表现上却变了样。例如在麻布的价值表现中，为了表明“织”作为创造麻布价值的劳动的“一般人类劳动”的属性，就必须把它与“缝上衣”的这种具体劳动来相比较，从而事实上也就是把“缝”这种具体劳动当作了抽象人类劳动的表现形式。

第三个特点，是私人劳动成为它的对立面的形式，成为直接社会形式的劳动。

既然“缝”这种具体劳动成了抽象人类劳动的表现形式，所以在私人商品生产的社会里，尽管“缝”这种劳动与所有其他生产商品的劳动一样都是私人劳动，但却获得了直接社会劳动的形式。

最后，马克思特别指出了等价形式的后两个特点的历史性。价值表现的秘密首先在于把不同的使用价值看作在质上是相同的。这一点，亚里士多德事实上也已经看到了。但是由于时代和阶级的局限性，他不可能有价值概念，所以也就不可能发现这个等同性就是人类劳动，也就是不可能看到等价形式的后面这两个特点。

(4) 简单价值形式的总体

马克思在分析考察了简单价值形式的两极之后，对这个价值形式的总体进行了考察。

简单地说，这个总体的内容就是：一个商品的简单价值形式包含在它与一个不同种商品的价值关系或交换关系中。也就是一个商品的价值通过该商品与另一种商品的价值关系而在质和量两个方面都得到了相对的表现。

接下来马克思指明了以下几点：

一是马克思特别指出：我们的分析已经表明，商品的价值形式或价值表现是由商品价值本性产生的，而不是相反。

这是什么意思呢？是针对从重商主义直到自由贸易派以来的资产阶级经济学家在价值与交换价值关系问题上的错误看法而言的。所有这些关于价值的庸俗观点都是把价值归结于交换价值，或者归结于交换价值的“质”，特别是货币形式（重商主义），或者归结为交换价值的量（自由贸易贩子），都忽略了对于价值的“本性”亦即“价值性质”的分析。其实，这些都不过是价值的外在表现形式，而不是价值本身。而商品的“价值性质”，则又是由商品生产的社会形式所赋予商品的一种被扭曲了的历史表现而已。

二是从商品内在矛盾发展的角度指出了价值形式就是商品内在矛盾的外在表现。也就是，“这样，潜藏在商品中的使用价值和价值的内部对立，就通过外部对立，即通过两个商品的关系表现出来了”。“所以，一个商品的简单的价值形式，就是该商品中所包含的使用价值和价值的对立的简单表现形式”。

三是商品形式的发展同价值形式的发展是一致的。价值形式的发展反映了商品经济的发展和生产的水平。

四是指出了从简单的价值形式向扩大的价值形式过渡的必然性。从形式本身的角度看，简单价值形式也显然是不充分的、不成熟的。商品麻布的价值仅仅表现在上衣上，仅仅是使麻布同上衣发生交换关系，而不是表现麻布同其他一切商品的质的相同和量的相等。

〔难点试解〕

1. “商品的价值对象性”(第 2 段)

商品的价值对象性，通俗的说法就是：商品的价值实实在在的客观存在性，也就是它的客观存在。商品的价值是抽象的人类劳动的凝结，这是实实在在的客观事实，是毫无疑义的。但是商品的这种价值性质却不能直接表现出来，它必须通过同别的商品的价值关系才能表现出来。它同商品体本身的可以感觉到的客观存在正好相反，在价值的客观存在中没有一点物质的东西可以感觉到。所以，单独地考察每个商品，不管你怎样把它颠来倒去，它的价值总是不可捉摸的。

2. “我们要做资产阶级经济学从来没有打算做的事情。”(第 3 段)

对价值形式的科学分析，是马克思的劳动价值学说的一个重要内容。通过这一分析，揭示出货币的起源及其本质，从而搞清楚了资本产生的历史前提。资产阶级经济学从来就回避这个重大的理论问题，不愿意研究价值形式及其发展过程。重商主义学派虽然很早就提出过交换价值的问题，但它只注意交换价值的量的方面。古典经济学派的根本缺点之一，就是它始终不能从商品的分析，特别是商品价值的分析中，发现那种正是使价值成为交换价值的价值形式，它的主要代表人物亚当・斯密和李嘉图，都把价值形式看成是一种完全无关紧要的东西，或在商品本性之外存在的东西。马克思第一次做了资产阶级经济学从来没有打算做的事情，获得了自亚里士多德以来两千多年间人类智慧在这方面进行探讨的努力所未得到的光辉成果。

3. 在“相对价值形式的内容”一小节中，马克思一连用了四个比喻，如何理解这四个比喻？

（1）用“穿上镶金边的上衣”比喻上衣只是在交换关系中才是价值的存在形式。在交换关系之外，上衣只不过是普通的一般的使用价值上衣。

（2）用“国王”、“陛下”和臣民的关系比喻麻布的价值关系。A代表麻布，B代表上衣，陛下代表价值，国王代表处于等价形式上的商品。整个的意思是，如果在麻布（A）看来，它的价值（陛下）不表现在上衣（B）这个物的形式（仪表）上，因而上衣不具有麻布所要交换的那些等价物的形态（国王的容貌），麻布就不会把上衣当作自己的价值来看待（A就不会把B当作陛下）。

（3）用基督徒的羊性比喻麻布的价值性质，通过它和上衣（上帝的羔羊）相等而表现出来。

（4）在注（18）中，用“彼得”比喻麻布，用“保罗”比喻上衣，用“人这个物种”比喻“价值”。

4．“我们看到，一当麻布与别的商品即上衣交往时，商品价值的分析向我们说明的一切，现在就由麻布自己说出来了。不过它只能用它自己通晓的语言即商品语言来表达它的思想。”（第19段）

这里分析的价值和交换价值的关系，同第一、二节里关于价值的分析是紧密联系的。在前两节中是通过对商品的两个因素和体现在商品中的劳动二重性的分析来直接得出价值、价值实体的规定的。这里则是通过商品与商品的价值关系这种外在的形式，把前两节中所分析过的使用价值与价值的矛盾、具体劳动与抽象劳动的矛盾，以及价值的质和量，用“商品语言”（实际是商品之间的关系）说（表现）出来了。

5．关于相对价值形式的量的规定性和前两节关于价值量的分析的联系。

在第一、二节中都曾分析过价值量，明确了价值量是由社会必要劳动时间决定的。这里，从两种商品的价值关系中，即从两种商品相互对立的运动中，进一步分析了相对价值量的变化，说明相对价值的量的变化与价值量的实际变化不能绝对的、也不能完全准确的相一致。

B. 总和的或扩大的价值形式

（1）扩大的相对价值形式

在扩大的价值形式上，处于相对价值形式方面的商品，例如麻布的价值，表现在无数的、能同它直接交换的商品上。它的价值表现范围扩大了。这样，麻布的价值才真正表现为无差别的人类劳动的凝结。而织麻布的劳动第一次被看作同其他任何一种劳动相等。现在麻布不再是只同另一种商品发生社会关系，而是同整个商品世界发生社会关系。由于麻布的价值无论表现在何种商品上都并不改变麻布自身的价值，所以两个单个商品占有者之间的偶然关系消失了。显然，不是交换调节商品的价值量，而是相反，商品的价值量调节商品交换的比例。

(2)特殊等价形式

在扩大的价值形式上，每一种商品，如上衣等等，都在麻布的价值表现中充当等价物。所以，每一种商品的一定的自然形式，现在都成为一个特殊的等价形式与其他许多特殊等价形式并列。

(3) 总和的或扩大的价值形式的缺点

从相对价值形式方面看它的缺点是：第一，商品的相对价值表现是未完成的，每当新出现一种商品，就有一个价值等式；第二，同一个商品价值的不同价值表现之间互不关联；第三，每一种商品的价值表现都是这样的无穷无尽的系列。从等价形式方面看：每一种等价商品的自然形式都是一个特殊的等价形式，它们互相排斥；同时，每一特殊的等价商品所包含的具体劳动，又都是人类劳动的特殊表现形式，人类劳动还没有统一的表现形式。

C. 一般价值形式

(1)价值形式的变化了的性质

在一般价值形式上，各种商品有了一个共同的一般等价物，各种商品价值都表现在充当一般等价物的唯一的商品上，都表现在统一的商品上。它们的价值形式是简单的、共同的，因而是一般的。

一般价值形式和前面两种形式比起来，发生了性质上的变化：

现在，一般价值形式使商品世界的价值表现在同一种商品(例如麻布)上，使一切商品的价值都通过它们与麻布等同而表现出来。每个商品的价值作为与麻布等同的东西，不仅同它自身的使用价值相区别，而且同一切使用价值相区别。正因为这样，才表现为它和一切商品共同的东西。因此，只有这种形式才真正使商品作为价值互相发生关系。

现在，一切商品，在与麻布等同的形式上，不仅表现为质上相同，表现为价值，而且同时也表现为在量上可以比较的价值量。

现在，麻布成了一般等价物，它能够同其他一切商品直接交换。它的自然形式是当作一般人类劳动的可以看得见、摸得着的化身。同时，“织”这种具体劳动也就成为一般人类劳动的一般表现形式。

(2) 相对价值形式和等价形式的发展关系

等价形式的发展只是相对价值形式发展的表现和结果。

价值形式发展到什么程度，它的两极的对立也就发展到什么程度：第一种形式已经包含着两极的对立，不过没有使对立固定下来，两极可以换位。在第二种形式中，两极的对立固定了，两极不能换位，这里只有一种商品处于相对价值形式上，而在等价形式上则有许多不同的商品存在，它们都只作为特殊等价物表现相对价值形式的商品价值，但不能表现自己的价值。在第三种形式上，两极互相排斥，因为一切商品都不能具有一般等价形式，才使一切商品获得一般相对价值形式；相反，充当一般等价物的商品不能具有一般的相对价值形式。可见，在一般等价形式上，两极的对立已经达到完成的地步了。

(3) 从一般价值形式到货币形式的过渡

一般价值形式克服了扩大价值形式的缺点，促进了交换的发展。起初一般等价物还没有完全固定地由某一种商品来充当，后来随着生产的发展，交换也进一步发展，这就要求有一种商品固定地充当一般等价物。自从这种商品从商品世界中排挤出来，商品世界的统一的相对价值形式，才获得客观的固定性和一般的社会效力。于是等价形式同这种特殊商品的自然形式社会地结合在一起，从而成为货币商品执行货币的职能。在商品世界起一般等价物的作用就成了它特有的社会职能，从而成了它的社会独占权。有一种商品在历史过程中夺得了这个特权地位，这种商品就是金。金独占着一般等价物的特权地位时，一般等价形式便过渡到货币形式。

D. 货币形式

货币形式和一般价值形式没有本质区别，只是金代替麻布取得了一般等价形式。金能够作为货币与其他商品相对立，只是因为它早就作为商品与它们相对立。

一种商品在已经执行货币商品上的简单的相对的价值表现，就是价格形式。简单的商品形式是货币形式的胚胎。

4. 商品的拜物教性质及其秘密

〔内容提要〕

1. 商品的拜物教性质(第1—4段)

前三节对商品的分析表明,商品是一种很古怪的东西,是一个可感觉而又超感觉的东西。

商品的这种神秘性质,不是来源于使用价值,也不是来源于构成价值实体的人类劳动。这种神秘性质来自商品形式本身。劳动产品一旦采取了商品的形式,就具有神秘性质:明明是人类劳动,却要表现为价值;明明是用劳动时间计算的劳动量,却要表现为价值量;明明是人与人的关系,却要表现为物与物的关系。

可见,商品形式的奥秘不过在于:商品形式在人们面前把人们本身劳动的社会性质,反映成为劳动产品的物的性质,反映成这些物的天然属性,从而把生产者同社会总劳动的关系反映成存在于生产者之外的物与物之间的社会关系。由于这种转换,商品成了一种可感觉而又超感觉的物或社会的物。但其实这只是人们自己的一定的社会关系,但它在人们面前采取了物与物的关系的虚幻形式。马克思拿宗教来作比喻,指出:正如在宗教中人脑的产物(神)表现为赋有生命的、彼此发生关系并同人发生关系的独立存在的东西一样,在商品世界中,人手的产物(商品)也是这样的。马克思把这叫做商品拜物教。

2. 商品拜物教来源于生产商品的劳动所特有的社会性质(第5—10段)

(1) 在私有的商品制度下,劳动的社会性质要通过产品交换才能表现出来,因此人与人的关系表现为物与物的关系。

在以私有制为基础的商品制度下,劳动是私人的事,是彼此独立进行的私人劳动。产品是私人劳动的产品。但在实行社会分工的社会生产过程中,私人劳动又是社会总劳动的一个组成部分,劳动具有社会性质,是社会劳动。分工使得生产者彼此都为对方劳动。可是,私人劳动的这种社会性质,不能在生产过程中直接表现出来,只能通过产品交换表现出来。因此,在商品生产者面前,他们的私人劳动的社会关系不是表现为他们在自己的劳动中的直接的社会关系,而是表现为人们之间的“物的关系”和物与物之间的“社会关系”。

(2) 在商品生产的条件下，私人劳动的二重社会性质被表现在商品的二重社会形式中。

私人劳动真正取得了二重的社会性质，只是在交换十分发达的时候。从那时起，一方面私人劳动必须作为有用劳动制造对社会有用的产品满足社会需要，来证明它们是社会总劳动的一部分；另一方面只有每一种有用的私人劳动可以同任何别的私人劳动相交换从而相等时，生产者的私人劳动才能满足自己的多种需要。而私人生产者的头脑把他们的劳动的这种二重社会性质，只是反映在从实际交易中表现出来的那些形式中。也就是，把私人劳动的社会有用性反映在产品本身必须有用，而且是对别人有用的形式中；把不同种劳动的相等这种社会性质，反映在劳动产品具有共同的价值性质中。

可见，人们使他们的劳动产品当作价值发生关系，不是因为他们已经意识到了这些物只是作为同种的人类劳动的物质外壳，恰恰相反，他们没有意识到这一点，但是他们在交换中实际上这样做了。后来，随着资产阶级古典经济学的诞生，在科学上才发现了价值不过是生产商品时耗费的人类劳动的物的表现。但是，这一发现并未消除劳动的社会性质的物质外观。因此，彼此独立的私人劳动的独特的社会性质在于它们作为人类劳动而彼此相等，并采取劳动产品的价值性质的形式——商品生产这种特殊社会形式才具有的特点，在受商品生产关系束缚的人们看来，是永恒的。

(3) 价值量由劳动时间决定这一秘密的发现，没有消除价值量的决定所采取的物的形式。

产品交换者实际关心的，首先是产品按什么样的比例交换。当这些比例由于习惯而逐渐达到一定的稳固性时，这些比例就好像是由产品的本性产生的。价值量的变动是不以交换者的意志为转移的，在交换者看来，他们自己互相交换劳动的社会运动，具有物的运动形式，不是他们控制这一运动，而是他们受这一运动控制。后来，价值规律的发现，消除了价值量是偶然决定的这种假象，但却绝没有消除这种决定所采取的物的形式。

(4) 价值的货币形式先于人们对它的内容和性质的了解，就已经取得了社会生活的自然形式的固定性。它用物的形式完全掩盖了私人劳动的社会性质和私人劳动者的社会关系。

人们对价值形式的探索，是从它的完成形式即货币形式开始的。价格是价值的货币表现形式。因此，只有商品价格的分析才导致价值量的决定，只有商品共同的货币表现才导致商品的价值性质的确定。但是，正是商品世界的这个完成的形式即货币形式，用物的形式掩盖了商品生产者的社会关系。

3. 在非商品生产的生产方式下，不存在商品拜物教（第 11－15 段）

(1) 在孤岛上的鲁滨逊那里，不存在商品拜物教。

马克思首先讲到资产阶级经济学喜欢谈论的鲁滨逊故事，指出生活在孤岛上的鲁滨逊，完全根据自己的生活需要生产各种有用物。他和他的产品之间的全部关系是简单明了的，并无任何神秘之处。他的产品不成为商品，不存在商品拜物教。但是，价值的一切本质上的规定都包含在这里了。

(2) 在以人身依附关系为基础的封建社会里，也用不着商品拜物教。

其次讲到中世纪的封建生产方式。在这里，物质生产的社会关系都是以人身依附为特征。正是因为人身依附关系构成这个社会的基础，劳动和产品也就用不着采取与它们的实际存在不同的虚幻形式。在这里，劳动的自然形式，劳动的特殊性，就是劳动的直接社会形式，而不像在商品生产的基础上那样，只有劳动的一般性才是劳动的直接社会形式。例如农奴对领主提供徭役劳动和缴纳贡赋，都是以劳动的自然形式作为它的直接的社会形式。农奴为领主服劳役，表现了农奴对领主的人身依附的个人关系，而没有披上物之间即劳动产品之间的社会关系的外衣。

(3) 农民家庭内部的关系中也不存在商品拜物教。

自给自足的农村家长制生产，一切生活资料都由家庭成员的劳动来生产，都不是商品，所以不存在商品拜物教。

(4) 设想的一个自由人联合体中的情况。

最后，马克思为了进一步说明问题而设想了一个自由人联合体。设想在这个自由人联合体中，生产资料是社会公有的，人们自觉地把个人劳动力当作社会劳动力来使用。一切产品都是社会的产品，其中一部分用作生产资料，这一部分仍然是社会的；一部分给社会成员个人消费。每个生产者在生活资料中取得的份额，是由他们的劳动时间来决定的。这样，劳动时间就起着双重作用：一方面劳动时间的社会的有计划的分配，调节着各种劳动职能同各种需要的适当的比例；另一方面劳动时间又是计量生产者个人在共同劳动中所占份额的尺度，因而也是计量生产者个人在共同产品的个人消费部分中所占份额的尺度。人们同他们的劳动和劳动产品的社会关系，在生产上和分配上都是简单明了的，没有什么神秘。

4. 商品拜物教与商品生产和宗教的历史发展关系，以及商品拜物教消除的条件(第 16 段)

商品拜物教是商品制度的必然产物。在古亚细亚的、古希腊罗马的等等生产方式下，商品生产处于从属地位，商品拜物教不可能是占主导地位的社会意识。在资本主义生产方式下，商品生产占统治地位，商品拜物教成为适应它的基础的普遍的社会意识，如同基督教在资产阶级社会是最适当的宗教形式一样。只有当商品制度消灭的时候，只有当共产主义到来的时候，商品拜物教观念才会消失。但是，这需要有一定的社会物质基础或一系列物质生存条件，而这些条件本身又必须经过长期的、尖锐激烈的社会主义革命逐渐产生。

5. 资产阶级经济学与商品拜物教观念(第 17—23 段)

古典政治经济学曾分析了价值和价值量，揭示了这些形式所掩盖的内容。但是，它从来没有提出过为什么劳动表现为价值，为什么用劳动时间计算的劳动量表现为价值量等问题。这是因为它把资本主义制度看成是永恒的，把价值和价值量等经济范畴也看成是不变的。

一些资产阶级经济学家居然争论起自然物质在交换价值形成中有什么作用。这是十分荒谬的问题。交换价值并不包含任何自然物质。

还有些资产阶级经济学家，如货币主义者把金银说成是天然货币，重农主义者硬说地租是土地产生的。

甚至有人说："价值是物的属性，财富是人的属性。"这真是商品拜物教观念的颠倒黑白的典型。

〔难点试解〕

1. "但是桌子一旦作为商品出现……奇怪得多的狂想"(第 1 段)

马克思在这里用桌子作比喻，并且说它自动跳舞，是有历史背景的。桌子跳舞是在 19 世纪 50 年代初，欧洲各国的 1848 年革命被镇压下去以后，在封建贵族中间流行的一种"转桌子"的迷信活动(类似我国旧社会的请扶乩的迷信活动)。桌子跳舞当然是不可思议的。马克思用这种迷信来说明商品的神秘性质像桌子跳舞一样难以理解。但是对这些神秘现象，只要把它同社会生产关系联系起来加以剖析，就能够暴露出它的真相。马克思在本节对商品拜物教的深刻的科学分析，彻底地暴露了商品神秘性的真相。

2．“价值还把每个劳动产品转化为社会的象形文字”(第 8 段)

现在许多国家都采用拼音文字，习惯用拼音文字的人，对象形文字觉得难懂。人们对劳动产品本来容易理解，懂得它是人们劳动制造出来的，也懂得用劳动时间去计算制造一件产品所耗费的劳动。可是劳动产品采取价值形式(即变成商品)以后，人们对它反而觉得难懂了，就像象形文字一样难懂。

3．“后来科学发现……划了一个时代”(第 8 段)

资产阶级古典经济学在 17 世纪中叶发现价值是劳动创造的，改变了 15 世纪以来重商主义学派所持的商品只有换成金银货币才有价值的观点，因而在经济学的历史上划了一个时代。

4．“生产这些产品的社会必要劳动时间作为起调节作用的自然规律强制地为自己开辟道路……”(第 9 段)

本书中用的“自然规律”是客观规律的意思，不是自然界的规律的意思。这段话里的“自然规律”是指价值规律。价值规律是不以人的意志为转移的客观规律。每个生产者的商品，不管它耗费了多少私人劳动时间，他的商品的价值量，只能由生产这种商品所必需的平均的社会必要劳动时间来决定。社会必要劳动时间调节各种商品交换的比例。这种调节作用强制人们服从它，就像房屋倒在人的头上时人们无法抗拒重力定律的作用一样。因此价值规律是一个隐藏在商品交换比例变动后面的秘密。

第二章 交换过程

〔前　　言〕

这一章是第一章的直接继续。

前章第四节分析了在商品制度下人与人的社会关系表现为物与物的关系，人格的对象化。这章分析物的人格化，经济关系的人格化，人们作为经济关系的承担者而彼此对立。物的人格化和人格的对象化的对立，是商品内在矛盾。

前章分析了使用价值和价值、有用的私人劳动和抽象的人类劳动的对立的各个侧面，阐明了各个侧面的基本特点。马克思说："到此为止，商品是从使用价值和交换价值这两方面来考察的，每次考察一面。可是，作为商品，它直接是使用价值和交换价值的统一；同时，它只有在同其他商品的关系中才是商品。商品相互间的实际关系，是它们的交换过程。"①

这一章便是从商品矛盾的整体上，分析商品矛盾的现实运动和商品之间的现实关系，阐明商品内在矛盾必须转化为商品和货币之间的外部对立，从而阐明在交换过程中商品矛盾的解决。马克思说："商品的交换过程，应该既是这些矛盾的展开，又是这些矛盾的解决。"②

前章第三节，从价值形式的发展说明了货币的起源和本质，从理论上论述了货币是价值形式发展的必然产物，是价值表现的完成形式。这一章则从交换历史的发展和货币作为交换的媒介的角度说明货币的起源和本质，从交换的历史过程，论述货币是交换发展的必然结果。马克思说："交换过程同时就是货币的形成过程。"③

为什么要花气力去查清楚货币的起源和本质呢？因为货币的起源和本质问题关系到资本产生的历史前提和逻辑前提。不搞清货币的来源，便看不到资本的历史源头，便不能证明资本主义生产方式的历史暂时性，便不能击破资产阶级的"资本主义制度永恒论"。

〔内容提要〕

1. 商品矛盾运动和交换过程的矛盾(第1—8段)

(1) 商品关系是商品占有者的社会关系

商品关系在现实生活中不过是商品拥有者的社会关系。因为商品是人生产出来的物，为人所占有，体现着人的意志。商品的交换只是商品占有者之间的交换关系，他们互相承认是私有者。可见，人的交换行为乃是一种反映经济关系的意志关系或法权关系。

(2) 商品的矛盾运动

既然商品不能脱离它的占有者，那么商品矛盾必定表现为商品

---

① 《马克思恩格斯全集》第31卷，北京，人民出版社，1998年，第2版，第434页。

② 《马克思恩格斯全集》第31卷，北京，人民出版社，1998年，第2版，第437页。

③ 《马克思恩格斯全集》第31卷，北京，人民出版社，1998年，第2版，第445页。

占有者的对立。

就商品本身来说，每一种商品都可以把别种商品当作自己的价值表现形式，都可以按照适当的比例来同任何别的商品交换。但是，商品占有者则只用对他来说是非使用价值(对他无用)的商品，同别人手中的对他是使用价值(对他有用)的商品交换。只根据自己的需要和可能来交换。而一切商品对它们的占有者是非使用价值，对它们的非占有者是使用价值。这样，商品就必须转手，而交换使商品彼此作为价值发生关系并作为价值来实现。可见，商品在能够作为使用价值实现以前，必须先作为价值来实现。另一方面，商品在能够作为价值实现以前，必须证明自己是使用价值。但是，它是不是使用价值，只有在交换中才能得到证明。

(3)交换过程的矛盾。商品转化为货币

商品矛盾表现为交换过程的矛盾。

每个商品占有者都想让出自己的商品，换回自己需要的别人的商品，每个商品占有者又都想把自己的商品作为价值来实现，而不问别人是否需要他的商品。这样，交换过程既是个人的过程，又是社会的过程。但是同一过程不可能同时对一切商品占有者只是个人的过程，同时又只是一般社会的过程。

在上述情况下，出现了前面在论述扩大的价值形式时所讲到的困难：在那里，没有一种商品是一般等价物，商品不具有一般的相对价值形式；它们不是作为商品而是作为产品互相对立。商品占有者为了解决他们的困难，为了使他们的产品转化为商品，他们自发地使自己的商品同作为一般等价物的别种商品相对立。但是，只有社会的活动才能使一种特定商品成为一般等价物。因此，其他一切商品的社会的行动使一种特定商品分离出来，通过这种商品来全面表现它们的价值(这就是前面在论述一般的价值形式时讲到过的情况)。由于这种社会过程，充当一般等价物就成为被分离出来的商品的特殊社会职能。这种商品就成为货币。

由扩大的价值形式发展到一般的价值形式之后，有了一般等价物，商品价值得到了统一的表现，各种劳动产品事实上转化成商品。交换的扩大，使商品内在的使用价值和价值的对立发展起来。为了交易，需要这一对立在外部表现出来，这就要求商品价值有一个独立的形式。商品和货币分裂以后，便得了这个独立形式。可见，随着劳动产品转化为商品，商品就以同一程度转化为货币。

2. 货币交换过程的必然产物。交换发展的历史过程也是货币

产生的过程(第 9—11 段)

货币不仅是价值形式发展的必然产物,同时,也是交换发展的历史过程的必然产物。因为价值形式的发展是交换发展历史过程的反映。所以,这里还要从交换发展的历史过程分析货币的起源。

在直接的产品交换或物物交换的时候,用于交换的产品一方面有了简单的价值形式,另一方面则还不具有这种形式。因为交换的产品还不是商品。交换也还只在原始社会之间进行,后来才逐渐发展到公社内部。交换的比例也纯粹是偶然的。随着交换发展成为经常的社会过程,便有一部分产品是有意为了交换而产生的。这部分产品的使用价值同它们的价值分离开来。它们相交换的量的比例也就开始由生产它们的劳动量来决定,习惯把它们作为价值量固定下来。

交换进一步发展,加入交换过程的产品数量和种类增加了。在直接的产品交换中存在着的困难也增加了。问题和解决问题的手段同时产生。现在,需要有一个独立的价值形式。这就是问题所在。但正由于交换的产品增多了,种类也增加了,其中逐渐分离出一种商品充当其他各种商品的等价物。不过这还只在狭小的范围内,而且不是固定的。

随着交换突破地方的限制,一般等价物便固定在贵金属上,于是产生了货币。

3. 批判资产阶级的货币"名目论"和"金属论"。货币拜物教(第12—17 段)

马克思曾说过:"金银天然不是货币,但货币天然是金银。"这句话已为金银的自然属性适于担任货币的职能而得到证明。第一,金银无论怎样分成小块,每一块都是均质的,它是价值的适当的表现形式。第二,金银既可以分为小块,也可以熔合为一整块,而不影响其质量,这使它适合于同大小不等的价值量相比较。

货币商品的使用价值二重化了。除了它作为商品具有特殊的使用价值以外,它又取得了一种由它的独特的社会职能产生的形式上的使用价值,亦即作为货币的使用价值。

货币是商品,但它现在却成了与其他一切特殊商品相对立的一般商品。其他一切商品只是货币的特殊等价物,而货币是它们的一般等价物。

前面讲过,货币形式只是其他一切商品的关系固定在一种商品上的反映。交换过程给予货币商品的不是价值,而是它的特殊的价值形式。有些资产阶级经济学家由于混淆了价值和价值形式，错误地认为金银的价值是想象的，货币是一种单纯符号。他们否定货币也是商品，否定货币本身具有价值。另一些资产阶级经济学家承认货币是商品，但是他们不了解商品是怎样、为什么、通过什么成为货币的。他们认为金银天然是货币。他们只注意到货币本身的价值，而不了解它们的价值量不会自己表现出来。

——

前面讲过，货币作为一般等价物的职能是商品交换的社会职能。可是，人们却把它看成是货币天然具有的属性。一种商品成为货币，似乎不是因为其他商品都通过它来表现自己的价值，相反，似乎因为这种商品是货币，其他商品才都通过它来表现自己的价值。好像金和银一从地底下开采出来，就是一切人类劳动的直接化身。货币拜物教就是由此产生的。货币拜物教的谜就是商品拜物教的谜，只是更加明显了。

货币拜物教在资产阶级世界表现得十分明显。资产阶级"使人和人之间除了赤裸裸的利害关系，除了冷酷无情的'现金交易'，就再也没有任何别的联系了。"它甚至把家庭关系也"变成了纯粹的金钱关系。"①这种货币拜物教观念使人变成庸俗市侩，自私自利，愚昧粗野(参阅本书第704页注63)。在我们今天的社会主义社会里，也仍然存在着货币和货币拜物教。这是由我国现阶段的生产力水平决定的。但在利用商品和货币经济的同时，必须要用共产主义思想教育群众，认清货币的本质，使我们成为毛主席教导的"一个高尚的人，一个纯粹的人，一个有道德的人，一个脱离了低级趣味的人，一个有益于人民的人"②。

〔难点试解〕

1."这种法的关系或意志关系的内容是由这种经济关系本身决定的"。(第1段)

马克思在这里阐明了历史唯物主义关于经济基础和上层建筑的辩证关系。作为上层建筑的法的关系，是由经济关系决定的，私有权是由生产资料私有制决定的。蒲鲁东颠倒了这一关系，妄想保存资

① 《马克思恩格斯选集》第1卷，北京，人民出版社，1995年，第2版，第275页。

② 《毛泽东选集》第1卷，北京，人民出版社，1991年版，第660页。

本主义经济关系来改革资产阶级法权关系。现代一些资本主义国家的工党、社会党、社会民主党等挂着工人阶级招牌，贩卖蒲鲁东主义黑货，提出各种改良主义口号，欺骗工人群众，麻痹工人群众的革命斗志，达到保护资本主义制度的目的。

2.“同一过程不可能同时对于一切商品占有者只是个人的过程，同时又只是一般社会的过程。”(第 4 段)

在执行货币的一般等价物职能的商品尚未出现的商品交换中，每一个商品占有者都只想让渡自己的商品，来换取另一个具有能够满足他本人需要的使用价值的商品。就这一点说，交换对于他只是个人的过程。另一方面，他想把他的商品作为价值来实现，也就是通过他所中意的任何另一种具有同等价值的商品来实现，而不问他自己的商品对于这另一种商品的占有者是不是使用价值。就这一点说，交换对于他又是一般社会的过程。但是，想归想，能不能做到却是另一回事。这个商品占有者的这一“既只是个人过程、又是一般社会过程”的过程，对于另一个商品占有者来说，未必就同样也正好是这样的过程。你想用自己的商品交换对方的商品，对方不一定需要你的商品，也许需要别人的商品。所以，“同一个过程不可能同时对于一切商品占有者只是个人的过程，同时又只是一般社会的过程。”

3.“商品本性的规律通过商品占有者的天然本能表现出来。”(第 6 段)

商品本性的规律是指：商品作为价值而要求商品能够普遍地同任何其他另一种商品相交换的规律或法则。商品占有者的本能，是指他们不断地进行交换的本能。在这种本能式的不断的交换活动中，他们就逐渐地、无意识地而找到了一般等价物，然后进而把充当一般等价物的职能固定在了货币商品上。这样，商品本性的规律就通过商品占有者的交换活动(作为天然本能)而表现出来了。

4.“物一旦对外成为商品，由于反作用，它们在共同体内部生活中也成为商品。”(第 9 段)

由于共同体(原始公社)之间经常的互相进行商品交换，一方面使公社首脑或主持交换的专职人员有了积储私有财产的机会；另一方面促进了公社内部的分工，使一部分成员专门为交换而生产商品，他们的产品，甚至生产资料，逐渐变成他们的私有财产。这样，在公社内部出现了私有制和社会分工，因而不可避免地产生了公社内部的商品交换，产品也成为商品。马克思在这里所作的科学分析，也可以用来说明今天我国的商品交换。在我国，全民所有制企业的产品，要同集体所有制的生产单位的产品相交换，这种交换是商品交换。这样一来，在全民所有制内部相互交换的产品也就成为商品。

第三章　货币或商品流通

〔前　　言〕

马克思在第一章第三节和第二章，分别分析了作为等价形式和流通媒介的货币的起源及其本质。这一章论述货币的各种职能、形式和规定，同时阐明货币包含的各种矛盾。研究货币的职能和货币同时必须研究商品流通。因为货币本身就是与商品流通一起产生的。货币的各种职能，都离不开商品流通。货币的职能、形式和矛盾的发展，反映了商品流通发展的不同阶段。其中就货币的价值尺度职能来说，尽管在货币产生之前就已经有其他商品执行过这一职能了，但价值尺度和价格标准是以商品流通为前提的，在商品流通一开始便产生出来。作为流通手段的货币是商品流通的媒介，也是同商品流通一同产生的。由于商品流通的中断才出现货币贮藏。商品流通发展的较高阶段，发生了时间上的分离，因而产生支付手段。商品流通扩大为世界市场，便有了世界货币。可见，货币各种职能都跟商品流通不分，它们的作用都要在商品流通中发挥出来。

马克思在本章中分成三节来论述货币的五种职能，把一般政治经济学教科书中所说的货币的后三种职能归并一起作为一节，而以“货币”为标题。怎样理解马克思所作的这种安排呢？

价值尺度和流通手段是货币(金)和在一般价值形式下的等价物都具有的职能，是货币的一般基本的职能。其余三种职能则是货币(金)所特有的。它们都必须是实在的贵金属(只有在不触犯货币流通量规律的条件下才可以用纸币作代表)，而价值尺度和流通手段则曾经是羊、布帛、贝壳等等一般等价物。

正如马克思所指出的，作为价值尺度的金是观念的、想象的。作为流通手段的金，可以由货币符号来代替。但执行其他三种职能的金，则是本来意义的货币，即货币商品。并且，它们和价值尺度、流通手段是对立的。例如，贮藏手段是商品流通中断的结果；商品交换关系变成债权和债务关系，货币成了支付手段；在国内市场上，只有一种商品充当价值尺度，从而充当货币，而在世界市场上，占统治地位的是双重价值尺度，即金和银（见本章第3节）。可见，贮藏手段、支付手段、世界货币和价值尺度、流通手段之间存在着对立的关系。

1. 价值尺度

〔本节大意〕

价值尺度是货币（金）的第一个职能，它为商品世界提供表现价值的材料，使商品在质的方面相同，在量的方面可以比较。这样，它执行一般价值尺度的职能，并且首先是由于这个职能，金这个独特的商品才成为货币。货币作为价值尺度，是商品内在的价值尺度即劳动时间的必然表现形式。

商品在金上的价值表现是商品的货币形式或它的价格。但商品的这个货币形式或价格只是一种观念的形式，所以要表现商品的价值，也可以仅仅用想象的或观念的金。人们用金来估计数百万商品价值，实际上不需要用一分金子。例如，一吨铁的价值，无非是用想象中包含等量劳动的货币表现出来的。当然，这绝不是主观的任意想象。马克思说："商品并不是由于有货币才可以通约。恰恰相反，因为一切商品作为价值对象化的人类劳动，它们本身就可以通约。""在观念的价值尺度中隐藏着坚硬的货币。"

货币执行价值尺度的职能，要求有一个固定的计量单位。这个单位本身又要分成若干等分，如元、角、分。这种货币单位及其等分叫做价格标准。

价值尺度和价格标准是有区别的，不能混为一谈。作为价值尺度货币是代表一定量的社会劳动，用来衡量其他商品的价值；作为价格标准，货币是代表一定量的金属重量，用来衡量货币金属本身的重量。但是二者又是密切联系着的，价格标准以价值尺度为前提，价值尺度通过价格标准得到具体表现。

金的价值变动不会妨碍金执行价格标准的职能。同样，金的价值变动也不会妨碍金执行价值尺度的职能。

商品的价格是商品价值的货币表现，是商品的相对价值的一种形式（即把商品价值相对地表现在货币上），所以货币金属本身必须是劳动产品和具有价值。商品价格的决定和变动，也要受简单相对价值表现的规律制约，即商品的价格是由商品的价值和货币的价值二者变动的关系来决定。商品价格只有在货币价值不变、商品价值提高时，或在商品价值不变、货币价值降低时，才会普遍提高。反之，商品价格只有在货币价值不变、商品价值降低时，或在商品价值不变、货币价值提高时，才会普遍降低。所以不能无条件地说：货币价值提高，商品价格必定相应降低；货币价值降低，商品价格必定相应提高。

价格是对象化在商品内的劳动的货币名称。一个商品的相对价值表现，总是两个商品等价的表现。所以，说商品同被称为它的价格的那个货币量等价，不过是同义反复。但是，虽然价格作为商品价值量的指数，是商品和货币的交换比例指数，然而这两种指数互相之间，并非总是一致的。决不能反过来说，价格作为商品同货币的交换比例的指数，必然也是商品价值量的指数。因为价格和价值在量上有发生偏离的可能，其原因在价格形式本身。这是因为，表现在价格形式上的商品和货币的交换比例，是受着复杂因素的影响而发生变化的。在价格形式上的商品和货币的交换比例，有时可以实际地表现商品的价值量，有时又可以表现为与商品价值量或大或小的偏离。这种现象并不是价格形式的缺点，相对的，却使价格形式成为适合于以私有制为基础的商品生产方式的适当形式。在这种生产方式下，存在着竞争和无政府状态。所以，价值规律只能作为没有规则性的目的起作用的平均数规律来为自自己开辟道路。

价格和价值不仅可以在量上偏离，还存在着质的矛盾，以致货币虽是商品的价值形式，但价格却可以完全不是价值的表现。如一些东西并不是商品（处女地、名誉、良心等）却具有价格形式。

〔难点试解〕

1.“虽然价格作为商品价值量的指数，是商品同货币的交换比例的指数，但不能由此反过来说，商品同货币的交换比例的指数必然是商品价值量的指数。”（第 18 段）

价格从形式上来讲，总是商品同货币的交换比例的指数。例如 10 尺布的价格为 10 元。这个价格便是 10 尺布商品和 10 元货币的交换比例指数。价格从内容来讲，它是商品价值量的货币表现，在这个意义上，价格又是作为商品价值量的指数。例如 10 尺布凝结了 100 小时劳动，10 元货币也凝结了 100 小时劳动，所以“10 元”这个价格，就其内容讲，是指商品的价值是等量的 100 小时对象化劳动

（价值量）。所以，当形式和内容一致的时候，也就是价格准确反映价值的时候，商品同货币交换比例的指数和商品价值量的指数是一致的。但是，当形式和内容不一致的时候，或者说，当价值和价格背离的时候，商品同货币交换的比例的指数（即价格）与商品价值量的指数（价格所代表的劳动时间）便不一致。既然价格可能背离价值，所以不能反过来说，商品同货币的交换比例的指数必然是商品价值量的指数。

2.“在这种生产方式下，规则只能作为没有规则性的盲目起作用的平均数规律来为自己开辟道路。”（第18段）

在一大群相互联系的变数中，即使每一个变数的变动都是偶然的、盲目无规则的，但它们的总体却有一个共同的必然变动。这个必然性或规则性表现在这群变数的平均数上面。每一个变数对平均数都有一个离差，或大于平均数，或小于平均数。但这些偶然性离差在它们的总和中互相抵消，从而证明它们运动的中心是平均数。这就是统计学上的平均数规律。

就价值和价格的规律（即规则）来讲，价格作为价值的表现形式，当然是越能准确地表现商品的价值就越与它的概念相一致。因此作为一个规则，它要求等价交换，即要求价格和价值相符。但是，正如马克思在《哥达纲领批判》中曾指出的：“在商品交换中，等价物的交换只是平均来说才存在，不是存在于每个个别场合。”①在本书第四章的注37中，马克思还进一步写道：“市场价格的不断波动，即它的涨落，会互相补偿，彼此抵消，并且还原为平均价格，而平均价格是市场价格的内在基准，……平均价格并不像亚·斯密、李嘉图等人所认为的那样，直接与商品的价值量相一致。”就是说，即便平均价格，也并不就是商品的内在价值量，而只是趋向于价值量的。可见，虽然价格形式是商品价值量的货币表现，但如果把价格与价值相一致看作一个规则的话，则只能通过作为没有规则性的盲目起作用的价格的平均数规律来为自己开辟道路。

---

① 《马克思恩格斯选集》第3卷，北京，人民出版社，1995年，第2版，第304页。

2. 流通手段

(a)商品的形态变化

〔内容提要〕

流通手段是货币的第二个职能。这个职能是在商品流通和商品形态变化中产生的,因此需要分析商品形态变化。商品形态变化是商品矛盾运动的形式。

1. 商品的形态变化(第1—8段)

前面已讲过,商品包含着使用价值和价值的矛盾,商品的交换过程包含着个人过程和社会过程的矛盾。商品的发展,商品交换过程的发展,并没有扬弃这些矛盾,而是创造这些矛盾能在其中运动的形式,一般说来,这就是解决实际矛盾的方法。

商品的交换过程,从使用价值的转手来看,不过是一种社会的物质交换。但我们在这里要考察的只是为社会的物质变换作媒介的商品形态变化。

交换过程使商品内在使用价值和价值的对立,转化为外部的对立,即商品和商品之间的对立。货币出现以后,便转化成商品和货币的对立。从商品方面来说,它实际上是使用价值,它的价值只是观念地表现在价格上,价格使商品同金发生关系,把金当作自己的实际的价值形态。从货币方面来说,金充当货币,它实际上是交换价值。它的使用价值观念地表现在相对价值表现的系列上,并通过这个系列同商品发生关系,把它们当作自己的实际使用形态的总和。商品的这种对立的形式,就是它们的交换过程的实际的运动形式。

马克思用麻布和圣经两种商品的买卖过程来说明商品形态变化的具体过程,指出商品交换过程是在两个互相对立、互为补充的形态变化中完成的:从商品转化为货币,又从货币转化为商品。这一形态变化,如果从商品占有者的行为来看,那就是卖和买,用图式来表示,就是W—G—W。

2. W—G卖(第9—13段)

W—G是商品的第一形态变化,是商品的出售。商品价值从商品体跳到金体上,这是商品的惊险的跳跃。这一跳如果不成功,摔坏的不是商品,而是商品占有者。为什么这是惊险的跳跃呢?因为它会遇到种种障碍:第一,他的产品可能被新的产品排挤掉,也可能被他的竞争者抢先出售,满足了社会需要。于是他的产品便卖不出去,成了过剩的、多余的、无用的。这一来,他的产品就未必是使用价值。第二,假定他的产品是使用价值。但是,生产这种产品的社会必要劳动时间也许已经减少了,而他则仍旧耗费了先前那么多的劳动时间。这一来他的私人劳动便不能完全转化为社会劳动。第三,假定他的产品和别人的同种产品一样,都只包含社会必要劳动时间,但是,市场的需求也许已经减少了,价格随之下降,结果也像每个生产者在生产该商品时所耗费的个人的劳动时间超过社会必要劳动时间一样,他的一部分劳动得不到实现。

以上情况说明:分工使商品转化为货币成为必然的,同时,分工又使这种转化能否成功成为偶然。在这里,我们假定交换是正常地进行的。只要商品不是卖不出去,那就总会发生商品的形式变换的。

商品的形式变换是怎样的呢?我们在流通领域可以感觉到的现象是商品(如 20 码麻布)和金(如 2 镑),二者互相交换。这里,商品是同它自己的一般价值形态交换,充当使用价值的麻布实现为价值。金是同它的使用价值的特殊形态交换,充当价值的金转化为使用价值。这里,麻布的价格是 2 镑金(想象的金),通过麻布的让渡,把这个想象的金吸引出来。因此,麻布的观念的价值形式的实现,就是金的观念的使用价值的实现,商品转化为货币,同时货币转化为商品。卖就是买。

然而,这里的货币是从哪里来的呢?它有两个来源:一是货币占有者自己的劳动产品,他自己生产的金;一是他用商品换来的。在前一种场合,金在第一次交换中是当作商品同别的商品相交换,但是从此以后,他在商品占有者手里总是执行货币的职能,变成商品的转换形式,是卖的产物。金能够成为实在的货币,是因为商品通过它们的全面让渡使金成为它们的实际转换的使用形态,从而使金成为它们的实际的价值形态。在后一种场合,假定织麻布者让渡他的商品而取得的两磅金是一担小麦的转化形态,卖者卖麻布的 W—G 同时就是买者买麻布 G—W。全过程以货币 G 为媒介,表现为 W—G—W。可见,一个商品的第一形态变化,同时总是另一个商品的相反的第二形态变化。

3. G—W 买(第 14—15 段)

G—W 是商品的第二形态变化。这一变化比前一变化要顺利些,因为货币是其他一切商品的转换形态,是绝对可以让渡的商品。

由于货币是一切商品的一般等价物，它便能够把自己反映在一切商品体上。同时，价格又表明货币可以转化的限度，即指明货币本身的量。在这个限度内，它可以同任何商品相交换，以实现第二形态变化。

一个商品的第二形态变化，同时又是另一商品的第一形态变化，买者的买同时就是卖者的卖。商品占有者的需要是多方面的，所以一种商品的最终形态变化，就是许多其他商品的第一形态变化的总和。

4. 商品的总形态变化。商品流通(第16—23段)

一个商品的总形态变化由两个互相对立、互相补充的运动，即由W—G—W所组成，并通过两个商品占有者的买和卖的行动来实现。商品占有者充当买者和充当卖者这两个角色是不固定的，在商品流通中经常由人们交替扮演。在商品形态变化的全过程中，包含四个极和三个登场人物。它的两个相反的运动阶段组成一个循环：商品形式，商品形式的抛弃，商品形式的复归。货币先表现为商品转化成的固定的价值结晶，然后又作为商品的单纯等价形式而消失。每一个商品的形态变化系列所形成的循环，同其他商品的循环不可分割地交错在一起。这全部过程就表现为商品流通。

商品流通不仅在形式上，而且在实质上不同于直接的产品交换。商品流通是以货币为媒介的。货币把各个商品的形态变化的相互交错的循环系列连成不断的长流。物物交换是没有货币存在的，交换以后，运动便终结，每次的卖同时也就是买。商品流通打破了物物交换的个人和地方的限制，发展了人类劳动的物质变换，同时使交换发展成为交换当事人不能控制的广阔的社会联系。

资产阶级经济学有一种最愚蠢不过的教条，即买卖平衡论。这一教条硬说卖者会把自己的买者带到市场上来。按照这种谬论，仿佛只要有卖家就会有买家，买卖总是平衡的，不会发生商品卖不出去的危机。

马克思彻底批判了这种谬论，指出，假若把买和卖的同一性作为买家和卖家两个人的相互联系来看，买和卖是同一个行为；但作为同一个人的活动来看，买和卖是两极对立的两个行为。因此，买和卖的同一性包含两重意思：一是如果商品被投入流通过程，没有转化为货币，商品便成了废物；二是如果商品转化为货币的过程得以实现，商品被买家买去，商品完成了第一次形态变化，它有了一个休止点，卖家卖了可以暂时不买，这表明买和卖的对立。商品流通打破了物物交换的时间、空间、个人的限制，因此，两个人的同一行为变成一个人的两种行为，变成卖和买的对立。W—G 和 G—W 互相对立的独立的过程，形成 W—G—W 全过程的内部统一。这也就是说，这两个过程的内部统一是在外部对立中运动的。当 W—G 的外部独立化达到一定程度时，就要强制地通过危机显示过程的统一(平衡)。导致这种统一破裂和危机发生的根源在商品内在矛盾。

作为商品流通的媒介，货币取得了流通手段的职能。

(b) 货币的流通

〔内容提要〕

1. 货币流通的特点(第 1—4 段)

货币流通就是货币从一个商品占有者手里转到另一个商品占有者手里。货币的这种运动形式是从商品流通直接产生的，它从属于商品流通。

货币是在实现商品价格的时候，执行购买手段的职能，它总是作为购买手段留在买者方面。货币运动的这种单方面形式来源于商品运动的两方面形式。这一点是被掩盖着的。商品流通的性质造成了相反的假象。货币不断使商品离开流通领域，同时不断去占据商品在流通中的位置，从而不断离开自己的起点。因此，虽然货币运动只是商品流通的表现，但看起来商品流通反而只是货币运动的结果。货币所以具有流通手段职能，只因为货币是商品价值的独立形式。因此货币作为流通手段的运动，实际上只是商品流通的表现。

2. 货币流通的数量及其规律(第 5—16 段)

在商品流通过程中，商品不断离开流通领域进入消费领域，而货币总是留在流通中不断运动，究竟需要多少货币在流通中发挥作用呢，这要由下面几个因素来决定。

第一，由流通的商品的价格总额来决定。事实上，货币不过是把已经在商品价格总额中观念地表现出来的金额实在地表现出来。因此如果不考虑其他因素的话，这两个数额相等是不言而喻的。

第二，在商品价值不变的情况下，金的价值变动会引起商品价格按比例变动，从而使货币流通数量也相应变动。

第三，在货币价值(金的价值)不变的情况下，货币流通数量由待实现的商品价值总额来决定。如果商品价格不变，显然商品价格总额就决定于流通中的商品量。在这种场合，货币流通量的增减同商品流通量的增减同比例变化。

第四，假定商品量已定，流通货币量就随商品价格波动而增减。流通货币量之所以增减，是因为商品价格总额随商品价格的变动而增减。

综上所述，货币流通数量，首先取决于待实现的商品价格总额。而商品价格总额，又取决于商品价格和货币价值。因此商品价格总额包括商品流通量、货币价值量和商品价值量三个因素。

以上情况是就各种商品交换都在同一时间、同一空间内不相衔接地并列进行而言的。例如有四种商品同时出售，每种的价格都是2镑，那么它们的价格总额为8镑，流通的货币量便需8镑。但是，如果这四种商品的交易顺次连接进行，2镑货币反复充当它们的流通手段，依次实现商品价格8镑，那么，只需要2镑货币便完成了四次交易。这样的话，这个过程经过的各个互相对立，互为补充的阶段，就不可能在空间上并行，而只能在时间上相继发生、因此时间就成为计量这个过程久暂的尺度。或者说，同一些货币在一定时间内的流通次数，可以用来计量货币流通的速度。因此，货币流通的速度也决定着货币流通的数量。

这样，用货币流通次数去除商品价格总额，就等于执行流通手段的货币量。这个规律是普遍适用的。

总之，商品的价格水平、流通的商品数量和货币的流通速度是决定货币的流通数量的三个因素。这三个因素按不同方向和不同比例发生变化，因而待实现的价格总额和受它制约的流通手段量，也可能有多种多样的组合。

(c)铸币。价值符号

〔本节大意〕

货币采取铸币的形式是由货币充当流通手段的职能发生的。作为流通手段的货币，最初是采取银块、金块的形式。由于每一块的成色和重量各不相同，交换时颇有不便，后来人们就铸造出有一定形状的银片和金片，这就成为铸币。铸造硬币是国家的事。

铸币不断流通会逐渐磨损，使金属的名义的含量和实际的含量发生偏离。同名的金币，具有不同的价值，因为重量不同了。这样，在货币流通中就隐藏着一种可能性，可以用其他材料做的记号或用象征来代替金属货币。相对地说，没有价值的东西如纸币，就能代替金来执行铸币的职能。

纸币是直接从金属流通中产生出来的，是从货币作为流通手段的职能产生出来的。它代表金属铸币执行流通手段职能。纸币流通的特殊规律只能从纸币是金的代表这种关系中产生。这一规律简单说来就是：纸币的发行限于它象征地代表的金或银的实际流通的数量。这是流通领域所需要的金属货币最低限量。当纸币的发行数量未超过这个最低限量时，金属货币的流通量规律同样适用于纸币的流通。超过这个限度时，纸币总量仍然只代表同样大的价值，而单位纸币所代表的价值则相应地下降，商品价格随之相应地上涨。

——

资产阶级国家常用滥发纸币实行通货膨胀政策来弥补其财政亏空。在国民党统治时的旧中国，当局实行通货膨胀政策，造成物价普遍的无限的飞涨。四大家族借此大发横财，而劳动人民则因此横遭掠夺，陷于极度贫困。据统计，从 1937 年 7 月抗日战争开始到 1949 年 5 月这 12 年间，国民党反动政府的通货增长了 1400 亿倍；物价上涨了 85000 亿倍。新中国成立后，党和人民政府采取了统一财政经济工作、平衡财政收支等一系列正确政策，在很短的时间内，制止了通货膨胀稳定了物价。

〔难点试解〕

1. “商品的发展并没有扬弃这些矛盾，而是创造这些矛盾能在其中运动的形式。一般说来，这就是实际矛盾赖以得到解决的方法。”((a)第 1 段)

扬弃是哲学用语，包含抛弃、保留、发扬和提高的意思。指新事物代替旧事物不是简单地抛弃，而是克服旧事物中的消极的东西，又保留、发扬其中对新事物有积极意义的东西，并把它提高到新的阶段。

在商品的发展过程中，并没有扬弃商品交换过程包含着矛盾和商品的内在矛盾。使用价值和价值的对立，转化为商品和货币的外部对立。这个矛盾的运动形式就是由商品形态转化为货币形态，再由货币形态转化为商品形态，就是卖和买的活动，并且表现为 W—G—W 的商品流通的循环运动过程。在这种运动形式中，价值由商品出售而实现，使用价值由购买而被消费。所以，这种卖和买的活动是解决矛盾的方法。

马克思用物体运动的椭圆形式，来说明商品和货币的矛盾运动形式。椭圆有两个焦点，从其中一个焦点上发出光子，投射到椭圆体上，会立即反射到另一焦点上。这便是一个物体不断落向另一个物体，而又不断离开这一物体，这是一个矛盾，椭圆便是这个矛盾借以实现和解决的运动形式之一。如果把交换过程中的两个商品比作两个焦点上的物体，把货币比作椭圆体上的物体，则椭圆便是 W—G—W 的运动形式。

2. "分工使劳动产品转化为商品，因而使它转化为货币成为必然的事情。同时，分工使这种转化能否成功成为偶然的事情。"((a)第 11 段)

社会分工使生产者的劳动成为单方面的，同时又使他的需求成为多方面的。而产品转化为商品后，则产品对于生产者就只是交换价值，只有通过货币才能取得一般的社会公认的等价形态。所以商品变为货币乃是必然的事，但是，货币却在别人的口袋里，要把货币吸引出来是不容易的。因为在私有制的社会分工体系中，社会生产的有机体的各个部分是分散的，而各个部分的量的构成，完全是自发地、偶然地形成的。社会分工还使生产者对于社会生产过程盲然无知，使自己的生产只能盲目进行。因此他的产品能否成功地转化为货币不能不带有偶然性。

3. "有人得出了错误的结论，以为商品价格上涨是因为有更多的金银作为流通手段执行了职能。"((b)第 6 段)

在 17 世纪美洲金矿的开采和开采的生产效率提高，使金银产量剧增，价值降低，引起物价上涨。于是造成一种假象，似乎金银太多才使物价上涨。资产阶级经济学家被这种假象迷惑，得出了"货币数量论"的错误结论。实际上，商品价格的涨落取决于商品价值的大小和货币(金银)价值的大小。根据货币数量规律，如果流通中金属货币数量超过了流通所需要的量，多余的金属币就会退出流通变成贮藏货币，商品价格是不会上涨的，只有纸币数量增加超过流通需要，才会使商品涨价。

3. 货　　币

〔各节大意〕

(a)货币贮藏

当商品的形态变化系列中断，商品占有者只卖出商品而不买进商品时，货币便停止流通，从流通领域暂时退出。它被贮藏起来，执行贮藏职能。

在商品流通的初期，只是使用价值的多余部分转化为商品。这样，金银自然就成为这种多余部分或财富的社会表现。随着商品生产的发展，每个生产者都必须贮藏一定数量的货币，因为他需要不断地购买，而他生产和出售自己的商品是要费时间的，并且带有偶然性。

货币贮藏使货币变成社会财富的代表。货币是商品，谁有货币，他就能得到他所要的一切，他就掌握着社会权力。这里，产生了资产阶级的拜金主义观念。

货币贮藏的欲望是无止境的。因为货币在质的方面是无限的，是物质财富的一般代表，但在量的方面每一个现实的货币额又是有限的。货币的这种量的有限性和质的无限性之间的矛盾，迫使货币贮藏者贪婪地追逐货币贮藏。

货币贮藏起着调节金属货币流通量的作用，在金属货币的流通中，它的数量必须能伸缩。货币贮藏是这样一种蓄水池，它吸收被流通领域排出的货币金银，它也供给流通领域缺少的货币。货币贮藏的蓄水池，对于流通中的货币来说，既是排水渠，又是引水渠。因此，货币永远不会溢出它的流通的渠道。

(b)支付手段

随着商品流通的发展，商品的让渡和商品价格的实现，在时间上分离开来，出现了先购买后付款的延期支付方式。用于延期支付的货币执行支付手段的职能。在这种情况下，卖方成为债权人，买方成为债务人。货币作为支付手段进入流通领域时，商品早已退出流通领域，货币只是作为交换价值的绝对存在，作为一般商品单独地结束流通过程。

在流通过程的每一个一定的时期内，为了清偿所欠的一定价格总额，社会上需要有一定数量的支付手段。这个数量首先决定于支付手段的流通速度。而支付手段的流通速度又决定于债务关系的锁链以及支付期的间隔长短。前者可以互相抵消，减少支付手段的需要量；而支付间隔期越长，在这一期限到来之前所需的支付手段就越少。随着支付集中于同一地点，支付相互抵消的机构和方法也发展起来。支付越集中，支付的金额便相对地越小。

货币的支付手段职能出现后，一定时期内流通中的货币量的规律也相应地发生了变化。因为商品交换中延期支付的货币额，到期支付的货币额，以及相互抵消的货币额，都会影响到货币的流通量。

货币作为支付手段的职能，包含着一个直接的矛盾。在各种支付互相抵消时，货币就职时在观念上执行计算货币或价值尺度的职能。在实际进行各种支付时，货币又不是充当流通手段，而是充当社会劳动的单个化身，充当绝对商品。这种矛盾在经济危机中称为货币危机的那一时刻暴露得特别明显。这种货币危机只有在一个接一个的支付锁链和抵消支付的制度特别发达的地方才会发生。当支付机构整个被打乱时，货币就会突然直接地由计算货币的纯粹观念形态变成现实的坚硬货币。在危机时商品和货币的对立发展成绝对矛盾。

货币作为支付手段的职能产生出信用货币。

在商品生产达到一定水平和规模时，货币作为支付手段的职能会越出商品流通领域，变成契约上的一般商品，地租、赋税等等由实物交纳转化为货币支付。

(c)世 界 货 币

随着国际贸易的发生和发展，货币也超出国内流通领域而在世界市场上执行货币的职能，货币便表现为世界货币。一般地说只有金银才能充当世界货币。货币一旦越出了国内流通领域，便失去了国内的价格标准、铸币、价值符号等地方形式，又恢复原来贵金属块的形式。只有在世界市场上，货币才充分地作为这样一种商品起作用，这种商品的自然形式同时就是抽象人类劳动的直接的社会实现形式。货币的存在方式和货币的概念相适合了。

世界货币所执行的职能主要为：当作支付手段支付国际贸易差额，当作购买手段购买外国商品，当作社会财富从一国转移到另一国。

作为世界货币的金银的流动是二重的：一方面金银从产地分散世界市场，然后再流入各国的流通领域，进入国内的流通渠道，充当各种职能；另一方面金银又不断地往返于不同的国家的流通领域之间。这是一个随着汇率的不断变化而产生的运动。

学习第二篇　货币转化为资本

前　　言

从第二篇到第六篇，马克思全面地系统地阐明了他的剩余价值学说。剩余价值学说是马克思经济理论的基石。有了剩余价值学说，才使社会主义从空想变成科学。

在第一篇中，马克思分析了商品，以及商品转化为货币，论述了资本产生的一般前提或历史前提。这一篇，从资本的最一般、最基本的、直接在流通领域内所表现出来的形式上，分析货币向资本的转化，揭示资本和剩余价值的来源；说明货币转化为资本的条件是劳动力的买和卖；指出劳动力商品的使用价值，即雇佣工人的劳动，是剩余价值的唯一源泉。这使我们认识到资本家是靠剥削工人发财的。

马克思把第四章安排为独立的一篇，这表明本篇在全书中占着重要的地位。因为这里所阐明的问题为，资本运动形式，劳动力商品的特点等，为剩余价值学说提供了逻辑前提。

学习这一篇，有着非常现实的意义。本篇使我们进一步理解我国现存的商品制度和货币交换仍然可以成为产生新资产阶级分子的土壤。马克思在本篇开头就讲到：货币变为资本的历史“每天都在我们眼前重演”。这些话难道不可以看作是针对我们眼前所看到的情况而讲的吗？

学习本篇时，读一读恩格斯《反杜林论》第二篇第七章是必要的。那里，恩格斯精辟、扼要地说明了本篇的基本思想和内容。

第四章　货币转化为资本

1．资本的总公式①

〔内容提要〕

1．商品流通是资本的起点。货币是资本的最初表现形式（第1—3段）

资本是从哪里来的呢？马克思指出，商品生产和发达的商品流通是资本产生的历史前提。货币是商品流通的最后产物，又是资本的最初表现形式。这里指明资本是从货币转化来的。

货币怎样转化为资本呢？首先需要弄清楚商品流通和作为资本的货币流通之间的区别和联系。

2．商品流通和资本流通的同异（第4—15段）

（1）两种流通形式

商品流通的直接形式是W—G—W，资本流通形式是G—W—G。马克思说："在运动中通过这后一种流通的货币转化为资本，成为资本，而且按它的使命来说，已经是资本。"

（2）两种流通的共同点

二者包含两个对立阶段；都有同样的两个物的因素，即商品和货币的对立；都有买者和卖者相对立；都是两个对立阶段的统一；都通过三个当事人来实现。

（3）两种流通的区别

两种流通过程的运动次序是相反的：商品流通是以卖开始，而以买告终，货币起媒介作用；资本流通是以买开始，而以卖告终，商品起

① "资本的总公式"，其德文原文为"Die allgemeine Formel des Kapitals"。无论从词义上还是从马克思资本理论体系的结构上来看，此处均应译作"资本的一般公式"。此处为便于与国内学术界的交流，仍保留了原打印稿中的用法。参见周守正、许兴亚：《〈资本论〉教学与研究纲要》第1卷，北京，中国经济出版社，1999年。

媒介作用。

两种流通过程中的货币的使用方式不同：商品流通中，货币转化为充当使用价值的商品，它被花掉了；在资本流通中，货币只是被预付出去，最终是要收回来的。在商品流通中，货币两次换位，但不再流回到它的原来的出发点；在资本流通中，商品两次换位，货币又流回到它最初的起点。

两次流通的目的不同：商品流通的目的是消费，是满足需要，是使用价值；资本流通的目的是交换价值本身。

两次流通的内容不同：商品流通体现着社会劳动的物质变换；资本流通的内容是价值增殖。G—W—G 过程所以有内容，不是因为两极有质的区别(二者都是货币)，而只是因为二者在量上不同，从流通中取出的货币，多于起初投入的货币。马克思说："这个过程的完整形式是 G—W—G′。其中的 G′＝G＋△G，即等于原预付货币额加上一个增殖额。我把这个增殖额或超过原价值的余额叫做剩余价值(surplus value)。可见，原预付价值不仅在流通中保存下来，而且在流通中改变了自己的价值量，加上了一个剩余价值，或者说增殖了。正是这种运动使价值转化为资本。"

3. 资本的特征(从流通领域看)(第 15—23 段)

(1)资本是带来剩余价值的价值

在本节的第 15 段中，不仅分析了货币向剩余价值的转化，同时也说明了资本的一个重要特征，它是带来剩余价值的价值。

(2)资本的运动是没有止境的

G—W—G′的运动，起点和终点都是货币，第一次循环的终点，又可以作第二次循环的起点，重新进行资本流通。G′是增殖了的货币额，它和 G 一样，会增殖，成为资本。作为资本的流通本身就是目的，因为只有在这个不断更新的运动中才有价值增殖。所以，资本流通是一个不断更新的运动，是没有限度的。

作为这一运动的有意识的承担者，货币占有者变成了资本家。资本的无止境的运动，体现为资本家谋取利润的无休止的运动，产生了资本家的绝对致富欲、价值追逐狂。他把货币不断重新投入流通来达到他的致富的目的。

(3)资本是自行增殖的价值

在商品流通中，价值采取的独立形式，即货币形式，只是充当交换媒介，运动一结束就消失。在资本流通中，价值采取货币形式和商品形式的两种存在方式，而且不断地从一种形式变为另一种形式，在这个运动中永不消失。价值变成一个自动的主体，改变着自己的量，自行增殖着。可见，资本不过是自行增殖的价值。

在资本流通中，价值为什么采取两种形式？为什么会自行增殖？因为，在资本的运动中，价值作为一个自动的主体，首先需要一个独立的形式，把自身的同一性确定下来，它只有在货币上才具有这种形式。但是，货币不采取商品形式，就不能成为资本。资本家知道，一切商品都可以成为把货币变成更多的货币的手段。价值正是在这两种形式交替变换中，保存自己和扩大自己，不断地自行增殖着。

(4)资本是原价值(预付价值、旧价值)和剩余价值的统一

资本家预付的价值，例如100元，只有带来了剩余价值，例如10元，才成为资本。而它一旦成为资本，100元便同10元合并为110元了，作为原价值的100元同作为剩余价值的10元的区别消失了。所以，资本是预付价值和剩余价值的对立统一。马克思说："现在，它不是表示商品关系，而可以说是同它自身发生私自关系。"

总之，从流通领域来看，货币不断反复地离开流通又进入流通，在流通中保存和扩大自己。处在这种过程中的货币就变成了资本。

4. G—W—G′是直接在流通领域内表现出来的资本的一般公式(第24—25段)

G—W—G′这个资本流通公式，似乎只是商品资本特有的形式，其实也适用于产业资本和生息资本，它是直接在流通领域内表现出来的资本的一般公式。

——

马克思在本节中，对商品流通和资本流通的差别，对货币向资本的转化过程所作的具体而详尽的分析，就是从流通领域说明简单商品关系向资本关系的转化，说明资本的来源。

毛主席说："一切过程都有始有终，一切过程都转化为它们的对立物。"①商品生产和资本主义生产都不是永恒的，而是和一切事物一样，有它自己的发展过程。而从历史上看，这个过程不外是简单商品生产向资本主义商品生产的转化过程。我们学习了这一节，虽然还只是在流通领域看到了这一转化的必然性，但是它不过是生产过程的变化的反映。

由此可见，资产阶级经济学家否认简单商品生产和资本主义商品生产之间的联系和区别，这样的理论是不能成立的。

① 《毛泽东选集》第1卷，北京，人民出版社，1991年版，第332页。

在社会主义社会中，由于实行的特种商品生产，所以正如斯大林所说的，它并不必然会导致资本主义。但这并不是说任何商品生产都不会导致产生资本主义。在我国，有强大的无产阶级专政，任何公开破坏社会主义经济的行为都会受到严厉的打击。但是，我国仍然存在产生资本主义的土壤。许多新的资产阶级分子还是会经常地企图利用商品流通，千方百计想要把货币变成资本。许多事实证明了马克思所讲的资本产生的历史，在一定的条件下确实也会在我们眼前重演。对此我们也一定要保持清醒的认识。

〔难点试解〕

1．“商品流通的这个最后产物是资本的最初的表现形式。”（第2段）

货币是商品流通的最后产物，在本书第一章第三节和第二章中分析货币起源时，便说明了这个问题。关于货币是资本的最初的表现形式，可以从两个方面来说明：从资本发展的历史来说，在资本主义社会以前很久就有了商业资本和高利贷资本，它们都是采取货币的形式，用货币从事商业活动和放高利贷。从资本主义社会的资本流通过程来说，资本家总是先占有一定数额的货币才能着手办工厂、开商店、设银行，通过这些活动进行剥削。因此他所占有的货币变成资本。货币是资本的最初表现形式，但货币不等于资本。马克思在本节中着重分析了当作资本的货币和当作商品流通媒介的货币之间的区别。

2．“经过一定的过程，这个货币就转化为资本。”（第3段）

这里讲的“一定的过程”，既包括流通过程，又包括生产过程。马克思在本节中先从流通领域，然后在第五章中再从生产领域，详尽地分析了货币向资本的转化过程。马克思是怎样从流通领域分析货币转化为资本的？(1)只有通过G—W—G这样一种流通的货币才能转化为资本，才成为资本（第5段）。(2)在G—W—G的流通中，原预付价值不仅在流通中保存下来，而且在流通中改变了自己的价值量，加上了一个剩余价值。正是这种运动使价值转化为资本（第16段）。(3)在G—W—G的流通中，价值不断地从货币形式转化为商品形式又从商品形式转化为货币形式，价值在这个运动中永不消失，从而变成一个自动的主体。价值在这个运动中自行增殖。这样的价值就成了资本。

3．“货币贮藏者是发狂的资本家，资本家是理智的货币贮藏

者。”（第 19 段）

货币贮藏者和资本家都是剥削者，都想发财致富。但是，货币贮藏者只是一味从流通中取出货币加以贮藏，他发狂地积蓄大量货币发财致富，他是一个“守财奴”。资本家则不断地把货币反复投入流通千方百计地使货币变成商品，又使商品变成货币，在这一运动中，达到价值增殖的目的，从而发财致富。

4. “货币是它的一般存在方式，商品是它的特殊的也可以说只是化了装的存在方式。”（第 20 段）

在流通领域中，资本的价值有两种存在的方式：货币是它的一般存在方式；商品是它的特殊存在方式。

货币为什么是资本价值的一般存在方式？因为，货币是一般等价物，是价值的独立形式，它体现着价值的等同性、同一性。资本具有货币形式，就能够使资本的同一性确定下来。由于各种商品的使用价值不同，也就不能表现资本价值的同一性。同时，资本流通的目的是价值增殖，当流通过程终结时，资本必须表现出自己的价值量的增加。这就只有通过具有价值同一性的货币才能比较和衡量。商品的衡量单位各有不同，不能用来比较资本价值量的增加。可见，资本价值的同一性和增殖量，都只有在货币上才能得到表现，所以它是资本价值的一般存在方式。商品为什么是资本价值的特殊存在方式？因为，商品使用价值是价值的承担者，预付货币资本的转化形式即生产资料和劳动力一开始就作为商品而存在，并且只有通过商品的生产才有价值增殖。新生产出来的价值和剩余价值一开始也只能存在于所生产出来的产品中。商品既是资本价值增殖的手段，又是资本和剩余价值的存在形式。资本家只有通过特定的商品生产才能达到价值增殖的目的。可见，商品是资本价值的特殊存在方式。

5. “现在，它不是表现商品关系，而可以说是同它自身发生私有关系。”（第 22 段）

在本节的第 16 段中，马克思讲到，在 G—W—G′中，G′＝G＋△G，即等于原预付货币额加上一个增殖额。这里，包含这样的意思：G′是增殖了的资本价值，是原预付资本和剩余价值的统一，也是旧价值和它创造的新价值的统一。所以说，在资本流通中，资本表现为预付资本和剩余价值的关系，也可以说，同它自身发生私自关系，即预付资本同预付资本自己带来的剩余价值这种私自关系。在本书第三卷中，马克思也讲到：“在资本和剩余价值……的关系中，资本表现为一种对自身的关系，在这种关系中，资本作为原有的价值额，同它自身创造的新价值相区别”①。二者有什么区别呢？预付资本是榨取剩余价值的手段，剩余价值是预付资本的目的物。在资本流通中，资本所表现的这种对自身的关系，掩盖着资本对雇佣劳动的剥削关系，剩余价值似乎是从资本本身产生的。资本拜物教便是由资本在流通领域表现的这一特征造成的。

2. 总公式的矛盾

〔内容提要〕

1. 流通过程不产生剩余价值(第 1—11 段)

马克思指出：G—W—G′这个“货币羽化为资本的流通形式，是和前面阐明的所有关于商品、价值、货币和流通本身的性质的规律相矛盾的。”就是说，无论按照商品性质的规律、价值性质的规律、货币性质的规律，还是按照流通本身性质的规律，都不会自动生出剩余价值来的。但 G—W—G′的流通形式带来了剩余价值。

那么剩余价值究竟从哪里生产出来的呢？

先来看假定是等价交换的情况。

首先，如果单从流通形式看，W—G—W 和 G—W—G 两种流通形式的显著差别是流通的次序相反。但是，流通次序尽管颠倒，毕竟没有超出简单商品流通领域。所以，只要是等价交换，流通次序的颠倒不能成为剩余价值产生的原因。

其次，从商品自身的性质来看。如果拿表现为单纯的商品交换的流通过程来说，商品占有者之间的交换，就使用价值看，双方都能得到好处，都得到自己需要的商品。不仅如此，而且由于存在比较成本或比较利益，双方通过这种交换甚至还都有可能会得到更多的使用价值。但就交换价值看，只要是等价交换，这同样也并不是产生剩余价值的原因。

再次，拿货币的性质来说。事情也不会由于货币作为流通手段出现在商品之间而发生变化。因为商品的价值在商品进入流通以前就表现为商品价格，它是流通的前提，不是流通的结果。用货币表现的价格，或交换价值，绝不可能使价值发生增殖。

① 马克思：《资本论》第 3 卷，北京，人民出版社，2004 年，第 2 版，第 56—57 页。

最后，再拿流通本身的性质的规律来说。如果抽象地来考察，简单商品流通只不过是商品的单纯形式交换由商品形式变换为货币形式，再由货币形式变换为商品形式。在这种形式变换中，商品的价值量始终不起变化。

总之，流通过程不产生剩余价值。那些试图把商品流通说成是剩余价值的源泉的人，他们是把使用价值和交换价值弄混了。例如法国庸俗经济学家孔狄亚克就是这样的。

2. 等价和不等价交换都不产生剩余价值(第 12—23 段)

等价物的交换，很明显，不会有剩余价值形成。这一点前面已经谈过了。

不等价交换也不产生剩余价值。这里，马克思分别说明了几种情况：

(1)假定买者有某种特权，高价出售商品。

商品的这种名义上的普遍加价，结果就像用银代替金来计量商品价值一样。商品的货币名称即价格上涨了，但商品之间的价值比例仍不会改变。

(2)假定买者有某种特权，低价购买商品。

结果同上一种情况一样。

(3)庸俗经济学家托伦斯关于消费者愿意多付给生产者的说法。

庸俗经济学家托伦斯认为消费者在交换时愿意付给生产者超过商品价值的更高价格，因而生产者获得剩余价值。这种说法，不过是把商品占有者作为卖者享有贵卖的特权，偷换成生产者获得剩余价值是由消费者高价购买罢了。事实上，在流通中，生产者和消费者只是作为卖者和买者相对立。

(4)关于马尔萨斯的说法。

反动的庸俗经济学家马尔萨斯鼓吹，有一个只买不卖的只消费不生产的寄生阶级提供剩余价值。这种谬论完全是为封建地主贵族辩解的。这些寄生虫用来购买商品的货币，全部是靠暴力掠夺小生产者得来的。把商品高价卖给他们，不过是商人骗回一部分白白交出去的货币罢了。这绝不是发财致富或创造剩余价值的方法。

(5)关于"欺骗"的说法。

用欺骗手段也不能产生剩余价值。从个别人来说，他可以用欺骗手段诈取钱财，但从全社会来看，绝不会因此使价值增殖。一个国家的整个资产阶级不能靠欺骗发财致富。

总之，无论怎样颠来倒去，结果都是一样。商品流通不会创造出剩余价值。

正因为如此，我们在分析资本的形式时，暂时不提商业资本和高利贷资本。商业资本的整个运动是在流通领域内进行的，要说明商业资本的增殖，必须举出一长串的中间环节。高利贷资本更是如此，从商品交换的角度无法解释它是怎样获利的。以后我们会知道，商业资本和生息资本是产业资本的派生形式。

3. 剩余价值不能在流通中产生，但又不能脱离流通领域(第 29—32 段)

剩余价值不能在流通中产生，在剩余价值的形成上，一定有某种在流通中看不到的情况发生在流通的背后。然而，脱离了流通领域，剩余价值也不能形成。流通是商品占有者的全部相互关系的总和。在流通领域以外，商品占有者无从接触，不能互相联系。脱离流通，他就变成了孤立的自给生产者，谈不到使价值增殖，使货币转化为资本。

因此，资本必须在流通中，又不在流通中产生。货币转化为资本，必须根据商品交换的内在规律来说明，必须以等价交换为起点。

〔难点试解〕

1. “它必须既在流通中又不在流通中产生。”(第 30 段)

关于资本和剩余价值的产生的问题，马克思的方法和资产阶级经济学家的方法是根本不同的。马克思从流通过程和生产过程的辩证关系出发，把资本流通分成三个既有区别又紧密联系的阶段。第一个阶段是用一定的货币购买生产资料和劳动力。这个货币转化为商品的运动是在市场上，在流通领域内进行的。运动的第二个阶段是生产过程，在生产资料转化为商品时就结束，这些商品的价值大于它的组成部分的价值，也就是包含原预付资本和剩余价值。接着，第三阶段，这些商品必须再投入流通领域，出售它们，把它们的价值实现在货币上。这三个阶段的不断地循环，形成资本流通。在这种运动中，货币转化为资本，剩余价值产生。所以，马克思说，资本必须既在流通中又不在流通中产生，它还必须通过生产过程。

资产阶级经济学家，重商主义者们认为只有通过商品的贱买贵卖的交换方式才能得到利润，他们把它叫做“让渡利润”。与此相反，重农学派和古典学派，从流通领域转到生产领域来说明利润来源，比重商学派进了一步。然而他们却又完全否认流通过程的作用，片面地只看生产过程，从而得出利润来源于资本本身的物质属性的结论。

如果完全撇开流通过程，那就看不到劳动力这个特殊商品，货币转化为资本就丧失了必要条件。毛主席说："在一定条件之下，矛盾的东西能够统一起来，又能够互相转化；无此一定条件，就不能成为矛盾，不能共居，也不能转化。"①劳动力的买和卖是货币转化为资本的不可缺少的必要条件。此外，不经过流通过程，生产出来的商品如果不同货币交换，那么商品的价值便不能在货币的一定数量上表现出来，从而不能表明它的价值已经增殖，也不能使剩余价值实现。可见，片面地从流通领域或片面地从生产领域去说明资本和剩余价值的来源，都是错误的。

2. "货币转化为资本，必须根据商品交换的内在规律来加以说明，因此等价物的交换应该是起点。"（第 32 段）

商品交换的内在规律即价值规律。解决货币转化为资本的问题，必须根据价值规律，以等价交换为起点。马克思在《工资、价格和利润》中曾指出："要想说明利润的一般本质，就应该根据这样一个原理：平均说来，商品是接自己的实际价值出卖的，利润是按商品的价值，也就是说，按商品所体现的劳动量的比例出卖商品得来的。如果你们不能根据这种假定来解释利润，你们就根本不能解释它。"②恩格斯在《反杜林论》第七章中批判杜林胡说利润是由暴力创造的，指出对这个问题必须"用纯粹经济的方法来解决"③，这就是说，要根据商品交换的内在规律来说明。要把内因作为转化的根据，而不应该用暴力一类的外在因素来解释，把暴力说成是利润的来源就根本不能说明利润。

3. 劳动力的买和卖

〔内容提要〕

1. 货币转化为资本的条件是劳动力变成商品（第 1—9 段）

要转化为资本的货币的价值增殖，不可能发生在这个货币本身

---

① 《毛泽东选集》第 1 卷，北京，人民出版社，1991 年版，第 333 页。

② 《马克思恩格斯选集》第 2 卷，北京，人民出版社，1995 年，第 2 版，第 74 页。

③ 《马克思恩格斯选集》第 3 卷，北京，人民出版社，1995 年，第 2 版，第 547 页。

上，也不可能发生在商品的再度出卖上，显然是发生在第一次交换行为所购入的商品上，但又不发生在这种商品的价值上。因此，只能是由于这种商品的使用价值才实现了货币的资本化。货币占有者在流通领域内发现了一种特殊商品，它的使用价值是价值的源泉，是价值增殖、即产生剩余价值的源泉。这种特殊商品就是劳动力。

劳动力是人体中存在的、生产某种使用价值时运用的体力和智力的总和。

劳动力怎么会变成商品呢？劳动力变成商品必须存在两个基本条件。第一，劳动力的占有者必须能够支配自己的劳动力，必须是自己的劳动力的自由的占有者，劳动力占有者和货币占有者在市场上是法律上平等的人。第二，劳动力占有者没有自己生产的商品出卖，只有把自己的劳动力当作商品出卖。

可见，货币占有者要把货币转化为资本，就必须在商品市场上找到自由的工人。所谓自由，具有双重意义：一方面，工人是自由人，能够把自己的劳动力当作自己的商品来支配；另一方面，他没有别的商品可以出卖，自由得一无所有，没有任何实现自己的劳动力所必需的东西。

劳动力并不从来就是商品，劳动力商品化只是社会发展到一定的历史阶段的产物。马克思着重指出："这种关系既不是自然史上的关系，也不是一切历史时期所共有的社会关系。它本身显然是已往历史发展的结果，是许多次经济变革的产物，是一系列陈旧的社会生产形态灭亡的产物。"

我们在前面考察过的经济范畴，商品和货币，也都是在一定历史条件下产生的，也像劳动力商品一样是一定社会历史阶段的产物。产品要表现为商品，需要社会分工发展到一定程度。而货币又是以商品交换发展到一定高度为前提的。但是有了商品流通和货币流通，决不是就具备了资本存在的历史条件。只有当劳动力变成商品的时候，资本才产生。

2. 劳动力商品的价值和使用价值(第 10—21 段)

现在进一步分析一下劳动力这个特殊商品。劳动力商品同其他商品一样，也是价值和使用价值的统一。

劳动力商品的价值由生产它所必需的劳动时间决定。生产劳动力所必要的劳动时间，可以归结为生产工人必要生活资料所需要的劳动时间。劳动力的价值就是维持工人所需要的生活资料的价值。这个价值包含着补偿劳动力消耗所必需的生活资料价值，也包含着工人的补充者即工人子女的生活资料价值，还包含工人必要的教育训练费用。

既然劳动力价值可以归结为一定量生活资料的价值，那么，它必然随着这些生活资料的价值即生产这些生活资料所需要的劳动时间量的改变而改变。

劳动力价值的最低限度是维持劳动者身体所必不可少的生活资料的价值。资产阶级竭力把工人的必要生活资料的范围残酷地压低到这个最低限度，甚至低于这个限度。

小资产阶级经济学家罗西看到了这个事实。但他混淆了劳动和劳动力，并且由于认为上面这种确定劳动力价值的方法是粗暴的而为之叹息。马克思指出：罗西的这种叹息不过是一种极其廉价的感伤主义。马克思并着重指出应该严格区分劳动力和劳动两个不同的概念，他说："谈劳动能力并不就是谈劳动，正像谈消化能力并不就是谈消化一样。"不仅如此，而且劳动力如果不卖出去，对工人就毫无用处，并且工人还会感到一种残酷的自然必然性：劳动力的生产和再生产，都必须一定量的生存资料。

从劳动力的出售来看，劳动力的力的让渡，和力的实际表现即力作为使用价值的存在，在时间上是互相分开的。买者的货币对劳动力这一商品通常是执行支付手段职能。因此，到处都是工人把劳动力的使用价值预付给资本家；到处都是工人给资本家以信贷，工人才真正的是资本家债权人。

劳动力的消费过程同时就是商品和剩余价值的生产过程。劳动力的消费同任何其他商品的消费一样，是在流通领域以外进行的。只有在生产过程中，我们才可以看到资本和剩余价值是怎样被生产出来的，资本家是怎样赚钱的，工人是怎样受剥削的。

3. 商品流通产生资产阶级的自由、平等观念（第 22—23 段）

劳动力的买和卖是在流通领域内进行的。马克思讽刺地写道：这个领域确实是天赋人权的真正伊甸园。那里充满了资产阶级的自由、平等、所有权和边沁。但是，一离开这个领域，资本和雇佣劳动的真实关系就完全暴露出来：原来的货币占有者作为资本家，昂首前行；劳动力占有者作为他的工人，尾随于后。一个笑容满面，雄心勃勃；一个战战兢兢，畏缩不前，像在市场上出卖了自己的皮一样，只有一个前途——让人家来鞣。

〔难点试解〕

1. “这种关系……它本身显然是已往历史发展的结果，是许多次经济变革的产物，是一系列陈旧的社会生产形态灭亡的产物。”（第7段）

资产阶级从来就是把工人和资本家、雇佣劳动和资本的剥削统治关系，说成是天然的、永恒的、自然史上的关系。他们扬言，自古以来就有两种人，一种人勤劳节俭，这就是他们自己；一种人懒惰无赖，这就是工人。他们胡说，工人懒惰，以致一无所有，才不得不受他们雇佣。而这又是上帝对懒汉的处罚。马克思在这里驳斥了这种胡说，指出：工人把自己的劳动力当作商品出卖，变成雇佣工人，不是自然史上的关系，也不是一切社会共有的社会关系，而是阶级社会发展的结果，从奴隶制到农奴制必然发展到雇佣劳动制；是这几次生产关系变革，特别是封建关系解体的产物，旧的农奴制和封建行会制这一系列生产形态灭亡的产物。马克思在这里只揭示出这一历史必然性，没有进一步说明。他说我们目前对这个问题不感兴趣。因为这里要着重说明货币转化为资本的条件是劳动力变为商品，至于怎样变成了商品这个问题可以暂时放下来，而留待以后，即到第二十四章再作详细说明。

2. “有了商品流通和货币流通，决不是就具有了资本存在的历史条件。只有当生产资料和生活资料的占有者在市场上找到出卖自己劳动力的自由工人的时候，资本才产生”。（第9段）

把这句话和本章开头讲的“商品生产和发达的商品流通……是资本产生的历史前提”对照一下，怎样理解这两句话的关系呢？我们领会，本章开头说的是指资本产生的一般条件、一般前提，而本节讲的劳动力买卖则是资本产生的基本条件。本书第二十一章也讲到：“要使货币转化为资本，只有商品生产和商品流通的存在还是不够的。”本书第二十四章又指出了“商品市场的这种两极分化，造成了资本主义生产的基本条件。”这种两极分化就是货币占有者和劳动力占有者的对立。光是有商品和货币的存在，只具有了资本产生的一般条件。商品和货币是简单商品生产和资本主义商品生产共同的前提，它们在原始社会末期就已经出现了，而且在奴隶社会和封建社会一直存在下来。只有到了封建社会末期，小商品生产者发生分化，绝大多数小生产者破产不得不出卖劳动力，变成雇佣工人；而少数人占有生产资料和生活资料，变成资本家。“当生产资料和生活资料的占有者在市场上找到出卖自己劳动力的自由工人的时候，资本才产生。”这种生产关系的变革在西欧在14世纪下半期最先出现。

3.“这个领域确实是天赋人权的真正伊甸园。那里占统治地位的只是自由、平等、所有权和边沁”。(第22段)

天赋人权是一种资产阶级思想，宣扬人天生享有自由平等、追求个人幸福的权利，主张私有财产神圣不可侵犯。整个流通领域浮现的各种现象，便是资产阶级描绘的天赋人权的伊甸园。从形式上看，在流通领域内，一切商品好像都是完全根据交换者双方的自由意志来买卖的；商品占有者享有平等权利，按平等的原则互相交换；他们彼此承认对方是私有者，双方都只顾自己。所有这一切，确实呈现着一幅天赋人权的真正伊甸园的图画。然而，对于雇佣工人来说，这一切都不过是幻觉、欺骗、泡影罢了。资产阶级宣扬的所谓人权、自由、平等之类的东西，都只是资产阶级独享的，绝不是超阶级的、天赋的。毛主席指出：“世界上只有具体的自由，具体的民主，没有抽象的自由，抽象的民主。在阶级斗争的社会里，有了剥削阶级剥削劳动人民的自由，就没有劳动人民不受剥削的自由。有了资产阶级的民主，就没有无产阶级和劳动人民的民主。”①马克思在本节中揭露了自由平等的阶级内容和虚伪性，它们都不过是从商品流通产生出来的资产阶级观念，在后面许多章，如第八、二十一、二十二、二十三等章中，进行了充分的、系统的、彻底的揭发批判。

① 《毛主席的五篇哲学著作》，北京，人民出版社，1970年，第84页。

学习第三篇　绝对剩余价值的生产

前　　言

前两篇主要从流通过程分析商品向货币、货币向资本的转化过程，揭示资本主义生产方式产生的必然性。从第三篇开始，分析资本的生产过程。资本主义生产实质上是剩余价值的生产。剩余价值的生产有两种方法：一种是通过延长工作日生产剩余价值，这叫做绝对剩余价值；一种是用提高劳动生产率缩短必要劳动时间的方法生产剩余价值，这叫做相对剩余价值。第三篇就是分析剩余价值生产的一般原理和绝对剩余价值的生产。

在这一篇中，马克思从生产领域解决了货币怎样转化为资本的问题，阐明了剩余价值的真正来源和资本的本质，从而揭露了资本家发财致富的秘密，工人贫困苦难的根源。剩余价值正是无产阶级和资产阶级两个阶级对立的经济基础。马克思还引用了丰富的事实材料，愤怒控诉资产阶级的剥削罪行。

在本篇中，马克思驳斥了资产阶级辩护士们对资本主义血腥的剥削制度所进行的形形色色的辩解，揭露了资本主义国家的工厂立法的实质。

学习这一篇，我们能够深刻地认识资本主义剥削的本质和社会主义的优越性。

第五章　劳动过程和价值增殖过程

1. 劳动过程

〔本节大意〕

劳动力的使用就是劳动本身。从一般意义上说，劳动过程是使用价值即物质资料的生产过程。

劳动过程包括三个简单要素：劳动、劳动对象和劳动资料。

劳动首先是人和自然之间的过程，是人以自身的活动来中介、调整和控制人和自然之间的物质变换的过程。在这个过程中，人们通过发挥自己身体内部的力量，来占有和改造自然物质，把它改变为对人的生产和生活有用的形式。人的劳动是人的有目的、有意志、有计划的生产活动。

劳动对象是劳动加工的对象物。劳动对象包括天然的劳动对象和原料。土地（在经济学上也包括水）和一切通过劳动只是同土地脱离直接联系的东西，都是天然存在的劳动对象。原料则是被以前的劳动加工过的劳动对象。

劳动资料是劳动者置于自己和劳动对象之间、用来把自己的活动传导到劳动对象上去的物或物的综合体。土地是原始的食物仓，也是原始的劳动资料库，并且它本身也是劳动资料。劳动过程只要稍有发展，就已经需要经过加工的劳动资料。劳动资料的使用和创造虽然就其萌芽状态来说已经为某几种动物所固有，但却毕竟是人类劳动过程所独具的特征。劳动资料不仅是人类劳动力发展的测量器，而且也是劳动借以进行的社会关系的指示器。广义地说，除了那些把劳动的作用传达到劳动对象的物以外，劳动过程的进行所需要的一切物质条件也都算作劳动过程的资料，例如土地、厂房、运河、道路等。

可见，在劳动过程中，人的活动借助劳动资料使劳动对象发生预定的变化。过程消失在产品中。它的产品是使用价值，是经过形式变化而适合人的需要的自然物质。劳动与劳动对象结合在一起，劳动对象化了，而对象被加工了。于是劳动产品生产出来了。

如果从产品的角度来考察，那么劳动资料和劳动对象表现为生产资料，劳动本身则表现为生产劳动。

产品不仅是劳动过程的结果，而且也是劳动过程的条件。一个使用价值究竟表现为原料、劳动资料还是产品，取决于它在生产过程中的地位和作用。但是产品只要进入劳动过程，就只是作为劳动过程中的物质因素起作用。这时，它们作为生产资料不仅是过去劳动过程的结果和现有劳动过程的条件，而且只有通过劳动过程才能使它们作为使用价值来保存和实现。

劳动过程是劳动消费它的物质要素的过程，因此是生产消费。

劳动过程，从上述最一般的意义上说，是制造使用价值的有目的的活动，是人类为了需要而对自然物的占有，是人和自然之间的物质变换的一般条件，是人类生活的永恒的自然条件，是一切社会形式所共有的。但是，资本主义劳动过程有着同其他社会不同的特点。

第一，工人在资本家的监督下劳动，他的劳动属于资本家。

第二，产品是资本家的所有物，而不是直接生产者工人的所有物。

〔难点试解〕

1. *“劳动资料不仅是人类劳动力发展的测量器，而且是劳动借以进行的社会关系的指示器。”*(第 5 段)

马克思在这里论述了劳动资料对于不同经济时代的区分所具有的重要意义。指出，各种经济时代的区别，不在于生产什么，而在于怎样生产，用什么劳动资料生产。我们可用不同的劳动资料来划分人类劳动力、从而划分社会生产力发展的不同阶段，如石器时代、铁器时代、机器大工业时代等等。这实际上也就涉及生产力、生产方式和生产关系的问题。马克思在本书第二卷还讲到：“不论生产的社会的形式如何，劳动者和生产资料始终是生产的因素。但是，二者在彼此分离的情况下只在可能性上是生产因素。凡要进行生产，它们就必须结合起来。实行这种结合的特殊方式和方法，使社会结构区分为各个不同的经济时期。”①社会结构的不同的发展阶段和生产力的发展是相适应的。

---

① 马克思：《资本论》第 2 卷，北京，人民出版社，2004 年，第 2 版，第 44 页。

2. 价值增殖过程

〔内容提要〕

1. 价值形成过程(第 1—19 段)

商品是使用价值和价值的统一,商品生产过程必定是劳动过程和价值形成过程的统一。劳动过程是使用价值的生产过程,前一节已经说明。价值形成过程创造价值,它是价值增殖过程的基础,因此本节首先分析价值形成过程。

每个商品的价值都是由该商品所体现的劳动量决定的。要分析商品价值的形成,必须计算对象化在商品中的劳动。

马克思以纺纱为例进行分析:假定生产 10 斤棉纱,需要 10 斤棉花,价值 10 元;在生产过程中耗费 1/4 个纱锭(为计算简单起见,用纱锭代表各种设备),价值 2 元;再假定这 12 元价值的生产资料是 24 劳动小时的产物。这样,10 斤棉纱中便有 24 小时的劳动对象化其中了。在计算生产棉纱所需要的劳动量的时候,可以把各种不同的在时间和空间上分开的特殊劳动过程,即生产棉花和纱锭所必须完成的劳动过程,以及最后用棉花和纱锭纺成棉纱所必须完成的劳动过程,看成是同一个劳动过程的前后相继的不同阶段。棉纱中包含的上面这些劳动都是过去的劳动。还必须把纺纱工人现在的劳动计算进去。假定纺成 10 斤棉纱需要 6 个劳动小时,这样在 10 斤棉纱里面就包含有纺纱工人所耗费的 6 小时劳动,表现为价值 3 元。

现在,这 10 斤棉纱的价值是 12 元+3 元=15 元,按劳动时间计算,则为 24 小时+6 小时=30 小时。

2. 价值增殖过程(第 20—26 段)

根据以上分析,产品的价值等于预付资本的价值。预付的价值没有产生剩余价值,因此货币没有转化为资本。这种结果是不奇怪的。因为棉纱的价值只是分配在棉花、纱锭和劳动力上的价值的总和。原有价值的单纯相加,永远也不能产生剩余价值。

资本家为这种结果愣住了。“熟悉庸俗经济学”的他会说,他预付货币的意图是要赚钱。对此马克思挖苦说:通向地狱的道路也是由良好的意图铺成的。意图并不等于剩余价值的生产过程,本身并不会产生剩余价值,他不搞生产也一样可以有赚钱的意图。他为自己辩解说,赚钱是因为他节欲。这是瞎扯。本来没有的东西,从哪儿节省出来？资本家又说，他搞生产是为工人服务，他的服务应该得到报酬。马克思批判道，所谓服务，是某种使用价值发挥效用。而这里谈的是交换价值，根本不是一码事。资本家付工资给工人是等价物交换。资本家还说他也进行过“监视和监督劳动”了，这种劳动也会形成价值。但马克思说，他的监工和经理这时耸肩膀了。所有这些奇谈怪论，都是资本家及其仆从庸俗经济学家为了歪曲剩余价值来源而编造出来的辩护词。

剩余价值究竟从何产生？资本家赚钱的秘密何在？马克思先从劳动力商品特殊性质，进行了极其深刻的揭露。他指出，劳动力一天的维持费和劳动力一天的耗费，是两个完全不同的量。前者决定它的交换价值，后者构成它的使用价值。但劳动力的使用就是劳动。因此，劳动力的价值与劳动力在劳动过程中的价值增殖，是两个不同的量。资本家购买劳动力时，正是看中了这个价值差额。这里，具有决定意义的，是劳动力商品独特的使用价值，即它是价值的源泉，并且是大于它自身的价值的源泉。资本家购买劳动力商品，是按照“商品交换的各个永恒规律行事的”，并且按照这里的假定，是支付了劳动力的日价值的。他支付了劳动力的日价值，取得了这个商品的使用价值即一天的劳动。劳动力维持一天只费半个工作日，而劳动力却能劳动一整天。因此，劳动力使用一天所创造的价值比劳动力自身一天的价值大一倍。马克思仍以纺纱为例来说明资本家发财的秘密。假定资本家用 24 元来购买了棉花、纱锭等生产资料，再用 3 元购买等于 6 小时劳动价值的劳动力商品。然后使用劳动力纺纱，经过一整天共 12 小时劳动，纺出 20 斤棉纱。这 20 斤棉纱出售后，获得 30 元。资本家预付的货币额为 27 元，棉纱的价值为 30 元。27 元变成为 30 元，带来了 3 元剩余价值。货币转化为资本了。

可见，货币转化为资本的整个过程，既在流通中进行，以在商品市场上购买劳动力为条件；又不在流通中进行，因为流通只是为价值增殖过程作准备，而价值增殖是在生产领域中进行的。而且按照这里的假定，流通领域中进行的商品交换都是等价物换等价物，并没有违反价值规律。然而当资本家把货币变成商品，即购买劳动力和生产资料时，当他把活的劳动力与生产资料合并在一起时，他就把价值，把过去的、对象化的、死的劳动变为资本，变为自行增殖的价值，变为一个有灵性的怪物。

3. 资本主义生产过程是劳动过程和价值增殖过程的统一（第 27—33 段）

马克思把价值形成过程和价值增殖过程作了比较，指出：价值增殖过程是超过一定点而延长了的价值形成过程。还比较了价值形成过程和劳动过程，说明了这两种过程的特点。

最后，把商品生产过程和资本主义生产过程作了比较，指出：商品生产过程是劳动过程和价值形成过程的统一，资本主义生产过程是劳动过程和价值增殖过程的统一。

资本主义生产过程的这种二重性，是劳动二重性的表现。

——

马克思在这里对一般商品生产和资本主义生产的区别所做的科学分析，有着重要的现实意义。这一分析给我们划清了劳动者和剥削者之间的界线。一般商品生产者的个体农民和个体手工业者，依靠自己的劳动进行生产，不剥削别人，他们都属于劳动人民。在无产阶级革命运动中，他们是无产阶级的同盟者。资本主义生产则完全依靠别人的劳动，榨取别人的劳动，实行残酷剥削。当资本家把雇佣劳动者的活的劳动力同过去的对象化的劳动，即资本家占有的生产资料合并起来的时候，他就把过去的对象化的劳动变成资本，变成一个有灵性的怪物，吸取雇佣劳动者的活劳动的怪物。资本主义生产是同劳动人民绝对对立的，是资本主义社会中的雇佣工人阶级和劳动人民一切灾难的根子。无产阶级革命运动的最终目的就是彻底推翻资本主义制度，用社会主义代替资本主义。

〔难点试解〕

“把生产过程作为价值形成过程来考察。”（第3段）

在第一章中，马克思曾经从流通领域考察过商品价值。这一章再从生产过程对价值及其形成过程进行深入的分析，使我们对商品价值有了进一步的认识。

在流通过程中，价值是已经凝结在商品里的劳动，已经对象化的劳动。它表现为交换价值。

价值在流通中得到表现，但只有在生产过程中才能形成。通过生产过程，一方面工人把包含在生产资料中的价值转移到产品中来，变成产品价值的一个构成部分；同时，工人本身的劳动不断由运动的形式转为存在形式（工人把自己活的劳动加到产品中去），由运动形式转为产品的物质形式，活劳动对象化了，形成了产品价值的又一部分。活的劳动同对象化的过去的劳动这样一结合，产品价值便形成。可见，商品价值既包含最后制成商品的当时的活劳动，也包含过去的制造生产资料的工人的劳动。

第六章　不变资本和可变资本

〔内容提要〕

为了进一步揭露剩余价值的来源，马克思在本章继续分析劳动过程的各种因素即生产资料和劳动力，在产品价值形成上起的不同的作用。分析生产资料中的劳动资料和劳动对象在旧价值的转移上的不同情况。分析在劳动过程中劳动力发挥作用的结果。最后说明生产资料和劳动力在价值形成中的不同作用，表现为资本的不同组成部分在价值增殖中的不同职能。

1. 劳动的二重性造成劳动结果的二重性(第 1—10 段)

工人在劳动过程中，把新价值加到劳动对象上，同时把生产资料中的旧价值转移到产品中去。工人在同一时间内达到两种不同的结果：创造新价值和保存旧价值。这种劳动结果的二重性，显然是由劳动本身的二重性造成的。工人的劳动，作为具体劳动，把生产资料的旧价值转移并保存到产品中去；作为抽象劳动，在产品中增加新价值。由此就产生了劳动在同一时间内所得出的结果的二重性。

新价值的加进，是由于劳动的单纯的量的追加；生产资料的旧价值在产品中的保存，是由于所追加的劳动的质。同一劳动由于它的二重性造成的这种二重作用，清楚地表现在不同的现象上：

(1)在劳动生产率提高的情况下，保存在产品中的生产资料的旧价值量同劳动生产率的变化成正比例。但不管劳动生产率怎样变化，在同一时间内加进产品中去的新价值总量则不变，而与单位产品的价值量成反例。

(2)在劳动生产率不变而生产资料的价值发生变化时，同一时间内保存在产品中的旧价值量，同生产资料的价值的变动成正比例地变动，但新价值量仍不变。

(3)在劳动生产率和生产资料的价值都不变的情况下，工人保存在产品中的旧价值同他加进去的新价值成正比例。

2. 生产资料在价值形成中的作用(第 11—18 段)

旧价值的转移：

由于价值是存在于使用价值中的，所以使用价值一旦丧失，价值也会随之丧失。但生产资料被利用而丧失其原来的使用价值时，它的价值却会保存下来。这是因为在劳动过程中被使用而丧失其原来的使用价值形态，实际上是为了借此制造新的生产物，因而取得了另一种新的使用价值形态。至于价值，虽然价值存在于某种使用价值中很重要，但它存在于哪一种使用价值中是没有关系的。只有生产资料失掉它的独立的使用价值同时也失掉它的交换价值，价值才从生产资料转移到产品上。生产资料转给产品的价值只是它作为生产资料而失掉的价值。在这方面，劳动过程的各种物质因素的情况是不同的：

(1)有些生产资料如机器、工具、容器、厂房等劳动资料，它整个地参加劳动过程，但它的价值则是部分地转移到产品上去。

(2)有些生产资料如燃料，它的价值是一次全部地转移到产品上去。

(3)有些生产资料如棉花、铁等劳动对象，在劳动过程中产生飞花铁屑，它是部分地进入劳动过程，而全部进入价值增殖过程。它的价值全部转移到产品上去。

生产资料在劳动过程中所能丧失的最大限度的价值量，以它们进入劳动过程时原有的价值量为限。生产资料加到产品上的价值决不可能大于它们在参加劳动过程前所具有的价值。

由于加进价值而保存价值，这是发挥作用的劳动力即活的劳动的自然恩惠。没有工人的劳动资本家不可能将原有的资本价值保存下来。任何生产资料如果不同劳动相结合，它便毫无用处。可见，庸俗经济学家萨伊宣扬的生产资料所提供的生产服务是利润的来源，是多么的荒谬。

3. 劳动力在价值形成和价值增殖中的作用(第19—20段)

价值的创造：

当工人把生资料的价值转移并保存在新产品上时，他同时创造出新的价值。如果生产过程只进行到工人生产出他自己的劳动力价值的等价为止，那么这个价值就是新产品的总价值超过从生产资料转移来的价值以上的余额。这一部分价值是在这个过程中产生的新价值。它补偿资本家购买劳动力所预付的、工人用在生活资料上的货币。但是，工人消费的生活资料不是构成新产品生产的要素，它的价值不能转移到新产品上去。所以工人为补偿自己劳动力价值的等价物而产生的这个新价值，只是表现为再生产。这是真正的再生产，不像生产资料的价值只是表面上的再生产。

当然，工人劳动决不仅限于生产出劳动力价值的等价物，事实上劳动过程一定要超过这一点继续下去。这样，劳动力发挥作用的结果，不仅再生产出劳动力自身的价值，而且生产出一个超额价值。这个剩余价值就是产品价值超过消耗掉的产品形成要素即生产资料和劳动力的价值而形成的余额。资本家正是竭力延长劳动过程，使它超过再生产劳动力价值以上，来实现对工人的剥削。

4. 不变资本和可变资本(第 21－26 段)

劳动过程的不同因素，生产资料和劳动力，是原有资本价值在劳动过程中采取的不同的存在形式。因此，生产资料和劳动力在价值形成过程中所起的不同作用，也就说明了资本的不同部分在价值增殖过程中的不同职能。

变成生产资料的那部分资本，在生产过程中不改变自己的价值量。马克思把它叫做资本的不变部分，简称不变资本。

变成劳动力的那部分资本，在生产过程中改变自己的价值量，它再生产自身的等价物和剩余价值。马克思把它叫做资本的可变部分，简称可变资本。

不变资本这个概念决不排斥它本身的价值量的变动。例如棉花的价值可能上涨，也可能下降。但这种变动是发生在生产棉花的过程中，而不是发生在棉花作为生产资料从而作为不变资本执行职能的过程中。生产资料的价值变动，不会改变生产资料作为不变资本的性质。

不变资本和可变资本的比例变动，不影响它们之间的区别和各自的职能。

——

关于资本分解为不变资本和可变资本两个部分的理论，是马克思首创的。这个理论不仅使劳动价值学说得到坚持和发展，不仅是剩余价值学说的一个重要内容，而且有着重要的实际意义。(1)它彻底地解决了剩余价值的起源的问题，深刻地揭露了资本家发财致富的秘密。这个理论是我们批判资产阶级和修正主义者所散布的“利润由资本本身产生”，“利润来源于生产资料所提供的生产服务”，“利润是劳动生产率提高的结果”，“利润是机器创造的”等等奇谈怪论的有力武器。现在，许多发达的资本主义国家的一些生产部门，大规模采用自动化机器，不变资本的比例大大增加。因此，资产阶级经济学家便振振有词地说，在自动化生产中利润完全靠机器来创造！其实，自动化的机器仍旧是死的机器，这一部分资本永远是不变资本。生产的自动化程度不管多高，永远不能改变不变资本的性质。(2)根据这个理论，可以精确地计算出资本家对工人的剥削制度，从而揭穿掩盖这种剥削程度的各种假象。

〔难点试解〕

1."在已定的不变的生产条件下，工人加进的价值越多，他保存的价值就越多。但是，他能保存更多的价值，并不是因为他加进了更多的价值，而是因为他在不变的和不以他自己的劳动为转移的条件下加进了这个价值。"(第9段)

已定的不变的生产条件是指劳动生产率(技术条件)和生产资料价值都不变。在这种情况下，工人耗费的劳动越多，他加进的新价值便越多，同时耗费的生产资料也越多，因此他保存的旧价值也越多。但是，他能保存更多的旧价值，并不是因为他耗费了更多的劳动，而是因为他的劳动是在劳动生产率和生产资料价值都没有发生变化的情况下进行的。他的劳动作为具体劳动在一定时间内能保存多少旧价值，决定于劳动生产率高低和生产资料价值的大小，而不是取决于它的劳动作为抽象劳动而创造了新价值。

2."从价值增殖过程的角度看，则是作为不变资本和可变资本相区别的。"(第23段)

货币形式的资本在转化为生产要素形式的资本(生产资料和劳动力)之后，既分为不变资本和可变资本，也分为固定资本和流动资本。前一种区别是从价值增殖过程，从直接生产过程得出来的，后一种区别是从流通过程产生的。马克思说："可变资本的特征是，一个一定的、既定的(因此它本身是不变的)资本部分，一个既定的价值额(假定等于劳动力的价值，虽然在这里工资是等于、大于还是小于劳动力的价值，是没有关系的)和一个会自行增殖、会创造价值的力即劳动力相交换，而劳动力不仅再生产它自己的由资本家支付的价值，而且同时生产剩余价值……投在工资上的那部分资本的这个具有特征的属性，使这部分资本作为可变资本而和不变资本完全不同。如果投在工资上的那部分资本只是从流通过程来考察，于是它就作为流动资本而和投在劳动资料上的固定资本相对立，那么这样一来，这个属性就会消失。”①我们不仅要从不同的角度即劳动过程的角度和价值增殖过程的角度来区别资本的两个组成部分，还要从不同的领域即生产过程和流通过程来区别资本的两个组成部分。

资产阶级经济学只承认固定资本和流动资本的区别，而否认不变资本和可变资本的区别，他们把可变资本隐藏在流动资本中，蓄意模糊可变资本带来剩余价值的属性，从而掩盖剩余价值的真正来源。

第七章　剩余价值率

〔本章大意〕

前两章揭露了资本主义剥削的实质，这一章说明怎样认识资本主义的剥削程度，从量上揭露资本主义剥削。马克思创立的剩余价值率、剩余劳动、必要劳动等范畴都是体现剥削程度的经济范畴。

本章分四节，内容大意是这样的：根据前章的分析，产品价值应由 $c+v+m$ 三个组成部分构成。c 在价值增殖中不起作用，可以从产品价值中抽去，使它等于零。m 是 v 价值变动的结果。这样，v 价值增殖的比率便由 m 和 v 的比率来决定。资产阶级经济学用利润率代替剩余价值率，以掩盖资本家对工人的剥削关系和缩小剥削程度。只有剩余价值率才是工人受剥削的程度的准确表现。产品价值既然分为 $c+v+m$ 三部分，这三部分也可以表现为产品相应部分上：一部分产品代表不变资本部分，一部分产品代表可变资本部分，另一部分代表剩余价值。后两部分之和称作价值产品，代表剩余价值的那部分产品就叫做剩余产品。资产阶级辩护士故意把产品价值的这种表现方法歪曲为价值形成，把剩余价值的价值量同最后一小时生产的产品价值量混同起来，硬说工厂全部利润是由最后一小时提供的。

---

① 马克思：《资本论》第 2 卷，北京，人民出版社，2004 年，第 2 版，第 243 页。

1. 劳动力的剥削程度

〔内容提要〕

1. 剩余价值只是可变资本价值变动的结果(第 1—8 段)

剩余价值首先表现为产品价值超过产品的各种生产要素价值的余额。但由于各种生产要素的价值(c+v)等于预付资本 C 的价值,所以也可以说剩余价值是超过预付资本价值 C 的余额。这样,生产要素的价值等于预付资本价值,也等于不变资本价值和可变资本价值之和。因此,在生产过程结束时得到的商品价值等于这三部分的总和,即 c+v+m。

c 是实际消耗掉的生产资料的价值,是从这部分生产资料中转移到商品中去的旧价值。v+m 是活劳动创造的新价值,即再生产出来的劳动力价值和剩余价值。

我们知道,剩余价值 m 只是可变资本价值 v 变动的结果。但是,现实的价值变化和价值变化的比率却被两种假象所掩盖:一是可变资本增加了,全部预付资本也会增加,这就造成剩余价值是从预付资本产生的假象。为了消除这个假象而进行纯粹的分析,就必须使 c=0。乍一看,好像很奇怪,没有不变资本哪能产生剩余价值?其实,如同分析化学变化时把蒸馏器抽去一样,抽去不变资本并不妨碍对价值变化的分析。另一个假象是可变资本既然是一个已知量,而又把它当作可变量,这样似乎不合理。其实,这只是表现了资本主义生产固有的矛盾,是符合客观实际的。

2. 剩余价值率(第 9—19 段)

假定不变资本等于零,预付资本价值便简化为 v,产品价值 c+v+m 也就简化为价值产品 v+m。假定价值产品为 180 元,扣去可变资本价值 90 元,就可得到 90 元剩余价值。这 90 元表示所生产的剩余价值的绝对量。至于剩余价值的相对量,即可变资本价值增殖的比率,显然由剩余价值同可变资本的比率来决定,或用 m/v 来表示。在上述例子中,它是$\frac{90}{90}=100\%$。马克思把这叫做剩余价值率。

我们知道,工人在劳动过程的一段时间内,只生产自己劳动力的价值,即他的必要生活资料的价值,以补偿预付的可变资本价值。这种价值的生产只表现为再生产。这段时间马克思称为必要劳动时间，在这段时间内耗费的劳动称为必要劳动。另一段时间形成剩余价值，被资本家无偿占有。这段时间马克思称为剩余劳动时间，在这段时间内耗费的劳动称为剩余劳动(surplus value)。剩余价值就是剩余劳动时间的凝结，就是对象化的剩余劳动。

因此，剩余价值与可变资本之比，等于剩余劳动与必要劳动之比，或者说，剩余价值率$\frac{m}{v}=\frac{剩余劳动}{必要劳动}$。

剩余劳动率是工人受资本家剥削的程度的准确表现。

不能把剩余价值率同利润率混为一谈。利润率是预付资本价值和剩余价值的比率，即 m/(c+v)。因此利润率总是小于剩余价值率。资产阶级用利润率来混淆剩余价值率，借此掩盖他们对工人的剥削程度，以减轻其罪责。

在旧中国，资本家对工人的剥削极其残酷。从一些典型调查资料可以看到，剩余价值率一般都达到百分之几百或百分之一千以上。例如天津启新洋灰厂，1927 年至 1943 年，剥削率都超过 600%，其中有七年超过了 1000%，最高年份竟达 1608%。

〔难点试解〕

1. “产品价值”和“价值产品”(第 4 段)

产品价值指生产出来的产品的全部价值，即 c+v+m。价值产品指活劳动创造出来的新价值量，即活劳动对象化形成的价值量，即 v+m。

2. “只是表现了资本主义生产固有的矛盾”(第 6 段)

无论资本家为购买劳动力而预付的那部分货币资本的价值量，还是现实的可变资本即所购买到的劳动力的价值量，作为价值，本来都是不变的量。但在这里，我们却把它当作可变的量。所以这似乎是不合理的。但在实际上，在这里，预付可变资本的价值(例如在书上的例子中就是 90 镑)实际上只是这个价值所经过的过程的符号。它虽然本身也是一个不变的量，但在劳动过程中却为发挥作用的劳动力所代替，被活劳动所代替，从而就从一个不变的量，变成了可变的量。实际上，可变的只是工人的劳动时间。就是说，实际的可变资本既不是预付资本价值，也不是劳动力的价值，而是现实的劳动力。但从资本主义生产的观点来看，这全部过程都只不过是原来那个为购买劳动力而预付的资本价值部分(其实是个不变的量)自行运动，因而剩余价值也就成了这个不变价值运动的结果。所以，这一部分价值之所以由不变量转化为可变量，仅仅是由劳动力的买和卖这种情况造成的，也就是由资本占有生产方式本身造成的。因此这种转化只是表现了资本主义生产固有的矛盾。

2. 产品价值在产品相应部分上的表现

〔本节大意〕

由于使用价值是价值的承担者，所以资本主义产品的价值全部存在于这些产品上。产品的各个部分当然也都是产品价值承担者，所以，产品价值的不同要素也就可以表现在产品本身的相应部分上，用这些相应部分的价值来表示。马克思用第五章第二节的例子说明了产品价值在产品相应部分上的表现。马克思把那个纺纱工人纺出的20斤棉纱分成几个量，即用16斤棉纱代表不变资本部分，用2斤棉纱代表可变资本部分，用2斤棉纱代表剩余价值。但是，马克思指出，如果只看这种表现方式，那就容易造成错觉：好像那16斤棉纱就是生产资料纱锭和棉花的价值，它没有经过纺纱工人劳动就变成了棉纱。其余6斤棉纱则又好像不需要生产资料而是纺纱工人用空气纺成的。事实上每一根纱的价值都是由 $c+v+m$ 构成的。

由于产品是经过一定时间的劳动过程陆续制造出来的，所以也可以从产品形成的时间上来看它的价值各部分在产品相应部分上的表现。一些产品代表生产资料中包含的劳动，一些产品代表生产过程中加入的必要劳动，一些产品代表生产过程加入的剩余劳动。产品价值的这种表现方式可能产生极野蛮的想法，特别是那些别有用心的资产阶级御用经济学家，利用这种表现方式为资本家的剥削罪行辩解。英国庸俗经济学家、资本家的献媚者西尼耳炮制的臭名昭著的“最后一小时”谬论，便是一个典型例子。

3. 西尼耳的“最后一小时”

〔本节大意〕

1833年英国政府颁布了一个工厂法，规定未满18岁的工人每天劳动时间不得超过11小时半。而工人要求每天劳动10小时。

1836年英国资本家授意西尼耳出面反对那个工厂法和争取10小时工作日运动。西尼耳在资本家的指使下，搞了一些假材料，编造了一个“最后一小时”谬论。西尼耳胡说，在每天平均11小时半的劳动时间内，最初的9小时半是生产补偿消耗掉的生产资料的价值，以后1小时是生产补偿工资的价值，最后1小时才生产资本家的利润。因此，西尼耳宣称，如果工厂工人的劳动时间限制在10小时以内，那么资本家就无利可图，而且要亏本，他公开反对10小时工作日。

马克思对西尼耳的反动谬论进行了彻底的批判。

西尼耳把最初9小时半的劳动硬说成只生产补偿所耗费的生产资料的价值、而不包含工人创造的新价值，又把最后2小时硬说成只生产价值产品、而不包含生产资料的价值，这是极其荒谬的。事实上每一小时生产的每一件产品都是c＋v＋m之和。每个时间段中所生产的每个产品中都包含着剩余价值，而不是只在最后一小时才提供“纯利润”。

西尼耳混淆了产品价值的表现方式和产品价值的生产。人们可以用最后一小时生产出的产品表示剩余价值的的价值量，这只是说最后一小时的生产物的价值量相当于剩余价值的价值量，而不是说最后一小时只生产剩余价值。

4. 剩余产品

〔本节大意〕

产品价值中的剩余价值既包含在每个产品中，也可以用一部分产品来表现。代表剩余价值的那部分产品，称为剩余产品(surplus produce，produit net)。决定剩余产品的水平的，是剩余产品同代表必要劳动的那部分产品的比率。剩余价值的生产是资本主义生产的决定的目的，同样，富的程度不是由产品的绝对量来计量，而是由剩余产品的相对量来计量。

必要劳动和剩余劳动之和，工人生产他的劳动力的补偿价值的时间和生产剩余价值的时间之和，构成他的劳动时间的绝对量——工作日(working day)。

第八章　工　作　日

〔前　　言〕

这一章，马克思分析了资本主义制度下的工作日。在资本家的工厂里，每个工人的工作日都分为两部分：必要劳动时间和剩余劳动时间。这种工作日是一个可变量，它的界限要由工人阶级和资产阶级两个阶级的力量对比来决定。剩余劳动时间是剩余价值在劳动时间上的源泉。资本家对剩余劳动有着狼一样的无止境的贪欲，他千方百计地无限度地延长工作日，以榨取尽可能多的绝对剩余价值。工作日的延长实质上是工人寿命的缩短。马克思以无比深厚的无产阶级感情，引用了充分的事实材料，愤怒控诉资本主义人吃人的罪恶制度。马克思叙述了工人阶级为反抗资产阶级、为争取正常工作日而进行的长期的激烈的斗争。

在我国，解放前的旧社会，工人劳动时间之长是世界上少见的。例如上海的资本家的纱厂里流行的所谓“礼拜工”，工人被迫每天连续劳动 20 小时，才有一点休息时间，然后又继续下去。天津三条石的所有工厂，每个工人每年劳动 357 天，每天干 20 小时。如果按八小时正常工作日折算，每个工人每年要做 893 个工作日，一年要为资本家干三年的活。中国工人阶级同世界各资本主义国家的工人阶级一样，为反抗资产阶级的压迫剥削、为争取正常的工作日进行了长期的顽强的搏斗。1922 年在中国共产党领导下，在广州召开了第一次全国劳动大会，就通过了争取八小时的工作日制度的决议。1924 年中国共产党又把八小时工作日制和星期日、年节休息，列为当时工人最低限度的要求。以后还迫使国民党反动政府公布规定八小时工作日的“工厂法”。当然，这在反动派手里只是一纸空文，但反映了工人阶级力量的增强和斗争的坚持。工人阶级的这一斗争是中国共产党领导的中国人民的新民主主义革命运动的一项重要内容，这一经济斗争是同政治斗争紧密结合的。

随着新民主主义革命斗争在全国的胜利，工人阶级的八小时工作日制也在全国范围实现。

1. 工作日的界限

〔本节大意〕

本节从概念上讲工作日的界限及其两个组成部分，并且阐明它们各是如何决定的。马克思把资本主义的工作日划分为必要劳动时间和剩余劳动时间两个部分。必要劳动时间是一个定量，剩余劳动时间是一个不定量。因而整个工作日是一个可变量。

为什么剩余劳动时间是一个不定量呢？从根本上说，它是由商品交换的性质决定的。资本家按照劳动力的日价值购买了劳动力，劳动力一个工作日的使用价值就归资本家所有。资本家就有权任意处置劳动力，强迫工人多多的劳动。资本的本质决定了资本家对剩余劳动无限贪欲。资本家恨不得把一个工作日变成两个工作日。资本家是人格化的资本，而资本只有一种生活本能，就是增殖自身，获取剩余价值。资本是死劳动，它像吸血鬼一样，只有吮吸活劳动才有生命，吮吸的活劳动越多，它的生命就越旺盛。

但是，劳动力不能离开工人独立存在。它作为劳动力的卖者，它只在一定时间内出卖劳动力。并且它有权要求在体力和精神健康的正常状态下劳动。但过度的劳动等于一天耗费几天的劳动力，等于劫夺了工人。因此工人有权要求正常的工作日，以便在合同期满后能够继续保持健康状态出售自己的劳动力。

这样，资本家的权利同工人的权利相对抗。在平等的权利之间，力量就起决定作用。因此，围绕着工作日的界限，工人阶级和资产阶级进行了长期的生死搏斗。

〔难点试解〕

1. “工作日不是一个不变量，而是一个可变量”。（第3段）

马克思这里强调工作日的长度是可变的，这似乎是众所周知的事实不需要加以强调。其实不然。资产阶级古典经济学派便一贯认为工作日的量是固定的。他们正是从这个前提出发，否认绝对剩余价值的存在，拒绝研究剩余价值的来源问题。李嘉图就只承认有相对剩余价值，而且把它说成是劳动生产率提高的自然而然的结果。可见，马克思在这里强调工作日是一个可变量，不仅论述了工作日的一般原理，而且是对古典经济学派的批判。

2."作为资本家,他只是人格化的资本。他的灵魂就是资本的灵魂。而资本只有一种生活本能,这就是增殖自身,创造剩余价值,用自己的不变部分即生产资料吮吸尽可能多的剩余劳动。资本是死劳动,它像吸血鬼一样,只有吮吸活劳动才有生命,吮吸的活劳动越多,它的生命就越旺盛。"(第5段)

马克思这几句话极具深刻地、精辟地揭露了资产阶级的本性。资产阶级本质是由资本本质决定的。资本家是人格化的资本,是资本的化身,资本自行增殖运动的有意识的承担者。所以,榨取工人的剩余劳动,吮吸工人的血汗,敲骨吸髓地剥削工人,这就是资本家的灵魂、本性、本能。资本是吸血鬼,它吮吸工人的血汗越多,它的生命也越旺盛。所以,作为资本化身的资本家自然也是吸血鬼。他唯利是图,无限贪婪,他的生活本能就是最野蛮最凶残地剥削工人群众,摧残广大工人的生命。他这样干得越厉害就越发大财,成为暴发户。新老资产阶级的代表人物在政治上、经济上的无限贪婪,集中体现了资产阶级的本性。

2. 对剩余劳动的贪欲。工厂主和领主
3. 在剥削上不受法律限制的英国工业部门
4. 日工和夜工。换班制度

〔三节大意〕

在第2、3、4三节中,马克思用事实来说明资本家通过绝对地延长工作日,来榨取绝对剩余价值的实质,愤怒控诉了资产阶级的血腥罪行。

第2节通过与前资本主义的剥削的比较,深刻地揭露了资本主义的剥削是一种比历史上的任何剥削制度都更加深重的剥削。资产阶级总是千方百计掩盖工作日的两部分区分,妄图逃避他们榨取工人剩余劳动、吮吸工人血汗、摧残工人生命的罪责。马克思把雇佣劳动和徭役劳动作对比,论证工厂主和领主一样,对剩余劳动都有着狼一样的贪欲。不过,如果在一个经济的社会形态中占优势的不是产品的交换价值,而是使用价值,剩余劳动就受到或大或小的需求范围的限制。例如在徭役劳动下的情况就是如此。但在雇佣劳动下,对剩余劳动的剥削采取占有剩余价值的方式。价值增殖运动使资本家对剩余劳动的贪欲变成无限制的。领主对剩余劳动的贪欲较简单地

表现为直接追求徭役的天数,资本家的贪欲表现为渴望无限度地延长工作日。

第3节通过在剥削上不受法律限制的英国工业部门的例子,进一步揭露绝对剩余价值生产方法的残酷性。马克思所说的这些工业部门,是指直到马克思写作本书时的前不久,还在毫无顾忌地压榨劳动力的那些部门,也就是与其他工业部门相比还处在资本主义工业化发展的初期的那些部门。在花边业、陶器业、火柴业、壁纸业、面包业以及铁路工、女缝工、铁匠等等行业中,资本家把工作日延长到14—20个小时。资本家对9—10岁的童工,强迫他们从早上2、3、4点钟起床,一直干到夜里10、11、12点钟。在这样长的劳动折磨下,孩子们被摧残得身躯萎缩,神态呆痴。

第4节则说明了资本主义生产方式的换班制度这一发明的实质。由于生理上的限制,资本家不可能日夜不停地榨取同一劳动力。因此,要克服身体上的限制,就得使白天被吸尽的劳动力和夜里被吸尽的劳动力换班工作。这种换班制实行之后,使全部昼夜24小时都成了继续不停的劳动过程,对剩余劳动的剥削成倍增加。

5.6.7. 争取正常工作日的斗争

〔三节大意〕

这3节仍以英国为典型,结合资本主义的工厂法,叙述了工人阶级争取正常工作日的斗争历史,以及资产阶级和无产阶级两大阶级之间围绕正常工作日所展开的斗争。

第5节回顾资本主义发展初期,从14世纪中叶到17世纪末叶,英国资产阶级政府所颁布的一系列强制延长工作日的法律。马克思写道:在资本看来,工人终生不外就是劳动力,所以他的全部可支配时间(除了几小时为恢复体力必不可少的休息时间)都应当是劳动时间,都应当用于资本的自行增殖。由于资本家的无限度地盲目地追逐剩余价值和剩余劳动,不仅突破了工作日的道德极限,而且突破了工作日的身体极限;仅使工人的劳动力由于被夺去了道德上和身体上的发展和活动的条件而处于萎缩状态,而且使工人本身未老先衰和死亡。马克思引用许多具体材料证明这一点,其中如英国官方的一份材料供认,棉纺织业有90年的历史,在英国经历了3代人,却吞没了9代纺织工人。资本是根本不关心工人的健康和寿命的,除非社会迫使它去关心。所以，正常工作日的规定，是几个世纪以来资本家和工人之间斗争的结果。但是，就在这个斗争的历史中也出现了两种对立的倾向，以至于资本主义早期迫使成年工人接受的那个工作日的延长程度，竟然与 19 世纪下半叶国家在某些地方为限制童工劳动而规定的界限大体相同！这说明了工人阶级的斗争进行得何等艰苦，在这几个世纪中所取得的成果多么有限，资本在延长工作日方面所进行的斗争多么顽强！

第 6 节论述 1833－1864 年英国的工厂立法和对劳动时间的强制性限制。马克思指出：现代工业中的正常工作日只是从 1833 年颁布了有关棉、毛、麻、丝工厂的工厂法起才出现的。但从 1833 年到 1864 年的英国工厂立法史，比任何东西都更能说明资本精神的特征。只是到了 1844－1847 年间，在受工厂法约束的一切工业部门才普遍实行了 12 小时工作日。其中在 1846－1847 年由于宪章运动和争取 10 小时工作日的斗争，迫使议会通过了 10 小时工作日法案。可是不久由于宪章运动的失败和 1848 年巴黎工人 6 月起义遭到镇压，资产阶级又乘机反扑，撕毁了一切限制工作日的法律。但是尽管如此，经过工人阶级不屈不挠的斗争，强制限制工作日的原则毕竟在作为现代生产方式的特殊产物的大工业部门中胜利了。这是工人阶级长期斗争的结果。

第 7 节从理论的高度对英国工人阶级所进行的这一斗争的胜利成果进行总结，阐明了英国工厂立法对其他国家的影响，即对这些国家工人阶级斗争的意义：

第一，在最早依靠水力、蒸汽和机器而发生革命的工业部门中，即在现代生产方式的最初产物——棉、毛、麻、丝等纺织业中，资本无限度地、放肆地延长工作日的欲望首先得到了满足。物质生产方式的改变和生产者的社会关系的相应的改变，先是造成了无限度的压榨，后来反而引起了社会的监督，由法律来限制、规定和划一工作日及休息时间。这从一个侧面也说明了资本主义生产方式的历史暂时性和过渡性。

第二，英国工人阶级争取正常工作日的斗争及其阶段性胜利的历史说明：在资本主义生产的一定成熟阶段上，孤立的工人在斗争中是无法取得胜利的。“因此，正常工作日的确立是资本家阶级和工人阶级之间长期的多少隐蔽的内战的产物”，也就是说，是在这两个阶级之间进行的阶级对阶级之间的斗争的产物。在这方面，英国工人阶级曾经走在了全世界工人阶级的前头。对此马克思给予了高度的评价，指出："英国的工厂工人不仅是英国工人阶级的先进战士，而且是整个现代工人阶级的先进战士，最先向资本的理论挑战的也正是他们的理论家。"这里所说的理论家，首先是指英国工人阶级的伟大的理论家和实际活动家罗伯特·欧文。在本节"注(191)"中马克思充分肯定了欧文在这些方面的贡献。

随后，马克思分别论述了在英国工人阶级斗争的影响下法国和美国，以及全世界各国工人阶级在这一斗争中所取得的进展。其中"法国的革命方法"所显示出来的"独特的优点"是"它一下子就给所有的作坊和工厂毫无区别地规定了同样的工作日界限"；美国"南北战争的第一个果实，就是争取八小时工作日运动"。与此同时(1866年9月初)，在日内瓦召开的"国际工人代表大会"，根据伦敦总委员会的建议，通过了"建议通过立法手续把工作日限制为8小时"决议。

马克思最后总结道：

"必须承认，我们的工人在走出生产过程时同他进入生产过程时是不一样的。在市场上，他作为'劳动力'这种商品的占有者与其他商品的占有者相对立，即作为商品占有者与商品占有者相对立。他把自己的劳动力卖给资本家时所缔结的契约，可以说像白纸黑字一样表明了他可以自由支配自己。在成交以后却发现：他不是'自由的当事人'，他自由出卖自己劳动力的时间，是他被迫出卖劳动力的时间；实际上，他'只要还有一块肉、一根筋、一滴血可供榨取'，吸血鬼就决不罢休。为了'抵御'折磨他们的毒蛇，工人必须把他们的头聚在一起，作为一个阶级来强行争得一项国家法律，一个强有力的社会屏障，使自己不致再通过自愿与资本缔结的契约而把自己和后代卖出去送死和受奴役。"

〔难点试解〕

"物质生产方式的改变和生产者的社会关系的相应的改变，先是造成了无限度的压榨，后来反而引起了社会的监督，由法律来限制、规定和划一工作日及休息时间。"(第7节第2段)

物质生产方式的改变是指以水力、蒸汽和机器为特征的大工业的出现。机器大工业的出现引起了生产过程中的人与人的关系的变化。一方面资本家对工人的统治加强了，工人在实质上依附于资本家；一方面工人组成为一个统一的阶级即近代产业无产阶级。前者是资本家肆无忌惮地延长工作日压榨工人，后者是工人能够运用整个阶级的团结的力量跟资本家斗争。同时，工作日的过度延长，缩短了工人的寿命，不能迅速补充劳动力的消耗。因此，资产阶级为了自身的利益，需要限制、规定和划一工作日。经济基础的这种变化必然反映到上层建筑来，于是有了限制工作日的法律。

第九章　剩余价值率和剩余价值量

〔本章大意〕

前几章解决了资本主义剥削实质和剥削程度的问题，在解决这些问题时，抽去了被剥削的工人人数这个因素，也撇开了剩余价值的绝对量这个因素。这一章才来讲这个问题。剩余价值量的大小，取决于被剥削的工人人数（可变资本代表雇用工人的人数）和剥削程度（或剩余价值率）。所以本章主要的是论证剩余价值量、剩余价值率和可变资本三者的关系。

马克思总结出决定剩余价值的三个规律：

第一个规律是：所生产的剩余价值量，等于预付的可变资本量乘以剩余价值率，或者说，是由同一个资本家同时剥削的劳动力的数目与单个劳动力受剥削的程度之间的复比例决定的。

根据这个规律，可变资本的减少，可以由劳动力受剥削的程度的按比例的提高来抵偿，或者说，所雇用的工人人数的减少，可以由工作日的按比例的延长来抵偿。因此在一定限度内，资本所能榨取的劳动的供给，并不取决于工人的供给。如果可变资本量（即雇佣工人人数）减少了，那么资本家就会提高剥削程度来补偿因减少雇工而引起的剩余价值量的减少。可是，这种补偿办法有一定限度，因为一个工作日不能超过24小时。于是就有第二个规律。

第二个规律是：平均工作日（它天然总是小于24小时）的绝对界限，就是可变资本的减少可以由剩余价值率的提高来补偿的绝对界限，或者说，就是受剥削的工人人数的减少可以由劳动力受剥削的程度的提高来补偿的绝对界限。

马克思说，这个非常明白的第二个规律，对于解释资本要尽量减少自己所雇用的工人人数即减少转化为劳动力的可变资本部分的趋势（即后面将要讲到的资本有机构成提高的趋势）所产生的许多现象，是十分重要的，而这种趋势是同资本要生产尽可能多的剩余价值量的另一趋势相矛盾的。

第三个规律是：在剩余价值率和劳动力价值已定的情况下，所生产的剩余价值量同预付的可变资本量成正比例。

从第三个规律可以了解，不是任何一个货币额或价值额都可以转化为资本。这里也有一个从量到质的变化的问题。货币占有者要变成资本家，必须有一个最低限额的货币，这个最低限额必须超过中世纪的行会对行会师傅所规定的最高限额。

马克思在本章的最后一部分，从本篇对绝对剩余价值生产的分析，概括了资本家和雇佣工人的关系的几个要点：

在资本主义生产过程中，资本发展成为对劳动，即对工人的指挥权。资本家监督工人劳动。

资本发展成为一种强制关系，迫使工人阶级从事剩余劳动。资本对剩余劳动的贪婪，超过了以往各种剥削制度。

在资本主义的生产过程中，生产资料变成吮吸工人劳动的手段，不是工人使用生产资料，而是生产资料使用工人。货币一旦转化为生产过程的物质因素，转化为生产资料，就使生产资料变成榨取剩余劳动的合法权和强制权。死劳动和活劳动、价值和创造价值的力之间的颠倒的关系，是资本主义生产方式固有的特征。

〔难点试解〕

1. “以后我们会看到，李嘉图学派是怎样被这块拦路石绊倒的。‘确实什么也没有学到’的庸俗经济学，在这里也像在其他各处一样，抓住了现象的外表来反对现象的规律。”(第10段)

英国古典经济学家李嘉图曾经阐述过古典学派的劳动价值论。但是，由于他混淆了价值和生产价格、剩余价值和利润，所以他无法解释：如果在资本主义条件下商品按照价值出售的话，那么同量的但资本有机构成不同的资本，怎样能够得到同量的利润。在李嘉图的理论体系中，劳动价值规律和等量资本得到等量利润的规律是互相冲突的，怎样说明这两个规律之间的内在联系，成了李嘉图学派的拦路石，而且被这块拦路石绊倒了，以致这个学派不能不垮台。庸俗经济学对上述问题更是无知，他们竟然认为不但活劳动创造价值，对象化劳动(即生产资料)也创造价值，因此等量的资本得到了等量的利润。这就是抓住现象的外表来反对现象的规律。只有马克思才彻底的圆满地解决了上述问题。(参阅本书第三卷第八、九、十章)

2.“货币或商品的占有者，只有当他在生产上预付的最低限额大大超过了中世纪的最高限额时，才真正变为资本家。”(第12段)

货币占有者要变成资本家，必须先有一定数额的货币积累，用来购置一定数量的生产资料和雇用一定数量的工人。这个货币积累的最低限额，至少要达到使他能够靠剥削他雇用的工人而他自己完全脱离生产过劳动过着寄生生活的程度。如果他雇用的工人太少，达不到这个程度，他就不能够靠剥削工人过寄生性生活，那么他就要同工人一样，自己直接参加一定时间的生产劳动。这样，他还只能是一个介于资本家和工人之间的中间人物。这种人就是我们称之为“小业主”的人，而不是真正的资本家。中世纪的行会的师傅(行东)就是这样一种人，行会的规章严格限制一个行会师傅所雇用的帮工的人数，有意识地阻止行会师傅变成资本家。在我国对资本主义工商业实行社会主义改造时，曾经严格地区分了资本家和小业主，并采取了不同的政策。

3. 关于资本的本质的问题。

有些同志把第四章第一节中马克思对资本的论述，看作是对资本本质的揭示。我们不同意这种看法。我们认为，在那里，马克思是从流通领域阐明资本的一般特征的。虽然那些特征也反映了资本的本质，但还没有从生产过程的角度更深刻地揭示资本的本质。因为在流通领域内，还不能直接地接触到资本对劳动，资本家对雇佣工人的剥削、统治关系。只有经过对生产过程的深入分析，才揭露出资本所包含的人与人的关系，即资本家对工人的剥削、统治关系。本篇第五章、第六章和第八章，特别在全篇的末尾作为本篇的结束语中，总结了关于资本本质的要点。通过这几章的学习，我们才明白资本所体现的人与人的关系是什么一种关系。

本章最后一段作为全篇的结束语，是同第二篇最后一部分相照应的。资本主义流通领域是资产阶级天赋人权的真正伊甸园。然而，只要离开流通领域一进入生产过程，资本家和雇佣工人的关系便发生了变化。马克思在第三篇结束时总结了这种变化的要点，同时说明:关于资本的本质以后还要进一步揭露。

学习第四篇　相对剩余价值的生产

前　　言

第四篇继续分析资本主义生产过程——相对剩余价值的生产，继续揭示资本主义生产方式和资本主义生产关系的特征，揭露资本家发财致富的秘密，以及工人阶级贫困和苦难的根源。

前一篇主要说明资本家用延长工作日的方法加强对工人的剥削。由于工人阶级长期的殊死反抗，使得工作日的延长受到限制。但是资产阶级并不就此罢休。他们改而采取提高劳动生产力的方式，缩短必要劳动时间，相对地延长剩余劳动时间，来榨取更多的剩余价值。这就是相对剩余价值的生产。

劳动生产力的提高，推动了生产的社会化，促进了社会生产力的发展。资产阶级利用社会生产力的发展，进一步加强对工人阶级的剥削，占有越来越多的社会财富。同时这两个阶级的矛盾也越来越激化。社会化的生产和资本主义的私人占有之间的矛盾是资本主义社会的基本矛盾。本篇考察了资本主义生产（社会化生产和相对剩余价值生产）发展所经历的三个历史阶段，同时分析了资本主义社会基本矛盾的发展。

——

在本篇中，马克思无情地抨击了资产阶级辩护士们对吸血鬼的无耻的吹捧。他们居然厚着脸皮出面要工人“感谢资本家发展了生产力”。上个世纪被马克思痛斥过的那些滥调，在今天我们依然可以听到。

第十章　相对剩余价值的概念

［内容提要］

1. 相对剩余价值的概念（第1—5段）

由于工人阶级的坚决反对和工作日的一定的客观限制，资本家采用了比较隐蔽的方法来加重对工人的剥削。这就是：不是通过改变工作日的长度，即不是通过绝对地延长工作日，而是通过改变工作日中的必要劳动时间和剩余劳动时间的比例，缩短必要劳动时间，相应地延长剩余劳动时间，榨取尽可能多的剩余价值。

要缩短必要劳动时间就要减少劳动力价值，即必要生活资料的价值。

要减少必要生活资料的价值，就要提高生产它的劳动生产力。为此，必须改进技术和改善劳动组织。

可见，相对剩余价值和绝对剩余价值是不相同的。马克思说："我把通过延长工作日而生产的剩余价值，叫作绝对剩余价值；相反，我把通过缩短必要劳动时间、相应地改变工作日的两个组成部分的量的比例而生产的剩余价值，叫作相对剩余价值。"

2. 相对剩余价值的形成。超额剩余价值（第6—10段）

我们知道，商品价值不仅取决于使商品取得最终形式的那种劳动的量，而且还取决于该商品的生产资料所包含的劳动量。因此，那些为生产必要生活资料提供劳动资料和劳动对象的产业部门中的生产力的提高，以及它们的商品相应的便宜，也会降低劳动力价值。

生活资料是由各种生活用品构成的，其中每一种用品的价值都是劳动力价值的一部分，它的价值的减少会促使劳动力价值减少。如果工人所需的各种生活用品的价值都降低了，那就会使劳动力价值下降。

每一单个资本家提高劳动生产力的直接目的，并不是降低劳动力价值，而是追逐超额剩余价值。但所有资本家都为此目而竞相提高劳动生产力，结果必然造成劳动力价值的下降。资本家的这种竞争，总是从某一个资本家开始的。假定有一个资本家改进技术和改善劳动组织，使劳动生产力提高一倍，他的工厂的一个工作日的产量也就会相应地增加一倍，而每一件商品的价值则相应地减少一半。由于其他生产同种商品的工厂还保持着原来的劳动生产力水平，所以，某个资本家的商品的个别价值低于它的社会价值。就是说，这个商品所花费的劳动时间，少于在社会平均条件下生产的大宗同类商品所花费的劳动时间。但是，商品的现实价值不是它的个别价值而是它的社会价值。因此，如果采用新方法的那个资本家按照社会价值，或者按照低于社会价值但却高于个别价值的价格来出售他的商品，那么他便获得了超过他的商品个别价值所形成的超额剩余价值。

这种超额剩余价值，仍然是靠必要劳动时间的缩短和剩余劳动时间的相应延长。在这里，生产力特别高的劳动，在使该资本家占有剩余价值方面就起到了加倍的劳动（即自乘的劳动）的作用，也就是会在相同时间内比同种的社会平均劳动带来更大的价值。可见，采用新方法的资本家比同一行业的其他资本家可以在一个工作日中占有更大的部分作为剩余劳动。他自己所做的，就是资本全体在生产相对剩余价值时所做的。但是，当新的方法被普遍采用，因而比较便宜地生产出来的商品的个别价值和它的社会价值之间的差额消失的时候，这个超额剩余价值也就消失。因此，只有当生产必要生活资料的部门普遍提高了劳动生产力，以致使生活日用商品便宜时，才会使一般剩余价值率提高。相对剩余价值才会生产出来。

3. 相对剩余价值的增加和劳动生产力的发展成正比例（第 11—14 段）

劳动力价值同其他商品价值一样，也是与劳动生产力成反比例。但是，相对剩余价值和劳动生产力则成正比例。它随着生产力提高而提高，随着生产力降低而降低。因此，提高劳动生产力来使商品便宜，靠通过使商品便宜来使工人本身便宜，是资本的内在冲动和经常的趋势。

这里，出现了一个自相矛盾的现象：资本家只关心生产交换价值，却又力求降低商品的交换价值。商品便宜了，利润反而增加了。对这个谜，资产阶级经济学始终没有解答出来。其实，这一矛盾现象所以出现，是因为相对剩余价值的生产与劳动生产力的发展成正比，而商品的价值与劳动生产力的发展成反比，也就是说，因为同一过程既使商品便宜，又使商品中包含的剩余价值提高。资本家并不关心商品的绝对价值，只关心剩余价值。

事实很明显，资本家提高劳动生产力的目的，绝不是为了缩短工作日，只是为了缩短必要劳动时间，延长剩余劳动时间。资产阶级的吹鼓手麦克库洛赫、尤尔、西尼耳之流，竟然无耻地说：工人应当感谢资本家发展了生产力！为了表示感谢，以后必须多多劳动！这真是岂有此理。

〔难点试解〕

“这里不考察资本主义生产的内在规律怎样表现为资本的外部运动，怎样作为竞争的强制规律发生作用，从而怎样成为单个资本家意识中的动机。”(第 8 段)

剩余价值规律是资本主义生产的内在规律，它决定资本主义生产的性质、目的和发展方向。剩余价值规律表现为资本的外部运动，这就是表现为价值不断地交替采取货币形式和商品形式，改变着自己的量，作为剩余价值同作为预付价值的自身分离出来，自行增殖着。资本家便是这一运动的实际承担者，是人格化的资本，他所执行的不过是资本的职能。因此，生产剩余价值(或赚钱)成为资本家投资经营任何事业的动机。他们为追逐剩余价值，特别是追逐超额剩余价值而互相猛烈地竞争。竞争使得剩余价值规律作为一种强制力量支配着每一个资本家。竞争迫使资本家不断扩大自己的资本来维持自己的资本。这样，剩余价值规律便作为竞争的强制规律发生作用。如果不了解资本的内在本性，即不了解价值增殖运动，便不能对竞争作出科学的分析。剩余价值规律或价值增殖规律和竞争规律的关系，同天体的实际运动与表面运动的关系一样，是本质与现象的关系。

第十一章　协　　作

〔内容提要〕

1. 简单协作是资本主义生产的起点(第 1—5 段)

人数较多的工人，在同一时间、同一空间(或者说同一劳动场所)，为了生产同种商品，在同一资本家的指挥下工作，这在历史上和概念上都是资本主义生产的起点。

本来，工人人数的多少并不会影响商品价值生产的性质。不过，工人人数多了，也会使商品价值生产发生某些变化：由于形成价值的劳动是社会平均性质的劳动，而每个单个工人的劳动都会同社会平均劳动发生偏差。但是许多工人协同劳动，则一开始就推动社会平均劳动。因此，对单个生产者来说，只有当他作为资本家进行生产，同时使用许多工人，从而一开始就推动社会平均劳动的时候，价值增殖规律才会完全实现。

同时使用较多的工人，还会在劳动的物质条件方面引起革命：促使生产资料使用节约和社会化。一部分生产资料如厂房、仓库、某些器具等，是劳动过程中共同使用的，可以得到充分利用和节约。许多人共同使用生产资料，可以减少生产资料价值转移和降低单位产品的价值。生产资料的共同使用，使得生产资料获得了社会劳动的条件、生产社会化条件的性质。有些生产资料甚至在整个劳动过程社会化以前，就已经先社会化了。

2. 一般的协作的效果（第6—13段）

一般地说来，协作是指许多人在同一生产过程中有计划地一起协同劳动。这种协同劳动比起个体劳动，有着许多好的效果：(1)协作可以抵消个体劳动之间的差别，提供平均的社会劳动，并节省生产资料；(2)许多人协同劳动可以产生一种新的集体力，即劳动的社会生产力，或社会劳动的生产力，从而提供更多的产品；(3)协作可以使劳动对象更快地通过劳动过程，使加工进行得更快；(4)在季节性很强的生产部门中，结合劳动可以不失时机地获得成果；(5)协作可以扩大劳动的空间范围，如修路、开运河等；也可以在较小的空间范围内，投入大量劳动，如农业实行的集约经营等；(6)许多人协同劳动，精神会振作起来，会引起竞争心，使劳动效率提高。

在所有上述情况下，结合工作日的特殊生产力，都是劳动的社会生产力或社会劳动的生产力。这种生产力是由协作本身产生的。

3. 资本主义协作的特点（第14—28段）

在资本主义制度下，劳动者一无所有，进行协作劳动所需要的生产资料和生活资料，都被资本家占有，劳动者只有受雇于资本家才能进行协作劳动。可见，不变资本积聚于单个资本家手中是资本主义条件下的简单协作的物质条件。可变资本的大小决定协作的规模。前面讲过，小业主要变成资本家，需要一定量的最低限额的资本积累。现在，这个最低限额又表现为许多分散的和互不依赖的单个劳动过程转化为一个结合的社会劳动过程的物质条件。

雇佣工人的劳动是在资本家监督下进行的。这表现为资本对劳动的指挥和管理。资本的这种职能，在资本主义协作中，发展成为劳动过程的进行所必要的条件，成为实际的生产条件。然而这种职能具有二重性：对生产的管理监督和对工人的剥削压迫。资本管理职能的二重性，来源于生产过程的二重性：一方面是制造产品的社会劳动过程，另一方面是资本的价值增殖过程。资产阶级经济学混淆了一切社会化劳动过程所产生的管理职能和由资本与劳动的对立所引起的管理职能，因而错误地认为资本家仅仅是社会化劳动过程的管理者。显然，这是企图掩盖资本家的剥削者面貌。

工人一旦出卖了自己的劳动力给资本家以后，他们就必须服从资本的支配。他们一进入劳动过程，便并入资本，他们本身就成了资本的一种特殊存在形式。因此，工人作为社会工人所发挥的生产力，是资本的生产力。又因为工人在他的劳动本身在从属于资本以前不发挥这种生产力，所以劳动的社会生产力好像是资本天然具有的生产力。

协作并不是资本主义所特有的。在奴隶制和封建制下都有过简单协作。那种协作是以生产资料的奴隶主所有制和封建主所有制，以及以对劳动者的人身占有和依附关系为基础的。在原始公社中也有协作，那是以生产条件的公社所有和氏族血缘关系为基础的。资本主义协作则是以生产资料的资本家私有制和雇佣劳动为基础的。从历史上看资本主义协作是同小农经济和个体手工业生产相对立而发展起来的。

——

社会主义的协作，是以社会主义公有制和劳动者同志式的互相合作关系为基础的。协作在社会主义制度下获得了空前的广泛深入的发展。拿上海工业生产为例，可以清楚地看到社会主义协作的巨大的优越性。新中国成立以来，上海许多新兴工业的建立，如金山石油化工企业，许多高级、精密、尖端产品的诞生，许多先进的新技术的大面积推陈出新和应用等等，无一不是社会主义协作的成果。在我国工农业生产中，随着社会主义革命深入发展，社会主义协作的范围越来越宽，形式越来越多，创造出来的生产力越来越大。

〔难点试解〕

“协作仍然是资本主义生产方式的基本形式。”（第 28 段）

工场手工业的分工就是一种特殊的协作。机器大生产是发达的协作形式。马克思在以后两章中作了具体的说明。

第十二章　分工和工场手工业

〔各节大意〕

1. 工场手工业的二重起源

本节分析工场手工业产生的途径，独立手工业者变成局部工人的过程。

工场手工业是以两种方式产生的：第一种方式是资本家把不同种的独立手工业者组织在一个工场中，让他们共同生产一种商品。例如制造马车的手工工场，资本家雇用马车匠、马具匠、裁缝等等，让他们为马车专门生产某一部件或从事某一种操作。一辆马车就是由这些局部工人联合体制成的。第二种方式是资本家把同一行业的独立手工业者组织在一个工场中，让他们在互相衔接的不同工序上分别进行不同的操作。例如造纸、制针、铸字等手工工场就是这样产生的。

因此，一方面，工场手工业在生产过程中引进了分工，或者发展了分工；另一方面，它又把过去分开的手工业结合在一起。但是，它的最终形态总是一样：一个以人为器官的生产机构。

工场手工业的技术基础仍旧是手工劳动，因而它的劳动生产力仍然取决于每个工人使用工具时的力量、熟练、速度和准确。但是，它不仅继承了一般协作的优越性，而且还进行了分工，所以它比一般协作的劳动生产力提高了一步。

2. 局部工人及其工具

本节分析工场手工业的组成要素，说明工场手工业提高了劳动生产力，局部工人的出现表明劳动社会化进了一步。

工场手工业是由许多从事局部操作的局部工人组成的。局部工人由于长期从事一种专门的操作，因而他们的整个身体变成这种操作的自动化器官。这样，他花在这一操作上的时间就比没有实行分工时要少，劳动生产力自然就提高了。局部工人也由于经常重复地集中注意力做同一种有限的动作，因而他们比较容易积累经验，提高工作效率。另外还由于工场里集中了老年青年工人，他们共同劳动，这样就会使技术上的诀窍得到巩固、积累并迅速传下去。最后，局部工人专门从事一种操作，可以避免因变换工作所造成的时间浪费，使劳动时间更加紧凑，从而提高劳动强度。总之，从劳动者的技艺方面来看，劳动生产力比过去提高了一步。

劳动生产力不仅取决于劳动者的技艺，也取决于他的工具的完善程度。分工使生产工具越来越专门化，不仅工具的种类和式样大为增加，而且这些工具也改进得更加适合专门操作的需要。

3. 工场手工业的两种基本形式——混成的工场手工业和有机的工场手工业

前节从工场手工业的两个组成要素说明工场手工业比简单协作优越，本节从工场手工业的整个机构，看它的优越之处。

工场手工业有两种基本形式：一种是混成的工场手工业，由局部工人进行直接的协作，产品变成无数局部工人的社会产品，如制造钟表由许多单独的局部产品机械地组合而成。另一种是有机的工场手工业，产品是通过一系列相互衔接的工序来完成，如制针、制纸等。

从工场手工业的机构来看，它有着如下优点：(1)它把分散的手工业结合在一起，缩短了制品的空间距离，使不同的阶段过程由时间上的顺序进行，变成了空间上并存，因此提高了劳动生产力。(2)生产过程的连续性、划一性、规则性和秩序，迫使每个工人的劳动都使用必要的时间，从而都具有社会平均劳动的性质，社会必要劳动时间成为生产过程本身的技术规律。(3)出现了工人小组，如玻璃厂的吹瓶小组，他们具有固定比例的人数，每个人都不能脱离小组独立工作。劳动的社会化显著地发展了。(4)不同的结合的工场手工业成了一个总的工场手工业在空间上多少分离的部门，同时又是各有分工的、互不依赖的生产过程。生产的社会化也有了发展。

工场手工业是向机器大工业的过渡。

工场手工业发展了劳动力等级制度，从而产生工资等级制度，这就使劳动力的价值降低了，因此直接包含着资本的更大的增殖。

4. 工场手工业内部的分工和社会内部的分工

本节阐明了工场手工业内部分工和社会分工的区别和联系，还阐明了工场手工业的分工和存在于有组织的社会中（如印度公社）的分工之间的区别，以及工场手工业的分工和存在于无组织的社会中（如小商品经济）的分工之间的区别。古典经济学派，包括亚当·斯密，都把这些区别看成是技术的、主观的，马克思则从历史条件来看，看到了使工场手工业分工和其他分工区别开来的社会经济因素。

马克思首先考察了分工的两个起源：一是氏族内部的自然分工引起社会分工；二是原来不同而又互不依赖的生产领域之间的交换引起社会分工。

然后，分析工场手工业的内部分工和社会内部的分工之间的联系和区别。两种分工的联系是：社会内部的分工达到一定程度才有工场内部的分工，工场内部的分工又反过来促进社会内部分工发展，使一种分工扩大为一个行业。两种分工之间的区别在于：(1)它们的物质前提不同，社会各行各业的产品都是商品，而工场的局部工人却不生产商品，他们的共同产品才是商品。(2)社会内部的分工以产品的买卖为媒介，工场内部的分工以劳动力卖给资本家为媒介，资本家把局部劳动作为一个结合劳动力来使用。(3)工场内部的分工以生产资料积累在一个资本家手中为前提，社会内部的分工以生产资料分散在商品生产者之间为前提。(4)工场内部的分工按照预先有计划的比例使工人从事一定工作，社会内部的分工由价值规律来自发地调节劳动力在各部门的分配。(5)工场内部的分工以资本家对工人的绝对统治为前提，社会内部的分工使商品生产者互相对立、互相竞争，彼此都不承认任何权威。

接着，马克思分析了资本主义分工和存在于有组织的社会如印度公社中的分工之间的区别。在资本主义生产方式占统治地位的社会中，社会内部的分工的无政府状态和工场手工业内部的分工的专制是互相制约的。相反的，在印度公社中，一方面是有计划地组织社会劳动，另一方面工场内部完全没有分工或分工很不发达。这里，马克思特别提到，“这种公社的简单的生产有机体”是亚洲各国封建社会长期停滞不前的秘密所在。

最后，马克思分析了资本主义分工和小商品经济中的分工之间的区别。在小商品经济中，只有行会之间的分工，行会组织排斥工场手工业的分工。

5. 工场手工业的资本主义性质

本节分析了工场手工业的资本主义性质，着重说明了工场手工业对工人阶级的影响，并批判了在社会分工问题上的一些错误观点。

在工场手工业中，资本家雇用工人的最低限额人数由分工来决定。分工越发达，单个资本家手里的资本最低限额也越大。这表明有越来越多的社会的生活资料和生产资料转化为资本，表明生产的社会化向它的对立面即资本家私人占有转化。

资本最低限额的提高意味着资本对劳动的统治权力扩大，工人对资本的从属关系加强。在工场手工业中，许多局部工人组成的社会生产机构是属于资本家占有的，因此，各种劳动的社会结合所产生的生产力也表现为资本的生产力。简单协作还没有改变个人的劳动方式，工场手工业则从根本上侵袭了个人的劳动力，它使工人变成畸形的人。过去，工人因为一无所有而不得不出卖劳动力；现在，他的劳动力不卖给资本家就得不到利用，他只能作为资本家工场的附属物进行生产活动。“分工在工场手工业工人的身上打上了他们是资本的财产的烙印”。

工场手工业的分工造成了体力劳动和脑力劳动的尖锐对立。马克思指出：“工场手工业分工的一个产物，就是物质生产过程的智力作为他人的财产和统治工人的力量同工人相对立。这个分离过程在简单协作中开始，在工场手工业中得到发展，在大工业中完成。”分工不但使工人身体畸形化，而且使工人的智力贫乏、萎缩。局部工人所失去的东西，都集中在和他们对立的资本上面了。

这里，马克思还引用了一些资产阶级经济学家的言论，说明他们对体力劳动和脑力劳动的对立随着社会的日益富裕而越来越明显这一点供认不讳。

马克思着重说明了分工对工人阶级的影响之后，论述了工场手工业发展了社会的劳动生产力。他指出，工场手工业是资本主义生产的有组织、有意识的系统的形式。它创造了社会劳动的一定组织，同时发展了社会的劳动生产力，它是生产相对剩余价值、即靠牺牲工人来加强资本自行增殖的一种特殊方法。它造成了资本统治劳动的新条件。因此，一方面，它表现为社会经济形成过程中的历史进步和必要的发展因素；另一方面，它又是文明的、精巧的剥削手段。

这里，马克思批判了对社会分工的两种错误观点：古希腊、罗马的思想家如柏拉图等人，只着重从产品的质的和使用价值的方面来考察社会分工。而资产阶级古典经济学派则只着重从量的和交换价值的方面来考察。他们把社会分工看成是用同量劳动生产更多商品，使商品便宜，以及加速资本积累的手段。

最后，马克思分析了工场手工业的狭隘的技术基础发展到一定程度，就和它自身创造出来的生产需要发生矛盾。这个矛盾使工场手工业必然过渡到机器大工业。

〔难点试解〕

“一切发达的、以商品交换为媒介的分工的基础，都是城乡的分离。可以说，社会的全部经济史，都概括为这种对立的运动。”（第4节第4段）

城乡的分离是随着社会分工和私有制的产生而出现的。这种分离又造成一切发达的、以商品交换为媒介的分工的基础。马克思说：“物质劳动和精神劳动的最大的一次分工，就是城市和乡村的分离。城乡之间的对立是随着野蛮向文明的过渡、部落制度向国家的过渡、地域局限性向民族的过渡而开始的，它贯穿着文明的全部历史并直至现在。”①在原始社会末期，随着社会分工、私有制和商品交换的出现，逐渐形成了城市。到了奴隶社会，奴隶主据有城市，建造宫殿、法庭、监狱，设立奴隶市场。对广大乡村实行统治、掠夺，造成了城乡对立。在封建社会，地主豪绅、帝王君主盘踞城市，对乡村农民剥削、压迫。商人和高利贷者又以城市为中心，向乡村设置商品网和高利贷网压榨农民血汗。到了资本主义社会，城市空前发达，是政治、经济、文化的中心，而乡村则处于贫困、落后、荒芜、野蛮状况，城乡对立空前尖锐。可见，全部阶级社会的历史都贯穿着城乡对立，概括了城乡对立运动。在我国社会主义制度下，城乡对立消失了，城乡差别还存在。这是旧社会遗留下来的痕迹，它将随着社会主义革命和社会主义建设的日益发展，逐步缩小，最后将随着共产主义的实现而趋于消灭。

---

① 《马克思恩格斯选集》第1卷，北京，人民出版社，1995年，第2版，第104页。

第十三章　机器和大工业

〔各节大意〕

马克思在前章中曾指出，工场手工业的技术基础仍然是手工劳动和手工工具，它虽然提高了劳动生产力，但是受到手工技术的限制。资本家为了获得更多的剩余价值，为了适应国内外市场对商品日益增大的需求，就必须打破手工技术的局限性，进一步改进生产方法。于是，从 18 世纪最后 30 年起，西欧各主要资本主义国家的生产先后通过工业革命，由工场手工业逐渐过渡到机器大工业。机器的采用和发展，使劳动过程发生了根本变革，使社会生产力获得了巨大发展。同时，也使相对剩余价值生产大大增长起来，并且使人们的社会生活方式和社会关系发生了重大的变革。马克思在本章中详细地论述了相对剩余价值生产的这个阶段。

本章包括 10 节：第 1—4 节，马克思首先从劳动过程的角度分析了机器的产生和发展；然后从价值增殖方面分析了机器的资本主义应用给工人造成的影响；最后又从资本主义应用机器的最完整的形式即工厂这个整体上，分析了机器如何成为资本统治和剥削工人的工具，工厂如何成为工人的监狱。通过这些分析，划清了机器和机器的资本主义应用之间的界限，论述机器和资本主义应用发展了资本主义社会基本矛盾。第 5—7 节，马克思首先论述了机器的资本主义应用把成批的工人抛向街头，并用事实揭露了机器的资本主义应用所造成的无产阶级的深重灾难，彻底批驳了资本主义卫道士们的辩护。通过这些分析，说明了机器的资本主义应用给无产阶级带来的后果。无产阶级和资产阶级之间的矛盾和斗争空前尖锐化。第 8—10 节马克思论述了资本主义机器生产如何摧毁旧的生产方式，如何扩大剥削范围和提高剥削程度，从而使资本主义社会一切矛盾尖锐化。通过这些分析，阐明资本主义生产方式本身的矛盾发展导致资本主义灭亡和孕育着新社会形成的要素。

1. 机器的发展

本节论述机器的发展经过和机器在劳动过程中的作用。

机器的发展，开始于工作机，结束于用机器来制造机器。在这个过程中，起初从机器的一部分扩大到另一部分；从单个机器扩大到机器体系。以后从一些工业部门扩大到另一些工业部门；从工业扩大到交通运输业，再从运输业扩大到全部工业。

在机器生产中，不仅发展了简单协作，并且发展了以分工为基础的协作，因而劳动生产力大大地提高了。机器只有通过直接社会化的劳动才能发生作用。

2. 机器的价值向产品的转移

本节说明机器在价值增殖过程中的作用，着重阐明机器的资本主义应用。

机器的价值比手工工具大得多，但它却使每个产品价值降低很多，这是什么缘故？本来机器和手工工具一样，全部参加劳动过程，而只以磨损部分参加价值形成过程。但是，使用和磨损之间的这种差别，在机器上比在手工工具上大得多。这是因为机器是由比较坚固的材料制成的，寿命较长；也因为机器的使用要遵照严格的科学规律，能够更多地节约它的消耗；还因为机器生产的范围比手工工具生产的范围广阔无比。

如果机器的价值和机器转给日产品的价值部分之间的差额已定，那么转移价值使产品昂贵的程度，取决于产品的数量。如果工作机的作用范围已定，那么产品数量由工作机作业的速度决定。如果机器转移给产品的价值的比率已定，那么这部分价值的大小，由机器本身的价值大小决定。一般说来，在机器产品中由劳动资料转移过来的价值组成部分，比起工场手工业，相对地说是增大了，绝对地说是减少了。

可见，机器降低了单位产品的价值。但是，在资本主义制度下，由于活劳动有一部分是不给代价的，劳动力的价值比劳动创造的价值要少得多。因此，对于资本家来说，仅仅降低单位产品的价值，减少劳动消耗，资本家是不会采用机器的。只有在机器的价值小于机器所代替的劳动力的价值的这个限度内，资本家才肯使用机器。马克思指出，本来机器的生产率是由它代替人类劳动力的程度来衡量的，但“对资本说来，只有在机器的价值和它所代替的劳动力的价值之间存在差额的情况下，机器才会被使用”。所以，生产机器的资本主义国家不一定使用机器，一些工业高度发达的资本主义国家，还有很多部门仍旧保留大量手工劳动。

3. 机器生产对工人的直接影响

本节控诉机器的资本主义应用给无产阶级造成的深重灾难。

(a) 资本对补充劳动力的占有。妇女劳动和儿童劳动

资本主义使用机器的第一个口号是妇女劳动和儿童劳动。

机器本来是代替劳动、代替工人的手段。但是，在资本主义制度下，机器却增加雇佣工人人数，夺去儿童的游戏时间和妇女的家内自由劳动时间，把工人家庭全体成员都抛到劳动市场去，把男劳力的价值分到他全家人身上。因此机器使男劳力贬值。

可见，资本主义利用机器，扩大了剥削范围，提高了剥削程度，还从根本上改变了工人和资本家的关系：过去，在劳动市场上，工人和资本家都作为自由人、作为独立的商品占有者相对立，而现在，工人成了出卖妻子儿女的“奴隶贩卖者”。

马克思列举了大量事实，沉痛地控诉了：资本家使用机器，使儿童的死亡率大大提高，使妇女的身体和精神受到严重的摧残。

(b) 工作日的延长

机器本来是提高劳动生产率、缩短生产商品的必要劳动时间的有力手段。但是，在资本主义制度下，机器却变成把工作日延长到超过一切自然界限的有力手段。

这是因为：(1)妇女儿童反抗资本家的斗争力量弱小，资本家敢于肆无忌惮地延长工作日；(2)资本家为了避免机器的有形损耗和无形损耗，竭力延长工作日，把这种损耗转嫁于工人；(3)延长工作日会增加产品数量，而不用增加固定资本，甚至还可以减少开支，攫取更多的剩余价值；(4)首先采用新机器的资本家为了获得超额剩余价值，在新机器还未普遍使用期间，他必然要拼命延长工作日；(5)资本家在使用机器时，常常排斥一部分工人，可变资本会相对地减少，因此他要同时千方百计地延长工作日来抵消因剥削对象的减少所造成的剩余价值率下降趋势。

可见，机器消灭了工作日的一切道德界限和自然界限。由此产生了一种经济上的反常现象，即缩短劳动时间的最有力的手段，竟成为把工人及其家属的全部生活时间变成受资本支配的增殖资本价值的劳动时间的最可靠的手段。

(c) 劳动的强化

一般地说，相对剩余价值生产的方法提高了劳动生产率，使工人在同一时间内用同样多的劳动生产出更多的产品。可是单个产品的价值却减少了。资本家为了榨取更多的剩余价值，便拼命延长工作日，迫使工人付出更多的劳动。但是，在工人坚决反对延长工作日的情况下，资本家便改而用加强劳动强度的办法来榨取更多的剩余价值。因为加强劳动强度就是迫使工人在同样的时间内增加劳动消耗，把较多的劳动压缩在一定时间内。比如说，强化了的1小时内的产品同一般强度的2小时的产品比起来，会有更多的价值。

强化劳动的方法有两种：一是加快机器运行速度；一是扩大工人的劳动范围，如一个工人看管比原先更多的机器。

4. 工　厂

本节考察工厂的整体，而且考察它的最发达的形式，揭露工人对资本家的从属关系，这种从属关系在工厂里表现得很明显。

在资本主义工厂里，机器是主体，工人是客体，工人受机器的支配，从属于机器。

在资本主义工厂里，不是工人使用劳动条件，而是劳动条件使用工人。在工厂里，手工工场里的手工业分工的技术基础消失了，只有年龄性别的自然分工。过去工人终身使用一种局部工具，现在工人终身服侍局部机器。过去工人是一个活机构的肢体，现在死机构独立存在，工人被当作活的附属物并入死机构。这样，不仅工人自身再生产所必需的费用大大减少，而且工人终身毫无办法，只有依赖整个工厂，从而依赖资本家。

由于资本家采用了机器生产，在工厂里造成了一种兵营式的纪律。这种纪律发展成为完整的工厂制度。工人队伍变成一支产业军。资本家用罚款和扣工资来对这支产业军进行统治。

奴隶监督者的鞭子被监工的罚金簿代替了。

在资本家的工厂里，劳动环境非常恶劣，缺乏劳动保护，工人冒着生命危险进行劳动，工伤、死亡层出不穷，工厂就是工人的监狱。

5. 工人和机器之间的斗争

本节说明机器排挤工人，使工人的一部分变成过剩人口；并叙述工场手工业时期工人阶级的斗争，以及机器出现的初期工人反对机器的斗争。

工人反对资本家的斗争是同资本关系一起开始的。在整个工场手工业时期，这种斗争一直激烈地进行着。但是，在采用机器以后，工人开始反对机器，反对资本的物质存在形式。19 世纪初出现的鲁德运动，就是工人反对机器的斗争。马克思指出："工人要学会把机器和机器的资本主义应用区别开来，从而学会把自己的攻击从物质生产资料本身转向物质生产资料的社会使用形式，是需要时间和经验的。"

机器一出现，就成了工人的竞争者。工人阶级的一部分被机器排斥，变成过剩人口，也就是不再为资本的自行增殖所直接需要的人口。这些过剩人口的一部分在旧手工业生产对抗机器生产的斗争中毁灭，其余部分则充斥于廉价的劳动市场。在资本主义制度下，生产资料和工人是分离的，随着机器的发展，这种分离也发展成为完全的对立。因此，随着机器的出现，才第一次发生了工人对劳动资料的粗暴的反抗。马克思举了许多例子说明机器排挤工人，使他们变成过剩人口，资本家占有的生产资料和工人的对立是不可调和的。

机器的资本主义应用不仅使雇佣工人变成过剩人口，而且，资产阶级还把机器当作镇压工人暴动和罢工等等的最强有力的武器。资产阶级的代言人曾供认，1830 年以来的许多发明都只是作为资本对付工人暴动的武器而出现的。

6. 关于被机器排挤的工人会得到补偿的理论

本节批判所谓"被机器排挤的工人会得到补偿"的资产阶级的辩护谬论。

穆勒等资产阶级的辩护士们炮制出一种所谓"补偿理论"，硬说什么排挤工人的机器可以腾出相应的资本去雇用被排挤的工人。

马克思批判了这种谬论。指出，资本家本来就是用排挤工人腾出的资本去买机器的。这只是可变资本转化为不变资本，资本家并没有多拿出一笔资本投入生产，资本并没有游离出来。另外，机器不断在改善，即使腾出了一些资本，但它所雇用的工人人数也会相对减少。而且腾出的资本投入生产时还必须分为不变资本和可变资本两部分，因而不被雇用的工人人数就更多。

有人说，腾出的资本是指工人的生活资料。马克思批判这种说法，指出：工人的生活资料并不是资本，它是作为商品同工人对立的。工人失了业，根本就无钱购买生活资料。结果生活资料跌价减产，反而造成生产生活资料的生产部门的工人失业。这样，被机器排斥的工人不但不能在别的部门得到就业的机会，反而连累别的部门的工人也被抛到失业的队伍中去。

还有人说，生产资料的生产部门也会因为机器需要的增加而扩大生产，从而吸收新的工人。马克思指出，这种说法也是站不住脚的。在机器生产的条件下，工人都已经畸形化了，这一部门的失业工人要想在别的部门就业，只能找到某些简单的、辅助性的工作。

马克思提醒人们，应当划清机器和机器的资本主义应用之间的界限。机器本身对被排挤的工人不负任何责任，责任在机器的资本主义应用。资本主义的卫士们总是把责任推给机器本身，妄图逃避罪责，这是枉费心机的。

至于说到工人在新的生产部门获得的就业机会，这种情况同“补偿理论”毫不相干。

即使由于机器的制造而出现了许多新的生产部门(如机械制造业、钢铁业等)，但是这些新部门雇用工人的人数，在总生产人数中占的比重并不大。英国的实际材料证明了这一点。而且，用来建立新生产部门的资本，并不是依靠什么腾出来的资本，而是依靠剩余价值的资本化，即依靠资本积累。

7. 工人随机器生产的发展而被排斥和吸引。棉纺织业的危机

本节继续批判“补偿理论”，进而阐明工业生产的周期性造成工人不断被排挤又被吸引。

资产阶级御用经济学胡说什么，机器大生产经过一定的发展时期，会吸引更多的工人进厂。

马克思驳斥了这种令人厌恶的谬论，具体地分析了随机器生产的发展工人被排挤又被吸收的情况：在有些部门，如英国的毛纺业和丝纺业，工人人数不但相对减少，而且绝对减少；有些部门，表面上增加了工人，但那不是工厂扩大了，而是合并了一些附属部门，新被吸

收的工人只是妇女和儿童;也有些部门可能绝对地增加了工人,但比起工场手工业则相对地减少了。

马克思以英国棉纺织业的实例,证明工业生产的周期性造成工人不断地被排斥又被吸引。英国棉纺织业的发展并没有吸收更多的工人进厂。

8. 大工业所引起的工场手工业、手工业和家庭劳动的革命

前面几节说明了机器的资本主义应用给工人阶级造成的灾难。本节论述机器大工业如何征服工场手工业、手工业和家庭劳动,资本家如何对手工劳动者和家庭劳动者实行极其残酷的、极其无耻的剥削。

本节包括五个小节。

在(a)和(b)两小节中,马克思论述了机器消灭简单协作和工场手工业的道路,指出只要机械动力(蒸汽或水力)代替人力来推动机器,工厂生产通常就会出现。在工厂制度下,只要可行,就会使用妇女儿童劳动,即廉价劳动。资本家不仅把工厂工人和手工工人大规模集中在一起,而且通过许多无形的线调动着一支散居在大城市和农村的家庭工人大军。资本家对家庭劳动的剥削比之对工厂和手工工场的工人的剥削更加无耻,更加残酷。因为这种工人的反抗力由于分散而削弱,雇主和工人之间有包工、把头等寄生虫。家庭工人的劳动条件极其恶劣,家庭工人之间的竞争非常激烈。

在(c)和(d)两小节中,马克思列举了英国的许多实例,控诉资本家对现代工场手工业中和家庭劳动中的工人的压迫和剥削。

在(e)节即最后一小节中,马克思说明了由于工厂法在工场手工业和家庭劳动中实行,因而加速了机器大工业对现代工场手工业和家庭劳动的征服过程。

9. 工厂立法(卫生条款和教育条款)。它在英国的普遍实行

本节讲工厂法,主要分析它的卫生条款和教育条款,从这两方面揭露工厂中资本家对工人身体和精神的摧残。马克思曾在本书第八章考察过资本主义国家在工场手工业时期的工厂立法。本节讲的工厂法是作为大工业的产物来考察的。工厂法也是阶级斗争的产物。

马克思对资产阶级的工厂法中的卫生条款和教育条款,特别揭

露了它的内容非常贫乏和不足道，对工人的健康和教育是毫无保障的。但也特别指出："这一条款（指教育条款）的成就第一次证明了智育和体育同体力劳动相结合的可能性，从而也证明了体力劳动同智育和体育相结合的可能性。""从工厂制度中萌芽出了未来教育的幼芽，未来教育对所有已满一定年龄的儿童来说，就是生产劳动同智育和体育相结合，它不仅是提高社会生产的一种方法，而且是造就全面发展的人的唯一方法。"

在本节的最后，马克思强调指出：工厂法并没有缓和资本主义的矛盾，相反的，使资本主义的矛盾，使无产阶级和资产阶级之间的对立更加尖锐化。"它在使生产过程的物质条件和社会结合成熟的同时，也使生产过程的资本主义形式的矛盾和对抗成熟起来，因此也同时使新社会的形成要素和旧社会的变革要素成熟起来。"

10. 大工业和农业

本节简要地论述了大工业所引起的农业资本主义化，使农民变成雇佣工人，使小农经济瓦解。

马克思运用历史唯物主义的观点，辩证地分析了大工业在农业中所起的革命作用和破坏作用。指出：

第一，在农业领域内，就消灭旧社会的堡垒——"农民"，并代之以雇佣工人来说，大工业起了最革命的作用。这样，农村中社会变革的需要和社会对立，就和城市相同了。

第二，促进了农业生产和经营的现代化。"最墨守成规和最不合理的经营，被科学在工艺上的自觉应用代替了。"

第三，它破坏了农村中的农业和工场手工业的原始的家庭联系，但同时为一种新的更高级的综合，即农业和工业在它们对立发展的形态的基础上的联合，创造了物质前提。

第四，资本主义生产使它汇集在各大中心的城市人口越来越占优势，这样一来，它一方面聚集着社会的历史动力，另一方面又破坏着人和土地之间的物质变换，从而破坏土地持久肥力的永恒的自然条件。这样，它同时就破坏城市工人的身体健康和农村工人的精神生活。但是资本主义生产通过破坏这种物质变换的纯粹自发形成的状况，同时强制地把这种物质变换作为调节社会生产的规律，并在一种同人的充分发展相适合的形式上系统地建立起来。

第五，在农业中，像在工场手工业中一样，生产过程的资本主义转化同时表现为生产者的殉难史，劳动资料同时表现为奴役工人的手段、剥削工人的手段和使工人贫困的手段，劳动过程的社会结合同时表现为对工人个人的活力、自由和独立的有组织的压制。农业工人在广大土地上的分散，同时破坏了他们的反抗力量，而城市工人的集中却增强了他们的反抗力量。

第六，在现代农业中，也和在城市工业中一样，劳动生产力的提高和劳动量的增大是以劳动力本身的破坏和衰退为代价的。此外，资本主义农业的任何进步，都不仅是掠夺劳动者的技巧的进步，而且是掠夺土地的技巧的进步，在一定时期内提高土地肥力的任何进步，同时也是破坏土地肥力持久源泉的进步。资本主义生产发展了社会生产过程的技术和结合，只是由于它同时破坏了一切财富的源泉——土地和工人。

——

马克思有关大工业和农业的论述，对于正确认识我国农业的现代化，具有重要的意义。我国在旧社会是一个半封建、半殖民地的社会。新中国成立后，经过土地改革和农业的社会主义改造，我国农业走上了社会化和集体化的道路，但是农业的机械化和现代化水平还不高。毛主席明确指出："农业的根本出路在于机械化"。在社会主义制度下，机器在工农业以及各个生产部门中的应用，应当保留大工业对农业的那些积极的进步作用，同时又能避免资本主义农业现代化的祸害。

〔难点试解〕

1. "机器不是使产品变便宜，而是按照它自身的价值使产品变贵。"(第2节第1段)

这句话是就用机器转移到产品中的价值总量，与在不用机器、而是使用手工工具时劳动资料转移到产品中去的价值总量相比较而言的。因为正如马克思所说的：正像不变资本的任何其他组成部分一样，机器也会它把自身的价值转移到它所生产的产品中去。这些转移到产品中去的价值，就构成产品价值的一个组成部分。但是很明显，机器的价值比手工业生产和工场手工业中的劳动资料的价值要大得多。所以如果单从这方面看，机器就不是使产品变便宜，而是使产品变贵了。就是说，就产品价值中从旧价值中转移过来的这个价值组成部分及其在产品价值中所占的比重(百分比)来说，是变贵了。但是，随着劳动生产力的提高和产品产量的增加，分摊到单个产品上的价值量，无论是旧价值还是新价值都存在降低的趋势。所以如果不是只考察从机器中转移过来的这一部分价值总量，而是就单个产品的价值量来说，机器则又必然会使产品变得便宜。

2.“资本主义生产使它汇集在各大中心的城市人口越来越占优势，这样一来，它一方面聚集着社会的历史动力，另一方面又破坏着人和土地之间的物质变换，也就是使人以衣食形式消费掉的土地的组成部分不能回归土地，从而破坏土地持久肥力的永恒的自然条件。”(第 10 节第 2 段)

资本主义机器大工业的不断发展，使越来越多的人口集中到大城市，形成了越来越庞大的城市工人阶级的队伍。这样，它就把作为社会发展的动力的无产阶级聚集于城市，形成一支庞大的推动历史前进的阶级力量。另一方面，它又破坏了人和土地之间的物质交换。这就是：在资本主义以前的状态下，在人与土地之间存在着一种自然的物质变换：土地为人们提供各种原料物质，人们则把消费的排泄物，亦即废物、粪便、垃圾等，作为肥料返回到土地中去，形成土地的新物质。这种人和土地之间的物质变换，在资本主义社会里，由于人口集中在大城市，人们消费以后留下的东西不能回到土地而遭到破坏。

学习第五篇　绝对剩余价值和相对剩余价值的生产

前　　言

在前两篇中，马克思分别论述了绝对剩余价值的生产和相对剩余价值的生产，揭露了资本家对工人剥削的实质、方法和形式。在资本主义实际生产过程中，两种生产剩余价值的形式不是截然分开的，而是交织在一起的，它们之间存在着内部的联系。资本家总是交替或同时使用延长工作日和提高劳动生产率两种方法，榨取尽可能多的剩余劳动。所以，马克思在这一篇综合论述两种剩余价值生产的区别和联系，进一步揭露资本主义的剥削实质。

本篇批判了李嘉图的利润理论，即关于剩余价值来源于劳动生产率的错误理论，亦即关于剩余价值率的各种错误公式。

第十四章　绝对剩余价值和相对剩余价值

〔内容提要〕

1. 资本主义制度下的生产劳动（第 1—3 段）

马克思曾在第五章中，运用抽象分析法，对劳动过程作了一般考察，指出生产劳动是生产物质资料的劳动。这个生产劳动的一般定义，是从抽象、一般意义上的劳动过程，亦即物质资料生产的角度得出的。对于社会化的协作的结合劳动者来说，特别是对以剩余价值为目的的资本主义生产来说，马克思则指出，这个定义是绝对不够的。

马克思从两个方面说明在新的条件下，生产劳动这个概念的含义扩大了，同时又缩小了。

怎样是扩大了呢？在第五章中我们在分析“劳动”这个简单要素

的时候已经知道，劳动作为人和自然之间的物质变换的过程，并且就它是专属于人的劳动来说，是借助于劳动资料直接作用于劳动对象，来制造出有用产品及使用价值的，并且劳动的各种职能，包括脑力劳动和体力劳动在内，都是结合在一起的。但是随着劳动过程的协作性质的发展，劳动过程和生产过程变成了社会的生产过程。生产工人变成总体工人，产品成了社会产品。所以这时第五章中所下的那个关于生产劳动的定义，虽然对总体工人仍旧适用，但对总体工人中的每一单个成员，则不再适用了。因为随着劳动过程的协作性质的发展，劳动过程变成了总体工人对自然的关系。在协作和分工的条件下，成为一个生产工人，不一定要亲自作用于劳动对象，而是只要成为这个总体工人的一个器官、执行其中的相应的职能就够了。

怎样是缩小了呢？在资本主义制度下，只有生产剩余价值的劳动才算是生产劳动，工人只是资本增殖的直接手段。

2. 绝对剩余价值和相对剩余价值的区别和联系(第4—8段)

绝对剩余价值生产和相对剩余价值生产是剩余价值生产的两种不同的方法，但它们又是不能截然分开的，而是互相联系的。剩余价值生产是绝对剩余价值生产和相对剩余价值生产的统一。

它们之间的区别在于：

绝对剩余价值生产只同工作日的延长有关；相对剩余价值生产使劳动技术和劳动组织发生根本的变化。

绝对剩余价值生产，只要劳动在形式上从属于资本就够了；相对剩余价值生产则使劳动在实际上从属于资本。

资本主义生产方式一旦确立并成为普遍的生产方式的情况下，只要涉及剩余价值率的提高，就可以感觉到二者的区别。假定劳动力按其价值支付，要提高剩余价值率，只有两种方法：如果劳动生产率和劳动强度不变，那么只有延长工作日来提高剩余价值率；如果工作日不变，那么只有改变工作日的两部分的比例，相应延长剩余劳动时间来提高剩余价值率。

它们的联系在于：

绝对剩余价值的生产是资本主义制度的一般基础，并且是相对剩余价值生产的起点。

生产相对剩余价值的方法同时也是生产绝对剩余价值的方法。

相对剩余价值以工作日超过工人本身生存所必要的劳动时间的绝对延长为前提，绝对剩余价值又以劳动生产率发展到能够把必要劳动时间限制为工作日的一个部分为前提。

3. 自然条件对剩余价值生产的影响，批判“利润来源于劳动生产率”(第 9—19 段)

如果没有一定程度的劳动生产率，工人便没有剩余劳动时间无偿地为别人劳动，因而不可能有资本家。所以从最一般的意义来说，可以说剩余价值有一个自然基础。但是，资本关系只能是在资本主义这个基础上产生的。资本关系出现时所遇到的劳动生产率，并不是自然的恩惠，而是几十万年历史的恩惠。劳动生产率是同自然条件相联系的。例如肥沃的土地比沙荒盐碱地的劳动生产率要高。自然条件对剩余劳动的出现产生一定的影响。如果自然条件较好，维持和再生产劳动者所必需的劳动时间也就会较少，因而劳动者才有可能提供较多的剩余劳动。所以在资本主义制度下，如果其他条件不变，并且工作日保持一定的长度，则剩余劳动量随自然条件而变化。但绝不能反过来说，最肥沃的土地最适合于资本主义生产方式的生长。良好的自然条件始终只提供剩余劳动的可能性，而绝不能提供它的现实性。

资产阶级经济学家李嘉图和他的门徒穆勒等人，公开宣称劳动生产力是利润产生的原因。他们把剩余价值看作资本主义生产方式固有的东西，而资本主义生产方式在他们看来是社会生产的自然形式。所以他们在谈到劳动生产率的时候，不是在其中寻找决定剩余价值存在的原因，而只是寻找决定剩余价值量的原因。出于他们的阶级本能，他们懂得深入研究这个爆炸性问题是危险的。穆勒甚至还宣扬利润来源于产品存在时间比生产存在时间长。他胡说，工人也是资本家，工人在劳动期间，先用自己的钱维持生活，完工后才领工资，这等于他垫支了可变资本。马克思对此讽刺道：“平地上的一堆土，看起来也像座小山。”现代资产阶级的平庸，从它的“大思想家”的水平上就可以测量出来。

〔难点试解〕

1. “绝对剩余价值的生产构成资本主义制度的一般基础，并且是相对剩余价值生产的起点。”(第 4 段)

在资本主义的一切部门中，不管是哪个生产部门，还是商业、金融部门，必要劳动始终只能是所有工人的工作日的一部分。工作日决不会缩短到这个最低限度。一切部门的资本家的共同目的就是榨取剩余劳动，使资本增殖。如果工作日的长度和必要劳动时间相等，剩余劳动时间等于零，那么资本主义体系便会全部崩溃。所以通过延长工作日对雇佣工人的剥削是资本主义体系的(各行各业的)一般基础。

绝对剩余价值的生产是相对剩余价值生产的起点。因为相对剩余价值生产以工作日划分为必要劳动时间和剩余劳动时间为前提,它是通过缩短必要劳动时间来改变两部分的比例。从历史上来看,资本主义简单协作是从行会内部生产已划分为必要劳动和剩余劳动开始的。

2. “劳动对资本的这种形式上的从属,又让位于劳动对资本的实际上的从属。”(第5段)

马克思在《直接生产过程的结果》这份手稿中,对这个问题作了详细的说明。劳动对资本的形式上的从属,是指“劳动过程变成价值增殖过程的手段,变成资本自行增殖过程即生产剩余价值过程的手段。劳动过程从属于资本(它是资本本身的过程),资本家作为管理者、指挥者进入这个过程;这个过程对资本家来说,同时又是直接剥削他人劳动的过程。我把这称为劳动对资本的形式上的从属。它是所有资本主义生产过程的一般形式。”①资本家直接指挥、监督工人劳动,剥削工人,劳动过程成为资本家剥削工人的过程,成为价值增殖过程,劳动在资本主义生产关系的基础上隶属于资本。这就是劳动对资本的形式上的隶属。在资本主义生产的初期,那时的劳动过程还是旧有的手工劳动组织也只是承袭了行会中实行的简单协作,所不同的只有生产关系改变了,因此那时资本还不能在实际上完全支配劳动。所以资本家只能采用绝对延长工作日的方法,生产绝对剩余价值。

随着资本主义生产的发展,随着分工的发展和机器的使用,劳动过程的技术基础和社会组织发生了根本的变革。在机器大生产中,机器代替了手工技术,工人个人的劳动技巧丧失作用,他们离开了机器便不能参加劳动过程,他们成了机器的附属物。于是,劳动对资本的形式上的从属,便让位于实际上的从属。在这种情况下,资本家就使用机器,提高劳动生产率,缩短必要劳动时间,来生产相对剩余价值,这是特殊的资本主义生产方式。

---

① 《马克思恩格斯全集》第49卷,北京,人民出版社,1982年,第1版,第78—79页。

第十五章　劳动力价格和剩余价值的量的变化

〔本章大意〕

在第七章中，马克思曾论述过剩余价值率，即剥削程度。那是从绝对剩余价值的生产的角度讲的。这一章，再从相对剩余价值的生产的角度来论述剩余价值率的变化，即劳动力价格和剩余价值的量的变化。

为了便于清楚地揭示劳动力价格和剩余价值的量的变化规律，马克思假定商品按价值出售和劳动力价格不低于它的价值。在这种假定下，有三个因素决定劳动力价格和剩余价值之间的相对量的变化：一是工作日的长度，二是劳动的强度，三是劳动生产力的高低。这三个因素，有时是一个有变化，有时是两个有变化，有时是三个同时都发生变化，因而会有各种不同的变化情况。马克思分别说明了在每一种情况下，资本家怎样增加剩余价值量，加强对工人的剥削。

Ⅰ. 如果工作日长度和劳动强度不变(已定)，劳动生产力发生变化，那么劳动力价值和剩余价值的量的变化由下面三个规律决定：

第一，不管劳动生产力怎样变化，每一个工作日创造的价值产品总是一样多。

第二，劳动力价值和剩余价值按照相反的方向变化。劳动生产力按照相反的方向影响劳动力的价值，按照相同的方向影响剩余价值。可是，在这种情况下，劳动力价值和剩余价值的绝对量的变化，如果没有它们的相对量的变化是不可能的。而且劳动力价值和剩余价值不可能同时提高，或同时降低。

第三，剩余价值的增减是劳动力价值增减的结果，而不是原因。由于工作日是一个不变量，所以剩余价值量的增减，必然有劳动力价值相应的增减与之相适应；而劳动力价值变动，又是由劳动生产力的变动决定的，所以很清楚，在这些条件下，剩余价值量的任何变化都是由劳动力价值量的相反的变化而引起的。

Ⅱ. 如果工作日和劳动生产力不变，劳动强度可变，那么资本家通过提高劳动强度，可以得到更多的剩余价值。

劳动强度的提高是指同一时间内增加劳动的支出，它表现为在同一时间内生产出更多的产品。就这一点来说，它和劳动生产力的提高相同。但是，二者有显著的区别：劳动生产力提高，个别商品的价值会减少，而价值总量不变；劳动强度提高，个别商品的价值不会改变，而价值总量会增加。

劳动强度的变化，怎样影响剩余价值和劳动力价格两部分呢？就剩余价值来说，它和劳动强度成正比例变化，强度高的剩余劳动创造较多的剩余价值，就劳动力价格来说，劳动强度变化不太大时，不会影响劳动力价格，只有强度提高很大时，才会提高劳动力价格。

Ⅲ. 劳动生产力和劳动强度不变，工作日可变。那么，如果劳动生产力和劳动强度不变，则工作日缩短不会减少劳动力价值。在这样的情况下，资本家会压低劳动力价格到它的价值以下，来转嫁他的损失。资产阶级及其仆从们总是借口上述工作日缩短带来的结果，齐声反对缩短工作日，其实，在工作日缩短以前，吸血鬼们早已提高了劳动生产力，或加强了劳动强度，并没有受到损失。如果劳动生产力和劳动强度不变，那么工作日一延长，就会使剩余价值增多。可是劳动力价值，按其绝对量说虽没有变化，而相对量却降低了。

随着工作日的延长，虽然在名义上劳动力价格有时保持不变，或者略有增加，但实际上仍旧会降低到它的价值以下。在劳动力的耗损由于工作日延长而增加并不能因劳动力价格略涨而得到补偿时，情形就是这样。

Ⅳ. 如果劳动的持续时间、劳动生产力和劳动强度同时变化，那就会出现许多不同情况。这里只就两种重要情况加以考察。

1. 劳动生产力降低，同时工作日延长

这样，由于劳动生产力降低了，劳动的价格就要上涨，剩余价值必然减少。如果工作日延长，剩余价值又会增加到过去那样多，剩余价值的绝对量不变，而相对量减少。如果工作日再延长，剩余价值的增加和劳动力价值的比例相等，则剩余价值的相对量不变，而绝对量增加了。如果工作日继续延长，则剩余价值的相对量和绝对量都会增加。

2. 劳动强度和劳动生产力都提高，同时工作日缩短

劳动强度和劳动生产力都提高，会使一定时间内的产品总量增加，因此二者都能缩短工人生产自己的生活资料的必要劳动时间。工作日的绝对最低界限，总是由工作日的这个必要的但能缩短的部分形成。如果工作日缩短到这个必要的部分，那么剩余劳动便消失了。这在资本主义制度下是不可能发生的。只有消灭了资本主义制

度，才允许把工作日限制在必要劳动上。但是，那时必要劳动将会扩大自己的范围。

在劳动强度和劳动生产力已定的情况下，劳动在一切有劳动能力的社会成员之间分配得越平均，不劳而获的可能性越小，那么社会工作日中必须用于物质生产的部分就越小，从而个人从事自由活动、脑力活动和社会活动的时间部分就越大。从这方面来说，工作日的缩短的绝对界限就是劳动的普遍化。

第十六章　剩余价值率的各种公式

〔本章大意〕

在这一章，马克思分析了剩余价值率的三个公式，肯定了正确的，批判了资产阶级古典学派的剩余价值率的错误的公式。

马克思所肯定的第Ⅰ组正确的公式是：

$$\frac{\text{剩余价值}}{\text{可变资本}}=\frac{\text{剩余价值}}{\text{劳动力价值}}=\frac{\text{剩余劳动}}{\text{必要劳动}}$$

这实际上是三个正确的公式。其中前两个公式是价值的比率，第三个公式是生产这些价值所需要的时间的比率。但它们都表示同一个东西。所以马克思说，这些互相替代的公式在概念上是严格的。

第Ⅱ组公式是资产阶级古典学派的公式：

$$\frac{\text{剩余劳动}}{\text{工作日}}=\frac{\text{剩余价值}}{\text{产品价值}}=\frac{\text{剩余产品}}{\text{总产品}}$$

这些公式实际上可以看作是从上一组公式中派生出来的。马克思在提出前面那一组公式时曾说：在古典政治经济学中，这些公式诚然在实质上已经制定出来，但是还不是有意识地以第一组公式的形式提出来的。他们所提出的则是这个第二组公式，即马克思所说的“派生的公式”。

这个第Ⅱ组公式的缺陷在于：(1)同一个比率交替地表现在时间、价值和产品上。(2)在所有这些公式中，实际的劳动剥削程度或剩余价值率是虚假地被表现出来的。如果把这些公式看作资本自行增殖程度的直接表现，就会得出一个虚假的规律：剩余劳动或剩余价值绝不能达到100%。(3)它使资产阶级古典经济学把工作日看作不变量的方法,由于这一组公式的应用而固定化了。(4)把剩余价值和劳动力价值表现为价值产品的两部分——这种表现方式掩盖了资本关系的特殊性质,即掩盖了可变资本与活劳动力的交换,以及与此相适应的工人与产品的分离。代替的是一种协作关系的假象,仿佛工人和资本家在这种协作关系中是按照产品的不同的形成要素的比例来分配产品的。

马克思提到的第Ⅲ组公式是:

$$\frac{\text{剩余价值}}{\text{劳动力价值}}=\frac{\text{剩余劳动}}{\text{必要劳动}}=\frac{\text{无酬劳动}}{\text{有酬劳动}}$$

这个公式把剩余劳动和必要劳动的对比关系,看成是无酬劳动和有酬劳动的对比关系,会引起误解,好像资本家是对劳动而不是对劳动力支付报酬,造成一种资本家对全部劳动都支付了报酬的误解。但是这种误解经过前面的说明已经消除了。所以不妨把它看作是对前两个公式的通俗的表述。这样,剩余劳动在一定意义上也可以称作无酬劳动。

因此,资本不仅像亚·斯密所说的那样,是对他人劳动的支配权。按其本质来说,它是对无酬劳动的支配权。一切剩余价值实质上都是无酬劳动时间的化身。资本自行增殖的秘密归结为资本对别人的一定数量的无酬劳动的支配权。

学习第六篇 工　　资

前　　言

马克思在本篇阐明了资本主义的工资的本质和它的两种基本形式，以及应当如何看待工资的国民差异；揭示了工资对于资本主义剥削所起的作用。

马克思批判了资产阶级古典经济学混淆劳动和劳动力，把工资说成是“劳动的价格”；批判了庸俗经济学鼓吹的工资水平与劳动生产率提高成正比的谬论。

马克思的工资理论是他的剩余价值学说的一个组成部分。工资作为劳动力价值的转化形式，它和剩余价值是对立统一的关系，是资本对劳动的剥削关系，不是工人和资本家分配社会产品的关系。由于工资被当作“劳动的价格”，而造成了工资是全部劳动的报酬的假象，掩盖了资本对劳动的剥削关系，所以，必须搞清楚工资的本质及其形式，才能彻底揭露资本主义剥削实质和资本主义生产方式的内在矛盾。其次，工资作为劳动力商品的价格，是资本主义生产过程的前提。同时，就工资的两种基本形式而言，它们在现实的资本主义生产过程中，也是资本家加强对雇佣工人进行管理、压迫和剥削的工具。因此，作为剥削手段的工资，是关系到剩余价值生产的重要问题，从而构成马克思的剩余价值学说的一个组成部分。

本篇所论述的，并不是马克思的工资理论的全部。在第二篇、第五篇和第七篇中，马克思分别阐述了工资问题的其他方面。

——

我国社会主义社会中的工资，是按劳分配的一种手段或工具。它与资本主义工资具有根本不同的性质。但在形式上也有不少相同或相似的地方。毛主席说：“我国现在实行的商品制度，工资制度也不平等，有八级工资制，等等。这只能在无产阶级专政下加以限制。所以，林彪一类如上台搞资本主义制度很容易。因此，要多看点马列主义的书。”学习马克思的工资理论，对于深入理解毛主席的重要指示，对于全面认识我国实行的工资制度，有着重要的现实意义。

第十七章　劳动力的价值或价格转化为工资

〔内容提要〕

1. 劳动不是商品，它本身没有价值（第1—6段）

在资本主义制度下，从表面上看，工资好像是劳动的价格，好像是对一定量劳动支付的一定量货币。实际上，劳动没有价值，也没有价格。工人出卖的是劳动力，不是劳动。马克思列举了四点理由来说明这一原理：(1)价值本身就是对象化劳动，说劳动的价值，就成了无谓的同义反复。(2)工人如果能够使自己的劳动对象化，那他出卖的便是商品，而不是劳动。(3)如果说劳动是商品，那么 若是不等价交换，那就消灭了资产阶级所说的那个等价交换的规律；若是等价交换，资本家便无利可图，这又消灭了剩余价值规律。(4)工人劳动开始时，劳动就不再属于工人的了，既然不属于工人所有的劳动，怎么能由工人当作商品出卖？可见，劳动不是商品，劳动本身没有价值。

2. 批判古典政治经济学派关于所谓“劳动的价格”的说法（第7—8段）

资产阶级古典政治经济学派毫无批判地沿袭日常生活中流行的“劳动的价格”这一用语。他们认为工人出卖给资本家的是劳动，劳动这种商品也有价格。他们说工资是劳动的市场价格的货币表现，它随着供求关系的变化而涨落。这里，也同其他商品一样，有一个“自然价格”决定着劳动的市场价格的变化。然而这个劳动的“自然价格”究竟是什么东西呢？他们对这个问题的解答是自相矛盾的。

马克思批判了古典政治经济学的错误，指出他们把劳动和劳动力混为一谈，把工资的表面现象和本质之间的关系弄颠倒了。他们的错误观点替庸俗经济学只看表面现象的浅薄理论提供了活动基础。

3. 劳动力价值或价格是怎样和为什么必然转化为工资（第9—20段）

劳动力的价值和价格是怎样表现为它的转化形式即工资的？

这是因为：劳动力的日价值是根据工人的一定的寿命来计算的，

而与这个一定寿命相对应的则是一定长度的工作日，以及一定工作日的劳动。具体说来就是：与劳动力的1个日价值（例如3先令）相对应的，就有1个工作日的劳动（例如12小时）。这样一来，劳动力的日价值就表现得好像成了工人在一个工作日内所提供的劳动的价格。

然而事实上，这却导致混淆了劳动力的日价值（例如3先令）和劳动力在一个工作日内所创造的价值（例如6先令）。于是就会得出一个一看就是荒谬的结果：创造6先令价值的劳动有3先令价值。同时，由于这一转换，所以工资形式也就消灭了工作日分为必要劳动和剩余劳动、分为有酬劳动和无酬劳动的一切痕迹。这种表现形式掩盖了资本家对工人的剥削关系。工人和资本家的一切法权观念，资本主义生产方式的一切神秘性，资本主义生产方式的一切自由幻觉，庸俗经济学的一切辩护遁词，都是以这个表现形式为依据的。

至于这种表现形式的必然性，那么马克思说，与揭开工资的秘密相比，了解这个问题其实是再容易不过的了。为此马克思列举了以下原因：

第一，资本与劳动的交换，在形式上与普通的商品买卖有太多的相似之处。人们在感觉上不容易发现它同其他商品买卖不一样的区别。都是买者付出一定量货币，卖者付出与货币不同的东西。其次，“劳动的价格”这种说法，就像说其他商品（例如棉花）的价格一样，人们同样也似乎感觉不到有什么更多的不合理性。再加上工资又是在劳动过后付的，货币充当支付手段，因此工资表现为劳动的价格。工人提供给资本家的使用价值是作为具体劳动的劳动，而他的劳动又是形成价值的要素，一般人识别不出劳动力特殊商品和其他商品的这种区别。

第二，从工人方面来看，他出卖了1天的劳动力，就必须为资本家进行1天（例如12个小时）的劳动。就这点来说，他确实也是通过为资本家劳动来换取工资的。而且无论日工资或劳动力的日价值的高低，他都必须付出一天的劳动。在他看来，工资的任何变化，都表现为他的劳动的价格的变化，因此也容易把工资看作是他的劳动的价格。

第三，从资本家方面看，他认为用少量货币换取多量“劳动”是他发财的原因，就像他对其他商品贱买贵卖一样。所以，尽管他实际上所关心的只是劳动力的价格和劳动力执行职能时所创造的价值之间的差额，但却不可能理解“劳动的价格”和“劳动力的价格”这两种说法之间的区别。

第四，工资的实际运动所显示出的一些现象，也造成了这样的错觉，好像被支付的不是劳动力的价值，而是劳动本身的价值。这里有两种情况：一是工资随着工作日的长度而变化；二是执行同一职能的不同的工人工资的差别。如果说工资是劳动力的价值的话，他们的工资为什么会不一样呢？如此等等。

总之，“劳动的价值或价格”或“工资”这个表现形式是直接地、自发地、作为流行的思维形式而再现出来的，它不像隐藏在它背后的本质关系或基础那样是必须经过科学才能揭示出来。这就是为什么在现象上它只能表现为这样的形式。只有马克思第一个透过工资的现象揭示了工资的本质。这是他的伟大功绩之一。资产阶级古典政治经济学派虽然几乎接触到事实真相，但是没有自觉地把它表述出来。只要古典政治经济学派还附着在资产阶级的皮上，它就不可能做到这一点。

〔难点试解〕

1. “在‘劳动的价值’这个用语中，价值概念不但完全消失，而且转化为它的反面。这是一个虚幻的用语，就像土地的价值一样。”（第7段）

商品的价值是由该商品所体现的社会必要劳动时间决定的。流动状态的劳动创造价值，但它本身不是价值，没有价值。如果说劳动有价值，那就等于说，劳动的价值由劳动来决定了，这实际上就把价值这个概念取消了。而且会转化为它的反面，没有价值的东西变成了好像有价值的东西。所以就像说“土地的价值”一样，是一个虚幻的用语。土地原来不是劳动创造的，它没有价值。但在资本主义制度下，地主可以利用土地私有权收地租，还可以买卖，它有一定的价格。这种地价不过是资本化的地租，而人们却把它说成是“土地的价值”。所以“劳动的价值”和“土地的价值”一样，都是虚幻的用语。

2. “因为交换价值和使用价值本身是不可通约的量，所以‘劳动的价值’、‘劳动的价格’这种用语，似乎并不比‘棉花的价值’、‘棉花的价格’这种用语更不合理。”（第16段）

交换价值和使用价值在质上是不同的事物，因此在量上是不能通约的。但人们却可以说“商品的价值”和“商品的价格”，例如说“棉花的价值”和“棉花的价格”等等。而且正如在前面第1章第3节“价值形式或交换价值”中已经看到的那样，商品的价格形式的特点正在于把商品的价值观念地表现在一定量的货币上，也就是观念地表现为一定的货币。所以才有了“棉花的价格”的说法。而人们在这样说的时候，其实是指其中体现了一定量的社会劳动时间。所以这其中实际上包含了一定的不合理的因素，也就是商品拜物教中所包含的那个“物的人格化和人格的物化”的矛盾。但在商品生产的条件下，人们都习以为常了，所以就并没有觉得这些说法有什么不合理的。按照同样的思维方式，人们当然也会觉得：“劳动”既然与“交换价值”（即货币）也是不同的事物，也是不能通约的，那么，为什么不可以同样也使用“劳动的价值”和“劳动的价格”这样的说法呢？难道这与说“棉花的价值”和“棉花的价格”会更不合理吗？实际上，这是仅仅看到了“棉花”与“价值”的关系，以及“棉花”与“价格”的关系，而没有看到问题并不是在这里，而是在于：在工资问题上，所涉及的已经不是“棉花”等等“商品”的价值或价格，而是“劳动”的“价值”或“价格”了。

第十八章　计时工资

〔本章大意〕

计时工资是直接表现劳动力的日价值、周价值等的转化形式。

计时工资是工人按小时、按周、按月等得到的货币额，也就是他的名义的即按价值计算的工资额。但是依照工作日的长短不同亦即工人每天所提供的劳动量的不同，所以同样的日工资可以代表极不相同的劳动价格，即代表对同量劳动所支付的极不相同的货币额。因而在考察计时工资时，必须把工资总额和劳动价格区别开来。至于计算劳动价格的方法，那就是用平均工作日小时数去除劳动力的平均日价格，得出平均的劳动价格。在资本主义社会的现实生活中，尽管日工资不变，甚至有所提高，劳动价格仍然可以下降，因为资本家可以通过延长工作日或加强劳动强度等办法，降低劳动价格。可见，计时工资掩盖了资本主义剥削。

在考察计时工资时，还要区别名义工资和实际工资。名义工资是劳动力的交换价值的表现形式，是用一定量的货币来表现日劳动、周劳动等的价格。实际工资是由劳动力的交换价值转变成的生活资料的数量的表现，是用货币工资所能购买到的生活资料的数量。实际工资常常同名义工资发生差距，尽管名义工资不变，甚至增加，实际工资仍然会因通货膨胀、物价上涨和赋税增加而下降。

在实行计时工资的条件下，资本家常常利用小时工资制加强对工人的剥削。资本家只规定每小时劳动的平均工资，而不规定工作日长度和日工资数额，这样，一方面便于资本家任意延长工作日，另一方面迫使工人从事过度劳动。资本家还在商品滞销时，任意停工减产，缩短劳动时间，造成工人的就业不足。这样，工人不只是遭受过度劳动的破坏性后果，还要遭受就业不足造成的苦难。

在实行计时工资的条件下，资本家常常用加班加点的方法加强对工人的剥削。因为增加的劳动时间所支付的工资是低得可怜的，表面上看来日工资好像是增加了，而劳动价格实际上是下降了。劳动价格越低，工人为了保证得到哪怕是可怜的平均工资而付出的劳动量必然越大，或者说，工作日必然越长。劳动价格的低廉在这里起了刺激劳动时间延长的作用。但是，劳动时间的延长反过来又会引起劳动价格的下降，从而引起日工资或周工资的下降。

第十九章　计件工资

〔本章大意〕

计件工资是计时工资的转化形式。在实行计件工资时，包含着一种假象，似乎工人出卖的不是他的劳动力的职能即活的劳动，而是已经对象化在产品中的劳动，似乎这种劳动的价格不是像计时工资那样，由每小时的劳动力价值来决定，而是由生产者的工作效率来决定的。但是两种工资形式在同一些行业中同时并存的事实，就已经动摇着对这种假象的信念。很清楚，工资支付形式的区别丝毫没有改变工资的本质，只不过其中一种形式可以比另一种形式更有利于资本主义生产的发展而已。计件工资实际上不直接表现价值关系。在这里，不是一件商品的价值由体现在其中的劳动时间来计量，相反的，工人耗费的劳动是由他们生产的产品的件数来计量。

计件工资有这样一些特点：

第一，计件工资是克扣工资和进行资本主义欺诈的最丰富的源泉。因为在这里，劳动的质量是由产品本身来控制的，产品必须具有平均的质量，计件价格才能得到完全的支付。计件工资给资本家提供了一个十分确定的计算劳动强度的尺度。只有体现在一个预先规定的并由经验确定的商品量中的劳动时间，才被看作是社会必要劳动时间，并当作这种劳动时间来支付报酬。

第二，劳动的质量和强度在这里由工资形式本身来控制，省去了对劳动的大部分直接监督。计件工资的形式既形成现代家庭劳动的基础，也形成层层剥削和压迫的制度的基础。后一种制度有两种基本形式：一是资本家和雇佣工人之间的寄生者的中间盘剥即包工制(subletting of labour)；二是资本家能与工头签订按件计酬的合同。在后面这种场合，资本对工人的剥削是通过工人对工人的剥削来实现的。

第三，实行计件工资，可以使资本家容易提高劳动强度的正常程度。同时，可以引起劳动价格的下降。

第四，在实行计件工资的情况下，工人的实际收入会因其技能、体力、精力、耐力等等的不同而有很大的差别。这虽然不会改变资本和雇佣劳动之间的一般关系，但却给工人的个性提供了较大的活动场所。这一方面促进了工人的个性及自由精神、独立性和自我监督能力的发展；另一方面也促进了他们之间的互相竞争。因此，计件工资有一种趋势，就是在把个别工资提高到平均水平以上的同时，把这个水平本身降低。

第五，计件工资是制定计时工资的重要支柱。

可见，计件工资是最适合资本主义生产方式、最便于资本家剥削工人的工资形式。

由于计件工资不外是一定劳动时间的价格表现，所以劳动生产率发生变化时，计件工资即随之变动。因此，计件工资的下降是与同一时间内所生产的产品件数的增加成比例的，从而也是与耗费在同一件产品上的劳动时间的减少成比例的。计件工资的这种变动虽然纯粹是名义上的，但也会引起资本家和工人之间的经常不断的斗争。

第二十章　工资的国民差异

〔本章大意〕

在各个资本主义国家之间，存在着工资水平的差异。在比较国民工资时，必须考虑到决定劳动力的价值量的变化的一切因素：即生活必需品的价格和范围，工人的教育费，妇女劳动和儿童劳动的作用，劳动生产率，工作日长度和劳动强度。另外还必须把计时工资换算为计件工资。此外在本章中，马克思还着重从名义工资和实际工资的区别，以及相对的劳动价格的角度进行了分析。

其中就名义工资和实际工资的关系上来看，这涉及不同国家中的货币相对价值的不同。其原因在于：在资本主义生产发达的国家里，那里的国民劳动的强度和生产率比较高。因此这些国家在同样的劳动时间内所生产的同种商品的不同量，就会有不同的国际价值，从而表现为不同的价格。所以，货币的相对价值在资本主义生产方式较发达的国家里，比在资本主义生产方式不太发达的国家里要小。由此可以得出结论：名义工资，即表现为货币的劳动力的等价物，在前一种国家会比在后一种国家高；但这决不是说，实际工资即供工人支配的生活资料也是这样。

再就相对的劳动价格来说，即使撇开不同国家货币价值的相对的差异，也常常可以发现，日工资、周工资等等在资本主义发达的国家比在后一种国家高，但由于发达国家内的国民劳动强度和生产率都比较高，所以剩余价值率也比较高。所以相对的劳动价格，即同剩余价值和产品价值相比较的劳动价格，在后一种国家却比在前一种国家高。

美国庸俗经济学家凯里胡说："工资总是随着劳动生产率而升降。"这种说法是荒谬的。劳动生产率提高，只会引起劳动力价值下降和剩余价值增加，决不会提高工资的实际水平和工人的生活水平。凯里的谬论和这一事实是完全相违背的。

学习第七篇　资本的积累过程

前　言

马克思说："在本书第一册，我们把资本主义生产过程，既作为孤立过程，又作为再生产过程来分析，我们分析了剩余价值的生产和资本本身的生产。"①

以前多篇把资本主义生产过程作为孤立过程来分析，揭露了剩余价值的来源和资本主义剥削的实质，阐明了资本主义社会的两大阶级即工人阶级和资产阶级之间的阶级对立的经济基础。

本篇则把资本的生产过程作为再生产过程来分析，阐明资本本身是怎样从剩余价值生产出来的，并且进一步揭露了资本主义生产过程和再生产过程的实质，以及资本主义积累的规律和趋势。资本积累就是剩余价值的资本化。资本积累和资本主义扩大再生产的实质在于：它不仅是物质资料的扩大再生产，以及资本和剩余价值的扩大再生产，而且是资本主义生产关系的扩大再生产。资本主义积累的一般规律必然造成在一极，即在资本家方面是资本和财富的积累；在另一极，在工人阶级方面则是贫困的积累和工人阶级地位和经济状况的恶化。资本积累的进程不可避免地导致资本主义基本矛盾的尖锐化，从而使工人阶级和资产阶级的阶级对立加深，最终必然导致工人阶级革命的胜利和资产阶级灭亡。资本主义积累的历史趋势就是剥夺者被剥夺。

本篇还批判了亚当·斯密关于积累的资本都变成工资的错误观点，驳斥了西尼耳的反动的"节欲论"和马尔萨斯的反动的"人口论"。

列宁说："马克思对资本积累的分析是极其重要和新颖的。"②列宁并且大段地引用了本篇第 24 章关于资本主义积累的历史趋势的那段话：从"对直接生产者的剥夺，是用最残酷无情的野蛮手段，在最

---

① 《资本论》第 2 卷，北京，人民出版社，2004 年，第 2 版，第 391 页。

② 《列宁选集》第 2 卷，北京，人民出版社，1995 年，第 3 版，第 432 页。

下流、最龌龊、最卑鄙和最可恶的贪欲的驱使下完成的……”直到“这个外壳就要炸毁了。资本主义私有制的丧钟就要响了。剥夺者就要被剥夺了”①。根据这一科学分析，马克思科学地预见到资本主义积累的历史趋势，是社会主义公有制必然代替资本主义私有制。马克思的这一科学预见，已经为多国家的无产阶级社会主义革命所证实了。不管帝国主义、现代修正主义和各国反动派，怎样拼死挣扎和阻挠，资本主义制度总逃脱不了覆灭的命运，而社会主义、共产主义制度终将在全世界获得彻底的胜利。正如毛主席指出的：“社会主义制度终究要代替资本主义制度，这是一个不以人们自己的意志为转移的客观规律。不管反动派怎样企图阻止历史车轮的前进，革命或迟或早总会发生，并且将必然取得胜利。”②

学习这一篇，应当先读恩格斯1868年为《民主周刊》写的《〈资本论〉第一卷评》③，在这篇书评中，恩格斯对本篇内容作了精辟而扼要的介绍，有助于我们掌握全篇的基本思想。

第二十一章　简单再生产

〔内容提要〕

资本积累是在资本主义再生产过程中实现的。资本积累的实际内容是扩大再生产。但是，简单再生产是扩大再生产的基础和起点，因此马克思首先分析资本主义简单再生产，从这里揭示资本主义生产方式的某些新特征。

1. 再生产的一般原理(第1—4段)

一个社会不能停止消费，也不能停止生产。因此任何社会生产过程都是不断更新的再生产过程。生产的条件同时也是再生产的条件。生产具有资本主义形式，再生产也就具有同样的形式。

---

① 《资本论》第1卷，北京，人民出版社，2004年，第2版，第873—874页。

② 《建国以来毛泽东文稿》第6册，北京，中共中央文献出版社，1999年版，第618页。

③ 《马克思恩格斯选集》第2卷，北京，人民出版社，1995年，第2版，第589—597页。

如果资本家把周期地获得的剩余价值，周期地消费掉，那么，在其他条件不变的情况下，这就是资本主义的简单再生产。

2. 从简单再生产中暴露的资本主义生产方式的新特征（第5—16段）

（1）可变资本是工人创造的。

如果孤立地看一个生产过程，会存在一个假象：资本家用货币付给工人工资。资产阶级经济学家和资本家扬言："资本家养活工人。"

可是，从连续的再生产过程来看，工人得到的工资，或者说资本家用来支付工资的可变资本，是工人自己创造的，是工人自己的对象化劳动，是工人劳动产品的一部分。工人今天的劳动是用他上星期的劳动来支付的。

为什么明明是工人自己创造的工资，却变成资本家掏腰包呢？因为，资本家占有工人全部劳动产品，而产品又采取商品形式，资本家把商品变成货币，再用其中的一部分支付工资。这样一变，事实真相便被掩盖起来。

在任何社会，劳动者为了维持和再生产劳动力所必需的生活资料基金或劳动基金都是劳动者自己生产出来的。例如封建社会的徭役劳动，农民用一定时间再生产自己的劳动基金。不过这种劳动基金不是由地主支付的。只有在资本主义社会，可变资本才成为劳动基金的表现形式。当然，这种表现形式丝毫没有改变资本家只是把工人的对象化劳动付给工人这一事实。

（2）整个资本都是资本化的剩余价值。

从简单再生产过程看，不仅可以弄清楚可变资本是工人创造的，还可以弄清楚整个资本都是工人创造的。事实是工人养活资本家，而绝不是资本家养活工人。

比如一个资本家有1000元资本，他周期地获得200元剩余价值，而每次都被他消费掉。这样持续五年，他消费掉的剩余价值等于他原有的资本价值。经过五年，他已经把他的老本吃光了。

可见，简单再生产经过一定时期以后，必然使任何资本都转化为资本化的剩余价值。

（3）资本主义关系的再生产。

马克思首先分析劳动产品和劳动的分离的再生产。在本书第四章讲过的劳动力变成商品的问题，曾论述劳动产品和劳动本身的分离，资本占有者和劳动占有者相对立，是资本主义生产过程的起点。

从简单再生产过程来看，这个起点就作为结果不断地重新生产出来。这就是说，随着资本主义生产一次一次反复进行，劳动产品和劳动、生产资料和劳动力也一次一次分离开来，并且永久化。这种分离意味着：一方面劳动产品不断地一批一批变成资本，另一方面工人始终是一无所有的，始终是剥削对象。工人不仅自己一辈子是无产者，而且世世代代都是无产者。从孤立的生产过程来看，工人的命运如何是搞不清楚的。

工人为什么始终受剥削、被统治呢？因为他出卖了自己的劳动力，所以他一旦进入生产过程，他的劳动就同他相异化而被资本家占有，并入资本了。因此他的劳动也就对象化在资本家的产品。而产品在资本家手里则不断地变成资本。资本不过是吸吮创造价值的力的价值，是购买人身的生活资料，是使用生产者的生产资料，是同工人相异化的、统治他和剥削他的权力。可见工人不断地把财富当作资本来生产，而资本家则不断地把劳动力当作财富源泉来生产。

马克思接着分析工人的消费，论述劳动对资本的从属关系的再生产。

从孤立的生产过程、从单个工人和单个资本家的关系来看，工人个人消费，在生产过程之外，它表现为工人的独立生活；在生产过程之内，它表现为纯粹附带的事，都同资本主义生产过程的本质无关。但是，从再生产过程、从工人阶级和资产阶级的关系来看，工人的个人消费，不论在劳动过程以内或以外进行，都是资本生产和再生产的一个要素，正像给机器加油或给牲口喂料一样。资本家把自己的一部分资本转化为劳动力，他一举两得：他不仅从他由工人那里取得的东西中获利，而且从给工人东西中获利，以便再生产出劳动力供他重新剥削。

可见，工人阶级任何时候都是资本的附属物，都从属于资产阶级。资产阶级鼓吹的什么独立、个性、自由等等，对工人来说完全只不过是幻觉。马克思深刻地揭露："罗马的奴隶是由锁链，雇佣工人则由看不见的线系在自己的所有者手里。"

资产阶级把熟练工人看成是属于自己的生产条件，是活的机器。马克思引用资产阶级代言人波特尔和卡尔布的自供作为反面材料，证明资产阶级对待工人完全同机器一样，认为工厂工人是工厂的活动的附属物。

最后，马克思给本章总结道："可见，资本主义生产过程，在联系中加以考察，或作为再生产过程加以考察时，不仅生产商品，不仅生产剩余价值，而且还生产和再生产资本关系本身：一方面是资本家，另一方面是雇佣工人。”

在资本主义制度下，工人阶级世世代代受剥削，受奴役。只有通过暴力革命，夺取政权，消灭资本主义制度，工人阶级才能够获得解放。

〔难点试解〕

1.“每一个社会生产过程，从经常的联系和它不断更新来看，同时也就是再生产过程。”（第1段）

这里的“经常的联系”，也就是恒久的连接，是就前后不同的生产过程之间的连接而言的。例如上一个生产过程的产品再进入下一个生产过程，下一个生产过程需要上一个生产过程为它提供基础；或者上一个过程中的生产资料（劳动资料）和劳动力在后面的生产过程中继续发挥作用等等。“不断更新”，则是指后面的生产过程对于前面的生产过程的替代。这样，每一个社会生产过程，从这两个方面来看，同时也就是再生产过程。

2.“但是，起初仅仅是起点的东西，后来通过过程的单纯连续，即通过简单再生产，就作为资本主义生产本身的结果而不断重新生产出来，并且永久化了。”（第11段）

这里是说资本主义的简单再生产会把资本主义生产的起点不断再生产出来。作为资本主义生产过程的起点的东西转化为它的结果，包含了哲学上所讲的起点和结果之间的对立统一关系。它们既是对立的、又是同一的，二者之间存在辩证关系。从现实的角度看，作为资本主义生产过程的起点的东西是资本家和雇佣工人的对立，是劳动产品和劳动本身的分离。这种关系，通过简单再生产的进行，又作为资本主义生产的结果不断重新生产出来，即资本家和雇佣工人的对立一次又一次出现，并且永久化。资本家和工人的对立不仅仅在资本主义制度产生时作为前提条件存在，而且作为资本主义制度的基础始终存在。

3.“异化”（第11段）

这是黑格尔哲学的用语。原意是指“具体”这个范畴在一定的发展阶段分裂出其对立面，变成外在的异己的力量。马克思在这里借用了这个用语来说明，工人创造出资本，却变成资本家剥削统治自己的力量（或权力），也就是变成外在的异己的力量。“异化”也译为“外化”。

4.“契约的法律拟制”（第16段）

资本家雇用工人时，按照资产阶级国家的法律，双方订立契约（即合同、合约），规定雇用期限、工资数额、工人应遵守的事项等，这种契约形式所表现的双方的平等权利，只不过是法律虚构。

第二十二章　剩余价值转化为资本

〔全章大意〕

这一章，马克思分析了剩余价值转化为资本的过程，即资本主义扩大再生产的过程；说明资本的数量是怎样在不断地增长着，资本主义生产规模是怎样在不断地扩大起来；揭露资本家怎样占有越来越庞大的资本，占有越来越多的社会财富；指明他们的巨额资本完全是靠工人的血汗滚雪球一样地积累起来的。资本家发了财还要发更大的财，贪得无厌，同时又无限度地追求享受，挥霍无度。

资产阶级经济学颠倒是非，歪曲事实。资本积累明明是喂肥了资本家，他们却说“积累都用于工人消费”；资本家本来是贪得无厌，享乐成性，他们却叫嚷“资本是节欲出来的”！所谓劳动基金本来是一个可变的量，是可以随着总资本一同增长的，他们却胡说，劳动基金永远不会增长，不管有多少工人，只能用这笔钱开支工资。所有这种种奇谈怪论，都是为了歪曲资本积累的本质。马克思在这一章里对这些谬论进行了彻底批判。

1. 规模扩大的资本主义生产过程。商品生产所有权规律转变为资本主义占有规律

〔内容提要〕

1. 扩大再生产。资本积累（第 1—8 段）

马克思说，把剩余价值当作资本使用，或者说，把剩余价值再转化为资本，叫作资本积累。积累的实际内容就是规模扩大的资本主义生产过程。在扩大再生产的情况下，资本家榨取的剩余价值，一部分用于他个人消费，一部分用来购买追加的生产资料和劳动力即转化为资本，使生产的规模不断扩大，资本的数量不断增加。以一个纱厂主为例：这个资本家有 10000 元资本，在扩大再生产中，它带来

2000 元剩余价值。为了纯粹地考察，假定不考虑资本家的个人消费，这样，资本家把后 2000 元全部作为追加资本投入生产，又带来 400 元剩余价值。资本的数量就增加了，生产规模也跟着扩大了。

这里，剩余价值是怎样转化为资本的呢?

马克思先从单个资本家的角度来分析。资本价值最初是以货币的形式预付的。但剩余价值却是以年产品中的一部分(即剩余产品)的价值的形式存在的。但是这些剩余产品连同总产品卖出去以后，那么，包含在年产品中的剩余价值和资本价值就都成了货币额，并且以完全相同的方式重新转化为资本。资本家把二者都用来购买商品，以便重新生产，而这次是在扩大规模上进行的。现在，问题是他要购买的商品必须到市场上去找。这就涉及个别资本和社会总资本的关系，以及再生产的实现条件了。这个问题要在第 2 卷中才能展开来研究，但在这里不能不简单地提一下。

实际上，在市场上，各个资本家只是实现社会总资本在一年内生产出来的产品的各个组成部分的交换，他们既不能增大年产品的总额，也不能改变年产品的品种。可见，全部年产品有什么用途，取决于它本身的构成，绝不取决于流通。年产品必须提供补偿一年里消耗的生产资料和生活资料，扣除这一部分后，便是剩余产品。如果这种剩余产品都是供资本家挥霍的消费品，那么下一次只能进行简单再生产。

所以，马克思指出:要积累，就必须把一部分剩余产品转化为资本，转化为生产资料和工人必需的生活资料。所以，一部分年剩余劳动必须用来制造追加的生产资料和生活资料。同时，还需要追加劳动。如果资本家不能增加对就业工人的剥削，那就必须增加雇佣工人。“资本只要把工人阶级每年向它提供的多种年龄的追加劳动力同已经包含在年产品中的追加生产资料合并起来，剩余价值向资本的转化就完成了。”

马克思在这样极其简明扼要地阐明了扩大再生产的必要条件以后，接着就把资本积累当作生产过程的一个要素，来分析资本主义的扩大再生产。

2. 商品生产所有权规律转变为资本主义占有规律(第 9—39 段)

(1) 资本家不断地利用无偿占有的别人的劳动成果去继续占有更多的活劳动。

拿前面那个纱厂主的例子来说，资本家一次又一次地把剩余价值转化为资本。资产阶级经济学声言,那10000元原有资本是纱厂主本人劳动或他的祖先劳动获得的。并且好像他们的这种说法是唯一符合商品市场的规律的。但是对于追加资本的情况他们就不能这样说了,因为我们已经看得很清楚:他的2000元追加资本从一开始就是资本化的剩余价值,其中没有任何一个价值原子不是工人的剩余劳动创造的。而现在,如果他把其中的一部分用来购买追加的劳动力,那么即使他支付了劳动力的全部价格或价值,即使它完全遵守等价交换的原则,这也还是像征服者那样,用从被征服者那里掠夺来的钱,去购买被征服者的东西。另外,资本家也许还会用这个追加资本中的另一部分购买追加的生产资料。但是,马克思指出:"不管怎样,工人阶级总是用他们这一年的剩余劳动创造下一年雇用追加劳动的资本。"

这2000元追加的新资本,又带来400元剩余价值。2000元新资本是占有400元剩余价值的前提。从这里看到,例如2000元对无酬劳动的所有权,成为现今以日益扩大的规模占有活的无酬劳动例如400元的唯一条件。资本家已经积累得越多,就越能更多地积累。资本就像滚雪球一样积累起来。资本家用别人劳动的成果去占有更多的别人的活劳动,这就是资本主义占有规律。

(2)商品生产的所有权规律转变为资本主义占有规律。

商品生产的所有权规律,即以商品生产和商品流通为基础的私有权规律。马克思在这里论述了,这一规律通过它自己的、内在的辩证法,转变为资本主义占有规律。

这种转变是怎样实现的呢?这里的关键在于:按照商品生产和商品交换的规则,每个人都只有让渡自己的商品才能得到别人的商品。而谁购买到的商品,那么,这种商品的使用价值以及由对这种使用价值的使用中得到的结果也应当归谁所有。而现在这个被当作追加资本来使用的剩余价值,正是由资本家所购买来的一种特殊商品即劳动力生产出来的。这种情况并不违反商品生产所有权的规律,相反,却是这一规律的要求。那么,接下来,由这个追加资本产生的第二个被当作追加资本来使用的剩余价值也是如此。依此类推。这样,即便资本家在他所进行的每一次买卖过程中都没有进行欺诈,都支付了商品的全部价值,然而,商品生产所有权规律还是通过它本身内在的不可避免的辩证法,转变为自己的直接对立物即资本主义占有规律。

其结果就是:表现为最初行为的等价物交换,已经变得仅仅在表面上是交换，因为，资本家用来交换劳动力的那部分资本本身只是不付等价物而占有的别人劳动产品的一部分；而这部分资本不仅必须由它的生产者即工人来补偿，而且在补偿时还要加上新的剩余价值。这样一来，资本家和工人之间的交换关系，仅仅成为属于流通过程的一种表面现象，成为一种与内容本身无关的并只能使它神秘化的形式。劳动力的不断买卖是形式。其内容则是，资本家用他总是不付等价物而占有的别人的已经对象化的劳动的一部分，来不断再换取更大量的别人的活劳动。而最初，我们曾经看到，所有权似乎是以自己的劳动为基础的。因为占有别人商品的手段只能是让渡自己的商品，而自己的商品又只能是由劳动创造的。但现在，所有权对于资本家来说，表现为占有别人无酬劳动或产品的权利，而对于工人来说，则表现为不能占有自己的产品。所有权和劳动的分离，成了似乎是一个以它们的同一性为出发点的规律的必然结果。这就是所谓以个人劳动为基础的所有权规律，转化为资本主义占有规律。

(3) 对这一转化过程的更加详细的分析。

马克思教导我们去回顾一下资本运动各阶段，以便再次弄清楚这一点：

首先，货币转化为资本是完全按照交换规律进行的。在劳动力买卖时，工人得到劳动力价值，让出它的使用价值，资本家占有劳动及其产品。这个产品的价值中，首先包括了生产资料的旧价值，其次包括劳动力价值和剩余价值。这并不触犯商品生产的一般规律。

其次，从简单再生产看。简单再生产无非是这种最初的活动的周期反复。因此，规律也并没有遭到违反，相反只是得到不断发生作用的机会。然而简单再生产却足以使这种最初的活动具有了一种同把它当作孤立过程来考察时完全不同的性质，以至于出现了像资产阶级经济学家西斯蒙第所说的那种情况：在参加国民收入分配的人中间，一部分人（工人）每年都必须通过新的劳动才能获得新的分配权；而另一部分人（资本家）却好像是仅仅由于最初劳动（假定他最初的资本确实是通过劳动积累起来的）就已经预先取得了永久的分配权！

最后，从扩大再生产看，资本家用他占有的剩余价值去购买追加劳动力完全同他第一次购买劳动力一样，决不会破坏交换规律，反而是应用这个规律去同更多的劳动力交换来实现扩大再生产。

马克思的科学分析，彻底粉碎了蒲鲁东所散布的实行商品生产的永恒所有权规律，并由此消灭资本主义所有制的幻想。蒲鲁东把所谓永恒的商品生产所有权规律同资本主义所有权对立起来是荒谬的，马克思针对这一观点，明确指出："商品生产按自己本身内在的规律越是发展成资本主义生产，商品生产的所有权规律也就越是转变为资本主义的占有规律。"

——

马克思在本章中，深刻揭示了劳动力的买和卖这种资本主义的交换关系，与一般的商品生产和商品交换关系的联系和区别。马克思指出：前者即"劳动力的不断买卖是形式，其内容则是，资本家用他总是不付等价物而占有的别人的已经对象化的劳动的一部分，来不断再换取更大量的他人的活劳动。"但这并不违反商品交换的规律，而是这一规律发生作用的结果。这里的关键在于劳动力成为商品和资本主义关系的存在。在资本主义的基础上，商品生产的所有权规律必然会转化为资本主义占有规律。而资本主义经济关系有时在商品生产的基础上产生的，是商品生产发展到一定阶段之后的产物。恩格斯在为马克思的《哲学的贫困》一书所写的德文版序言中曾写道："权利的公平和平等，是十八、十九世纪的资产者打算在封建制的不公平、不平等和特权的废墟上建立他们的社会大厦的基石。劳动决定商品价值，劳动产品按照这个价值尺度在权利平等的商品所有者之间自由交换，这些——正如马克思已经证明的——就是现代资产阶级全部政治的、法律的和哲学的意识形态建立于其上的现实基础。"①劳动力的买和卖，以及全部资产阶级经济关系，也都是建立在这种现实基础上的。

社会主义社会是刚刚从资本主义社会脱胎出来的社会，它还不能完全摆脱资本主义的传统和痕迹。社会主义社会还存在商品制度，与商品经济相联系的"权利的公平和平等"，甚至在按劳分配的原则中，都还带有资产阶级法权的性质。但这在社会主义的历史时期还是不能、也不应该完全消除的，而"只能在无产阶级专政下加以限制"。对此应当辩证地去认识。

〔难点试解〕

1. "剩余价值所以能转化为资本，只是因为剩余产品……已经包含了新资本的物质组成部分。"（第 7 段）

---

① 《马克思恩格斯全集》第 21 卷，北京，人民出版社，1965 年，第 1 版，第 210 页。

因为，社会总资本一年所生产的全部产品，在扣除补偿一年中所消耗的资本的物质组成部分以后，剩下来的就是代表剩余价值的剩余产品。这些剩余产品，在实行简单再生产时，都成为供资产阶级挥霍的消费资料，但在实行扩大再生产时，必须把一部分剩余价值转化为追加的新资本，这样，就必须有一部分同资本积累相适应的剩余产品，充当实现扩大再生产所需要增加的物质资料，作为供给新增加的生产资料和新增加的工人的生活资料之用。所以，只有剩余产品中已经包含了新资本的物质资料，才能有资本积累。

2.“商品生产所有权规律”

在以私有制为基础的商品生者的社会里，特别是在资本主义社会里，通行着这样一种观念，即：每个人对于他自己所拥有的财产，都是以他的个人劳动（包括其家庭成员）为基础的。这对于以个人劳动为基础的小商品生产者来说，是符合实际的。小商品生产者用他的生产资料和劳动生产出产品并归自己所有。他们之间互相交换自己的产品，也是以这种平等的权利为根据的。但是到了资本主义社会里，对于资本家来说，当他把无偿占有的工人创造的剩余价值再转化为货币，并把剩余价值变成资本的时候，这个剩余价值已经不是以他的个人劳动为基础的了。但他仍然凭借那个商品生产所有权规律去行事，从而占有越来越多的剩余价值。

2. 政治经济学关于规模扩大的再生产的错误见解

〔本节大意〕

为了搞清楚资本积累对工人阶级的影响，本节首先批判了资产阶级古典经济学的一种含糊的见解：积累的剩余价值都是用来雇用生产工人，从而也就是剩余产品全部用于工人阶级的消费。

资产阶级古典经济学肯定了资本积累的重要性，区分了资本积累和货币贮藏。因此他们认为，积累过程的特点是，剩余产品由生产工人消费，而不由非生产工人消费。马克思说，这一点是对的。但它的错误也正是从这里开始。因为它使人们形成了这样一种错误看法，即把积累仅仅看成剩余产品由生产工人消费。这也就等于认为所有转化为资本的剩余价值都要成为可变资本了。亚·斯密甚至根据自己的根本错误的分析得出如下荒谬的结论：虽然每一单个资本可以分解为不变资本和可变资本，但社会资本只分解为可变资本，或只用来支付工资。

不言而喻，资产阶级政治经济学不会不利用亚·斯密的所谓纯产品中转化为资本的部分完全由工人阶级消费这一论点，来为资本家阶级的利益服务。

3. 剩余价值分为资本和收入。节欲论

〔本节大意〕

在前一章里，为了纯粹地考察简单再生产，我们曾经把剩余价值或剩余产品只看作资本家的个人消费基金。在这一章前两节里，同样为了便于在最简单的形式上考察扩大再生产，我们又曾把它只是看作积累基金。但是，剩余价值不仅仅是前者，也不仅仅是后者，而是一部分由资本家作为收入消费，另一部分用作资本或积累起来。在剩余价值一定的情况下，这两部分中的分割的比例决定着积累量。由于这种分割是由剩余价值的所有者资本家来进行的，于是一些资产阶级的代言人就把执行资本积累的职能，说成是资本家的意志行为，并且把资本积累的部分说成是资本家节约下来的。对此，马克思进行了深入的批判：

首先，资本家之所以进行资本积累，这是由他作为“人格化的资本”这种经济地位及其历史使命决定的。作为人格化的资本，他的动机就不是使用价值和享受，而是交换价值和交换价值的增殖。他的历史存在的意义，则是通过狂热地追求价值的增殖而迫使人类去为生产而生产，从而发展社会生产力，从而去为一个更高级的社会形式创造生产的物质条件和现实基础。作为这样一种人，他同货币贮藏者一样具有绝对的致富欲。但是，在货币贮藏者那里这表现为个人的狂热，在资本家这里却表现为社会机构的作用，资本家不过是这个社会机构中的一个主动轮罢了。此外，竞争也迫使他不断去扩大自己的资本。可见，资本家进行积累，是由他的这种社会地位决定的，而不纯粹是他个人的意志行为。

其次，实际上，资本家在进行资本积累的同时，也在追求尽可能多的享受。并且随着资本主义生产的进步，资本家的挥霍也同积累一同增长，一方决不妨碍另一方。

资产阶级庸俗经济学家西尼耳公然宣称“节欲论”。马克思逐条批驳了他的错误说法。西尼耳说：“我用节欲一词来代替被看作生产

工具的资本一词。”马克思说：这真是庸俗经济学的“发现”的不可超越的标本！但它只不过是用阿谀的词句来替换经济学的范畴而已。西尼耳还说：“野蛮人（原始社会的人）造弓就是从事工业，但他没有实行节欲。”马克思批判说：这岂不反过来向我们说明：在早期的社会状态下，劳动资料即便没有资本家的“节欲”不也被制造出来了？而劳动资料就是庸俗经济学家所说的“资本”。西尼耳还说：“社会越进步，就越要求节欲”。马克思批判说：这样一来，劳动过程的一切条件就都如数转化成资本家的节欲行为了。例如，资本家只要把生产工具同劳动力合并在一起作为资本来增殖，而不把机器、铁路、肥料等等吃光，或者按照庸俗经济学家的幼稚说法，不把“它们的价值”变成奢侈品和其他消费资料挥霍掉，这就是资本家在掠夺自己的欲望了。但是资产阶级究竟怎样才能做到这一点，庸俗经济学却无法作出进一步的解释。马克思挖苦说：既然做个资本家那么可怜，甚至单纯地“保存资本也要求不断地努力克服把资本吃光用尽的诱惑”，那么单是出于人道的考虑，岂不也应通过废除资本主义生产方式和生产关系，从而把资本家从“殉道和诱惑”中解救出来？

马克思最后指出：实际上，在各种不同的社会经济形态中，不仅都有简单再生产，而且都有规模扩大的再生产。但是，只要生产资料、产品和生活资料还没有以资本形式同劳动者相对立，这个过程就不会表现为资本积累，因而也不会表现为资本家的职能。对此，马克思指出，例如曾在东印度学院讲授政治经济学的理查·琼斯，就用印度的小农和封建主经济中的两大事实很好地阐明了这一点。

4. 几种同剩余价值分为资本和收入的比例无关但决定积累量的情况：劳动力的剥削程度；劳动生产力；所使用的资本和所消费的资本之间差额的扩大；预付资本的量

〔本节大意〕

在剩余价值分为资本和收入的比例已定的情况下，积累的资本量显然取决于剩余价值的绝对量。因此，决定剩余价值量的一切情况也影响着积累的量。本节从与资本积累有关的角度，分析了这些情况对资本积累的影响。

(1) 劳动力的剥削程度。

在这里，马克思主要分析了以下几种情况：一、压低工资，直接掠夺工人的消费基金来增加剩余价值；二、在一切产业部门中，通过提高劳动力的紧张程度，可以在不变资本没有相应增加的情况下而增加剩余价值和积累；三、在采掘工业和农业中，不增加不变资本也能追加劳动，从而增加剩余价值和积累；四、采掘工业和农业部门增加的产品，也有利于加工业中在只增加原料而不用增加劳动资料的情况下追加劳动。后面这三种情况实际上也已经涉及不变资本与可变资本的比例了。在这些情况下，即便剩余价值率不变，使用同量的预付资本也会带来更多的剩余价值和资本积累。

马克思说，总的结论是：资本一旦合并了形成财富的两个原始要素——劳动力和土地，它便获得了一种扩张的能力，这种能力使资本能把它的积累的要素扩展到超出似乎是由它本身的大小所确定的范围，即超出由体现资本存在的、已经生产的生产资料的价值和数量所确定的范围。

(2) 劳动生产力。

资本积累的另一个重要的因素是社会劳动生产率的水平。这里马克思主要分析了以下三种情况：

A. 随着劳动生产力的提高，表现一定价值从而一定量剩余价值的产品量也会提高。因此，在剩余产品分为收入和追加资本的比例保持不变、甚至消费基金比例下降的情况下，资本家的消费和积累都可以增加。另一方面，工人会变得便宜。因此，在追加资本的价值不变甚至降低的情况下，积累仍然可以加快。不仅再生产的规模在物质上扩大了，而且剩余价值的生产也比追加资本的价值增长得更快。

B. 劳动生产力的发展也会对已经处于生产过程中的资本发生反作用。资本以新的形式无代价地合并了在它的旧形式背后所实现的社会进步。这会造成劳动生产力的进一步提高。而如果生产力的这种发展使正在执行职能的资本部分地贬值，资本家则会力图用加强对工人剥削的办法来弥补自己的损失。

C. 随着劳动生产力的发展而造成的积累的增长，劳动会把更多的资本的价值保存下来并使其永久化。

(3) 所用资本和所费资本的差额。

所用资本指生产过程中使用的全部资本。所费资本指所用资本生产过程中消耗的部分。随着资本的增大，这二者之间的差额也扩大。如建筑物、机器等劳动资料，在一定时期内反复使用，用自己的整体执行职能，但却只是被逐渐消耗。这样，它同水力、空气等自然力一样，在无代价地为资本家服务。正如前面第13章中所讲过的：机器的生产力并不取决于机器本身的价值。所以这种因整体使用而提高的生产力，不费资本家分文。这对资本积累是非常有利的。

不变资本是过去劳动的产物，但却采取了资本的形式。因此这些过去的劳动总是表现为归非劳动者所有。所以资产者和政治经济学家们对过去劳动的功绩赞扬备至。

(4) 预付资本的量。

资本积累的量还取决于预付资本的大小。在其他条件不变时，预付资本总额增大了，可变资本也会增大，虽然二者增大的比例可能不同。可变资本增大了，剩余价值相应增大，资本积累的量也就跟着扩大。

马克思总结道："资本由于连续的积累而增加得越多，分为消费基金和积累基金的价值额也就增加得越多。因此，资本家既能过更优裕的生活，又能更加'禁欲'。最后，生产的规模越是随着预付资本量一同扩大，生产的全部发条也就运作得越是有力。"

5. 所谓劳动基金

〔本节大意〕

这一节主要批判庸俗经济学家边沁的所谓劳动基金是固定不变的量的谬论。马克思特别揭露了边沁以这一谬论为借口而竭力反对工人提高工资的要求的反动本质。

马克思强调指出，不能把社会资本看成是一个固定的不变量，特别不能把可变资本看作是固定量。因为，在剩余价值量已定时，资本的数量随剩余价值分为收入与资本的比例的变动而变动。在这个比例已定时，资本的数量随剩余价值量的变动而变动。而且即使执行职能的资本数量已定，资本所合并的劳动力、自然力以及科学技术等因素也具有相当大的伸张力，这种伸张力在一定限度内，能使资本超过它本身数量而发挥更大的作用。

古典经济学从来就把社会资本看成是一个固定不变的量。到了边沁手里，这种偏见被确立为教条，并利用这一教条卖力地鼓吹所谓劳动基金是固定不变的，工人不能要求增加工资。

毫无疑问，可变资本或所谓劳动基金，是随着社会资本总量和积累增长以及资本构成等的变动而变动。说它是不变量，完全违背事实。

第二十三章　资本主义积累的一般规律

〔本章大意〕

这一章的中心是研究资本的增长对工人阶级命运产生的影响。

在资本主义生产发展中，特别是在初期，如果假定资本有机构成不变，那么资本积累对工人的需求就有可能会超过工人人数的增长，从而工资也会提高。但这丝毫不会改变资本主义生产的基本性质，而且工资的提高永远不会达到威胁资本主义制度本身的程度。

一旦资本主义制度的一般基础确立下来，就会出现社会劳动生产率的发展成为积累的最强有力的杠杆的时刻。资本积累的进程也一步步加速。劳动生产力提高，资本有机构成也跟着提高。这样，资本中的可变部分相对地减少。

由于劳动生产力迅速发展，可变资本递减的速度，比资本本身的增长速度还快，在这过程中，超过资本增殖平均需要的相对过剩人口于是产生出来。可见，相对过剩人口是资本主义制度的必然产物，绝不是人口增长超过食物增长造成的绝对人口过剩。相对过剩人口又是资本主义制度存在和发展的一个条件。资产阶级宣传"要消灭失业"是骗人的鬼话。相对过剩人口是累进生产的，它比可变资本的递减更快。一支庞大的产业后备军被资产阶级用来对在业工人施加压力，迫使他们过度劳动，把他们的工资压低。这样，这个后备军成员的就业机会也就更少了。

资本积累越增长，产业后备军队伍就越扩大，饥寒交迫的贫民就越增多，无产阶级日益绝对的和相对的贫困化。这是资本主义积累的一般规律。它表现为资本主义社会贫富两极分化：一极在资本方面是财富的积累，另一极在无产阶级方面则是贫困、劳动折磨、受奴役、无知、粗野和道德堕落的积累。

马克思在本章中毁灭性地批驳了马尔萨斯反动的人口论，揭穿了资产阶级经济学的"劳动供求律"和"补偿论"的谎言，批判了一些资本主义辩护士对资本主义社会中贫富对立的辩解。

1. 在资本构成不变时，对劳动力的需求随积累的增长而增长

〔内容提要〕

1. 资本的有机构成(第 1—3 段)

马克思创立了资本的有机构成理论，并根据这一理论，科学地深刻地说明了工人阶级的命运。

马克思说：我把由资本技术构成决定并且反映技术构成变化的资本价值构成，叫作资本的有机构成。凡是简单地说资本构成的地方，始终应当理解为资本的有机构成。

2. 在资本构成不变的条件下，对劳动力的需求随积累而增长，工资也提高(第 4—15 段)

在资本主义生产方式发展的初期，在 15 世纪和 18 世纪上半期，英国曾经出现过这样的情况：资本积累增长得很快，对劳动力的需求猛然增加，工资曾一度提高。

马克思着重指出：工资的这种暂时提高，丝毫不会改变资本主义生产的基本性质。

因为，资本主义的再生产乃是资本主义生产关系的再生产。扩大再生产无非是产生出更多更大的资本家和更多的雇佣工人。因此，资本积累就是无产阶级的增长。

因为，工资暂时提高不会改变劳动对资本的从属关系，工资增加不过表示工人为自己铸造的金锁链已经够长够重，容许把它略微放松一点。

因为，工资的提高不会改变剩余价值规律。生产剩余价值是资本主义生产方式的绝对规律。资本家购买劳动力的目的在增殖他的资本。劳动力的出卖条件不管对工人怎样有利，总要使劳动力不断地卖出去，为资本家提供一定量的无酬劳动。

可见，暂时增加一点工资，决不会改变资本家对工人的剥削和统治的关系。

马克思详细论述了工资提高的界限。

由资本积累引起的工资提高，不外是下列两种情况之一：或者是因为不妨碍积累的进行，工资可以继续提高，在这种情况下，即使利润减少，资本还是能够增加，资本的剥削、统治还是能够扩大；或者是相反的情况，工资的提高减少资本积累，这时资本家便减少或停止新

的投资，甚至缩小现有生产规模。这样，资本对劳动的需求也随着缩减，从而使工资水平重新降下来。

可见，工资的变动是资本积累运动引起的：积累增长使得可以剥削的劳动力供不应求，引起工资上涨；积累减退使可以剥削的劳动力供过于求，引起工资下跌。“正是资本积累的这些绝对运动反映为可供剥削的劳动力数量的相对运动，因而看起来好像是由后者自身的运动引起的。”其实，用数学上的术语来说，积累量是自变量，工资量是因变量，而不是相反。

资产阶级庸俗经济学家把上述由于积累增减引起的工资涨落的情况，看作是由于工人人口数量太少或太多引起工资涨落。他们抹煞资本积累这个决定因素，只抓住表面现象，硬说工资涨落是劳动力供求关系变化的直接结果，而劳动力供求关系变化又是工人人口增减的结果。这样，便把工资的变动归结为一个“自然人口规律”，荒谬地混淆了经济规律和自然规律。

马克思指出，作为所谓“自然人口规律”的基础的资本主义生产规律，可以简单地归结如下：资本、积累和工资率之间的关系，不外是转化为资本的无酬劳动和为推动追加资本所必需的追加劳动之间的关系。这决不是资本量和工人人口数量之间的关系；相反的，只是同一工人人口所提供的无酬劳动和有酬劳动之间的关系。如果工人提供的、由资本家积累的无酬劳动量增长得十分迅速，以致只有大大追加有酬劳动才能转化为资本，那么，工资就会提高，而在其他条件不变时，无酬劳动会相应减少。但是，这种减少达到一定点时，反作用就会发生，工资的上升运动就会受到反击。

可见，工资提高的界限在于不仅使资本主义制度的基础不受侵犯，而且还要保证资本主义制度的规模不断扩大的再生产。

2. 在积累和伴随积累的积聚的过程中资本可变部分相对减少

〔内容提要〕

1. 可变资本相对递减的规律(第 1—8 段)

在资本主义生产方式发展的历史过程中，资本的有机构成不是不变的，而是不断地提高的。资本主义制度一旦确立，就一定会出现这样的时刻：社会劳动生产率就会成为积累的最重要的杠杆。资本家为了榨取更多的剩余价值和在竞争中占得优势地位，经常改进技术和改善劳动组织，以提高劳动生产率。积累便随着劳动生产率提高而增长。

劳动生产率的提高，表现为劳动的量比它所推动的生产资料的量相对地减少。因为技术水平越是提高，机器设备越是完善，同一数量的机器设备所需要的工人人数便越少。

资本技术构成的这种变化又反映到资本的价值构成上，即不变资本靠减少可变资本而增加。不过资本价值构成的变化及时近似地反映出资本物质组成部分构成的变化。随着资本积累的增长，可变资本虽然相对减少，但不排斥它的绝对量的增加。

资本有机构成的提高具有必然性。单个商品生产者手中一定程度的资本积累是特殊的资本主义生产方式的前提条件，特殊的资本主义生产方式又反过来引起资本的加速积累。这两种经济因素的互相推动的复合关系，引起资本技术构成的变化，从而使可变资本同不变资本相比越来越小。

2. 资本的积聚和集中更迅速地使可变资本相对递减（第 9－17 段）

从较低的资本构成发展为较高的资本构成，一般是以个别资本的增大即以追加资本为前提的。因为个别资本的数量越大，便越有条件采用新的技术设备来提高劳动生产率，从而改变不变资本和可变资本的价值比例，即可变资本同不变资本相比越来越小。可变资本的相对减少，意味着对劳动的需求相对减少，这就直接影响到工人阶级状况的恶化。

然而，个别资本是怎样增大的呢？

马克思分析了增大个别资本的两种形式：资本的积聚和集中。每一个资本都是生产资料的或大或小的积聚，并且相应地指挥着一支或大或小的劳动军。每一个积累都成为新的积聚的手段。资本的积聚不外是剩余价值资本化而增大个别资本的总额，它是资本积累的直接结果，或者说也就是与资本积累等同的资本积聚。资本积累的规模越大，资本就积聚得越多，个别资本的总额也就越大。但是，积聚的规模要受到两种限制：一是要受社会财富增长程度的限制；一是积聚是分散在个别资本家手中，而且会发生分裂。所以，个别资本的增大光有资本积聚是比较缓慢的。

资本的集中加速了个别资本的增大。“这是已经形成的各资本的积聚，是它们的个体独立性的消灭，是资本家剥夺资本家，是许多小资本转化为少数大资本。”竞争和信用是集中的两个最强有力的杠杆。随着资本主义生产和积累的发展，竞争和信用也以同样的程度发展起来。

资本的积聚和集中虽然都是个别资本增大的形式，但二者却有显著的区别：由于资本的积聚是靠剩余价值资本化来实现的，所以随着个别资本的积聚，社会资本总额也会增加起来；而资本集中则是多数小资本变成少数大资本，是原有资本在资本家之间的重新分配和重新组合，因此它不会增大社会资本的总额。

随着资本的积聚和集中发展，资本有机构成不断地提高。

最后，马克思着重指出："一方面，在积累进程中形成的追加资本，同它自己的量比较起来，会越来越少地吸引工人。另一方面，周期地按新的构成再生产出来的旧资本，会越来越多地排斥它以前所雇用的工人。"

——

在旧中国，资本的积聚和集中有着不同于一般资本主义国家的某些特点。资本积聚的速度比较慢，虽然剥削程度很高。这是因为帝国主义国家的资本从中国劳动人民身上榨取的剩余价值大部分返回本国去了，而官僚资本攫取的剩余价值的一部分用于购买土地进行封建剥削，或者用于商业和金融等投机事业，还有一部分用于寄生性消费，投入直接生产过程的为数不多。而民族资本在旧社会的资本总额中所占比重本来就很小。所有这些情况，都阻碍着旧中国资本的积聚过程的发展。但是，旧中国资本集中的速度却很快，集中的程度也很高。毛主席曾指出：旧中国的现代性工业"虽然还只占国民经济总产值的百分之十左右，但是它却极为集中，最大的和最主要的资本是集中在帝国主义者及其走狗中国官僚资产阶级的手里"①。

3. 相对过剩人口或产业后备军的累进生产

〔内容提要〕

1. 相对过剩人口是资本主义制度的产物。资本主义的人口规律(第 1—3 段)

资本积累不仅表现为资本的量的扩大，而且是通过质的变化而实现的。这就是特殊的资本占有生产方式的发展、劳动生产力的提

① 《毛泽东选集》第 4 卷，北京，人民出版社，1991 年版，第 1431 页。

高和资本有机构成的提高。后者不只是同积累的增长保持一致的步伐，而且比积累增长要快得多。由于资本对劳动力的需求不是取决于资本总额的大小，而是取决于可变资本的大小。所以，资本对劳动力的需求也越来越相对地减少。这种情况造成了一个错觉，仿佛工人人口的绝对增长总是比可变资本增长得快。但是，“事实是，资本主义积累不断地并且同它的能力和规模成比例地生产出相对的，即超过资本增殖的平均需要的，因而是过剩的或追加的工人人口。”

“工人人口本身在生产出资本积累的同时，也以日益扩大的规模生产出使他们自身成为相对过剩人口的手段。这就是资本主义生产方式所特有的人口规律。”

2. 相对过剩人口是资本主义生产发展的一个条件(第 4－12 段)

过剩的工人人口是积累或资本主义基础上的财富发展的必然产物，但是这种过剩人口反过来又成为资本主义积累的杠杆，甚至成为资本主义生产方式存在的一个条件。过剩的工人人口形成一支可供支配的产业后备军，它绝对地从属于资本，并且不受人口的实际增长的限制，为不断变化的资本增殖需要创造出随时可供剥削的人身材料。每当资本由于生产规模突然扩大而需要突然增添大批劳动力的时候，就由过剩人口来提供。现代工业特有的生活过程，由中常活跃、生产高度繁忙、危机和停滞这几个时期构成的、穿插着较小波动的十年一次的周期形式，就是建立在产业后备军或过剩人口的不断形成、或多或少地被吸收、然后再形成这样的基础之上的。而工业周期的阶段变换又使过剩人口得到新的补充，并且成为过剩人口再生产的最有力的因素之一。

现代工业这种独特的生活过程，甚至在资本主义生产的幼年时期也不可能出现。那时，为了强迫工人到工厂里做工，曾采取过暴力的手段。现代工业的整个运动形式却来源于一部分工人人口不断地转化为失业的或半失业的人手。资产阶级政治经济学的肤浅性则表现在，它把信用的膨胀和收缩这种工业周期各个时期更替的单纯的征兆，看作是造成这种更替的原因。然而这种周期性一经固定下来，那么，就连政治经济学也会把相对的，即超过资本增殖的平均需要的过剩人口的生产，看作是现代工业的生活条件。马克思引用了梅里韦尔和马尔萨斯的话，证明了这一点。

3. 相对过剩人口的累进生产(第 13－17 段)

上面的分析是假定就业工人人数的增减正好同可变资本的增减

相一致。但是，事实上相对过剩人口的产生比可变资本相对减少得更快。这是因为，资本家可以不增雇工人，而让原有的工人加班加点但只付给少量工资；甚至可以对原有工人加强剥削，但不付给任何报酬；资本家还可以用更低廉的工资，雇用妇女儿童、不熟练工人或技术低的工人。在这种场合，可变资本的增长是劳动增加的指数，而不是就业工人增加的指数。每一个资本家的绝对利益在于，从较少的工人身上而不是用同样低廉的花费从较多的工人身上榨取一定量的劳动。

这种情况导致：工人阶级中就业部分的过度劳动，扩大了它的后备军的队伍；而后者通过竞争加在就业工人身上的增大的压力，又反过来迫使就业工人不得不从事过度劳动和听从资本的摆布。这成了各个资本家致富的手段，同时又加速了产业后备军的生产。

4. 工人阶级分为现役军和后备军的比例决定工资的变动。批判“劳动供求规律”和“补偿论”(第 18—21 段)

马克思在本章第 1 节分析了资本积累和工资变动的关系，指明工资的变动是受资本积累制约的。在这里，马克思联系工业周期和产业后备军存在的这一情况，进一步阐明工资变动的规律。

马克思写道：“大体说来，工资的一般变动仅仅由同工业周期各个时期的更替相适应的产业后备军的膨胀和收缩来调节。因此，决定工资的一般变动的，不是工人人口绝对数量的变动，而是工人阶级分为现役军和后备军的比例的变动，是过剩人口相对量的增减，是过剩人口时而被吸收、时而又被游离的程度。”

然而资产阶级庸俗经济学的教条却把这归结为：资本的运动依存于人口量的绝对运动。他们认为：资本积累引起工资提高和人口增长；人口增长又引起工资下降和工人人口的减少；工资下降(剥削率相应提高)和人口的减少又引起资本积累的增长，从而再次引起工资提高等等。马克思指出：这不过是他们的一厢情愿罢了。实际上，在真正有劳动能力的人口因工资提高而可能出现某种实际增长以前，资本家必然会由于竞争而千方百计从革新技术中减少对劳动力的需求。马克思还指出，庸俗经济学的虚构的说法，是把工资变动的一般规律和工人人口在个别特殊部门的分配规律混为一谈。

马克思指出：“所以，相对过剩人口是劳动供求规律借以运动的背景。它把这个规律的作用范围限制在绝对符合资本的剥削欲和统治欲的界限之内。”但资产阶级的辩护士们却炮制一种所谓机器排挤工人会得到补偿的谬论。马克思曾在第十三章第六节批判过这种谬论。在这里，马克思联系产业后备军的必然性，进一步指出：被游离的不仅仅是被机器直接赶走的工人，还有他们的代替者和企业在原有基础上实行一般扩大时通常会吸收的追加人员。寻求投资场所的追加资本本来会激起的劳动总需求的增加，在每一场合都会按照工人被机器抛向街头的程度而受到抵消。资本主义生产的机构已安排好，不让资本的绝对增长伴有劳动总需求的相应增加。而辩护士们却把这叫作对于被排挤的工人的补偿！实际上劳动的需求同资本的增长并不是一回事，劳动的供给同工人阶级的增长也不是一回事，所以，这里不是两种彼此独立的力量互相影响。资本积累一方面扩大对劳动的需求，另一方面又通过“游离”工人来扩大工人的供给。与此同时，失业工人的压力又迫使就业工人付出更多的劳动，从而在一定程度上使劳动的供给不依赖于工人的供给。劳动供求规律在这个基础上的运动成全了资本的专制。

——

马克思在这一章中批判了马尔萨斯的反动的“人口论”和资产阶级经济学的所谓“工资规律”，提示了资本主义的人口规律是相对过剩人口的累进生产。近年来，资本主义国家的相对过剩人口的规模越来越大。例如，美国失业人数 1968 年为 280 万人，1971 年增至 500 万人，失业率从 3.6%提高到 5.9%，1975 年失业人数达到历史上最高点，每个月的失业人数都在 700 万人以上，加上半失业人口，竟达 1000 万人以上。1975 年初，其他主要资本主义国家的失业人数如英国 80 万人，法国 112 万人，联邦德国 118 万人，意大利 160 万人，日本 127 万人。在这些国家，不仅产业工人大批失业，工程技术人员、教师、医生等也成批地沦为相对过剩人口。1971 年，美国失业的科学家和工程师达 65000 多人，失业率高达 13%，这是当前相对过剩人口的一个新特点。

在无产阶级专政的社会主义国家里，在我国，也在实行计划生育。毛主席说：“人类在生育上完全无政府主义是不行的，也要有计划的生育。”“人类要控制自己，做到有计划地增长。”社会主义国家实行计划生育，同马尔萨斯鼓吹的“节制生育”是根本不同的两码事，而是国民经济有计划按比例发展规律和有计划地调节人口的规律发生作用的结果。

4. 相对过剩人口的各种存在形式。资本主义积累的一般规律

〔本节大意〕

本章分析资本主义相对过剩人口的各种存在形式和资本主义积累的一般规律。

资本主义相对过剩人口经常具有的三种形式：流动的形式、潜在的形式和停滞的形式。

流动的过剩人口主要在现代工业的中心。工人经常由于企业生产的扩大和缩小，或者其他原因，时而被排斥而进入失业队伍，时而被吸收到生产过程中。总的说来，就业人数虽有增加，但同生产规模相比则不断缩小。

潜在的过剩人口是指由于资本主义对于农业的占领而导致的农业劳动者中的过剩人口。并且农业中的过剩人口更加不像在非农业中那样，有时可以由于生产规模的扩大而得到重新就业的机会。因此，一部分农村人口经常准备着转入城市无产阶级队伍。同时农业工人的工资被压低到最低限度，总是有一只脚陷在需要救济的泥潭里。

停滞的过剩人口主要是指在现代家庭劳动中从事劳动的城市贫民。他们的特点是劳动时间最长而工资最低。“它为资本提供了一个贮存着可供支配的劳动力的取之不竭的蓄水池”。同时它在工人阶级人口增长中所占的比重超过其他部分。实际上，不仅出生和死亡的数量，而且家庭人口的绝对量都同工资的水平，即各类工人所支配的生活资料量成反比。这也是资本主义社会的特有的人口规律的一个荒谬的表现。

最后，相对过剩人口的最底层陷于需要救济的境地。其中既包括有劳动能力的，也包括孤儿和需要救济的贫民子女，还包括没有劳动能力的人。马克思说：需要救济的赤贫形成现役劳动军的残疾院和产业后备军的死荷重。它的生产包含在相对过剩人口的生产中，它的必然性包含在相对过剩人口的必然性中，它和相对过剩人口一起，形成财富的资本主义生产和发展的一个存在条件。它是资本主义生产的一项非生产费用，但是，资本知道怎样把这项费用的大部分从自己的肩上转嫁到工人阶级和中等阶级下层的肩上。

马克思接着阐述了资本主义积累的一般规律。马克思写道：

“社会的财富即执行职能的资本越大，它的增长的规模和能力越大，从而无产阶级的绝对数量和他们的劳动生产力越大，产业后备军也就越大。……但是同现役劳动军相比，这种后备军越大，常备的过剩人口也就越多，他们的贫困同他们所受的劳动折磨成反比。最后，工人阶级中贫苦阶层和产业后备军越大，官方认为需要救济的贫民也就越多。这就是资本主义积累的绝对的、一般的规律。”

马克思还写道：

“我们在第四篇分析相对剩余价值的生产时已经知道，在资本主义制度内部，一切提高社会劳动生产力的方法都是靠牺牲工人个人来实现的”。“但是，一切生产剩余价值的方法同时就是积累的方法，而积累的每一次扩大又反过来成为发展这些方法的手段。由此可见，不管工人的报酬高低如何，工人的状况必然随着资本的积累而恶化。最后，使相对过剩人口或产业后备军同积累的规模和能力始终保持平衡的规律把工人钉在资本上……这一规律制约着同资本积累相适应的贫困积累。因此，在一极是财富的积累，同时在另一极，即在把自己的产品作为资本来生产的阶级方面，是贫困、劳动折磨、受奴役、无知、粗野和道德堕落的积累。”

马克思所阐明的关于资本主义积累的一般规律，深刻地揭露了资本主义生产关系的对抗性质。资本主义的积累过程也就是无产阶级的贫困积累的过程。工人阶级要彻底摆脱被剥削被压迫的地位，只有彻底摆脱资本的统治，从根本上消除资本主义制度。

5. 资本主义积累一般规律的例证

马克思在这一节中，引用英国工人阶级贫困化的真实例证，充分证明上面所揭示的资本主义积累一般规律的真实性。其中分别引用了“1846－1866年的英格兰”、“不列颠工业工人阶级中报酬微薄的阶层”、“流动人口”、“危机对工人阶级中报酬最优厚的部分的影响”、“不列颠的农业无产阶级”、“爱尔兰”等的大量真实材料，如实地揭露和控诉了英国无产阶级遭受资产阶级残酷剥削以至日益贫困化的真相。

本节所列举的例证，是一百多年前的情景，但这一切，在今天资本主义世界仍在重演。

第二十四章　所谓原始积累

〔前　　言〕

这一章，马克思从理论和实际的结合上，详细地论述了所谓“原始积累”的秘密和实质。同时，运用丰富的材料愤怒控诉了资产阶级对本国和殖民地的劳动人民，用最残酷的野蛮手段，在最下流、最龌龊、最卑鄙和最可恶的贪欲下，实行掠夺、奴役和屠杀的滔天罪行。有力地回击了资产阶级的经济学和历史学歪曲和编造历史，掩盖资本主义罪行的无耻谰言。

所谓原始积累，乃是资本主义生产关系产生的历史过程。它的实质是劳动者和生产资料在血腥的暴力强制下互相分离的过程。一方面，社会的生产资料和生活资料变成资本，被资产阶级占有和支配；一方面劳动者变成雇佣工人，他们被剥夺了生产资料，被迫出卖劳动力，受资本家剥削压迫。

本章包括七节。第 1 节揭示原始积累的秘密只不过是劳动者和生产资料分离的历史过程。它形成资本主义生产方式的前史。第 2 节考察对农民土地的暴力掠夺。第 3 节考察 15 世纪末以来惩治被剥夺者的血腥立法和压低工资的法律，说明劳动者如何被强制地变成雇佣工人。第 4、5、6 节考察租地农场主的产生、农业革命对工业的反作用和工业资本家的产生。第 7 节论述资本主义积累的历史趋势：剥夺者就要被剥夺了，资本主义私有制的丧钟就要响了，它必定被社会主义公有制代替。

〔各节大意〕

1. 原始积累的秘密

资产阶级经济学捏造了一种教条，以至于在解释这种原始积累的起源的时候，就像在谈过去的奇闻逸事：在很久很久以前有两种人，一种是勤劳、聪明的，而且首先是节俭的精英；另一种是懒惰的，耗尽了自己的一切，甚至耗费过了头的无赖汉。于是出现了这样的局面:第一种人积累财富,而第二种人最后除了自己的皮以外没有可出卖的东西。大多数人的贫穷和少数人的富有就是从这种原罪开始的。马克思一针见血地指出:“在真正的历史上,征服、奴役、劫掠、杀戮,总之,暴力起着巨大的作用。但是在温和的政治经济学中,从来就是田园诗占统治地位。正义和‘劳动’自古以来就是惟一的致富手段……事实上,原始积累的方法决不是田园诗式的东西。”

资本主义生产方式的产生,在经济上需要两个基本条件:一方面是货币、生产资料和生活资料的所有者,他们要购买别人的劳动力来增殖自己所占有的价值总额;另一方面是自由劳动者,自己劳动力的出卖者,也就是劳动的出卖者。商品市场的这种两极分化,造成了资本主义生产的基本条件。资本关系以劳动者和劳动实现条件的所有权之间的分离为前提。资本主义生产一旦站稳脚跟,它就不仅保持这种分离,而且以不断扩大的规模再生产这种分离。因此,创造资本关系的过程,只能是劳动者和他的劳动条件的所有权分离的过程,这个过程一方面使社会的生活资料和生产资料转化为资本,另一方面使直接生产者转化为雇佣工人。因此,所谓原始积累只不过是生产者和生产资料分离的历史过程。这个过程所以表现为“原始的”,因为它形成资本及与之相适应的生产方式的前史。

马克思还指出:资本主义社会的经济结构是从封建社会的经济结构中产生的。后者的解体使前者的要素得到解放。

这个历史过程发生在封建社会的末期。从劳动者方面来说,这就是从生产者转化为雇佣工人的过程。这一方面表现为生产者从农奴地位和行会束缚下解放出来,另一方面又必须被剥夺了一切生产资料和生存条件。马克思说:而对他们的这种剥夺的历史是用血和火的文字载入人类编年史的。从资本家的方面看,他们的兴起则不仅要排挤行会师傅,而且要排挤占有财富源泉的封建主。但是,这一切同样也是借助国家的暴力手段来实现的。本章第 6 节对此作了详细的论述。

劳动者的奴役状态是产生雇佣工人和资本家的发展过程的起点。这一发展过程就是这种奴役状态的形式变换,就是封建剥削转化为资本主义剥削。在原始积累的历史中,对正在形成的资本家阶级起过推动作用的首要的因素是:大量的人突然被强制地同自己的生存资料分离,被当作不受法律保护的无产者抛向劳动市场。对农业生产者即农民的土地的剥夺,形成全部过程的基础。

2. 对农村居民土地的剥夺

这一节以英国为典型实例，说明农民土地被剥夺的经过。

在英国，农奴制在14世纪末已经不存在了，15世纪农村居民的大多数是自耕农。15世纪最后30多年和16世纪初揭开了为资本主义生产方式奠定基础的变革的序幕。一方面，由于封建家臣的解散，大量不受法律保护的无产者被抛向劳动市场；另一方面，更重要的是大封建主通过把农民从土地（农民对土地享有和封建主一样的封建权利）上赶走，夺去他们的公有地的办法，造成了人数更多得无比的无产阶级。后者就是历史上著名的"圈地运动"和"羊吃人"的过程。

马克思总结说："掠夺教会地产，欺骗性地出让国有土地，盗窃公有地，用剥夺方法、用残暴的恐怖手段把封建财产和克兰财产转化为现代私有财产——这就是原始积累的各种田园诗式的方法。这些方法为资本主义农业夺得了地盘，使土地与资本合并，为城市工业造成了不受法律保护的无产阶级的必要供给。"

3. 15世纪末以来惩治被剥夺者的血腥立法，压低工资的法律

在欧洲资本原始积累的历史上，由封建家臣的解散和土地遭到暴力剥夺而被驱逐的人构成的这个不受法律保护的无产阶级，不可能像它诞生那样快地被新兴的工场手工业所吸收。另一方面，这些突然被抛出惯常生活轨道的人，也不可能一下子就适应新状态的纪律。他们大批地转化为乞丐、盗贼、流浪者。因此，15世纪末和整个16世纪，整个西欧都颁布了惩治流浪者的血腥法律。法律把他们看作"自愿的"罪犯，其依据是：只要他们愿意，是可以继续在已经不存在的旧的条件下劳动的。马克思详细地用事实揭露了这些过程。

单是有了雇佣工人还是不够的。因此，新兴的资产阶级为了"规定"工资，即把工资强制地限制在有利于赚钱的界限内，为了延长工作日并使工人本身处于正常程度的从属状态，就要运用国家权力。这是所谓原始积累的一个重要因素。就此马克思从历史的角度，分析了从1349年和1350年以来英法等国压低工资的工厂立法。这些立法规定了工资的最高界限，却没有规定最低工资。并对违反规定的处以重罚。

4. 资本主义租地农场主的产生

掠夺农民土地的结果，直接产生出大土地占有者，但真正的资本主义租地农场主，则经过很长的岁月才产生。

在英国，最初的租地农场主是原来替封建主管理农奴的管事，以后，这种管事变成由地主供给种子、牲畜、农具的租地农，不久他们又变为分成农即半租地农场主。这两种农场主都雇用若干雇佣劳动者从事剥削。15 世纪出现了真正的租地农场主，他们依靠雇佣工人增殖自己的资本，同时用货币或实物作地租交给地主。到 16 世纪，由于农业革命，农村居民破产，租地农场主富裕起来，同时他们不付代价地掠夺和圈占公有牧场，获得大量牲畜和肥料。当时的租约期限很长，他们得以长期利用土地发展生产。此外又因贵金属价值下降，货币贬值，实际工资降低，而农产品价格则不断上涨，这就使租地农场主获得了厚利而发财致富。

5. 农业革命对工业的反作用。
工业资本的国内市场的形成

随着对农村居民的土地的掠夺，不仅为城市工业提供了大批的无产者，同时也带来了农业革命即农业耕作方法的改变、协作的扩大以及生产资料的积聚。这些变化也加强了农业雇佣工人的劳动强度，缩短了他们的必要劳动时间。因此，土地提供的农产品比过去增多了。这就为城市工业的进一步发展创造了条件：农产品中的一部分生活资料变成可变资本的物质要素，而农业生产出来的工业原料则变成不变资本的一个要素。农业革命本来是城市工场手工业发展的结果，现在这种革命又对城市工业起着反作用，反过来促进了工业资本主义的进一步发展。

农业革命对工业的反作用，还表现在为工业资本建立了国内市场。以前，农民家庭生产并加工自己需用的绝大部分生活资料和原料。现在，这些原料和生活资料却成了商品，并且由大租地农场主出售它们，城市手工工场则成为他的市场。只有消灭农村家庭手工业，才能使一个国家的国内市场获得资本主义生产方式所需要的范围和稳固性。并且只有大工业才用机器为资本主义农业提供了牢固的基础，彻底地剥夺了绝大多数农村居民，使农业和农村家庭手工业完全分离，铲除了农村家庭手工业的根基——纺纱和织布。这样，它才为

工业资本征服了整个国内市场。

6. 工业资本家的生产

工业资本家不是像租地农场主那样逐渐地产生的。虽然有些小资本家是从小行会师傅、独立小手工业者甚至雇佣工人转化而来的，并在其后通过积累而逐渐成为真正的资本家。但这种方法的蜗牛爬行的进度，不能适应15世纪末各种大发现所造成的新的世界市场的贸易需求。所以现代工业资本家的最大部分是由在中世纪便已经存在的高利贷资本和商人资本转化而来的。这一转化过程首先是通过资本主义的工场手工业资本与享有公会特权的封建城市的斗争实现的。而16世纪的世界市场的开辟，为近代资本主义的发展揭开了序幕。正如马克思所说的："美洲金银产地的发现，土著居民的被剿灭、被奴役和被埋葬于矿井，对东印度开始进行的征服和掠夺，非洲变成商业性地猎获黑人的场所——这一切标志着资本主义生产时代的曙光。"

关于这个意义上的工业资本家的大批量的产生，马克思指出：

"原始积累的不同因素，多少是按时间顺序特别分配在西班牙、葡萄牙、荷兰、法国和英国。在英国，这些因素在17世纪末系统地综合为殖民制度、国债制度、现代税收制度和保护关税制度。这些方法一部分是以最残酷的暴力为基础，例如殖民制度就是这样。但所有这些方法都利用国家权力，也就是利用集中的、有组织的社会暴力，来大力促进从封建生产方式向资本主义生产方式的转化过程，缩短过渡时间。暴力是每一个孕育着新社会的旧社会的助产婆。暴力本身就是一种经济力。"

接下来，马克思分别从殖民制度、国债即公共信用、现代税收制度和保护关税制度，以及对于儿童的残酷剥削和奴隶制度等方面，阐明了历史上的现代工业资本家是如何诞生的。

殖民制度对欧洲国家资本主义迅速发展起了巨大作用。殖民制度的历史"展示出一幅背信弃义、贿赂、残杀和卑鄙行为的绝妙图画"。"殖民制度大大地促进了贸易和航运的发展。'垄断公司'……是资本积聚的强有力的手段。殖民地为迅速产生的工场手工业保证了销售市场以及由市场垄断所引起的成倍积累。在欧洲以外直接靠掠夺、奴役和杀人越货而夺得的财宝，源源流入宗主国，在这里转化为资本。"

公共信用制度或国债制度，亦即国家的让渡，不论是在专制国家，立宪国家，还是共和国家，总是给资本主义时代打下自己的烙印。殖民制度及其海外贸易和商业战争是公共信用制度的温室。公共信用成了资本的信条。公债成了原始积累的最强有力的手段之一。国债制度使股份公司、各种有价证券的交易、证券投机，总之，使交易所投机和现代的银行统治兴盛起来。信用制度还使银行巨头、金融家、食利者、经纪人、证券投机家和交易所的豺狼这一伙人突然兴起。随着国债同时产生的，还有国际信用制度。国际信用制度常常隐藏着这个或那个国家原始积累的源泉之一。今天出现在美国的许多身世不明的资本，仅仅在昨天还是英国的资本化了的儿童血液。

由于国债是依靠国家收入来支付年利息等等开支的，所以现代税收制度就成为国债制度的必要补充。以对最必要的生活资料的课税为轴心的现代财政制度，本身就包含着税收自行增加的萌芽。税收引起对农民、手工业者……一切中等阶级下层分子的暴力剥夺。现代财政制度的剥夺作用，被这一制度的一个组成部分即保护关税制度加强了。

保护关税制度是制造工厂主、剥夺独立劳动者、使国民的生产资料和生活资料资本化、强行缩短从旧生产方式向现代生产方式的过渡的一种人为手段。欧洲各国为了获得这种发明的专利权而勾心斗角。它不仅间接通过保护关税和直接通过出口补助金等来掠夺本国人民，而且还要用暴力摧毁其附属邻国的一切工业，例如英格兰摧毁了爱尔兰的毛纺织工场手工业。在欧洲大陆上，工业家的原始资本有一部分就是直接来自国库。

总之，殖民制度、国债、重税、保护关税制度、商业战争等等——所有这些真正工场手工业时期的嫩芽，在大工业的幼年时期都大大地成长起来了。而大工业是以大规模掠夺儿童来庆贺自己的诞生的。随着资本主义生产在工场手工业时期的发展，欧洲的舆论丢掉了最后一点羞耻心和良心。各国恬不知耻地夸耀包括贩运黑奴等等在内的一切当作资本积累手段的卑鄙行径。欧洲的隐蔽的雇佣工人奴隶制，需要以新大陆的赤裸裸的奴隶制作为基础。

马克思最后总结道："资本来到世间，从头到脚，每个毛孔都滴着血和肮脏的东西。"

7. 资本主义积累的历史趋势

本节是全章、本篇乃至整个第一卷的总结。

资本的原始积累的实质是劳动者被剥夺，也就是以自己劳动为基础的私有制的解体。私有制分为劳动者的私有制和非劳动者的私有制两种基本类型。劳动者的私有制是小生产的基础，它曾存在于奴隶制度、农奴制度以及其他从属关系中，但是，只有在劳动者是自己使用的劳动条件的自由私有者，农民是自己耕种的土地的自由私有者，手工业者是自己运用自如的工具的自由私有者的地方，它才得到充分发展，才显示出它的全部力量，才获得适当的典型的形式。但是，小生产的生产方式是以土地和其他生产资料的分散为前提的，它不仅排斥生产资料的积聚，也排斥生产过程的协作和分工，排斥对自然的社会统治和社会调节，排斥社会生产力的自由发展。它发展到一定的程度，就产生出消灭它自身的物质手段，使它必然被消灭。对直接生产者的剥夺，是用最残酷无情的野蛮手段，在最下流、最龌龊、最卑鄙和最可恶的贪欲的驱使下完成的。靠自己劳动挣得的私有制，即以各个独立劳动者与其劳动条件相结合为基础的私有制，被资本主义私有制，即以剥削他人的但形式上是自由的劳动为基础的私有制所排挤。这种剥夺形成资本和资本主义生产方式的前史。

一旦资本主义生产方式站稳脚跟，对私有者的进一步剥夺就会采取新的形式。现在要剥夺的已经不再是独立经营的劳动者，而是剥削许多工人的资本家了。这种剥夺是通过资本主义生产本身的内在规律的作用，即通过资本的集中进行的。一个资本家打倒许多资本家。随着这种集中或少数资本家对多数资本家的剥夺，规模不断扩大的劳动过程的协作形式日益发展，科学日益被自觉地应用于技术方面，土地日益被有计划地利用，劳动资料日益转化为只能共同使用的劳动资料，一切生产资料因作为结合的、社会的劳动的生产资料使用而日益节省，各国人民日益被卷入世界市场网，从而资本主义制度日益具有国际的性质。随着资本巨头不断减少，无产阶级贫困化程度的不断加深，而日益壮大的、由资本主义生产过程本身的机构所训练、联合和组织起来的工人阶级的反抗也不断增长。资本的垄断成了与这种垄断一起并在这种垄断之下繁盛起来的生产方式的桎梏。生产资料的集中和劳动的社会化，达到了同它们的资本主义外壳不能相容的地步。这个外壳就要炸毁了。资本主义私有制的丧钟就要就要响了。剥夺者就要被剥夺了。这就是马克思在本卷中科学地详尽地分析了资本主义生产方式及其运动规律之后得出的革命结论。

以上所叙述的这个资本主义积累的历史过程和趋势，表现出一个否定之否定的过程。其中从资本主义生产方式产生的资本主义占有方式，从而资本主义的私有制，是对个人的、以自己劳动为基础的私有制的第一个否定。但资本主义生产由于自然过程的必然性，造成了对自身的否定。这是否定的否定。这种否定不是重新建立私有制，而是在资本主义时代的成就的基础上，也就是说，在协作和对土地及靠劳动本身生产的生产资料的共同占有的基础上，重新建立个人所有制。这个重新建立个人所有制的过程，就是把事实上已经以社会的生产经营为基础的资本主义所有制转化为社会所有制的过程。而第一个否定同它相比，显然是一个长久得多、艰苦得多、困难得多的过程。因为前者是少数掠夺者剥夺人民群众，后者是人民群众剥夺少数掠夺者。

——

马克思关于资本主义积累的历史趋势的论述，对于我们进一步认清社会主义一定要代替资本主义的历史趋势，具有极其重要的科学意义。毛主席说："社会主义制度终究要代替资本主义制度，这是一个不以人们自己的意志为转移的客观规律。"但是，一切反动派都不会自动退出历史舞台。"凡是反动的东西，你不打，它就不倒。"社会主义公有制代替资本主义私有制必须通过无产阶级革命，用暴力推翻资产阶级的统治，通过无产阶级专政，才能实现。

第二十五章　现代殖民理论

〔本章大意〕

马克思在这一章并不是要研究殖民地的状况，只是利用资产阶级的谋士韦克菲尔德的自白，证明资本主义私有制是以劳动者被剥夺为前提的，从而证明资本主义生产方式是人类历史上的一种十分特殊的社会生产形式。

在马克思写作《资本论》的时代，在真正的殖民地，存在着两种私有制的对立，即劳动者的小私有制和资本主义私有制的对立。小私有制阻碍了资本主义私有制的发展。如果不剥夺劳动者，不相应地把他们的生产资料转化为资本，社会劳动生产力的发展、协作、分工以及机器的大规模使用等等都是不可能的。因此，宗主国的资产阶级企图用暴力清除劳动者的小私有制。

原始积累的暴力作用，在殖民地完全得到了证明。

韦克菲尔德鼓吹的一套资本帝国主义的殖民理论，以及他的种种出谋献策，倒是证明了他在殖民地发现的关于宗主国的资本主义关系的真理。

韦克菲尔德在殖民地发现光有货币、生活资料、机器以及其他生产资料，而没有雇佣工人，没有被迫出卖自己的人，还不能使一个人成为资本家。他发现资本不是一种物，而是一种以物为媒介的人和人的社会关系。但是，韦克菲尔德和其他资产阶级经济学家，都把直接生产者的生产资料和资本家的生产资料都叫作资本，这是极其错误的。

韦克菲尔德看到了在殖民地由于劳动者比较容易得到土地，成为独立劳动者，这是资本主义生产方式发展的障碍，而主张剥夺和限制农民的土地。他认为劳动者被剥夺，是靠一种"原始的社会契约"，并说"人类把自己分为资本占有者和劳动占有者，是自愿协商和结合的结果"。这是荒谬的。资本关系只有在剥夺劳动者的基础上，才能建立起来。剥夺人民群众的土地是资本主义生产方式产生的基础。

韦克菲尔德察觉到大量的雇佣工人的存在，相对过剩人口的存在是资本主义生产发展的不可缺少的条件。他抱怨：在殖民地，雇佣劳动供给太少，而且没有保证。这是因为在殖民地有广阔的廉价处女地可以自由买卖或占有，雇佣工人可以转为自耕农和独立手工业者，所以在劳动力市场上造成劳动力供不应求。因此殖民主义者叫喊："在殖民地，这种从属关系必须用人为的手段建立起来。"

韦克菲尔德为了"治疗殖民地的反资本主义的痼疾"，提出了一套系统的殖民方案，主张在殖民地实行原始积累的方法。但是，事实说明，他的反动的殖民方案遭到彻底破产，这只不过暴露出资本主义生产方式和积累方式的历史暂时性罢了。

附录:典故注释

说明:这里选辑的典故注释,主要是与本校学员选读的章节正文有关的条目。每条注释标题后面方括号内的数字是2004年版《资本论》的页码。

1. 斐·拉萨尔著作中反对舒尔采—德里奇的部分〔7〕

指拉萨尔1864年出版的著作《巴师夏—舒尔采—德里奇先生,经济的尤利安①,或者:资本和劳动》一书第3章。

斐·拉萨尔(1825—1864年)是德国工人运动中的机会主义者,马克思和恩格斯曾不断地同他进行坚决的斗争。拉萨尔在他的著作中,经常无耻地剽窃和歪曲马克思的著作。正如恩格斯所说:“拉萨尔的整个伟大名声是由于多年来马克思容忍他把马克思的科学研究成果据为己有并用来装扮自己,而且他由于缺乏经济学素养,还歪曲了这些成果。”(《1891年2月23日给卡·考茨基的信》)②。

马克思在这里提到的著作,是拉萨尔为反对德国资产阶级庸俗经济学家海尔曼·舒尔采—德里奇(188—1883年)而写的。因为舒尔采—德里奇抄袭巴师夏的观点,所以拉萨尔把他称为“巴师夏—舒尔采—德里奇”。拉萨尔在这本书中,肆意歪曲了马克思在《政治经济学批判》(1859年出版)一书中所科学地阐明了的劳动价值学说。按照拉萨尔的说法,马克思因为要使工人充分获得自己的劳动所创造的生产物,所以才论证一般社会劳动时间决定价值,使社会共同生产成为必要。拉萨尔抹煞了马克思学说的革命内容,把马克思的劳动价值学说同小资产阶级的空想理论混为一谈,并为他的“劳动所得应当不折不扣和按照平等的权利属于社会一切成员”的反动纲领制造理论根据。其实,马克思的劳动价值学说旨在揭示剩余价值生产的秘密,从而为论证资本主义发生、发展和必然灭亡的规律以及无产

---

① 古罗马的皇帝——编者注。

② 参见《马克思恩格斯全集》第38卷,北京,人民出版社,1972年,第1版,第37页。

阶级革命的不可避免性确立巩固的科学基础。

在说明商品的价值量时，拉萨尔完全无视商品生产的内在矛盾，而把商品中所包含的社会必要劳动量的变动，归因于技术的发明或改良，以及趣味和欲望的变化。实际上拉萨尔完全歪曲了马克思关于价值实体的价值量的分析。马克思在《政治经济学批判》中指出，商品生产者的个别劳动时间必须归结为社会必要劳动时间，完全根源于商品生产的矛盾，即私人劳动同社会劳动之间的矛盾，而商品中所包含的社会必要劳动量的每一次变动，也都反映着这个矛盾。

拉萨尔在《巴师夏一舒尔采一德里奇先生》一书中，除了歪曲马克思的学说外，还进行大量的剽窃。马克思在 1864 年 6 月 3 日给恩格斯的信中指出，拉萨尔的关于雇佣劳动和资本一书中基本的东西，都是抄袭马克思在 1849 年发表于《新莱茵报》上关于雇佣劳动和资本的一批论文，即后来汇集出版的《雇佣劳动与资本》一书。

2. 美杜莎的头〔9〕

美杜莎是古代希腊神话中三个女妖之一。她们姊妹三个，总称为戈耳工。她们都是极其凶猛可怕的：她们的形状是妇女，但肩上却长着翅膀，头上的每根头发都是一条毒蛇。而美杜莎的双眼更是具有可怕的力量，凡是看见她，与她的眼光接触的人，就会立刻变成石头。

马克思在这里用美杜莎的头来比喻当时德国工农群众所遭受的资本主义和封建主义的双重剥削和压迫。

3. 柏修斯的隐身帽〔9〕

柏修斯是古代希腊神话中的英雄，他是神王宙斯同丹娜所生的儿子。他从小被养育在西里福斯岛上。这个岛由柏里狄克特斯统治着。柏里狄克特斯想要撵走柏修斯，所以命令柏修斯去割取美杜莎的头。这是一件要冒生命危险的事情。但是，柏修斯得到了雅典娜和赫尔麦斯的帮助，雅典娜给他一面镜子，这样可以从镜子里去看美杜莎，以免直接碰到美杜莎的眼光而变成石头。赫尔麦斯则给柏修斯三件东西：第一件是一双有翼的金鞋，穿着它可以在波涛上行走；第二件是一把钻石镰刀，用它来割美杜莎的头比割麦秆还容易；第三件就是这里所说的隐身帽，戴着它可以使戴者不被人看见。经过不少惊人的冒险，柏修斯终于成功地割下了美杜莎的头。

马克思在这里用柏修斯的隐身帽，来讽刺当时德国的地主资产阶级的统治者。这班家伙同柏修斯相反：柏修斯戴着隐身帽是为了不被妖怪看见，而他们则用隐身帽把耳目遮住，去否认德国工农群众所遭受的资本主义和封建主义的双重剥削和压迫。

4. 英国高教会派及其三十九个信条〔10〕

高教会是英国国教会中的一个派别，信仰者多半是贵族。高教会保持了古老的繁琐而豪华的宗教仪式，强调同天主教的传统关系。与高教会相对立的，是英国国教会中的另一派别，即低教会。低教会的信仰主要是资产阶级和下层神父，它着重宣扬资产阶级基督教的道德规范。1571 年英国的贵族利用议会通过了英国高教会的三十九个信条，对非国教教徒进行迫害，规定凡不承认三十九条的不仅是犯渎神罪，也是犯国事罪。

马克思在这里指出，因为政治经济学领域内的问题涉及社会上各个阶级的根本利益，所以对政治经济学的研究具有强烈的阶级性。"英国高教会派宁愿饶恕对它的三十九个信条中的三十八个信条进行的攻击，而不饶恕对它的现金收入的三十九分之一进行的攻击。"这是因为：对三十九分之一的现金收入的攻击比对三十八个信条的攻击更加触犯了它的切身利益。

5. 官房学〔15〕

在中世纪末，德国的各邦都设有一种机构，名为"官房"。它的职务除了管理财政、赋税以外，还研究有关经济和财政的规章制度等问题。"官房"的职员必须经过一种特殊的训练，为此在各大学都设有"官房学"的课程，讲授一些选定的知识和学说。因此，马克思称它为"满怀希望的德国官僚候补者必须通过的炼狱之火"。

"官房学"原来的含义很广，包括政治、法律、技术和经济等方面。19 世纪初叶开始，经济问题才成为"官房学"的中心，注重于财务行政、经济以及生产技术的研究。"官房学"的教材，一部分取自于自然科学，如森林学、采矿学等；另一部分则是探讨国家经济繁荣的条件。因此，马克思把它称之为"各种知识的杂拌"。

德国的资产阶级政治经济学导源于"官房学"。德国的资产阶级庸俗经济学家正是从"官房学"中拼凑了各种毫无关系的材料，来掩饰他们的无能。

6. 古典政治经济学〔16〕

古典政治经济学是资产阶级政治经济学演变中的一个阶段，它产生于资本主义生产方式已经开始建立，但无产阶级的阶级斗争还没有充分发展的时期。当时提到首位的不是无产阶级和资产阶级之间的矛盾，而是资产阶级和封建地主之间的矛盾。因为资产阶级还没有感到无产阶级的阶级斗争的威胁，所以才敢于对政治经济学进行科学的研究。古典政治经济学从17世纪开始，形成于英国和法国。古典政治经济学的创始人是英国的威廉·配第和法国的皮埃尔·布阿吉尔贝尔。在18世纪法国资产阶级革命准备时期出现的重农学派以及英国的亚当·斯密，对古典政治经济学的形成起了重大的作用。古典政治经济学的完成者，在英国是大卫·李嘉图，在法国是西斯蒙第。由于当时英国是最发达的资本主义国家，所以古典政治经济学在英国得到了最大的发展。

古典政治经济学反映了资产阶级还没有完全取得社会统治权力时的利益，并成为资产阶级反对封建制度及其残余的理论武器。古典政治经济学的基本特征，就是试图研究资本主义社会经济现象的相互联系和内部规律。马克思指出："我所说的古典政治经济学，是指从威·配第以来的一切这样的经济学，这种经济学与庸俗经济学相反，研究了资产阶级生产关系的内部联系。"(《资本论》第一卷，第2版第99页)根据对资本主义经济内部规律的研究，古典经济学家奠定了劳动价值论的基础，并在这个基础上分别考察了剩余价值的各种具体形式，如地租、利息和利润等。古典政治经济学的个别代表，即法国的重农学派还分析了社会资本的再生产和流通。

古典政治经济学虽然具有一定的科学性，但这种科学性是有限的，因为它仍然受着资产阶级局限性的限制。古典政治经济学家都把资本主义生产方式看成是永恒的，从而就不可能彻底揭示资本主义生产方式的规律性，以及真正科学地阐明资本主义各种经济范畴的实质。在古典政治经济学中，除了有科学的因素之外，还有不科学的，即庸俗的因素。

古典政治经济学从它产生到终结，大约经历了一个半多世纪的历史过程，到19世纪30年代初，随着英、法两国资产阶级夺得了政权和无产阶级的阶级斗争尖锐化已经成为明显的事实，资产阶级古典政治经济学就完全为庸俗政治经济学所代替。

7. 庸俗经济学〔17〕

庸俗经济学是资产阶级政治经济学演变中的一个阶段，它伪科学地、只从表面上来描述资本主义的经济现象，为的是要掩盖资本主义的矛盾，赞扬资本主义制度。庸俗经济学开始产生于18世纪末19世纪初，当时的主要代表是法国的萨伊、英国的马尔萨斯，以及稍后的詹姆斯·穆勒和麦克库洛赫。这个时期的庸俗经济学的特点是：它的某些代表人物在外表上仍然是亚当·斯密、李嘉图的古典政治经济学的信徒和继承人，实际上他们抛弃了古典政治经济学家观点中的一切科学的东西，而抓住他们因阶级局限性所造成的一切不科学的东西。

从19世纪30年代初开始，当英、法两国资产阶级夺得了政权，当无产阶级的阶级斗争日益激化以后，资产阶级庸俗经济学就完全割断了同古典政治经济学的联系，并批判古典政治经济学的基本论点，寻求为资本主义制度辩护的新方法。马克思把1830年看成是科学的政治经济学和庸俗的政治经济学在资产阶级著作界中占统治地位的分水线。马克思说："现在问题不再是这个或那个原理是否正确，而是它对资本有利还是有害，方便还是不方便，违背警章还是不违背警章。无私的研究让位于豢养的文丐的争斗，不偏不倚的科学探讨让位于辩护士的坏心恶意。"（《资本论》第一卷第2版第17页）在这个时期的开始，有英国的西尼耳的"节欲论"，法国巴师夏和美国凯里的阶级利益"调和论"。他们力图否认资本主义的剥削，极力"证明"资产阶级社会各个阶级的利益是一致的。除此以外，19世纪中叶在德国还产生了所谓历史学派，它用肤浅的进化论和庸俗的历史方法来替资本主义辩护。

庸俗经济学一向反对与它同时存在的进步学说。在19世纪上半期，它的反对目标主要是针对空想社会主义。在马克思主义出现于历史舞台后，它就集中火力同马克思主义进行斗争。19世纪后产生的许多学派，如奥地利学派、数理学派、新历史学派以及以英国马歇尔和美国克拉克为代表的英美学派，就都是服从于这个中心并为之服务的。

在帝国主义时期，特别是在十月革命后世界分裂为两个体系即社会主义体系和资本主义体系的时期，资产阶级政治经济学的庸俗和腐朽达到了顶点。它除了否认资本主义剥削这个旧任务以外，还竭力掩盖和粉饰垄断组织的统治。20世纪30年代的资本主义世界大危机以后，以凯恩斯主义为代表的种种力图寻找能够"医治"和"巩固"垂死资本主义制度的方案流行一时。它们竭力散布关于利用资产阶级国家调节经济的方法可以"消灭"大量失业的经济危机的谬论，妄图阻止资本主义必然灭亡和社会主义必然胜利这一合乎社会发展规律的进程。

8. 莱辛时代大胆的莫泽斯·门德尔松对待斯宾诺莎〔22〕

巴鲁赫·斯宾诺莎（1632—1677）是荷兰的哲学家、机械唯物主义者。他否认神是自然界的创造者，认为自然界本身就是神。他的主要著作《伦理学》（1675年写成）曾被当时统治者视为"亵渎的无神论的学说”而遭禁止出版。他的哲学思想对18世纪法国的启蒙运动发生过很大影响，对德国莱辛的世界观的形成也起重要作用。

哥特霍尔德·埃夫拉伊姆·莱辛（1729—1781）是德国的作家、哲学家，18世纪著名的启蒙运动者之一。他研究过斯宾诺莎的哲学，并赞成斯宾诺莎的结论。有人曾把充满泛神论思想的歌德的长诗《普罗米修斯》给莱辛看，莱辛说：“我完全同意这个见解，我早已不相信上帝，我干脆不喜欢他，物体是一切。——此外，我什么都不承认。”许多资产阶级哲学家都错误地认为斯宾诺莎是泛神论者，实际上他是以泛神论形式出现的无神论者。与莱辛同时代的德国资产阶级反动哲学家莫泽斯·门德尔松（1729—1786）就曾从唯心主义立场出发对斯宾诺莎大加攻击，完全否定斯宾诺莎的唯物主义。马克思在这里用莫泽斯·门德尔松对待斯宾诺莎的态度来比喻德国的知识界中那些平庸而自负的人。他们在反对黑格尔的辩证法的唯心主义神秘外壳时，连黑格尔的辩证法的合理内核也全部否定了。

9. 杰科布曾经怀疑金是否按其全部价值支付过〔53〕

出自杰科布的著作《贵金属生产和消费的历史研究》(1831年)。威廉·杰科布（1762年左右—1851年），英国的商人，保守派议员。他写过一些经济著作，除上述一书外，还有《在西班牙南部的旅行》(1811年)、《关于英国农业需要保护税的研究和论谷物(小麦)价格对于出口商品的影响》(1814年)等。

杰科布虽然研究过贵金属的生产，但并不懂得贵金属的价值是如何决定的。因此，当他看到黄金的生产数量较少，而一小块黄金能代表很大的价值时，就错误地以为黄金的价值量是由它的稀少性决定的。因为稀少性是一个相对的概念，无法测量，所以他就怀疑黄金在同其他商品相交换时，是否完全实现过它的价值。其实，黄金的价值量同其他商品的价值量一样，都是由生产中耗费掉的劳动时间决定的。一小块黄金之所以具有很大的价值，是因为黄金的劳动生产率较低，一小块黄金中凝结了比其他商品更多的劳动量。因此，杰科布的这个怀疑是丝毫没有根据的。

10. 厄什韦葛〔53〕

威廉·路德维希·厄什韦葛（1777—1855年），德国的地质学家和采矿工程师，在巴西担任过金矿开采的指导和矿物陈列馆的管理者。他著有《巴西旅行》(1818—1819年)、《巴西山脉评述》(1832年)、《巴西的地下资源》(1833年)等书。他对巴西的金刚石开采的情况作过统计，指出：由于金刚石在地壳中的蕴藏极为稀少，所以从1743—1823年巴西金刚石矿在80年内的总产量的价格，还赶不上这段时期内巴西甘蔗种植园或咖啡种植园一年半平均产量的价格。厄什韦葛的这个统计，否定了杰科布的那个怀疑。虽然金刚石比黄金的生产更稀少，一小块金刚石代表了更大的价值，但是因为80年内开采金刚石所耗费的劳动时间不及一年半内生产甘蔗或咖啡总产量的价值还低，尽管一定数量的金刚石比甘蔗或咖啡所代表的劳动量要多得多，从而价值量也大得多。因此，商品黄金和金刚石的价值的大小，绝不是由它的稀少程度决定的，而是由它所包含的劳动量决定的。

11. 为神父生产作为什一税的粮食〔54〕

什一税是欧洲封建社会农民向教会缴纳的赋税。它体现封建社会教会对农民的统治和剥削关系，农民每年除了向领主、国王缴纳多种赋税，如地租、帝国税、战争税、人头税等等，以及服各种徭役以外，每年还必须把自己收成的十分之一作为什一税缴纳给教会，作为神父、僧侣们的挥霍经费。

我们知道，商品的使用价值是社会的使用价值，即为别人生产的使用价值。但正如恩格斯在这里指出的，农民用来缴纳什一税的粮食，虽然是为别人生产的，但仍然不是商品，因为它不是通过交换转到神父、僧侣们的手里。

12. 古代印度公社〔55〕

指印度古代的氏族公社和农村公社，它是一种古老的社会经济组织。据古代文献记载，它在公元前15—前10世纪时便产生了，它的残余一直存在到19世纪。

公社的经济基础是土地的共有制。每个公社都是自给自足的生产单位，生产的主要部分是用来满足公社成员的直接需要，还有一部分是以实物地租形式缴纳给国家，用以交换的只是生产物的剩余部分。公社的具体形式不尽相同，最简单的形式是共同居住，共同耕作土地，生产物在各个成员间分配。同时，每个家庭都纺纱织布，作为家庭副业。

公社中存在分工，并且这种分工是固定的。除从事耕种的人员以外，还有官吏、登记员、铁匠、木匠、教师、水运员、司历僧、理发匠、洗衣工、陶工、银匠等十余人，为公社成员服务。人口增加了，则另行开垦土地，照样成立一个新的公社。

公社中虽然存在着社会分工，但不存在私有制，所以没有商品交换，商品交换只发生在公社与公社之间。

13. 威廉·配第说，劳动是财富之父，土地是财富之母〔56—57〕

引自配第的《赋税论》第 10 章第 10 节。威廉·配第（1623—1687 年），英国经济学家，古典政治经济学创始人之一。他的主要经济著作有《赋税论》（1667 年）、《政治算术》（1671 年）、《爱尔兰政治剖视》（1672 年）、《货币略论》（1682 年）等。他最早提出用劳动时间来确定商品交换价值量的原理，这是他的一个重大的科学功绩。但是，他的这一见解并不十分确定。例如，他在《赋税论》一书中，在论述了谷物的价值取决于生产白银所耗费的劳动之后，又说："土地是财富之母，而劳动则是财富之父和能动要素"。他写道："我们应该说一艘船或一件上衣值若干面积的土地和若干数量的劳动。理由是，船和上衣都是土地和投在土地上的人类劳动所创造的。"在这里，配第把生产使用价值的过程和生产价值的过程混为一谈。原因是他不懂得体现在商品中的劳动的二重性。我们知道，参加创造使用价值的，不仅有人的劳动，而且还有自然，即土地，从这个意义上来说，配第认为："劳动是财富之父，土地是财富之母"，这是正确的。马克思在这里正是从这个意义上引用了他的这句话，但是，就创造价值来说，配第的这句话是错误的，反映他并没有理解价值的社会实体。

14. 在资产阶级社会里，将军或银行家扮演着重要的角色，而人本身则扮演极卑微的角色〔57—58〕

这是马克思诙谐地用来比喻复杂劳动和简单劳动的关系。在考察商品价值的时候，这里涉及的不是劳动的不同的质，而是它们的不同的量。如果把生产活动的特定性质撇开，从而把劳动的有用性质撇开，生产活动就只剩下一点：它是人类劳动力的耗费。这样，我们就可以把不同质的具体有用劳动化为相同的一般人类劳动了。但是，这里仍然存在一个问题：人类劳动力本身必须已有一定的发展，才能以这种或那种形式耗费。这也就是说，即使在从事同种工作的不同的劳动者之间，也还会存在着因受教育程度等等的不同而形成的技术水平和劳动熟练程度的不同。这样的话，这里所说的这个人类劳动，究竟应该是指简单劳动还是复杂劳动呢？马克思回答说：商品价值体现的是人类劳动本身，是一般人类劳动的耗费。所以，这个一般人类劳动力的耗费，所指就是每个没有任何专长的普通人的机体平均具有的简单劳动力的耗费，而不是复杂劳动。正如在资产阶级社会里，将军或银行家扮演着重要的角色，而人本身则扮演极卑微的角色一样，复杂劳动和简单劳动的关系在这里也是这样。因为当我们说到一般的“人”的时候，所指就是“人本身”，而不是将军和银行家等等，将军和银行家等等已经是人的特殊规定而不是一般规定了。比较复杂的劳动只是自乘的或不如说多倍的简单劳动，少量的复杂劳动等于多量的简单劳动。

15. 商品的价值对象性不同于快嘴桂嫂〔61〕

快嘴桂嫂是英国戏剧家莎士比亚的剧本《亨利四世》前篇中的酒店女主人。

《亨利四世》前篇的第三幕第三场有这样一段描写：快嘴桂嫂同约翰·福斯泰夫爵士吵嘴，后者骂她是只水獭。“因为他既不是鱼，又不是肉，是一件不可捉摸的东西”。快嘴桂嫂反驳说：“你这样说我，真太冤枉人啦，你们谁都知道我是个老老实实的女人，从来不会藏头盖脸的，你这恶棍！”

马克思在这里用快嘴桂嫂来比喻商品的价值对象性的特点。价值不同于快嘴桂嫂，价值本身不包含任何一个自然物原子，无论人们怎样翻来覆去地看商品，还是看不见和摸不着价值。但是，快嘴桂嫂却不然，她是“从来不会藏头盖脸的”，所以人们可以看见她。

16. 基督徒的羊性通过他和上帝的羔羊相等表现出来〔66〕

“上帝的羔羊”在基督教的教义中是指基督耶稣而言。据说耶稣是上帝的独生子，他的心地纯洁，温柔似羊羔，所以就有这种称呼。按照基督教的说教，每个教徒都应当以基督的训诫作为自己行为的准则，都应当学习基督的为人。据说，基督徒的“热爱一切和平”(包括乞求来的和平)、“热爱一切的人”(包括敌人)等等，就是因模拟基督的“羊性”而来的。

马克思在这里诙谐地用基督教的教义，来比喻商品的价值表现。我们知道一个商品的价值不能由其自身表现出来，而只有在交换中通过另一个使用价值不相同的商品才能表现出来。例如，麻布在同上衣相交换，并同上衣相等时，麻布的价值性质才显示出来，这犹如基督徒的羊性，因模拟耶稣的为人，同耶稣相等而显示出来一样。

17. 巴黎确实值一次弥撒！〔67〕

这是法国国王亨利四世(1553－1610 年，执政期为 1589－1610 年)所说的一句话。

在 16 世纪中叶，法国封建贵族内部发生了矛盾，信奉天主教的贵族与信奉新教的贵族之间进行了公开的战争。当时巴黎的王国政府掌握在天主教贵族的手中。1589 年亨利三世死去后，亨利四世即位，但亨利四世是信奉新教的，因此，掌握巴黎的贵族不愿意承认亨利四世。亨利四世为了取得巴黎，统一法国，1593 年就改宗天主教，于是便引起他的伙伴们对他的责难。亨利四世回答说："巴黎确实值一次弥撒！"（弥撒是天主教特有的，而且也是很重要的仪式）意思是：做一次弥撒，可以得到巴黎，这是很值得的。

马克思用亨利四世的这句话，来诙谐、讥讽地比喻商品的价值表现。我们知道，商品 A（比如麻布）是不能用自身来表现自己的价值的，为了表现自己的价值，它就不得不把自己的价值表现在商品 B（比如上衣）的使用价值上，并把商品 B（比如上衣）当作等价物。这犹如亨利四世为了取得巴黎而不得不去做弥撒一样。在这里，巴黎就好像成了亨利四世所作的这次弥撒的等价物。这既是一种比喻，又附带地嘲讽了亨利四世为了权力而不顾廉耻。

18. 不像费希特派的哲学家那样，说什么我就是我〔67〕

费希特派的哲学家，是指以费希特为代表的主观唯心主义的哲学派别。

约翰·哥特利勃·费希特（1762－1814 年），德国的主观唯心主义哲学家。他的主要著作是《知识学》。他认为，他的哲学的基本任务就是从绝对可靠的基本命题中，推论出全部知识体系。他提出的一个命题就是"我是我"；第二个是"我"再派生出客观，即"自我"产生"非我"；第三个是"自我"与"非我"的统一，构成知识。他认为这一切范畴都是从这三个命题推出来的，"我是我"的命题是说"自我"是一切的基础，是最根本的主体，不依赖任何别的。

马克思在这里指出，商品的价值不像费希特派说的"我就是我"。因为一个商品的价值不能由其自身直接表现出来，而是只有通过另外一个商品的使用价值才能表现出来。

19. 重商主义〔76〕

重商主义是 15 至 18 世纪资本主义生产方式初期，即资本原始积累时期的资产阶级政治经济学的一种思潮和欧洲各国的经济政策。

重商主义反映了资本主义生产还不发达的状况。重商主义者把财富和货币混为一谈，认为一个国家拥有的金银愈多则愈富。因此，他们主张国家应当积极干预经济生活，使流入国内的金银尽量地多，他们把自己的注意力集中在流通领域中，认为只有对外贸易才是利润的源泉。

重商主义在其发展中有两个阶段。早期重商主义（或称货币主义）主张"货币差额论"，即主张禁止金银输出国外。他们认为增加国家财富的必要条件是金银收支的入超(金银输入超过输出)。晚期重商主义主张“贸易差额论”。即并不反对金银输出国外,也不认为金银收支的入超是增加国家财富的必要条件。他们认为国家为了增加财富,商品输入不应多于输出,而对外贸易出超必然会使大批金银输入国内。

重商主义者代表封建社会内部新兴的资产阶级的利益,这个阶级力图用发展对外贸易、掠夺殖民地和进行商业战争、奴役落后民族等方法来积累金银财富。由于资本主义的发展,他们开始要求国家权力保护工业企业(手工工场)的发展,设立了输出奖金,用来发给国外市场上出售商品的商人。不久,进口税有了更加重要的意义。随着手工工场的发展,以后又随着工厂的发展,对进口货课以关税,便成了保护本国工业抵抗外国竞争的最通行的办法,这种政策就叫作保护关税政策。

重商主义思想所促成的保护关税政策大大促进了手工工场的扩展。但是从 17 世纪中叶开始,特别是到了 18 世纪,重商主义趋于瓦解。这是因为,随着资本主义的发展,增加财富的基本方式已不单纯是积累货币,而是扩大资本主义再生产了。于是资产阶级经济学家注意的中心就从流通领域转向了生产领域。

20. 重商主义者看重价值表现的质的方面,现代自由贸易贩子则看重相对价值形式的量的方面〔76〕

重商主义者和现代自由贸易贩子对价值的看法是有所不同的。重商主义者把财富和货币混为一谈,认为商品只有换得货币(即金银)以后,才有价值。因此,他们极其看重货币,也就是看重价值表现即等价形式的特殊形态。在他们看来,如果商品与商品交换,就不会有价值。马克思在《政治经济学批判》一书中描述过他们的这个观点:“对于货币主义,是不能用价格 3 镑的 1 吨铁同 3 镑的金是同样大的价值量这样的说法来回答的。这里的问题不在于交换价值的大小,而在于它的最适当的形式。”①

现代自由贸易贩子竭力鼓吹扩大对外贸易,认为只要商品能够卖出去就是有价值,也就有利润,而不管交换到的是货币还是物品。因此,他们主张尽量多地出卖商品,极其看重出售商品的数量,也就是看中相对价值形式的量的方面。

---

① 《马克思恩格斯全集》第 31 卷,北京,人民出版社,1998 年,第 2 版,第 553 页。

但是，尽管重商主义者和现代自由贸易贩子对价值形式的看法在着重点上有所不同，而总的看法则是完全相同的，即都认为价值是从交换关系中生出，是从流通中生出。这是由于他们混淆了价值和交换价值所造成的。

21. 麦克劳德成了迷信的重商主义者和开明的自由贸易贩子之间的一个成功的综合〔76〕

亨利·丹宁·麦克劳德(1821—1902 年)，英国庸俗经济学家、银行资本家。他反对劳动价值论，认为物品的交换价值不是物品自身所固有的东西，而是由交换者个人的欲望和需求产生的。这样他同自由贸易贩子一样，也把物品的价值归结为由需求和供给所决定。

麦克劳德还竭力鼓吹信用的神奇力量。他认为信用就是货币，因为信用和货币都表现为能用于购买商品的“购买力”。他由此得出结论：“凡有购买力的东西都是财富。”他反对只有物质东西才是财富的主张，认为“货币和信用在相等的程度上都是财富”。在他看来，“信用就是生产资本”，因为它会带来利润，而银行则是信用的创造者，从而也是资本的创造者。

因为麦克劳德既迷信于货币和信用，又认为供求决定价值，所以马克思讽刺地说他：“成了迷信的重商主义者和开明的自由贸易贩子之间的一个成功的综合”。

22. 把一切天主教徒都变成教皇〔85〕

天主教是基督教的一个派别，是资本主义社会，特别是西欧封建社会统治阶级从思想上奴役劳动人民的工具。天主教会的机构特点，就是具有教阶制度和君主制度。天主教的首领是罗马教皇，据说他是传奇中的基督在人间的代表，在信仰和道德上是“永无谬误的”。在天主教会中，等级极其森严。

马克思在分析一般等价形式时，用了一个生动的比喻：“设想能够同时在一切商品上打上能直接交换的印记，就像设想能够把一切天主教徒都变成教皇一样。”这种设想显然是不可能的，因为一种商品之所以能够取得一般等价形式，就是由于其他一切商品都不能取得这个形式，如果一切商品都同时具有能与其他一切商品直接交换的形式，那么就不会有哪一种商品的一般等价形式了。正像教皇之所以成为教皇，就是因为其他一切教徒都只能是教徒。如果一切教徒都变成了教皇，那么教皇也就不成其为教皇了。

23. “缺乏概念的地方，字眼就及时出现”〔85〕

出自歌德的《浮士德》第一部第四场“浮士德的书斋”。

浮士德原是欧洲中世纪传说中的一个人物，后来德国的大诗人约翰·沃尔夫冈·歌德（1749—1832 年），根据这个传说写了著名诗剧《浮士德》。据描写，浮士德是一个中世纪的老博士，他因为治学无成，整天坐在书房里苦恼，甚至想自杀。恶魔靡菲斯特斐勒司企图把浮士德引入魔道，于是就同浮士德相约，要用各种方法来解除浮士德的苦恼。而当浮士德感到满足，说出满意的话时，浮士德就为恶魔所用。浮士德同意这个约定后，恶魔就把自己的外套变成一朵浮云，载着他们二人去各处游逛。

马克思在这里引用的，是恶魔靡菲斯特斐勒司冒充浮士德，与一个学生大谈“科学”时说的一句话。

学生：“先生说的话我完全不能领会”。

恶魔：“那是因为你还没有学习过还原和分类。”

学生：“先生这一席话把我搅昏乱了，脑筋里面好像转着一架水车。”

恶魔：“其次，你应该研究玄学……了解那不适合于人脑的虚玄，不问它能否钻得进脑筋，都有一个堂皇的术语命名。……总之——你要死守着字眼。”

学生：“可是字眼总该有个意义。”

恶魔：“不错！不过不必过于拘泥：缺乏概念的地方，字眼就及时出现。在字眼拨弄舌锋，以字眼构成一个系统，诚挚地信仰字眼，每个字眼不许去掉一个字母。”

马克思用恶魔靡菲斯特斐勒司的话来嘲笑蒲鲁东，蒲鲁东的“社会主义”完全是小资产阶级的庸俗幻想，丝毫没有科学的内容。但是，蒲鲁东却把它吹嘘成“科学上的发现”（见蒲鲁东：《贫困的哲学》）。因此马克思指出：“没有一个学派比蒲鲁东学派更会滥用‘科学’这个字眼了，因为‘缺乏概念的地方，字眼就及时出现。’”意即蒲鲁东学派没有任何科学思想，只是像靡菲斯特斐勒司所说那样，用玩弄字眼来冒充科学。

24. 政治经济学喜欢鲁滨逊的故事〔94〕

鲁滨逊是英国作家丹尼尔·笛福（约 1660—1731 年）的著名小说《鲁滨逊漂流记》中的主人公。故事大意是：鲁滨逊是一个贪得无厌的财迷，不怕生命危险，一心奔走海外。他航行到几内亚做生意，经过几次往返，成了巴西甘蔗种植园和烟草种植园的主人，大量使用奴隶劳动。后来他再到几内亚去航行，想秘密地带回奴隶，以大发横财。但这次不凑巧，途中遇难，漂流到一个荒无人烟的孤岛上，于是便开始了一个人的孤独的生活。小说着重描写了鲁滨逊在与世隔绝的孤岛上同自然进行斗争的情况,他为了生存,从事各种生产,直到20年后,他才被搭救离开孤岛。

马克思在这里所说的政治经济学,是指资产阶级政治经济学。资产阶级经济学家由于他们的阶级局限性,认为资本主义是永恒的,人类社会过去和将来都是资本主义,所以他们在考察经济现象时,总是离开特定的社会生产关系,而把鲁滨逊式的孤立人的经济当作出发点。其实这种孤立人的经济是不具有普遍性的。因为人们的生产总是社会地进行的,所以人们之间就必然发生社会联系。正如马克思所说:"孤立的个人在社会之外进行生产——这是罕见的事,在已经内在地具有社会力量的文明人偶然落到荒野时,可能会发生这种事情——就像许多个人不在一起生活和彼此交谈而竟有语言发展一样,是不可思议的。"①资产阶级政治经济学喜欢鲁滨逊的故事,把鲁滨逊式的经济当作研究经济现象的出发点,其目的归根结底是在于否认资本主义生产方式的矛盾。因为在同社会不发生任何联系的孤立人的经济中,是既不会有剥削现象,也不会有对抗性矛盾,是既不会有经济危机,也不会有阶级斗争的。

25. 就先来看看孤岛上的鲁滨逊吧〔94〕

在现实的经济生活中,像孤岛上的鲁滨逊那样的事情是极其罕见的,只在极其偶然的情况下是可能的。然而资产阶级政治经济学却喜欢用类似于孤岛上的鲁滨逊那样的孤立的个人的例子,来说明复杂的价值关系,也就是喜欢鲁滨逊一类的虚构。既然如此,所以马克思就借用了资产阶级经济学惯用的这个例子,以便说明:在非商品生产的条件下就不会有商品拜物教。据《鲁滨逊漂流记》的描写,鲁滨逊漂流到孤岛以后,为了生存,便开始从事生产劳动。但是,由于生活的多方面的需要,又迫使他一个人不得不精确地分配时间,例如,鲁滨逊在有一天的日记上这样说:"……今天早上,把我的工作时间规定了一下……每天早上拿着我的枪出去跑二三小时……然后做工,做到十一点;然后吃一点养命的东西,然后十二点到两点睡一睡,因为天气很热,然后在夜里,我又工作,今天和明天的时间,完全要用来打桌子……"这正好就像马克思这里所说的,对于这个孤岛上的鲁滨逊来说,"尽管他的生产职能是不同的,但是他知道,这只是同一个

① 《马克思恩格斯选集》第2卷,北京,人民出版社,1995年,第2版,第2页。

鲁滨逊的不同的活动形式，因而只是人类劳动的不同方式。需要本身迫使他精确地分配自己执行各种职能的时间。在他的全部活动中，这种或那种职能所占比重的大小，取决于他为取得预期效果所要克服的困难的大小”。经验就会告诉他这些。所以，“鲁滨逊和构成他自己创造的财富的物之间的全部关系在这里是如此简单明了，甚至连麦·维尔持先生用不着费什么脑筋也能了解。但是，价值的一切本质上的规定都包含在这里了”。

马克思以子之矛，攻子之盾，用资产阶级政治经济学喜欢讲的鲁滨逊一类的故事，来证明了商品、价值、交换价值等等资产阶级经济关系和经济范畴都不是永恒的，都不是普遍适用的关系和范畴。

26. 伊壁鸠鲁的神只存在于世界的空隙中〔97〕

伊壁鸠鲁(约公元前341—前270)古代希腊杰出的唯物主义者。他是一个无神论者，主张用自然的原因来解释一切事物和现象，反对用神的干预来说明。但是，他并没有取消希腊神话中神的形象。在他看来，在自然界和人类社会内部是不存在神的，神只存在于世界的空隙中，即存在于现实世界与观念世界的空隙中、现在与将来的空隙中。

马克思借用伊壁鸠鲁的说法来比喻古代社会的商人和商业民族。在古代社会，商业活动不是存在于生产民族或共同体的内部，而是存在于生产民族或共同体之间。因此商人就好像伊壁鸠鲁的神只存在于世界的空隙中那样，只存在于各个生产民族或共同体之间。所以马克思说：“真正的商业民族只存在于古代世界的空隙中，就像伊壁鸠鲁的神只存在于世界的空隙中，或者犹太人只存在于波兰社会的缝隙中一样。”

27. 犹太人只存在于波兰社会的缝隙中〔97〕

古代犹太民族居住在阿拉伯半岛上。在古代罗马东征以后，他们的国家被灭亡了，于是他们便向西漂泊，散居在西欧各国。但是，当基督教兴起以后，西欧一些国家展开了排犹运动，因而他们只好转向东方漂泊。这时波兰地广人稀，犹太人东迁时大量地来到波兰，当时波兰还正处在封建主义关系开始形成时期，自然经济占绝对统治地位，城市的发展很慢，它们之间的联系也不密切，所以工商业还很少。大批犹太人定居波兰以后，主要是分散在各地从事商业活动。“犹太人只存在于波兰社会的缝隙中”一语，就是指犹太人在自然经济占统治地位的波兰社会里，就像是指存在于这个社会的缝隙中一样。

28. 在那些完全同意用劳动时间来计算价值量的经济学家中间，对于货币即一般等价物的完成形态的看法是极为混乱和矛盾的〔99〕

这主要是指以亚·斯密和李嘉图为代表的一些资产阶级古典经济学家的看法。正如马克思所说的：

“古典政治经济学的根本缺点之一，就是它从来没有从商品的分析，特别是商品价值的分析中，发现那种正是使价值成为交换价值的价值形式。恰恰是古典政治经济学的最优秀的代表人物，像亚·斯密和李嘉图，把价值形式看成一种完全无关紧要的东西或在商品本性之外存在的东西。这不仅仅因为价值量的分析把他们的注意力完全吸引住了。还有更深刻的原因。劳动产品的价值形式是资产阶级生产方式的最抽象的、但也是最一般的形式，这就是资产阶级生产方式成为一种特殊的社会生产类型，因而同时具有历史的特征。因此，如果把资产阶级生产方式误认为是社会生产的永恒的自然形式，那就必然会忽视价值形式的特殊性，从而忽略商品形式及其进一步发展——货币形式、资本形式等等的特殊性。因此，我们发现，在那些完全同意用劳动时间来计算价值量的经济学家中间，对于货币即一般等价物的完成形态的看法是极为混乱和矛盾的。例如，在考察银行业时，这一点表现得特别明显，因为在这里关于货币的通常的定义已经不够用了。”

资产阶级古典政治经济学家主张用劳动时间来计算价值量，并把这一原理应用到了货币身上。另一方面却又把货币仅仅看作流通的工具。至于商品的价值和价值量为什么一定要表现在货币上和怎么样表现在货币上的，他们则从来没有作出过科学的分析。以至于在李嘉图那里导致了庸俗的货币数量论，按照这个“理论”，商品的价格不是取决于它们的价值，而是由流通中的货币数量来决定了。即：当流通中的货币过多时，商品的价值就以多量的货币来表现，于是商品价格就上涨；相反的，当流通中的货币过少时，商品的价值就以少量的货币来表现，于是商品价格就下跌。这样一来，好像商品的价格就完全取决于流通中的货币量了。之所以如此是因为，他们不懂得：为什么劳动必须表现为价值，以及为什么用劳动时间计算的劳动量一定要表现为劳动产品的价值量。当然也就更加不懂得：货币不但是流通手段，而且首先是价值的最一般的表现形式。或者说不了解：劳动时间并不直接就是价值，只有借助于物的形式才能表现为价值。而货币才是价值的最适当的表现形式。其所以如此，则是由商品生产这种生产的特殊社会形式决定的。因此，正如马克思在《评阿·瓦格纳的〈政治经济学教科书〉》中所指出的，“从‘资本论’……中应该看到我和李嘉图之间的差别，李嘉图实际上把劳动只是当做价值量的尺度来考察，因而他看不到自己的价值理论和货币的本质之间的任何联系。”①

28. 唐·吉诃德误认为游侠生活可以同任何社会经济形式并存〔100〕

唐·吉诃德是西班牙作家米格尔·塞万提斯·德·萨维德拉(1547—1616)的著名小说《唐·吉诃德》中的中人公。作者在这部小说中，刻画了一个在资本主义形成过程中已经破产、没落的封建贵族的垂危形象。

唐·吉诃德是一个上了年纪的、瘦弱的可怜的乡村小贵族，他爱读骑士小说，以至于迷了心窍，并决计恢复那已经衰落的游侠骑士制度。于是，他便骑上瘦马，穿上旧铠甲，手执长矛，带着侍从，开始周游各地，打算建立能配得上他的美人心目中的功勋。他失却了对现实的感觉，生活于幻想的世界里，所作所为都是十分荒唐而可笑的。他把风车当作巨大的魔鬼，举起长矛同他搏斗，他把羊群当作军队，纵骑冲入其中进行厮杀……他不考虑时间和地点，只凭自己内心的一时冲动行事，因而他所做的，不仅不能达到他所设想的捍卫正义的目的，反而给人们带来灾难。例如，他碰上了出殡的行列，却认为是强盗抢劫了骑士的遗骸，便冲向前去，把送殡的僧侣打倒在地。他的种种行为成了人们的笑柄，人们把遇着他看成是最大的灾难。现实生活无情地捉弄了这个过了时的游侠骑士，他到处碰壁，成了被嘲笑的对象。

马克思在这里用唐·吉诃德的形象来讽刺那些资产阶级报纸上的作家。他们断言上层建筑不是取决于经济基础，相反的仿佛经济基础决定于上层建筑。他们的这种想法同唐·吉诃德的想法是一模一样的。因为在唐·吉诃德看来，游侠骑士制度这种上层建筑不是一定的社会经济形式的产物，而是可以同任何社会经济形式并存的。

29. 道勃雷教导巡丁西可尔〔102〕

出自莎士比亚的戏剧《无事烦恼》第三幕第三场。在这个戏剧中，道勃雷被塑造为一个自大而又愚蠢的官吏的典型形象。他有一

① 《马克思恩格斯全集》第19卷，北京，人民出版社，1963年，第1版，第400页。

次与西可尔等人一起巡夜，有如下一段对话：

道勃雷："第一，你们看来谁是顶不配当巡丁的人？"

巡丁甲："回长官，修·奥凯克跟乔治·西可尔，因为他们都会写字念书。"

道勃雷："过来，西可尔伙计，上帝赏给你一个好名字，一个人长得漂亮是环境造成的，会写字念书才是天生的本领。"

显然，道勃雷是把事情说颠倒了，人的美丑是天生的，会写字念书才是后天环境造成的。但是，这种颠倒事实的说教恰恰与资产阶级经济学的商品拜物教观念相类似。例如贝利说："价值（交换价值）是物的属性，财富（使用价值）是人的属性。"事实恰恰相反，使用价值是物的属性，而不是人的属性；交换价值不是物的属性，却是人们的社会关系，即人的属性。马克思在这里引用了道勃雷的话，很形象地讽刺了资产阶级庸俗经济学的拜物教观念。

30. 商品是天生的平等派和昔尼克派〔104〕

这里所说的"平等派"，是泛指主张社会平等的人。昔尼克派（或译为"犬儒学派"）则是古代希腊的哲学派别之一，由安提西尼（约公元前 435—前 370）创立。昔尼克派的道德理想就是恬漠（淡漠），即对财富、荣誉、婚姻、家庭、政治及其他一切，都要采取无动于衷的态度。昔尼克派的著名代表西诺布的第欧根尼（约公元前 404—前 323）就说：应当不以外界生活条件为转移，应当轻视社会上已经确定的规范，限制欲望和恢复到"自然"状态去。为了向社会挑战，他衣着简朴，随遇而安，宿于露天或公共建筑中，甚至宿在大桶子里（称为"第欧根尼的大桶"）。他只喝凉水，而且用手舀水喝，吃的是最粗劣的食物，等等。

马克思在这里用平等派鼓吹一切平等、用昔尼克派对一切抱无动于衷的态度，来比喻商品在交换之时，不论交换的对方采取何种自然形态，只要他们的价值相等，就可以交换。

31. 比马立托奈斯还丑〔104〕

马立托奈斯是西班牙作家塞万提斯的小说《唐·吉诃德》中的一个人物。据描写，有一次，唐·吉诃德住在一家客店里，这家客店有一位女仆，名叫马立托奈斯，她长得极丑。小说是这样形容的："她生得阔脸、扁头、狮子鼻，一只眼睛是猫儿眼，还有一只也好不了多少。……她从脚到头不到七手高，她的肩膀上的肉太重了一点，使她不想看地上的时候也看着地上。"当时，唐·吉诃德和马立托奈斯的情人——一位搬运工人住在一间房间里，当马立托奈斯晚上去那里同搬运工人幽会时，唐·吉诃德正幻想着一位美丽的公主为他的英姿所诱惑，偷偷地前来相会。于是，他便错把进来的马立托奈斯当作了幻想中的公主，紧紧地拥抱她，并对她说："啊！美丽而高贵的女子，蒙你光临，此恩真如大海……"结果，唐·吉诃德挨了搬运工人一顿毒打。

马克思用这个故事说明：只要商品占有者双方一致同意，一种商品就可以同任何其他商品去交换，不管这个商品是什么。犹如马立托奈斯虽然长得很丑，但唐·吉诃德还是把她当作美女拥抱她一样。

32. *我们的商品占有者在他们的困难处境中是像浮士德那样想的：起初是行动*〔105〕

"起初是行动"一语，出自歌德的《浮士德》第一部第三场"浮士德的书斋"。据描写，浮士德坐在书斋里，打算翻译希伯来文的《新约全书》。但是，当他翻开书本，看到《约翰福音》第一句"起初是道（《旧新约全书》中译本译为'太初有道'——编者注），道与上帝同在，道就是上帝"时，对于这一句究竟如何翻译，犹豫不定起来了。

他说："我先写一句'起初是道'！
啊呀，已经窒塞着，不能译下去了！
这'道'字未免是太不分明，
我要另外选择一个，仰仗神兴。
我译成：'起初是心'……
慎重吧，这头一句要好生留神！
'心'怎能够创化出万物天地？
这应该译成为'起初是力'！
但当我刚把'力'字写在纸上，
我已经警悟着，意义还不甚相当。
哈哈，笔下如有神！我豁然领会，
我称心地翻译作：'起初是行动'！"

马克思在这里用浮士德所说的"起初是行动"，来形容货币的自发产生过程。我们知道，每一个商品占有者把他的商品带到市场上来，都是想把自己的商品换取别种能满足他需要的商品。对每一个商品占有者来说，他都把自己的商品看作是获得任何其他商品的手段，即看作是一般等价物，而把其他的商品看作是特殊等价物。每一个商品占有者都这样做，于是就好像完全不会有一般等价物的出现了。这是商品交换过程中的矛盾，它反映了商品生产的基本矛盾，即私人劳动与社会劳动之间的矛盾。但是，这个矛盾是如何解决的呢？

商品占有者们是如何摆脱这个困难处境的呢？这个矛盾的解决不是靠任何人最初的计划，也不是靠聪明人的发明，而是靠商品交换的实践，就像浮士德所说那样“起初是行动”。商品交换的实践，即商品占有者们的交换行动，使一种特定的商品从商品界中分离出来，成为一般等价物，这种商品就是货币。随着货币的产生，一切商品都同货币相交换，通过货币来表现自己的价值，于是物物交换中所碰到的矛盾便得到了解决。

33.《启示录》〔106〕

是被收进圣经《新约全书》的早期基督教著作之一，传说是耶稣的使徒约翰所作，所以又称为《约翰启示录》，大概成书于公元 68 或 69 年。如恩格斯所指出，早期基督教“最初是奴隶和被释奴隶、穷人和无权者、被罗马征服或驱散的人们的宗教”①。这些人痛恨剥削者、压迫者，但又不敢反抗，于是就把自己的希望寄托在虚无缥缈的宗教幻想中。早期基督教徒相信基督会再次降临人间，使人民摆脱被奴役、被压迫的处境，并建立起人人平等、普遍幸福的“千年王国”。这种思想在《启示录》中表现得最明显。《启示录》运用各种寓言表达了对压迫者、奴役者罗马帝国的仇恨，把它打上“兽”的印记，并把它看作魔鬼的化身。

马克思在这里引用的两句话出自《启示录》第 17 章和第 13 章，用此形容货币的特征。我们知道，随着交换关系的发展，一种特殊的商品，即货币从商品界中分离出来，并被商品占有者公认为执行特殊社会职能的一般等价物，犹如“他们同心合意，把力量和权柄授予那只兽”一样。而当货币出现后，一切劳动产品只有通过同货币相交换，才能在事实上成为商品，这又像“凡没有这种印记即没有这个兽名或兽名的数字者，都不能买或卖”一样。

34. 这个顺序是同诗人想象的年代顺序相抵触的〔120〕

在社会发展中，人类的黄金时代不在过去，而在将来。但在诗人的幻想中，人类的黄金时代是在过去，而不在将来。这种想法在古代的诗人中很流行。

例如，古希腊诗人赫西俄德（约生于公元前 776 年）叙述过关于神创造五种人类（黄金人类、白银人类、青铜人类、半神的英雄和黑铁人类）的神话传说。据说，第一纪和第二纪人类，即黄金人类和白银

---

① 《马克思恩格斯选集》第 4 卷，北京，人民出版社，1995 年，第 2 版，第 457 页。

人类，过着无忧无虑的生活。到第三、第四纪人类，即青铜人类和半神的英雄人类时，开始产生了互相争夺和战争，生活变成了与以前不相同的情况。第五纪黑铁人类，则完全是罪恶的，充满了不平、暴行和屠杀。

诗人想象中的年代顺序，就像这样地认为人类的黄金时代在于远古，社会发展到后来才是白银、青铜、黑铁等时代。但正如马克思所指出的，货币材料的发展历史却与此不同，甚至完全相反，最先充作货币材料的总是贱金属，而后才是贵金属。

35. 同黑格尔的“概念”实现由必然到自由的过渡相比，是“更为困难的”〔124〕

黑格尔辩证地提出了必然和自由这两个范畴的关系问题，他认为两者并不是互相割裂、僵死不变的，而是相互联系着过渡着的。从这方面来说，他解决了必然和自由的关系问题。但黑格尔是一个唯心主义者，他脱离了人类的生产实践，把由必然到自由的过渡这个过程，看作是一种主观的、理论思维和认识的过程。

在黑格尔看来，人只有在抽象思维中，才能摆脱客观必然性的限制而获得自由。在由必然到自由的过渡这个过程中，人把客观的东西变成主观的东西，变成概念。但黑格尔又认为，由于客观对象有无限丰富性，人除非通过长期的努力，否则就不可能把所有的客观对象都认识清楚，都变成概念。从而，也就不可能从必然过渡到自由。所以，他说：“由必然到自由或由实在到总念(指具体概念——编者注)的过渡比较最难。”(《小逻辑》)

从马克思主义的观点来看，由必然到自由的过渡，是一个不断的实践——认识——再实践——再认识以至无穷的过程。因此，从必然到自由的过渡，并不存在什么不可逾越的鸿沟。而黑格尔脱离了实践，并把对绝对真理的认识看作是从必然到自由的标准。既然对绝对真理的认识是一个永无穷尽的上升过程，因此黑格尔所寻求的那种过渡，不但是最难的，而且是根本不可能的。

36. 原罪〔124〕

“原罪”原文为“亚当”，是圣经神话中的人类祖先。据圣经《创世纪》说，上帝开天辟地创造了世上万物之后，就用泥土塑了第一个人，这个人的名字就叫亚当。起初，亚当和他的妻子居住在伊甸乐园里，后来他们因为偷吃了智慧的苹果，被上帝放逐于人间，罚他们世世代代遭受苦难。据说，人类不断遭受到的痛苦，就是由于亚当所犯下的这种“原罪”引起的。在德文中，亚当这个字也有“情欲”或“欲望”的意思。

37. 同教父圣哲罗姆解脱原罪相比，是“更为困难的”〔123—124〕

圣哲罗姆(340左右—420年)，罗马教的圣徒和神父，神学家。他曾应罗马教皇之聘，改译了古拉丁文圣经，这个改译本后来被西方教会定为标准本。圣哲罗姆所要解脱的原罪，是指他所持有的非基督教倾向。在马丁·路德宗教改革以前，据规定，基督教教父必须是禁欲主义者。圣哲罗姆为了严格遵守教规，373年以后，曾到哈尔基茨卡亚沙漠居住，以避免各种物质上的欲念。圣哲罗姆曾担任过安第奥奎亚地方的司祭。在那里，他结识了很多著名的科学家，其中有无神论者，也有多神教论者(基督教只能信奉上帝一神)。圣哲罗姆深受他们的影响，在他的著作中经常引证这些朋友的话。但是这种倾向是与基督教教义相违背的。他花了很大的努力想来克服这些影响，始终没有完全成功。例如，在他后期的一部历史著作《325—378年的编年史》中，论到神学史的问题时，他企图证明神学史的发展与多神教的历史学者的论断是一致的。所以，常常有人责备他不是一个虔诚的基督教徒。

马克思在这里把商品转化为实在的货币的过程，比作教父圣哲罗姆摆脱非基督教倾向的斗争，比喻其困难和艰巨。

37. 圣彼得在天堂听但丁讲述信仰要义〔124〕

这个故事出自意大利诗人但丁的《神曲》天堂篇第24首歌。据描写，圣彼得考问但丁什么是信仰？但丁对答如流地说：“信仰就是希望事物的本质，也是未来事物的证据，承认这就是它的要义。”圣彼得又问但丁说：“这个铸币经过检验，重量成色完全合格，但告诉我，你钱袋里有吗？”但丁说：“有的，我的是发亮而圆整，它的印花也没有丝毫的模糊。”这段问答的意思是：信仰对于一个教徒来说，不仅嘴里要说得对头，而且还要口心一致，好像货币的成色和重量不仅要对头，而且口袋里必须还要有它。

马克思引用《神曲》中的这一段话，是要说明这样的问题：商品的价格只是一种观念的货币，并不是实在的金属货币。但是商品单是有了价格，并不意味着可以像货币那样执行流通手段(购买手段)的职能，而是必须首先卖掉，变为真正可以执行流通手段的货币。

38. “真爱情的道路决不是平坦的”〔129〕

出自莎士比亚的剧本《仲夏夜之梦》第一幕第一场。据描写，伊及斯把他的女儿黑美霞许配给第米屈律师，但黑美霞却爱着莱散特。

故事就是从伊及斯向雅典公爵提修斯控诉女儿黑美霞开始的。提修斯根据雅典的法律(父亲对子女有生杀予夺之权,子女必须绝对服从父亲)做出了最后的判决:“……你,美丽的黑美霞,好好准备着依从你父亲的意志,否则,雅典的法律将要把你处死,或者使你宣誓独身,我没有法子改变这法律……”但这个判决并没有扑灭莱散特和黑美霞的爱情烈火,莱散特对黑美霞说:“唉!从我所能在书上读到,在传说或历史中听到的,真爱情的道路决不是平坦的。”

在私有制下,分工使生产者一方面变成为独立的私人生产者,然而另一方面又是社会的商品生产者。他的产品一方面是属于自己占有,另一方面又是为社会生产的,必须把它出卖,换成货币。因此,正如马克思所说“商品爱货币”。但是,由于以私有制为基础的商品生产的无政府状态,使 W—G 的转化成为一个极其困难的事情。所以商品虽爱货币,然而“真爱情的道路决不是平坦的。”

39. “分散的肢体”〔129〕

这是出自古代罗马诗人贺雷西的《讽刺诗集》第一卷第四首中的一句:“诗人的分散的肢体。”

马克思在这里引用这句诗,来形容以私有制为基础的商品生产条件下无数为私有制所隔离的、独立的私人生产。但是,这种商品生产条件下的具有分工的整个社会生产机体,却正是由这种无数的独立的私人生产所构成,因而生产什么、生产多少,完全是盲目的。

40. 莎士比亚《雅典的泰门》〔155〕

《雅典的泰门》一剧,大约是莎士比亚在 1607 年写成的。剧中的主人公泰门是一个贵族富豪。开始时,他周围的人都向他谄媚,但当他破产后,他的“朋友们”就立刻离弃了他。于是,泰门根据自己的经验,深信人在他所生活的社会上的地位,是取决于他的权力、钱财和黄金。

马克思在这里所援引的是泰门的一段独白。它是泰门破产后隐居在森林中,因饥饿挖掘树根而突然发现一个藏金窖时说的。莎士比亚通过泰门之口诅咒黄金势力的几段话,马克思曾给予很高的评价。除了在本书中这里引用以外,马克思在《1844 年经济学和哲学手稿》中和《德意志意识形态》中也都引用过,指出:“莎士比亚把货币的本质描绘得十分出色。”①“金钱是财产的最一般的形式,它与个人

① 《马克思恩格斯全集》第 3 卷,北京,人民出版社,2003 年,第 2 版,第 361 页。

的独特性很少有共同点，它甚至还直接与个人的独特性相对立，关于这一点，莎士比亚要比我们那些满口理论的小资产者知道得更清楚”①，因为货币取消了忠与不忠、爱与恨、有德与缺德等等的界限，所以马克思在这里诙谐地说：“货币作为激进的平均主义者把一切差别都消灭了。”

41．抓着普路托的头发把他从地心里拖出来〔156〕

普路托是希腊神话中的地府之神，又名哈德斯。在古代希腊人的心目中，他是司管死亡之神，也是司管财宝之神。据说他拥有地下全部资源，能使植物生长，并能给人们带来财富。在古希腊文中，“普路托”一词是“财富”的同义语。古希腊作家阿泰纳奥斯在他的《哲人宴》中就曾说过：“贪婪想把普路托从地心里拖出来。”马克思巧妙地借用这个说法来形容资本主义社会是一种贪得无厌的、以发财致富为目的的社会。

42．货币贮藏者不断地从事息息法斯式的积累劳动〔156〕

息息法斯是古代希腊神话中的人物。据说，他原是科林斯地方的国王，由于不敬神，死后被罚在地狱里做苦工——推滚一块巨石上山。他费力气推着这块巨石上陡坡，但每当接近山顶时，这块巨石就从他手中滑下来，滚落在平地上，他不断反复地往上推滚，又不断地落下。息息法斯就是这样永远做着做不完的繁重和艰巨的劳动。

马克思在讲到货币作为贮藏手段时指出：“货币的这种量的有限性和质的无限性之间的矛盾，迫使货币贮藏者不断地从事息息法斯式的积累劳动。”意思是说：货币从质的方面看，是一般等价物，可以转化为任何一种商品，因此可以把它当作物质财富的一般代表来追求。但是，从量的方面看，每一个现实的货币额都只是一定量社会劳动的社会化身，只是作用有限的购买手段。因此，货币贮藏者为了无止境地追求货币财富，只有不断地阻止货币的流通，不让货币当作消费品的购买手段，不断地“为了金偶像而牺牲自己的肉体享受”。就像息息法斯那样做着永远做不完的繁重而艰巨的积累活动。

43．行过内部割礼的犹太人〔180〕

按照犹太人的习俗和教礼，必须割除阴茎的包皮。据说实行过这种仪式，就变成心身洁净的人。

马克思用“行过内部割礼的犹太人”来形容资本家心目中的商

---

① 《马克思恩格斯全集》第3卷，北京，人民出版社，1960年，第1版，第254页。

品。在资本总公式（G－W－G′）中，货币不像在货币贮藏的情况下那样，是与商品势不两立的（用货币购买商品，即意味着货币贮藏的绝对减少）。资本家用货币购买商品，不仅不会使货币减少，而且通过把商品出售还可以获得更多的货币。在这里，商品成了资本家赚钱的手段。因此，在资本家看来，无论商品在外表上是多么难看，多么难闻，但由于它可以赚取更多的货币，所以终究仍然像“行过割礼的犹太人”一样，是洁净无瑕的。

44. 作为圣父同作为圣子的自身区别开来〔181〕

在基督教的教义中，有圣父、圣子和圣灵“三位一体的神”的教条，三者实际都是指耶稣：对于上帝来说，耶稣是圣子；对于教徒来说，耶稣是圣父；对于教徒能得到启示与灵感来说，耶稣是圣灵。

马克思在这里用耶稣“作为圣父同作为圣子的自身区别”来比喻资本“作为原价值同作为剩余价值的自身区别”。我们知道，货币是每一个价值增殖过程的出发点和终结点，它完成了G－W－G′这一流通过程之后，仍然出现在货币形式上，但表现为更多的货币，是一个已经包含有剩余价值的货币。但是，这种关系正像耶稣作为圣父同作为圣子不能区别开来一样，资本作为原价值和作为剩余价值都表现为一个东西，即货币。正如马克思在这里所指出：“这是因为预付的100镑只是由于有了10镑剩余价值才成为资本，而它一旦成为资本，一旦生了儿子，并由于有了儿子而生了父亲，二者的区别又马上消失，合为一体——110镑。”

45. 资本的常见的、所谓洪水期前的形态〔191〕

洪水期是圣经《创世纪》中的神话。据说，亚当和夏娃的后裔除挪亚以外，在世上犯了许多罪恶。因此，上帝后悔造人，就降了40天的大雨，洪水泛滥，把世上万物都淹没了。只有挪亚及其一家和所带飞禽走兽，因事先得到上帝的暗示，躲在一只方舟里，才避免了灭亡。后来世上的人和各种活物，就靠挪亚一家和所带的禽兽繁衍起来。

所谓洪水期前的资本形态，就是指资本主义以前的社会中的商业资本和高利贷资本。马克思在这里分析了资本总公式的矛盾，指出剩余价值不能靠贵卖贱买得到。因为一方所得，就是另一方所失。整个价值不会增加一个原子。但是，资本主义以前社会的商业资本的利润，确实是由贱买贵卖而来；至于高利贷资本所得的利息，也与资本主义下的借贷资本的利息不同。因此，马克思指出：“为什么我们在分析资本的基本形式，分析决定现代社会的经济组织的资本形式时，开始根本不提资本的常见的、所谓洪水期前的形态，即商业资本和高利贷资本。”

46. 这里是罗陀斯，就在这里跳跃吧！〔194〕

出自《伊索寓言》。相传《伊索寓言》是公元前6—前5世纪古希腊的一个奴隶伊索写的。书中有一个关于说大话的人的故事：有一个人平时喜欢吹嘘，有一次当他旅行回来后，说自己在别的城市屡次参加竞赛，在罗陀斯岛跳得很远很远，没有一个奥林匹克选手能够赶上他。他还对人说，如果你们到那里去的话，那里的人们可以为我作证。当时有一个人就对他说：“喂！朋友，假若这是真的，也不要什么见证，因为这里就算是罗陀斯岛，你就在这里跳跃吧！”这个故事是说：用事实容易证明的事情，说话都是多余的。

马克思在分析资本总公式时，得出了这样的结论：“资本不能从流通中产生，又不能不从流通中产生。”马克思借用伊索寓言中的这个说法，意思是说：这就是问题的关键或症结所在。犹如“这里是罗陀斯，就在这里跳跃吧”一样，往下的分析就从这里入手吧。

47. 那里占统治地位的只是自由、平等、所有权和边沁〔204〕

这里所说的“边沁”，是指边沁的“功利主义”理论。耶利米·边沁（1748—1832年），是英国资产阶级庸俗经济学家、社会学家，“功利主义”理论的鼓吹者。所谓“功利主义”，是一种唯心主义的伦理道德学说。它把个人利益看成是人类行为的基础。还在18世纪，法国唯物主义者就提出过这种思想。他们的这种观点是用来反对封建教会的，因而在当时具有进步意义。但是后来，却被庸俗化了。边沁把狭隘的个人利益、露骨的利己主义说成是人类道德行为的主要动机，说成是人类生活所有领域的指导原则。在他看来，社会不过是追逐个人利益的各个个人的总和，而有益于个人的也有益于社会。实则，边沁是把资产者视为标准的人，把资产者的利益说成是社会的利益。

资产阶级经济学家利用边沁的功利主义理论来为资本主义辩护，断言资本主义社会中劳动力的买卖关系也是一种权利平等的、互惠互利的关系。但实际上，在资本主义制度下，工人被剥夺得一无所有，为了不致挨饿，只能把自己的劳动力出卖给资本家，替资本家做工。但仅从流通领域的表面上看，这里存在的似乎也是资本家与工人之间的平等的交换关系：一个愿卖，一个愿买；每个人都是只为自己的私利打算：资本家为了赚钱，工人为了谋生，结果达成了使双方目的都能得到实现的交易。因此，劳动力买卖这个领域，就被资产阶级说成是所谓平等、自由等“天赋人权”的伊甸园。其实，劳动力买卖中的这些表面现象，掩盖了资本家对工人的剥削和奴役。

48．辛辛纳图斯耕种自己的几亩土地〔215〕

鲁克斯·奎因图斯·辛辛纳图斯（约生于公元前519年），古代罗马的将军、贵族。传说他在生活上非常简朴，并且亲自在小块园地上从事耕种。因此，古代罗马人把他看成为人忠勇和生活俭朴的典型。

马克思在这里指出，劳动过程中能够创造使用价值，这在任何社会中都存在。人们不能根据某种物品（如小麦）的使用价值，知道它是谁创造的：是奴隶生产的，雇佣工人生产的，还是在辛辛纳图斯耕种自己的几亩土地的情况下生产的。

49．这是他的家庭医生麦克库洛赫早已给他开好的药方〔224〕

约翰·雷姆赛·麦克库洛赫（1789－1864年），英国庸俗经济学家。他特别热心地宣扬资本主义制度下不可能产生普遍的生产过剩危机的"理论"。他参加了1818－1819年开始的萨伊、李嘉图对西斯蒙第、马尔萨斯的关于实现和危机问题的大辩论。但是，麦克库洛赫的锋芒主要是指向空想社会主义者欧文的，因后者认为危机是资本主义无政府状态的必然产物。

早在1819年10月，麦克库洛赫便匿名在《爱丁堡评论》上发表了一篇文章，重复了萨伊、李嘉图的关于卖就是买，买就是卖，买卖必然平衡的论点。他说："需求和供给不过是两个相关联的并可以互相代替的词。一种资料的供给规定了对另一种资料的需求，例如，对一定数量农产品的需求是在有一批生产费用完全相等的工业品要同它交换的时候发生的；另一方面，对一定数量工业品的实际需求，也是在有一批引起同样费用的农产品要同它交换的时候发生的。"他把商品流通归结为生产物的直接交换，即把W－G－W和W－W看成是一个东西，这样就完全抹煞了资本主义在商品实现中不能解决的矛盾和必然爆发的经济危机。

因为麦克库洛赫把资本主义下的商品流通归结为生产物的直接交换，所以也就把资本家打扮成一群小生产者，好像资本家追求的只是使用价值，好像他们不过对皮鞋、帽子、鸡蛋、棉纱等平常的使用价值有兴趣。因此，照麦克库洛赫的说法，为了防止生产过剩危机的爆发，资本家可以采取更简单的方法，即他们以后只要生产自己需要的东西就行了。但这样一来，资本家的剩余价值又从何来？因此，这里我们不难看出，资本家的"家庭医生"为防止危机所开的药方，其实不过是自欺欺人罢了。

50．这正是他发笑的原因〔226〕

这是马克思套用了歌德的《浮士德》第一部第三场“浮士德的书斋”中的一句话。据描写，浮士德把在郊外遇到的一条由恶魔靡菲斯特斐勒司变成的黑狗带到自己的书斋，黑狗乱吠不已，浮士德说：

“彪犬，你不要乱哼吧！
神圣的音调捉着了我全部的灵魂。
野兽般的叫嚣和它不能相称，
自己不知道的便要发笑。
本来是美好的总不以为美好，
这本是人们一般的习惯；
你们狗儿为什么也和人一样的麻烦？”

马克思套用浮士德的话，来讥讽资本家。资本家用货币购买了工人的劳动力，让工人进行生产。工人不仅再生产了劳动力的价值，而且还为资本家生产了剩余价值，从而使货币转化为资本。资本家在购买工人劳动力时，就已知道工人劳动力所创造的价值要大于劳动力本身的价值。因此，这同浮士德所说的不同，浮士德认为人们的习惯是不知道美好时才发笑，而资本家发笑的原因，却是因为他早就知道了对他来说是十分美好、即有利可图的事。

51. “在这个最美好的世界上，一切都十全十美”〔227〕

出自法国作家伏尔泰(1694－1778 年)的小说《老实人》。弗朗斯瓦·玛丽·伏尔泰(1694－1778 年)，法国的哲学家、讽刺作家、历史学家，18 世纪资产阶级启蒙运动的著名代表人物。据《老实人》的描写，小说的主人曾住在威斯发里地方的一个男爵的官邸里，当时有一个“博学的大师”邦葛罗斯在那里教学。邦葛罗斯是一个“世界上最伟大的哲学家”，具有一种与生活矛盾相妥协的乐观主义哲学。他说：“显而易见，事无大小，皆系定数，万事皆既有归宿，此归宿自必为最美满的归宿。岂不见鼻子是长来戴眼镜的吗？所以我们有眼镜；身上安放两条腿是为穿长袜的，所以我们有长袜；……猪是生来给人吃的，所以我们终年吃猪肉……”总之，“在这个最美好的世界上，一切都十全十美”。老实人对此信以为真。但是，真实却完全相反，老实人和邦葛罗斯一生的痛苦经历，恰恰成了这种观点的有力的讽刺。

马克思在分析了剩余价值的生产过程亦即资本的价值增殖过程之后，引用了“在这个最美好的世界上，一切都十全十美”这句话。其目的在于说明：单从形式上看，这似乎并不违反商品交换的规则，“这种情况对买者是一种特别的幸运，对卖者也绝不是不公平”。但在实际上却隐藏着资本家对工人的残酷剥削。所以，这里的所谓“在这个最美好的世界上，一切都十全十美”，只不过是对资产阶级经济学的一种讽刺。

52. 用“好像害了相思病”的劲头开始去“劳动”〔227〕

“好像害了相思病”，出自歌德的《浮士德》第一部第五场“莱比锡城的奥尔巴赫地下酒店”。据描写，有一群快乐的朋友在酒店中聚饮，他们狂歌狂饮。有一个叫白朗德的人，拍桌子高叫：“注意！注意！倾听着我！……听啊！是一曲新制的歌词！叠句的地方要请好生合唱！”“好像害了相思病”，就是白朗德所唱的歌词中的一句叠句。人们随着白朗德每唱罢一段落，就使劲欢唱“好像害了相思病”。马克思套用这句话，是用来说明“资本”剥削劳动、榨取剩余价值的无限冲动，“好像害了相思病”的人一样。说资本用“好像害了相思病”的劲头去“劳动”，则是一种反讽，其实就是用这样的劲头去剥削的意思。

53. 伯明翰的“小先令派”〔269〕

伯明翰的“小先令派”，是观念的货币计量单位学说在19世纪英国的复活。

观念的货币计量单位的学说，是以货币作为价值尺度只是在观念上转化为黄金这一现象作为出发点的。它断言，英镑、先令、便士等货币名称不是指金银的重量部分或某种对象化劳动，而是指观念上的价值原子。根据这种学说，如果一盎司银的价值提高了，那么它所包含的观念上的价值原子也就更多了，因此它就应当算成和铸成更多的先令。

观念的货币计量单位学说，早在17世纪末英国威廉三世时代就已出现。当时，英国1盎司银的造币局价格是5先令2便士，但是每盎司银的市场价格却从5先令2便士上升到了6先令3便士，即从市场上购买1盎司银必须付6先令3便士。造成这种情况的原因是：当时流通着的560万镑银币中，有400万镑遭到了磨损和刮削，但是造币局仍然依照同样的标准铸造，这就引起了混乱，于是决定来一次普遍的重铸。当时英国财政大臣朗兹肯定地说，1盎司银的价值已经增高，因此今后1盎司银应该铸成6先令3便士。朗兹的这种错误理论是为一定的实际目的服务的，也就是他企图用这种变轻了的“先令”偿还国债。因此，正如马克思所指出：“朗兹实际上是维

护金属含量，虽然在理论上是坚持计算名称。”（《政治经济学批判》）①

在19世纪英格兰银行停止银行券兑现时期，货币理论繁多。银行券的贬值以及黄金的市场价格高于造币局价格，使银行的辩护人重新提出了观念的货币计量单位学说。当时伯明翰银行家托马斯·阿特伍德以朗兹转世的姿态出现。他主张债权人在契约中名义上借出多少先令，就应该在名义上收回多少先令。不过，如果按照从前的铸币含金量把大约1/78盎司黄金称作1先令，那么现在应该比如把1/90盎司黄金称作1先令。因为阿特伍德提出了这种降低英国货币单位含金量的方案，所以他和他的门徒就被称为伯明翰的“小先令派”。阿德伍德提出“小先令”货币改革方案的目的，在于反对当时政府企图用减少流通中货币量来稳定货币流通的措施。同时，阿特伍德也像朗兹一样，企图用贬值的货币来偿付国债和私人债务，使国库和获得大量货款的资本家取得巨大利益。

从1819年开始的关于观念的货币尺度的争论，到1845年仍然在罗伯特·皮尔与阿特伍德之间进行着。但是，因为皮尔与“小先令派”一样不理解货币的本质，所以会提出“什么是一镑？”这个问题来。

54. “贪婪的吝啬鬼不放心地监视着自由短工……”〔270〕

出自尼·兰盖《民法论》。西蒙·尼古拉·昂利·兰盖（1736—1794）法国律师、历史学家和经济学家。他的主要著作是《民法论，或社会的基本原理》。如马克思所指出的：“兰盖并不是社会主义者。他反对他同时代的启蒙运动者的资产阶级自由主义理想，反对资产阶级刚刚开始的统治，他的抨击半是认真半是嘲弄地采取反动的外观，他维护亚洲的专制主义，反对文明的欧洲形式的专制主义，他捍卫奴隶制，反对雇佣劳动。”②

兰盖在他的《民法论》中谈到资本主义制度下的雇佣工人时说：“必须弄清奴隶制的废除实际上给他们带来了什么利益，我要沉痛而直率地说：这全部利益就是他们永远经受着饿死的恐怖，这种不幸，至少他们的处于人类社会这一底层的先辈是没有遭受到的。”“当需要他的时候，人们就用最低的价钱雇用他。……人们叫监工督促他

① 《马克思恩格斯全集》第31卷，北京，人民出版社，1998年，第2版，第471页。

② 《马克思恩格斯全集》第26卷Ⅰ，北京，人民出版社，1972年，第1版，第367页。

尽快劳动；人们催他、赶他，唯恐他想出一种偷懒的法子来少花一半力气，人们生怕他想要拉长劳动时间就会使他的手变得不灵巧，会把他的工具弄钝。贪婪的吝啬鬼不放心地监视着他，只要他稍一中断工作，就大加叱责。只要他休息一下，就硬说是偷窃了他。工作一完，他就被解雇……”①

55．魁奈用来为难他的论敌……的那个矛盾〔372〕

出自魁奈的著作《关于手工业者劳动　第二次问答》(1766年)。

费朗斯瓦·魁奈(1694—1774年)是法国资产阶级古典政治经济学的主要代表人物、重农学派的创始人。如马克思所指出，重农学派的一个主要功绩，就是他们“把关于剩余价值起源的研究从流通领域转到直接生产领域，这样就为分析资本主义生产奠定了基础”②。但是，无论是魁奈，或者重农学派的其他代表，都不认为剩余价值是劳动创造的。在他们看来，表现为剩余价值的那部分产品，即他们所说的“纯产品”，是农业收获量扣除生产费用以后的余额。他们断言，“纯产品”是“自然界的赐予”。它只有在农业中，即只有在那些实现着动植物自然生产过程的部门中才能产生出来，而工业部门只能改变农业所供给的原料的形式。

魁奈的论点在当时曾遭到人们的反对，认为工业与农业一样也创造财富。魁奈为了难倒他的论敌，提出了这样一个矛盾：既然工人劳动所产生的财富数量取决于工业产品的交换价值，那么为什么降低工业产品的生产费用，从而降低工业产品的价格又有利于工业劳动者呢？在魁奈看来，在他的理论体系中这个矛盾是不存在的。因为他认为财富就是一定数量的物质形式，即实物形式的产品，所以在农业收获量不变的情况下，生产费用愈低，即“纯产品”数量愈大。由于魁奈的论敌不懂得相对剩余价值的生产，所以无法回答魁奈提出的这个难题。

56．重农学派的劳动的“必要价格”〔617〕

重农学派的创始人弗朗斯瓦·魁奈在分析“纯产品”(即剩余价值)的数量问题时，曾谈到工资问题。按照魁奈的意见，“纯产品”是产品价值超过该产品的生产费用的余额。但是，魁奈认为，只有农业才提供“纯产品”，而农业中的生产费用则是由种子和工人的维持费所构成。“纯产品”的多少以工资的多少为转移。魁奈把工资看作一

① 《马克思恩格斯全集》第26卷Ⅰ，1972年版，第370—371页。

② 《马克思恩格斯全集》第26卷Ⅰ，1972年版，第19页。

个已知量，即把工资归结为维持工人生活的最低限度的生活资料；这就是重农学派所说的劳动的“必要价格”。魁奈把工人出卖的说成是劳动，其实乃是劳动力，而工人最低限度的生活资料则是劳动力的价值。把劳动力的价值看成是一个确定的量，对于分析“纯产品”是很重要的。当然，他把工资这个可变量看作不变量，那是错误的。但这并不影响他的结论的抽象的正确性：因为劳动力的价值是一个确定量，所以不论是大或是小，劳动力的价值与劳动力所创造的价值之间只要有一个差额存在，这个差额就是所谓“纯产品”，也就是剩余价值。

重农学派关于工资的理论在杜尔阁的手中，得到了发展。杜尔阁不仅把工资归结为工人最低限度的生活资料，而且还说明了为什么是这样的道理。他说：“雇主既有为数众多的工人可供选择，当然尽先雇用讨价最低的工人。因此，工人们必然竞争着减低自己的劳动的价格。在这种情况下，每个行业都必须树立，而且实际已在树立一种秩序，即工人的工资应只限于维持生存所必要的最低生活资料。”因此在杜尔阁看来，确定工资的决定性因素是工人的过多和竞争。他虽然未能解释为什么劳动市场上供给总是大于需求，但是他却揭露了使工资降低到工人最低限度生活资料的原因。

57. 亚当·斯密的劳动的“自然价格”〔617〕

亚当·斯密认为工人和资本家之间的关系是一种商品买卖关系，工人出卖的是劳动，而工资则是劳动的价格。按照斯密的意见，劳动和其他商品一样，也有“自然价格”和“市场价格”的区别。劳动的市场价格，由于供求关系的影响，围绕着自然价格上下波动。如果供求平衡的话，那么劳动价格就停止波动，而市场价格就等于自然价格。他认为，就短期来看，劳动的价格是上下波动的，但从长期来看，劳动价格上下波动可以互相抵消，均衡为一个平均价格。这个平均价格就是劳动的“自然价格”。

在斯密看来，劳动的价格是以再生产劳动的费用来决定的，而再生产劳动的费用就是维持工人所必需的生活资料的价值。因此，斯密所说的劳动的“自然价格”，实际上就是劳动力的价值。斯密就是这样曲曲折折地绕了很大的圈子转到了劳动力价值如何决定的问题上。但是，斯密的混淆不清却为后来的庸俗政治经济学找到了借口，它们抓住“工资是劳动的价值”这一说法，断言工资是劳动的全部报酬，因此资本家的利润同工人的劳动没有丝毫关系，从而否定了资本家对工人的剥削。

58. 古典政治经济学……毫无批判地采用“劳动的价值”、“劳动的自然价格”等等范畴，把它们当作所考察的价值关系的最后的、适当的用语，结果就……陷入了无法解决的混乱和矛盾中，同时为庸俗经济学的在原则上只忠于假象的浅薄性提供了牢固的活动基础〔617〕

在资本主义制度下，劳动力成为商品，工人把自己的劳动力出卖给资本家，从资本家那里得到工资。因此，工资是劳动力的价值或价格的转化形式。但是从资本主义社会的表面现象来看，工人出卖的似乎不是劳动力而是劳动，工资则似乎是劳动的价值或价格，即对一定量劳动所支付的一定量货币。十分明显，劳动力的价值或价格是表明资本主义条件下工资运动的本质关系，而劳动的价值或价格则仅仅是现象形态。

古典政治经济学近似地接触到工资这个范畴所反映的真实关系。例如亚当·斯密认为，工资仅仅是劳动生产物的一部分，并把工人和资本家之间的关系看成是一种商品的买卖关系。但是，他把工人出卖给资本家的商品归结为劳动。因此，劳动像其他商品一样，也应该有价值或“自然价格”。“劳动的价值”或“劳动的自然价格”是什么呢？整个古典政治经济学始终只在这个问题上打转转，没有办法解决。马克思曾指出：他们所说的劳动的价值，实际上就是劳动力的价值。但是，他们没有意识到这一点，而是采用了“劳动的价值”、“劳动的自然价格”等概念，来表明工资的真实关系。

把劳动力的价值或价格同劳动的价值或价格混淆起来，似乎工人出卖的是劳动，而工资则是出卖劳动所得的报酬，这样就掩盖了资本主义的剥削关系。庸俗政治经济学正是抓住了这一点，并加以继承和发挥，说什么在生产过程中，工人支出劳动得到工资，资本家支出资本得到利润，地主支出土地得到地租。于是，资本主义的剥削就在这种说法中化为乌有。

59. “我给，为了你给；我给，为了你做；我做，为了你给；我做，为了你做”〔620〕

马克思在这里引用的是罗马法中的契约关系的四种公式。

在资本主义生产方式下，由于工资这个形式，使资本家和工人之间的交换，在现象上表现为资本和劳动的交换，似乎两者的关系完全符合法权上的对等关系，犹如罗马法中契约关系的四种公式一样。其实，资本家向工人购买的不是劳动而是劳动力，劳动力所创造的价值大于劳动力本身的价值，这个差额部分就是剩余价值。因此，在资本主义雇佣劳动制度下，工资这种货币关系，掩盖了资本家对工人的无偿劳动的占有。

60. 这种发自内心的叫喊使人想起了宫廷侍卫长卡尔布(664)

卡尔布是席勒的悲剧《阴谋与爱情》中的一个人物。弗里德里希·席勒(1759—1805年)，德国的作家。他在《阴谋与爱情》第三幕第二场中有这样一段描写：德意志的一个邦君的宰相准备搞阴谋，要卡尔布参加，但最初遭到了拒绝。于是，宰相就以辞去宰相职务相威胁，因为宰相如果辞职，那么卡尔布也要被免职，所以卡尔布吓得要死，拼命叫喊："那我呢？——您说得倒好，您！您是一个有学问的人！可是我呢——我的上帝！如果殿下免我的职，那我怎么办呢？"

马克思在这里用卡尔布的形象，来比喻英国资本家艾德蒙·波特尔。当时英国由于棉花的供应来源减少，大批纺织业工人遭到失业。工人们要求通过国家援助和捐款办法，把失业工人迁往英国的殖民地或美国。波特尔反对这种要求，认为工人是资本家的活的机器，失业工人应当留在国内，等待纺织业的重新发展，以便随时可以为资本家生产剩余价值。他说："如果鼓励或允许劳动力迁往国外，那资本家怎么办呢？"因为波特尔同卡尔布一样，都是出自一己的私利，所以马克思讽刺波特尔说：这种发自内心的叫喊使人想起了宫廷侍卫长卡尔布。

61. 撒巴拉神牛和丘比特〔665〕

撒巴拉神牛，出自印度宗教神话。在印度教中，撒巴拉神牛被奉为财富和土地之神，成为印度教徒所礼拜的一个偶像。

丘比特是古代罗马神话中的爱神。据说，他有一次在天空巡行，路经海滨草地的上空，忽然看见一个名叫欧罗巴的绝色少女，顿生爱慕之心。于是他便摇身一变，变成一头大公牛，混杂在草地上的牛群中，丘比特变成的牛，十分美丽、洁白和驯良，博得了少女的欢心，她抚摸它，并骑上牛背去放牧。但是，当欧罗巴刚跨上牛背时，丘比特变成的牛就施展神法，腾云驾雾而去。

1866年的英国，正是代表土地贵族的托利党得比内阁执政时期。当时因为牛瘟流行的损失，地主们在议会开会时，为了要求"赔偿"，大吵大闹，而议会也就破坏议会的体统，竟然批准了用作"赔偿"地主们损失的巨额支出。因为那些百万富翁地主们借口牛瘟获得了巨额"赔偿金"，因为议会中像牛般大吼大叫，所以马克思在这里讽刺这帮地主说："即使不是印度教徒也可以礼拜撒巴拉神牛，即使不是丘比特也可以转化为牛。"

62. 亚伯拉罕生以撒，以撒生雅各等等的老故事〔671〕

出自《新约全书·马太福音》第一章。亚伯拉罕是圣经传说中的古代犹太人的族长。《马太福音》叙述了亚伯拉罕的后代是如何繁衍的："亚伯拉罕生以撒，以撒生雅各，雅各生犹大和他的弟兄，犹大从他玛氏生法勒斯和谢拉，法勒斯生希斯仑……"终于产生了整个古代犹太民族。

马克思用这个说法来比喻剩余价值的资本化。资本家无偿地占有工人创造的剩余价值，资本家把剩余价值的一部分用作满足自己的消费享受，其余部分再投入生产即转化为资本。这种新的资本又会产生出新的剩余价值，而新的剩余价值的一部分再转化为资本。这样类推下去，就像亚伯拉罕生以撒，以撒生雅各等等，资本家的资本依靠剩余价值的资本化愈来愈大。

63. 蒲鲁东提出永恒的商品生产所有权规律同资本主义所有制相对立，想以此消灭资本主义所有制……〔678〕

小资产阶级经济学家蒲鲁东既反对资本主义，又反对社会主义和共产主义，要求保存和巩固小商品生产。他攻击资本主义的私有财产，赞扬他称为"个人占有"的商品生产的小私有制。他说："个人的占有是社会生活的条件；五千年的占有制说明了这一点。私有制是社会的自杀。占有是一种权利；私有制是反对权利的。如果你们取消私有制而保留占有，那么你们只需通过原则上的简单的变动，就可以改革法律、政治、经济和制度；你们就可以把祸害从地球上驱逐出去。""用我们的生产品去换取别的生产品，这是一种需要。得到等值的交换，这是一种权利"；"商业上的必要条件是双方订约人的自由和交换品的等值性"；"只能用产品来购买产品。现在，既然一切交换的条件是产品的等值性，所以利润是不可能的，并且是不合乎正义的。如果你们遵守经济学上的这条最基本的原理，那么贫困、奢侈、压迫、邪恶、犯罪和饥饿将一起在我们之中趋于消失。"①

在所有制问题上，蒲鲁东十分明显地表现了资本主义条件下小资产者的意图和愿望。他们对于私有财产既咒骂又称赞，咒骂私有制造成不平等的和富人奴役穷人的现象，称赞私有制给人以独立和自由。蒲鲁东毕生努力于解决"废除私有财产而保存占有"的问题，换句话说，就是想要废除资本主义所有权而保存商品生产的所有权。

---

① 普鲁东：《什么是所有权》，孙署冰译，商务印书馆，1963年版，第337—338、341—342页。

他认为，实现这个方案的条件就是给劳动者以无息贷款。

蒲鲁东这种看法和主张，当然是自欺欺人的幻想。马克思指出，商品生产和资本主义生产并不是截然对立的两种体系，其实资本主义生产就是在商品生产基础上发展起来的。“商品生产按自己本身内在的规律越是发展成为资本主义生产，商品生产的所有权规律也就越是转变为资本主义的占有规律。”因此，蒲鲁东想保存商品生产所有权，并由此来废除资本主义所有权，是根本不能实现的空想。

64. 亚·斯密、李嘉图等人甚至错误地把积累同剩余产品中整个资本化的部分由生产工人消费或转化成追加的雇佣工人混为一谈〔709〕

见亚当·斯密的《国民财富的性质和原因的研究》第2篇第3章，李嘉图的《政治经济学和赋税原理》第三版第8章。

亚当·斯密是英国资产阶级古典政治经济学的主要代表之一。他的观点形成于18世纪上半期，反映出英国资本主义工场手工业时期的特点。

18世纪上半期，英国仍然是以手工技术为基础的工场手工业占统治地位的国家，因而资本积累的迅速增长引起了工资的急剧提高。亚当·斯密为这种现象所迷惑，误认为用作积累的利润完全花费在工资上面。他说：“因为图利而直接转化为资本的每年节省下来的部分，当然会同时被人消费，但消费的人，是生产工人、创造者、手工匠。”

斯密正确地理解到用作积累的那部分利润同用作消费的那部分利润之间存在着区别：前者是由生产劳动者消费的，后者是由不生产者消费的。但是斯密的错误也就由此开始。如马克思指出：“亚·斯密使人们形成一种流行的看法，把积累仅仅看成剩余产品由生产工人消费，或者说，把剩余价值的资本化仅仅看成剩余价值转变为劳动力。”①

实际上，资本的积累不仅仅意味着追加雇佣工人，而且也意味着需要追加生产资料。斯密则“忘记了”不变资本。诚然，在工场手工业时期，资本有机构成是非常低下的，但就在当时，不论旧的资本或新追加的资本也决不仅仅由v构成的，而是由v+m构成的。

李嘉图接受了斯密的这个错误观点，也断言“加入资本的那部分收入，是由生产工人消费的”。至于从商品价值中“忘记了”不变资

---

① 参见《资本论》第1卷，北京，人民出版社，2004年，第2版，第680页。

本，则几乎成为后来所有资产阶级经济学家都犯的错误。

马克思在《资本论》第1卷第22章第2节中曾批判了斯密和李嘉图等人的这种错误见解。

65. 亚当·斯密的学生弗·莫·伊登爵士〔711〕

弗雷德里克·莫尔顿·伊登(1766—1809年)，英国资产阶级经济学家亚当·斯密的信从者，他的主要著作是《贫民的状况，或英国劳动者阶级从征服到现在的历史》(1797年)。

18世纪末的英国，由于大机器工业的出现和发展，引起了大批小生产者的破产和劳动群众状况的恶化。当法国大革命的影响波及英国时，劳动群众贫困化问题愈益成为尖锐的社会问题，各阶级代表都试图从自己的立场出发来阐述这个问题。伊登的关于贫民状况的著作就是在那个时期发表的。

伊登把资本主义制度下一部分人剥削另一部分人的现象的原因仅仅归结于“文明和秩序”和“制度”。他说：“在我们这个地带，为了满足需求，就需要有劳动，因此，社会上至少有一部分人必须不倦地劳动…… 但是一些不劳动的人却支配着勤劳的产品。这些所有主所以能够如此，仅仅归因于文明和秩序；他们纯粹是市民制度的创造物”。对此，马克思批判道：“伊登爵士应当问一下：‘市民制度’又是谁的创造物？他从法律幻想的观点出发，不是把法律看作物质生产关系的产物，而是相反，把生产关系看作法律的产物。”

另一方面，伊登又主张，“对穷人适宜的，不是使他们处于卑贱的或奴隶般的地位，而是使他们处于安适和宽松的从属关系，对拥有财产的人来说，他们则应当对于为他们劳动的人拥有充分的影响和权威…… 每一个懂得人类天性的人都知道，这样一种从属关系是工人自身安乐所必需的”。

可见，伊登的主张，一方面仍然是代表了资产阶级的利益，主张劳动者对于资本家阶级的从属关系乃是“必需的”；但另一方面毕竟看到了劳动对于资本的从属关系，以及社会上一部分人不劳而获的事实。所以马克思拿伊登爵士与马尔萨斯等人相比，指出：“顺便提一下，在亚当·斯密的学生中，只有弗·莫·伊登爵士在18世纪有过某些重要的成就。”

66. “要把邱(丘)比特的箭弄钝的各种障碍”〔712〕

丘比特是古代罗马神话中的恋爱之神，他有火与箭两种武器，都是制造爱情的工具。据说，谁要是被他的箭射中，就会在心中燃起爱情之火，沉迷不能摆脱。后来，人们把丘比特的箭看作是传播爱情、男女结合的象征。

在这里，唐森牧师所谓的“要把丘比特的箭弄钝的各种障碍”，就是指新教的牧师们在向工人阶级进行不结婚和节制生育的说教时，所遇到的障碍。而在18世纪末，英国庸俗经济学家以新教牧师马尔萨斯为代表提出了反动的人口理论，企图为资本主义制度下工人阶级的贫困化和失业现象辩护和推脱责任。他们一方面用所谓的“人口原理”向劳动者宣传不结婚、节制生育；另一方面却抛弃了天主教即旧教关于教士终身不结婚的教令，主张自身人口的繁殖是圣经的特殊使命。因此，马克思讽刺地说：“要把丘比特的箭弄钝的各种障碍”这个问题，都是由新教教会的老爷们所垄断，也就是说：这些牧师们垄断着人口的繁殖。

67. 用数学上的术语来说：积累量是自变量，工资量是因变量，而不是相反〔715〕

在数学的函数关系中，保持不变的数量，称为常量(或称常数)；可以有各种不同数值的数量，称为变量(或称变数)。同时，各变量间还存在区别：其中一些变量，我们可以给它设以任意数值；而另外一些变量，则是同前一个变量有一定关系的数值。在不同变量里，其数值可以任意变动的，称为自变量或变量；另外一些变量，它的数值随着自变量的数值而变化，称为因变量或变量的函数。

马克思在这里从数学上的自变量和因变量关系的角度，来说明积累量与工资量之间的关系。在资本有机构成不变的条件下，资本积累的迅速增加，势必相应地引起对劳动力需求的增长。当资本对劳动力的需求超过劳动力通常的供给时，资本积累就会引起工资的提高。但是，工资的提高，过于“侵害”到资本家的利润，削弱了资本家增加积累的刺激时，资本积累就会激剧地减退下去。随着资本积累的减退，资本对劳动力的需求也就会迅速减少，从而引起工资的降低。因此，工资量的变动是依赖于资本积累的变动的，从数学的角度或“术语”来描述它们的关系，就是“积累是自变量，工资是因变量，而不是相反。”

但是，应当指出，数学中的函数关系并不等同于现实中的因果联系。函数关系中的自变量和因变量是可以互相变化或颠倒的，即不是在任何时候，一个变量永远是自变量，而另一个变量永远是因变量。至于资本积累与工资水平之间的关系，则在任何时候都是资本积累的变动决定工资水平的变动，而不是相反。

68. 恰如其分地以一个老处女的姿态〔731〕

这是影射资产阶级经济学家马提诺。哈里埃特·马提诺(1802—1876年),英国资产阶级女作家、庸俗经济学家。她早年研究神学,后来从事政治经济学和统计学的研究。她的主要著作是《政治经济学解说》(1832—1834年),“曼彻斯特的罢工(一个故事)”是其中的一部分(第七例)。她是马尔萨斯的反动人口论和边沁的庸俗经济学的宣扬者。

马提诺竭力散布马尔萨斯的“人口论”,认为工人失业不是资本主义制度所造成的,而是自然规律的结果。她完全以资本家的口吻说,“我们”资本家想尽了一切办法发展生产,是为了“增大你们(指工人)必须借以生存的资本”,即为工人做了好事。在她看来,资本积累所带来的工人失业,似乎不是资本家的责任。她说:那些其余的事情就应当由工人自己负责。因为生存资料有限,所以必须设法“去使你们(指工人)的人数同生存资料相适应”。她的这种观点是颠倒黑白,荒谬绝伦的。因此,马克思在这里讽刺地说,马提诺“恰如其分地以一个老处女的姿态,通过她的‘最理想的人’(边沁就是把资本家当作标准的人,最理想的人——编者注)资本家的嘴”,来为资本主义辩护,掩盖人口过剩问题的实质。

69. 经济学辩护论的一大业绩〔736〕

马克思在这里是指詹姆斯·穆勒、麦克库洛赫、托伦斯、西尼耳、约·斯·穆勒等庸俗经济学家所鼓吹的关于被机器排挤的工人会得到补偿的“理论”。

19世纪初,英国完成产业革命后,机器排挤工人成了一个引人注目的社会经济问题。庸俗经济学的代表是蓄意为资本主义剥削制度辩护的,他们竭力宣扬被机器排挤的工人所受的失业痛苦只是“暂时”的。按照他们的说法,机器不仅游离出来了雇佣工人,而且还游离出来了同这些工人的劳动力价值相等的生活资料。为机器游离出来的生活资料将形成资本,重新雇用那些被解雇的工人。因此,他们认为:资本与劳动迟早会再度结合,使工人所受失业痛苦得到“补偿”。

马克思在本卷第13章第6节中,曾详尽地批判了这种为资本主义辩护的庸俗的谬论。在这里,马克思再一次揭露了这种辩护论的荒谬性。我们知道,机器的采用不仅不能把一部分雇佣工人的可变资本“游离”出来,相反的却把一部分可变资本转化为不变资本,即把这一部分可变资本“束缚”在机器上。其实,庸俗经济学家在这里混同了两个东西:雇佣工人的可变资本与工人取得工资后所购买的生活资料。机器排挤了部分工人以后，社会上确实有一部分生活资料成为“多余”的，因为工人遭受失业而无能力再购买和消费这部分生活资料了。但是，这部分生活资料仅仅作为商品来同工人的工资发生交换关系。工人被机器所排挤，只是意味着对这一部分生活资料的需求消失了，同时还应当指出，由于机器排挤工人的现象加剧，对生活资料的需求大大减少时，就会引起生活资料部门的生产规模的缩减，从而产生更多的失业工人。可见，机器不仅排挤了采用机器的部门中的工人，而且还排挤了不采用机器的部门中的工人。

马克思在这里，在再一次批判关于被机器排挤的工人会得到“补偿”的谬论时指出，机器不仅排挤了采用机器的部门的工人，而且还使那些原来可以在危机过后的“繁荣”时期获得就业机会的产业后备军找不到工作，从而成为被资本主义生产“游离”出来的长期失业者。

70. 资本同它的庸俗的桑乔·潘萨〔738〕

桑乔·潘萨是西班牙作家塞万提斯的小说《唐·吉诃德》中的一个人物。他原是唐·吉诃德的邻居，他信从唐·吉诃德，在唐·吉诃德到各地行侠时，始终是唐·吉诃德的忠诚的侍从和仆人。

马克思在这里用桑乔·潘萨这个形象，来讽刺资产阶级庸俗经济学家。我们知道，失业工人的存在，会使资本家利用失业工人对在业工人实行专制，但是，当工人阶级一旦发现这一点，而企图利用工会和其他办法来把就业工人和失业工人组织起来以限制资本家的专制时，资本家和庸俗经济学家就叫嚣必须维持自由竞争来反对工人阶级的这种团结；相反的，在某些还没有形成失业大军的场合，资本家为了实现其对工人的专制，“需要”有自由竞争以外的强制干预办法时，庸俗经济学家也就忠诚地追随在资本家之后，主张放弃自由竞争原则而采用强制干预手段。因此，像桑乔·潘萨始终忠实于唐·吉诃德一样，庸俗经济学家也始终忠诚地为资本家的利益服务。

71. 把工人的妻子儿女都抛到资本的扎格纳特车轮下〔743〕

扎格纳特出自印度的宗教神话，它是装着印度教护持神毗湿奴的第八化身讫里史那偶像的巨车。每逢大祭时，这车轮巨大而沉重的车子就从庙堂中推出来，游行各处。据教徒们说，自伏地上被车轮辗死的人得往天堂。扎格纳特作为一种宗教社会力量，愚弄和统治着为贫困所迫的印度劳动人民。

马克思在这里用这个宗教仪式，来揭露资本主义制度下工人阶级的贫困化。随着资本积累的发展和资本有机构成的提高，必然产生相对过剩人口。相对过剩人口的存在，对劳动市场形成了一种压力，资本家就是经常利用这种情况，用失业来威胁工厂中的工人，任意提高工人的劳动强度，延长工人的工作日，恶化劳动条件，压低工资，使工人阶级的贫困化愈来愈加强。同时，工人由于贫困化的加强，为了维持家庭生活，不得不把自己的妻子儿女也投入劳动市场，受资本家的剥削和奴役。因此，马克思在这里指出，资本主义制度下，一切提高社会劳动生产力的方法，一切发展生产的手段，“使工人的劳动条件变得恶劣，使工人在劳动过程中屈服于最卑鄙的可恶的专制，把工人的生活时间转化为劳动时间，并且把工人的妻子儿女都抛到资本的扎格纳特车轮下”。

72. *比赫斐斯塔司的楔子把普罗米修斯钉在岩石上钉得还要牢*〔743〕

赫斐斯塔司和普罗米修斯都是希腊神话中的人物，前者是火神、灵巧的铁匠，后者是造福人类的神。

传说，普罗米修斯创造了地上各种各样的生物，也包括人类在内。他非常关怀人类的生活，他发觉人类由于没有火，以致长期处于蒙昧状态。但是，当时只有天上才有火，而它为神王宙斯所有。宙斯是很贪婪、残忍的，总想毁灭掉普罗米修斯所创造的人类。因此，普罗米修斯几次请求宙斯把火给人类，宙斯总是不答应，于是普罗米修斯就偷偷地把火盗窃到人间，交给了人类，并教人类用火来烹饪、照明、取暖、烧砖瓦、制陶器、熔化金属等等。当宙斯得知普罗米修斯盗火给人类以后，就命令赫斐斯塔司把普罗米修斯带到高加索山上，用楔子牢牢地钉在一块岩石上，并让一只神鹰啄食他的肝脏，以示惩罚。普罗米修斯被神鹰白天吃掉的肝脏，到夜间又长出来，如此不已，使普罗米修斯永远遭受苦难。

马克思用这个神话故事，来形容资本主义制度下工人所处的被剥削、被奴役的悲惨境况。我们知道，随着资本积累的发展，必然产生相对过剩人口。相对过剩人口是资本主义生产方式的必然结果，而且也是它的必要条件。资本主义生产为了自己的自由发展，需要有产业后备军，在资本积累的规模和能力迅速扩大的工业高涨时期，产业后备军的存在就可以为资本家提供足够的可雇用的工人；当生产过剩危机来临，资本积累的规模和能力缩小时，又有许多工人被赶出工厂，补充失业大军。因此，相对过剩人口或产业后备军同积累的规模和能力始终保持平衡的规律，使工人总是处在被资本家所摆布和奴役的境况之下，它“把工人钉在资本上，比赫斐斯塔司的楔子把普罗米修斯钉在岩石上钉得还要牢”。

73. 亚当·斯密称为“预先积累”〔820〕

出自亚当·斯密的《国民财富的性质和原因的研究》第二篇序论。

资本主义生产方式的发生必须有两个基本条件:(1)要有大批的无产者,他们有人身自由,但两手空空,一无所有,因此不得不为资本家工作。(2)要积累起建立资本主义企业所必需的货币财富。我们知道,在以私有制为基础的小商品生产中,会自发地产生出资本主义,但这一过程很缓慢,不适合15世纪末新的世界市场的要求。资本主义生产方式产生的那两个基本条件,是依靠最粗野的暴力、即依靠资产阶级对小生产者的生产资料的野蛮剥夺、迫使他们成为雇佣工人而形成的。马克思把生产者和生产资料的这种分离过程,称为资本的原始积累。

资产阶级经济学家为了掩饰资本家对直接生产者的掠夺,总是歪曲资本主义生产方式产生的真实历史过程。他们断言,在很古的时候就有少数勤劳节俭的人,靠自己的劳动积累了财富;另一方面有大批的懒汉把自己的全部财产挥霍净尽,成为一无所有的雇佣工人。即使资产阶级政治经济学中的进步代表,如亚当·斯密,也是这样设想的。

斯密了解到,资本家为要建立资本主义企业,除了需要有一无所有的“自由”出卖劳动力的工人以外,还需要预先积累起用来雇用工人的一定数量的资本。他把这种资本的积累称为“预先积累”。他说:“按照事物的本性,资财的蓄积,必须在分工之前。”要“大大改进生产力,预蓄资财是绝对必要的”。但是,这种积累是怎样进行的呢?斯密的回答是:“资本增加的直接原因是节俭,不是勤劳。诚然,未有节俭以前,须先有勤劳,节俭所积蓄的物,都是由勤劳得来。”①

斯密像后来的庸俗经济学家(如西尼耳之流)一样,实际地认为资本家是由他的节俭和勤劳来“创造”资本和利润的。但是也应当指出,斯密与后来的西尼耳之流仍然有不同的地方,即他并非故意为资本主义辩护。斯密生活在资本主义工场手工业阶段,当时资产阶级还没有取得社会的统治权力,在资本主义发展道路上还横着许多障碍。其中之一就是封建贵族的寄生和浪费。斯密代表当时工业资产阶级的利益反对封建贵族的统治,从而也就错误地把“节俭”、“勤劳”

---

① 亚当·斯密:《国民财富的性质和原因的研究》,北京,商务印书馆,1972年版,第250—251、310页。

的作用提到了首位。

74. *神学中关于原罪的传说告诉我们，人怎样被注定必须汗流满面才得糊口*〔820〕

出自圣经《创世纪》第3章。据说，人类祖先亚当及其妻子夏娃，因为偷吃了上帝不准他们吃的智慧的苹果，结果被逐出伊甸乐园。上帝惩罚他们说：“你必须终身劳苦才能从地里得到吃的，地必须给你长出荆棘和蒺藜来，你也要浇田间的菜蔬，必须汗流满面才得糊口，直到你归了土。”

马克思用这个宗教神话，来揭露资产阶级及其代言人为资本主义所有制所作的辩护。他们断言，资本主义所有制之所以产生，似乎是由资本家勤劳、节俭，而工人则懒惰、浪费，以致耗尽了自己的一切。显然，这纯粹属于捏造，犹如宗教神话一样荒诞无稽。其实，正像马克思所揭示的那样，资本家的起家完全是靠对小生产者的残酷剥夺。资本家之所以能不劳而获，不需要“汗流满面才得糊口”，就是由于他们的掠夺、杀戮等等暴行。

75. *梯也尔先生为了替所有权辩护，甚至带着政治家的严肃神情，向一度如此富有才华的法国人反复叨念这种乏味的儿童故事*〔821〕

这是指梯也尔的著作《财产论》(1848)。

阿道夫·梯也尔是法国的资产阶级历史学家和政客，镇压巴黎公社的刽子手。他在《财产论》一书中，为了替资产阶级所有制辩护，断言资本家手中的资本似乎是由于他们的“勤俭节约”而来，至于工人则是浪费掉了自己的一切。这完全是骗人的鬼话。正如马克思所指出：“还在他成为国家要人以前，他作为一个历史学家就已经显露出说谎才能了。他的政治生涯的记录就是一部法国灾难史。”①

76. *罗马的被释奴隶成为自己保护人的主人所使用的手段*〔822〕

这大概是指公元前6世纪塞维阿·塔力阿取得罗马政权的手段。

古代罗马原先是氏族制度，氏族公社是由罗马的旧有居民，即贵族组成的。没有加入贵族氏族公社的称为平民，他们都是罗马公社的被征服者。平民被认为是自由的，应该负担各种义务，但没有公民

---

① 《马克思恩格斯选集》，第3卷，北京，人民出版社，1995年，第2版，第37页。

权，即不能参加公社的人民大会，不能服兵役。与平民地位相近的，还有所谓“被保护人”，他们也是自由人，但他们投靠于某些贵族或有钱的罗马人，后者便通称为“保护人”。保护人给被保护人一块土地，并用自己的地位来维护他的被保护人；而被保护人则必须对自己的保护人尽各种义务。因此，被保护人隶属于个人，而平民则隶属于那个长期不给他们权利的国家。平民为取得自己的权利，不断与贵族进行着斗争。

传说古代罗马接连经过了 7 个国王的统治，其中第六位国王塞维阿·塔力阿（据说生活于公元前 6 世纪），原是前一位国王塔尔克维尼阿·普利斯克阿的被保护人。关于塞维阿·塔力阿的出身有两种说法。一般都趋向于这样一种说法，即认为他是被罗马人俘虏来的，原是拉丁市科尔尼库鲁姆的一个贵族妇人的儿子，他在塔尔克维尼阿·普利斯克阿的家中长大，由于他的聪明伶俐，所以不仅在宫廷中，而且在罗马元老和人民中，受到喜爱。国王把女儿许配给他，后来国王被人刺杀，他便在王后的协助下，得到罗马元老院的同意而取得了政权。

另一种说法与前一种说法大不相同，即认为塞维阿·塔力阿原是一个野心家和冒险家，他改名换姓潜入罗马，并取得了政权。

塞维阿·塔力阿取得政权以后，曾为平民实行了重大的改革，即允许平民服兵役和获得某些政治权利，他将全体罗马居民（无论贵族或平民）按财产多少分成五个等级，这些等级称为“阶级”。凡财产比最低的阶级还少的人，则不列入阶级，而称为“无产者”。每一个阶级都须提供一定数量的武士，而愈富有的则提供的数目也就愈多。由于这一措施，富有者在百人队（一百个武士组成的队伍，选举时期成一政治单位）会议上就有多数票，各富有者彼此协议，永远在会议里保持优势。但即使如此，罗马平民的地位却比以前提高了。

在这里，马克思把塞维阿·塔力阿取得罗马政权的故事来比喻资产阶级代替封建贵族而占统治地位的情形，资产阶级像塞维阿·塔力阿一样，并不是靠自己的力量而得势的。

77. 中世纪的顶点——主权城市也早已衰落〔823〕

在欧洲的封建社会，由于生产力的发展，手工业脱离了农业，所以从 11 世纪起，便形成了城市。在封建制度下，城市的中心人物是手工业者和商人。城市也收留一部分从封建主那里逃跑的农奴，这些农奴也从事手工业或商业。当时城市居民向封建主或农民（其中也包括农奴）进行买卖，也对封建主或农民放高利贷。但是，城市居民却仍受着封建主的统治。

最初，封建制度下的城市是在封建主的领地上建立起来的，它是封建主的财产。例如，俄国阿列里城在12世纪时，属于封建主，城市的一部分属于当地的大主教，另一部分则是该大主教和普罗宛斯基伯爵所共有，第三部分（城内的市场）属于马尔哈舍斯基子爵，第四部分则属于当地的法官。因此，在封建制度全盛时期，即11至15世纪时期，封建主对城市拥有无上主权，城市通常由封建主所委托的家臣来管理，封建主向城市居民征收各种捐税，要他们负担各种赋役，任意审判和处罚他们。

在封建制度下，城市居民经常与封建主进行着斗争。因为封建主的统治妨碍了城市中的手工业和商业的发展，所以城市居民千方百计地力图摆脱这种封建附属地位。城市一部分用武力，一部分用金钱赎买方式，获得了独立。随着商品货币关系的发展和城市经济实力的增长，城市愈来愈多地摆脱了封建主的束缚，在封建制度瓦解时期，封建主对于城市的权力几乎丧失殆尽。

78. 像贝魁尔公正地指出的那样，等于“下令实行普遍的中庸”〔872—873〕

出自贝魁尔的著作《社会政治和政治经济的新理论，或关于社会组织的探讨》(1842)。

康斯坦丁·贝魁尔是法国的空想社会主义者、经济学家，他看到机器大工业的发展必然引起小生产者的消灭。他说，瓦特和斯蒂文森（前者发明蒸汽机，后者发明火车——编者注）结束了生产的“分散”和“独立”状态。“大量的工人，联合地在同一个大的房屋里面进行劳动，这实在是资本集合的各个性质有关的工业部门联合生产的结果；另一方面，小工场、小工业中心也跟着消灭……一切分离独立和私人生活的影响，将让位于公共生活的影响。”在他看来，要使小生产永远保存下去，那等于是“下令实行普遍的中庸”，即是根本不可能的事情。

马克思在这里指出，小生产“发展到一定的程度，就产生出消灭它自身的物质手段”。因此，贝魁尔关于在机器大工业条件下小生产不能永远存在下去的说法，是正确的。

第二编 《资本论》第一卷讲稿

课题一：商品二因素和劳动二重性

（1978. 10. 23　第 1 次辅导）

《资本论》第一卷第一篇的中心内容是分析商品和商品转化为货币的全过程，核心的问题就是商品矛盾运动。阐明劳动价值学说的基本观点。

这里说明下面几个问题：

一、第一章第一、二节是怎样分析商品的

马克思对商品所进行的辩证分析，从第一篇来看，大致分七步：

1. 商品内在矛盾的各个侧面的特点；
2. 矛盾的主要方面；
3. 主要矛盾；
4. 内在矛盾的外部表现；
5. 矛盾的总体；
6. 矛盾的发展及其运动的形式；
7. 矛盾的解决。

经过这七步，走完了商品向货币转化的全过程，这也就是商品矛盾运动的全过程。

那么，第一章第一、二节是怎样分析的呢？

这里，首先分析了使用价值和价值，具体劳动和抽象劳动，四个侧面的特点：

《政治经济学批判》第 25 页①；

同上，第 176 页到第 177 页，恩格斯的书评②；

《矛盾论》第三节矛盾的特殊性③；

分析矛盾双方的特点是什么用意呢？

这就是首先分析其差异。

“差异就是矛盾”。

《矛盾论》第二节矛盾的普遍性；④

《资本论》第一卷第 123 页。⑤

二、什么是价值

怎样完整准确地理解商品价值这个重要范畴？

1. 价值的定义：物化⑥的劳动。

2. 什么劳动形成价值，劳动是否即价值？

3. 商品为什么有价值？

4. 价值是一定的生产关系，价值不是物。

三、什么是人类劳动、抽象劳动、社会劳动

四、什么是社会必要劳动时间

五、什么是劳动生产率

六、什么是商品

---

① 参见《马克思恩格斯全集》第 31 卷，北京，人民出版社，1998 年，第 434 页。

② 参见《马克思恩格斯选集》第 2 卷，北京，人民出版社，1995 年，第 2 版，第 44—45 页。

③ 参见《毛泽东选集》第 1 卷，北京，人民出版社，1991 年版，第 308 页。

④ 参见《毛泽东选集》第 1 卷，北京，人民出版社，1991 年版，第 304 页。

⑤ 《资本论》第 1 卷，北京，人民出版社，2004 年，第 2 版，第 124—125 页。

⑥ 《资本论》中文第 2 版中，“物化”已改译为“对象化”。

课题二:价值形式

第2次辅导

〔前言〕

一、关于价值形式及其发展的理论分析是马克思的创造

资产阶级经济学从来没有分析价值形式的发展。价值形式的理论是全书难懂的一部分。马克思对此部分的叙述作了反复修改。现在读的第四版比起第一版容易读懂。

这部分难懂有两个原因:一是读者不习惯抽象分析;一是不容易掌握其中的价值形式的矛盾运动和商品矛盾运动交错关系。

学习本节,必须同时认真学习《矛盾论》第五节《矛盾诸方面的同一性和斗争性》。

二、这一课题的学习重点为什么放在等价形式问题上

课题一的重点为价值和人类劳动两个范畴,因为它们是商品矛盾的主要方面,是最基本的范畴。

课题二的重点为等价形式,则不是由于它在矛盾中的地位,而是由于它也是一个基本范畴。

三、本章第三节的中心内容

本节前言部分第3段,提出了本节解决的中心问题。

对价值形式的分析,是分析商品的一个重要方面。价值实体、价值量、价值形式、价值规律是马克思劳动价值学说的四个内容之一,其他则在第一篇以后继续论述。

〔本节怎样分析价值形式及其发展〕

一、要注意两点:

(一)本节从理论上分析,即逻辑分析,这和第2章从历史上分析互相结合。从逻辑上看,价值形式的发展包括四个阶段。

(二)本节分析价值表现本身的矛盾运动,是商品矛盾运动的反映、表现。从第一章全章来看,通过对价值形式矛盾的分析来分析商品矛盾运动。

下面分三个问题来说明本节怎样分析从简单价值形式到货币形式的发展。

二、要搞清楚本节使用的7个名词

即价值形式、交换价值、商品形式、商品关系、交换关系、价值关系、价值表现。

应读第61—62页，第75页第2段末，第84页注(24)①。

(一) 这七个词同属“价值形式”的范畴，但它们既互相联系、又有区别。

(二) 本节论述和分析的是“价值形式或交换价值”，这说明价值形式与交换价值是同义语；同时它又是构成商品形式的“二重形式”之一。而“价值形式”也就是“价值表现”。商品的价值则是通过商品关系、交换关系、价值关系才得到表现的。

三、价值关系或价值形式是相对价值形式和等价形式的对立统一体(第62页末)

本节直接分析的对象就是相对价值形式和等价形式的矛盾及其运动。

这对矛盾不属于商品内在矛盾。

这对矛盾是商品内在矛盾的外部表现，因而也是商品矛盾。

马克思怎样分析这对矛盾呢?

(一) 分析对立双方的特点、作用、地位

相对价值形式的特点。(第67页)

等价形式的特点。(第70页第1段末、第71页第2段、第73页第3段，第73页4段末)

(二) 分析矛盾的主要方面

第62页第4段，第83页第3段。

(三) 分析矛盾的总体

第75页第2段:讲矛盾的同一性。

第76页第2段:讲矛盾的斗争性，相互排斥、对立。

第81—83页第2段:Ⅰ、Ⅱ和Ⅲ、Ⅳ的比较。

这里指出四个阶段实际上是两阶段:扩大的价值形式只是简单形式的延长；一般价值形式和货币形式基本相同。这两阶段反映了商品交换发展的两个大的不同阶段。

---

① 本编所指《资本论》一书中的页码，均为人民出版社1972年第1版中的页码。

初期阶段:劳动产品转化为商品的初期;

交换发展以后,进一步转化。

(四)价值形式本身的矛盾的展开

第83页第5段至第85页。除第83页第5段以外,还分别指出了价值形式发展四个阶段的矛盾表现:

在简单形式中,价值表现不充分。(第77页第1、2段)

在扩大价值形式中,价值表现不统一。(第79页第3段、第80页第1段)

在一般形式中,等价物受地方的局限。(第107页第1、2段)

在货币价值形式中,一切商品都同它对立。(第107页第3段)

四、价值形式的矛盾是商品矛盾的表现(第76页第2段末)

商品矛盾运动发展表现在价值形式矛盾的发展上。

(一)什么是事物的矛盾运动?

毛主席说:"有条件的相对的同一性和无条件的绝对的斗争性相结合,构成了一切事物的矛盾运动。"①

《矛盾论》第五节②精辟地论述了这一原理。

在《矛盾论》五节中,讲了三个重要问题。

什么是矛盾双方的同一性?

这就是矛盾对立面的互相依赖、互相依存,互相渗透、贯通、联结,互为前提、条件,互相转化。

什么是矛盾双方的斗争性?

对立面的相互排斥、互相对立、互相冲击。

事物的分解、分裂、破裂、分离、脱离。

什么是事物的矛盾运动?

要理解马克思在本节怎样分析商品的矛盾运动,不能不按上述三个问题分别说明。

(二)在价值形式中,商品矛盾双方的斗争性怎样理解?

劳动产品这一事物在一定条件下一分为二。

列宁所指出的:统一体分解为对立的方面。

第77页第2段:在简单价值形式中,商A的价值表现在商品B上,这只是使商品A(麻布)本身的使用价值与价值分开、分裂、分解。使用价值与价值在一个商品中互相排斥,而且是偶然的。A与B对

---

① 《毛泽东选集》第1卷,北京,人民出版社,1991年版,第333页。

② 参见同上书,第327—333页。

立。

第78页第1段末：商品A与整个商品世界对立；第81页第4段讲到对立面更完全地区别开来。

第82页第1段：在一般价值形式中，每一商品价值不仅同自身的使用价值相区别，而且与一切使用价值相区别。

（三）商品矛盾双方的同一性怎样理解？

每一种商品都有特殊的使用价值，各种商品的使用价值都不相同，也不相等。

但是，一切商品，在价值上，作为价值，都是相同的、共同的、等同的东西，一切商品作为价值具有同一性。

第63页末句：不同物的量只有化为同一单位后，才能在量上互相比较。不同物的量只有作为同一单位的表现，才是同名称的，因而是可通约的。

第75页第2段：在简单价值形式中，商品A＝商品B，本来存在于商品中的使用价值和价值双方的同一性表现出来的。同时在第77页第2段，又没有全面表现出来。

第82页第3段：在一般价值形式中，一切不同使用价值的商品，在质上有相同的价值，在量上有相同的价值量。

（四）怎样理解商品的矛盾运动呢？

1. 同一性和斗争性相结合；

2. 同一性中存在斗争性，斗争性寓于同一性中。

第77页第2段：由于没有充分的分解、排斥、对立，因此商品A就不能同其他一切商品质同量等。

第82页末至第83页开头：由于麻布当作等价物被排挤出商品世界，一切其他商品才通过麻布在质上相同，在量上可以互相比较。

总之，使用价值和价值作为互相依存的双方，不断地互相排斥，互相分离，同时逐步完成劳动产品向商品的转化，商品向货币的转化。

〔补充说明〕

一、正确理解马克思对商品矛盾的分析，必须注意不能把《矛盾论》当公式去套，而只能按照马克思的分析去理解，去进行具体分析

本节的分析包括三条线索：

一是价值形式本身的发展过程；

二是价值形式本身的矛盾发展过程；

三是这一矛盾发展所反映出来的商品矛盾的发展过程。

二、本节经过辩证分析，说明了货币的产生和货币的本质

这是一般教科书从《资本论》中吸取的内容。实际上这只是从一个侧面，从货币作为一般等价物的角度来看的。教科书作为一般读物，说明了货币本质及其产生就可以了，不必进一步分析。

三、第三节以"A"节"(2)"小节中的"(b)"小节"相对价值形式的量的规定性"这一小节为比较难懂

这一节中心在说明：在交换中，起主动作用的、即处于相对价值形式上的商品的价值"是怎样表现的呢?"全文回答了这个问题。

(一)把麻布和上衣化为价值抽象。

(二)同时也就把具体劳动缝与织化为一般人类劳动。

但是，价值、人类劳动是不可捉摸的，必须通过商品的自然形式来表现其价值形式。

(三)麻布的价值表现在上衣物体上。

麻布的价值不能用自己的自然形式去表现，就像人自己看不见自己一样。20 码麻布＝20 码麻布，是毫无意义的。麻布的价值只有通过上衣的使用价值才能表现出来，即，表现在上衣物体上。

(四)指出相对价值形式的特点。

课题三：商品拜物教，交换过程

1978. 11. 7　第 3 次辅导

〔前　　言〕

对资本主义生产方式的研究从分析商品开始。

分析商品就是分析商品矛盾。第一、二节分析商品的内在矛盾的诸方面的特点；第三节分析商品二重性和劳动二重性表现为价值形式的矛盾。第四节分析人的关系和物的关系的矛盾。以上，第 1 章商品，便是以分析商品的四对内在矛盾和商品形式的矛盾为基本内容。

第 2 章分析商品矛盾的总体、矛盾的展开和矛盾的解决。

〔两个问题〕

一、人的关系和物的关系的对立统一

（一）商品、价值、货币都是一定的人与人的关系的体现。

它们都是经济范畴。但是它们又都采取物的形式，表现为物与物的关系。

所谓一定的社会关系，这里指的是商品生产关系和资本主义关系。

小生产者的关系，见第 96 页第 2 段、第 126 页末、第 127 页末、第 188 页第 1 段。

（二）人的关系和物的关系的对立统一。

在商品关系中，一方面是人与人的关系，一方面又是物与物的关系。二者互为存在条件，又互相对立、分裂、排斥（商品表现为物时人的关系便被掩盖）。二者还互相转化，例如用时间计算的劳动量转化为价值量。

商品是一种可感觉而又超感觉的物。见第 87 页。

人的关系和物的关系的矛盾反映于商品生产者的观念上，便形成商品、货币的拜物教的社会意识。

（三）人的关系和物的关系的矛盾是私人劳动和社会劳动矛盾的

产物。

见第 89 页末—第 90 页开头。

二、商品矛盾的总体,它的展开和解决

(一)商品矛盾的总体。

商品矛盾表现为商品所有者的关系。

从商品所有者的关系上分析商品矛盾的总体,见第 102 页—第 104 页头一行,即前 3 段。

使用价值与价值表现在两个商品所有者关系上,既互相排斥、对立(第 103 页第 2 段末),又互为前提(第 104 页第 3 段)。

在使用价值实现和价值实现这二者互为条件的同一性中,互相转手、让渡、排斥。

商品矛盾运动产生交换过程的矛盾(第 104 页第 2 段)。

(二)商品矛盾的展开和它的解决。

1. 使用价值与价值的对立,直接表现为两个商品所有者的对立。

他们彼此对立正是使用价值与价值的对立,他们互相依存也正是使用价值的实现和价值的实现互为前提。

这也就产生了交换对每个商品生产者来说,都必须既是个人的过程又是社会的过程的矛盾。

商品转手了,矛盾便得到解决。

但是,在商品世界,矛盾展开了。

2. 矛盾随交换的扩大而展开。(第 104 页第 2 段)

在交换中,每个商品所有者都一心想让出自己商品,换回别人的商品;但是,必须市场(社会)公认他的使用价值,并且接受(用等价物)它。

例如:甲有麻布要换上衣;乙有上衣要换粮食;丙有粮食要换麻布等。

矛盾展开了,没有一种商品是一般等价物,一切商品不能质同量等。

3. 一般等价物在商品所有者的社会实践中为大家公认并且接受。

见第 104 页末—第 105 页第 3 段。

4. 从交换发展的历史上看,矛盾的展开和解决。

见第 105 页第 3 段—第 107 页第 2 段。

〔补充说明〕

一、第二章是第一章第三节的继续，从历史发展过程揭示货币的起源和本质。

二、两部分内容的分析。

“商品拜物教”的提要。

“交换过程”的提要。

课题四:货币职能

1978.11.14　第 4 次辅导

〔两个问题〕

一、货币职能中的矛盾

(一)价值尺度:第 113 页第 2 段,第 114 页第 1 段,第 121 页第 2 段。

(二)流通手段:第 145 页第 2 段,第 146 页第 2 段,第 149 页第 1 段。

一方面货币是一般等价物,是足量的金;一方面货币在流通中磨损乃至变成符号。

(三)货币贮藏:第 153 页第 2 段。

货币的量的有限性和质的无限性。

(四)支付手段:第 158 页第 3 段。

二、商品的形态变化

商品矛盾运动的形式:第 122 页—第 133 页。

(一) 什么是商品的形态变化?

商品的形态变化,从物质方面说,是商品的出卖和购买,是商品所有者让渡他的产品和占有别人的产品;从价值方面说,是商品转化为货币和货币转化为商品,即 W—G—W。所以,商品形态变化就是以社会的物质变换为内容的商品形式变换。见第 122 页第 3 段。

(二) 商品形态变化过程包括 W—G 和 G—W 两个互相对立、互为补充的运动,也就是商品所有者的卖和买两种行为统一。

所以商品形态变化是在流通领域或在商品市场上进行的。但它并不一定表现为商品物理或物体上的移动,如房屋、土地等的买和卖。这只是商品所有者的价值在商品和货币两种形式之间的转换。

(三) 商品形态变化是商品的矛盾运动所采取的形式。

“商品的使用价值和价值的对立的形式就是商品交换过程的实际的运动形式。”

这种实际的运动形式是:

1. 商品价值由商品体跳到金体上(第 124 页);

2. 卖和买;

3. 让渡与占有。

这就是商品的矛盾运动形式。

“商品的形态变化”一节的内容分析

一、商品矛盾运动,商品的发展,创造矛盾运动的形式,这种形式就是解决实际矛盾的方法(第 122 页—第 124 页第 4 段)

二、W—G,卖

(一) 商品的出卖是必然的,但能不能卖出是偶然的。见第 124 页末—第 127 页第 1 段。

(二) 应当按正常的情况来分析商品的矛盾运动形式。

商品的卖与买,让渡与占有互为存在条件。W—G—W 构成矛盾运动的全过程。见第 127 页第 2 段—第 129 页第 1 段。

三、G—W 买

商品的生命旅程在实现了购买后而结束。

麻布—货币—圣经

圣经—货币—烧酒

四、总形态变化

商品的矛盾运动形式是由 W—G 与 G—W 两个互相对立,互相补充的运动组成。它包括 4 个极和 3 个登场人物。

这种运动连续进行,循环往复,互相交错,便形成商品流通。

见第 130 页第 2 段—第 131 页第 3 段。

五、商品流通和物物交换的区别

批判资产阶级经济学的所谓“买卖平衡没有危机”的谬论。

〔补充说明〕

《资本论》第一卷第 122 页—第 133 页 关于商品的形态变化的提要

一、什么是商品的形态变化(第 1—8 段)

这八个自然段的大意是:

(一) 商品的形态变化就是商品的矛盾运动形式,就是解决实际矛盾的方法。这个形式、方法是商品的发展所创造的。

(二) 商品运动的全过程:

过程的内容是物质变换，即圣经代替麻布。

形式是：商品——金；普通商品——货币商品；使用价值——价值。

商品的这种对立形式就是商品交换过程的运动形式。

运动的舞台在交换领域，在商品的市场上。

在舞台上出现的是：

两种变化，即 W—G，G—W；

两种行为，即卖、买。

（三）交换过程就在 W—G—W 中完成。

其中所包含的物质变换的结果一达到，过程便结束，矛盾就解决了。

但整个矛盾深化了。

二、W—G—W 运动形式包含两个形态变化（第 9—15 段）

（一）商品的第一形态变化，即卖（第 9—13 段）。

1. W—G，卖。

对商品所有者是惊险的跳跃。因为，商品的出售是必然的，但能否顺利出售却是偶然的：

(1)他的产品可能是新产品。

(2)他的产品可能是多余的，过剩的。

(3)社会必要劳动时间可能有变动。

(4)即使不变，是否超过社会平均时间。

2. 我们应当研究正常状况，寻找规律。

撇开不正常情况，市场是有卖有买。比如 20 码麻布和 2 镑金相交换。

显然，这种交换表明：卖和买二者具有同一性。

二者为什么有同一性？对立双方为什么能同一？

问题在买方的金从哪里来？

只有让出自己的，才能占有别人或者是自采的金，或者是自己商品换来的。

他的金起什么作用？

起货币的作用。

3. 卖是运动的起点，买是终点。

麻布—金—圣经

这就是运动的全过程。

（二）商品的第二形态变化，买。（第 14—15 段）

G—W 的转化是没有特殊困难的，因为货币金是绝对可以让渡的商品。

一个商品的第二形态变化，同时又是另一商品的第一形态变化。买就是卖。商品所有者的需要是多方面。一种商品的最终形态变化，引起许多商品的第一形态变化。

（三）商品的总形态变化。（第 16 段－末段）

1. 它是 W—G 和 G—W 的对立统一。

第 130 页第 2 段指出，商品的矛盾运动形式就是：

商品价值由商品体跳到金体，来回跳跃；

商品所有者让渡商品而另一个占有它；

卖和买的活动。

W—G—W 运动包括四个极和三个登场人物。

2. 商品形态变化系列形成的循环、交错就形成商品流通。

商品流通根本不同于直接的产品交换。

3. 批判资产阶级经济学的买卖平衡论以及由此导致的无危机论。

经济危机的可能性，存在于商品内在矛盾之中。

（第一篇论证价值规律的地方有：第 52 页末－第 53 页开头，第 91 页末－第 92 页开头，第 120 页第 1 段末）

课题五:货币转化为资本

1978.11.21, 11.28 考试辅导两次

1978.12.7　第 5 次辅导

〔前　　言〕

货币和资本怎么形成一个统一过程?

这个过程是一种什么事物的运动过程?

《矛盾论》第二节“矛盾的普遍性”写道:

“人的概念的每一差异,都应把它看作是客观矛盾的反映。”①

“每一事物的发展过程具有自始至终的矛盾运动”②。

“新过程的发生是什么呢? 这是旧的统一和组成此统一的对立成分让位于新的统一和组成此统一的对立成分,于是新过程就代替旧过程而发生。旧过程完结了,新过程发生了。新过程又包含着新矛盾,开始它自由的矛盾发展史。”③

第一篇讲的是商品矛盾,商品生产的矛盾;

第二篇分析商品生产转化为资本主义生产的过程,首先从流通领域来分析,然后进入资本主义生产过程。

资本特征(《马克思恩格斯全集》第 4 卷,《马克思恩格斯选集》1 卷):

(1)带来剩余价值的价值(第 172 页第 1 段)。

(2)无止境的、无限度的、无休止的运动(第 173 页—第 175 页)。

(3)自行增殖的价值(第 175 页—第 176 页)。

货币和资本两个概念的差异,反映货币和资本之间的客观矛盾。

一、货币和资本之间的客观矛盾

大家知道,货币这个概念的特点是:

1. 商品世界中分离出来的特殊商品。

2. 一般等价物;社会劳动的体现者。

---

① 参见《毛泽东选集》,第 1 卷,北京,人民出版社,1991 年版,第 306 页。

② 同上书,第 306 页。

③ 同上书,第 307 页。

3. 价值的独立存在形式，价值的独立表现。

4. 预付价值和剩余价值，即价值自身的关系（活劳动与死劳动，旧价值与新价值）。

5. 处于运动过程中的价值或货币（第 177 页第 2 段）。

本章将要讲到资本这个概念的特点是：

货币和资本的差别，就是形成这一对矛盾运动的开始之点，从这里分析，便开始分析货币转化为资本这一过程。

这一转化过程表现着简单商品经济（小商品经济）向资本主义经济的转化过程。

二、这一新过程的发生是什么

这是商品和货币的对立，让位于货币和资本的对立。

这是简单商品经济让位于资本主义商品经济。

这是资本主义经济在商品经济中产生。

从这一点来说，第二篇所讲的，属于资本主义产生的问题，或资本的产生的问题。

〔三个问题〕

一、从流通领域分析货币向资本的转化过程

（一）为什么先要从流通领域着手来分析

资本主义经济和资本关系是一种剥削关系，是资本家对工人的剥削关系。这种人剥削人的关系被物的关系掩盖着。先从流通领域的物的关系、货币流通形式和资本流通形式着手，在这里，资本家和工人都是商品所有者，人格的物化。

（二）从流通中看，货币怎么样转变成资本

第一节中，有 5 处点明了怎样变化：

第 168 页第 1 段末和第 3 段；第 172 页第 1 段末；第 174 页第 2 段头；第 175 页第 2 段末；第 177 页第 2 段头。

（三）货币转化为资本的条件是什么

第三节分析了转化的条件——劳动力的买卖，还分析了这个条件是怎样出现的。

1. 劳动力要变成商品，劳动者必须能够掌握自己的劳动力，自由处置、出售自己的劳动力，劳动者必须是自由的独立的人，而不是奴隶或农奴；

2. 劳动者要变成自由人，就必须同生产资料分离。

应当读《资本论》第二卷（《马克思恩格斯全集》第 24 卷）第 37 页

末行一第 39 页头段，第 43 页第 2 段一第 45 页第 1 段。

二、货币和资本的对立统一关系

（一）货币转化为资本的过程

货币转化为资本的过程，就是简单商品经济转化为资本主义商品经济。

马克思从流通领域来分析这一历史过程。他制定了两个公式来表示两种不同的流通形式。

W—G—W 代表简单商品流通；

G—W—G 代表资本流通。

前者是存在了六七千年的商品经济的长期历史阶段的概括。

后者是存在了六百年的资本主义商品经济的历史阶段的概括。

货币和资本的对立统一，代表着一般商品经济和资本主义商品经济的对立统一。

往后我们会看到：

生产领域中的两种生产过程的对立；

所有制上的商品生产所有权和资本主义占有的对立；

流通领域中的 W—G—W 和 G—W—G。

《矛盾论》中所指出的新过程和旧过程的统一，是我们理解本章的重要武器。

（二）货币和资本的对立统一

以上我们确定了“事物的运动过程”，以下分析货币和资本的对立统一。

1. 首先，从两种流通形式的区别着手：

(1) 流通的次序不同(第 168 页第 2 段一第 171 页第 1 段)：

W—G—W：为买而卖，货币花掉了；G—W—G：为卖而买，货币被预付。

(2) 流通的目的不同(第 171 页第 2 段一第 173 页第 1 段)。

前者是使用价值；后者带来剩余价值。

(3) 商品流通 W—G—W，一次流通便结束，资本运动 G—W—G，无止境、无限度、无休止(第 173 页第 2 段一第 175 页第 1 段)。

(4) 在 W—G—W 中，货币只是流通媒介，是价值的独立形式，存在形式。

在 G—W—G 中，货币是价值增殖的主体，自行增殖，它处在过程中，而不是过程的媒介。

以上是货币和资本的矛盾的斗争性。

上述斗争性包含在同一性之中：流通次序和目的等的不同，都和货币向资本转化相结合着，都统一于同一流通领域。

三、资本的特征

从流通领域来看，资本具有如下特征：

（一）资本是带来剩余价值的价值

剩余价值是从流通中取出的货币超过起初投入的货币；是预付货币额带来的增殖额。

什么是“预付”？

“资本家为生产过程支付的每一个价值，对他来说都是预付，而不管他是事前支付还是事后支付；它是为生产过程本身预付的。”（《资本论》第 2 卷，第 420 页—第 421 页）

“预付资本——一个既定的价值额，它在它的自由形式上，在它的价值形式上，是由一定的货币额构成的。”（《资本论》第 2 卷，第 395 页末）

“预付……在重农学派看来，就已经是在生产资本的要素上实现的价值的一般形式。”（《资本论》第 2 卷，第 559 页第 3 段）

（二）自行增殖的价值

本卷，第 176 页第 1 段。

（三）预付价值和剩余价值的统一

《资本论》第 2 卷，第 95 页：后者是前者的分蘖。

《资本论》第 3 卷，第 57 页：旧价值与新价值的统一。

《资本论》第 3 卷，第 386 页：资本是生出货币的货币。

（四）资本是无止境的运动

《资本论》第 1 卷，第 173 页，174 页，175 页，第 177 页第 2 段。

只能理解为运动：《资本论》第 2 卷，第 122 页。

第二、第三篇学习安排

作业、专题研究、考试的不同要求：

作业：要求坚持不懈、少而精——只记作业次数；

考试：要求掌握基本概念、原理——记分数；

专题研究：掌握精神实质，联系实际、自由思考——不记分，必要时加评语。

课题六：价值增殖过程。不变资本和可变资本

1978.12.18　第6次辅导

〔前　　言〕

在五六两章中，马克思分析了4对矛盾，揭露了剩余价值的来源，挖出了资本主义制度的老根。

在前四章中，已经分析了15对矛盾，这两章又有4对矛盾。

以前讲到的15对矛盾是：商品的4对内在矛盾，商品和货币、商品的自然形式和价值形式、价值实体和价值量、相对价值形式和等价形式、交换过程的矛盾、买和卖、货币职能包含的4对矛盾，以及货币流通形式和资本流通形式等等。

所有这些矛盾，说明了矛盾的普遍性，我们要认识事物的性质和它的发展，必须把握一切事物的矛盾，坚持矛盾普遍性原理。

对所有这些矛盾的分析，又说明了矛盾的特殊性。我们要想学会运用对立统一规律去认识世界、改造世界，并且改造自己的世界观，最重要的一点就是坚持矛盾特殊性原理。马克思分析这些矛盾就是极其光辉的典范。

一、关于矛盾的特殊性，按照毛主席归纳有五种

（一）各种物质运动形式中的矛盾都有它的特殊性，因此产生许多不同的学科。

（二）每个过程的特殊的矛盾：资本的生产过程和流通过程，商品转化为货币和货币转化为资本的过程。

（三）矛盾各方面的特殊性：所有上述18对矛盾的对立面，都各有特点，不能混淆，不能带片面性。

（四）过程的各个阶段的特点：价值形式发展的4个阶段，各有特点，不能混同。商品流通的两个阶段，买和卖。

（五）各阶段中的矛盾的各方面的特点：等价形式在各阶段都有特殊性。分析这种特殊性才揭示出货币产生的规律和它的本质。

毛主席讲了这五种特殊性之后，强调指出：

“研究所有这些矛盾的特性，都不能带主观随意性，必须对它们

实行具体的分析。离开具体的分析，就不能认识任何矛盾的特性。我们必须时刻记得列宁的话：对于具体的事物作具体的分析。”①

实践证明：不去具体地分析事物各方面的矛盾，就不可能正确认识事物的性质和它的发展规律。

我们认识了商品、货币、价值等事物，都是经过这种具体分析的结果。以后全都如此。

二、怎样理解资本总公式的“矛盾”

以前除上述 15 对矛盾以外，还遇到了这个“矛盾”。为什么我们不计算它？

马克思对这“矛盾”有一个特别的解释，见第 177 页末。

矛盾这个词，在《资本论》中有两种含义：

一是指对立统一规律，辩证法的矛盾。

一是指“逻辑矛盾”，形式逻辑中的“矛盾律”。就是指在同一时间同一条件下，两个论断有一真一假，不能同真。这就是说，思维要首尾一贯，不能互相矛盾，首尾不一致，表现出思想混乱。

“以子之矛，攻子之盾，若何？”

资本总公式的“矛盾”是属于逻辑矛盾。

马克思常常在“逻辑矛盾”这个意义上使用“矛盾”这个词。如第 49 页第 1 段，第 356 页第 1 段，第 589 页第 1 段。

资本总公式 G—W—G′，即：在流通过程中，一方面，商品交换 G—W 和 W—G′，无论等价或不等价，都不能产生剩余价值；另一方面 $G'>G$，价值增殖了，剩余价值产生了。

在 G—W—G′的公式上，两个论断不能同真，因而是矛盾的，即交换不产生剩余价值与价值增殖相矛盾。

为什么把互相矛盾的东西组成一个公式？因为公式所反映的是真实情况。

资产阶级经济学，包括古典学派优秀代表斯密、李嘉图，都没有正确解释这种矛盾现象。

斯密认为，交换价值由劳动时间决定这一点只适用于原始的物物交换，不适用于发达的商品交换。

李嘉图强制地贯彻价值规律，但不能说明为什么等量劳动和等量劳动相交换却会出现剩余价值。实际上导致了李嘉图学派的破产。

---

① 参见《毛泽东选集》，第 1 卷，北京，人民出版社，1991 年版，第 317 页。

古典学派无能力解释这一矛盾现象，除了他们的阶级局限外，还由于他们不能把劳动价值学说贯彻到底，不能区分商品交换和劳动与资本的交换。

只有马克思对这一矛盾现象做出了科学的解释。

(1) 必须根据价值规律加以说明。第 188 页。

(2) 剩余价值(资本 G′)不能从流通中产生只能在生产中产生，但又不能脱离流通。见第 188 页。

马克思按照自己提出的条件，分析资本主义生产过程，论证了资本家即使在进行商品的等价交换的情况下，却使他的预付价值得到增殖。

三、这两章的两个基本问题

(1) 剩余价值及其来源。

(2) 资本的本质。

〔第五、六章对这两个问题的分析〕

一、第五章的中心问题(抓住中心问题解决一系列问题)

价值增殖过程是怎样进行的?

货币怎样转化为资本?

剩余价值是怎样产生出来的? 资本怎样产生?

资本家是怎样剥削工人的? 资本主义商品制度怎样产生?

资本家赚钱的、发财致富的秘密何在?

分析这个问题的要点:

(一) 根据价值规律，从等价交换出发，计算对象化在产品中的社会必要劳动时间。

(二) 价值的形成过程。

(三) 价值增殖过程。

(四) 点出资本的本质。

二、第六章的中心问题

怎样区分不变资本和可变资本? 对资本要一分为二。

资本采取什么形式?

劳动二重性怎样造成劳动结果的二重性?

进一步说明价值怎样形成、剩余价值怎样形成，以及什么是剩余价值。

分析这个问题的要点:(1) 劳动二重性造成劳动结果的二重性，

两种二重性的关系。(2) 旧价值的转移。(3) 新价值的创造,剩余价值的定义。提出了劳动力价值和剩余价值的矛盾。(4) 不变资本和可变资本的区分。

课题七：剩余价值率和它的量，工作日

1978.12.25　第7次辅导

〔前　　言〕

第二篇至第六篇阐明剩余价值学说。

第四章，是把剩余价值和资本抽象出来进行分析，提出了关于资本和剩余价值的最抽象、最一般的概念：

1. 劳动力商品的价值和使用价值。

2. 资本的一般特征和它的本质。

第五、六、七章，对绝对剩余价值的生产进行抽象的分析，得出剩余价值生产的一般原理：

1. 剩余价值的实体和它的来源。

2. 资本主义生产的前提、动机和目的(实质)。

3. 资本的两个部分。

4. 工作日两个部分。

第八章讲绝对剩余价值的生产。由绝对剩余价值生产的抽象上升到具体。

由资本主义生产的实质上升到绝对剩余价值的具体生产方法。

由资本上升到人格化的资本。

由资本主义剥削实质上升到揭露资产阶级本性，控诉资产阶级的罪行。

由工作日的抽象分析上升到一面揭露资本家对剩余劳动的无限贪欲，一面叙述工人阶级为争取正常工作日的斗争。

〔四个问题〕

一、资本和资本家阶级的本性

二、资本主义生产的实质、目的、动机

三、剩余劳动、剩余产品、剩余价值

四、剩余价值率、剩余价值量、可变资本

课题八：相对剩余价值概念。协作，分工和工场手工业

1979.2.12 第 8 次辅导

（3 章共 60 单页）

〔前　　言〕

第二、三、四篇，即第四章以后，讲了资本主义生产关系的产生、发展和它的特点。

资本从货币转化而来，表明资本主义商品经济从简单商品经济转化而来。

资本主义生产关系，资本主义制度，是资本家对工人的剥削制度，是剩余价值剥削。

如果说，第二、三篇重点在资本主义生产关系的产生及其特点，那么第四篇重点在资本主义生产方式的产生、发展，即资本主义的基本矛盾的运动过程。

恩格斯在《反杜林论》（第 264 页—第 268 页）①中指出，资本主义社会的生产力和生产关系（生产方式）的矛盾“怎样经过简单协作、工场手工业和大工业这三个阶段历史地实现了这种作用，马克思在《资本论》第四篇中已经作了详尽的阐述”。

这就是第四篇的主要内容、理解的线索。

一、什么是资本主义生产发展的三个阶段

有几种提法，各属一定范围：

从劳动形式方面说：简单协作、分工、机器条件下的协作和分工。

从生产组织方面说：简单协作、工场手工业、大工业。

企业组织：作坊、工场、工厂。

经营方式、占有方式：独资、合伙、股份。

二、什么是资本主义基本矛盾

《反杜林论》的表述：“社会的生产和资本主义占有”②；

---

① 参见《马克思恩格斯选集》第 3 卷，北京，人民出版社，1995 年，第 2 版，第 619 页。

② 同上书，第 621 页。

《矛盾论》的表述："生产的社会性和占有制的私人性之间的矛盾。"①

这个矛盾是生产力和生产关系矛盾在资本主义社会的表现。

在《资本论》中，劳动过程和价值增殖过程的矛盾，劳动生产率增长和相对剩余价值增长的矛盾，特殊的资本主义生产方式和资本积累的矛盾等等，都可以看作与社会化生产和资本主义占有这一矛盾相同的矛盾，都可以理解为在不同领域用不同的表述，而内容是相同的。

在资本主义生产方式中——基本矛盾；

在剩余价值生产中即资本主义生产过程中——劳动过程与价值增殖的矛盾；

在资本的生产中——特殊的资本主义生产方式和资本积累的矛盾。

三、马克思怎样分析资本主义基本矛盾

主要从三个方面：第一，社会化生产和资本主义占有两个侧面在三个阶段中都有其特点；第二，矛盾运动的展开；第三，矛盾运动的发展，特别是阶级矛盾的发展，包括工人阶级状况恶化和资本家财富的增长。

〔简单协作阶段的资本主义基本矛盾〕

一、简单协作引起劳动过程或生产过程社会化

(一) 劳动的社会化

单干的劳动者变成结合劳动者，单干变成结合劳动、共同劳动、社会劳动。结合劳动者的劳动都具有社会平均劳动的性质。

(二) 生产资料的社会化

在协作的作坊里，生产资料供许多人同时使用(厂房、仓库、烘炉等)或交替使用。

生产资料变成社会劳动的条件或劳动的社会条件。

(三) 产品是结合劳动的产品

二、协作产生出新的生产力——集体力

第 362 页—第 366 页列举了七种情况。

这些情况表明了劳动生产率比单干劳动者提高了。

---

① 《毛泽东选集》第 1 卷，北京，人民出版社，1991 年版，第 318 页。

三、资本主义的占有

资本主义占有的一个特点是:较大量的(超过中世纪行会的最高额)可变资本和不变资本积聚在单个资本家之手。

另一个特点是:资本家占有一定数量的剩余价值,这个数量要使资本家摆脱体力劳动,保证他不是小业主,同时成为工业司令官。

四、社会化生产和资本主义占有二者互相对立,互为条件、互相转化

生产的社会性和占有的私人性二者的对立是明显的,但最初只表现为二者之间的差别。

随着资本主义生产的发展,对立逐渐激化,以至于爆发了经济危机,终究要把私人占有变为社会占有。

二者的直接对立,表现为两个阶级之间的对抗性矛盾:第 367 页—第 370 页。

二者互为条件:第 360 页第 1 段末;第 366 页—第 367 页第 3 段。

二者互相转化:社会化生产使劳动生产率提高,产品增多;而这些社会产品都转化为资本家的私人财产。协作中的结合劳动,属于资本家支配,在资本指挥下劳动。劳动的社会生产力表现为资本的生产力。第 370 页。

在二者的同一性(转化)中存在着它们的对立(斗争性)。没有社会性和私人性的互相排斥就没有它们的转化(不会变为私人占有的财富)。

资本主义生产方式便在这样的矛盾运动中发展。

资本通过协作获得较高的劳动生产率,生产力提高的果实——相对剩余价值加强了资本的力量,使资本主义生产方式在同小生产竞争中,在同封建的自给生产的较量中站稳脚跟。协作作坊——开始依靠较高的生产力,立于不败之地。第 684 页末篇。

〔工场手工业阶段的资本主义基本矛盾〕

一、劳动过程或生产过程进一步社会化

(一) 劳动进一步社会化

分工把工人变成局部工人,在工场里局部工人组成一个局部工人联合体,一个工人小组,一个以人为器官的生产机构。在这种机构中工人人数固定下来,机构的各器官之间按比例组织。

工场中的劳动力的分解和结合，造成了社会生产过程的质的划分和量的比例，产生了新的劳动组织，发展了社会劳动生产力。第403页第2段开头。

在新的劳动组织中，局部工人只能使用社会必要劳动时间，在一种商品的生产上只应耗费社会必要劳动时间，成了生产过程的技术规律。第383页。

劳动进一步社会化。

（二）生产资料进一步社会化。

劳动工具专门化、简单化、多样化。第378页一第379页。

劳动对象原料社会化。第382页第2段。

（三）产品变成无数局部工人的社会产品。第380页。

二、资本主义占有的发展

（一）资本家占有的资本和社会财富大大增加

在协作条件下，资本积累的最低限额只是超出小业主的最高额；资本积聚决定协作的范围和生产规模，协作范围限制了资本积聚。

在工场手工业条件下，工场的分工决定资本家雇用的工人的人数，而资本家要得到分工的利益，必须按比例增雇工人，工人人数激增，可变资本也激增。随之不变资本也必须按比例增加，其中原料增加得特别快。

因此，必定有越来越多的社会生产资料和生活资料的转化为资本。第398页第1段。

因此，单个资本家占有的资本的最低限额越来越增大。第398页第1段。

由于分工提高了社会劳动生产率，工场产品的产量大大增加，资本家占有的财富随之大增。

（二）资本家不仅占有物质财富，而且占有雇佣工人的劳动力

简单协作基本没有改变个人的劳动方式。

工场手工业，使劳动方式发生了革命，从根本上侵袭了个人的劳动力。

工场手工业把工人变成畸形物，变成手工工场的附属物。他的劳动力不卖给资本家就不能利用，他失去了独立性。“分工在工场手工业工人的身上打上了他们是资本的财产的烙印。”第399页。

（三）资本家不仅占有劳动力而且占有脑力劳动果实——科学

分工使工人的智力片面化，智力变成资本家的财产和统治工人的力量而同工人相对立。第400页。

脑力劳动和体力劳动分离，二者对立。这种分离过程，在简单协作中开始，在工场手工业中得到发展，在大工业中完成。第 400 页第 1 段。

工人的智力片面化，是工人智力贫乏的表现，而这成了资本家发财的一个条件。

三、企业内的组织性和社会生产无政府状态的矛盾是基本矛盾的表现

企业内部的分工和社会内部的分工的这一对矛盾，产生了企业内部的有组织性和社会生产无政府状态这一对矛盾，这一矛盾是基本矛盾的表现。

马克思分析了两种分工的联系（同一性）和差别（斗争性）：(1) 二者的相似点和联系：二者互为条件，互相促进。第 391 页第 2 段、第 3 段。用同一产品联系起来：畜牧、皮革、制鞋。(2) 社会内部的分工和企业内部的分工的差别。第 393 页—第 395 页。

1. 社会内部的分工以商品买卖为媒介联结起来；企业内部的分工以不同的劳动力卖给同一资本家，使它们作为一个结合劳动力使用为前提。

2. 社会内部的分工以生产资料分散在各资本家手中为前提；企业内部的分工以生产资料的积聚为前提。

3. 企业内部的分工是预先地、有计划地、按比例地分配工人的工作和生产资料；社会内部的分工也要求按照一定比例把工人与生产资料分配给各生产部门，但是：(1)这个比例要由价值规律来调节；(2)各部门比例的平衡通过平衡的破坏偶然地自发地实现，在生产的无政府状态中达到平衡。

4. 企业分工以资本家的绝对权威为前提，社会分工使各商品生产者对立，互相竞争。

所以，在资本主义生产方式中，社会分工的无政府状态和工场手工业分工的专制互相制约。第 395 页第 2 段开头。

两种分工产生企业内部组织性和社会生产无政府状态。而组织性和无政府状态又是基本矛盾的表现。

企业内部的组织性，见第 383 页。

社会分工的无政府状态，由于私有制而产生。

四、工场手工业的生产社会化和资本主义占有的互相对立、互相转化

工场手工业具有比简单协作较明显的优点：

(1) 生产过程由于分工，各种工序可以同时并进，缩短了过程，提高了效率。第 382 页第 2 段。

(2) 每个工人只使用必要的时间，劳动大大地节约。第 383 页第 1 段。

(3) 分工使劳动过程的质与量都有发展，表现在工种增多和量的规定与比例性。第 384 页第 1 段。

(4) 工场手工业既分解为不同的手工业，又结合成总的工场手工业，生产过程的社会化的规模扩大。例如，出现专门生产一种工具的行业。第 385 页第 2 段。

这些优点表明工场手工业有比简单协作更高的社会劳动生产率，社会产品大增。这表明相对剩余价值大大增加，大量的社会产品都转化为资本家的财产。

可见，工场手工业分工(生产进一步的社会化)是生产相对剩余价值的方法，成为文明的、精巧的剥削手段。

这种新的方法和手段，掌握在资本家手里。它所产生的更高的劳动生产率进一步加强了资本的力量，劳动的生产力转化为资本的生产力。依靠这种强大的物质力量，资本主义生产方式战胜了小生产和封建的自给生产，占据了社会生产的统治地位。

马克思指出，16 世纪，工场手工业兴起，是资本主义时代的开始。

阶级矛盾随之激化。第 708 页。

课题九：机器和大工业

第 9 次辅导

（阅读范围：第 1—4 节共 60 单页）

〔机器和大工业阶段的资本主义基本矛盾〕

一、生产过程的高度社会化

工业革命、产业革命是机器生产代替手工劳动的历史过程，自然力代替人力的历史过程。

（一）工业革命

1. 机器逐步推广、应用到一切生产部门（还有手工劳动）；

2. 不断产生许多生产资料生产部门，即制造机器的直接、间接的生产部门；

3. 实现了工业化，出现一批大工业国，农业国家越来越落后于工业国家；

4. 这一革命的实质在于：人类对自然的能动作用大大发展，“社会人的生产器官”大大发展。第 409 页注(89)。

（二）工业革命使生产过程高度社会化

1. 机器大生产是最发达的协作形式。

它把以往劳动者之间的协作变成机器之间的协作。一个工厂形成一个机器体系；有关的生产部门形成一个大的机器体系。它们按比例配套成龙，这种比例关系是由客观的社会生产过程本身决定。“劳动过程的协作性质，现在成了劳动资料本身的性质所决定……”第 423 页第 2 段末。

2. 机器大生产又是专业化分工的最发达的形式。

工场手工业的局部工人变成局部机器，变成部件和零件。由局部工人形成的结合工人，变成“机器体系”。

专业化分工，使各种劳动过程和生产过程的内部和外部的比例关系规则化、复杂化、固定化。

不管是自发地按比例，还是有计划地按比例，都是社会化生产的客观要求。

随着机器大生产而高度发达的协作与分工，是生产过程高度社会化的表现。

如果说，生产社会化在第一阶段表现为简单协作、随后表现为分工的话，那么机器大生产则是广泛协作与专业分工的对立统一体。

有了高度的社会化生产，就会有高度的劳动生产力，这是一目了然的。

二、资本主义占有的空前发展

（一）在资本主义制度下，机器是生产剩余价值的手段

马克思在本章一开头就指出这一点。见第408页。

在第二节开头又说：

“由协作和分工产生的生产力，不费资本分文。它是社会劳动的自然力。用于生产过程的自然力，如蒸汽、水等等，也不费分文。”见第424页。

（二）为什么说资本家不费分文

因为，由机器所提高的劳动生产力，仍然是“劳动”的生产力。在机器和机器的使用中也包括科学和自然力的运用。资本家既占有劳动力，也占有科学和自然力。资本家购买了劳动力和机器，也就购买了劳动的生产力，或者所谓“机器的生产力”。他用不着再为机器的生产力（实际上不过是提高了的劳动的生产力）另外付一次钱。所以机器的生产力表现为资本的生产力，表现为“机器提供的无偿服务”。资产阶级利用机器空前提高的劳动生产力和机器提供的无偿服务，进一步获利。

那么，既然有“无偿服务”，资本家是否可以无限制地使用机器？

三、资本家利用机器的界限

这里出现了矛盾：

利用自然力和科学是不费分文的，但利用它们所需要的设备却是昂贵的。

机器的作用（包括科学与自然力）不用代价，是无偿服务；但制造机器（比工具）的费用昂贵。

机器是整体的使用，但是一部分一部分地磨损。

机器价值比手工工业高得无比，但与机器转移到产品中去的价值相比，二者有差额。

这个矛盾产生了一个现象，由于上述差额存在，所以产品数量决定产品价值（产品便宜的程度）；产品数量由机器运转速度决定；机器转移给产品的价值大小取决于机器价值大小；机器生产效率越高，转到产品中去的价值就越小，机器的无偿服务就越接近于自然力的服

务。总之，在产品价值中，从机器转来的旧价值相对来说增大了，绝对地说减少了。

如果生产机器所需要的劳动与使用这台机器节省的劳动相等，那么，劳动生产率就没有提高。但是，制造机器所费的劳动和使用机器所节省的劳动的差额，即机器的生产率，显然不是由机器本身的价值和它所代替的工具的价值的差额来决定的，而是由它代替人类劳动力的程度来衡量的。如果把机器只是看作使商品便宜的手段，那么使用机器的界限就在于：生产机器所费的劳动要少于使用机器所代替的劳动。可是对资本来说，这个界限表现得还要狭窄：

对资本家来说，采用机器的界限是：机器价值小于它所代替的劳动力价值。

如果一台机器 10 万元，只能用 1 年，它可以代替 30 个工人。

如果 30 个工人一年支付 90000 元工资。

资本家宁愿雇工人进行手工劳动。

四、资本主义基本矛盾尖锐化

资本主义基本矛盾尖锐化，表现为阶级矛盾的尖锐化。

（一）机器本来是节省或代替劳动的手段，但机器使用却把妇女儿童卷入劳动中来。

（二）机器本来缩短了生产中的必要劳动时间，但使工人的劳动时间延长。

（三）机器本来减轻体力劳动，但加强了工人的劳动强度。

（四）机器标志着人对自然力的征服，却使工人变成机器的附属品、奴隶。

（五）机器的使用创造了消灭时代的分工的条件，但使脑力劳动和体力劳动对立尖锐化。

（六）机器本来是增加财富的最有效手段，但使广大劳动群众深深地陷入贫苦之中。

〔补充说明〕

1. 第 431 页注(116a)提到：在共产主义社会，机器的作用范围将和在资产阶级社会完全不同。

2. 本卷第 684 页和第 707 页—第 708 页，对协作、分工、机器三个发展阶段作过精辟概括。

3. 关于私人财产的扬弃，私人资本取得社会资本形式的问题，可参见《资本论》第 3 卷第 493 页—第 499 页；“信用在资本主义生产中的作用”第3、4点，见《反杜林论》第274页第2段到第276页末①。

① 《马克思恩格斯选集》第3卷，北京，人民出版社，1995年，第2版，第632—634页。

课题十：剩余价值的两种形式，剩余价值生产的两种方法

1979.2.26　第10次辅导

阅读范围：第5篇 共24单页

〔三个问题〕

一、剩余价值生产过程中的诸矛盾

《矛盾论》“矛盾的特殊性”一节中指出：

“一个大的事物，在其发展过程中，包含着许多的矛盾……情形是非常复杂的。……不但要在各个矛盾的总体上，即矛盾的相互联结上，了解其特殊性，而且只有从矛盾的各个方面着手研究，才有可能了解其总体。所谓了解矛盾的各个方面，就是了解它们每一方面各占何等特定的地位，各用何种具体形式和对方发生互相依存又互相矛盾的关系……”①

剩余价值的生产过程是资本主义生产过程。

这是一个“大的事物”，在其发展过程中，包含着许多的矛盾。

在第三、四、五篇中，除了资本主义矛盾外，马克思分析了十二三对矛盾。

在这许多矛盾中，马克思着重分析了5对：

第五章分析的：劳动过程与价值增殖过程；

第六章分析的：不变资本与可变资本；

第七、八章分析了两部分构成的工作日；

第十四章分析了剩余价值的两种形式。

从总的来看：第三篇是绝对剩余价值的生产；第四篇是相对剩余价值的生产；第五篇是这两种剩余价值的生产。

从这些矛盾的彼此的关系来看：

其中主要矛盾是劳动过程与价值增殖过程的矛盾。这对矛盾不但决定其他4对矛盾，而且决定整个资本主义过程，构成资本主义生产的实质和绝对规律。

---

① 参见《毛泽东选集》第1卷，北京，人民出版社，1991年版，第311—312页。

绝对剩余价值和相对剩余价值不过是这一实质的两种形式。(《资本论》第2卷第22页,恩格斯的序言)

其次,它也决定了资本分解为不变资本与可变资本。

第六章开头便指出:“劳动过程的不同因素在产品价值的形成上起着不同的作用。”生产资料在价值形成上只是借助于劳动的具体有用性,而把自己的旧价值保存下来并且转移到产品中去,从而充当了活劳动的吸收器;劳动力在劳动过程中则加进了新价值。前者是不变资本,后者是可变资本。

最后,工人的工作日的两部分,不过是工人的劳动过程的两段时间。

第242页和第243页写道:必要劳动时间是劳动过程的第一段时间,剩余劳动时间是它的第二段时间。

毛主席常说,抓住了主要矛盾,其他矛盾迎刃而解。

二、绝对剩余价值和相对剩余价值

(一) 概念

第350页同时提出了这两个概念。

第449页又对相对剩余价值作了解释。

第14章对两个概念作了全面论述,同时从二者的相互联结上,即矛盾的总体上作了分析。

剩余价值的两种形式,即绝对形式和相对形式,这也是剩余价值生产的两种方法。

(二) 二者的联系和差别

本章(第十四章)分析了二者的联系和差别,说明了它们之间的辩证关系。

1. 二者的联系,它们的同一性。

(1)它们互为前提;

(2)前者是后者的基础、起点;

(3)它们互相转化:机器的使用延长了工作日,生产相对剩余价值的方法同时也是生产绝对剩余价值的方法。

2. 马克思着重分析了二者的差别。

这里要揭露剩余价值生产的两种方法。资产阶级经济学只承认其中一种,例如李嘉图只承认有相对剩余价值;而那些为延长工作日辩护的人,如西尼耳又只承认绝对剩余价值。

很明显,延长工作日和提高劳动生产率是资本家同时使用或交替使用的两种剥削方法。这种方法不是幻想出来的。

（三）劳动对资本的形式从属转化为实际从属

这里应注意一点：

马克思深刻地揭示了这两种剥削方法所包含的阶级关系的变化。

马克思在《直接生产过程的结果》一书第89页中说：

“正如绝对剩余价值的生产被看作是劳动对资本的形式上的从属的物质表现一样，相对剩余价值的生产也可以被看作是劳动对资本的实际上的从属的物质表现。”①

1. 什么是劳动对资本的形式隶属？

资本家占有劳动条件，支配劳动过程，使劳动者在经济上从属于自己，但劳动者还保持着工艺上的、技术上的独立。劳动对资本的形式从属是以绝对剩余价值为基础的。在资本主义生产方式还处在手工作坊时期，资本家刚刚从行会师傅或独立小生产者转化而来时的情形就是典型的例子。不过，在劳动实际上从属于资本以后，也还保留着形式上的从属。

2. 什么是劳动对资本的实际隶属？

资本家占有社会规模的生产资料，劳动过程由于劳动的社会生产力发展了，由于科学技术的利用，工人变成局部工人，丧失了独立性和个性。劳动实际上完全从属于资本，离开了资本便不起任何作用。劳动对资本的实际从属是在相对剩余价值形式中发展的。资本主义生产方式一旦有所发展，这种从属关系就发生了。②

绝对剩余价值生产和相对剩余价值生产是剩余价值生产的两种方法，也是资本家对工人加强剥削的两种方法。

绝对剩余价值生产方法是延长工作日。

相对剩余价值生产方法是提高劳动生产力。

提高劳动强度既具有绝对剩余价值生产的性质，也具有相对剩余价值生产的性质。

什么是劳动强度？

“迫使工人在同样的时间内增加劳动消耗，提高劳动力的紧张程度，更紧密地填满劳动时间的空隙，也就是说，使劳动凝缩到只有在缩短了的工作日中方能达到的程度。”

---

① 参见《马克思恩格斯全集》第49卷，北京，人民出版社，1982年第1版，第84页。——本书编者

② 参见同上书，第83—99页。——本书编者

三、劳动力价格和剩余价值的量的变化规律

剩余价值生产是资本生产的实质、绝对规律，它是绝对剩余价值生产和相对剩余价值生产的对立统一。作为实质，它包含劳动对资本的隶属关系。前一章，第十四章，分析了这对矛盾，揭露了这个实质。

第十五章，分析了剩余价值生产过程的量的关系。它的量的关系是劳动力价格和剩余价值量的对立统一体。

劳动力价值和剩余价值本来就是一对矛盾：从资本生产过程的实际内容来看，它就是一方面再生产劳动力价值，另一方面生产剩余价值，二者既互为前提、条件，又互相排斥。

劳动力价格和剩余价值量之间变化规律怎样呢？

有三个因素影响这个关系的变化：

（一）工作日长度（劳动外延量）。

（二）劳动强度（劳动内含量）。

（三）劳动生产力。

三个因素有不同的组合，这章讲了四种主要组合：

（一）工作日长度和劳动强度不变，劳动生产力可变。

劳动生产率与剩余价值成正比；与劳动力价格成反比。

（二）工作日和劳动生产力不变，劳动强度可变。

劳动强度与剩余价值成正比；劳动强度变化不大，不影响劳动力价格，它提高很大，则价格上涨。

（三）劳动生产力和强度不变，工作日可变。

工作日延长，剩余价值增加，劳动力价格绝对地说不增加，也不减少，但相对地说却下降了。

（四）三个因素都变化，有很多种组合，这里只讲两种情况：

1. 劳动生产力降低，同时工作日延长；

2. 劳动生产力提高，同时工作日缩短。

课题十一：资 本 积 累

1979.4.5　第 11 次辅导

阅读范围：第 7 篇第 21—25 章

一、资本积累学说的要点

第一卷第 7 篇论述了资本积累学说的基本观点。

马克思的资本积累学说，按其内容来说，可以归纳出五个要点：

（一）资本积累的内容就是扩大再生产

资本主义下的扩大再生产采取资本积累的形式，或者说表现为资本的积累。资产阶级经济学家一方面把资本积累和货币贮藏混为一谈，另一方面也把资本主义生产和货币贮藏混为一谈。资本积累学说揭示了资本主义发展规律及其灭亡的必然性，指明了资本主义积累的历史趋势。所以列宁说："马克思对资本积累的分析是极其重要和新颖的。"①

（二）资本积累的实质是资本家用工人劳动的果实去榨取工人更多的劳动

积累不过是剩余价值的资本化。剩余价值是资本积累的唯一源泉。

（三）资本积累不仅表现为资本数量的增加，而且表现为通过资本构成的提高而发生的资本的质的变化，这就是可变资本的相对递减

因此，资本积累不断地产生出超过资本增殖的平均需要的相对过剩人口，从而揭露了资产阶级捏造的"自然人口规律"。

（四）贫富两极化是资本主义积累的绝对规律

一极是无产阶级绝对和相对的贫困化，一极是资产阶级疯狂地榨取工人血汗，占有越来越多的社会财富。事实证明，形形色色的"阶级调和论"都是毫无根据的欺骗。

（五）资本主义积累和资本原始积累是并行相结合地交替进行的

资本积累不仅是经济强制，也凭借超经济强制。资产阶级同时

---

① 《列宁选集》第 2 卷，北京，人民出版社，1995 年，第 3 版，第 432 页。

使用这两种方法。

二、马克思对资本的生产过程的辩证分析

第7篇分析了资本的生产过程的各方面的矛盾，约有18对矛盾，其中着重地分析了6对矛盾。

（一）简单再生产和扩大再生产

马克思分析资本主义的生产过程，进一步揭露：资本家怎样致富？资本主义制度怎么发展？

资本本身的生产过程就是资本积累的过程，它的内容是规模扩大的再生产过程。

因此，首先分析再生产。

再生产是简单再生产和扩大再生产的对立统一。

再生产的简单重复和规模不断扩大是互相排斥的，但又互相依存。简单再生产是扩大再生产的基础，扩大再生产是简单再生产的发展；随着社会生产的发展，简单再生产总是要转化为扩大再生产。所以扩大再生产成为资本主义生产的特征。

马克思分析这对矛盾，并没有分析这两个矛盾侧面本身的特点，而是分析：

一方面，消除资本主义生产作为孤立过程所具有的虚假特征；另一方面，分析扩大再生产所采取的资本积累这种特殊形式。

前者的目的在于：揭露工人在资本主义社会的雇佣奴隶的地位，他们的状况并不比罗马奴隶更好。这是一。第二，深刻地揭示出资本的本质：指出资本不过是同工人相异化的、统治工人和剥削工人的权力。第三，彻底地破除了自由工人的幻觉。第四，在资本主义生产关系的再生产中工人不仅一辈子是无产者，而世世代代都是无产者。

从第21章马克思对再生产的辩证分析，得到两个重要的启示：

1. 毛主席在《矛盾论》指出的马、恩、列、斯"对于应用辩证法到客观现象的研究的时候，总是指导人们不要带上任何的主观随意性，而必须从客观的实际运动所包含的具体的条件，去看出这些现象中的具体的矛盾……以及矛盾的具体的相互关系"①。

2. 观点、方法不能离开立场，无产阶级的政治立场。

（二）商品生产的所有权和资本主义占有

1. 分析这一对矛盾有两点意义：

第一，揭示资本家的本质。即资本家用工人劳动的果实（资本家

---

① 参见《毛泽东选集》第1卷，北京，人民出版社，1991年版，第319页。

占有剩余价值)再去榨取更多的剩余劳动,用剩余劳动榨取更多的剩余劳动。

第二,揭示资本主义占有制度的起源。在批判蒲鲁东时说明了这一点。

2. 二者对立:

商品生产所有权,指商品生产者是自己的产品的所有者。这种所有权同资本家的私人占有直接对立。这就是小生产和资本主义制度的对立。

3. 二者的同一性:见第639页—第644页。

商品生产所有权是资本主义占有的条件。对过去无酬劳动的所有权,成为占有更多的无酬劳动的条件。

回顾资本运动的各个阶段(卢森贝的《〈资本论〉注释》分解为5个环节),都以商品生产规律为条件。即:价值增殖要以等价交换为条件,资本积累也要以等价交换为条件。

马克思分析二者转化,表现在4个方面:

第一,表现在等价交换转化为不等价交换。

第二,最初所有权是以自己的劳动为基础,现在所有权对资本家变成资本占有权,对工人变成不能占有自己的产品。

第三,表现在所有权和劳动相结合转化为相分离。

第四,二者的转化归结为小生产转化为资本主义生产。

马克思在第22章第一节,对商品生产所有权和资本主义占有这对矛盾以及它的表现的几个方面的矛盾的交错关系的分析,深刻地、生动地论述了资本积累的本质和资本占有制的客观必然性。

毛主席说:“一切事物中包含的矛盾方面的相互依赖和相互斗争,决定一切事物的生命,推动一切事物的发展。”①

由于事物内部的矛盾运动,事物才有生命,才不断发展。由于资本积累过程多方面包含着矛盾,这些矛盾运动使积累过程具有生命。马克思在理论上如实地反映了这些矛盾运动,活生生地、深刻地再现了资本积累过程,使人们清楚地看到了资本的生活本能:“它像吸血鬼一样,只有吮吸活劳动才有生命,吮吸的活劳动越多,它的生命就越旺盛。”

但是,资本主义的一切矛盾都是对抗性的,它决定于资本主义社会的阶级对抗。在一定条件下,资本主义经济内在矛盾的发展,终究

---

① 《毛泽东选集》第1卷,北京,人民出版社,1991年版,第305页。

要采取外部冲突形式(阶级斗争形式)去解决。

(三) 积累和消费

在资本的积累过程,包含着积累和消费的矛盾,这在资本家身上表现为他的致富欲(积累欲)和享受欲的冲突。

消费又是生产消费和个人消费的统一,在工人身上和资本家身上都表现为二者的统一。

第22章第三节分析了资本家的两个灵魂。每个资本家都具有绝对的、狂热的致富欲,同时又是享乐成性。矛盾的主要方面是致富欲。马克思分析这个矛盾,深刻揭露出资产阶级的本性和他们的历史地位。资本家是人格化的资本。资本家贪得无厌地榨取工人的剩余劳动,是价值增殖的无止境运动的表现。资本家的狂热的致富欲,是资本积累的反映。古典学派用"为积累而积累,为生产而生产"的公式表示资产阶级的历史使命。马克思指出资本家只有作为人格化的资本,他才有历史的价值,才有历史的存在权。

随着资本向垄断资本转化,资产阶级的历史价值也向它的反面转化,变成历史前进的障碍。它的存在权要被剥夺。

在第21章,着重分析了工人的个人消费和资本主义生产消费的关系。工人的个人消费是直接生产的消费,如同蒸汽机添煤加水一样,是资本生产和再生产的一个要素,一个条件。

马克思分析这一对矛盾,令人信服地说明了工人阶级在资本主义社会中的地位:他们是资本的附属物。不管他们在劳动过程以内还是以外,他们都处于奴隶的地位,是雇佣奴隶。这可以由矛盾的主要方面在生产消费的性质方面得到科学的说明。但是,从另一个方面看,工人个人消费得不到满足,也会直接打击资本生产。这在工人罢工过程中表现出来。

资本家的个人消费和资本主义生产消费也是对立统一的。见第650页和第651页。

(四) 资本积累的量的增长和质的变化

资本积累一方面表现为资本的数量的增长。资本数量增长过程,是通过积累和集中两种运动实现的。换句话说,从量的增长来看,积聚和集中是资本积累过程的两个要素。资本集聚是通过各个资本的积累实现的,从而导致资本数量增加和社会财富的增大。同时,社会财富的数量虽然不增大,但由于竞争和信用,小资本合并成大资本。大资本组成的大企业,比起单个小资本家更容易赚钱,可以加快资本积累。

积聚和集中是对立统一的:没有积聚便不会产生集中,集中起来的大资本加速资本积聚。二者相互促进、补充,便产生垄断。

积聚和集中又互相排斥、对立:单个资本的积聚增加,会增加资本集中的难度,阻碍资本集中,各个资本家势均力敌,谁也吃不了谁。相反,资本高度集中,分散的单个资本的积聚便会遭到破坏,集中意味着消灭个体资本的独立性。

资本积累还表现为质的变化。这种质的变化是通过资本构成的提高,即可变资本相对递减来实现的。

资本,从它的本质来看,不过是资本主义生产关系的体现物。它是同工人相异化的、统治、剥削工人的权力。资本积累直接就是这种社会权力的增长。同时,资本积累又表示无产阶级状况的恶化。

马克思分析了一系列的矛盾,来论证资本积累对无产阶级命运的影响。

无产阶级命运的恶化根源在资本主义制度本身,而不在分配是否公平合理。

马克思创立资本有机构成这一原理,作为分析的出发点,便排除了各种错误观点。

1. 资本有机构成的变化(它的高和低)是资本内部矛盾运动的反映,因为资本构成的变化就是资本两个组成部分之间的关系的变化。

这里,既包括了技术构成的变化,生产力方面的变化,也包括价值构成的变化,生产关系或阶级关系(阶级矛盾)的变化,可见,无产阶级状况不断恶化的根源在资本主义生产方式内部。

2. 资本内部矛盾运动(矛盾的同一与斗争)在它的外部表现为资本对劳动的需求的变化,即劳动力的被吸收和受排斥,或劳动力的吸引和游离于生产过程。

3. 从这个矛盾运动中,产生出资本主义相对过剩人口规律和工资变动规律。

工资的变动由现役劳动军和产业后备军的比例决定。

资本积累过程的各方面的矛盾运动,汇集起来,便产生了资本主义积累的绝对的、一般的规律。

马克思在表述这个规律时,正是把各方面的矛盾运动,按照它们的相互关系,它们之间的逻辑进行了科学的归纳。

(五)资本积累的无产阶级贫困化

1. 社会财富、职能资本越大,无产阶级人数及其劳动生产力就大，产业后备军也越多。财富的增长同无产阶级队伍扩大成正比例。

2. 资本的膨胀力和可供支配的劳动力由同一原因发展起来。这两种力量成正比。

3. 因此，财富的力量和产业后备军一同增长。

以上，一方是财富、资本；另一方是无产阶级，活动的劳动力，产业后备军。

4. 现役劳动军和产业后备军成正比。

5. 过剩人口的贫困和劳动折磨成反比。

6. 过剩人口和赤贫者成正比。

总起来，资本积累和无产阶级贫困积累一同发展。

在这总的关系中，包括：

1. 社会资本和整个无产阶级的关系；

2. 无产阶级内部的现役劳动军和产业后备军的关系；

3. 过剩人口和其中的最底层、赤贫者的关系。

相对过剩人口同资本积累的规模能力，始终保持平衡。

(六)资本主义积累和原始积累

资本主义积累是剩余价值的资本化，是通过一系列经济规律的作用实现的。资产阶级作为人格化的资本，通过经济规律的强制作用，或者说依靠经济的强制，榨取工人阶级的剩余劳动，同时又用过去的剩余劳动榨取更多的活的剩余劳动。资产阶级已经积累得越多，就越能更多地积累。这是一个不以人们意志为转移的客观过程，“自然历史过程”。

所谓原始积累，是直接生产者、小生产者，由于暴力强制剥夺而丧失生产资料(劳动力与生产资料被强制分离)，社会财富迅速集中在少数人手中并转化为资本，而小生产者变为雇佣工人的过程。

原始积累实质上是资产阶级依靠暴力实现的资本积累。

资本主义积累和原始积累构成一对矛盾，是经济强制和超经济强制的对立统一。就是说，资本积累既是经济强制的又是超经济强制的。

资本主义是在客观经济规律的强制作用中实现的：

价值规律(条件)，剩余价值规律(源泉)，资本主义占有规律，可变资本相对递减规律，资本的积聚和集中规律，资本主义人口规律，相对过剩人口和积累的规模与能力始终保持平衡的规律等等。

原始积累则是依靠暴力，超经济强制作用实现的。马克思指出：“原始积累在不预付一个先令的情况下进行的。”

原始积累全部过程的基础是对农民的土地的剥夺。

被暴力剥夺了土地，被驱逐出来而变成了流浪者的农村居民，又由种种恐怖的血腥的法律，被强迫进入工厂当雇佣工人。

这种剥夺的历史是用血和火的文字载入人类编年史的。

殖民贸易和殖民战争，信用制度和国债，税收制度，保护关税制度等，是原始积累的暴力方法。

资本来到世间，从头到脚，每个毛孔都滴着血和肮脏的东西。

暴力是每一个孕育着新社会的旧社会的助产婆。

附录一:如何学习《资本论》

1978 年 10 月 21 日

一、总的要求

1. 运用辩证唯物主义和历史唯物主义去领会原著的精神实质。

2. 运用经济学史的知识,去学习原著怎样批判,怎样战斗。

3. 反对对经典著作的各取所需的实用主义的学习方法。提倡实事求是,完整准确地理解原著所论述的每一范畴和规律。

二、树立良好的学风

良好学风是学习质量不断提高的保证,质量反映在每个人的学风上。

三、学习质量的具体要求

1. 完整准确掌握基本概念和原理。

2. 不断提高独立研究的能力。

四、具体的学习方法

1. 按顺序读和按专题阅读、研究相结合。

2. 作业和专题研究。

3. 做好三种笔记:作业、听课笔记、自学笔记。

4. 注意预习和讨论:抓三点:重点、要点、难点。

五、教师辅导内容

重点,阅读方法,作业示范,答疑。

六、学习进度(略)

附录二:资本生产过程中的若干矛盾

一、第一篇分析商品矛盾:有关商品和货币的 14 对矛盾

使用价值与价值、具体劳动与抽象劳动、私人劳动与社会劳动、人的关系与物的关系、自然形式与价值形式、价值实体与价值量、相对价值形式与等价形式、交换的个人过程与社会过程、买与卖、商品与货币、货币职能中的四对矛盾。

二、第二篇:有关货币转化为资本的过程的 5 对矛盾

简单商品流通或货币流通形式和资本流通形式、价值的独立存在和价值的增殖、预付价值和剩余价值、劳动力价值和剩余价值、货币和资本。

三、第三至五篇:有关剩余价值的生产过程分析的 18 对矛盾

生产过程和流通过程、剩余价值生产和资本的生产、劳动过程与价值形成过程、劳动过程与价值增殖过程、价值形成过程与价值增殖过程、旧价值的保存与新价值的创造、劳动力价值的再生产与剩余价值的生产、不变资本和可变资本、必要劳动时间和剩余劳动时间、在工作的界限上的阶级矛盾、对剩余劳动贪欲的无限和工作日的限度、绝对剩余价值和相对剩余价值、无酬劳动和有酬劳动、剩余价值率与剩余价值量、劳动对资本的形式隶属与实际隶属、劳动生产率的增长与相对剩余价值的增长、企业内部分工和社会内部分工、企业内部的组织性和社会生产无政府状态。

四、第六篇

劳动力价值和剩余价值、劳动力价格和剩余价值量、计时工资和计件工资、实际工资和名义工资。

五、第七篇

资本的生产过程、简单再生产和扩大再生产、物质资料再生产和生产关系再生产、生产消费和工人个人消费、生产资料与劳动力的分离和结合、商品生产的所有权和资本主义的占有、等价交换和不等价交换、资本家的现实欲和享受欲、积累和消费、绝对贫困化和相对贫困化、资本的技术构成和价值构成、资本量(积累量)和工人人口数量、资本的积聚和集中、机器对工人的吸引和排斥、积累的质和量、积累和相对过剩人口、在业人口和后备军、资本积累和无产阶级贫困化。

第二卷

资本的流通过程

第三编 《资本论》第二卷讲稿

第一篇 第一章

1979.4.24 第12次辅导

前 言

一、第二卷的研究对象是什么

对象:资本的流通过程。

内容:资本流通的形式——循环和周转。从单个资本的流通过程分析资本的循环和周转,这是第一、二篇的内容。资本流通的条件,即再生产得以顺利进行的条件和价值实现的条件。从社会资本的流通过程分析价值实现的条件,这是第三篇的内容。

第一、二篇对单个资本流通的分析,也不可避免地会遇到再生产和实现的条件。但在多数情况下,为了先分析再生产和流通的形式,所以是假定条件已经具备,在这样的基础上先分析过程内部矛盾。然后第三篇再全面研究条件本身,需要哪些条件才能保证流通的进行。

整个第二卷的中心问题是剩余价值的实现。这个问题,实际上是有关资产阶级内部的相互关系的问题。恩格斯在《通信》中曾说明过。

二、什么是资本的流通过程

第一卷有几处讲过了。

第四章作过与商品流通对比的分析，概括出一个资本总公式：G—W—G′。但那是为了分析资本的生产过程才作的初步分析。

第七篇前言，对资本流通作了简要的概述。

如何理解资本流通？注意三点：

（一）这几个用语的一致性。

资本流通、资本的流通过程、资本的循环和周转、资本运动，以上是同一概念。这里的“资本”，在分析的这个阶段上，所指其实已经是“产业资本”。在抽象、一般意义上的“资本”（资本的总公式）的基础上，加上了“生产”这个阶段，出现了产业资本的规定。

（二）广义的和狭义的资本流通。

资本流通，既指包括三个阶段的整个过程，这是广义的；也指第一、三这两个阶段，这是狭义的。但资本运动则指广义的资本流通过程。

三、资本运动本身就是“矛盾”

恩格斯说：“运动本身就是矛盾。”

资本运动是生产过程和流通过程的对立统一过程，或三个阶段的对立统一过程。

产业资本的运动是它的三种形式的循环的统一，是它的三种形式的在时间上连续和空间上并存的运动。

资本运动是资本关系的运动。

四、资本形态变化及其循环的形式

资本运动要通过一定的运动形式来表现，也就是必须采取一定的形式。

资本运动形式是资本形态变化或资本形式的变换，它表现为时而采取一种形式时而又放弃。

资本在循环过程中采取的三种形式是：货币资本、生产资本、商品资本。

资本的三种形式连续不断地变换，即循环。

三种形式周期地变换即周转。

马克思创立了三个公式来表示三种产业资本的循环（运动形式）。

注意：马克思用货币资本循环公式代表资本运动的一般形式，用商品资本循环公式代表社会总资本的运动。

五、对资本运动中的矛盾的分析

本卷第一篇和第二篇分析个别资本的运动，大体的方法仍然是：(1) 分析矛盾的各个侧面的特点。(2) 从总体上分析矛盾双方的相互关系、联系。(3) 分析矛盾的同一性和斗争性的结合以说明矛盾的运动，过程的发展。(4) 分析矛盾的爆发，即经济危机。

第一章　货币资本的循环

〔提　　示〕

学习这一章要注意：G…G′这个公式，既是产业资本的一般循环公式，又是货币资本的特殊循环公式；本章内容既是讲产业资本循环的一般特点，又是讲货币资本循环的具体特点。本章开始用“资本的循环过程”；后面用“货币资本循环的公式”。本章讲的三个阶段和总循环都应当从两个意义上去理解，都是在比较抽象、一般的规定基础上，再加上进一步的规定，成为比较具体一些的规定。第一卷对于资本生产过程和剩余价值的分析采用的也都是同一方法。

Ⅰ. 第一阶段 G—W

一、货币资本向生产资本转化

资本采取货币资本形式，又放弃这一形式，变换成生产资本形式。这一运动体现在资本家购买 A(表示劳动力)和 Pm(表示生产资料)的活动上。

二、货币资本流通

即 $G—W<\begin{matrix}A\\Pm\end{matrix}$，资本家购买 A 和 Pm，资本家的货币转化成商品。其中不仅包含质的分割，还有量的关系。(见第 33 页第 2 段)

三、这一阶段上的货币形式 G 的职能的二重性

这里，用来购买 A 和 Pm 的货币 G，所执行的是单纯的货币职能(购买和支付)，但在资本循环过程中，又是资本的职能。(见第 35 页第 2、3 段)

四、A 和 Pm 二者的分离和结合

A 和 Pm 在资本家的购买活动上，必须以二者的分离为前提。

但又必须结合成生产资本的两个因素。只有这样，资本运动才能进行。

以上四对矛盾构成资本运动第一阶段。

Ⅱ．第二阶段 生产资本的职能

一、生产资本向商品资本转化

资本采取生产资本形式，又放弃这一形式，变换成商品资本形式。这一运动体现在劳动力和生产资料相结合上，体现在资本家组织生产消费上，产生了新商品。

二、这种运动使资本主义生产与小商品生产这两种对立的生产区别开来

第二阶段资本运动，以 G—A 为前提。资本主义生产的发展一方面使商品生产普遍化，同时又导致非商品生产（自给生产）的解体和小生产的解体。

三、进一步分析 A 和 Pm 的矛盾，即二者的结合和分离

第 44 页第 1、2 段指出：A 和 Pm 都并不天然就是资本。Pm 转化为资本由 A 转化为资本来决定。

生产资本职能是把 A 和 Pm 结合起来，生产出包含资本价值和剩余价值的商品，即商品资本。

Ⅲ．第三阶段 W′—G′

一、商品资本向货币资本转化。这一阶段暴露了矛盾的对抗性质

这里存在着决定资本家的命运的问题，即：

新商品 W′能否卖掉？能否全部卖掉？出卖的速度是快还是慢？

二、W 和 W′，商品和商品资本的差别

这里分析了商品价值的绝对量和相对量。

三、W′＝W＋m，商品资本是资本价值和剩余价值的统一

商品资本的流通包含：资本价值流通：G—W—G；剩余价值流通：w—g—w。

四、货币资本 G′的特点

其中分析了货币 G 和货币资本 G′的差别，指出：G 是资本的货币形式，G′是货币形式的资本，是真正的货币资本。

Ⅳ. 总　循　环

一、货币资本的总循环和产业资本

以上三个不同阶段的统一体，就是货币资本总循环的公式。具备这种运动形式的资本就是产业资本。所以，这个总循环，就是从货币资本循环的角度来看待的产业资本的总循环。

为什么？因为，产业资本的循环本身就既是这三种职能资本的统一，也是循环的这三个阶段的统一。在循环中依次经过这三个阶段、采取而又抛弃这三种职能形式的资本就是产业资本。这是由资本的这种运动形式决定的。运动是物质的存在形式。运动形式的不同，规定了事物的不同性质，形成了不同的规定。因此，在货币的循环中，就出现了产业资本的规定。货币资本循环三阶段，和产业资本的三种职能资本的循环是一致的。

总循环是循环的三个阶段和资本的三种职能资本的依次不停地交替，同时资本在每一个阶段中又固定地采取一种形式。第一阶段采取货币资本形式，第二阶段采取生产资本形式，第三阶段采取商品资本形式。

二、总循环中的资本流通和商品流通

在产业资本的循环中，资本流通和商品流通交织在一起。每一个职能资本的循环（广义的资本流通）中都包含着一般的商品流通；每一个产业资本的真正的流通阶段（狭义的资本流通），又都是资本流通和商品流通的对立统一。

三、货币资本循环的四个特点

第Ⅳ节，总循环，讲了货币资本循环的4个特点。这里先从货币资本的总循环中得出了产业资本的规定，然后倒过来，再把货币资本的循环当作产业资本循环的一种特殊形式，进而分析了这个特殊形式的特点。这个意义上的货币资本的循环，即G……G′循环，有四个特点：

(1) 反映了资本主义生产的动机、目的；

(2) 生产过程是达到这一目的的手段；

(3) 终点上的G′表示出这一目的已经实现；

(4) 不包含个人的消费。

G…G′表现了一个完全的资本主义营业过程，表现为一个独立的过程。从货币资本的循环的角度，反映出产业资本循环的性质和特点。

第一篇　第二、三章

第二章　生产资本的循环

1979.4.29 第 13 次辅导

生产资本循环就是资本主义的再生产。本章依次分别分析简单再生产和扩大再生产。

在本书第一卷第七篇中，马克思也曾经研究过资本主义再生产。但那里主要是从抽象一般的意义上揭示出资本主义再生产的实质。这一章则从个别资本再生产的角度来分析资本主义再生产运动的形式。

从资本主义再生产运动、生产资本循环的全过程来看，这一循环的最明显的特征是以流通 W′—G′—W 为媒介的。这个媒介作用十分重要，它决定生产资本能否顺利地循环，也决定再生产是简单的还是扩大的再生产。

先看简单再生产。

Ⅰ. 简单再生产

一、从 W′—G′—W 的第一阶段 W′—G′来看，有两个重要特点，形成两对矛盾

(一) 资本价值和剩余价值的流通的分离

在简单再生产条件下，由于剩余价值全部用于资本家的个人消费，所以 W′—G′流通分成两种性质不同的流通，在两条轨道上运动。因为，这里的 W′和 G′都包含着资本价值和剩余价值两部分。在简单再生产条件下，剩余价值用于购买一般商品、消费品，属于一般商品流通；而资本价值又是作为资本再预付，用以购买 A 和 Pm，属于资本价值流通。

(二) W′—G′—W 是商品资本流通

W′不是小生产者的商品，是资本主义商品，商品资本；G′是货币资本。所以它是商品资本的流通。但是，在市场上，在流通领域，却表现为简单商品流通。掩盖了生产的资本主义性质。庸俗经济学利用这一点，把资本主义生产看作是简单商品生产。

这两个特点，表明简单再生产下资本运动包含的两对矛盾。

二、W′—G′—W 的第二阶段：G′—W

根据以上的分析，这里的 G′是 W′—G′转化而来的。G′又分解为 G+g。其中 g 作为资本家的收入花掉了，退出了资本循环，只有 G 是作为货币资本继续运动。

G′的运动的特点有三个(第 83—88 页)：

第一，G 的一部分购买劳动力，性质有变化，不再是单纯的货币预付，而是付还工人自己的等价物。

第二，在 W′—G′—W 流通中，G 只是一个转瞬即逝的因素。因此，这第二种形式就是对形式Ⅰ的批判，并把它归结为一个特殊的形式。

第三，这里的 G 的职能只是商品资本再转化为生产资本的媒介。

三、生产资本运动的重要矛盾和经济危机

这里分析的矛盾是：生产资本的循环脱离了消费，而生产归根结底受消费制约。这个矛盾在资本主义社会只有通过危机才能解决。危机的爆发是必然的。(参看详细讲稿)

Ⅱ．Ⅲ．Ⅳ．扩大再生产

这三节是从流通过程研究扩大再生产。

这里分析了货币积累(贮藏货币)和资本积累的关系。没有货币积累便没有资本积累，它是必要前提，货币积累在扩大再生产中转化为资本积累。这个矛盾是 G 和 P 的矛盾的反映。

第三章　商品资本的循环

商品资本的循环有四个特点：

一、整个商品资本的运动是从商品流通开始的，整个运动过程

是以商品流通为主体

这在循环公式上体现出来：

$$W'—G'—W\cdots P\cdots W'$$

如果拿三种循环比较一下：在循环Ⅰ中，流通为生产过程所中断，在循环Ⅱ中，流通是再生产过程的媒介。

可见，考察商品资本的运动，必须研究商品流通。

因为，商品资本的职能，是使商品资本转化为货币资本，即 W′—G′，即出售商品，把商品 W′中的剩余价值实现为货币。执行这种职能，当然不能离开商品流通，不能离开市场。

二、在商品资本的循环过程中，W′是过程的起点、经过点和终点，它始终存在于运动之中，它是再生产过程的经常条件

（一）先看 W′是怎样作为过程的起点

商品资本循环开始时，参加循环的商品，是上一阶段生产过程中生产的新商品，它包含了资本价值和剩余价值，它是已经增殖的资本。这个开始的起点不同于前两种循环。在那里，起点都是预付价值，不是已增殖的价值。

（二）从起点怎样到经过点

在 W′—G′—W 的运动中，包含在 W′中的资本价值和剩余价值分离开来。为什么要分离？因为资本家一方面要收回预付价值重新生产，一方面要把剩余价值实现为货币，以便他消费或追加资本。怎样分离？资本家根据新商品的特点，例如纱，可以分批出售，在出售中把 c、v、m 分开；如机器，则可以在出售后再分开。但是，不管在使用价值上是否可以分开，在价值上总是一定要分开的。这是出售商品的情况。从起点到经过点的运动中，还要购买商品。购买的商品是否商品资本？这要作具体分析。

1. W—A

劳动力在工人手中是 W，不是 W′；在资本家手中是 P 的要素。

2. W—Pm

Pm 无论是其他资本家的 W′，还是小生产的 W，W 都是单纯的商品。

（三）终点的 W′

如果是简单再生产，则仍然是 W′；如果是扩大再生产，则为 W″。

三、商品资本循环是没有完成的，必须继续进行，因而包含着再生产

四、商品资本循环，也包含着消费和分配

马克思在论述商品资本循环的各种特点时，进一步分析了商品资本循环中资本价值流通和剩余价值流通的矛盾，资本流通和商品流通的矛盾以及劳动力和生产资料的矛盾等等，这些矛盾的交错运动组成了商品资本的运动。

以下分析 $W'\cdots W'$ 循环，体现社会总资本的运动。

$W'\cdots W'$ 运动的特点，表明这个循环形式同时又是社会总资本运动的形式。

为什么？

第一，商品资本循环从 W' 开始，它是商品资本 $W'=c+v+m$，也就是社会总产品。因此它一开始就表明，这一种运动是产业资本的总和运动，既包含生产资本的运动，也包含剩余价值的运动。

第二，剩余价值总有一部分被作为收入花掉，因此这个循环中也包含个人消费。$G—W<\begin{matrix}A\\Pm\end{matrix}$ 中的 G—A 成了工人的个人收入。这个循环中把生产消费和个人消费都包含在内了。

第三，$W'=c+v+m$，即用产品表现 W' 的各个组成部分，在使用价值上和在价值上如何补偿和更换，要看 $W'\cdots W'$ 循环是当作社会总资本的运动形式，还是当作单个资本的独立运动。这个问题要到第三篇再解决。

所有上述各点，都表明这个循环已经超出它作为一个单个资本循环的范围。

第一篇　第四、五、六章

第 14 次辅导

第四章　循环过程的三个公式

〔提　　示〕

资本循环、资本运动，是资本通过生产过程和流通过程两个过程的对立统一的运动；是产业资本的三种循环形式的对立统一的运动。

前 3 章，分别分析了矛盾的三个侧面的特点和它们的矛盾(因为每个侧面是运动过程的侧面)。第四章则从总体上、从三种循环的对立统一中，来分析总循环过程，因而资本运动表现为更加具体的、现实的运动，即产业资本的活生生的实际的运动，资本家的个人的行动。

总循环的 4 对矛盾的分析：

(1) 总循环是生产过程和流通过程的对立统一，是三种循环的对立统一：三种循环既连续进行、并列存在，又会中断。

(2) 在价值革命(相对技术革命而言)上，即在价值量的变化上，反映出来的产业资本总循环的矛盾。产业资本运动是资本价值运动。产业资本运动从内容上是价值的增殖运动，产业资本运动从形式上是价值形式的变换。

(3) 资本循环和商品流通的对立统一。批判资产阶级从交换关系上划分社会经济形态的"交换观点"。

(4) 分析总循环中资本家的供给和需求之间的不平衡。提出个别资本循环和社会总产品的流通之间的关系问题：每个资本家的供给都多于他的需要，这种多余的供给如何实现？这是单个资本运动的矛盾，也是社会资本运动的矛盾。

以下，是对这些矛盾的具体分析。

—

一、产业资本总循环是生产过程和流通过程的对立统一，是三种循环的对立统一

产业资本总循环是包括三种循环在内的统一体。第 73 页的公式表现了三种循环统一的公式。

总循环过程又是三种循环的连续进行、相继进行和并列存在、同时并列的；但是，循环的经过是不断的中断。

第 73 页的公式是假定资本家投下的全部资本在一定时间内只采取一种形式。最初全部资本都采取 G 的形式，接着是 P，最后是 W，完成一次循环。这样，在资本循环过程中，就会交替出现流通过程和生产过程中断的现象。例如：当全部 G 都转化为 P 的时候，第一个流通过程便中断了，只有生产出新商品，把它卖掉再变成 G 以后，第一个流通过程才能再一次进行。如此等等。

但是，资本主义生产是连续进行的。这样，资本家全部资本不能在一定时间内只采取一种形式，而必须按一定比例分作三部分，同时并存在 G、P、W 三种形式上。这样才不会出现生产过程和流通过程交替中断的现象。

要使资本主义生产过程不间断地进行。资本家不但要使资本的三部分同时并存在三种形式上，而且还必须使三部分资本都顺利地通过循环的三个阶段，不能间断。例如，货币资本要不断地转化为 P，再转化为 W 等等。

资本的任何一部分，在循环的任何一个阶段发生停顿，资本的三种形式的并存就会成为不可能。例如，商品卖不掉，它就积压在第二流通阶段，资本家无钱买 A 与 Pm，生产过程就停顿下来，整个资本循环便发生障碍。

所以，第 119 页第 2 段开头，作出结论：

"因此，产业资本的连续进行的现实循环，不仅是流通过程和生产过程的统一，而且是它的所有三个循环的统一。但是，它之所以能够成为这种统一，只是由于资本的每个不同部分能够依次经过相继进行的各个循环阶段，从一个阶段转到另一个阶段，从一种职能形式转到另一种职能形式，因而，只是由于产业资本作为这些部分的整体同时处在各个不同的阶段和职能中，从而同时经过所有这三个循环。在这里，每一部分的相继进行，是由各部分的并列存在即资本的分割所决定的。"

注意：这里是理论分析，表明了资本运动中两个过程、三种循环互相依存、统一。但由于发生无政府状态和竞争，统一经常被破坏。

二、资本运动和价值革命

资本运动包括两个方面：既是资本形态的变化，也是价值形式的变化。

可见，资本运动的主体是价值。因此，资本的运动就是价值的运动。

价值既然是资本运动的主体，这说明价值具有独立性。价值是独立存在的东西。资产阶级经济学家贝利否认价值抽象、否认价值的独立性，认为价值只是商品交换的数量关系，在商品交换关系以外不存在价值。他混同了价值与交换价值。

马克思指出，产业资本的运动就是价值独立性的实现。

在资本运动的各阶段，价值保持着自身的同一性，即它无论在哪一阶段都是由社会必要劳动时间决定。

但是，价值量的变动会影响资本循环。

价值量的增减是由劳动生产率变化引起的。

由劳动生产率的变化引起的价值变动，马克思在这里把它叫作价值革命。这是相对于劳动生产率反映的技术革命而言。

这里，价值革命有两种含义：一是商品价值因劳动生产率变动引起的变动；一是价格同价值偏离，但不是指价值增殖。

价值革命怎样影响资本循环呢?

例如：

第一，生产资料如棉花的价值变动，会对以它为原料的新的投资发生影响。棉花涨价了，就要增加货币资本；跌价，便引起货币资本过剩。

第二，生产资料价值下跌时，处在再生产过程中的资本便有一部分游离出来而成为货币积累，或者增购原料贮藏起来。生产资料的涨价时情况相反。

第三，商品价格的涨落直接影响商品资本使资本家受益或亏损。

价值变动对资本循环的影响表明：二者互相依存(资本运动即价值运动)，二者互相制约(价值变动影响资本循环)。

三、资本流通循环和商品流通

第126页第2段末：产业资本不论作为货币资本还是作为商品资本的循环，总是同各种不同的商品流通交错在一起的。

在国际市场上，来自各种不同的商品制度的商品和货币，既进入资本循环，也进入剩余价值循环。

在这种交错的流通中：

(1) 产业资本促使一切生产转化为商品生产，转化为资本主义生产。

(2) 促进商品资本的发达。但是在这里分析资本循环时，假定直接出售，没有商人作中介。

因为资本流通是一般商品流通的一部分，货币流通规律也适用于资本流通。货币流通速度和商品资本进入流通的数量成正比。作为货币资本流通的货币量和商品价格总额成正比。

商品流通规律，在资本流通上，究竟适用到什么限度呢？

第 129 页末段，讲明了它在什么情况下适用，什么情况下不适用。

例 1：$G—W<\begin{matrix}A\\Pm\end{matrix}$。劳动力的卖者是工人，G—A 对工人说来是单纯商品流通，适用商品流通规律；G—Pm，一般地说，属于资本流通，即货币资本转化为生产资本，但 Pm 也不是绝对的商品资本。

例 2：W′—G′。一般地说，属于资本流通即商品资本转化为货币资本，但 w—g—w 则是单纯商品流通，适用商品流通规律。

总之，资本流通和商品流通在资本总循环中交错在一起。资本总循环过程包括这两种流通的统一，没有商品买卖，资本流通是不可能的。市场上的商品流通包含有资本流通。如 Pm 的买卖。因此，商品流通规律（价值规律，货币流通规律等）也适用于资本流通，但又不是无条件适用、无限度地适用。

四、资本家对总循环的供给和从循环中取出的需要是不平衡的

第五章　流通时间

第五章讲矛盾双方的特点，从各方面概括出各自的规定。

第 12、13 章对生产时间、第 14 章对流通时间做了进一步分析。

第六章　流 通 费 用

〔第一篇补充说明：关于资本的运动〕

一、资本是一种运动，只能理解为运动，不能理解为静止物

资本的运动是没有限度的、无休止的、无止境的。

二、运动本身就是矛盾

资本运动是资本通过生产领域和流通领域的运动，是资本顺次通过 G—W…P…W′—G′三个阶段的运动。它在每一个阶段采取一种形式又抛弃这种形式，变换成另一种形式，即货币形式、生产形式、商品形式三种形式交替交换，并且循环不已。

资本的运动就是资本的三个形式的现实的统一，就是三个循环的统一。

资本的循环过程是三个循环顺次连续进行的，又是不断的中断的；是相继进行的，又是并列存在的。

三、资本运动和价值运动是统一的

价值在资本运动中不断地从一种形式转化为另一种形式，变成一个自动的主体。但是，价值的独立性并不因此丧失。资本的运动正是价值的独立性的实现。因此，在资本运动中，价值经过不同的形式和不同的运动而永不消失，在其中它保存自己，同时使自己增殖。正是这个自行增殖的价值变成了资本。资本运动和价值运动是有差别的，又是统一的。两种运动相辅相成。

但是，价值量的变化、价值变动、价值革命，对资本的循环产生影响。

四、资本流通和商品流通是交错进行的

资本经常要采取商品形式变成商品资本，它必然在市场上同各种来源的商品混合。资本家手中的商品都是商品资本，各种来源的商品到了资本家手里也都变成商品资本。所以，商品流通和资本流通混在一起了。

这里有三种情况要弄清楚：

(1) 劳动力在工人手中是商品，在资本家支配下是生产资本；资本家用于购买劳动力的那部分货币，对资本家来说代表可变资本价值，但这部分货币对工人来说则只是生活资料商品的购买手段。所以，劳动力的买和卖，对工人来说是一般的商品流通，对资本家来说同时又是资本流通。而工人用工资购买生活资料，对工人来说是一般商品流通；但对出售这些生活资料的资本家来说，则是他的商品资本的流通。

(2) 小生产者的商品的销售，如出卖棉花，是一般的商品流通；在资本家把棉花购买以后，棉花就变成生产资本。

(3) 资本家用一部分剩余价值购买消费品商品，属于一般的商品流通；但对作为消费资料商品卖者的资本家来说，则属于他的资本的流通。

五、资本家对总循环的供给和向总循环取出的需求是不平衡的

资本家的供给，所出售的商品的价值$=c+v+m$。

资本家作为资本家（而不考虑他的个人消费）的需求，所购买的生产资料和劳动力的价值：$Pm+A=c+v$。$c+v+m$ 总是大于 $c+v$。

资本家供给和需求的差额越大，他的资本增殖率就越大。他的目的不是使二者平衡，而是使二者不平衡。

六、资本循环过程是生产时间和流通时间的统一

资本流通过程中需要支付流通费用，流通费用分为纯粹流通费用和非纯粹流通费用。

第二篇　第七至十四章

1979.5.14　第15次辅导

一、阅读范围

第七章　周转时间和周转次数		2双页
第八章　固定资本和流动资本(第Ⅰ节)		6双页
第九章　预付资本的总周转。周转的周期		3双页
第十二章　劳动期间	泛读	共15双页
第十三章　生产时间		
第十四章　流通时间		

二、在资本周转过程中的资本运动的矛盾

(一) 周转速度的两种表现方法

周转时间和次数。速度与时间成反比,速度与次数成正比。

(二) 资本按生产资本价值转移方式的不同,分为固定资本与流动资本

(三) 生产时间和劳动期间

(四) 劳动时间与非劳动时间及自然作用时间

(五) 生产时间和流通时间

(六) 流通时间:出售时间与购买时间

第二篇　第十五至十七章

1979.5.28　第16次辅导

第十五章　周转时间对预付资本量的影响

资本周转时间和预付资本量是一对矛盾。这也是周转速度和预付资本量、生产时间和流通时间、资本Ⅰ(预付生产资本,职能P)和资本Ⅱ(预付货币资本非职能G)之间的矛盾的展开。

周转时间越长,速度越慢,预付资本量就必须越大。这种影响特别表现在流通时间的延长上,即表现在流通时间在总周转时间中所占的比例大小上。

一定量的资本,要保持生产资本的职能,必须有追加的货币资本。这里表明G的重要性。产业资本的一部分执行生产资本职能,同时要有一部分采取货币形式。

可见,资本运动的连续性,以资本形式的并列性为条件。

Ⅰ. 劳动期间等于流通期间

假定一个资本的劳动期间和流通时间各为四周半(周转时间为九周),资本Ⅰ和资本Ⅱ各为450(总预付900),资本Ⅰ和资本Ⅱ交替发挥作用,则:

总资本(Ⅰ+Ⅱ)的总周转次数$=\frac{\text{总资本周转数}}{\text{总资本}}=5\frac{5}{12}$次,即一年周转$5\frac{5}{12}$次。

Ⅱ. 劳动期间大于流通期间

假定劳动期间和流通时间之比为6周∶3周,则资本Ⅰ和资本

Ⅱ的比例应为600∶300，资本Ⅰ和Ⅱ融合在一起，总资本一年周转$5\frac{4}{9}$次。

Ⅲ. 劳动期间小于流通期间

即劳动期间和流通时间之比为3周∶(3+3)周，预付总资本分为300+300+300。

三个300资本交替发挥作用，总资本一年周转$5\frac{1}{3}$次。

[结论]

根据恩格斯的注解，本章指出：资本周转时间在由于流通时间而要延长时，它不仅要求预付资本量增加，以便使资本的一部分处于货币形式上，用作追加的资本，而且在资本家手中暂时采取货币形式的资本部分也会增加。

正是由于资本不断地有一个很大的部分存在于（或暂时存在于）货币资本形式上，这就形成了信用制度发展的基础。

[本章要点]

一、本章如何分析资本周转时间和预付资本量这一对矛盾

前面已把周转时间分解为生产时间和流通时间、劳动期间和流通期间。

本章已把预付资本分解为原有预付资本（CⅠ）和追加资本（CⅡ），或预付生产资本和预付货币资本。

二、周转时间越长，预付资本量越大，如果其中流通时间延长，预付资本量会迅速增大

因为在资本周转过程中，为了维持原有生产规模，防止循环中断，必须有追加的资本，即资本家手中必须保持更多的货币资本（资Ⅱ）。

这种情况说明：在产业资本运动中，货币资本量的增加，比起生产资本和商品资本来增加得更快。除了上述情况，还有可变资本支付、固定资本更新、流动资本支付以及剩余价值资本化等等，都需要先有货币资本。所以，周转速度越快，对货币资本的需要越迫切。

三、资本周转越快，不仅预付货币资本量越大，而且货币资本也

游离得越多

这里需要区别两种情况：

一是劳动期间等于流通期间，或虽然劳动期间小于流通期间、但流通期间是劳动期间的倍数。这时，两种资本（CⅠ与CⅡ）交替发挥作用，二者依次预付，因此没有货币资本游离。

二是劳动期间大于流通期间，或劳动期间不按倍数小于流通期间，资本Ⅰ和资本Ⅱ融合在一起，因此货币资本被游离。

四、价值变动的影响

第十六章　可变资本的周转

［前　　言］

从第12章到第15章，一般的抽象地分析流动资本的周转。本章更加具体地分析可变资本的现实的周转。

流动资本周转的一般规律，既适用于不变资本的周转，也适用于可变资本的周转。

考察可变资本周转的特点和考察预付资本量一样，目的在揭示资本周转对价值增殖的影响。

流动资本中的可变部分和不变部分的共同点，都是全部的一次的通过周转过程。但二者有差别：

可变资本的周转有其特点：

1. 在每一周转的生产阶段，可变资本价值是新生产的；不变资本价值只是旧价值的转移；

2. 在流通阶段，由W—G不是原预付的可变资本的价值，而是与原预付价值的量相等的新价值；

3. 可变资本不仅再生产它本身，而且生产剩余价值，在流通中又转化为货币。

由于有这些特点，所以要专门考察一下。

本章着重分析：资本周转速度对可变资本价值增殖的影响。

周转速度对流动资本不变部分的影响表现在预付的资本量上：转速快，预付量小，反之则多。

但对其可变部分，转速不仅影响可变资本的预付量，而且影响价值增殖：周转速度快，年剩余价值会增多，年剩余价值率会提高。反之则相反。

这种特点产生一种假象：

第一，可变资本不仅在生产过程中产生剩余价值，而且在流通过程中也能产生剩余价值。

第二，不仅实际使用的可变资本能产生剩余价值，而且全部预付的虽然未使用的可变资本也能产生剩余价值。

这种假象，带来错觉，可变资本及其增殖似乎同剩余价值规律冲突。

为了澄清这一假象，马克思作了如下分析：

把可变资本区分为预付的可变资本和所用的可变资本；把剩余价值率区分为年剩余价值率和实际的剩余价值率。说明了年剩余价值率不仅没有否定剩余价值规律，而且是它的证明。

Ⅰ. 年剩余价值率

什么是年剩余价值率及其假象？

列表说明，可以看到：

资本 A500，每 5 周周转 1 次，年周转 10 次，年剩余价值率为 1000%

资本 B5000，每 50 周周转 1 次，年周转 1 次，年剩余价值率为 100%

一年内生产的剩余价值总额和预付可变资本的价值额之比，叫作年剩余价值率，用字母 M' 来表示。

年剩余价值率 M' 表现的关系是：预付可变资本的增殖程度。

剩余价值率 m' 则是实际发生作用的可变资本同由它产生的剩余价值之比。剩余价值率 m' 表示实际的剥削的程度。

上例中，资本 A 和资本 B 的剥削程度相等，但 A 的预付可变资本的增殖程度是 B 的 10 倍。

可见，可变资本周转得越快，在预付可变资本量一定的情况下所实际使用的可变资本就越多，剥削工人也越多，因此年剩余价值量和年剩余价值率也越多。

但是，由于年剩余价值量 M 和年剩余价值率 M' 的大小同可变资本周转速度相联系，而可变资本又包含在整个预付资本内，并且同预付资本其他部分一同周转，所以容易造成流通过程也产生剩余价值的假象。

Ⅱ. 单个可变资本的周转

单个可变资本的周转，是利用它创造的新价值来更新原预付的可变资本。

流动资本中的不变部分周转，只是旧价值的重现。

流动资本中的可变部分的周转，是可变资本的再生产，是新生产出的价值补偿已消耗的可变资本。

从单个可变资本来看：资本 A 和 B 都具有相同的周转特点，即可变资本的再生产。资本 A 和 B 周转的区别，只是周转期间不同，因此，预付量和年剩余价值率也不同。

这一节从再生产角度说明可变资本周转的特点，进一步揭穿被年剩余价值率掩盖的真相。

Ⅲ. 从社会的角度考察的可变资本的周转

由于可变资本 A 与可变资本 B 两者周转速度不同，它们对社会产生不同的影响：可变资本周转时间长和时间短的不同生产部门之间必须有一定的比例。资本主义社会这种比例常常失调，从而增加了危机的可能性。

本节第三点说明了这种影响。

第十七章　剩余价值的流通

[前　　言]

本章前言部分中，论述了资本周转速度和剩余价值流通的关系。周转速度对剩余价值流通有什么影响？

一、由于周转速度不同，因而剩余价值从剩余产品形式变为货币形式的速度也不同。这对资本家预付个人消费基金会引起差别

资本家 A，周转期间是 5 周，除头一个周期外，以后都可以用已实现的剩余价值支付个人消费。

资本家 B,周转期间为 1 年,他必须预付 1 年的消费支出。

二、对生产资本中为维修固定资本的支出也有差别

资本家 A 可以随时用 g 作维修费,不必事先准备一笔货币资本。

资本家 B,则必须先有货币资本准备。

三、对资本积累和扩大再生产的影响不同

第一卷第 22 章曾指出:资本积累和扩大再生产可以内含与外延两方面进行。

从内含方面看:资本家 A 可以用一部分剩余价值改进技术,提高劳动生产率,使生产扩大,而资本家 B 则不可能。

从外延方面看:要扩大规模、添置设备,必须使货币资本贮藏达到一定的量,才能实行真正积累,即现实积累。资本家 A 可以在每 5 周内收回一定量货币资本存入银行,获得利息,比资本家 B 提前实现积累。

总之,即使剩余价值率相同,一年的剩余价值量,会因为周转速度不同而发生差别。

以上,一般地决定了周转对剩余价值流通的影响。

以下,分别考察简单再生产和扩大再生产。

Ⅰ. 简单再生产

在简单再生产条件下,剩余价值全部用于资本家的个人消费,因此剩余价值的流通表现为 w—g—w,即剩余产品实现为货币,货币购买消费品。这个过程对这一资本家来说是一般的商品流通,而商品流通伴随着货币流通。于是这里就产生一个问题:如果每个资本家都要这样做的话,那么从全社会的角度看,实现剩余产品的货币从哪里来?

不过,马克思指出:这其实是一个不成问题的问题。

为什么说是不成问题的问题?因为:

1. 商品生产和商品流通的规律,决定了市场上的货币总量等于流通所需要的货币量加上社会贮藏货币量。这两笔货币都是由商品生产和商品流通的历史发展所形成的,即由一般等价物发展到贵金属货币所形成。

2. 如果贵金属缺少或磨损而需要增加或补偿的话,那么,商品生产的客观规律,就会自发地分配一部分社会劳动力和一部分社会生产资料用在每年的金银生产上。这和剩余价值实现所需货币量无关。

3. 资本家投入流通的货币本身已经包含了供他消费的那一部分。作为资本家,他必须准备预付资本和自己的生活费两笔开支。不过其中一笔是预付的,一笔是花掉的。

[关于"资本周转"理论的要点]

一、资本周转的中心问题是周转速度及其对剩余价值的生产和实现的影响

周转速度表现为周转时间和周转次数。所以周转时间和次数是资本周转的基本规定。

二、按生产资本的周转方式把资本正确地分为固定资本和流动资本

这两部分的平均周转便是预付资本的总周转。从资本的预付开始到它的收回构成一个周转周期(以年为计算单位)。固定资本的磨损应区分为有形的和无形的。固定资本的定期更新是危机周期性的物质基础。

三、流通时间由两部分构成

四、一般的预付流动资本(包括其中的流动不变部分和可变部分)的周转,包含着下列矛盾

生产时间和流通时间(劳动期间和流通期间)的矛盾;劳动时间和非劳动时间的矛盾;出售时间和购买时间的矛盾;周转时间和预付资本量,以及生产时间与流通时间的比例和资本Ⅰ与资本Ⅱ的比例等等。这些矛盾的运动都会影响资本周转速度和剩余价值的生产与实现。

五、可变资本(作为流动资本)的周转速度直接影响价值增殖,特别是年剩余价值率

同等数量的可变资本,即使它们的剩余价值率相等,其中周转较快的,年剩余价值率也较多。所以资本总是想尽办法加速资本周转,获得更多的剩余价值。

[马克思关于资本循环和周转的理论的要点]

一、资本是无止境的、无限度的运动,资本循环和周转便是它的运动形式

前者是从抽象、一般的意义上来说的,后者是这一运动的特殊化和具体化。资本循环的理论是研究资本运动过程中资本形态的变化，目的在于揭示：循环的连续性是必不可少的，但在现实生活中，却经常被破坏。资本周转的理论是研究资本运动速度对剩余价值的生产与实现的影响。

二、资本循环过程不仅是生产过程和流通过程的统一，而且是它的三个循环的统一

循环的三种形式或三种循环既是连续进行的，又是不断地中断的；既是相继进行的，又是并列存在的。由于资本主义的竞争和无政府状态，资本现实循环过程本身隐藏着危机的必然性。

三、资本周转时间和周转次数是构成周转速度的两要素

影响周转速度有6个因素：固定资本和流通资本的比例；生产时间和流通时间的比例；预付可变资本和所用可变资本的比例；年剩余价值率和实际剩余价值率的差别；货币流通以及货币积累等。

资本周转速度直接影响剩余价值的生产和它的实现。所以资本家力求加快周转速度，以获得更多的剩余价值。在资本周转上，资本家之间的竞争具有你死我活的性质。

第三篇 第十八、十九章

第 17 次辅导

第十八章 导 言

Ⅰ. 研究的对象

一、什么是社会总资本

社会总资本，即社会资本，是互相联系的单个资本的总和。

本卷第一、二篇确定了单个资本的运动，分析了它的循环和周转，也就是它的流通和再生产，周转意味着再生产。

马克思在前两篇中论述的许多原理也适用于本篇：如循环的三个阶段，三种循环形式，影响周转的诸因素等等。

二、什么是社会总资本的运动

在无数单个资本互为前提、互相交错的循环中形成社会总资本的运动。

社会资本运动，即社会资本的再生产和流通，其形式也是它的循环和周转。

单个资本包括的各方面的矛盾，在社会资本中并没有消失。不过不再一一重复分析。

社会总资本的运动不仅是单个资本各方面的矛盾的交错的运动，而且是一个十分复杂的过程。但是，马克思正确地、恰当地、如实地抓住了主要矛盾，抓住了中心的问题。

三、社会资本运动的主要矛盾的是什么

社会资本再生产和流通的中心问题是什么？

我们通过分析单个资本的运动，了解了资本运动表现为资本形式的变化和循环不已地周期地变换形式，资本在自己的形式变换中保存并扩大资本价值。资本形式为什么会变换呢？即资本家到哪里购买？买什么？买多少？卖给谁？卖什么？卖多少？在分析单个资本运动时，马克思都把这一切作为运动的外部条件，作为已定的条件。

为什么这一切都是外部的，确定的条件呢？

因为：

（一）用来分析的单个资本是抽象的，从无数单个资本（无数企业）中抽象出来的，其他单个资本存在于每个资本外部，所有企业同等并存；

（二）劳动市场、货币市场、商品市场是单个资本存在的前提。"发达的商品流通即贸易，是资本产生的历史前提。"这个前提是历史发展准备好的。

研究社会资本运动，情况就完全不同了。研究作为单个资本总和的社会总资本的运动，就必须研究原先被当作既定条件的那些条件本身。这些条件从哪里创造出来？社会总资本运动本身创造了这些条件。这就是说：买什么？卖什么？从哪儿买？从哪儿卖？买卖数额多少？都要从社会资本内部去找，而且只能在内部去找。

这些条件中，关键是卖。

所以，考察社会总资本运动，就是以流通领域内的流通为媒介，分析社会资本的形态变化，如何交替表现为商品资本和货币资本的运动。

所以，着重分析的主要矛盾是商品资本和货币资本的矛盾，即商品资本向货币资本的转化。

主要矛盾是 W′—G′。

所以，研究社会总资本的再生产和流通的中心问题是商品资本的实现问题，或曰：商品实现问题、价值实现问题、市场问题。

四、为什么马克思用 W′…W′循环作为分析基础

（一）W′…G′这对矛盾的主要方面是 W′。

（二）第 392 页第 3 段末：社会资本循环包括商品资本流通，还包括不形成资本的商品的流通。

（三）因为，W′…W′公式的出发点 W′，一开始就包括了剩余价值。

第 390－391 页：W′…W′过程包括生产过程的四个环节：生产、消费、交换、消费。

W′—G′这对矛盾的主要方面是 W′。

因此，社会总资本的再生产流通的中心问题是商品资本的实现问题。

这个问题包括两个方面：价值的补偿和实物的补偿（替换）。

这就是说，只有上一个生产过程和流通过程，即前一次循环过程中已经预付出去的价值得到补偿（收回、流回），已经消耗或消费掉的实物也得到补偿（更换、替换），下一次的生产和流通，即再一次循环才有可能。

Ⅱ．货币资本的作用

W′—G′，矛盾的主要方面虽然在商品资本，但也不应忽视货币资本的作用。资产阶级经济学对货币资本作用的看法，不是失之过高，就是估计过低（古典学派）。马克思恰当地指出，货币资本的作用为二：

“第一，它是每个单个资本登上舞台，作为资本开始它的过程的形式。因此，它表现为发动整个过程的第一推动力。”

“第二，……能够不断执行生产资本职能的那部分处在过程中的资本价值，总是受必须不断以货币形式与生产资本同时存在的那部分预付资本价值的限制。”

以上所说的这两个作用，其实就在第一、二篇中已经讲过的货币资本的作用中。在资本循环中，它是资本运动的第一推动力；在资本周转中，追加的货币资本是流通期间使劳动过程不致中断的保证。第 15 章详细论述了此问题。这对社会资本运动，也是适用的。马克思在本节，进一步从社会总资本再生产的角度，进行了分析。

一、关于货币资本的第一个作用

由于第一个作用，资本主义生产与再生产，首先要有货币资本的预付。预付多少，会影响生产规模的大小，表现为资本运动的推动力。

不过马克思指出：在一定限度内，生产规模的大小并不单纯决定于预付资本的多少。就是说，在一定的界限内，不追加货币资本，生产规模也可以扩大。例如，更加充分地利用自然力、科学、技术和劳动，提高劳动生产力，缩短周转周期等等，一句话，货币资本转化为生产资本后，生产资本有丰富潜力。

然而马克思又指出：但是这一切显然与真正的货币资本问题无关。上述种种情况只不过说明：货币资本在转化为生产资本以后包含着或大或小的潜力，这些潜力的界限不是由预付货币资本的价值决定的。但是，无论如何，一定量的货币资本总是必须的。这一点也同样适用于社会总资本的再生产。

二、关于货币资本的第二个作用

在这里，马克思从社会总资本运动的角度，进一步阐明了以下几层意思：

第一，社会劳动和生产资料每年都必须有一部分用来生产或购买货币，以补偿磨损掉的铸币。不言而喻，这对社会生产的规模相应地是一种削减。但是，货币既然已经存在，就不能把这种货币价值看成是限制社会总资本再生产的东西。通过它转化为生产要素，通过它和外国进行交换，生产规模就能扩大。

第二，在资本主义生产的基础上，历时较长、范围较广的事业，要求在较长时间内预付较大量的货币资本。所以，这一类领域里的生产取决于单个资本家拥有的货币资本的界限。这个限制被信用制度和与此相连的联合经营（例如股份公司）打破了。因此，货币市场的混乱会使这类企业陷于停顿，而这类企业反过来也会引起货币市场的混乱。

第三，如果生产是公有的（即社会的），那时货币资本将不再存在，生产是有计划按比例发展的，社会会把劳动力和生产资料分配给不同的生产部门。

第十九章　前人对这个问题的阐述

Ⅰ. 重 农 学 派

一、重农学派和魁奈的《经济表》

(1) 魁奈的《经济表》是对资本主义经济关系的第一个系统的考察。

魁奈的《经济表》从“纯产品”概念出发，把剩余价值来源从流通领域引入农业生产，这是一大进步。并且他的理论尽管还保留着封建主义的外观，但实际上是对资本主义经济关系的第一个系统的考察。这就使考察资本主义再生产有了正确的出发点。

(2)《经济表》以 W′…W′为分析的基础。

《经济表》以 W′…W′为分析的基础，这就为对以流通为媒介的社会资本再生产过程的分析提供了一个正确的考察的起点。

(3)《经济表》简明地表示出社会总产品的分配关系。

《经济表》用几个线条表明社会总产品怎样通过流通在各社会阶级之间进行分配。

(4)《经济表》把生产过程表现为再生产过程。

《经济表》把生产过程表现为再生产过程；把流通过程表现为再生产过程的形式；把货币流通表现为资本流通的一个要素。这些，都表现出重农学派和魁奈本人的伟大的见识。

二、亚·斯密的观点与魁奈的观点的比较

第一，亚·斯密在再生产过程的分析上的局限之一，是在某些地方则完全重犯了重农学派的错误。例如认为在农业中，自然也和人一起进行了"劳动"，并且自然的产品"也有价值"等。

第二，斯密没有像魁奈已经看到的那样看到不变资本价值以更新的形式再现出来，因而看不到再生产过程的一个重要因素。认为固定资本的价值不进入流通。

第三，斯密把"原预付"和"年预付"换成"固定资本"和"流动资本"，进步之处在于"资本"这个名词，他使资本这个概念普遍化，摆脱了重农学派特别注意把它应用于"农业"领域这种情况；退步之处在于把"固定"和"流动"理解为决定性的区别，并且坚持不变。

Ⅱ．亚当·斯密

一、斯密的一般观点

(1) 商品价值由三种收入构成，即商品价值由工资、利润、地租(v+m)构成。

(2) 收入又分为总收入和纯收入。总收入是年产品减去固定资本和流动资本的余额。斯密实际上是承认了价值中包含 c。但他自相矛盾。

(3) 社会纯收入。纯收入是指从总收入中还要扣除掉维持固定资本的费用(即工资)和维持流动资本(由消费资料构成)的费用。

(4) 一切生产资料都是资本，一切消费资料都是收入。工资对资本家是资本，对工人是收入。

二、斯密实际上没有系统的再生产理论，只有一些有关的观点

三、斯密教条堵塞了古典学派再生产理论发展的道路

四、斯密错误的根源

批判斯密的这些观点为了澄清以下两个问题，扫清建立再生产学说的道路：

一是商品价值构成；二是资本与收入的区分。要把价值理论和资本剩余价值理论贯彻下来。

这两个问题对再生产学说有重要关系，它们是再生产学说的前提。

价值构成不能正确地确定下来，就不能解决再生产过程中价值如何补偿的问题。按照斯密的观点，价值＝v＋m，价值一经实现就都成了收入，都花光了，还有什么再生产？

资本与收入混淆不清，社会各阶级的分配和消费也就弄混乱了，社会产品的流通自然也会发生混乱，再生产自然也不可能。

第三篇　第二十章

1979.6.11　第 18 次辅导

第二十章　简单再生产

Ⅰ. 问题的提出

本节提出研究社会总资本的再生产和流通所要解决的问题是：社会总产品的实现问题，即：为了下一年度的再生产，本年度已经消耗的价值如何补偿（或收回）？物质如何补偿（或替换）？

所谓社会总产品，或总产品，就是社会在一年间提供的商品产品，或叫年商品产品、年产品，也就是总商品资本，即 W′。

所以，分析社会资本再生产，社会资本运动，必须以 W′…W′公式为基础。

那么，为什么先分析简单再生产？

因为，研究的目的在解决年总产品的价值补偿和实物补偿，可以暂时撇开积累，对问题看得更清楚。

也因为简单再生产是一个抽象，是积累的一个现实因素。（第 438 页）

Ⅱ. 社会生产的两个部类

本节包含三个要点：

一、社会生产分成两大部类，社会总产品价值分解为 c+v+m

我们研究的出发点 W′商品资本，它的要素是商品，即使用价值和价值的统一。

所以，从使用价值，从商品的物质形式方面看，不外是生产资料和消费资料。因此，社会生产便划分为这样两大部类，每部类包括许多生产部门。

社会产品从价值方面划分，W′＝(c＋v)＋m，即资本价值和剩余价值。

二、简单再生产的数字公式

第441页：全年总商品产品的价值构成与物质构成。

三、年总产品的实现

总产品是通过交换，通过流通过程（商品流通和货币流通）和市场来实现的。

年总产品的实现可以概括为三大流通、通过三条渠道进行交换。第441页讲了交换的三大要点。

(1) Ⅰ4000c通过在第Ⅰ部类内部交换来实现。

(2) Ⅱ(5000v＋5000m)通过第Ⅱ部类内部交换来实现。

(3) Ⅱ(1000v＋1000m)和Ⅱ2000c通过两大部类之间的交换来实现。

第Ⅰ、Ⅱ两节论述了社会资本运动的5条基本原理：W′实现的两个方面、总产品的价值构成、总产品的物质构成、W′…W′公式的运用、交换的三大要点。

Ⅲ. 两个部类之间的交换：Ⅰ(v＋m)和Ⅱc的交换

各部类内部的交换，是同一部类各部门间的交换，机械部门与钢铁部门互换产品；食品加工部门与粮食种植部门互换产品等等，它们之间形成一定的比例关系。可知同一部类内部交换困难不大。年产品的实现较容易。

两部类之间的交换是困难的，这是社会年总产品实现的关键。第三至六节讲这个问题。

所谓两部类间的交换，就是Ⅰ(v＋m)和Ⅱc之间的商品交换。

这种交换的困难在于：

第一，生产资料和消费资料的性质、用途有差别，不能互相直接补偿。（部类内部可以直接补偿）

第二，两部类交换不是物物交换，而是以货币为媒介来进行的商品交换。因此要求两部类资本家预付一定量的货币，而预付出去的货币必须按预付额流回到原资本家手里。

马克思指出，这里货币流通“具有决定性的重要意义”。

马克思列举了三个预付货币及其收回的例子，来说明Ⅰ(v+m)和Ⅱc之间的交换。

一、第Ⅰ部类资本家预付1000作为工资，付给本部类工人。工人得到工资后，向第Ⅱ部类购买生活用品。第Ⅱ部类资本家用出售所得1000货币向第Ⅰ部类购买生产资料商品，第Ⅰ部类资本家收回预付的1000货币。

二、第Ⅱ部类资本家预付500货币向第Ⅰ部类购买生产资料；第Ⅰ部类资本家用此款向第Ⅱ部类购买消费品；第Ⅱ部类资本家预付的500货币流回到他手里，物质上由于商品交换互相替换。

三、第Ⅰ部类资本家也要预付500货币进行类似的交换。

这3笔预付的分析揭示了货币流回规律。

由此得出结论：Ⅰ(v+m)=Ⅱc。

这是简单再生产条件下社会资本运动的基本规律，即第一规律。

Ⅳ. 第Ⅱ部类内部的交换。必要生活资料与奢侈品

本节是前一节的继续和补充，仍从商品流通的角度分析两大部类间的交换。第Ⅱ部类的商品是消费资料，而消费品总是包括生活必需品和奢侈品。

但这两个分部类：Ⅱa和Ⅱb的划分，不影响两大部类间的交换关系，也不会改变它们间的交换比例，仍旧是Ⅰ(1000v+1000m)=Ⅱ2000c。

这一节有两处要注意：

一是对经济繁荣时期的工人工资可能普遍提高这种情况应当怎样看？见第457页。

二是简单再生产和扩大再生产的联系。见第457页。

Ⅴ. 货币流通在交换中的媒介作用

这一节同前两节一样，分析两大部类的商品交换，不同的是从货币流通的观点来分析的。

从货币流通来看，社会资本流通中的货币流通有一个规律应注意。这个规律就是：

预付的货币流回到预付的资本家手中，即预付货币流回到它的出发点。

这个规律就是价值补偿的形式。价值补偿即资本家收回预付价值(货币)准备进行再生产。没有货币流通,价值不可能得到补偿。

但是,货币流通不能脱离商品流通,它是商品流通的媒介。货币流通和商品流通是相结合的,二者是对立统一。二者是流通过程的两个方面,互相依存,互相排斥。

由于货币流回规律是价值补偿的形式,可见货币流通与商品流通的对立统一关系,反映了价值补偿与实物补偿的关系。

价值补偿与实物补偿是交错进行的。

例如:Ⅰ1000v,是资本家预付给工人的工资,工人向第Ⅱ部类买1000 消费品,第Ⅱ部类资本家用这 1000 向第Ⅰ部类购买生产资料Pm。这样,在两大部类之间交错进行的货币流通和商品流通过程中,第Ⅰ部类资本家预付的 1000v 的价值得到补偿;第Ⅱ部类资本家已消耗的 1000c(2000c 的一半)由于向第Ⅰ部类买到 1000 生产资料而得到补偿,即替换了已损耗的生产资料,补充了机器,补充了原料。

可见,总产品的实现的矛盾运动是在流通过程的矛盾运动中进行的。

这对矛盾,在量的方面也表出来,即在量上可以相等,也可以不等;少量的货币可以补偿较多量的商品量。第 462 页讲,“5000 镑商品量的流通是用 1500 镑货币来完成的”。

以上是Ⅰ1000v 的实现过程。

其次,从同样的观点分析Ⅱ2000c 的实现过程。

Ⅱ2000c,有一半,即 1000c 是跟Ⅰ1000v 同时实现的。

商品流通要以货币流通为媒介。

第Ⅱ部类资本家为了替换另一半Ⅱ1000c,以便再生产。他预付500 货币。

他为什么只预付 500 货币呢?

第 466 页第 3 段、第 468 页第 2 段、第 469 页第 2 段都指出,这是由于第Ⅱ部类资本家预期(估计)到以后可以实现 500m 的剩余价值。

第Ⅱ部类资本家预付 500 货币(m)向第Ⅰ部类资本家购买 500 生产资料,补偿了生产资料的实物损耗。第Ⅰ部类资本家用出售生产资料产品得来的这 500 货币,向第Ⅱ部类购买消费品,第Ⅱ部类资本家收回预付的 500 货币。然后第Ⅱ部类资本家又用这 500 货币再向第Ⅰ部类购买 500 生产资料;第Ⅰ部类资本家再用这 500 货币购买消费品。这样,货币流通和商品流通交错进行,使得Ⅱ1000c 在物质上替换了，同时最终地收回了原先预付的 500 货币，同时，也就使Ⅱ2000c 全部得到实现。

最后，Ⅰ1000m 是怎样实现的呢？

第Ⅰ部类资本家预付 500 货币就可以实现Ⅰ1000m。第 467 页第 2、3 段说明了Ⅰ1000m 的实现过程。

Ⅵ．第Ⅰ部类的不变资本

本节分析第Ⅰ部类的不变资本补偿的特点：

Ⅰ4000c：从价值方面看，4000c 价值是再现（体现、包含）在这批商品产品中的、过去已经消耗的生产资料的旧价值，不是在本部类生产过程中生产的。全部 4000c 都由 4000 商品在本部类出售而得到补偿。

Ⅰ4000c：从使用价值方面看，它们都是生产资料，例如，煤、钢铁等，所以都在本部类交换，即一种生产资料和另一种生产资料相交换，钢铁与机器交换，使本部类内部各部门的产品互相得到补偿。换句话说，各个资本家按一定比例分配这 4000 不变资本的商品产品。

Ⅶ．两个部类的可变资本和剩余价值

简单再生产下的社会资本运动的第二规律：

$$\text{Ⅱ}(c+v+m)=\text{Ⅰ}(v+m)+\text{Ⅱ}(v+m)$$

斯密对这一规律错误地理解为：

第Ⅱ部类商品产品的全部价值，也同一切价值一样，分解为三种收入，即工资、利润、地租。因为在这里，第Ⅱ部类的全部产品价值等于两大部类的价值产品。所以好像第Ⅱ部类的商品产品本身是由各种收入构成。

斯密在这里把收入的物质承担者（第Ⅱ部类的产品）和收入本身即Ⅰ(v+m)+Ⅱ(v+m)混淆了。第Ⅱ部类全部产品体现着、代表着全部社会收入的使用价值。

斯密把全部消费品都看作是收入（抹煞了其中代表旧价值 c 的部分），而把全部生产资料又都看作是资本（抹煞了其中的代表收入的新价值）。

为了澄清斯密造成的混乱，马克思把整个工人阶级一年的工作日当作社会工作日来加以分析。

这样，社会总工作日分为两部分。其中：必要劳动时间创造的价值为Ⅰ1000v＋Ⅱ500v，剩余劳动时间创造的价值Ⅰ1000m＋Ⅱ500m，合计新价值为3000。

社会总产品为：第Ⅰ部类所生产的生产资料为Ⅰ4000c＋1000v＋1000m＝6000，第Ⅱ部类所生产的消费资料为Ⅱ2000c＋500v＋500m＝3000，合计总价值为9000。

两部类需要补偿的生产资料为Ⅰ4000c＋Ⅱ2000c＝旧价值6000，需要补偿的消费资料为Ⅰ2000(v＋m)＋Ⅱ1000(v＋m)＝新价值3000。

在这种情况下，如何才能把全部新价值3000都实现，即3000价值都收回，即补偿各种收入呢？

只有通过Ⅰ(v＋m)和Ⅱc之间的交换，才可能实现。即用第Ⅱ部类产品中代表旧价值的2000消费资料(其价值占两部类产品中的旧价值的1/3)，与第Ⅰ部类产品中代表新价值的2000生产资料(其价值占两部类产品中的新价值的2/3)相交换，才能实现。从使用价值看，只有把一部分消费品同一部分生产资料相交换，才可能实现。

可见，用斯密的观点，认为第Ⅱ部类产品的全部价值都是新价值，都分解为收入，是错误的。因为第Ⅱ部类产品全部价值中有2000c其实也是从生产资料中转移过来的旧价值。如果要把第Ⅱ部类产品3000价值都变成收入，那就要把其中代表旧价值的Ⅱ2000c(消费资料)换成第Ⅰ部类产品中代表新价值的生产资料Ⅰ2000(v＋m)。

Ⅷ. 两个部类的不变资本

社会资本运动的第三规律：Ⅰ(c＋v＋m)＝Ⅰc＋Ⅱc。

在涉及两个部类的不变资本的时候，马克思指出：

“就总产品价值9000和它分成的各个范畴来说，对它们的分析不会比对一个单个资本产品价值的分析遇到更多的困难，不如说困难是一样的。”而“困难是在于把社会产品的价值组成部分和它的物质组成部分作比较时产生的”。

因为一方面，不变的、仅仅再现的那部分价值，等于生产资料构成的那部分产品的价值，即Ⅰc＋Ⅱc＝Ⅰ(c＋v＋m)；另一方面，当年的新的价值产品即v＋m，等于由消费资料构成的那部分产品的价值，即Ⅰ(v＋m)＋Ⅱ(v＋m)＝Ⅱ(c＋v＋m)。这也就是说，社会年产品中加到不变价值部分中去的新价值 v+m，按其最终用途来说是要实现在消费资料形式上；而这个再现的不变资本价值部分，在实物上却表现在一种完全不同的产品形式——生产资料上，也就是被消耗掉的生产资料只能用生产资料的形式来替换。因此，从价值方面来考察就出现了一种假象，好像价值为 2000Ⅱc=2000Ⅰ(v+m)的这一部分产品不需要有任何社会劳动耗费在它们的生产上，就可以以生产资料的形式再现出来。而就单个资本来说，这种情况却是不会发生的。

而在实际上，2000Ⅱc 这一部分以消费资料的形式出现的旧价值，的确是由生产资料中的旧价值转移过来的。但 2000Ⅰ(v+m)的情况绝非如此。正是由于这两部分产品在价值上必须相等，在物质上互相交换，所以给人们造成了上述错觉。

最后，马克思特别指出：当我们讲到对社会总产品的考察的时候，绝不可陷入蒲鲁东从资产阶级经济学那里抄袭来的方法，即不能认为：只要把资本主义生产作为一个整体来考察，便会失去其资本主义性质。正好相反，在这里，我们要研究的是总体资本家。总资本表现为所有单个资本家的股份资本的总和。这个股份公司和其他许多股份公司有一个共同点：每个人都知道自己投入什么，但是不知道自己取出什么。

马克思这里所提醒的这一点，非常重要，适用于对全部社会资本再生产问题所进行的分析。

第Ⅲ—Ⅷ节

论述简单再生产下社会资本运动的规律和几条原理。

一、货币的预付和流回的规律

第 442 页末段、第 446 页第 1 段、459 页第 3 段。

二、简单再生产下的社会资本运动的第一规律

第 446 页末段。

三、危机的一个预兆

第 456—457 页第 1 段、第 453 页。

四、年产品实现过程的矛盾运动是通过流通过程的矛盾运动(商品流通和货币流通)进行的

第 460 页第 2、3 段；第 464 页第 2 段—第 465 页第 2 段。

五、一个部类资本家投入流通的货币，使这部类的剩余价值转

化为货币(使这些剩余价值得到实现)

第466页第3段;第469页第2段。

六、两大部类内部和两大部类之间都必须按照一定的比例进行交换,方能使年产品全部实现

七、简单再生产下的社会资本运动的第二规律

八、简单再生产下的社会资本运动的第三规律

九、固定资本补偿规律

见第523—526页。

第三篇　第二十一章

1979.7.14　第19次辅导

第二十一章　积累和扩大再生产

[关于本章的几个要点，即几条原理]

一、货币积累应先于实际的积累

积累是剩余价值资本化，也就是剩余价值转化为生产资本，使生产规模扩大。这一转化过程以货币积累为条件。由于生产技术发展，生产的社会化，不是任何数量的剩余价值都能转化为生产资本(P)。所以，货币积累应先于实际的积累。

二、剩余价值转化成的资本，既要有不变资本、又要有可变资本

从物质形式上说就是，在剩余产品中既要有追加不变资本的实物形式(生产资料)，又要有追加可变资本的实物形式(生活资料)。

三、在扩大再生产过程中，先行的货币积累所需要的货币，是资本家自己投入到流通中去的。资本家用他们自己的积累，创造积累的条件

马克思具体分析了这一条件的形式：货币积累是资本家出售他的产品来实现的。然而，资本家都要出卖，那么谁来购买呢？马克思先研究第Ⅰ部类的情况，把第Ⅰ部类的无数资本家分作两类：一类是只卖的；另一类是只买的。事实上资本家们的买卖活动总是有先有后的。这里重要的问题不是谁先出卖，而是买方和卖方在数额上必须平衡，流通中的平衡是积累的条件。

四、有了一定数额的货币积累，还需要有追加的劳动力和生产资料

劳动力的供应是不成问题的。问题在市场供应的生产资料的品种和质量是否和扩大再生产的需要相适应。这是积累的又一条件。

见第559页第1段末、同页第2段开头、第560页。

五、在扩大再生产中生产资料优先增长的问题

在这里，在马克思的分析的例子和次序中，积累是从第Ⅰ部类开始的，第Ⅰ部类的积累决定第Ⅱ部类的积累；第Ⅱ部类的积累必须同第Ⅰ部类积累相适应。见第Ⅱ节后半部；第Ⅲ节的第2例中的论述。

六、关于扩大再生产的两个条件公式

[本章概要]

本章论述扩大再生产条件下社会资本运动规律。

扩大再生产的前提是资本积累，剩余价值资本化。但是，第一，不是任何剩余价值量都能立即转化为资本，必须先变为一定量的货币资本，即先有货币的积累，再变成现实的积累。第二，只有能够用于生产过程的要素(生产资料与生活资料)才能转化为资本的物质要素，从而使生产规模能现实地扩大。

所以，本章从价值和使用价值两方面研究扩大再生产的实现规律。

扩大再生产的价值补偿和物质补偿，都要通过交换，通过流通过程来实行。所以，本章是从流通领域分析扩大再生产的实现条件。

本章分四节：头两节分别研究第Ⅰ部类和第Ⅱ两部类的积累的条件，第Ⅲ节研究把两大部类放在一起来考虑的扩大再生产的实现条件，第Ⅳ节研究积累中的货币问题。

引言(共7段)

总的是说明资本积累的实际前提。

一、前4段：资本积累实际上的前提

资本积累是剩余价值资本化。

在资本积累实际进行中，先把货币形式的剩余价值转化为贮藏的货币资本，然后再转化为生产资本。

贮藏的货币资本转化为生产资本要有两个前提：

(1) 货币资本贮藏到一定数额。

(2) 社会总产品中必须已经包含(能买到)追加的生产要素。

由于相对过剩人口的存在，所以追加的劳动力随时都存在，追加的生产资料也必须由再生产的机制安排好。

$$G—W<\begin{matrix}A\\Pm\end{matrix}$$

二、后三段:积累所需要的货币从何而来

如果资本家们都进行货币积累,那么大家就都只卖不买,实际上,谁是买家呢?

为了解决这个困难,分别说明两个部类的积累。

Ⅰ. 第Ⅰ部类的积累

本节研究第Ⅰ部类的先行的货币贮藏和实际的积累。

1. 货币贮藏(共 10 段)

一、积累的货币是由进行实际积累的资本家提供的(第 1—5 段)

在实际生活中,第Ⅰ部类资本家的货币贮藏及其转化为生产资本,并不是同时进行的。即:第Ⅰ部类的许多资本家,不是同时扩大生产的,而是有一部分进行货币积累,只卖不买;另一部分进行实际积累,把货币资本转化为生产资本,把货币投入流通,只买不卖。在只考察第Ⅰ部类的积累的情况下,这两部分资本家的出卖和购买,在价值上相等,就是第Ⅰ部类进行积累的前提。

二、第Ⅰ部类单独积累时的危机的可能性(第 6—10 段)

社会资本的再生产,不管是简单的还是扩大的,都是以年产品的许多单方面交换的均衡为条件的,而这种单方面交换的互相均衡又以单方面购买的价值额与单方面出卖的价值额相等为前提。

但均衡不过是偶然的,均衡被破坏就成为危机的可能性。

2. 追加的不变资本(共 16 段)

一、追加不变资本的价值来源

资本积累就是剩余价值的资本化。无论在什么情况下,剩余价值都只能来源于剩余劳动。在暂时不涉及剩余价值在不同的资本家之间的分割(剩余价值分为利润、利息和地租)等等的情况下,第Ⅰ部类用作追加资本的剩余价值就只能来源于本部类的工人的一部分剩余劳动。但是,第Ⅰ部类的剩余产品是由生产资料构成的。而在这里,在只考察第Ⅰ部类的积累的情况下,剩余产品中用作追加不变资本的部分,要想实现为货币,就只能卖给本部类的资本家。因此,在这种假定的情况下，为了由简单再生产过渡到扩大再生产，第Ⅰ部类就必须多为本部类生产不变资本的要素，少为第Ⅱ部类生产不变资本的要素。即：剩余产品中准备转化成追加不变资本价值的那个部分，本身就具有“生产生产资料的生产资料”的实物形式。

但在实际上，从价值上来看，这些追加不变资本的实物形式是由资本家A、A′A″等等的工人的剩余劳动创造出来的。它们现在掌握在资本家A、A′A″等手里，它们只有卖给实际积累的资本家B、B′、B″等以后才能转化为货币。而且无论是这部分剩余产品，还是由这部分剩余产品转化而来的货币，对资本家A、A′A″等来说，都还不是追加不变资本的物质要素，而只是潜在的追加资本。如果处在货币积累阶段的不是第Ⅰ部类的资本家A、A′A″等，而是本部类的资本家B、B′、B″等，事情也是一样。

二、剩余产品是扩大再生产的物质基础

以上所说，是对第Ⅰ部类的一部分资本家，即处在货币积累阶段的资本家A、A′A″等来说的。但是对于处于实际积累阶段的资本家B、B′、B″等来说情况则相反。第Ⅰ部类的处在货币积累阶段的资本家A、A′A″等等手中的那些准备用来转化为追加货币资本的剩余产品，对于处于实际积累阶段的资本家B、B′、B″等来说，这就是他们的追加不变资本的实物形式。反之，如果处于货币积累阶段的不是A、A′A″等等，而是B、B′、B″等，那么处于实际积累阶段的就不是B、B′、B″等，而是A、A′A″等等。但道理还是一样。

所以，从以上无论价值还是实物两个方面看，在只考察第Ⅰ部类的积累的场合，第Ⅰ部类扩大再生产的物质基础就都是在第Ⅰ部类自身的简单再生产内部创造出来的。简单说来就是：第Ⅰ部类工人的一部分剩余劳动是直接用于本部类生产资料的生产上，从而为第Ⅰ部类创造出可能的追加资本。

由此可以得出两点结论：

第一，由于可能的追加的货币资本是剩余产品的转化形式，所以，剩余产品的量越大可能的追加的货币资本的量也越大。

第二，一国的生产资本越多，剩余产品量就越大，追加的生产资本和追加的货币资本也越多。

3. 追加的可变资本（共3段）

只要有为可变资本支出的货币资本，产业后备军为劳动力准备了市场。

Ⅱ．第Ⅱ部类的积累(共 8 段)

本节在上一节单独考察第Ⅰ部类的积累的基础上，把第Ⅱ部类的积累考虑进来一起进行考察。通过初步的考察就立刻得出了以下几点结论：

第一，为了实现资本的积累和扩大再生产，剩余价值就不能像在简单再生产时那样，全部被资本家当作收入花掉(用于个人消费)，而是只能把它的一部分作为收入花掉，另一部分转化为资本。只有在这个前提下，才有实际的积累。

第二，在从简单再生产向扩大再生产的过渡中，如果第Ⅰ部类的一部分资本家(ⅠA)为了进行货币资本的积累而把他的一部分剩余产品卖给第Ⅱ部类资本家(ⅡB)，而只卖不买，那么，这就不但不能保证第Ⅱ部类的扩大再生产(哪怕是潜在的扩大再生产)，甚至连简单再生产都会遭到阻碍。

第三，上述困难之所以发生，是因为第Ⅰ部类各种生产要素必须要有不同的组合。没有这种组合的变化，就根本不可能发生规模扩大的再生产。

Ⅲ．用公式来说明积累

本节讲扩大再生产条件下，社会资本运动的规律或两大部类的对比关系。

引言(共 18 段)

在引言中说明了社会资本由简单再生产过渡到扩大再生产的条件。

这可用下列公式说明：

$$\text{Ⅰ}\,4000c+1000v+1000m=6000$$

$$\text{Ⅱ}\,1500c+\ 376v+\ 376m=2252$$

这里，各种要素组合上发生质的变化，这种变化是进行扩大再生产的物质前提。

公式中的质变在于：

$$\text{Ⅰ}(1000v+1000m)>\text{Ⅱ}\,1500c$$

这是扩大再生产的前提。

第 1 例

（资本主义生产发展较早期）

Ⅰ 4000c＋1000v＋1000m＝6000

Ⅱ 1500c＋ 750v＋ 750m＝3000

此公式特点：

(1) Ⅰ(v＋m)＞Ⅱc，1000v＋1000m＞1500C

(2) Ⅰ的资本构成 4∶1

Ⅱ的资本构成 2∶1

第 1 例是假定资本有机构成水平较低的情况下进行积累。

第 2 例

（资本发展起来以后，第 581 页开头说明了这一点）

Ⅰ 5000c＋1000v＋1000m＝7000

Ⅱ 1430c＋ 285v＋ 285m＝2000

此公式特点：

(1) 两大部类的资本构成都是 5∶1。

(2) Ⅰ(v＋m)＞ Ⅱc。

(3) 第Ⅰ部类的积累为 1/2，Ⅱ的积累超过 1/2，即Ⅱ的积累程度大于第Ⅰ部类。

与第 1 例相比，第 1 例计算了 5 年，第 2 例则计算了 3 年。

两例的第一年，两大部类的增长速度不同：

第 1 例Ⅰ增长 10％，Ⅱ增长 6.7％。

第 2 例Ⅰ增长 8.8％，Ⅱ增长 10.8％。

其余多年两部类增长速度相等，第 1 例都是 10％；第 2 例都是 8.3％。

以上根据第 574－586 页的数字计算出来。

第 1 例对再生产计算了 5 年，得出结论是：随着社会资本的增长（100∶160），剩余价值也增加（100∶134）。

第 2 例对再生产计算了 3 年，其中第Ⅱ部类总资本的增长甚至比第Ⅰ部类总资本的增长还要快一些。

从第 2 例可以得到如下启示：

(1) 马克思在这里对于积累的研究是从第Ⅰ部类开始的；

(2) 积累的剩余价值也须分为不变资本与可变资本；

(3) 第Ⅱ部类的积累不只是要同第Ⅰ部类的积累相适应，而是有时还要比第Ⅰ部类的积累快一些。

第四编 《资本论》第二卷提要

1978年3月—1982年

序 言

一、关于本卷的研究对象和方法

《资本论》第二卷讲“资本的流通过程”。

在第一卷第三章已讲过商品流通或单纯流通，它和资本流通本质上不同：商品流通是资本的起点；资本流通，即资本主义流通，流通的不是单纯的商品，而是商品资本，劳动力也变成商品加入流通。

第一卷第四章曾分析过资本流通，提出了资本流通的总公式 $G—W—G'$，实际上指出了 $G—W<\begin{matrix}A\\Pm\end{matrix}$。但那是在理解资本的生产过程的范围内、把资本直接在流通领域内表现出来的形式当作资本的最一般、最抽象和最片面的形式，同时也是为了把劳动力的买和卖亦即本卷所说的 $G—W<\begin{matrix}A\\Pm\end{matrix}$ 当作生产过程的前提，来分析资本流通

的。而且那里所涉及也仅是狭义的资本流通，并且主要是指这个狭义流通的第一个阶段中的一个方面，即 G—W 的流通。而在第二卷里讲 G—W 是作为统一的资本循环的一个阶段来分析的。

在第一卷第七篇前言中也曾做过一个十分概括的说明。但那同样也是在为理解资本的生产过程的范围内来进行说明的。那里的研究对象是资本的直接生产过程的再生产，重点是揭示这个直接生产过程本身在规模不变的和扩大的基础上的反复，从中进一步揭示出在孤立地考察资本生产过程时所没有呈现出来的那些资本生产过程的本质。在那里，流通本身仅仅表现为现实的资本再生产过程的媒介和条件，因而只要简单地提一下就可以了。而在第二卷，所要研究的则是这个把生产过程也包括在内的整个资本再生产运动本身，而且重点不是生产过程，而是我们下面将要提到的狭义的流通过程，也叫真正的流通过程。而对于后者来说，第一卷已经分析过了的资本的直接生产过程，则反过来，仅仅表现为它的媒介。

此外，第一卷的其他章节也有过一些分析。但同样，也都只是在为说明生产过程所必需的范围内才有所提及。

对于资本流通过程的概念，不仅要注意区分它与一般的商品流通或简单流通，而且也要注意区分狭义的资本流通和广义的资本流通。

什么是资本的流通过程？

狭义地说，是指资本在流通领域内的运动过程，即马克思所说的资本形态变化和循环过程中的第一阶段和第三阶段的总和，马克思也把它们称作真正的流通过程的两个阶段。只有在这个包括真正流通过程的两个阶段的狭义流通中，资本的流通也才同时表现为一般的商品流通和货币流通。但二者仍有本质的区别：不能倒过来认为，一般的商品流通和货币流通也一定都是真正的资本流通。

在这里，在狭义的资本流通中，马克思进一步区分了简单商品流通和资本主义流通。前者是一般的商品流通和货币流通，即第一卷第一篇第三章所分析的那种简单流通。在本卷第十八章中，马克思指出：从社会资本再生产的角度看，在社会总商品资本的流通中，既包括资本的流通，也包括一般的商品流通。后者是商品资本的流通，它不仅包括资本价值的流通，而且包括剩余价值的流通。

广义地说，是指包括直接生产过程和流通过程在内的，也就是包括三个阶段在内的资本运动的全过程。广义的资本流通过程就是资本运动。

所以，第二卷的研究对象是：在资本的生产过程和流通过程的对立统一中研究资本的流通过程。而研究这个意义上的资本的流通过程，也就是研究资本的运动。

——

上面已经指出：研究资本的流通过程，也就是研究资本的运动。

那么，什么是资本运动呢？

前面所讲的资本流通过程的概念，已经回答了这个问题。

从哲学上来说，恩格斯在《反杜林论》中讲，运动本身就是矛盾。以机械运动为例，物体运动不过是物体在同一瞬间，既在同一个地方，又不在同一个地方。这种矛盾连续产生和同时解决，就是运动。运动本身自然也就是矛盾了。①

第一卷第四章讲过：资本运动是资本同时采取一种形式又抛弃这种形式。不过在那里所讲还是直接在流通领域内表现出来的形式，即货币形式和商品形式。

而在第一卷第七篇开头则指出："一个货币额转化为生产资料和劳动力，这是要执行资本职能的价值量所完成的第一个运动。这个运动是在市场上，在流通领域内进行的。运动的第二阶段，生产过程，在生产资料转化为商品时就告结束，这些商品的价值大于其组成部分的价值，也就是包含原预付资本加上剩余价值。接着，这些商品必须再投入流通领域。必须出售这些商品，把它们的价值实现在货币上，把这些货币又重新转化为资本，这样周而复始地不断进行。这种不断地通过同一些连续阶段的循环，就形成资本流通。"②

可以说，这是在第一卷中对于资本循环和资本流通所作的最为完整的表述。但却也是最简单的概括。之所以如此，是因为，马克思在第一卷中所要研究的是资本的直接生产过程。所以，包括资本循环在内的流通过程，只是在最必要的限度内才有所涉及。

而本卷所研究的资本的运动，则是既包括资本的生产过程、又包括资本的流通过程，既包括个别资本的运动、又包括社会总资本的运动在内的统一的资本的再生产运动。一方面，流通过程成为再生产过程的媒介；另一方面，生产过程又成为流通过程的媒介。资本就是这样不断地运动着，由流通过程进入生产过程，再由生产过程回到流

---

① 参见《马克思恩格斯选集》第 3 卷，北京，人民出版社，1995 年，第 2 版，第 399—400 页。

② 《资本论》第 1 卷，北京，人民出版社，2004 年版，第 651 页。

通过程。如此反复循环不已，循环作为周期性的过程，便是资本周转。不仅对单个资本来说是这样，对社会资本来说也是这样。

所以，资本是无止境的、没有限度的。

所以，第二卷的对象也就是资本运动。

——

研究资本的运动，就要研究资本运动的形式。

什么是事物运动的形式?

毛泽东在《矛盾论》中曾说:

"人的认识物质，就是认识物质的运动形式，因为除了运动的物质以外，世界上什么也没有，而物质的运动则必取一定的形式。……任何运动形式，其内部都包含着本身特殊的矛盾。这种特殊的矛盾，就构成一事物区别于他事物的特殊的本质。……每一物质的运动形式所具有的特殊的本质，为它自己的特殊的矛盾所规定。这种情形，不但在自然界中存在着，在社会现象和思想现象中也是同样地存在着。"①

"矛盾是简单的运动形式(例如机械性的运动)的基础，更是复杂的运动形式的基础。"②

恩格斯在《反杜林论》中也指出:"既然简单的机械的位移本身已经包含着矛盾，那么，物质的更高级的运动形式，特别是有机生命及其发展，就更加包含着矛盾。"③

可见，认识事物，就是认识事物运动的形式，就是认识事物内部本身所包含的矛盾和本质。

所以，从这个意义上说，形式本身也就是内容。不过，这不是指与形式本身相对立的另外一种意义上的内容，而是形式本身的内容，也就是这些形式本身。

作为《资本论》第二卷的研究对象的资本运动的形式，就是这个意义上的形式。

所以，也就是资本的循环和周转，也就是资本的运动本身。

但本卷所研究的既不是第一卷中所研究的那种资本在直接生产

---

① 《毛泽东选集》第1卷，北京，人民出版社，1991年第2版，第308—309页。

② 《毛泽东选集》第1卷，北京，人民出版社，1991年第2版，第305页。

③ 《马克思恩格斯选集》第3卷，北京，人民出版社，1995年第2版，第462页。

过程中的运动，诸如价值的形成和增殖、围绕工作日的斗争、剩余价值率和剩余价值量的变动，以及资本的积累、积聚和集中等；也不是像在第三卷中那样，研究资本运动作为总体考察时所呈现出来的各种具体形式，而是“资本在不同阶段所具有的不同形式，它在反复循环中时而采取时而抛弃的不同形式”。这些形式由于在第一卷里没有加以考虑，所以，“现在它们就成为我们研究的直接对象了”。

——

资本的运动离不开一定的条件。任何事物都是在一定的条件下运动的。资本的运动也不例外。

在第十八章中，马克思指出：“无论我们考察的是 G…G′形式的循环，还是 P…P 形式的循环，直接生产过程 P 本身始终只是这个循环的一个环节。在前一种形式中，它表现为流通过程的媒介；在后一种形式中，流通过程表现为它的媒介。它的不断更新，资本作为生产资本的不断再现，在这两种场合，都以资本在流通过程中的转化为条件。另一方面，不断更新的生产过程，是资本在流通领域不断地重新完成各种转化的条件，是资本交替地表现为货币资本和商品资本的条件。”

在谈到社会总资本的运动时又指出：“但是，各个单个资本的循环是互相交错的，是互为前提、互为条件的，而且正是在这种交错中形成社会总资本的运动。”

所以，研究资本的运动，不仅要研究资本运动的形式，而且要研究资本运动的条件。在本卷的范围内，所谓资本运动的条件，就是资本的循环和周转（包括单个资本和社会总资本的循环和周转）得以顺利进行的条件。而这些条件不是存在于资本的再生产过程之外，而是存在于再生产过程之中。例如：

生产和流通互为条件，循环过程的三个阶段、三种职能形式和三种循环互为条件，买和卖互为条件，循环和周转互为条件，固定资本和流动资本的周转互为条件，价值和剩余价值的生产和实现互为条件，价值补偿和实物补偿互为条件，资本价值的流通和剩余价值的流通互为条件，个别资本和社会总资本的运动互为条件，如此等等。

总之，离开了这一系列的矛盾的互相转化和互相依存，也就谈不上资本的流通和再生产运动。而在资本主义生产方式已经确定的情况下，这一切矛盾的解决都离不开市场。所以，实现问题就成为无论单个资本的循环和周转还是社会总资本的流通和再生产的基本条件。只不过，在前两篇中着重研究的循环和周转的形式，以及这些形式自身中所包含的那些条件(例如连续性和并存性等),而对于单个资本与社会总资本之间的互相交错,则是在第三篇中加以研究的。

这样,研究资本的运动,就不仅是研究资本运动的形式,而且也是研究这些运动的条件。

具体地说:

第一篇和第二篇研究单个资本运动的形式和条件。

第三篇讲社会总资本运动的形式和条件。

在第一、二两篇的关系上,第一篇侧重研究单个资本运动在时间上连续进行的条件和形式,第二篇则研究单个资本的各个不同组成部分(固定资本和流动资本)以及不同产业部门的不同的资本,在空间上如何并列地通过循环和周转的各个阶段。这里,所讲虽然仍是单个资本,但已经出现了不同产业部门中的不同的资本之间在周转方面的区别。

从逻辑的方法上来看,分析单个资本的运动可以更好地说明它的运动的形式。分析资本运动的条件则需要以社会资本为对象才能讲清楚。所以,第一、二篇讲的单个资本运动,第三篇讲的是社会总资本的运动。这同时也体现了从抽象上升到具体的逻辑次序。

第一卷所讲的资本是抽象的、一般的,G—W—G′是它的总公式。本卷的资本则是特殊的,是产业资本。但这个特殊形式的产业资本,相对于第三卷中所要讲到的那些资本形式来说,仍是一般性质的产业资本,还不是独立的工业资本、农业资本、商业资本、借贷资本等。

——

资本不仅是一种运动,也是一种阶级关系。

《资本论》第一卷研究了资本的生产过程。这个过程自始就是以血腥的资本原始积累、以对劳动者的残酷的暴力掠夺为前提的。资本的直接生产过程中则始终贯穿着资本家阶级和工人阶级之间的剥削和反对剥削、多剥削和少剥削、压迫和反抗之间的斗争(围绕工作日的斗争、工人反对机器的斗争、争取正常工作日和正常工资以及围绕工厂法的斗争等)。而资本的积累过程,则不断地把这些阶级关系和阶级斗争在日益扩大和加深的规模和程度上再生产出来。可以说,在那里既充满了静悄悄的或者大规模的巨大的历史性的变革,也充满了急风暴雨式的广泛的和深刻、尖锐的阶级斗争。

本卷研究资本的流通过程中的阶级关系和阶级斗争略有不同。本卷主要内容是:资本流通的形式,即资本的循环和周转,资本流通的条件，因而所涉及的更多的是资产阶级内部的关系。正如恩格斯在谈到《资本论》第二卷时所说的：

“第二册是纯学术性的，谈的都是有关资产阶级本身中间的相互关系问题。”①

“第二册会使庸俗的社会主义者大失所望。这一册的内容，几乎只是对资本家阶级内部发生的过程作了极其科学、非常精确的研究，没有任何东西可供编造空泛的字眼和响亮的词句。”②

但是并非没有涉及资产阶级和无产阶级两大阶级之间的矛盾和斗争。恰恰相反，资本的任何运动，无论循环和周转，都是建立在第一卷已分析过的那些阶级关系和阶级斗争的基础上的。只是在第一卷已经讲过的，在本卷不再重复而已。而且即使在资本的流通过程中所遇到的各种困难和危机，资本家阶级也都懂得如何向工人阶级身上取转嫁。繁荣会使工人阶级所受的剥削更加扩大规模，危机则使工人失业。

所以，本卷讲的资本流通的种种特点，就是阶级关系运动的特点的物的表现，就是阶级关系在运动中所采取的各种物质形式的变化。

总之，第一卷是从直接生产过程的角度讲阶级关系，重点揭示现代社会中两大基本阶级——资产阶级和无产阶级之间的关系。第二卷讲在流通领域内表现出来的资本家阶级内部的关系。这些关系体现在资本上，表现为资本的运动。

在资产阶级看来，资本只是物的总和，流通只是商品从生产地点转运到消费地点，即把商品送到消费者手里。

在马克思主义看来，资本是一种阶级关系的物的表现。由于阶级关系，货币具有货币资本形式，生产要素 A 与 Pm 具有生产资本形式，商品具有商品资本形式。所有这三种形式能够存在，都由于同一的阶级关系。反之，作为阶级关系的资本关系只能表现在三种资本形式的统一中、它们彼此不断更替之中。

资本在它的运动中所采取的各种形式以及它们的变换，不外是资本主义阶级关系的运动的物质形式或物的表现，及物质形式的变换。

这些，都是资本主义阶级关系的物质形式。

---

① 《马克思恩格斯〈资本论〉书信集》，北京，人民出版社，1976 年，第 427 页。

② 同上书，第 421 页。

总的说来，单个资本的运动，其内容不过是资本家占有剩余价值的准备、生产、实现的过程。

——

如果只从形式上看，也可以说第二卷同第一卷第二篇直接相连，在那里开始了资本运动的分析，但到生产阶段分析便中止了。

不过不能单从形式上看，要看问题的本质。

第一卷的中心问题是剩余价值。但剩余价值以利润形式表现出来，它要转化为利润，这个转化过程，是在第二卷研究的，这个过程就是资本的循环和周转。

所以第一、二卷是直接相连的，至于利润本身的规律则在第三卷研究。

第一卷和第二卷的内在联系就在于：剩余价值的生产和剩余价值的实现。第三卷则是它的分配，它的具体形式利润、利息、地租。

剩余价值转化为利润的过程，受资本循环制约，又是资本循环的产物。

可见，第一卷揭示出隐藏在利润后的剩余价值；第二卷分析了剩余价值转化为利润的资本运动过程；第三卷区分剩余价值和利润。

——

资本本身就是价值的自行增殖的运动。

第一卷讲了资本的生产过程是以价值为前提，以价值的运动为前提的。在那里，主要从直接生产过程的角度，研究了价值和剩余价值的生产，研究了价值的形成过程和增殖过程，研究了资本家阶级如何利用价值规律，从外延和内涵的不同角度来不断加强对工人阶级的剥削。那里研究了，为什么伴随着资本主义生产方式的不断变革和劳动生产力的不断提高，而工人阶级反而所受到的剥削和压迫越重，研究了以个人劳动为基础的商品生产的财产法则为什么必然会转化为资本主义的占有规则。其中，作为前提，首先研究了商品和货币，研究了商品的形态变化，说明了资本的生产过程以商品的形态变化——从商品形式变为货币形式，以及相反的变化——和商品流通为前提。

第二卷的资本运动是资本在循环和周转中所采取的各种形式的更替，资本在其每一种形式上，执行一定的职能。资本在货币形式中使劳动力与生产资料结合起来；在生产形式中生产新的使用价值，它是资本价值与剩余价值的承担者；在商品形式中实现资本价值与剩余价值。

——

第一卷第二篇曾分析过资本的流通，提出了资本运动的总公式 G—W—G′。但，那是作为分析资本的生产过程准备条件、前提。

第二卷的分析，是第一卷第二篇的全面展开。

第二卷回答了“资本是无止境的运动”。它既是循环的，又是周而复始的。

第二卷回答了资本运动所采取的形式，资本运动的形式是它的形态的变化及其循环。

G—W—G′，资本的总公式①，表明资本乃是一种运动，它是研究剩余价值的出发点。而剩余价值也就是资本运动中转化为利润，在资本流通中实现。

在第一卷中，资本还没有分解为下述各个不同的形式：货币资本、生产资本、商品资本，它只分解为不变资本与可变资本两部分。在第二卷中，资本以更加丰富的形式出现了。

第一卷第四章讲了资本不在流通中产生，又不能不在流通中产生。在第二卷的头一章便分析资本是怎样在流通中产生的，这就是分析 G—W 的形态变化怎样表现资本家和工人的阶级关系，在 G—W 形态变化中怎样表现出劳动者和生产资料的分离。

二、学习恩格斯的序言

马克思生前未能出版他的《资本论》的第二卷。本卷是在马克思逝世以后的 1885 年由恩格斯编辑出版的。恩格斯并且于马克思的生日写了这篇序言，一并作为对他的伟大战友的纪念。列宁引用奥地利社会党人阿德勒的话说：“恩格斯出版《资本论》第 2 卷和第 3 卷，就是替他的天才朋友建立了一座庄严宏伟的纪念碑，无意中也把自己的名字不可磨灭地铭刻在上面了。”列宁说：“的确，这两卷《资本

① 此处“资本的总公式”的德文原文为“Die allgemeine Formel des Kapitals”。按照马克思的《资本论》的逻辑结构中的“一般—特殊—个别”的次序，以及内容和文字本身，此处均应译作“资本的一般公式”。参见作者与本书编者合著的《〈资本论〉教学与研究纲要》，北京，中国经济出版社，1999 年。——本书编者

论》是马克思和恩格斯两人的著作。”①

恩格斯所写的这个序言主要涉及两个方面的内容。一是介绍恩格斯编辑和出版马克思的《资本论》第二卷时的做法和所遵循的原则，并且着重介绍了马克思所留下来的本卷手稿的有关情况；二是着重批判了德国庸俗经济学家洛贝尔图斯之流妄图与马克思争夺子虚乌有的所谓剩余价值“发明权”、极其无知地诬蔑马克思剽窃了他的“发现”的荒谬的说法，同时从正面论述了马克思在这方面所作出的不可磨灭的伟大贡献。

一、恩格斯编辑第二卷的经过和马克思的手稿的情况（第1—12段）

恩格斯在编辑和出版本卷时所遵循的原则是：使本书既成为一部连贯的、尽可能完整的著作，又成为一部只是作者的而不是编者的著作。同时，恩格斯通过对马克思为本卷留下的亲笔材料的介绍，证明了：马克思在公布他的经济学方面的伟大发现以前，是以多么无比认真的态度，以多么严格的自我批评精神，力求使这些伟大发现达到最完善的程度。马克思和恩格斯两人共同的这种严谨和严格的科学态度，为后人留下了光辉的典范。

二、驳斥洛贝尔图斯的诬蔑（第13段—末段）

（一）驳斥洛贝尔图斯诬蔑马克思的剩余价值学说是“剽窃”了他的“发现”

这里，恩格斯依据不可辩驳的事实首先指出：对于洛贝尔图斯的这些指责，直到1884年以前，马克思从来都一无所知。而且，马克思从来也没有把“剩余价值是从哪里来的”这个问题的“发明权”归于自己，而是认为早在资产阶级古典经济学家那里，这个问题实际上已经解决了。只是，这些经济学家并不知道他们所说的是什么，而是错误地把它称为“利润”、“利息”或“地租”而已。洛贝尔图斯充其量也只不过是重复古典经济学家的说法，而且他同样也不懂得什么是“剩余价值”，并且同样也不懂得为什么马克思所说的“剩余价值”并不是他所说的“租”。正如恩格斯所说的：

“幸而我们还能够证实，洛贝尔图斯这个划时代的发现，对马克思产生了什么样的印象。在《批判》手稿第X册第445页及以下各页中，我们发现了《插入部分。洛贝尔图斯先生。新的地租理论》。

---

① 《列宁选集》第1卷，北京，人民出版社，1995年，第3版，第95页。——本书编者

……对于洛贝尔图斯的一般剩余价值理论，他是用讽刺的评注来驳倒的：'洛贝尔图斯先生首先研究在土地占有和资本占有还没有分离的国家中是什么情况，并且在这里得出重要的结论说：租（他所谓租，是指全部剩余价值）只等于无酬劳动，或无酬劳动借以表现的产品量。'"

也正因为如此，所以马克思早在19世纪40年代，就不仅已经清楚地知道剩余价值的来源，而且清楚地知道它是怎样产生的。《哲学的贫困》和《雇佣劳动与资本》两本著作可以证明。不仅如此，马克思由于他对剩余价值范畴的发现，早已远远地超过了资产阶级古典经济学家，更不要说洛贝尔图斯之流了。那时，马克思根本不知道洛贝尔图斯这家伙。即便马克思在1884年知道了洛贝尔图斯的指责之后，也因为这种说法太滑稽，而不过一笑了之。

（二）论述马克思的剩余价值学说及其与前人的关系

资产阶级经济学最早是从重商主义者开始探索剩余价值的起源，他们以为剩余价值产生于产品价值的追加，产生于商人的实践中。

亚·斯密论证了剩余价值是由剩余劳动即工人劳动的无酬部分构成的。

李嘉图比斯密已经前进了一步：

1. 李嘉图从"商品价值由实现在商品中的劳动量决定"引申出"由劳动加到原料中去的价值量分割为工资和利润"；

2. 他认为不论这两部分比例怎样变动，商品价值总是不变；

3. 李嘉图确立了工资和利润相互关系的一些主要规律（马克思在第一卷第十五章中作了评价）；

4. 李嘉图把地租归结为在一定条件下产生的超过利润的余额。

约翰·罗素进一步明白地说出了：资本家不管得到多少，总是只能占有工人的剩余劳动。当然，他是站在资本家立场上说的。但它包含着一个超过李嘉图的本质上的进步：它直接把剩余价值（虽然说的是利息）归结为剩余劳动，斯密和李嘉图则从未以绝对的形式确定下来。

恩格斯指出：洛贝尔图斯对这些文献一无所知，而自封为剩余价值理论的创始人。

那么，马克思和以前的剩余价值理论的关系是怎样的呢？

这里恩格斯作了一个比喻：在化学史上，18世纪认为物体的燃烧是由一种叫"燃素"的东西发生的。1774年化学家普利斯特列和舍勒分析出一种气体是燃烧的要素,他们把它叫“火气”。后来,拉瓦锡发现:这种新的气体是一种新的化学元素——氧气;在燃烧的时候并不是神秘的燃素从燃烧物体中分离出来,而是这种新元素同燃烧物体化合,这才解决了燃烧的问题。在剩余价值理论上,马克思与他的前人的关系,正如拉瓦锡与普利斯特列、舍勒的关系一样。

马克思以前,有的人只是认识到剩余产品的存在,只知道部分产品是由无酬劳动构成的。但他们只到此为止。古典学派至多只研究了劳动产品在工人和资本家之间分配的数量比例;空想社会主义则发现这种分配不公平,并试图设想出一些办法来消除这种不公平现象。他们都没有区分剩余价值与利润。

马克思创立了剩余价值学说,使全部政治经济学发生革命。

(三) 批判洛贝尔图斯

指出他不过是发现了陈词滥调。

(四) 李嘉图学派在剩余价值问题上碰了壁,到 1830 年破产了

使它破产的有以下两点:第一,混淆劳动和劳动力;第二,平均利润规律和他的价值规律发生矛盾。洛贝尔图斯也没有解决这个矛盾。

第一篇　资本形态变化及其循环

引　　言

一、本篇中心内容是分析资本运动的形式

本篇中心内容是分析资本运动的形式。

本篇所说的资本运动的形式，就是资本的形态变化及其循环，即三种形态的资本——货币资本、生产资本、商品资本，循环不已地时而采取一种形式时而又放弃这种形式。

资本运动过程是生产过程和流通过程的对立统一，又是资本的货币形式、生产形式、商品形式的三种形式对立统一。

资本运动一方面是不停顿、不间断地运动，另一方面又分阶段地变化着。它不停顿地从这一阶段过渡到另一阶段，循环不已。如果任何一次遇到障碍，就都不再成其为资本。但它又必须在循环的各个阶段上、在一定时间内固定下来，采取确定的形式，执行特定的职能，从而形成资本的三种职能形式：货币资本、生产资本、商品资本。

三种职能资本是统一的，一个跟着一个交替变化，同时又分解为三个部分，在同一时刻分别处于循环的三个阶段上，从而形成资本的三种循环，即货币资本的循环、生产资本的循环、商品资本的循环，三种循环在时间上连续、在空间上并存。

所以，循环和周转是运动形式。

资本运动像其他事物运动一样，运动本身就是矛盾。

资本运动是三种资本形式，三个资本循环的对立统一，是一分为三，但是归根到底还是一分为二，即生产过程和流通过程的统一。

资本运动又是不停顿地、不间断地循环；同时分阶段进行的，在每一阶段上采取一种确定的形式，执行一定的职能。

资本运动是三种资本循环一个接一个顺次进行，同时三种循环

并存地、平行地进行的。

这一切，都是资本运动的物质形式。

二、资本的三种形式中的资本关系的表现

在资本的三种形式中，资本关系有不同的表现。

在货币资本的形式中，资本表现为货币转化成 A 与 Pm，即劳动力和生产资料；而前提则是 A 与 Pm 成为商品。

在生产资本中，资本表现为不变资本和可变资本的区分。前者是剩余价值生产的条件，后者生产剩余价值。

在商品资本和货币资本中，资本表现为两种价值关系，即资本价值和剩余价值。同时两者又都存在于商品和货币的形式上，掩盖了这种关系。

货币资本作为购买手段，同劳动者相对立；

生产资本包含劳动者本身，表现劳动对资本的直接从属关系；

商品资本是脱离劳动者的劳动产品。

在货币形式上，资本表现为使劳动力与生产资料相结合的社会条件。

在生产形式上，生产新的使用价值，它是资本价值与剩余价值的承担者。

三、第一篇的内容和结构

本篇前四章为第一个部分。其中前三章分别分析资本在它的循环的各个阶段所采取的各种不同形式，以及这些形式之间的相互关系，同时分别揭示三种循环各自的运动条件。第四章把三种循环统一起来作为一个整体来把握，进一步揭示出单个资本作为产业资本自身的规定，以及它的循环运动的形式和条件。通过这一分析揭露资本主义社会的阶级关系在资本运动过程中的各种表现。

第五、六章分别论述从单个资本循环的角度来看的资本的流通时间和流通费用。同时这也是从资本周转的角度和社会总资本运动的角度来看的流通时间和流通费用的一般抽象的规定。

资本的运动就是资本的价值的运动，即带来剩余价值的价值运动，即自行增殖的价值的运动。资本运动形式就是资本形态变化，即资本价值形态的变化。

第一章　货币资本的循环

马克思在前言中特别提到了三点：货币资本循环的公式；本章是第一卷第四章的发展；假定商品按价值出售和价值不变。其中，货币资本循环的公式是：

$$G—W\cdots P\cdots W'—G'$$

这一循环包括三个阶段：G—W；W…P…W′；W′—G′。

Ⅰ. 第一阶段 G—W

一、第一阶段的形式和内容：由货币资本转化为生产资本（第 1—9 段）

第一阶段的形式是 G—W。在形式上看，是货币转化为商品。但货币转化为商品这样一种简单商品流通行为为什么会变成资本循环的特定阶段呢？

这不决定于形式，而决定于其内容。因此必须从它的内容，即购买的商品的用途来说明。资本家购买的是劳动力 A 和生产资料 Pm。这二者相对结合，生产出剩余价值。这些商品成为生产资本的要素，所以 $G—W<\begin{matrix}A\\Pm\end{matrix}$，便成资本循环中的一个阶段。

资本家购买的商品，除了有这种质的分割外，还表示一种最具有特征的量的关系。这种量的关系一开始就是由一定数量的工人的剩余劳动量所决定。资本家购买这些商品，它们的使用，不仅要生产出一定的新产品，而且要生产出剩余价值。

由于资本家购买的商品内容分为 A 和 Pm，他便能获得一个包含剩余价值的商品量。因此他以货币形式预付的价值，采取了实物形式，采取了能创造剩余价值的生产资本（P）形式。所以，资本循环的第一阶段便是货币资本转化为生产资本。

二、货币职能变成资本职能。G—A 是这一变化的条件（第 10—22 段）

在资本循环的第一阶段上，货币资本只能执行货币职能，只是作为购买手段或支付手段。它所以变成资本职能，只是因为货币是在资本运动的一个特定阶段上发挥作用，也因为 G—W 同其他阶段有密切联系。

货币职能变成资本职能的重要条件是 G—A，购买劳动力。第一卷第二篇已经对 G—A 作了说明。这里专门就货币资本是资本的表现形式这方面加以考察。

在这里，货币为什么会表现为资本的一种作用？

这并不是因为劳动力能提供剩余劳动（这是自原始社会后期以来多个社会所共有的），而是因为劳动力是以工资形式用货币购买的；也不是因为工资形式不合理，不是因为劳动力能够买卖，而是因为劳动力成为商品是由一个特定的社会经济条件和阶级关系决定的。如果市场上根本没有劳动力这种商品，怎么用货币去买到它呢？

劳动力成为商品，完全由于它同生产资料相分离开来。劳动力在出卖之前是和生产资料相分离的。

这里，转化的条件是劳动者和生产资料相分离。

马克思指出："这是买和卖，是货币关系，但这种买和卖的前提是：买者是资本家，卖者是雇佣工人。而这种关系所以会发生，是因为劳动力实现的条件——生活资料和生产资料——已经作为别人的财产而和劳动力的所有者相分离了。"

所以，G—A 之所以表现为货币资本的职能，决非因为货币具有支付手段职能，而只因为：劳动力处在同生产资料分离中，要消除这种分离就得把 A 卖给 Pm 的所有者。资本关系所以会在生产过程中出现，是因为资本家与雇佣工人的阶级关系已经存在。不是货币的性质产生阶级关系，相反，由于存在阶级关系，货币职能才能转化为资本职能。

三、批判两种对货币资本的错误理解（第 23 段一末段）

一种是把由于货币资本采取货币形式而执行的职能，错误地认为是从它的资本性质产生的。

一种是把货币职能的特殊内容，错误地认为是从货币本性产生的。其实，像 G—A 这样的买卖行为，需要一定的社会条件。

因此问题的实质是，在这里作为 $G—W<\begin{matrix}A\\Pm\end{matrix}$ 行为的基础的，是分配。所谓分配，不是通常意义上的消费资料的分配，而是生产要素本身的分配。其中物的因素集中在一方，劳动力则与物的因素相分离，处在另一方。也就是说，在 G—A 行为能成为一般社会行为以前，生产资料即生产资本的物的部分，就必须已经作为生产资料，作

为资本，和工人相对立。

总之，在这个阶段上，资本发生了形态变化，由货币资本转化生产资本。这里，货币资本执行货币的职能，同时也执行资本的职能。货币职能转化为资本职能的最重要条件是 G—A。而在 G—A 过程中，货币所以表现为资本的一种作用，不是由于货币具有购买手段职能，而是由社会经济条件和阶级关系决定。这就是劳动力和生产资料分离，即劳动者被剥夺，从而成为商品。

可见，这一节主要解决了两个问题：G—W 怎么变成资本循环的一个阶段？货币资本怎么变成生产资本（货币职能怎么变成资本职能）？这一转化的条件就是劳动者与生产资料分离。无此条件就不能转化。

这样，资本就由货币形式改变为生产形式。

Ⅱ．第二阶段　生产资本的职能

一、首先说明第二阶段同前一阶段的关系

第二阶段的形式是：$W<\begin{matrix}A\\Pm\end{matrix}\cdots P\cdots W'$，或$\cdots P\cdots$。

资本在完成了上一阶段的运动之后，就进入了生产过程，劳动力和生产资料相结合，生产出一定量的商品。在新的商品中，包含了工人创造的剩余价值。

这里，资本的生产阶段 $W<\begin{matrix}A\\Pm\end{matrix}\cdots P\cdots W'$，或$\cdots P\cdots$，是前一阶段 $G—W<\begin{matrix}A\\Pm\end{matrix}$ 的结果。

资本家购买了生产资料和劳动力，而劳动只能在本阶段实现，而且他只能通过劳动力把生产资料当作商品生产要素来使用。

这是生产阶段，是循环过程的决定阶段。这里 A 和 Pm 不仅发挥生产要素的作用，而且发挥资本的作用，生产剩余价值。

二、揭示第二阶段的资本主义性质，本阶段所体现的阶级关系

在 G—A 过程中，资本家不断地作为货币资本家与雇佣工人相对立。当然，货币资本家必须是商品生产者，雇佣工人只能靠出卖劳动力过活。在这一阶段，劳动力和生产资料是生产要素，同时又发挥资本的作用，变成生产资本。二者所以成为资本，只是因为它们按照特殊方式结合的，它们起着特殊作用。

三、最后指出，作为生产资本的劳动力和生产资料一经结合，生产资本便转化为商品资本

这里，资本的形式，由生产资本转化为商品资本。

这里，生产资本向商品资本转化的条件，是劳动力和生产资料相结合的方式，这就是劳动力和生产资料当作生产资本的两个要素而结合起来。

作为生产资本的两个要素相结合，并且同时被消费，因此，生产资本便转化为一定量的商品资本，即包含有剩余价值的商品。

A 与 Pm 本身并不是资本。二者成为资本，是由二者结合的方式和特殊作用造成的。在资本主义条件下，二者的结合，是通过资本家不断购买劳动力和生产资料、把它们当作生产剩余价值的生产要素这种性质决定的。

当生产资本的二要素 A 与 Pm 在生产过程中结合在一起并被消费以后，生产资本就转化为商品资本。

Ⅲ. 第三阶段　W′—G′

第三阶段是商品资本转化为货币资本。资本家回到市场，出售他的商品，换回货币。货币回到资本家手里，成为增殖了的货币资本，运动的形式是 W′—G′。

一、商品资本 W′的特点(第 1—3 段)

资本主义条件下的一切商品，又具有资本的职能。

商品资本 W′的价值是由资本价值和剩余价值两部分构成的。

商品资本只是在资本家手中，在 W′—G′的循环过程中，才是资本；而在购买者手中，只是一般商品；即使购买者是资本家，它也只是一个生产要素，而非商品资本。

二、W′—G′的形态变化(第 4—9 段)

W′的职能是转化为货币。

资本抛弃商品形式，采取货币形式，即形态变化的速度不同，再生产的规模也会以极不同的程度扩大或缩小。

W′—G′必须全部完成其形态变化。在这里，出售商品的数量是决定性的事。要全部实现剩余价值，必须把全部产品卖掉。

W′—G′形态变化的特点是它分解为 W—G 和 w—g。

从形式上看，W′—G′不过是一般商品流通，它怎么成为资本运动的一个阶段呢？商品又怎么获得了资本的职能呢？这完全也是由生产过程的性质决定的。W′不是小商品生产的产品，而是资本主义生产的产品。W′是资本价值和剩余价值的承担者，W′体现资本家与雇佣工人的关系。因此，W′不是一般商品，而是商品资本。

商品资本的积能，在通过 W′—G′，一面收回预付的货币，预付的资本价值；一面实现剩余价值。这里，商品是否全部出售，具有决定意义。

三、G′形式的资本的特点（第 10－21 段）

G′包括资本价值和剩余价值，二者都以货币形式存在着。

这里，资本的形式，由商品资本转化为货币资本。现在，货币资本在形式上同第一阶段的货币资本一样，但是它包含的数量增加了，它是预付资本价值加上剩余价值，它是增殖了的货币资本。

循环从货币资本形式开始，又以同一形式终结，所以这个循环过程叫作货币资本的循环。这里，G 发生了量的变化，G′＝G＋g，G′－G＝m。

但是，G′同时还表示一种质的关系，它是已经实现的资本，是作为资本关系存在的，它成了货币资本，具有自行增殖的属性。

货币资本本身表现为 G′，是 W′的职能，这是 G′的另一个特点。W′—G′的转化，是由生产过程的资本主义性质所决定，而不由流通本身决定，这就是说，只有在资本主义条件下，一般商品才能转化为商品资本，从而商品资本才能转化为货币资本。此外，只有新生产出来的商品全部卖掉，剩余价值才能实现，W′—G′的转化才能完成。

G 是作为货币流通的，执行货币的职能，购买 A 和 Pm；

G′则是已经增殖的资本价值。

通过 W′—G′，资本价值又恢复货币形式，因此 G′虽是循环的终点，但由于 G′具有货币职能，它又可以重新购买 A 与 Pm，所以它就成为下一次循环的起点。

Ⅳ. 总　循　环

一、资本流通的两个公式（第 1－2 段）

（一）资本的两种表现形式

资本的第一个表现形式是：

G—W—G′

资本的第二个表现形式是：

$$G—W<\genfrac{}{}{0pt}{}{A}{Pm}\cdots P\cdots W'(W+w)—G'(G+g)$$

(二）二者的区别和联系

二者的区别在于:前一公式中的 W 表示同一商品,后一公式中 W 表示不同的商品。

二者的共同点在:货币流通回到它的起点,流回的货币多于预付的货币。就这点说,前者包括了后者。

二、资本的三种职能形式

从上所述,可见,资本在它的循环过程中,采取了三种不同的形式:货币形式、生产形式、商品形式。三种形式的资本,执行着不同的职能。

货币资本的职能是购买劳动力和生产资料,由于它购买的劳动力能够创造剩余价值,所以,一般货币才变成资本货币。

生产资本的职能是生产新的商品,生产剩余价值。生产资料和劳动力本来不是资本,只有二者结合产生剩余价值时,它们才变成资本。

商品资本的职能是通过出售商品,使资本家收回预付资本,同时把剩余价值实现为货币。

三、产业资本(第 3—15 段)

在包括货币资本、生产资本、商品资本三种形式形成的总循环过程中,采取又抛弃这些形式,并在每一个形式中执行相应职能的资本,就是产业资本。这里所说的产业,包括一切按资本主义方式经营的生产部门。

这里,货币资本、生产资本、商品资本不是独立的资本,只是产业资本的三种形式。

产业资本的循环,一方面是不停顿地由一个阶段转到另一个阶段;一方面要求各个阶段在一定时间内固定下来。在每一阶段,产业资本都固定在资本的一种形式上,产业资本是彼此排斥又互为前提的三种形式的统一。

资本是阶级关系的表现形式。这种形式又是不断变化的。

机器形式的生产资本,通常在生产中,停留较长时间,但不是资本运动到此停止,它的价值是一部分一部分转移的。运输业,不生产产品,但它使产品改变场所。

产业资本的职能不仅在占有剩余价值,同时创造剩余价值,因此它决定生产的资本主义性质。

四、货币资本循环的特点(第 16—23 段)

货币资本循环是资本循环的一部分,但单独来看,又是独立的。它有下列特点:

(1) 这个循环,以货币为起点和终点,G…G′,明显地表现出资本主义生产的动机是赚钱。

(2) 发财致富是它的目的。

(3) G—G′,G 是手段,G′是目的。造成货币生出货币的假象。

(4) 只表示出价值增殖过程和积累过程,没有反映出个人消费。

五、产业资本的循环是它的三种循环形式的统一

产业资本的循环过程既是流通与生产的统一,也是它的三种循环形式的统一。

由于资本主义生产是连续不断的再生产,所以资本不能在一个时间内只采取一种形式,而必须按照一定的比例分成三部分,同时并列存在三种形式上。而且,还必须使三部分资本都顺利地通过三个阶段,不能间断。

可见,资本运动不仅是流通过程和生产过程的统一,而且是三种形式和三个循环的统一。

可见,资本运动,一方面是不间断地、不停顿地循环;一方面又是分阶段地进行,资本在每一阶段上采取确定的形式,执行一定的职能。

可见,资本运动,一方面是三种资本循环,一个接着一个顺次进行;一方面又是三种职能的资本同时并存于三种形式上,三个循环同时进行。

六、全章的总结(第 24—29 段)

货币资本循环是产业资本循环的典型形式,因为产业资本的目的和动机在此表现得最明显。

货币资本循环又是产业资本循环的一般表现,因为它始终包含着预付资本的价值增殖;另外还因为任何资本总是首先采取货币形式,历史上和现实上都是如此。

这一循环形式掩盖了剩余价值的真正来源。

七、从货币资本的循环向生产资本循环的过渡(第 30—36 段)

如果从不断重复、更新的过程来看,那么:

第一,整个循环以资本主义生产为前提;

第二,在反复进行的循环过程中,货币是转瞬即逝的;

第三,在资本循环的全过程中,多种形式的资本循环都可以看作是以生产资本形式进行的；

第四，资本主义生产过程的经常存在，要以不断更新的 P…P 循环为前提。

第二章　生产资本的循环

生产资本循环的总公式是 P…W′－G′－W…P。

P…P 表示资本主义的再生产过程，表示剩余价值的周期再生产，表示生产资本是周期反复地执行职能。

产业资本在生产形式上：

第一，它的流通只表现为再生产的媒介，P…P 之间的媒介。

第二，总流通即 W′—G′. G—W 或 W—G—W 的流通形式具有简单商品流通的形式。

就是说，其特点是：循环、运动以商品流通为媒介。

这里，商品流通的实质是商品资本流通和运动，包含出卖和购买两阶段的对立统一；但是形式上表现为简单商品流通，这是其特点之一。

这里，商品资本执行的职能，是把商品 W′中包含的预付资本价值和剩余价值，实现为两个货币额 G′＋g。因此，商品流通便分解为两条流通轨道：

资本价值的流通：$W—G—W<\begin{matrix}A\\Pm\end{matrix}$。

剩余价值的流通：w—g—w。

这是商品资本运动的对立统一的两条轨道。

如果资本价值的流通和剩余价值的流通在两条不同轨道分开进行，那么以这种商品流通为媒介的再生产过程就是简单再生产。

如果资本价值的流通和剩余价值的流通在同一轨道进行，那么以这种流通为媒介的再生产就是扩大再生产。

这是特点之二。

这就是在流通过程中单个生产资本运动即生产资本循环的特点，即：由于作为再生产的媒介的商品流通的不同而区分简单再生产和扩大再生产。

——

生产资本循环，无疑是剩余价值的再生产。

第一卷第七篇曾考察过资本主义的再生产，揭示出了资本主义再生产的实质，即资本主义生产关系的再生产。

这一章考察资本主义再生产，认识处于流通中的单个资本再生产运动的形式变换。重点分析作为资本再生产的媒介的流通过程 W′—G′—W 的特点，说明在增殖的货币资本 G′中所包含的 g 即剩余价值，有多少再转化为预付资本 G，这一点决定着再生产是简单的还是扩大的。

如果剩余价值全部用于资本家个人消费，那么再生产就是简单的。

Ⅰ. 简单再生产

既然商品流通 W′—G′—W 是生产资本循环 P…P 的媒介，那么，这个循环能否顺利进行，主要看看这个流通是否起到媒介的作用。

W′—G′—W 包含两个对立的阶段。

先看第一阶段 W′—G′即出卖，有什么特点？

再看第二阶段 G′—W 即购买，有什么特点？

分析了 W′—G′—W 这个循环的媒介以后，最后看一看生产资本的总的循环过程：

G′分解为 g+G，g 的流通退出循环，G 作为追加的生产资本继续留在循环中，用于购买劳动力和生产资料，商品资本转化为生产资本。

这样，整个生产资本的循环是脱离实际消费而进行的。为什么生产脱离了消费？因为整个 P…P′以流通为媒介。商品进入市场、进入流通，并不一定进入消费。资本主义生产越发达，大工业的对象便越是大批发商，越远离消费者。这里，进入 P…P 循环中的多少，取决于生产或生产资本 P 的规模和能力，而不取决于供求关系。生产目的不是使用价值，而是价值增殖。

但是，任何社会的生产都要受实际消费的制约。

生产资本循环的内部和外部的一切矛盾都是对抗性的。它们必然爆发生产过剩的经济危机。

本节的中心是，分析在简单再生产条件下，作为生产资本循环的

媒介的流通过程 W′—G′—W 具有什么特点，即处于 P…P(P′)之间的 W′—G′—W 的特点。这种流通如果发生障碍，整个生产资本的循环便不能顺利进行。

处于 P…P(P′)之间的 W′—G′—W 的特点在于：

包含在 G′中 G(预付资本)和 g(剩余价值)是在同一条轨道上运行，还是走上不同的轨道。这一点决定 P…P′是简单再生产还是扩大再生产。

如果走同一轨道，则是扩大再生产。

如果走不同的轨道，则是简单再生产。

一、简单再生产条件下的流通(第 1—16 段)

P…P 简单再生产中的流通只表现为简单商品流通，即 W—G—W。

这里，起点 W′是商品资本，包括资本价值和剩余价值。因此流通也分为资本价值的流通和剩余价值的流通。前者在产业资本循环中继续流通，后者进入一般商品流通(资本购买生活用品和奢侈品)，在资本流通之外进行。

$$W'-\begin{pmatrix}W\\+\\w\end{pmatrix}\begin{matrix}\text{——}\\-G'\\\text{——}\end{matrix}\begin{pmatrix}G\\+\\g\end{pmatrix}\begin{matrix}-W<\begin{matrix}A\\Pm\end{matrix}\\ \\-w\end{matrix}$$

W 和 w，即资本价值和剩余价值的流通，在 W′转化为 G′之后分开了。可见：

第一，W′—G′＝W′—(G＋g)，G 和 g 都是货币额，具有独立形式，是可以分离的运动；

第二，W—G—W 和 w—g—w 从形式上看都是商品流通；

第三，不管二者是部分的分离，还是完全分离，资本价值本身总是在它的循环中。

由于 W—G—W 和 w—g—w 在形式上都属于商品流通，因此容易像庸俗经济学一样，把资本主义生产看成是简单商品生产。

二、生产资本循环中的 W′— G′(第 17—19 段)

W′只是执行商品的职能，但作为资本流通要素，它是商品资本。

G′＝G＋g。G 作为货币资本，使资本循环继续进行；g 则进入一般的流通，而退出资本循环。

商品 W′出卖了，它转化为 G′。

G′分解为原预付资本 G 和剩余价值 g。G′＝G＋g。G 继续流通，即在新购买 A 和 Pm，g 供资本家个人消费。g 代表的货币不再预付而是花掉。

这样，W'—G'即 W'转化为 G'以后，G 和 g 便分开了。资本家把原资本价值再投入流通，而把剩余价值用于购买消费品，走另一条轨道。

总之，第一阶段 W'—G'具有如下特点：

(1) 商品资本 W'经过出卖，变成货币 G'，它被资本家分作 G 和 g 两个不同的货币额。

(2) G 原预付价值重新投入资本流通，g 进入一般商品流通。

(3) 如果 G 和 g 不分开，那么原预付价值就增大了，重新投入流通后，便形成扩大再生产。

由于在简单再生产条件下，W'中资本价值和剩余价值的流通完全分离开了，也由于 W—G—W 和 w—g—w 两种流通都表现为简单商品流通，所以，P…P 的循环掩盖了资本关系的剥削性质，使庸俗经济学利用这种情况，混淆资本主义生产和小生产，把资本主义生产的目的说成似乎也是使用价值。

其实，W'开始就是商品资本。

第 81 页一第 82 页末，在批判庸俗经济学中进一步说明 W'—G'的特点。

总之，W'—G'出卖当作资本的商品，不过是把它变成货币资本。通过这种出卖，资本家一面收回原先预付价值，一面实现了剩余价值。他把前一货币额再投入流通，购买生产资料；把后一货币额也投入流通，购买消费资料。这两种性质不同的流通都表现为简单商品流通。这就掩盖了资本主义生产关系的剥削实质。因此，庸俗经济学把资本主义生产说成是简单商品生产。

三、生产资本循环中的 G—W(第 20—32 段)

这里，第二阶段只考察购买，着重分析货币资本 G 的特点：

1. 这里的 G 的一部分购买劳动力 A，它是 W'转化来的。显然，这是工人前一阶段劳动的结晶又被当作劳动者自己未来的劳动的凭证，而付给劳动者的。

2. 这里的 G 变换两次位置，一会儿在买者手中，一会儿转到卖者手中，转瞬即消失。G 在 G…G'中具有的表面上的独立性，在 P…P 中消失了。所以，后者是对前者的批判，并把 G…G'还原为一个特殊形式。

3. 这里的 G 的职能，是使商品资本转化为生产资本的媒介，即 W'—G'. G—W…P。

这里，资本价值 G 又出现，不过它跟剩余价值已经分开，在量上同第一阶段中的 G—W 一样大，也还是转化为 A 与 Pm。分析资本循环可以清楚地看到：第一，工资只是工人自己生产的产品的一部分；第二，资本的货币形式只是一个转瞬即逝的因素；第三，货币资本只是充当媒介职能。

从以上分析中已知，G 作为货币资本，使资本循环继续下去，g 作为收入花掉，退出资本循环。

四、生产资本循环的矛盾和经济危机（第 33—36 段）

以上所说的无论是资本流通 W—G—W，还是剩余价值流通 w—g—w，都以 W′—G′即出卖为前提。

商品如果不能出卖，W′—G′流通中断了，就意味着资本循环发生了故障，引起危机爆发。这种危机的爆发，是由生产资本的循环中包含的矛盾引起的：一方面，生产资本的循环可以脱离对商品的现实消费而进行；一方面，它归根到底又为现实消费所制约。

五、货币资本的其他职能（第 37—40 段）

Ⅱ．积累和规模扩大的再生产

第Ⅱ、Ⅲ、Ⅳ这 3 节是从流通领域研究扩大再生产。货币是资本的最初表现形式。一定的、最低限额的资本是资本主义生产的起点。

规模扩大的生产资本的循环，即扩大再生产，要先有一定数量的货币积累才能进行。

从流通过程来看，P…P′所需要的货币积累，首先是把 W′实现为 g，把剩余价值由商品形式变换成货币形式；然后使 g 转化为生产资本。

扩大再生产的先行的货币积累：是贮藏货币，是潜在的货币资本。

货币积累，并不是必须用货币来实行积累，也可以用债权的形式来积累。但它不是生产资本。它可以作为准备基金用。

——

第Ⅱ节是从流通过程分析单个资本的积累。因此中心问题是 g（货币形式的剩余价值）如何转化为追加的生产资本。

积累是剩余价值资本化。但是，剩余价值在流通过程中由 W′转化为 g，需要经过多次转化，使 g 积累到一定数量，才能转化为生产资本。

因此，g 开始时是作为贮藏货币，是先期的货币积累，是潜在的货币资本。

一、潜在的货币资本(第 1—2 段)

生产过程扩大的规模是由技术规定的。因此剩余价值要资本化，需要在量上增长到一定规模才能实际执行追加资本的职能。剩余价值要先凝结成贮藏货币，并在这种形式上变成潜在的货币资本。

二、扩大再生产的公式(第 3—9 段)

这就是 $P\cdots W'—G'.\ G—W<\begin{matrix}A\\Pm\end{matrix}\cdots P'$。

这里，生产资本是已经增大了的生产资本开始它的第二次循环。

$P\cdots P'$和 $G\cdots G'$，P'和 G'都是更大的生产资本。不过，G'是包括资本价值和剩余价值在内的已经实现了的货币资本；而 P'则表示剩余价值已经资本化，表示资本已经积累。

Ⅲ. 货 币 积 累

转化为货币的剩余价值，能否立即进入循环过程，要取决于一些和它的单纯存在无关的情况。而在没有达到这种最低限量以前，必须多次反复积累。这种积累，不是 g 本身的职能，而是 $P\cdots P$ 反复进行的结果。货币积累在这里表现为随着现实积累即产业资本作用规模的扩大而暂时发生的过程。

这种货币，在这里充当潜在的货币资本，处于一个在资本循环之外进行的、职能上确定的预备阶段。

这种货币积累也可以存在于债权的形式上，也可以成为银行的有息存款，换成某种票据或有价证券等。

Ⅳ. 准 备 金

由剩余价值转化而来的货币积累基金，可以完成附带的职能，即充当准备基金，以便进入循环过程，应付意外事故，消除循环中出现的干扰，但不会使生产扩大。

准备金不是准备货币资本，而是还没有转化为能动资本的剩余价值的组成部分。

把简单再生产和规模扩大的再生产总括在内的生产资本循环的总公式是：

$$P\cdots W'—G'.\ G—W<{A \atop Pm}\cdots P(P')$$

生产资本的循环是古典经济学用来考察产业资本循环过程的形式。

第三章　商品资本的循环

商品资本循环的总公式为：W′—G′—W…P…W′。

其特点如下：

一、以包括两个对立阶段的总流通 W—G—W 开始循环。流通是循环的主体

在循环Ⅰ中，流通被生产过程打断。

在循环Ⅱ中，流通只是再生产过程的媒介。

二、即使商品资本的循环是以相同的规模更新，它的起点 W 也必须用 W′来表示，W′总是作为一个商品资本来开始循环

在循环Ⅰ和Ⅱ这两种循环中，都是以 G 和 P 开始新的过程。

三、商品资本的运动的一般形式为 W′…W′，终点的 W′是生产过程的结果

在循环Ⅰ中，一般运动形式为 G…G′，这是一个完全的营业周期，结果是更多的货币。在循环Ⅱ中，运动的一般形式为 P…P(P′)，这是再生产的形式，但这里掩盖了生产的目的，终点的 P 不是生产过程，只是产业资本在生产资本形式上的再生。

四、只有在商品资本转化为货币以后，运动才分成资本的运动和收入的运动

在Ⅰ和Ⅱ循环中，总运动都表现为预付资本价值的运动。

五、W′…W′可以代表扩大的再生产（跌价时）也可以表示缩小的再生产（涨价时）

P…P′也是这样。

G…G′则要看 g 中有多少量进入新循环来确定扩大循环的可能。

六、在资本主义制度下，卖者手中的一切商品都必然是商品资本

七、G…G′表明预付资本价值的增殖是全过程的目的

P…P(P′)表明资本的生产过程是用相同的或扩大的生产资本来进行的再生产过程；

W′…W′表明资本主义商品生产的形式，按资本主义方式生产的总产品的运动。

G…G′是重商主义体系的基础。

W′…W′是魁奈《经济表》的基础。

第四章　循环过程的三个公式

一、资本是一种运动(第1—15段)

资本循环的总过程，是生产过程和流通过程的统一，又是它的三个形式的现实的统一。

它的三个循环的共同点(三者统一于)：以价值增殖为目的、为动机。形式Ⅰ即货币资本的循环中，在形式本身已表现出来；形式Ⅱ即生产资本的循环中，从P开始立即从价值增殖过程开始；在形式Ⅲ即商品资本的循环中，从已增殖的价值开始W′，到重新增殖的价值结束W′。

任何一个单个产业资本，都是同时处在三个循环中，三个循环是连续地、并列进行的。例如，一个纺纱厂的资本，有一部分是纺机、棉花和纺纱工，一部分是库存的纱，一部分是现金。

资本循环过程是不断的中断，是离开一个阶段，进入下一个阶段；是抛弃一种形式，存在于另一种形式；其中每一个阶段不仅以另一个阶段为条件，而且同时排斥另一个阶段。

资本循环又具有连续性。产业资本在它的循环的连续进行中，就同时处在它的一切循环阶段以及和各该阶段相适应的不同的职能形式上。在这里，每一部分的相继进行，是由各部分的并存，即资本的分割所决定。

社会总资本始终具有连续性，它的过程始终是三个循环的统一。

但是，各个单个资本，再生产的连续性经常中断。这是由于价值总量在不同时期以不等的部分分配在不同阶段，例如由于生产的季节性等等。

总之，资本作为自行增殖的价值，不仅包含阶级关系，而且是一种运动。资本只能理解为运动，不能理解为静止物。

资本的运动表现为产业资本家个人的行动。

二、贝利的价值论(第16—18段)

英国19世纪的庸俗经济学家贝利认为,交换价值就是价值,价值形式就是价值本身。

贝利不懂得,只有价值在自己循环的各阶段保持它自身的同一性,并且和它自身进行比较,它才作为资本价值或资本执行职能。

庸俗经济学家不承价值的独立存在,认为这只是纯粹的抽象。其实,产业资本的运动就是这种抽象的实现。产业资本的运动只有作为资本价值的运动(带来剩余价值的价值运动)才能理解。

产业资本的运动乃是价值的运动,在资本循环中,价值表现为:

1. 货币的、生产的和商品的形式;
2. 一种形式向另一种形式的过渡;
3. 自己的自行增殖。

价值在资本循环中能够改变自己的量,这一点证明了贝利否认价值独立存在的论点是错误的。马克思在下面详细论述了这个问题。

三、价值量的变化对各个资本循环的影响(第19—24段)

四、资本流通和一般商品流通(第25—42段)

五、三种经济运动形式(第43—48段)

在资产阶级经济学中,有的人根据交换的发展来划分经济运动形式的历史发展,分为自然经济、货币经济、信用经济。

马克思批判这种观点,指出他们抹煞了资本循环运动和简单商品流通之间的本质区别。

六、资本家的供给大于需求(第49—63段)

资本家既然只是作为资本的人格化,所以在不考虑他对其他资本家的剩余产品的需求的情况下,他对商品价值的供给,就总是大于他对商品价值的需求。这个差额越大,他的资本的增殖率就越大。这充分地体现出资本主义生产的目的和性质。

如果考虑到他的个人消费,那这就不是他的作为资本家的职能,而是作为非资本家的消费了。马克思说:这个假定等于假定资本主义生产不存在,从而假定产业资本家本身不存在。因为只要假定动机不是发财致富本身,而是享受,资本主义就从根本上被废除了。

此外,这个假定在技术上也是不可能的。资本家不仅必须形成一个准备资本,而且必须积累资本。这也限制了他对商品的需求。

附:第一篇思考和笔记的提示

1. 资本运动全过程包括哪几个阶段?各阶段之间的区别和联系如何?资本形式在各阶段有什么变化?

2. 什么是产业资本?它采取哪些职能形式?

3. 货币资本为什么只能执行货币的职能?货币职能怎么转变成资本职能?

4. 劳动力和生产资料的分离和结合会产生什么结果?二者相结合的方式方法不同,有着什么意义?

5. 简明扼要地列举货币资本循环的四个特点。

6. 货币资本循环形式为什么是单个产业资本循环的一般的、典型的表现形式?

7. 生产资本循环的性质为什么和怎样取决于区分两种不同的流通?

8. 在简单再生产条件下,作为生产资本循环的媒介的流通过程的第一阶段有什么特点?

9. 怎样理解"这第二种形式就是对形式的批判,并且把它归结为不过是一个特殊的形式"?

10. 第二章中关于经济危机问题有什么重要论述?

11. 剩余价值资本化为什么要先凝结、贮藏货币并且形成潜在的货币资本?

12. 在三种循环形式中都包含着流通过程,试问这三种流通都有什么不同?

13. 商品资本循环具有哪些特点?试从三种循环形式的比较中加以说明。

14. 商品资本循环公式为什么同时又是社会总资本运动的公式?

15. 为什么说资本是无止境的运动?

16. 产业资本家的"动机不是发财致富本身,而是享受,资本主义就从根本上被废除了"。这句话怎么理解?

第二篇　资本的周转

一、马克思的资本循环和周转理论的要点

一、资本循环和周转是资本运动的形式

资本是无止境、无限度的运动，资本循环和周转便是它的运动形式。资本循环理论是研究资本运动过程中资本的形态变化，目的在于揭示循环的连续性，但在现实生活中循环不可避免地被破坏。资本周转理论是研究资本运动速度对剩余价值生产和实现的影响。

循环是资本运动的抽象形式，周转是它的实际形式。

二、资本循环

资本循环过程不仅是生产过程和流通过程的统一，而且是它的三个循环的统一；三个循环既是连续进行的，又是不断地中断的；既是相继进行的，又是并列存在的。由于资本主义的竞争和无政府状态，资本现实循环过程本身隐藏着危机的必然性。

三、资本周转

资本周转的中心问题是周转速度及其对剩余价值生产和实现的影响。

周转速度表现为周转时间和周转次数。所以，周转速度和周转次数是资本周转的基本规定。

影响资本周转速度的六个因素：固定资本和流动资本的比例；生产时间和流通时间的比例；预付可变资本和所用可变资本的比例；年剩余价值率和实际剩余价值率的差别；货币资本的流通。

四、生产资料的周转

按照生产资本的周转方式，可以把资本区分为固定资本和流动资本。这两部分的平均周转便是预付资本的总周转。从资本的预付开始到它的收回形成一个周转周期，它以年为计算单位。固定资本

的磨损应区分为有形的和无形的。固定资本的周期更新是危机周期性的物质基础。

五、流动资本的周转

一般的预付流动资本的周转包含下列矛盾：生产时间和流通时间（劳动期间和流通期间），生产时间和劳动时间，出售时间和购买时间，周转时间和预付资本量即生产时间和流通时间的比例，以及资本Ⅰ和资本Ⅱ的比例等等。这些矛盾的运动都会影响资本周转的速度和剩余价值的生产与实现。

六、可变资本的周转

作为流动资本的可变资本，它的周转速度直接影响价值增殖，特别是年剩余价值率和年剩余价值量。同等数量的可变资本，即使它们的剩余价值率相等，其中周转较快的，年剩余价值率也较高。所以，资本家总是想尽办法加速资本周转，获得更多的剩余价值。

由于资本周转速度直接影响剩余价值量，所以，资本家力求加快资本周转速度，获得更多的剩余价值。在资本周转速度上资本家之间的竞争带有你死我活的性质。

七、资本循环和周转掩盖着剩余价值的来源

我们看到，商品资本的循环表明，进入流通的商品都已经包含着剩余价值，而资本周转速度又直接影响剩余价值量，这二者把剩余价值的来源掩盖起来。现在，剩余价值似乎脱离了剩余劳动，这就造成剩余价值来源于流通的假象。

二、几个问题的说明

一、第一、二卷有哪些联系

（一）资本的生产过程和流通过程，剩余价值的生产和实现。

（二）第二卷和第一卷第二篇直接相连，第二卷分析资本流通是资本总公式 G—W—G′的具体展开。总公式分解为 3 个公式。

（三）第二卷讲的资本流通和第一卷第一篇第三章商品流通相关联。这一章的第 2 节讲货币的第二个职能流通手段，分析了商品流通和货币流通，同第二卷资本流通相联系。

（四）第一卷头两篇的商品流通和货币流通是一般的商品流通。第二卷的资本流通是资本主义的流通。加入流通的商品和货币是商品资本和货币资本。二者都不单是一般的商品和货币。

二、什么是资本的流通过程

（一）下列几个概念含义基本相同

1. 资本运动指资本的生产过程和流通过程。

2. 资本循环和资本周转，是资本运动的形式。

3. 资本流通，在一定情况下，指资本运动。

（二）资本流通

广义地说包括循环三阶段：狭义地说只包括第一、三阶段。

但资本运动则指包括循环三阶段的整个运动过程。

（三）资本的流通过程是第二卷的总题目

它包括单个资本流通过程，第一、二篇和社会资本流通过程两大部分。通过对资本流通过程的分析说明剩余价值的实现。

三、如何理解剩余价值的实现

第一卷论述了剩余劳动创造剩余价值。但是在生产过程中工人生产出来的是产品，在产品中包含着剩余价值。资本家把产品作为商品在市场出售，商品转化为货币。剩余价值也随商品转化为货币，剩余价值就这样地实现了。因为资本家的目的不是使用价值，而是用货币表现的价值或剩余价值。

资本的流通过程，以货币资本的投入和产出为内容。这是一个货币从出发点再回流到出发点的运动，也就是预付价值和剩余价值的现实运动。

四、为什么说资本是一种运动

第二卷第 122 页说，资本只能理解为一种运动，不能理解为静止物。因为，资本是自行增殖的价值。资本是资本家剥削雇佣工人的关系，它只有不停地榨取工人的血汗才能生存和发展。一旦停止剥削，资本也就失掉生命。

整个《资本论》全三卷自始至终分析了资本运动的全过程。第一卷分析了资本运动的三个阶段，着重分析生产过程，揭示运动的实质：资本产生剩余价值和剩余价值资本化。第二卷分析了资本运动的形式，即产业资本的三种形式的顺次地、周期地变换，在资本运动形式的交替中剩余价值得以实现。第三卷分析了各种职能资本的独立化运动和剩余价值转化为利润、利息、地租三种特殊形式，从而揭露三个剥削团伙如何瓜分赃物。

资本运动不是物质的机械运动，而是资本内在矛盾运动，即生产过程和流通过程的相互依存、相互排斥。资本乃是生产和流通的对立统一。全书前两卷分别分析资本矛盾的两个对立面。后一卷从矛盾的总体上论述对立面的统一。

三、思考和笔记的提示

1. 固定资本和流动资本的四点区别。

2. 解释下列概念：

生产过程、劳动过程、流通过程、生产时间、劳动时间、流通时间。

3. 影响资本周转的诸因素。

4. 资本周转速度对剩余价值的生产和流通有何影响？

5. 试分析单个产业资本运动的全过程。

第三篇　社会总资本的再生产和流通

一、讲授要点

1978.5—6 讲授，1981.3—5 整理

第十八章　导　　言

［讲授要点］

一、本卷第一、二篇和第三篇在研究对象上的区别(单个资本运动和社会资本运动的辩证关系)

第一、二篇研究的对象是单个资本的运动。这就是单个资本家经营企业所投入的资本在流通过程中经历的形式变化，即资本从商品形式变为货币形式，再从货币形式变为商品形式。

第三篇研究的对象是社会总资本的运动。社会总资本是指整个资本家阶级投入社会生产和流通的全部资本。这里要研究的是这种资本在流通过程中经历的物质变化，即通过交换一种使用价值被另一种使用价值代替，或两种不同的使用价值互相交换。

单个资本的运动是社会资本中一个独立的部分的运动。各个单个资本的运动不是孤立的运动，而是互相交错的，是互为前提、互为条件的。正是在这种交错中，形成社会资本的运动。

社会总资本的运动是各个单个资本运动的有机的总和。

资本运动，资本流通，资本的再生产，三者属于同一概念。

资本运动是资本的生产过程和流通过程的统一，即一方面是价值增殖过程，一方面是价值形式的变化；亦即一方面是阶级剥削关系的运动，一方面是阶级剥削关系的物质形式的变换。

资本流通即包括三个阶段的资本循环。见《资本论》第 1 卷第

651 页。

资本的再生产、流通过程的总体就是再生产过程的形式。见《资本论》第 2 卷第 392 页。

第二卷的总题目是资本的流通过程。

马克思使用流通过程这个概念,有两种含义:

狭义的流通过程是同生产过程相对立的,是单纯的商品买卖过程。

广义的流通过程是指资本的整个运动过程,即资本运动或资本流通,这个过程包括两个流通阶段和一个生产阶段。这就是说,一个资本,从购买劳动力和生产资料开始,进入生产阶段,生产出包含剩余价值的商品,最后出售商品,实现预付价值与剩余价值,结束资本运动全过程。

所以,资本的流通过程,即资本运动,即资本流通,即资本的循环。

流通过程这三阶段的统一,也就是社会再生产过程或资本的再生产过程的形式,换言之,再生产过程从总体上看表现为资本的流通过程。

资本运动这一概念的内涵应有三:

(1) 生产过程和流通过程的统一;

(2) 物掩盖着的阶级剥削关系,即价值的自行增殖;

(3) 资本价值形式的变换:货币资本形式—生产资本形式—商品资本形式。

二、社会总资本运动的特点(社会总资本运动包含着极为复杂的矛盾运动)

对单个资本运动来说,社会总资本运动有三个基本特点,包含三对基本的矛盾。

第一,预付资本价值的实现过程和剩余价值的实现过程的统一。

在单个资本的循环中,如果资本家把剩余价值全部消费掉,那剩余价值就不再包括在单个资本循环过程中。在社会总资本运动中,全部剩余价值在货币形式上的支出(购买商品),乃是全部社会总产品得以出卖和社会总资本得以继续运动的不可缺少的条件之一。

第二,生产消费和个人消费的统一。

单个资本运动只是生产消费过程即直接的生产过程,不包含任何个人消费;但对社会总资本的再生产来说,个人消费,即工人用工资和资本家用剩余价值购买消费品,乃是社会总资本运动和社会总产品实现的一个必要部分。没有个人消费，一部分社会产品的价值和使用价值就不能实现。劳动者的个人消费是劳动力的再生产，没有劳动力的再生产也就没有社会再生产。

第三，资本流通和一般商品的流通的统一。

单个资本的循环无非就是资本价值的运动，一般商品流通(它不形成资本)不进入单个资本循环过程。而一般商品流通(工人购买消费品等)则是社会总产品实现过程的必要环节。

三、货币资本的作用

商品资本的实现，即商品资本转化为货币资本，是社会资本再生产的核心问题。要正确处理商品资本和货币资本的矛盾，不仅要侧重分析商品资本，也要恰当地估计货币资本的作用。

货币资本是社会总资本的一个组成部分。

货币资本在资本运动中起着两个作用：

第一，货币资本是发动资本运动的第一推动力，又是持续运动的动力。

资本家只有有了一笔货币资本以后，才能买到各种生产要素开办企业进行生产。而且要不断购买和出售，使资本持续运转。

但这绝不是说货币资本的多少决定着生产规模的绝对界限。事实上，不增加货币资本，或不按生产扩大的比例增资也能增产，可以有许多办法增加生产，如：(1)充分利用各种生产要素：加强对劳动力的剥削；尽量利用自然力(土地、海洋、矿山、森林等)；有效利用科学技术。(2)提高劳动生产率。(3)缩短周转期间。这些都是挖掘生产潜力的有效方法，可以做到“增产不增资”。

第二，由于资本周转不同而决定了一定数量的货币资本总是不可少的。

在一定限度内，资本家能支配的货币资本的数量决定着生产多少。

因为资本周转周期有差别，为推动生产资本所需要的货币资本量也就不一样，周转周期长的，自然要在较长时间内垫付多量货币资本。

但是，信用制度改变了这种情况，资本家可以贷款，也可以采用股份公司的形式来经营。不过，信用制度却使生产盲目发展，增加了信用危机和生产过剩危机的可能性。

第二十章　简单再生产

[讲授要点]

资本主义再生产的特点是扩大再生产。为什么要详细考察简单再生产呢？这是因为：

一方面，相对于资本主义生产的性质来说，资本的自我增殖的运动是无限的。因此在这个意义上也可以说，简单再生产只是一种理论上的抽象。不过这是一个合理的、科学的抽象。此点后面再谈。马克思研究和论述社会总资本的再生产所采用的也是从抽象上升到具体的方法。而对社会资本再生产研究的主要困难不是剩余价值的资本化，而在于预付资本的补偿，以及这种补偿如何同资本家和工人的个人消费相交错。所以困难主要发生在对简单再生产的考察上。把积累的因素暂时舍去，就便于集中分析这个难题。搞清楚了简单再生产条件下社会总产品的交换关系和平衡关系，就便于揭示社会总资本再生产过程的各个主要方面和基本因素的内在联系，便于进一步分析和认识扩大再生产的运动规律。

另一方面，马克思又指出：简单再生产是扩大再生产的一部分，而且是最重要的一部分；简单再生产是积累的一个现实因素。它包含着再生产的一般规定性。

为什么说简单再生产是积累的一部分，一个现实因素呢？

在扩大规模的年再生产总体中，简单再生产总是包含在其中的，总是最大、最多、最重要的一部分，而再生产的扩大部分所占的比重总是比较小的。以我国社会主义社会中工业部门的再生产为例：我国现有工业企业 40 多万个，在安排再生产的人、财、物等资源时，就应当首先保证这 40 万个大中小工业企业的简单再生产的需要，然后才能安排再生产中扩大部分的需要。这是一条基本原则。任何时候必须先生产、后基建，建设规模又必须同国力(人财物)相适应。

Ⅰ．社会总资本再生产的核心问题

社会总资本和社会总产品的辩证关系，社会总产品的各种组成部分的价值补偿和物质补偿的辩证关系，——这是商品的价值和使用价值的矛盾运动的反映。

马克思在分析简单再生产之前，先解决方法论上的两个重要问题。这里，创立了方法论上的两条原理，即：以商品资本的流通公式为基础进行分析；从 W'的各个组成部分的价值补偿和物质补偿的观点考察社会资本再生产过程。

第一，为什么必须以商品资本的流通公式作为分析的基础呢？

在本篇中，商品资本、社会总产品、年商品产品以及年总产品，都属于同一概念。

社会总产品是社会资本运动在一年间执行职能的结果。

只有分析社会总产品，分析它的各部门的价值补偿和物质补偿，才能看清楚社会总资本再生产是怎样进行的。

社会总资本和社会总产品的相互关系是因果关系。

商品资本的流通公式是：$W'—G'.G—W\cdots P\cdots W'$，即 $W'—W'$。

这个公式既包含预付资本价值（v＋m），也包含剩余价值（m）；既包含生产资料（c），也包含消费资料（v＋m）；既包含生产消费，也包含个人消费；既包含资本流通，也包含一般商品流通。所以，这个公式比较全面地反映出社会总资本再生产和流通的全貌，因而有助于分析社会资本运动。

在本卷第三章马克思讲到“$W'\cdots W'$是魁奈《经济表》的基础”时指出，这表现出魁奈的伟大见识。

第二，为什么必须从 W'的各个组成部分的价值补偿和物质补偿的观点来考察社会资本运动呢？

研究社会资本再生产的核心问题或社会资本运动中的主要矛盾是什么呢？

社会总资本再生产的条件，就是社会总产品的各个组成部分如何实现的条件。实现问题是社会总资本再生产的核心问题。

社会总产品的实现过程包括两个方面：一是社会总产品价值的各部分如何从商品形式转化为货币形式。二是产品转化为货币以后，如何取得所需要的商品。就是说，资本家如何和从何处取得生产资料，工人和资本家如何和从何处取得消费品。社会总产品的各部分无非是卖给资本家作生产资料，或卖给工人和资本家作个人消费的对象。同时，资本家和工人对社会总产品的不同实物组成部分的购买力，也只能来源于社会总产品价值的不同部分出售后所得的货币收入。

因此，社会总产品各部分的实现过程，归根到底就是总产品内部各个组成部分之间的交换。

马克思指出，社会总资本的运动，不仅是价值补偿，而且是物质补偿，因而既要受社会产品的价值组成部分相互之间的比例的制约，又要受它们的使用价值、它们的物质形式的制约。见第437－438页。

为了使社会总产品的实现过程正常进行，就必须使各种使用价值的生产同对它们的需要之间互相协调，即必须按照社会需要的比例来分配社会劳动，这是任何社会的再生产所共有的规律。

在资本主义制度下，社会再生产的条件表现为市场实现的条件，按照社会需要的比例分配社会劳动的问题表现为市场实现问题。这是因为资本主义社会生产是由利益对立的资本家们去进行的，整个社会生产的比例不可能自觉地、有计划地去确定。然而，由于社会分工所决定的各部门间的物质交换的必要性，又要求社会生产各部门间必须保持一定的比例。这个矛盾只能通过市场法则的调节来解决。各个资本家生产的产品是否适应社会需要？社会产品各组成部分之间是否互相适应？生产出来的东西能否卖出去？需要的东西能否买回来？这些问题在生产领域是无法知道的，只有到市场上去，只有在流通领域，才能见到分晓。因此，资本家总是时刻依据市场情况决定生产，社会生产的比例也就是这样通过市场自发形成。

这样，社会总资本再生产的条件，不直接表现为社会生产的比例关系是否协调，而表现为市场的实现条件，首先是产品能不能卖得出去。

实现问题即市场问题，就成为资本主义再生产的核心问题。

Ⅱ．社会生产的两个部类，社会产品的构成

如同商品是使用价值和价值的对立统一体一样，社会总产品即年产品也是实物形式和价值形式的对立统一物。社会生产两大部类是互相依存、互相制约的关系。交换是社会资本运动的条件。

社会总产品，从而社会的总生产分为两大部类：生产资料生产和消费资料生产。这种划分根据社会产品的最终使用价值的差别。

两大生产部类各自使用的全部资本，形成社会资本的一个特殊的大部类。每一部类的资本都包括不变资本和可变资本。

因此，年产品的价值由 c＋v＋m 构成。

马克思根据他创立的社会总产品的实物构成和价值构成的原理，制定了简单再生产的公式：

Ⅰ．4000c＋1000v＋1000m＝6000 生产资料

Ⅱ．2000c＋ 500v＋ 500m＝3000 消费资料

社会产品各部分的交换包括三大要点：

(1) Ⅱ(500v＋ 500m)通过第Ⅱ部类内部的交换来实现。

(2) Ⅰ(1000v＋1000m)和Ⅱ2000c通过两大部类之间的交换来实现。

(3) Ⅰ4000c通过第Ⅰ部类内部的交换来实现。

经过这三大交换，年总产品9000都得到实现。9000年总产品又成为产业资本家手里的商品资本，下一年投入。

下面按上述交换要点作具体的进一步分析。

Ⅲ. 两个部类之间的交换

Ⅰ(v＋m)和Ⅱc之间的交换：

Ⅰv、Ⅰm和Ⅱc这三部分产品的实现过程。这是无数单个买卖行为汇成的两个部类之间的社会产品运动。货币流通在这种交换中起着媒介作用。这包括第Ⅲ节和第Ⅴ节的内容。

马克思在这里分析了两大部类的矛盾运动：生产资料和消费资料互相转化；商品和货币的矛盾运动；商品资本和货币资本的矛盾运动。同时论证了两个重要的原理或规律：货币回流的规律；Ⅰ(v＋m)＝Ⅱc，简单再生产条件下社会资本运动的第一规律。

在前述交换的三大要点中，Ⅰc和Ⅱ(v＋m)各自都在本部类内部交换实现，这两个交换并不困难。主要困难是在两个部类之间的交换，即Ⅰ(v＋m)和Ⅱc的交换。这种交换是以货币为媒介的，因而更复杂，更难于理解。

第一，Ⅰv、Ⅰm和Ⅱc是怎样实现的？

按照马克思制定的前列公式，Ⅰ1000v和Ⅰ1000m是第Ⅰ部类创造的生产资料，价值1000应满足工人需要，价值又1000应满足资本家消费需要。因此，它必须和第Ⅱ部类创造的消费资料相交换，数额只能是价值2000。交换的结果，一方面会使第Ⅱ部类资本家们手中的不变资本价值2000实现在生产资料上，从而使已损耗的生产资料得到替换；另一方面则使第Ⅰ部类劳动力的等价1000v和资本家们占有的剩余价值1000m实现在消费资料上，从而使工人和资本家可以当作收入来消费。

第二，Ⅰ(v＋m)＝Ⅱc，这个公式有什么重大意义？它说明什么问题？

Ⅰ(v＋m)＝Ⅱc是表示两大部类之间的交换关系和平衡关系，平衡条件，是表示价值2000的生产资料和价值2000的消费资料相交换。

公式两边都是价值和使用价值的统一，都可以从价值和使用价值、需求和供给两个方面加以分析：

从价值上看，公式的左边的Ⅰ(v+m)是新创造的新价值，必须全部用于第Ⅰ部类工人和资本家的个人消费，因此可以看作是第Ⅰ部类对第Ⅱ部类制造的消费资料提出的有支付能力的需求。公式右边的Ⅱc是从第Ⅱ部类不变资本转移来的价值，它必用来向第Ⅰ部类购买生产资料才能得到实物补偿，因而代表第Ⅱ部类对第Ⅰ部类制造的生产资料提出的购买需求。

从使用价值上看，公式左边的Ⅰ(v+m)是不能在本部类内部实现的生产资料，而是供给第Ⅱ部类的生产资料。公式右边的Ⅱc是不能在本部类内部实现的消费资料，而是供给第Ⅰ部类的消费资料。

由此可见，Ⅰ(v+m)=Ⅱc公式反映了两大部类之间互相提出需求、互相供给产品，因而互为市场、互为条件、互相制约的关系。这个公式说明了在简单再生产条件下社会产品的实现条件，体现了简单再生产条件下的社会资本运动的基本规律——也就是简单再生产条件下的社会总资本再生产和流通的第一规律。

第三，在两大部类交换中货币流通起着什么作用？

上述两个部类的交换，不是产品的直接交换，而是以货币为媒介的交换。这里包括两个部类的许多单个资本家无数的买和卖。这里所需要的货币是由资本家预付的：资本家总是要预付货币购买劳动力；"该部类自己投入流通的货币，使它自己的剩余价值转化为货币"。

"对整个资本家阶级来说，为了使他们的剩余价值实现就必须自己把货币投入流通"。但是，产业资本家预付在流通中的货币，在商品流通正常进行的情况下，会回流到他自己手里。这就是货币回流的一般规律。见第446、459、461、467、468－469页。

社会上大量的流通货币属于以银行等形式组织和积聚货币资本的部门。银行以贷款形式预付给产业资本家，不管经过多少次转手，这种货币的真正复归点是银行资本家。

两大部类之间的无数次交换，可以概括为七个具有社会性质的广泛的交换行为。第463页说明了七个交换行为进行的情况。

经过七种交换，第Ⅰ部类在价值1000v+1000m的生产资料卖掉了，它转化为同量的消费资料，满足了本部类所需要的消费品；第Ⅱ部类有价值2000的消费资料卖掉了，它转化为同量的生产资料；

两个部类的资本家投入流通的货币都如数回流到各自资本家手中；两个部类交换的商品价值为4000，但当作媒介的货币只要有2000就行了。全部交换只有头一个行为是货币与劳动力相交换，其余都是商品—货币，或货币—商品互相交换，互相转化。

货币回流规律表明价值补偿所采取的形式。价值补偿无非是资本家收回他原先预付的货币形式的价值以便进行再生产。没有货币流通，价值就不能得到补偿。

但是，货币流通不能脱离商品流通，它是商品流通的媒介，二者是相结合的，又是互相排斥的。货币流通和商品流通的对立统一关系，反映了价值补偿和实物补偿的辩证关系。

总产品实现的矛盾运动（价值补偿和实物补偿的交错运动）和流通过程的矛盾运动（货币流通和商品流通的交错运动）互相交错，而产品实现的矛盾运动又是在流通过程的矛盾运动中进行的。

在量的方面也表现了这种矛盾运动，即在量上可以相等也可以不相等，少量货币可以补偿较多量的商品量。“5000镑商品量的流通是用1500镑货币来完成的。”

Ⅳ．第Ⅱ部类内部的交换，Ⅱ(v＋m)的实现过程。（消费资料分解为必要消费资料和奢侈消费资料）

这时仍旧从商品流通的角度分析社会总产品中Ⅱv和Ⅱm两部分的实现。

第Ⅱ部类的工人所得到的同v相等的工资，用来直接购买本部类的消费资料。这样，第Ⅱ部类的资本家就把用在支付劳动力上的货币资本又在货币形式上收回。

第Ⅱ部类资本家所占有的剩余价值Ⅱm，本来就存在于消费资料上，资本家们或者直接消费、或者通过在本部类内互相购买来消费就是了。

这样，Ⅱv和Ⅱm就都得到实现。

在资本主义社会，消费资料分为必需品和奢侈品。因此，第Ⅱ部类也就分解为两个分部类。这一分解不影响两大部类之间的交换比例。

这种分解的意义在于：

第一，因为(Ⅱb)v要在(Ⅱa)m上实现(Ⅱa)m一部分，所以年产品中奢侈品部分越大，制造奢侈品的工人也越多，从而预付在(Ⅱb)v上的可变资本再转化为货币资本的过程，以及Ⅱb使用的工人生存与再生产，便越是依赖于资产阶级的挥霍浪费。

第二，因为每一次危机都会暂时减少奢侈品的消费，所以危机在Ⅱb 所使用的工人的生活不确定上所产生的影响更为明显，同时它又会牵连到其他方面的工人的生活状况。

第三，第Ⅱ部类两个分部类的比例关系虽然不影响Ⅰ(v+m)=Ⅱc 的比例关系，但是如果奢侈品生产比例过大，必需品生产过小，则会影响生产资料和劳动力在社会各部类之间及其内部的分配，从而使社会再生产的各种条件发生相应的变化。

第四，两个分部类的分解，“从根本上影响着生产的性质和数量关系，对生产的总形态来说，是一个本质的决定性的因素”。

Ⅴ. 第Ⅰ部类内部的交换

第Ⅰ部类内部的交换过程，就是Ⅰc 的实现过程。

生产资料分解为制造生产资料的生产资料和制造消费资料的生产资料。

Ⅰ4000c 都是制造生产资料的生产资料。

从价值方面看，Ⅰc 是从生产资料中转移过来的，或保存在这批商品产品中的、过去已经消耗了的生产资料的旧价值。全部 4000 价值都由这批产品在本部类出售而得到补偿。

从使用价值方面看，Ⅰc 全部都是本部类需要的生产资料。如钢铁、机器、煤炭等，都在本部类交换，即一种生产资料和另一种生产资料相交换。这就是，本部类各资本家互相补偿，第Ⅰ部类资本家按一定比例占有这 4000c 的商品产品。

在社会主义社会，可以有计划地在本部类各部门之间分配生产资料。

Ⅵ. 社会总资本运动的三条规律

在简单再生产情况下，社会生产两大部类的三个平衡条件或社会产品的实现条件，也就是简单再生产的三个必要条件。

第一条规律是Ⅰ(v+m)=Ⅱc。

这就是说，第Ⅰ部类的可变资本和剩余价值之和必须等于第Ⅱ部类的不变资本价值，它们所体现的产品在物质上必须能够互相交换，即价值 2000 的生产资料和价值 2000 的消费资料相交换。

第二条规律是Ⅰ(c+v+m)=Ⅰc+Ⅱc。

这就是说，第Ⅰ部类产品的总价值等于制造生产资料的生产资料和制造消费资料的生产资料的价值之和，在物质上也要与这两部分生产资料相适应。即：这条规律体现了第Ⅰ部类产品的实现和两大部类不变资本的补偿的关系。

第三条规律是Ⅱ(c＋v＋m)＝Ⅰ(v＋m)＋Ⅱ(v＋m)。

这就是说，第Ⅱ部类产品的总价值等于两个部类新创造的国民收入，同时在物质上必须与两个部类对于消费资料的需求相适应。即：这条规律体现了第Ⅱ部类产品的实现和两个部类生活需要的满足之间的关系。

以上三条中第一条是基本的。简单再生产的实现条件一般是用第一个公式来表示。正如马克思在第453页的第一个结论所说的。

Ⅶ．固定资本的补偿的特点

分析固定资本价值补偿多次进行时的只卖不买和实物补偿一次完成时只买不卖的矛盾及其解决。

固定资本的价值是分很多次逐渐转移到产品中去的，在使用期限终了以前，不需要进行物质上的替换。因此，由劳动手段的磨损转移到商品上去的固定资本价值，在一定时期内会只通过卖出的阶段，暂时不通过买进的阶段。只有在劳动手段使用期限终了时，才需要用贮存的折旧基金一次买进新的劳动手段，完成固定资本的物质补偿。

这个矛盾怎样解决呢？马克思把资本家阶级划分为两部分：一部分提取折旧、积累货币；另一部分购买新的劳动手段，进行实物更新。对前一部分资本家来说，他们的固定资本还在继续发挥其职能，同全部实行更新多少还有些距离，不需要用同一种新的物品来补偿，而它的价值要相继以货币形式积累起来。对后一部分资本家来说，固定资本已经到了必须全部用实物更新的期限，需要把通过折旧积累起来的货币资本再预付到流通中去。

固定资本的补偿要求上述两部分处于不同补偿阶段的固定资本不仅在时间上必须互相衔接，而且在数量上必须保持一定的比例。这是固定资本的补偿得以顺利进行的必要条件。

但是，在资本主义社会，平衡只是一种偶然现象。即使在简单再生产范围内，只要每年需要从实物上替换更新的固定资本总额，同只在货币上补偿的固定资本磨损的固定资本的比例不是保持不变的话，就会发生种种紊乱的情况，例如发生购买力过剩而商品不足，或者相反，购买力不足而生产过剩。而在现实中，这种比例绝不是每年都保持不变的。所以这种生产过剩是引起资本主义经济危机的“无政府状态的一个要素”，是一种“祸害”。

马克思特别指出，在社会主义再生产中，上述比例不是不变的问题也是存在的，但这可以依靠相对的生产过剩来解决。那时，这种有意识地进行的过剩生产本身就不是祸害，而是利益。

第二十一章　积累和扩大再生产

［讲授要点］

从前面一章到这一章体现了分析方法上的由抽象到具体的上升。前一章分析简单再生产所阐明的一系列原理都适用于扩大再生产。

这一章主要是论述扩大再生产情况下社会总产品的实现条件，社会总资本运动的规律。

在资本主义社会，资本积累，即剩余价值资本化，是扩大再生产的形式或前提。但是：

第一，不是任何剩余价值量都能立即转化为资本。因此剩余价值必须先有一个以货币形式进行预先积累的阶段，即先有货币的积累。只有等到这种货币积累达到一定的量，然后才能变成现实的积累。

第二，只有用于生产过程的要素（劳动力和生存资料，或生活资料和生产资料）才能转化为资本的物质要素，从而使生产规模实际地扩大起来。

所以，本章仍从价值和使用价值两方面研究扩大再生产的实现规律。

扩大再生产条件下的价值补偿和实物补偿都要通过交换、流通过程、市场来实现。所以本章仍从流通领域研究扩大再生产的实现规律。

Ⅰ．首先研究外延的扩大再生产

一般意义上的扩大再生产的规模的方式有两种：一是内含的扩大再生产，即改进技术，提高生产要素的质量，提高劳动生产率等等。另一是增人、增资、增设备、增投料、扩建厂房上新项目等外延的扩大再生产规模。两者合起来，一句话，就是向生产的广度和深度发展。

马克思在本章首先撇开了内含方面，以外延的扩大再生产为研究对象。

纯粹的外延扩大再生产只是一种抽象。通过对外延扩大再生产的研究，可以发现外延和内含两种扩大再生产的共有规律。

马克思研究社会资本再生产的实现问题时，首先就假定：生产的技术水平、劳动生产率、资本有机构成都保持不变，即纯粹从外延方面看，亦即生产规模扩大是包括劳动力和生产资料的扩大是同等比例的扩大，就是说 c 和 v 以相等比例增加。了解这一点有重要意义：因为以纯粹外延扩大再生产为对象研究所得结论，有的具有普遍意义，即同时适用于内含扩大；有的不具有普遍意义，不适用于内含扩大。例如，扩大再生产公式中两大部类的平衡发展就不具有普遍意义。

前资本主义社会以简单再生产为特征，扩大再生产以外延为主。

资本主义社会的生产技术发展可分两个阶段：第一次产业革命时期，机器大工业代替手工业，即初期机械化时期，外延因素占很大比重。第二阶段高效率的机器体系，全面自动化，内含因素占着越来越大的比重。

在我国社会主义经济建设中，在有些时期中，特别是有些部门、地方和企业，过去对内含扩大的意义认识不足，一讲扩大再生产就要增人、增资、增设备、上新项目，不注意提高生产效率，不注意现有企业的挖潜、革新、改造，同时不注意合理利用人力资源。这种情况必须改变，转变到以内涵的扩大再生产为主的道路上来。

Ⅱ. 社会资本运动过程中从简单再生产到扩大再生产的过渡阶段

简单再生产转化为扩大再生产包含如下矛盾运动：两种再生产的辩证关系，货币积累和现实的积累的对立统一，两大部类积累的关系等。

分析简单再生产转化为扩大再生产的过渡阶段，需要掌握五个要点：

第一，扩大再生产是在原有的简单再生产的基础上开始的。

要扩大生产规模，要积累，总是要把一定量的剩余价值以货币形式追加到生产过程中，使生产扩大。但是光有了钱还不行，还要能在市场上买到追加的劳动力以及他们所必需的生活资料，还要买到追加的生产资料。剩余价值不仅转化为可变资本，还要转化为不变资本。

在资本主义社会里，产业后备军保证了劳动力商品的来源。但是追加的生产资料和生活资料从哪里买来呢？很明显，为了准备过渡到扩大再生产，为了给扩大再生产提供追加的物质资料，就不能保持简单再生产时那种比例关系，必须重新调整各部门的比例关系，使社会总产品各个组成部分重新组合。

马克思说："对一定量商品来说，规模扩大的再生产所需要的前提是，既定产品的各种要素已经有了不同的组合，或不同的职能规定。"

从简单再生产过渡到扩大再生产来看，或者从开初的追加不变资本来看，作为生产资料的商品总量可以不变（在马克思公式中为6000），变动的只是它的用途。见本章第Ⅰ节"2.追加的不变资本"第11—16段。

第二，如果只从第Ⅰ部类积累的角度看，从简单再生产到扩大再生产的过渡，要求第Ⅰ部类多为本部类制造出更多的制造生产资料的生产资料，少制造生产消费资料的生产资料。第Ⅰ部类扩大再生产所需要的生产资料Ⅰ△c是本部类工人的剩余劳动创造出来的剩余产品的一部分。

马克思假定：第Ⅰ部类追加不变资本的实物形式Ⅰ△c都掌握在第Ⅰ部类资本家A，A′，A″等手里，它卖给实际积累的资本家B，B′，B″等，作为B，B′，B″等的追加不变资本的物质要素。它在资本家A，A′，A″等手中已经是潜在的追加资本了。因此，在积累的进行中的开始阶段，第Ⅰ部类实际上还处在原有的简单再生产的基础上。

第三，在第Ⅰ部类从简单再生产向扩大再生产过渡时，由于第Ⅰ部类实际上还处在简单再生产基础上，生产并没有事先扩大，所以第Ⅰ部类剩余产品中用作追加不变资本的数量和供应第Ⅱ部类追加不变资本的数量，是由本部类剩余价值分成积累与消费两部分的比例决定的。

在过渡阶段，作为生产资本的商品总是不变的，从而流通所需要的货币总额也是不变的。变动的只是商品的用途和货币的职能，由原来当作所得的、收入的流通手段，变为现在当作资本的即从剩余价值转化来的资本的流通手段。生产扩大以后，产品总量增加了，货币总额才增加。

第四，在马克思的分析中，积累是从第Ⅰ部类开始的。由于第Ⅱ部类的积累依赖于第Ⅰ部类为它提供的追加的生产资料，所以，第Ⅱ

部类的积累必须在第Ⅰ部类各种生产要素有了新的组合时才能发生。

第五，资本积累是剩余价值的资本化，但在实际生活中，必须先把货币形式的剩余价值转化为贮藏的货币资本，然后再转化为生产资本。

积累所需要的货币有三个来源：(1)对第Ⅱ部类来说，原始的货币源泉是第Ⅰ部类中的黄金生产者用v+m交换Ⅱc中一部分，而流入第Ⅱ部类资本家手中的。(2)在两部类交换中，预先的货币贮藏，就第Ⅰ部类说，需要它的剩余价值的一部分单方面卖给第Ⅱ部类当作追加的不变资本但没有相应的购买时才会产生；就第Ⅱ部类说，则是Ⅰ△v和Ⅰm不能由Ⅱc相抵，从而Ⅱm要有一部分单方面地卖给第Ⅰ部类，而没有相应的购买时才会产生。(3)第Ⅱ部类内部的积累同第Ⅰ部类内部的积累一样。不过，在第Ⅰ部类是Ⅰm的一部分直接转化为Ⅰ△c；在第Ⅱ部类则是Ⅱm一部分直接转化为Ⅱ△v。第Ⅱ部类内部积累也是一部分资本家只卖不买，进行货币贮藏，另一部分资本家只买不卖从事实际积累。

Ⅲ. 用公式来说明积累

马克思制定了两个数字公式具体地说明积累是怎样进行的。这两个公式是上面所讲的五个要点的运用的例子。这两个公式体现了扩大再生产的实现条件(即平衡条件)。

两个例子有什么不同?

第1例反映的是资本主义生产发展初期的状况，第2例则反映资本主义生产已经有了显著的发展；与比相应，社会劳动生产力也已经有了显著的发展，生产规模在此以前有了显著的扩大，在工人阶级中造成相对人口过剩的所有条件也已经有了发展。

在第1例中，第Ⅰ部类的资本构成为4∶1；第Ⅱ部类的资本构成为2∶1。五年间总资本增长率为100∶160，资本家消费的剩余价值增长率为100∶134。生产资料生产增长了10%，消费资料增长6.7%。

在第2例中，两个部类资本构成都是5∶1，第Ⅱ部类积累程度大于第Ⅰ部类，超过1/2。在三年中总资本由7715增加到9858，消费资料增长10.8%快于生产资料的增长8.8%(同第1例相反)。

两个例子都是假定在各自发展阶段中生产技术、资本构成不变；两个发展阶段中的各年度两大部类增长速度是一样的。在第1例中每年都是10%;在第2例中每年都是8.3%。两个例子都表示两大部类平行发展。

两个例子说明了什么原理?

第一,说明了扩大再生产的条件为:

1. Ⅰ(v+m)>Ⅱc。

这是社会总资本扩大再生产的必要条件或前提条件。必须始终这样,否则任何意义上的扩大再生产都不可能。

2. Ⅰ$(v+\triangle v+\frac{m}{x})$=Ⅱ$(c+\triangle c)$,或

$$\text{Ⅰ}(v+m)=\text{Ⅱ}c+\text{Ⅰ}\triangle c+\text{Ⅱ}\triangle c$$

从两个例子中可以看到,这个不等式所表示的实现条件,必须改为等式,也就是扩大再生产的实现条件。

3. Ⅰ(c+v+m)=Ⅰc+Ⅱc+Ⅰ△c+Ⅱ△c。

这是第Ⅰ部类产品实现的条件。

4. Ⅱ(c+v+m)=Ⅰ(v+△v+)+Ⅱ(v+△v+)。

这是第Ⅱ部类产品实现的条件。

第二,说明了可能的生产资料生产的优先增长。

参见第489、560、570、581—584页。

第三,同时说明了消费资料生产必须同生产资料的增长相适应。

二、阅读和思考的提示

第2卷第3篇研究对象是社会总资本的运动。本篇阐明了社会资本实现的条件和形式。全篇的中心问题是社会总产品的实现问题,即市场问题。这就是怎样为总产品的各个组成部分按照价值和按照物质形式在市场上找到代替它的另一部分产品。只有按照社会需要的比例在各部门分配劳动时,才能解决总产品的实现问题。实现问题也就是总产品的各部门在什么条件下才能在价值和物质两方面都得到补偿。

阅读:第3篇全部和列宁的两篇论文。

思考和笔记的提示:

1. 什么是第20章的中心问题?

2. 为什么要把社会总产品分成两大部类?

3. 试逐项解释简单再生产的公式。

4. 什么是社会资本简单再生产的基本规律?

5. 第Ⅱ部类划分为两个分部类后,交换应如何进行?

6. 简述两个部类之间的7种交换以及货币流通所起的作用。

7. 本篇在哪些章节论述了"资本家预付的货币经过流通必须返回到出发点的规律"? 认识这个规律有什么意义?

8. 第Ⅰ部类的不变资本的补偿有什么特点? 马克思在这个问题上对社会主义经济的科学预见有什么重大意义?

9. 第20章第Ⅶ节怎样再一次批判了"斯密教条"? 从中可以得出什么结论?

10. 在第20章第Ⅷ节中,马克思指出:"困难是在于把社会产品的价值组成部分和它的物质组成部分作比较时产生的。"这话是针对什么讲的? 在本节中怎样解决了这个困难?

11. 如何批判"对一个人是资本的东西,对另一个人就是收入;反过来说也一样",和"生产资料是资本,消费资料是收入"这两种谬论?

12. 怎样正确区分资本和收入?(以可变资本和工资为例)

13. 第Ⅱ部类2000c中的200d的消费品怎样得到实现?

14. 资本家在进行实际积累以前为什么先要贮藏货币资本?

15. 积累时第Ⅰ部类的贮藏货币是从哪里和怎样获得的?

16. 什么是扩大再生产的物质基础?

17. 第Ⅱ部类的积累与第Ⅰ部类的积累的关系是怎样的?

18. 试以数字公式推算5年期间内扩大再生产逐年的发展。

19. 什么是扩大再生产的条件?

三、马克思社会资本运动理论的十个要点

Ⅰ. 问题的提出

这里考察的是社会资本的运动,只要分析社会资本一年内执行职能的结果,一年内提供的产品,就能看到社会资本的再生产过程怎么进行。年产品既包括补偿资本的产品也包括供个人消费的产品,

即生产消费和个人消费。显然，应当分析商品资本流通公式：

$$W'-\begin{cases}G-W\cdots P\cdots W'\\G-W\end{cases}$$

这里，问题在于生产上消费掉的资本的价值怎么从年产品中得到补偿？这种补偿运动怎样同个人消费交织在一起？产品价值的一部分再转化为资本，另一部分转入消费，这在表现出总资本执行职能的结果的产品价值本身内形成一个运动。这个运动不仅是价值补偿，而且是物质补偿。

Ⅱ．两个部类之间的交换

两个部类之间的交换，是通过货币流通来完成的。货币流通具有决定性的重大意义。

因为，v 必须一再表现为货币；m 和 c(即Ⅰm 和Ⅱc)交换所需的货币，可以按不同方式预付。

先分析 v 的预付与回流：

第Ⅰ部类资本家支付工人 1000v，以偿付第Ⅰ部类工人生产的生产资料中作为 v 存在的价值。工人用这 1000 镑向第Ⅱ部类买消费资料，把Ⅱc 的一半转化为货币。第Ⅱ部类资本家向第Ⅰ部类资本家买生产资料价值为 1000。因此第Ⅰ部类资本家 1000v 由原来以生产资料的实物形式存在的产品转化为货币，这笔货币资本会再转为生产资本劳动力。这样，第Ⅰ部类资本家由于一部分商品资本实现，v 就以货币形式流回自己手里。

再分析 m 和 c 的预付与回流：

至于Ⅰm 和Ⅱc 的另一半交换时所需要的货币，它可以按不同的方式预付。这种流通包括两部类各单个资本家之间的无数次买和卖，而所需货币都来自资本家。通过第二个过程，第Ⅱ部类 500m 作为货币资本回到第Ⅱ部类资本家手中，而同他的生产资本并存。

总之，产业资本家为了促成自己的商品流通而投入流通的货币，总是按照他们预付的数额流回到自己手中。

Ⅲ．社会资本的运动包含十个矛盾的互相交错而复杂的运动

1. 社会产品的价值和货币形式，与使用价值和商品形式，二者

的对立统一。

2. 社会产品的运动表现为商品流通和货币流通之间的相互联系和排斥。

3. 流通既包含生产消费、也包含个人消费，二者交织在一起。

4. 年产品的价值补偿和实物补偿紧密联系、相互制约，是10对矛盾中的主要矛盾。只有实现了两种补偿，社会资本再生产才能进行。各种补偿都只有通过流通来实现即通过市场来实现。所以商品流通和货币流通的矛盾是这个主要矛盾的表现形式。

5. 货币的预付与流回是价值补偿的形式，使用价值的更换是实物补偿形式。

6. 社会产品的实物形式按照用途划分为两大部类：生产资料和消费资料。二者在两大部类之间的交换中互相转化以实现实物补偿。交换以货币流通为媒介。

7. 社会生产从而也划分为两大部类。二者相对应互为条件。

8. 社会资本运动包含商品资本 W′和货币资本 G′之间的相互转化。它决定着商品流通和货币流通。

9. 商品资本 W′和生产资本(P)互相转化。

10. 商品资本是社会资本运动的出发点、起点，又是它的终点。

Ⅳ. 两种错觉或假象

在《马克思恩格斯全集》第24卷第476页马克思指出：社会总工作日的2/3是用来生产新的不变资本的，即Ⅰ(c+v+m)=6000。从第Ⅰ部类的工人和资本家的观点来看，这个总工作日的2/3完全像用在第Ⅱ部类的另外1/3一样，都只是用于生产本部类的可变资本价值v与剩余价值m；但从社会的角度来看，从使用价值来看，却只是生产补偿已消耗的不变资本的实物形式c。社会总工作日所创造的是新价值v+m，没有创造c的新价值。它只是把存在于生产资料c中的价值转移到新产品中。

由于Ⅱc是一个以生产资料为内容(即在价值上是从生产资料中转移过来的旧价值、在实物上必须要由生产资料来补偿)、而形式上表现为消费资料的价值部分，并在交换过程中是与Ⅰ(v+m)这个实际上要形成第Ⅰ部类的收入、而形式上却存在于生产资料的这种产品实行交换，因而容易产生把它看作收入的错觉。

《马克思恩格斯全集》第24卷第474页，马克思指出：年生产的消费资料总量＝总工作日创造的价值总量，即Ⅱ(c＋v＋m)＝Ⅰ(v＋m)＋Ⅱ(v＋m)。这两个价值总量相等是因为Ⅰ(v＋m)＝Ⅱc。

《马克思恩格斯全集》第24卷第481页，马克思指出：Ⅰ(c＋v＋m)＝Ⅰc＋Ⅱc这个公式也易于产生错觉，好像Ⅰ(c＋v＋m)的价值只构成不变资本，而不包括v＋m，因为它的价值＝Ⅰc＋Ⅱc。

这种假象，从单个资本看是没有的，从社会年产品看便产生错觉。这是因为第Ⅰ部类的v＋m最终必须实现在消费资料的形式上，而它首先却是以生产资料的形式来表现的。因此就价值方面看，就出现了上述假象。

在《马克思恩格斯全集》第24卷第483页，马克思还就此批判了蒲鲁东抄袭资产阶级经济学的方法。

Ⅴ．货币回流规律(价值补偿形式)

《马克思恩格斯全集》第24卷第459页，马克思指出：商品生产者预付在流通中的货币，在商品流通正常进行的情况下，会回到他自己手里。

但资本家以货币形式预付的可变资本v，不能直接流回到他们手中，而是经过迂回曲折道路流回的。本卷第20章第Ⅴ节详细地论述了这一点。

资本家将他的货币购买消费资料，这种货币不再流回，它已经走完了尘世的道路。

货币流通开始的出发点，也就是它的复归点。

货币的回流运动是再生产运动中的价值补偿的形式。

Ⅵ．实物补偿的形式

社会总产品的实现过程中，物质补偿有三种形式：

一是第Ⅰ部类内部的某些特殊生产部门的产品中的一部分，可以作为自己所需要的生产资料来使用，因而可以留在本部门或本企业，用于补偿自己已经消耗的生产资料。例如谷物用作种子，煤用于生产煤，钢用于钢材生产等等，这都不必通过流通。

二是第Ⅰ部类内部不同部门的产品相交换，实现不同的生产资料的物质补偿。

三是通过两部类的交换，生产资料和消费资料两种商品以货币为中介互相交换，以实现年产品的物质补偿。

Ⅶ. 从货币积累到资本积累

积累是剩余价值的资本化。但资本家把剩余产品卖成货币后，由于技术上的原因，需要把所得货币贮藏起来，达到一定数量，才能追加为资本。所以，资本积累必须有先行的货币积累、货币贮藏。

然而，资本积累所需的货币的来源何在?

马克思把资本家分作对立的两部分：一部分 A、A′、A″只卖不买，另一部分 B、B′、B″只买不卖。A 从流通中取出货币，进行货币贮藏。

马克思分别在三处论述积累的货币的来源：

1. 第 562—563 页：A 类资本家把剩余产品同 B、B′、B″进行交换时所需的货币来源。

2. 第 571—574 页：第Ⅱ部类资本家用现金购买Ⅰm 的 140 货币从何而来。

3. 第 589—590 页：在二卷最后作了三点补充说明。

在第 551 页马克思指出："在一年内或多年内把他(资本家 A)相继生产的那些商品产品卖掉时，就把……剩余产品相继转化为货币……这种货币逐渐贮存起来，就形成一种可能的新的货币资本。其所以是可能的，是因为它可以并且要用来转化为生产资本的要素。但是，事实上他只是进行了简单的货币贮藏，这种货币贮藏并不是实际再生产的要素。所以他的活动起先只是从流通中相继取出流通的货币。"

除了上述货币积累以外，新的货币资本还可以由其他方法产生。

Ⅷ. 从简单再生产过渡到扩大再生产。简单再生产为扩大再生产提供物质条件

在第 559 页马克思指出："如果只考察价值量，扩大再生产的物质基础是在简单再生产内部生产出来的。……这种物质基础就是直接用在第Ⅰ部类生产资料的生产上的、用在第Ⅰ部类潜在的追加资本的创造上的第Ⅰ部类工人的剩余劳动……"

第 559 页指出："为了从简单再生产过渡到扩大再生产，第Ⅰ部类的生产要能够少为第Ⅱ部类制造不变资本的要素，而相应地多为

第Ⅰ部类制造不变资本的要素。”

第569页:马克思在制定扩大再生产公式时,先制定了(a)和(b)两个公式,即先制定扩大再生产公式,同时制定一个简单再生产公式(不同于第20章的公式),并把(a)和(b)加以比较地分析,说明上述“过渡”如何具体地表示出来。从对两公式的比较来看:

第一,表示出后者是前者的物质前提,即(b)中的产品各要素已经有了不同的组合;

第二,(a)公式中已经有了扩大再生产的物质基础。

第569页:“对一定量商品来说,规模扩大的再生产所需要的前提只是,既定产品的各种要素已经有了不同的组合,或不同的职能规定,因此,按价值量来说,这种再生产首先只是简单再生产。所改变的,不是简单再生产的各种既定要素的数量,而是它们的质的规定,并且这种改变是以后随着发生的规模扩大的再生产的物质前提。”

另外可参看《马克思恩格斯全集》第23卷(《资本论》第1卷)第676页。

Ⅸ. 第Ⅰ部类的积累是第Ⅱ部类积累的前提,后者又制约着前者

马克思对社会资本扩大再生产的分析是从第Ⅰ部类的积累开始的。在这种前提下,是先有了Ⅰm的资本化,先实行货币积累,达到一定数量才转化为生产资本,作为追加的c,这在第576页第1例中作了说明。

但是,第Ⅰ部类的积累仍然要受到第Ⅱ部类积累的制约,后者要为前者提供追加可变资本的实物形式,即追加工人所需要的必要生活资料。

Ⅹ. 积累的条件

简单再生产的实现条件:

$$\text{Ⅰ}(v+m)=\text{Ⅱ}c$$

扩大再生产的必要条件或前提条件之一:

$$\text{Ⅰ}(v+m)>\text{Ⅱ}c$$

扩大再生产的实现条件:

$$\text{Ⅰ}(v+m)=\text{Ⅱ}(c+\triangle c)+\text{Ⅰ}\triangle c=\text{Ⅱ}c+\text{Ⅰ}\triangle c+\text{Ⅱ}\triangle c$$

四、第三篇讲授提纲

第十八章　导　　言

Ⅰ. 研究对象

1. 第一卷第二卷都研究了资本的再生产过程，两卷的研究有什么区别？

2. 本卷第一、二篇现实的资本的流通过程和第二篇确定的资本的流通过程有什么区别？

单个资本和社会总资本的辩证关系。

3. 社会总产品这个范畴的含义是什么？

年总产品，年商品资本，商品产品。

4. 社会总资本和社会总产品的关系如何？

总产品是社会资本在一年内执行职能的结果。确定总产品可以清楚地看到社会资本再生产过程是怎样进行的。

5. 什么是社会总资本运动？

资本运动，广义的资本流通见第 1 卷第 651 页。

资本循环。

资本流通。

社会总资本运动。

6. 社会总资本运动有些什么特点？

对单个资本运动来说，包含三对矛盾运动。

预付资本价值的实现过程和剩余价值实现过程。

生产消费和个人消费。

资本流通和一般商品流通。

7. 社会总资本运动的特点说明什么问题？

社会总资本运动的特点决定了我们研究社会资本运动的核心问题是社会总产品的实现问题。

8. 什么是实现问题？

9. 什么是价值补偿和实物补偿（替换）？

10. 为什么分析单个资本运动可以不用实物补偿，而分析社会资本运动必须研究实物补偿？换言之，资本家向何处购买生产资料？工人和资本家向何处购买生活资料？

11. 交换在两种补偿运动中起什么作用？

12. 补偿为什么就是总产品的实现过程、亦即再生产的实现过程？

13. 实现问题为什么就是市场问题？

14. 实现条件是各种使用价值的生产和需要互相适应，在价值上互相平衡。

Ⅱ. 货币资本的作用

讲三个问题：

1. 为什么研究社会总资本运动，首先要搞清楚货币资本的作用？

2. 第一个作用？

3. 第二个作用？

归纳第十八章内容：

1. 阐述了社会总资本这个重要的经济范畴。

2. 分析了单个资本与社会资本的辩证关系。

协调，即按照各种社会需要的比例分配社会劳动，而社会生产的比例，在资本主义制度下是通过市场自发形成的；在社会主义制度下是有计划安排的。

3. 货币资本在社会总资本运动中的作用。增产事实上不一定要增资。

货币资本是社会总资本的一个组成部分。

研究货币资本在社会资本运动中的作用，对分析社会资本运动有重要意义，但不能夸大这种作用，如重商主义那样，把它看作是资本的决定的部分；也不能忽视它的作用，如古典学派那样，不把它包括在社会资本中，而认为社会资本只是供进一步生产性消费的一部分社会财富。

马克思在考察单个资本的周转时，已经正确地说明了它的作用。这里，把它的作用归纳为二：

一、由于每个单个资本都要以预付的货币资本形式开始，所以货币资本表现为“发动资本运动的第一推动力”。

二、由于资本周转时间包括劳动期间和流通时间，为了使劳动过程在流通期间不会中断，必须有追加的货币资本。所以，货币资本成为保护资本周转正常进行的一个条件。

关于第一点：

资本家只有在有了一笔货币资本以后，才能买到各种生产要素，开工厂，办企业，进行生产。生产开始以后，还要不断买进卖出，使资本不停顿地周转。这里就要有一定的货币资本作为流动资本保证资本周转正常进行。货币资本起着企业不断进行再生产的“持续的动力”。

但是，这绝不是说，货币资本的大小决定着生产规模的绝对界限。

事实上，不增加货币资本，或不按生产扩大的比例增资，仍旧可以扩大再生产的规模。这可以有三种办法扩大生产：

(1) 充分利用生产力的各种要素：

加强对劳动力的剥削；

充分利用自然力——土地、海洋、矿山、森林等；

有效利用科学技术。

(2) 提高劳动生产率。

(3) 缩短周转期间。

这些方法都是挖掘生产潜力的有效办法，用这些办法完全可以做到“增产不增资”。因为这一切方法显然同真正的货币资本问题无关，而是表现生产资本所包含的潜力。

关于第二点：

由于周转期间长短不一，从而为推动生产资本所需要的货币资本量也就不一样。周转期长的要求较长时间内垫付多量货币资本。从这个意义上说，生产要由资本家能支配的货币资本多少决定。

但是，信用制度打破了货币资本的这种限制作用，因为资本不够可以借钱经营。同时，还可以合股经营，组织股份公司。不过，信用制度虽然打破了上述局限，却又使生产盲目发展，增加了信用危机和生产过剩危机的可能。

这种情况，在社会主义制度下，由于生产是有计划按比例发展，因而不会发生。这里着重指出，计划工作必须正确处理远期和近期的发展关系；对周期长，长期投入较多劳动力和生产资料又不能提供产品的企业或部门，和周转期短，收益快的企业或部门，要有计划安排，前者的发展规模，不能超过后者所提供的物质条件，否则就会有损于后者。

总之，由于劳动期间的持续所引起的对货币资本的需要，有两个原因：(1)货币是资本运动首先采取的形式；(2)长时间内要不断购买劳动力与生产资料，而又没有产品生产出来，就需要预付较多的货币资本。

为了研究社会总资本的再生产和流通，必须应用这里所阐述的关于货币资本的原理，所以在“导言”中讲清是必要的。

第二十章　简单再生产

Ⅰ. 问题的提出

1. 什么是年产品、年商品产品？

社会在一年间提供的商品产品，即年产品，叫社会总产品，或总产品，亦即商品资本 W′。

商品资本的流通公式。

2. 研究社会资本运动为什么以分析商品资本流通为基础？社会资本运动和社会总产品有什么关系？

社会总产品是社会资本运动在一年间执行职能的结果。

只有分析总产品，才会看清楚社会资本再生产怎样进行。

只有通过说明总产品 W′的每一价值部分会变成什么，才能认识社会再生产条件。

3. W′流通公式为什么有助于分析社会资本再生产？在哪几点上，公式反映出社会资本运动的特点？

(1) W′既包括预付资本价值 c+v，也包括剩余价值 m。

(2) 既包括个人消费也包括生产消费。

(3) 既包括资本的再生产过程，也包括以流通为媒介的消费过程。

(4) 既包括资本流通，也包括商品流通。

4. 研究社会资本运动的核心问题是什么？

分析单个资本运动，只要搞清楚价值是怎样增殖的就行了，不必分析商品怎样出售和怎样购买商品，只要搞清楚价值如何得到补偿就行了。

分析社会资本运动，必须研究 W′各个组成部分的价值补偿和物质补偿。

什么是商品的实现？什么是实现问题、市场问题？

5. 为什么要研究简单再生产？

(1) 一个理论抽象；

(2) 它是积累的一部分；

(3) 它是积累的一个现实因素。

Ⅱ. 社会生产的两个部类

1. 社会的总产品，从而社会的总生产分成两大部类，两个生产部门各自使用的全部资本，形成社会资本的一个特殊的大部类。

2. 每一部类的资本都包括不变资本和可变资本。

3. 因此，年产品的价值由 c+v+m 构成。

这样，可以制定简单再生产的公式。

4. 交换的三大要点。

以下几节按上述交换要点作具体分析。

Ⅲ. 两个部类之间的交换：Ⅰ(v+m)和Ⅱc 的交换

一、两部类间的大宗交换

两部类互相交换是通过货币流通来完成的。即交换以货币为媒介进行。

不管哪一个资本家，为了商品流通而投入流通的货币，总是会按照各自的预付量，流回到各自手中。

二、本节分析的矛盾和论述的原理

本节分析生产资料转化为消费资料、消费资料转化为生产资料、商品与货币互相转化、商品资本转化为货币资本从而再转化为生产资本。

三、资本回流的原理

四、Ⅰ(v+m)=Ⅱc

五、第Ⅲ节揭示了一个规律

"商品生产者预付在流通中的货币，在商品流通正常进行的情况下，会回到他自己手里。"

社会上大量的流通货币，属于以银行等形式组织和积聚的货币资本部门。银行以贷款形式预付给产业资本家，不管经过多少次转手，这种货币的真正复归点是银行资本家。

Ⅳ. 第Ⅱ部类内部的交换。必要生活资料和奢侈品

一、第Ⅱ部类分为两大分部类

第Ⅱ部类消费品种类极繁杂，为了分析简便，可以分为两大分部类：

Ⅱa：必要消费资料；

Ⅱb：奢侈消费资料。

二、两种不同的回流

进入工人阶级消费的必需品，是预付的可变资本变成工人的收入，再变成消费品流回到第Ⅱ部类资本家手中，这是预付货币的间接回流。

进入资本家的两类消费资料，都是直接回流。

由剩余价值的一部分变成消费资料。

三、第Ⅱ部类划分为两个分部类的意义

（一）因为（Ⅱb）v 要实现在（Ⅱa）m 的一部分上，所以，年产品中由奢侈品构成的部分越大，用在奢侈品生产上的劳动力就越多。

（二）危机期间，奢侈品消费减少，用在Ⅱb 生产的劳动力也减少。

（三）两分部类的划分"从根本上影响着生产的性质和数量关系，对生产的总形态来说，是一个本质的决定性的因素"（第 457 页）。

（四）在资本主义制度下，随着资本主义生产发展，奢侈品生产也相应发展，资产阶级挥霍性消费增长。

四、第Ⅱ部类两个分部类产品的实现

Ⅱ（v＋m）直接体现在第Ⅱ部类的产品消费资料上，因此，通过这个部类的资本家和工人在本部类内部的交换，剩余价值就可以得到实现。

第Ⅱ部类的劳动者所得工资同 v 相等，用于直接购买本部类资本家的消费资料，由此，这个部类的资本家就把在劳动力支付上预付的货币资本又在货币形态上收回来。本部类资本家的剩余价值，本来就在于消费。

五、本节揭示一个重要矛盾

第Ⅱ部类产品分为Ⅱa 和Ⅱb，这对生产的总形态来说是一个本质的决定的因素。简单再生产实质上是以消费为目的，因为剩余价值在简单再生产条件下用于个人消费。

而简单再生产是扩大再生产的一部分，所以，资本家的享受欲与致富欲相伴而生又相互对立。资产阶级的寄生性发展，食利阶层产生。

Ⅴ. 货币流通的媒介作用

本节继第三节进一步论述货币流通在两大部类的交换中仅仅起媒介作用，论证资本家预付货币购买别人的商品，会在出卖自己的商品时收回这笔货币。

两大部类的交换按Ⅰ(v＋m)＝Ⅱc关系进行，所以交换包括三个方面：

一、Ⅰv的实现

投在Ⅰv上的货币，会经过间接的迂回的道路回到第Ⅰ部类资本家手里。

Ⅰv由第Ⅰ部类资本家支付给工人，工人用于购买第Ⅱ部类的产品，第Ⅱ部类资本家再用于购买第Ⅰ部类的生产资料，货币流回第Ⅰ部类资本家。这个回流是间接的，不像Ⅱv那样直接回流。

Ⅰv经过间接回流，产品价值得到实现。

G(Ⅰ)(货币)—A(劳动力)

A(劳动力)—G(货币)—Km(消费资料)

Km(消费资料)—G(货币)—Pm(生产资料)

Pm(生产资料)—G(Ⅰ)(货币)

二、Ⅱc的实现

可以是第Ⅱ部类资本家投入流通的货币。

G(Ⅱ)—Pm(生产资料)

Pm(生产资料)—G(货币)—Km(消费资料)

Km(消费资料)—G(货币)—Pm(生产资料)

Pm(生产资料)—G(货币)—Km(消费资料)

Km(消费资料)—G(Ⅱ)(货币)

三、Ⅰm的实现

可以是第Ⅰ部类资本家投入流通的货币。

G(Ⅰ)(货币)——Km(消费资料)—(1/4ⅡC)(货币)

Km(消费资料)—G(货币)—Pm(1/4ⅡC)(生产资料)

Km(消费资料)—G(货币)—Pm(1/2Ⅰm)(生产资料)

Pm(生产资料)—G(Ⅰ)(货币)

第Ⅰ部类资本家投入流通的500货币，经过第(5)项交换，实现了 1/2 Ⅰm，又在第(7)项交换中实现了余下的 1/2 Ⅰm。

所以，马克思写道：

“该部类自己投入流通的货币，把它自己的剩余价值转化为货币。”

Ⅴ 简单再生产提要

第二十章分析简单再生产所论述的几个原理：

一、第Ⅰ节论述了方法上的三条原理；阐明了社会资本和社会产品两个重要范畴。

二、第Ⅱ节论述了总产品的两大部类和价值构成的原理。

三、确定两个部类之间的交换，分析Ⅰv，Ⅰm 和Ⅱc 的实现过程。第Ⅲ节与第Ⅴ节。

四、分析了第二部类内部的交换，解决了Ⅱ(v＋m)实现问题(第Ⅳ节)。

五、第Ⅵ节分析第Ⅰ部类内部的交换，分析第Ⅰ部类产品即Ⅰc 的实现过程，以及两个部类不变资本的补偿过程。

六、第Ⅲ、Ⅶ、Ⅷ节揭示了三个规律即三个实现条件或平均条件。

七、第Ⅺ节解决了固定资本怎么补偿的问题。

总的说来，第二十章考察简单再生产情况下社会总资本再生产的实现条件和运动规律。

这一章是在把社会总产品从实物形态上划分为两大部类和从价值形式上划分为三部分的基础上，以两大部类之间的交换关系为中心，考察简单再生产情况下，社会产品各个部分的价值补偿和实物替换过程，说明两大部类的产品交换的平衡关系。

Ⅰ(v＋m)＝Ⅱc 的含义：

数字公式表明，二者在价值上必须相等，所体现的产品必须互相交换。

价值 2000 的生产资料和价值 2000 的消费资料相交换，两端都是价值与使用价值的统一、需求与供给的统一。

八、阐明了几个重要范畴。

社会总资本和社会总产品；

生产资料和消费资料。

第三卷

资本主义生产的总过程

第五编 《资本论》第三卷讲稿

序 言

一、研究对象

第三卷的总题目是资本主义生产的总过程。本卷开头一段中，指出了第三卷的研究对象。

那么，什么是资本主义生产的总过程？什么是资本的现实运动，实际运动？

马克思说：

“在第一卷中，我们研究的是资本主义生产过程本身作为直接生产过程考察时呈现的各种现象，而撇开了这个过程以外的各种情况引起的一切次要影响。但是，这个直接的生产过程并没有结束资本的生活过程。在现实世界里，它还要由流通过程来补充，而流通过程则是第二卷研究的对象。在第二卷中，特别是把流通过程作为社会再生产过程的媒介来考察的第三篇指出：资本主义生产过程，就整体来看，是生产过程和流通过程的统一。至于这个第三卷的内容，它不能是对于这个统一的一般的考察。相反地，这一卷要揭示和说明资本运动过程作为整体考察时所产生的各种具体形式。资本在自己的现实运动中就是以这些具体形式互相对立的，对这些具体形式来说，资本在直接生产过程中采取的形态和在流通过程中采取的形态，只是表现为特殊的要素。因此，我们在本卷中将要阐明的资本的各种形式，同资本在社会表面上，在各种资本的互相作用中，在竞争中，以及在生产当事人自己的通常意识中所表现出来的形式，是一步一步地接近了。”

在第一卷中，马克思考察的是资本的直接生产过程。在第二卷中，研究了资本的流通过程，其中我们曾经指出：广义的资本的流通过程就是资本的运动，就是资本的生产过程和狭义的资本流通过程在内的资本的运动，也就是资本的循环和周转。而作为这样的资本的流通过程，已经是资本的生产过程和流通过程的统一。所以马克思说，“至于这个第三卷的内容，它不能是对于这个统一的一般的考察。相反地，这一卷要揭示和说明资本运动过程作为整体考察时所产生的各种具体形式。资本在自己的现实运动中就是以这些具体形式互相对立的”。

资本主义生产的总过程从根本上来说是资本的生产过程和流通过程的对立统一。第一卷分析了矛盾的第一个侧面即资本的生产过程；第二卷分析了它的第二个侧面资本的流通过程，而且已经从总体上，对资本的运动作为一个整体进行了研究。资本生产的总过程就是资本的运动过程，换句话说，在资本主义条件下，生产过程就是资本运动过程。

但是，马克思这里特别指出，本卷不是对这个总过程作“一般的考察”。

就是说，作为本卷对象的，是资本的“现实运动”或实际运动。

第一、二卷是抽象地确定资本运动。第一卷分析资本的价值增殖，即剩余价值生产过程；第二卷分析资本的形式变换，即货币资本、生产资本、商品资本三种形式的交替变换；以上都是抽象分析。

第三卷便完全不同了。

这里，资本运动不再是单纯的价值增殖过程了，而是从抽象的剩余价值上升到具体的利润的生产过程、上升到平均利润的形成过程。

这里，也不再是单纯的价值形式的变换，而是上升到成本价格、上升到生产当事人通过利润、利息、地租等形式分配剩余价值。

这都是资本的“现实运动”。

这在马克思的理论体系中，正是由抽象上升到具体的逻辑发展。

这里应当注意的是：马克思对资本的现实运动是把资本运动过程作为整体来确定的，是从生产过程和流通过程的统一出发来确定的。

举一个典型例子：

马克思在分析利润率平均化过程时的资本的现实运动，是从生产过程和流通过程的统一出发的，就是说，从资本的有机构成和资本的周转出发，马克思重新研究了资本有机构成的问题。第一卷讲资本构成是为了揭露资本主义再生产过程的即资本积累的实质，是对再生产的抽象分析。这里再讲资本构成，并且同资本周转结合起来，具体确定利润率平衡化，它们二者是平均化过程的前提。

这是一个例子，说明了本卷的研究对象。

但是，掌握研究对象对理解本卷内容有很重要的意义。

总之，从资本主义生产总过程，生产过程与流通过程的统一出发，研究资本的现实运动，这就是本卷研究对象的基本方面。

二、关于资本运动的具体形式

第三卷不仅研究资本的现实运动，而且研究这个运动过程所产生的各种具体形式。

一、有哪些具体形式

先回顾一下在第一卷与第二卷中抽象地分析了哪些资本形式：

资本在直接生产过程中，采取不变资本和可变资本的形式，在流通过程中采取了货币资本、生产资本、商品资本，以及固定资本与流动资本等形式。

资本在总过程中，在现实运动中，产生了工业资本、农业资本、商业资本、银行资本、生息资本（它的现实运动的发展，又出现金融资本）等。资本价值变成了成本价格。剩余价值则采取了利润、利息和地租等形式。

所谓资本的具体形式，注意马克思的解释，这就是资本。

在社会表面上，

在各种资本的相互作用中，

在竞争中，

所表现出来的那些形式。同时，与在资本家的意识中所表现出来的那些形式越来越接近了。

例如：当代资本主义各国通行的"有价证券"就是资本在它自己的实际运动中产生的具体形式之一。它是在证券交易所，在各种资本的借贷关系中，在资本家的竞争中表现出来的。而在资本主义生产当事人的意识中，资本所表现出来的这些具体形式(有价证券等)，就是他们的"资本"。

二、形式对内容的独立性及形式转化的规律性

贯串第三卷中的内容之一，是分析资本运动过程中的形式与内容和实质的矛盾，特别是形式对内容的独立性和形式变化的规律性。这一卷分析了一系列的转化形式，我们大致可以举出：

(1) 资本价值转化为成本价格；

(2) 剩余价值转化为利润、剩余价值率(m')转化为利润率(p')；

(3) 利润(p)转化为平均利润；

(4) 价值转化为生产价格；

(5) 平均利润分解为企业利润和利息；

(6) 超额利润转化为地租；

(7) 资本积累规律表现为利润率趋向下降的规律等。

通过这一系列转化形式的分析，生动体现了马克思主义的"矛盾转化的学说"。这一学说是马克思的辩证法的革命实质所在，它使唯物辩证法成为革命的和批判的东西。

列宁说："辩证法是这样的一种学说：它研究对立怎样能够是同一的，又怎样成为同一的(怎样变成同一的)，——在怎样的条件之下它们互相转化，成为同一的，——为什么人的头脑不应当把这些对立看作死的、凝固的东西，而应当看作生动的、有条件的、可变动的、互相转化的东西。"①

"矛盾转化学说"使辩证法成为无比锐利的认识武器。运用这个武器，能够洞察一切事物的最深刻的变化、最深远的发展。

---

① 参见列宁《黑格尔〈逻辑学〉一书摘要》。新的译文是："辩证法是一种学说，它研究对立面怎样才能够同一，是怎样(怎样成为)同一 的——在什么条件下它们是相互转化而同一的，——为什么人的头脑不应该把这些对立面看作僵死的、凝固的东西，而应该看作活生生的、有条件的、活动的、彼此转化的东西。"《列宁全集》第55卷，人民出版社1990年版，第90页。

恩格斯评价第三卷说：

“我钻研得越深，就越觉得《资本论》第三册伟大”①；“第三卷则又如雷鸣电闪，因为它第一次从总的联系中考察了全部资本主义生产，完全驳倒了全部官方的资产阶级经济学。”②

三、形式与内容的矛盾

形式与内容是矛盾的、对立统一的。

马克思说，如果事物的表现形式和它的内部实质直接符合，那么，一切科学就都成为多余的了。

资本的形式是多样的、复杂的。但不管形式如何、形式的变化如何，资本的实质总归是资本主义的阶级关系，即资本家阶级剥削、统治工人阶级的关系。

不过，资本的形式越是具体多样（如现在的各种有价证券），形式就越会掩盖、歪曲它后面的实质。例如，小额股票广泛发行，造成一种“人民资本主义”的假象，资本主义阶级实质全被掩盖歪曲。

在第一卷分析直接生产过程中，资本是资本家剥削工人的形式，剩余价值是资本家占有剩余劳动的形式。

在第二卷分析的流通过程中，资本是商品又是货币，资本的货币形式和商品形式把剥削关系表现为物的关系，价值增殖运动变成货币和商品的形式变换。

在第三卷资本主义生产总过程中，资本成了产生货币的货币；利润表现为总资本的产物。阶级关系被隐藏起来，剥削关系不见了。

可见，分析形式转化的目的，在揭露出被各种形式掩盖、歪曲了的资本主义阶级关系。

三、本卷任务：揭露各资本家集团瓜分剩余价值

如上述本卷的研究对象是分析资本运动过程中所产生的各种具体形式：产业资本、商业资本、生息资本等。每一种资本自然是归某

① 《马克思恩格斯〈资本论〉书信集》，北京，人民出版社，1976 年第 1 版，第 456 页。

② 同上书，第 461 页。

一资本家占有，同一类资本家形成一个资本家集团。此外，还有其他剥削集团，如大土地占有者和借贷资本占有者。

每一种职能资本都为它的占有者带来一定的收益，但得到收益的方式不同。产业资本家用利润，借贷资本家用利息，土地所有者用地租等等方式。

从这点来说，本卷的任务是揭露各剥削集团对剩余价值的瓜分、分配。

可见，本卷研究的资本生产总过程也包括分配过程。

第三卷为什么要在资本主义生产的总过程中来说明分配问题？

资本主义社会的主体是资产阶级，是各种资本家和地主，他们分别在工农商各部门从事投资活动，他们彼此激烈竞争，力求在总剩余价值中，在总利润中，抓到最大份额，至少要得到同他们各自的资本额成比例的份额。他们的资本不断地从一部门转到另一部门，这就引起商品市场、劳动市场、金融市场的供求关系发生波动。——所有这些实际活动，都包括在资本主义生产的总过程中。这就是必须在总过程中确定剩余价值的分配的现实原因。

四、第三卷的结构

本卷分七篇，共五十二章。按内容，大体可分成三部分：

第一部分，第一、二、三篇。研究在产业资本运动中，一般利润率的形成和它的变化规律。

第二部分，第四、五、六篇。研究流通领域中的商业资本和生息资本的运动，商业利润、企业利润、利息和地租的形成及其变化规律。

第三部分，第七篇。研究资本主义的国民收入，批判资产阶级的“三位一体公式”。这是全书的总结。

五、恩格斯对第三卷的评价

“这是一部光彩夺日的著作，在学术上甚至超过第一卷。”①

“它是卓越的，出色的。这对整个旧经济学确实是一场闻所未闻的变革。只是由于这一点，我们的理论才具有不可摧毁的基础，我们才能在各条战线上胜利地发动起来。”②

“书是光彩夺目的，它将给人以雷鸣电闪般的印象。”③

“第三卷则又如雷鸣电闪，因为它第一次从总的联系中考察了全部资本主义生产，完全驳倒了全部官方的资产阶级经济学。”④

马克思自己讲到《资本论》有三个重要的新发现，即：劳动二重性；工资是劳动力价值的表现形式；利润、利息、地租是剩余价值的表现形式。马克思说：

“过去一切经济学一开始就把表现为地租、利润、利息等固定形式的剩余价值特殊部分当作已知的东西来加以研究，与此相反，我首先研究剩余价值的一般形式，在这种形式中所有这一切都还没有区分开来，可以说还处于融合状态中。”⑤

马克思对资产阶级全部经济学的总的评论写道：

“所有经济学家都犯了一个错误：他们不是就剩余价值的纯粹形式，不是就剩余价值本身，而是就利润和地租这些特殊形式来考察剩余价值。由此必然会产生哪些理论谬误，这得在第三章中得到更充分的揭示，那里要分析以利润形式出现的剩余价值所采取的完全转化了的形式。”⑥

对于恩格斯所说的第三卷中如雷鸣电闪、闻所未闻的变革，应当如何去体会？

（一）本卷中关于一系列经济范畴的转化的科学分析是“矛盾转

---

① 《马克思恩格斯〈资本论〉书信集》。北京，人民出版社，1976 年，第 462 页。

② 同上书，第 458 页。

③ 同上书，第 462 页。

④ 同上书，第 461 页。

⑤ 同上书，第 250 页。

⑥ 《马克思恩格斯全集》26 卷 I，北京，人民出版社，1972 年，第 7 页。

化学说”的光辉典范。这方面的理论确实是卓越的、出色的、光彩夺目的。

（二）本卷从总的联系中研究全部资本主义生产，这是经济学史上的第一次创举，是闻所未闻的变革。

资产阶级古典经济学家不管他多么著名，如斯密、李嘉图，也只不过对资本主义经济的某些方面作了较深入的分析，庸俗经济学家们的经济学流行所谓“四分法”，把资本主义经济的互相联系的各方面割裂开来，孤立起来。马克思在本卷中全面再现的全部资本主义生产，真正是多样性的统一，达到了全面的理论的活生生的具体。这里，生产过程和流通过程是统一的，生产过程和分配过程是统一的。

（三）资产阶级庸俗经济学企图搞一个资本主义生产的统一体，建立一个“体系”，制造出一个“三位一体公式”。这个公式显然是荒谬的。马克思在本卷中彻底粉碎了这个公式。这确实是马克思所说的爆炸性的打击。

（四）解决了使李嘉图学派解体的一个难题：等价交换和等量利润如何统一，亦即价值和生产价格如何统一。本卷创立了生产价格理论，而且用对资本主义地租的科学分析来作生产价格理论的实际例证。列宁说：“《资本论》第 3 卷所解决的是在价值规律的基础上形成平均利润率的问题。……这样，价格离开价值和利润平均化这一众所周知的、无可争辩的事实，就被马克思根据价值规律充分说明了，因为全部商品的价值总量是同价格总量相符的。”①

1885 年 4 月 23 日恩格斯给丹尼尔逊的信中写道：“这是圆满完成全著的结束部分，甚至使第一卷相形见绌。……这个第三卷是我所读过的著作中最惊人的著作。”②

---

① 《列宁选集》第 2 卷，北京，人民出版社，1995 年第 3 版，第 434 页。

② 《马克思恩格斯全集》第 36 卷，北京，人民出版社，1975 年第 1 版，第 299 页。

第一篇　剩余价值转化为利润和剩余价值率转化为利润率

前　言

一、关于第 1—3 篇的内容和意义:前三篇研究了利润的一般原理

第三卷的前六篇,全部都可以看作是关于剩余价值的转化形式即资本主义利润的学说。因为无论工业利润、商业利润、银行利润和农业利润都是利润,都是剩余价值的转化形式,都是平均利润,并且都存在着下降的趋势。至于利息,则不过是从利润中分割出来的一部分的独立化形式,地租则是资本投在农业部门所产生的一部分超额利润的转化形式。而关于利润学说的基本观点或基本原理,则首先是在第一、二、三篇中论述的。这就是:

1. 利润是剩余价值的转化形式;
2. 利润转化为平均利润,价值转化为生产价格;
3. 平均利润率是在价值规律的基础上形成的;
4. 利润率趋向下降的规律。

这些原理是在产业资本(工业)的范围内论述的,但它们都属于关于利润的一般原理。

马克思有关利润的基本原理,是用抽象分析方法分析各部门的利润得出的,虽然这三篇是以工业生产为范围。这种抽象方法在前两卷已广泛运用,如:

商品与货币的诸基本原理,包括简单商品和资本商品;

价值形式的诸基本原理:适用于其余三种;

拜物教原理:适用于商品、货币、资本;

剩余价值基本原理:既包括绝对形式也包括相对形式;再生产原理适用简单的和扩大的两种;货币资本循环的原理也适用于其他两

种。

我们首先把有关利润的基本观点、原理、规律搞清楚了,第四、五、六篇学起来就会比较顺利。

二、这一篇所分析的资本矛盾

这一篇主要分析了三对矛盾:预付资本价值和成本价格(包括劳动耗费和资本耗费);剩余价值和利润;剩余价值率和利润率。着重分析了这几对矛盾的转化。由于三对矛盾都属于内容与形式的范畴,所以这些矛盾转化,是一定的内容和实质转化为某种特定的具体形式,一定的内容所采取的相应的形式,而且是歪曲的具体形式,使资本主义经济关系的实质(阶级关系)在现象上歪曲地、颠倒地表现出来,表现为它们在现实生活中所表现出来的那个样子。

矛盾转化必须要有一定的条件。这些条件,有的在前面第一卷和第二卷中已经分析过了,例如:在工资形式上劳动力价值表现为"劳动的价格",以及所用资本和所费资本的差别,这是所费预付资本价值转化为成本价格,以及剩余价值转化为利润的条件。但是还有一个在这一篇中还没有着重分析、而只是在第十章才着重分析转化条件,即竞争。为什么?因为,剩余价值转化为利润只是全部过程的第一阶段,还有利润转化为平均利润的第二阶段,这两个阶段是一个转化过程:即剩余价值转化为平均利润,所以,作为转化条件的竞争,放在第十章来集中地加以分析。

马克思对这三对矛盾不仅分析它们的同一性,而且也分析了它们的差别。这一篇论述的三个范畴:即成本价格、利润、利润率,便是从矛盾的对立性的观点来论述的。

这样,我们对第一篇的结构便容易掌握了。

三、第一篇的内容和结构

这一篇共七章,前两章论述三个范畴:成本价格、利润和利润率,分析三个转化过程(只讲过程本身)。三对矛盾的双方的差别和同一性都讲得很清楚了。

第三章,进一步讲剩余价值率和利润率的数量方面的差别。同时,假定剩余价值率不变,利润率单独变化,因此使得资本主义剥削关系模糊不清。

第四、五、六章讲影响利润率变化的各种因素,包括剩余价值率(第三章已讲过)、资本的有机构成、资本周转、不变资本的节约,以及价格的变动。

第七章补充讲资本家的经营技巧也影响利润率。

影响利润率变化的诸因素也是剩余价值转化为利润的因素。

第一篇这七章中的重点在前两章。

第一章　成本价格和利润

一、研究对象

本章研究剩余价值到利润的转化，以及利润是剩余价值的转化形式。

前两卷确定了资本家怎样生产剩余价值和实现剩余价值，现在要确定在资本家们之间怎样分配剩余价值。所以本卷从剩余价值转化为利润开始，接着是利润转化为平均利润。

利润的问题是分配问题(分配形式、分配规律等等)，但是不单纯是分配问题。马克思在第四卷第Ⅲ册两次指出了这一点：

1. “分配形式只不过是从另一个角度看的生产形式。”①

2. “不能把剩余价值的不同形式单纯看作分配形式，它们同样是生产形式。”②

资本主义生产实质上是剩余价值的生产，赚钱是资本家生产的目的。不能设想没有利润资本家会组织生产。同时，资本积累即资本主义扩大再生产的来源也是剩余价值即利润。所以不能把利润仅仅看作分配方面的范畴。

理解了分配与生产的这种内在联系，就懂得马克思为什么从分析“成本价格”入手，从中引出利润范畴；为什么从怎样看待生产过程中的劳动消耗和资本消耗、从资本家怎样计算资本耗费，引出利润。

利润是从剩余价值转化来的。这一转化过程中有两个必不可少的关节点，即中介。一是所费资本价值表现为成本价格；二是剩余价值表现为全部预付资本的观念上的产物。本章完整地分析了这一转化过程。

二、所费资本价值表现为成本价格

在前两卷中已经指出：按照资本主义方式生产的每一个商品 W

---

① 《马克思恩格斯全集》第 26 卷Ⅲ，北京，人民出版社，1974 年 12 月第 1 版，第 86 页。

② 同上书，第 532—533 页。

的价值，可以用公式来表示为 W＝c＋v＋m。如果从这个产品价值中减去剩余价值 m，那么在商品中剩下的就只是一个在生产要素上所耗费的资本价值 c＋v 的等价物或补偿价值。商品价值的这个部分，即补偿所消耗的生产资料价格和所使用的劳动力价格的部分，只是补偿使资本家自身耗费的东西，所以对资本家来说，这就是商品的成本价格。马克思把成本价格叫作 k。这样，W＝c＋v＋m 这个公式就转化为 W＝k＋m，也就是商品价值＝成本价格＋剩余价值。

这里应当注意两点：

第一，成本价格与商品生产所实际耗费的劳动量是两个完全不同的量。但是资本家所计算的仅仅是他花费的资本价值。因此，这里一开始就表示出资本主义生产的特殊性质。另一方面，商品的成本价格也绝不是一个仅仅存在于资本家账簿上的项目，而是在现实的商品生产中，会经常发生实际的影响。因为这个价值部分在运动中也必须不断经历它的循环和周转。

第二，成本价格不是一个生产范畴，不是实际的生产成本或生产费用，而只是一个价值额。但在资本主义经济中，成本价格却造成了一种假象，似乎它是价值生产本身的一个范畴，似乎价值和剩余价值是用价值（这里就是所费资本即成本价格）、而不是用劳动生产出来的。

但是从资本主义生产的观点来看，这种颠倒必然会发生。其原因在于劳动力成为商品，而工资则被表现为好像是劳动本身（而不是劳动力）的价值或价格。好像资本家已经为“劳动”（其实是为劳动力价值）支付了全部等价物。这样，不变资本和可变资本的区别也就消失了。剩余价值对资本家来说就好像是真的是用他的相当于成本价格的这个价值部分（所费资本）生产出来的。

所以，成本价格范畴的出现，是剩余价值转化为利润的第一个关键。而关键的关键又是劳动力成为商品，以及工资表现为劳动的价值或价格。

三、剩余价值转化为利润

随着所费资本价值被表现为成本价格，资本家就会进一步认为剩余价值不仅是由成本价格产生的，而且是由全部预付资本产生的。因为他在生产上不仅预付了流动资本，而且预付并使用了固定资本，从而使用了全部资本。

这样，剩余价值，作为全部预付资本的这样一种观念上的产物，就取得了利润这个转化形式。剩余价值也就转化成了利润。

马克思把利润叫作 p，所以 $W=c+v+m=k+m$ 这个公式，就变成 $W=k+p$ 这个公式，也就是商品价值＝成本价格＋利润。

之所以说利润是“剩余价值作为全部预付资本的这样一种观念上的产物”，是因为事实并非如此，而只是资本主义生产的特殊性质在资本家这些生产当事人那里造成的必然的错觉。

四、成本价格范畴所造成的进一步的错觉

（一）成本价格被视为商品的内在价值

由于商品的成本价格小于商品的价值，所以只要商品的出售价格高于成本价格，资本家就会实现一定的利润（这不仅有助于说明商品低于价值而进行的竞争，而且有助于说明一般利润率和生产价格的形成）。另一方面，商品出售价格的最低界限，是由商品的成本价格规定的。所以从这个观点，资本家就乐于把成本价格看作商品的真正的内在价值。

（二）剩余价值（即利润）被看作商品的出售价格超过价值的余额

因而商品中包含的剩余价值好像不是通过商品的出售来实现，而是从商品的出售本身产生的。

（三）把利润看作是由消费者支付的一个余额（托伦斯和马尔萨斯）

（四）在资本主义生产占统治地位的社会内，非资本主义的生产者也受资本主义观念的支配（巴尔扎克的小说《农民》里的小农）

（五）把商品按照成本价格来交换视作按价值来交换的蒲鲁东的社会主义幻想

五、两点小结

（一）第一章的起点和重点范畴是成本价格

正是由于这一范畴，使商品生产上的劳动耗费被歪曲地表现为资本耗费。这是剩余价值转化为利润的条件。这是由资本主义生产的性质、目的和社会形式决定的。成本价格和利润都是由此产生。第一章详细分析了这一转化条件。

（二）剩余价值表现为全部预付资本的一种观念上的产物

这样，剩余价值就取得了利润这个转化形式。然而利润是一个客观范畴。

第二章　利　润　率

一、利润率

剩余价值与总资本会保持一个比率，这个比率可以用分数 m/C 来表示，其中 C 表示总资本，这个比率就是利润率。如果我们用 P' 来表示利润率，那么它的公式就是 $P'=m/C=m/(c+v)$。

马克思说：用可变资本来计算的剩余价值的比率，叫作剩余价值率；用总资本来计算的剩余价值的比率，叫作利润率。这是同一个量的两种不同的计算方法。由于计算的标准不同，它们表示同一个量的不同的比率或关系。

二、应当从剩余价值率到利润率的转化引出剩余价值到利润的转化，而不是相反

为什么这样说呢？

首先，从概念上来看，剩余价值和利润两者的区别仅仅在于在观念上究竟把它看作可变资本的产物，还是全部预付资本的产物。也就是说，这仅仅是计算方法的区别（计算方法是转化的条件），所以从转化过程来看，从剩余价值到利润的转化过程要以剩余价值率到利润率的转化为先导。之所以出现这种区别，又是因为单个资本家所唯一关心的是利润率，即他出售自己的商品时所得到的价值余额和生产商品时所预付的总资本的比率，而不是这个余额和资本的各个特殊组成部分的特定关系以及这个余额和它们之间的内在联系。对于后者，他不仅不关心，而且掩盖这个特定关系和这种内在联系，正是他的利益所在。资本家的观念反映了这一客观过程。

其次，从现实的角度看，利润率也是作为历史的产物而现成地出现在单个资本家面前的。关于这一点，恩格斯在为本卷所写的“增补”中曾指出：“在这里，我们第一次遇到了利润和利润率。而且是商人有意识地和自觉地力图使这个利润率对所有参加者都均等。……对大贸易公司来说，利润要按照投资的大小来分配是理所当然的事情，就像马尔克的权利要按照份地的大小来分配，或者矿业的利润要按照股份的大小来分配一样。因此，相等的利润率，在其充分发展的情况下本来是资本主义生产的最后结果之一，而这里在其最简单的形式上却表明是资本的历史出发点之一”。而在一般利润率已经形

成的条件下，任何一个资本家在进行任何一项投资的时候，首先面对的都只是自己的预付资本量和一个在他之外已经现成地存在的一般利润率，而不是一笔现成的利润。有了这个利润率之后，才能够对他的利润进行预期。

最后，从本质和现象的关系上来看，剩余价值和剩余价值率相对地说是看不见的东西，是要通过研究加以揭示的本质的东西；而利润率，从而剩余价值的形式即利润，却会在现象的表面上显示出来。而资产阶级经济学家却看不到这种区别。因此也有必要从剩余价值率到利润率的转化引出从剩余价值到利润的转化，而不是相反。

三、利润和利润率进一步掩盖了资本主义的剥削关系

1. 剩余价值即利润只有流通过程中才得到实现。在实际流通过程中，还同现实的竞争结合在一起，以致对单个资本家来说，由他本人实现的剩余价值，既取决于对劳动的直接剥削，也取决于互相诈骗的行为。

2. 在流通过程中起作用的，不仅是劳动时间，还有流通时间，以及另一些来自流通的要素。剩余价值不是被表现为占有劳动时间的产物，而是商品的出售价格超过商品的成本价格的余额。由于资本的一切部分都同样表现为超额价值（利润）的源泉，所以资本关系也就神秘化了。剩余价值借助利润率而转化为利润形式的方式，只是生产过程中已经发生的主体和客体的颠倒的进一步发展。

因此，尽管利润率和剩余价值率在数量上不同，而剩余价值和利润实际上是一回事并且数量上也相等，但是利润是剩余价值的一个转化形式，在这个形式中，剩余价值的起源和它存在的秘密被掩盖了，被抹杀了。我们越往后研究资本的增殖过程，资本关系就越神秘化，它的内部组织的秘密就暴露得越少。

第三章到第七章，考察了影响利润率变化的各种因素，以及利润率运动的一般规律。

第二篇　利润转化为平均利润

前言:研究对象和结构

一、本篇的研究对象和逻辑

本篇分析利润转化为平均利润。

利润转化为平均利润,利润率转化为平均利润率,价值转化为生产价格,这三个转化过程是一致的。但是,平均利润率的形成是整个过程的先导,而平均利润率又是在价值规律的基础上形成的。

第一篇分析了剩余价值转化为利润,这个利润还是抽象的东西,还不是社会表面上的、资本家观念中的具体形式。只有经过第二阶段的转化,利润转化为平均利润,才算接近了社会表面上的那种具体形式。各种职能资本所得到的利润正是平衡利润,商品在市场上正是按生产价格出售。

我们可以把第一、二篇分析的五个转化过程,连成一个过程,即剩余价值转化为平均利润。因为,从整体来看,这一过程无非是各部门的资本家都按平均利润率瓜分剩余价值,都得到平均利润。第一篇分析的是第一阶段的转化,即剩余价值率到利润率和剩余价值到利润的转化。本篇则分析第二阶段的转化,即利润率到平均利润率、利润到平均利润,以及价值到生产价格的转化。两段分开来考察,各有自己的转化条件,而竞争既是第二个转化的条件,又是全过程的条件。

分析过程的第二段,即利润向平均利润转化的过程,首先是以不同部门的资本具有不同的利润率为前提的。不同部门的资本的资本构成和资本周转都有差别,因而,他们的利润率也不相等(第八章)。接着,第九章,先从理论的角度,从逻辑上,以社会资本为分析对象,把不同的生产部门,看成是一个工厂里的不同的各车间,不同的利润率融合为统一的一般利润率。然后第十、十一、十二各章，从历史的和现实的角度，进一步分析这一转化的条件，也就是分析现实的平均利润率、平均利润和生产价格怎样实际地形成。

因此，从逻辑上看，体现了从个别到全体、从抽象到具体的上升；从历史上看，体现了由资本主义初期的各部门的不同利润率到它的发展阶段的一般利润率。这是因为，在资本主义的初期，资本在不同部门之间的转移受到阻碍。

二、本篇的内容和结构

本篇共有五章，重点在前三章，各章主要内容如下：

第八章：不同生产部门的资本的不同构成和由此引起的利润率的差别。

本章提出问题：各部门不同的利润率为什么会平均化？

是因为不同部门的资本，由于资本构成不同，资本周转速度不同，所以利润率也不同。但是资本主义发展趋势却是等量资本要求获得等量利润。所以必然就会产生不同部门之间的资本的竞争和利润率的平均化。因此也就必须研究这个平均化的过程是怎样发生的。

但是，一方面，如果在资本的有机构成和利润率之间不是存在着必然的联系，另一方面，如果不同部门的资本不是由于有机构成的不同而具有不同的利润率，那么，利润的平均化也就无从谈起。

所以，本章从以下两个方面为本篇的研究提供了前提：

1. 理论前提：资本有机构成和利润率的关系；

2. 历史前提：不同部门的资本由于有机构成的不同而具有不同的利润率。

第九章：一般利润率（平均利润率）的形成和商品价值转化为生产价格。

本章是这个问题的理论上的解决。从理论的角度，包括运用数学的方法，分析利润率平均化的过程、生产价格形成过程。从而从最一般的意义上指出了：一般利润率无非就是不同部门的资本的不同利润率由于竞争而实现的平均化。进而从理论的角度确定了一般利润率（即平均利润率）、平均利润和生产价格的概念，以及平均利润和剩余价值，以及生产价格和价值之间的一般关系。

第十章：一般利润率通过竞争而平均化。市场价格和市场价值。超额利润。

这一章既是全篇的重点、也是难点。着重从历史的和现实的角度，论述从利润率到平均利润率、从利润到平均利润，以及从价值到生产价格，这全部转化过程在现实中是如何发生的和完成的。其中分析了一般利润率通过竞争而平均化的实际过程和条件，即：

(1) 部门内部的竞争和商品的个别价值转化为市场价值，以及市场价值和市场价格的各种不同的情况，以及作为价值规律的进一步展开的市场价值规律。

(2) 不同部门之间的竞争和利润率转化为平均利润率、利润转化为平均利润，以及价值转化为生产价格。指出平均利润和生产价格是作为一个总体的资本运动所产生的具体形式。

(3) 超额利润的产生。指出，前面关于市场价值和市场价值规律所说的一切，只要换上了市场生产价格，对于资本主义市场经济同样也是适用的。由于竞争和市场价值规律(这里也就是市场生产价格规律)的作用，在生产条件较好的资本那里就包含了产生超额利润的可能。这里，其实已经为第六篇超额利润转化为地租埋下了伏笔。

本章由于是从历史的和现实的角度来研究上述三个转化的，所以其中涉及一系列复杂的理论和实际问题：不仅涉及三个转化本身，而且也涉及许多属于价值和市场价值以及市场竞争方面的理论，例如：个别价值和社会价值及市场价值；市场价值和市场价格；供给和需求或需要的关系：两种不同的需求——市场需求和社会的实际需要，以及供求与阶级、与分配、与卖者的货币条件的关系；买者之间的竞争和卖者之间的竞争，以及买卖双方之间的竞争；供求和市场价格之间的关系；市场价值转化为市场生产价格(商品按照价值或者接近价值的市场价格出售与按照生产价格或接近生产价格出售的情况)；资本在不同部门之间的自由转移以及超额利润等。所以，不应当仅仅将它单纯地看作三个转化的理论，而且同时也涉及一系列与市场竞争有关的理论。

第十一章“工资的一般变动对生产价格的影响”和第十二章“补充说明”。

这两章讲了四个问题，可以看作从上一章自然引申出来的具体问题，及对这些问题的补充说明。其中第十二章讲“工资变动对生产价格的影响”，这同时也是对于在第一卷中已经批判过的资产阶级经济学的“劳动基金”理论和“劳动供求”理论的批判的延伸。资产阶级经济学家反对工人阶级增加工资即保持正常工资的要求，胡说工资的增加必然会引起物价的普遍上涨，结果等于工资没有增长。这里进一步从生产价格理论的角度驳斥了这类胡说。第十二章“补充说明”则补充说明了以下三个问题：一、引起生产价格变动的其他因素；二、具有中等构成的资本所生产的商品的生产价格；三、资本家的补偿理由。这些内容在理论上不属于本篇的核心部分，但因为非常具体，所以对于说明有关的现实问题，具有更加直接的意义。

三、可能遇到的几个概念和问题

（一）一般利润率和平均利润率这两个提法有何异同

一般利润率就是平均利润率。这是两种不同的叫法。

所谓平均利润率包括三种意义：

1. 表示社会总剩余价值对社会总资本的比率。这里，每个个别资本都是社会资本的一部分，每个资本家都好比是同一企业的股东，比例于他们所占有的资本股份，参与总剩余价值的分配。这是典型的、标准的平均利润率。

2. 是指有平均资本构成的部门中的资本的利润率。这个部门的总利润和它的总剩余价值相等，所以它的利润率同平均利润率相同。但是，这里讲的资本平均构成和平均利润率都不是绝对平均，而是大体上的平均，接近平均值，同时，平均构成又是变化着的。

3. 不管资本有机构成如何，各部门的资本通过竞争与资本转移，等量资本获得等量利润。这样形成的平均利润率，是现实的平均利润率。

以上不是三种不同的平均利润率，而是同一概念的三种理解。

（二）马克思是怎样从理论上说明利润向平均利润、价值向生产价格的转化的一般过程的

这一说明是在第八、九两章中完成的。首先是在第八章中提出问题，指出：假定剩余价值率为已定，不同部门的等量资本，由于资本构成和资本周转速度有差别，这些不同的部门的利润率也一定会有差别。然后在第九章中就来从理论上一般地说明这种转化是怎样实现的。由于不同部门的资本具有不同的利润率，而资本却意识到自己是一种权力，至少也要求等量资本得到等量利润，所以各部门资本家必然会争夺最有利的投资场所，使资本转移到利润率高的部门中去。而资本在不同部门转移的结果，引起商品供求关系和商品的价格相应地发生波动，这种物价波动，使不同部门的不同利润率趋向于平均化。同时，通过这一转化过程的说明，也说明了：利润率转化为平均利润率、利润转化为平均利润和价值转化为生产价格，并没有违反价值规律。因为总利润仍然等于总剩余价值，总生产价格仍然等于总价值。

总之，这一部分(第八、九章)对于这一转化过程的分析主要是从理论上和从一般的角度来进行的。可以说，有关这一问题的基本理论，已经全都包括在这里了。

(三) 这三个转化的条件是什么

这个问题也可以换成：这些转化在现实中是怎样实际发生的？显然是在不同部门的资本之间的竞争中实现的。这同时也就是这些转化的条件。对这一问题的回答是在第十章中进行的。

马克思分析了两种竞争：同行相争和各行相争，以及前资本主义的竞争和资本主义的竞争。就资本主义的竞争来说：

1. 部门内部的竞争：

(1) 同行相争的目的：争夺商品市场，获取超额利润。

(2) 竞争的手段：改进技术，提高劳动生产率，使商品价廉物美。

(3) 竞争结果：形成了商品的市场价值；同时由于资本构成提高，降低了本部门的利润率。

2. 部门之间的竞争：

(1) 各行相争的目的：争夺投资场所，获得最高的利润率。

(2) 竞争的手段：资本转移。

(3) 竞争的结果：利润率平均化，形成了商品的生产价格。

(四) 利润率转化为平均利润率和价值转化为生产价格，这两个转化的关系

利润率平均化是生产价格形成的前提。平均利润率又是在价值规律的基础上形成的。

(五) 平均利润率是在价值规律的基础上形成的

资产阶级经济学家们，以庞巴维克为代表攻击《资本论》说，第三卷的平均利润和生产价格学说同第一卷的劳动价值学说与剩余价值学说互相矛盾。

实际上，《资本论》各卷之间的逻辑是非常谨严的，不存在任何“逻辑矛盾”。

从上面所讲可以知道，平均利润率不过是剩余价值在不同部门再分配的结果，没有剩余价值理论就不会有平均利润理论。同样，生产价格不过是价值的转化形式，只有在劳动价值学说的基础上，才能说明生产价格的界限及其运动过程。商品按生产价格出售，绝不是对价值规律的否定，只是价值规律作用的形式发生了变化。

分析一下二者的内在联系即可辨识清楚：

1. 从个别部门看，虽然一些部门的资本家所得到的平均利润高

于本部门工人所创造的剩余价值，另一些部门的资本家所得到的平均利润低于本部门工人所创造的剩余价值。但是，从全社会看，整个资本得到的平均利润总额和整个工人阶级创造的剩余价值总额是相等的。

2. 从个别部门看，虽然一些部门的商品的生产价格高于它的价值，另一些低于它的价值。但是，从全社会看，生产价格总额等于价值总额；从整个社会看，商品按生产价格出售，实际上也就是按价值出售。

3. 商品价值的变动支配着生产价格的变动，而且二者变动的方向也是一致的。如果生产商品所耗费的社会必要劳动时间减少，商品价值降低，生产价格也会随着下落；反之，亦然。

因此，列宁说，第 3 卷解决了“在价值规律的基础上形成平均利润率的问题。……这样，价格离开价值和利润平均化这一众所周知的、无可争辩的事实，就被马克思根据价值规律充分说明了，因为全部商品的价值总量是同价格总量相符的”①。

以下，介绍一下各章的内容。

第八章　不同生产部门的资本的不同构成和由此引起的利润率的差别

一、研究对象

本章提出不同生产部门的资本的不同构成和由此引起的利润率的差别，实际上是为本篇后面的理论提供必要的理论前提和历史前提，并奠定基础。

实际上，在现实的资本运动中，在剩余价值率不变的情况下，影响利润率的因素不仅有资本的有机构成，而且有资本的不同周转。但资本周转对剩余价值生产和年剩余价值率的影响，归根到底也是由于在资本周转过程中所实际使用的可变资本的多少。这与资本有机构成对于利润率的影响一样，也要归结到所使用的可变资本的多少，从而也就是仍然可以归结于资本有机构成的差别。所以本章主要分析的是不同生产部门的资本的不同构成和由此引起的利润率的差别。

---

① 《列宁选集》第 2 卷，北京，人民出版社，1995 年第 3 版，第 434 页。

二、不同生产部门的资本的不同构成和由此引起的利润率的差别

在前一篇中已经指出，在劳动的剥削程度不变时，利润率会随着不变资本各个组成部分的价值变化以及资本周转时间的变化而变化。由此自然可以得出结论说，如果其他条件不变，不同生产部门所使用的资本的周转时间不同，或者这些资本的有机组成部分的价值比率不同，那么，同时并存的不同生产部门的利润率就会不同。不过在这里，马克思把以前当作同一个资本在时间上相继发生的变化来考察的东西，现在当作不同生产部门各个并存的投资之间同时存在的差别来考察。

马克思从这种考察中所得出的结果是：在不同产业部门，与资本的不同的有机构成相适应，并且在一定限度内与资本的不同的周转时间相适应，不同的利润率占着统治地位；因此，即使在剩余价值率相等并且假定周转时间也相等的情况下，利润和资本量成正比，从而等量资本在相等时间内提供等量利润的规律(作为一般的趋势)，也只适用于有机构成相等的资本。

三、由此引出的矛盾

这样一来，对不同产业部门来说，平均利润率的差别实际上并不存在，而且也不可能存在，除非把资本主义生产的整个体系摧毁。所以，在这里，价值理论好像同现实的运动不一致，同生产的实际现象不一致，因此，理解这些现象的任何企图，也好像必须完全放弃。

这样，马克思就一方面指出了作为利润率的平均化的前提的不同生产部门的不同资本构成和由此引起的利润率的差别；另一方面又指出了这一事实和另一个更加普遍的资本主义事实——等量资本获取等量利润的原则之间的矛盾：一个理论上的和事实上的重大的矛盾。分析这一矛盾，就是分析这一矛盾的运动及其解决条件，就是分析这一矛盾的解决，就是分析从利润率到平均利润率、利润到平均利润以及从价值到生产价格的转化。这就是本篇下两章所面临的任务。

四、成本价格的等同性及其意义

这里，马克思附带指出了：由于成本价格范畴的出现，所以在资本周转时间相同、所用资本和所费资本的比例也相同的情况下，那就不管资本的有机构成如何不同，也不管所生产的价值和剩余价值多么不同，而只要为生产产品所预付的资本额相等，不同生产部门的产品的成本价格总是相等的。对资本家说来，在成本价格上，可变资本和不变资本的区别消失了。成本价格的这种等同性，形成不同投资竞争的基础，而平均利润就是通过这种竞争确定的。

第九章　一般利润率（平均利润率）的形成和商品价值转化为生产价格

本章从理论上来考察一般利润率的形成和商品价值转化为生产价格。着重论述了以下三个方面的问题：

一、一般利润率（平均利润率）的形成和商品价值转化为生产价格

（一）一般利润率和生产价格概念的提出

在本章的考察中，马克思首先假定把固定资本与流动资本的区别以及由周转引起的利润率的差别撇开不说。在这种情况下，马克思假定有五个不同的生产部门的资本，它们分别具有不同的资本构成，从而具有不同的利润率。

如果把这 5 个不同部门的资本看作同一个资本的 5 个不同部分，也就是把它们看作好像是同一个工厂里的 5 个不同车间的资本，那么从中就会得出平均利润率和平均利润以及生产价格。具体说来就是：

求出不同生产部门的不同利润率的平均数，把按照这个平均数和预付资本量求出的利润量，加到不同生产部门的成本价格上，由此形成的价格，就是生产价格①。

在这里，利润率本身必须是从商品的价值引申出来的。没有这种引申，一般利润率（从而商品的生产价格）就是一个没有意义、没有内容的概念。这种平均化的根据在于：这些不同的利润率，通过竞争而平均化为一般利润率，而一般利润率就是所有这些不同利润率的平均数。

---

① 这句话的德文原文为"Die Preise, die dadurch entstehn, daβ der Durchschnitt der verschiednen Profitraten der verschiednen Produktionssph? ren gezogen und dieser Durchschnitt den Kostpreisen der verschiednen Produktionssphären zugesetzt wird, sind die *Produktionspreise.*"中文版的翻译在文字上并不错。但从上下文联系上来看，这里所加到成本价格上去的应当是根据这个利润率的平均数而得出的平均利润。参见周守正、许兴亚：《〈资本论〉教学与研究纲要》第三卷，北京，中国经济出版社，1999 年。——本书编者

（二）社会的总生产价格等于总价值

生产价格形成以后，如果每个部门的资本家都按商品的生产价格出售他的商品，他就只取回与他的产品的成本价格和平均利润，而不是他的商品的剩余价值和价值。但是如果把社会当作一切生产部门的总体来看，社会本身所生产的商品的生产价格的总和就等于它们的价值的总和。

这个论点好像和下述事实相矛盾：一个产业部门的利润，会加入另一个产业部门的成本价格。这样，按生产价格计算的成本价格就会与按照价值来计算的生产价格相偏离。但是马克思指出：

“如果我们把全国商品的成本价格的总和放在一方，把全国的利润或剩余价值的总和放在另一方……我们就会得到正确的计算。”因为“谁也不会把自己的利润算到自己的成本价格中。……商品的总成本价格，抽去一切代表利润的价格部分以后，就是这个商品本身的不包括 P 在内的成本价格”。

总之，“这一切总是这样解决的：加入某种商品的剩余价值多多少，加入另一种商品的剩余价值就少多少，因此，商品生产价格中包含的偏离价值的情况会互相抵消。总的说来，在整个资本主义生产中，一般规律作为一种占统治地位的趋势，始终只是以一种极其错综复杂和近似的方式，作为从不断波动中得出的、但永远不能确定的平均情况来发生作用”。

（三）一般利润率的决定因素

这里，马克思又考察了具有不同资本构成的不同部门的资本量对于一般利润率的影响。在一般利润率的形成上，不仅要考虑到不同生产部门利润率的差别，而且还要考虑到不同利润率在平均数形成上所占的比重。

可见，一般利润率取决于两个因素：

1. 不同生产部门的资本的有机构成，从而各个部门的不同的利润率。

2. 社会总资本在这些不同部门之间的分配，即投在每个特殊部门因而有特殊利润率的资本的相对量；也就是，每个特殊生产部门在社会总资本中所吸收的相应份额。

这样，一方面，平均利润率和平均利润形成了，另一方面，商品的价值也就转化为生产价格。从而生产价格作为价值的一个转化形式而发展起来了。

二、生产价格的量的规律

（一）不同部门的生产价格对于价值的偏离

社会劳动生产力在每个特殊生产部门的特殊发展从而特殊的资本构成，在程度上是不同的。现在，由于利润的平均化，所以只有就资本构成偶然是社会平均构成的生产部门的资本来说，价值才等于生产价格。

（二）生产价格对于商品成本价格的定义的修改

商品的价值转化为生产价格以后，商品的成本价格，同样也就由该商品生产时所消费的各种商品的价值，变成了购买这些商品时的生产价格。因此，必须记住成本价格这个修改了的意义，并且必须记住，如果在一个特殊生产部门把商品的成本价格看作和生产该商品时所消费的商品的价值相等，那就总可能有误差。但是商品的成本价格仍然总是小于商品的价值，并且成本价格总是小于生产价格。

（三）生产价格的进一步的公式

商品的生产价格＝k＋p 这个公式，现在由于 p＝kp′（p′代表一般利润率）而得到了进一步的规定，即生产价格＝k＋kp′。

（四）商品的生产价格在每个特殊生产部门发生的量的变动

1. 商品价值不变，一般利润率发生变化；

2. 一般利润率不变，但价值发生了变动；

3. 上述两种情况共同发生作用。

（五）生产价格的变动受价值变动的支配

1. 各个特殊生产部门的实际利润率的变动，需要有许多时间才能影响到一般利润率。因此生产价格的变化要由商品的实际的价值变动来说明。

2. 一般利润率的变动，要以那些作为形成要素加入不变资本或可变资本，或加入二者的商品的价值变动为前提。

三、平均利润和生产价格进一步掩盖了资本关系的实质

在剩余价值转化为利润以后，一开始就使剩余价值的真实起源完全模糊了、并且神秘化了。然而，量的差别只存在于剩余价值率和利润率之间，而不是存在于剩余价值和利润本身之间。而平均利润和生产价格出现以后，不仅利润率和剩余价值率，而且利润和剩余价值，通常都是实际不同的量。这种量的差别把利润的真正性质和起源完全掩盖起来，这不仅对存心要在这一点上自欺欺人的资本家来说是这样，而且对工人来说也是这样。随着价值转化为生产价格，价值规定的基础本身就被掩盖起来。利润是某种存在于商品的内在价值以外的东西的看法完全得到确认，并且固定和僵化起来。

这个内在联系在这里还是第一次被揭示出来。而资产阶级经济学家在这一问题上的混乱表明，那些陷在竞争中的资本家，必然也不能透过假象来认识这个过程的内在本质和内在结构。

——

根据第八、九两章的分析，平均利润和生产价格是资本运动过程作为整体确定（把生产过程和流通过程的统一来确定）时所产生的具体形式。

在这里，资本运动包含着一系列的矛盾：单个资本与部门资本，部门资本与社会资本，不同部门资本的不同资本构成与社会资本的平均构成，不同部门资本的特殊利润率与社会资本的一般利润率，利润与平均利润，价值与生产价格等，互相矛盾。

但起主要作用的仍是劳动耗费与资本耗费的矛盾与差别。

第十章　一般利润率通过竞争而平均化。市场价格和市场价值。超额利润

前　　言

本章的中心是论述剩余价值转化为平均利润的条件，即竞争。竞争，一分为二为部门内部的竞争和部门之间的竞争。

二者是有区别的：部门内部的竞争是指生产同一种商品的各企业资本家的竞争；部门之间的竞争是指生产不同种商品的企业资本家的竞争，或不同职能的资本的竞争。二者又是统一的：部门间的竞争包含部门内部的竞争；它是部门内部的竞争的进一步发展。

马克思在本章着重论述了部门内部的竞争，因为对部门内部竞争和市场价值的分析，也适用于生产价格；而关于生产价格问题，在第九章已经考察过。

本章还有一个重要内容：马克思在第一卷第一章中集中地和以后不断分散地阐明了的他的劳动价值学说，在本章中又得到了进一步的展开。其中集中地阐明了价值向市场价值和市场生产价格的转化，完成了整个价值理论。

就价值理论来说，在《资本论》第一卷（特别是第一章，也包括以后各章和第二卷），主要阐明了价值实体和价值量、价值形式即交换

价值的发展，以及价值规律等问题。那里分析了个别价值和社会价值，以及资本主义产品价值的三个组成部分等等。但还不可能提出市场价值和市场生产价格及其与市场价格的关系等这些只有在竞争中才能比较充分地展开的问题。

现在，这一章分析部门内部的竞争形成市场价值，分析部门之间的竞争形成生产价格。从此，价值转化为市场价值和市场生产价格，价值规律采取了生产价格规律的形式。

生产价格这个范畴的创立，及对价值、市场价值、生产价格和市场价格的关系的论述，使劳动价值学说得以完成。

本章着重解决的四个问题

围绕上面的中心，本章分为四个问题：

一、商品按价值交换先于按生产价格交换

（一）头四段概述了前一章研究的结果

1. 资本的中等构成或平均构成的部门，利润与剩余价值一致，生产价格与价值一致。

2. 竞争会使其他部门的利润率同上述部门利润率趋于平均。

3. 因此，一切部门的利润总额同剩余价值总额相等。

这样一来，一切资本，都通过它的商品价格实现平均利润，而不是实现剩余价值。这就是说，商品按照生产价格出售，生产价格不过是价值的转化形式。

马克思在概括了上一章的研究结果以后提出，真正困难的问题是：利润是怎样平均化的？

（二）商品在交换发展历史上先是按价值或者接近价值的价格出售的，以后才按生产价格出售

商品究竟为什么要按生产价格出售？究竟怎样按生产价格出售？这不是一个纯粹的理论问题，而是一个历史的过程。

恩格斯在本卷末的增补中作了说明。

马克思认为，商品按生产价格出售，是资本主义出现以后的现象。——这是一个历史发展过程。

前一章说明了一切生产部门的利润率由于竞争而平均化，因此一切部门的利润总额＝剩余价值总额，价格总额＝生产价格总额。剩余价值采取平均利润形式，价值采取生产价格形式。商品不再按价格出售而是按生产价格出售。在历史上按价值出售先于按生产价

格出售。

在第196页，马克思科学地回答了上述问题。

（三）个别价值、市场价值、市场价格

上面说的"商品按价值出售"，意思是价格围绕价值波动。此外，必须把市场价值同商品个别价值区别开来。

什么是市场价值？第199页第1段所讲的不是两个定义。简单地说，它是由在本部门生产的占最大量的商品所需要的社会必要劳动决定的。只是在特殊情况下，市场价值才会由最好或最坏的生产条件生产的商品的价值来调节。

市场价值是市场价格波动的中心。

以上"关于市场价值所说的，也适用于生产价格，只要把市场价值换成生产价格就行了。"

个别价值——社会价值（抽象）——生产过程

个别价值——市场价值（具体）——流通过程

↓

市场价格

二、部门内部的竞争，市场价值的形成

市场价值在生产过程中创造，在流通过程中，在市场价格上，出售和实现。

部门内部的竞争，首先是指同一部门的不同的商品生产者之间的竞争，亦即同一商品的不同的卖者之间的竞争。但它离不开它的卖者与买者之间的竞争，以及买者之间的竞争。而这就是市场。没有市场就没有竞争，就没有统一的市场价值。

竞争和市场价值体现着同种或不同种使用价值的生产者和消费者的关系。

要使同部门和同质的商品按照价值或接近价值的价格出售，必须具备两个条件：

第一，不同的个别价值平均化为社会价值。

第二，供给与需求一致。

必须假定供求一致，这是分析市场价值的一个出发点。

（一）个别价值平均化为市场价值的条件

我们先拿个别商品来说。任何一个商品要能出售，就必须：第一，要有使用价值，能满足一定需要；第二，所包含的劳动量要能代表社会必要劳动。所以，个别价值与社会价值是一致的。

要使个别价值平均化为社会价值，要通过商品所有者的竞争，要通过市场。

为了使出售的同种商品的市场价格，同市场价值一致，必须要商品的供给与需求一致。

（二）确定市场价值的方法

商品要代表一定量的价值，就要能满足一定的社会需要，并要代表一定的社会必要劳动。一个部门的整个商品总量，也是这样。这是市场价值确定的基础。

确定市场价值的具体方法有三：

1. 如果一个部门所生产的商品，其中大部分是在中等条件下制造出来的，并且最好和最坏两头制造的商品数量互相平衡，那么，该种商品的市场价值就由中等条件下生产的商品的价值来决定。

2. 如果最坏条件下生产的商品价值，不但不能同最好条件下生产的商品价值互相平衡，而且占该种商品的大部分，那么，这种商品的市场价值就由最坏条件下生产的商品的价值来决定。

3. 如果最好条件下生产的商品量成为该种商品的大部分，那么，它的个别价值就是同种商品的市场价值或社会价值。

总之，一种商品的市场价值，是由同种商品中的大多数商品的个别价值转化来的。在一般情况下，调节市场价值的绝大多数的商品的价值，就是在中等条件下生产出来的商品的价值。而且，市场价值一般是不会同最好条件生产的商品的个别价值相等。否则，资本主义生产就不能发展了。

以上是抽象分析市场价值的确定，是抽去了供求关系的变动。

（三）供求关系和市场价值

这里讲了三点：

1. 说到商品是使用价值，就意味着它必须满足一定的社会需要。这无论对个别商品还是一类商品来说都是如此。但是说到供给与需要关系变动对市场价值的影响，则是指整个社会的需要和整个部门所提供的产品。马克思说，“如果作进一步的考察，我们就会发现，适用于单个商品的价值的条件，在这里会作为决定这种商品总额的价值的条件再现出来”。但是说到“社会需要”，也就是说，调节需求原则的东西，本质上却是“由不同阶级的互相关系和它们各自的经济地位决定的”。但是无论如何，所谓需要总是指有支付能力的需要。而在供求平衡时，商品就会按市场价值出售，而不管它是由哪一种方法确定的。

2. 供求关系只对市场价格发生影响，但也间接影响市场价值。

3. 生产出来的商品和按市场价格能够卖出的商品之间的差别，由两种原因产生：一是生产的量（产量）发生变化；二是需要发生变化。前者引起生产过剩或生产不足；后者引起相反结果。

三、需求和供给同市场价格的关系

（一）什么是需求和供给

1. 什么是供给？

就是市场上现有的一定的产品量，或是能提供给市场的产品量。这里只确定一定的产业部门常年再生产的总商品量。这个商品，既是满足人们需要的使用价值，也有一定的市场价值。但是市场现有的商品量大小同它的市场价值之间（产量同产值）没有必然联系。商品量只与社会必要劳动时间有联系。

所以，市场现有产品或能向市场提供的产品，亦即“供给”，取决于社会的劳动生产率。

1942 年 12 月，毛泽东在发表的《经济问题与财政问题》中，就曾为抗日根据地提出过“发展经济，保障供给”的总方针。

2. 什么是需求？

就是商品被买来当作生产资料或生活资料，以便进入生产消费或个人消费。但是，从量的规定性来说，这种需要具有很大伸缩性和变动性。它的固定性是一种假象。所以马克思说：“市场上出现的对商品的需要，即需求，和实际的社会需要之间存在着数量上的差别……我说的是下面二者之间的差额：一方面是实际需要的商品量；另一方面是商品的货币价格发生变化时所需要的商品量，或者说，买者的货币条件或生活条件发生变化时所需要的商品量。”但无论如何，这里所说的需求总是指有支付能力的需求。在资本主义社会，支付能力则由各个阶级的经济地位来决定。

（二）供求关系同市场价格

市场价格不是由供求关系决定，而是由市场价值决定，即由价值规律决定的。如果供求平衡，价格就会与市场价值相一致。供求不平衡，价格就会同市场价值相偏离。但是，如果供求相一致，那么供求对价格就不再发生作用。那么这时市场价值和市场价格又改由谁来决定？所以，供求关系不决定市场价值和市场价格。此外，如果说供求关系决定市场价值和市场价格，那反过来市场价值也决定供求关系。这样一来就成了逻辑上的同义反复了。

（三）在供求关系上反映的社会关系

供求关系上反映的社会关系是：

1. 买者和卖者的关系，即买和卖的关系。

2. 生产者和消费者的总体关系。

供求的矛盾就是买与卖，以及生产者与消费者的矛盾，也就是生产与消费的矛盾（从社会上来看）。

第一卷第三章分析了买卖关系，讲过商品流通。这里讲竞争，竞争使生产与消费的社会性质，形成生产者总体和消费者的总体之间的对立。而买卖关系只是商品生产者的相互对立。供求关系则是阶级对立或阶层对立的一个方面，它反映了资本主义社会的复杂的社会关系。

四、部门之间的竞争与平均利润的形成

（一）平均利润率形成的条件

在资本主义生产的条件下，如果商品按价值出售，就会造成各部门的利润率高低不同。资本家追求高的利润率，资本争向利润率高的部门转移，引起激烈竞争。在这种竞争的条件下，利润率趋向平均化，价值转化为生产价格。同时，劳动者在各生产部门之间自由转移。

（二）部门之间的竞争形成平均利润

1. 在历史上，商品按价值（通过市场价格）出售，各部门的利润率有高有低。

2. 资本家追求高额利润，资本向利润率高的部门转移，引起激烈竞争。

3. 劳动力也随着发生转移。

4. 资本与劳动在各部门自由转移，引起市场供求关系变动，从而影响商品的市场价格发生变动，原来各部门的不同利润率逐渐趋于平均化，形成平均利润。

（三）平均利润率规律的社会意义

第十一章　工资的一般变动对生产价格的影响

工资和利润是按反比例变动的。因此工资的变动，影响着生产价格。工资提高了，利润减少，生产价格下降。

但工资变动不影响商品价值。

资产阶级庸俗经济学颠倒工资和价格的关系，硬说工资提高必然引起物价上涨。这是别有用心的。从理论上说,这种谬论是从生产费用决定价值得出来的。

马克思在第十一章详细分析了工资与生产价格的量的规律,粉碎了资产阶级庸俗经济学家的谬论。

第十二章　补充说明

这一章包括三个片断:

Ⅰ. 引起生产价格变化的原因

平均剩余价值率和商品价值。

Ⅱ. 中等构成的商品的生产价格

中等构成的商品的生产价格同它的价值一致。

Ⅲ. 资本家的补偿理由

资本家和庸俗经济学家受竞争和平均利润给他们造成的观念的束缚,把可能引起不同部门利润率的差别的那些不同条件,当作要求在利润上得到“补偿”的理由,并且事实上通过商品的加价把它们拉平。

第三篇　利润率趋向下降的规律

前　　言

本篇研究利润率趋向下降的规律及其内部矛盾。

在前两篇中，第一篇揭示了利润的本质，第二篇分析了利润率的差别及其平均化过程。现在，第三篇来研究平均利润率的发展趋势。

利润率趋向下降的规律是资本主义积累一般规律的具体形式（或转化形式、表现形式）。本卷第三篇应看作是第一卷第七篇中所确定的资本主义积累一般规律的继续。在那里研究了积累规律的基本因素，积累对工人阶级的影响，以及资本人口规律。在这一篇里则研究积累规律在利润上的表现。如果说，在第一卷第七篇里研究了资本主义积累规律对工人阶级的影响，造成人口过剩，那么，本卷这一篇则继续从另一方面研究资本主义积累规律对资本家的影响，造成资本过剩，迫使资本输出。

另一方面，第一卷第七篇，阐明了资本积累就是剩余价值资本化，生产规模扩大，从而生产出更多的新的剩余价值。资本积累是由资本主义生产本质——剩余价值生产决定的。积累的源泉在于剩余价值，积累多少取决于剩余价值多少。反之，积累起来的资本越多，剩余价值也会生产得更多。资本积累也引起资本有机构成提高。资本积累还为劳动生产率提高创造前提，劳动生产率提高反过来加强积累。劳动生产率提高意味着资本构成提高，可变资本相对递减，从而利润率下降。总之，这一切证明：资本积累和利润率下降，是同一过程的两个方面。

由此可见，不懂得资本主义积累规律，就不懂得利润率趋向下降的规律。正如不懂剩余价值，就不懂利润和平均利润一样。如同生产价格规律是价值规律的具体形式一样，利润率趋向下降的规律也是资本运动过程作为整体考察时所遇到的具体形式。马克思发现了资本积累的具体形式，从而完成了他的资本积累学说。

本篇在论述利润率下降规律时，论述了经济危机的原因和本质。经济危机使资本主义生产的不平衡性更加厉害，这是本篇的一个重要内容。这一内容是第二卷第三篇所揭示的两个部类发展不平衡性引起经济危机的重要补充。

第三篇包括第十三章、十四章、十五章。

第十三章讲这个规律本身包含的内容(它和资本主义积累规律的联系)，它本身的两对矛盾。本章抽掉了阻碍规律起作用的各种因素，所以本章只是抽象地分析规律本身。

第十四章具体地叙述了阻碍规律起作用的六个因素。

第十五章具体确定这个规律的内部矛盾的发展，说明这个规律的作用，揭露资本主义基本矛盾尖锐化和资本主义生产方式的历史局限性。

利润率趋向下降的规律有三种表述：

1. 不变资本同可变资本相比的逐渐增加(即资本构成提高)，必然会有这样的结果：一般利润率会逐渐下降。

2. 一定量的社会平均资本(为资本100)，表现为劳动资料(不变资本)部分越来越大，表现为活劳动部分越来越小。

3. 所占有的剩余劳动同活劳动所推动的已经对象化的劳动的量相比相对减少的规律。

为什么平均利润率会倾向下降呢?

它的基本原因是社会资本平均构成的提高。它又是资本制度下的劳动生产率提高的必然结果。马克思说："一般利润率下降趋势是劳动生产力发展在资本主义生产方式内的特有的表现。"利润率下降规律的基本要素就是社会劳动生产力的发展和社会资本平均构成的提高。由于这两个基本要素的作用而引起利润率运动新的趋向：劳动生产力发展——不变资本不断增多、可变资本相对递减——资本有机构成提高——资本所占有的剩余劳动对于活劳动所推动的对象化劳动量相对减少——利润率随之日渐下降。

利润率下降并不表示工人所受的剥削减轻。剥削程度即剩余价值率虽然是决定利润率的因素，但并不是唯一的因素。资本的有机构成和资本周转速度等等也是利润率变动的因素。所以，即使剩余价值率不变，或者甚至提高，利润率仍可以下降。

平均利润率下降也不表示资本家所得的利润量日益减少。利润量取决于两个因素：利润率和资本量。如果资本量不变，利润量随利润率增减。但是，资本主义发展历史证明：资本的总量是不断增加的。事实上，利润率的下降和利润量的增加，是同一过程的两个方面，马克思把利润率趋向下降的规律也叫做利润率下降但利润量同时增加的规律。在第 243—251 页，马克思详尽地分析了相同的原因造成利润率下降和利润量上升。

为什么资本主义国家在许多年份中利润率还常常上升呢？

这是因为，这个规律也像一切规律一样，所表现的是一种趋势，而不是年复一年的直线下降。而在资本主义发展史上，在产业革命以后，劳动生产率和资本构成提高得很快，但利润率的下降却比较缓慢，除了由于通货膨胀而造成的利润率的虚升之外，这是因为有一系列因素在阻碍它下降：

1. 对劳动力的剥削程度的提高。
2. 随着劳动生产力发展，不变资本变得便宜。
3. 相对人口过剩的发展引起某些部门采用手工劳动。
4. 对外贸易的发展。
5. 股份资本的增加。

在第 266 页第 2 段，马克思指出了以上诸因素的反作用。

平均利润率趋向下降规律的作用，清楚地使资本主义生产方式发展中的矛盾暴露无遗。

1. 生产扩大与价值增殖的矛盾。
2. 人口过剩与资本过剩的矛盾。
3. 生产与消费的矛盾。

所有这些矛盾都不可能在资本主义制度下得到解决，只有摧毁这种剥削制度，才有可能彻底解决矛盾。

这一事实证明资本主义生产方式的局限性。

马克思在第三篇的最后，指出了资本主义生产方式的限制表现在两点上：一是资本主义生产关系同生产力的发展发生最强烈的对抗；二是生产的扩大受到消费能力的限制。

第一卷第七篇指出了资本主义积累的历史趋势。这里指出资本主义生产方式的局限性。这两个科学论断是互相照应的。

第十三章　规律本身

前　　言

一、利润率趋向下降的规律是资本主义积累一般规律的具体形式

利润率趋向下降的规律是资本主义积累一般规律的具体形式。资本主义积累的一般规律则是它的内容。本章首先分析这一对矛盾:资本主义积累的一般规律和利润率趋向下降的规律的关系。然后分析它本身的两对矛盾:利润率下降和利润量增加,商品价格下降和商品总量所实现的总利润量增加。利润率趋向下降的规律本身由这两对矛盾构成。利润率下降和利润量增加(它的绝对量和商品量中的总利润量)是一个二重性的规律。本章主要分析了上述矛盾。

二、这一章所讲的"规律本身"的含义

这一章"规律本身",就是讲这个规律的这种本身。另外,讲"规律本身",还含有撇开阻止它下降的因素的抽象意义。这一规律的表述可见第236、240页,以及第241页第2段头两句。

三、规律的外部矛盾

本章先讲它的外部矛盾,后讲它的内部关系。

外部关系即:利润率趋向下降规律是资本积累规律的具体形式。

本章第25段,重新概述了资本积累规律。这个规律是这样表述的:随着劳动的社会生产力的发展,可变资本相对递减,而资本总额不断增加。在第一卷第742页有一个表述,那是从积累增长对无产阶级的影响的角度讲的。这一章讲的资本主义积累规律是从资本增加的角度来讲的。

利润率下降规律可以表述为:资本积累(剩余价值资本化)使资本总额不断增加,从而资本有机构成不断提高,可变资本相对递减,在剩余价值率不变或提高的情况下,利润率不断下降。

显然,利润率下降规律的内容就是资本积累规律。

利润率的下降趋向,包含:1.资本积累即剩余价值资本化:在其他条件不变的情况下,剩余价值越多,积累也会越多,资本总量就越增大;2.资本总量增大(积聚发展)引起资本有机构成的提高(资本积累的量变引起质变);3.劳动生产率由于有机构成提高而提高,可变资本由于资本有机构成提高而递减;4.其结果就是:在剩余价值率不变或提高时,利润率反而会下降。

反过来,资本积累,剩余价值资本化,采取了利润率下降的具体形式。资本增长而可变资本递减表现为平均利润率下降。平均利润率下降趋势是劳动的社会生产力不断发展在资本主义社会的特有的表现。这是资本主义生产方式的实际发展趋势。这里,反映了资本主义生产方基本矛盾的发展。

四、规律的内部关系及其表现

内部关系即:利润率下降和利润量增加,这是一个二重性规律。

利润概念的进一步表述,见第245、248、251、257页。

利润率下降与利润量增加是对立的,又是统一的。

二者必然统一,能够统一。见第243页。

原因是:资本主义生产规律和积累规律同时起作用。见第244页。

但是,利润率下降与利润量增加这种二重性的规律是在怎样的形式上表现呢?

简单说来,这个二重性的规律是在社会资本总量的迅速增长的形式上表现的。——以后我们会看到,随着资本主义发展,资本迅速增加,以致引起资本过剩。另外,"率降、量增"这个二重规律,还表现为商品价值下降和商品总量所实现的利润量增加。这里,形成资本家的"廉价、多销、厚利"的观念。

五、平均利润率趋向下降规律中的内部矛盾,就是资本主义生产的内部矛盾

平均利润率下降规律的内部矛盾,就是资本主义生产的内部矛盾,也就是资本主义的基本矛盾(广义的生产)。其表现为:一方面是生产力不断社会化,不断发展;另一方面是以对抗性的分配关系为基础的社会消费能力的狭小界限。

这个矛盾在利润形式上表现出来,就是它的矛盾展开了,同时也解决了。

资本主义生产规律要求用扩大生产的办法求得解决。因此,通过下列矛盾展开了生产扩大与价值增殖,即生产与消费的矛盾,资本过剩与人口过剩的矛盾以及阶级对抗。这一切矛盾的尖锐化,必然爆发为经济危机,从而通过危机使矛盾强制地暴力地破坏性地解决。

第十五章 规律的内部矛盾的展开

前 言

本章中心问题是论述平均利润率下降规律的作用和意义。其作用在于揭示这一规律是产生资本主义经济危机的一个原因。意义在于:这一规律表明了资本主义生产的历史局限性和暂时性。

这一章分析规律内部矛盾的展开。此规律的内部矛盾是什么?

这一章分析的内部矛盾,就是资本主义生产的内部矛盾,就是资本主义生产的内部矛盾在利润形式的表现。生产内部矛盾在利润形式上表现出来,就是这一规律的内部矛盾的展开。

这一规律的内部矛盾展开为以下四对矛盾:

1. 生产扩大与价值增殖(手段与目的)的矛盾。

2. 生产与消费的矛盾,社会生产力增长与社会消费力只能缩小到狭隘界限内之间的矛盾。

3. 人口过剩与资本过剩、失业人口与失业资本的矛盾。

4. 阶级矛盾(工人阶级与资产阶级之间、资产阶级内部、列强与殖民地之间的矛盾)。

Ⅰ. 概 论

本节从批判李嘉图的利润理论,引出资本主义生产的内部规律。

李嘉图错误在于:他考察的利润率实际上是剩余价值率,所以他讲的利润率下降就是剩余价值率下降和资本积累(剩余价值资本化)下降。

这是因为他混淆了资本主义生产的规律,资本主义积累的规律和利润率趋向下降的规律。

什么是资本主义生产的规律? 见第 272 页末一第 273 页开头。

这个生产规律包含的矛盾也就是资本主义生产的内部矛盾。即:1. 剩余价值的直接生产与剩余价值的实现的矛盾;2. 剩余价值生产所受的社会生产力的限制与剩余价值实现所受的社会消费力的限制的矛盾;3. 生产与消费的矛盾。

资本主义生产内部矛盾通过并表现为利润率趋向下降规律的内部矛盾而展开。

Ⅱ. 生产扩大和价值增殖间的冲突 (手段与目的矛盾)

生产扩大与价值增殖的冲突,可以归结到一点上,即社会生产力的发展和资本迅速增加,与资本贬值和死掉,以及利润率下降之间的矛盾。

社会生产力的发展表现为资本构成提高,即劳动生产率提高。但不管是生产扩大,还是资本构成提高,“二者都包含现有资本的贬值,二者都和可变资本同不变资本相比的相对减少同时并进。二者都引起利润率的下降,二者都延缓这种下降”。

“互相对抗的要素,同时发生互相对抗的作用”,这里指的是:

1. 资本增长刺激劳动人口增加时,又有别的一些因素起作用,使人口过剩;

2. 利润率下降时,会有别的一些因素阻碍它下降,使资本积累加快;

3. 生产力发展时,有机构成会提高,相对剩余价值会增加,但又会发生可变资本递减。

各种矛盾的冲突——爆发经济危机。

资本主义经济危机的实质和作用。见第 278—279 页。

第四篇　商品资本和货币资本转化为商品经营资本和货币经营资本(商人资本)

前　　言

一、研究对象及其性质

第一卷研究的资本，完全是一个抽象的范畴。第二卷研究的资本是有着三种形式(货币资本、生产资本、商品资本)交替变化的产业资本。第三卷前三篇研究的资本也是上述产业资本。第三卷第四篇与第五篇研究的资本，是从产业资本独立出来的商人资本和生息资本，它们都是社会资本现实运动中的具体形式。

剩余价值也是这样。第一卷研究剩余价值的产生，第二卷研究剩余价值和资本价值同时流通。本卷前三篇研究剩余价值转化为利润。都是抽象的范畴。利润转化为平均利润，那是产业资本的平均利润，是剩余价值的一种具体形式。本卷第四篇的商业利润则是剩余价值的具体形式。随着独立的商人资本和具体的商业利润的产生，出现了一系列问题，如商业资本的特点和职能，商业资本如何参加利润的平均化，商业资本剥削的特点以及生产价格的变化等等，都是本篇研究的问题。

资本主义下的商人资本和前资本主义的商人资本是两个不同的范畴。资本主义的商人资本在理论上和实际上都是产业资本的派生形式，商业资本家所扮演的是产业资本家的代理人的角色。

二、第四篇的内容结构

全篇共五章：第十六章至十八章研究商品经营资本的特点，以及商业利润和商业价格的形成。第十九章研究货币经营资本——它的职能和业务。第二十章研究前资本主义的商人资本。本篇的重点在前三章。

几个范畴的联系与差别

下面讲一下几个范畴的联系与差别：产业资本派生出商人资本，商人资本分解为商业资本和货币经营资本。所以要分析：一、产业资本与商人资本的对立统一；二、商品经营资本与货币经营资本的对立统一；三、商人资本促使资本主义矛盾发展，加速危机爆发；四、历史上的商人资本加速资本主义产生。

一、产业资本及其商品资本与商人资本（商品经营资本）

资产阶级庸俗经济学对这三个范畴的区别和联系始终没有弄清。他们既混淆了产业资本、商人资本，又不懂得产业资本中的商品资本与商人资本的关系。

他们把商人资本看成是产业资本的一种，把它同采矿业、农业、制造业、运输业等部门的资本相提并论。实际上这些部门都属于生产领域，这些部门的资本是预付在生产过程中的产业资本。而商人资本则只预付在流通领域中。混淆这两种资本，就是混淆生产过程与流通过程，目的在搅混剩余价值的来源。

产业资本和商人资本的矛盾反映出社会总资本运动中的生产过程和流通过程的矛盾。

商人资本分为商品经营资本与货币经营资本，是由产业资本运动中包含的流通过程的两个阶段（买和卖），以及资本在这两个阶段所采取的两种职能形式（商品资本和货币资本）决定的。

产业资本家的商品资本是产业资本运动（总循环）中产生出来的一种职能形式，它是产业资本的一部分。

商品经营资本所执行的职能，也是商品资本的职能。它也要参加社会的资本的总循环。但是，商人资本又是独立地执行职能的资本。

所以，无论产业资本的一些特殊分支（例如运输业的资本），还是产业资本运动中的商品资本，与商人资本都是不能混同的。

本篇前三章着重分析了产业资本中的商品资本流通和商业资本流通的差别：

产业资本中的商品资本流通形式为 W—G—W；商业资本流通形式为 G—W—G′。

前者是使商品资本实现为货币资本，然后购买商品，用于生产消费（生产剩余价值）或个人消费；后者是商人预付货币资本于流通领域，然后通过出售所购买到的商品而获取利润，它本身必须增殖。

商业资本不是商品资本本身。它是服务于商品资本到货币资本转化过程的。从商人自身的观点看，他既然付了商业的流通费用，所以他自然就应该要求补偿并且得到报酬，即平均利润。

商业资本如何补偿？商业资本如何得到平均利润？第十七章详细回答了这些问题。

这里只讲一下商品资本和商业资本这一对矛盾。

二、商人资本区分为商品经营资本和货币经营资本

商品经营资本和货币经营资本的联系和区别是：

(1) 商品经营资本和货币经营资本都是社会资本（产业资本）中流通资本（商品资本和货币资本）的独立化形式。在产业资本循环中，商品资本的一部分独立出来变成商业资本；货币资本的一部分独立出来变成货币经营资本。

(2) 商品经营资本的经营对象是商品；货币经营资本的经营对象是货币资本运动中的纯粹技术性的业务，即货币的收支、结算和贮藏，以及货币的汇兑或兑换。

(3) 商品经营资本是预付在商品流通费用上的；货币经营资本是预付在货币流通费用上的。

货币经营者（货币经营业资本家）预付了货币的流通费用，也必然要求得到“报酬”。这种“报酬”也是剩余价值的一部分，也是平均利润。

货币经营资本，随着信用制度的发展，变成银行资本。但银行资本不同于单纯的货币经营资本。因为它所经营的已经不是单纯的、技术性的货币业务，而是生息资本的借入与贷出，纯粹技术性的货币业务成了银行资本的附带业务。但银行资本本身也不是生息资本，它是经营生息资本的资本。

第二十章　关于商人资本的历史考察

一、商业资本是产业资本的一部分的转化形式，是资本在流通领域的独立形式（第1—5段）

把商业资本看成是像工业、农业一样的产业资本的特殊种类，那就错了。产业资本内部不包括商人资本。但商业资本是产业资本的转化形式，是资本在流通领域的独立形式。资本所以会取得独立的形式，完全因为资本在流通领域中采取的暂时形式和职能，表现为从资本中分离出来的部分的独立形式和职能，并同资本的这一部分结合在一起。

工业资本、农业资本、矿业资本、运输业资本是产业资本内部的不同生产资本。

资产阶级经济学把商业资本同工业资本、农业资本并列是错误的。因为他们无能力说明商业利润。他们把资本主义的商业资本和生息资本看作是生产过程本身产生的形式，好像要吃肉就有畜牧业，要穿衣就有服装业，要消费就有商业一样。这是形而上学。

二、商人资本的存在条件和它的职能(第6—13段)

商业资本是资本在历史上古老的存在形式。

因为商业资本离不开流通领域，它的职能是作商品交换的中介，所以，它的存在条件就是简单的商品流通和货币流通。换言之，商品的存在是商业资本存在的前提。商业资本的存在不以生产方式为转移。因为生产方式的不同不会改变商品的性质。不管在什么生产方式基础上生产的商品，总归都是商品。作为商品，它们都要经历交换过程和随之发展的形态变化。商业资本就是充当交换的媒介，只要交换的两极存在，商业资本就必然存在。

商业资本的存在虽不取决于生产方式，但商业的规模却由生产方式决定。另一方面，商业对生产方式起反作用，商业会使生产具有商品生产的性质。

不管在什么社会，商人的财产是作为货币财产而存在，他的货币也是作为资本执行职能。这个资本的形式总是 $G—W—G'$。这里，动机和目的是把 G 转化为 G'。所以，作为商业资本 $G—W—G'$的运动，同 W—G—W 不同，后者目的在使用价值。

在资本主义生产方式下，商业资本只是一种执行特殊职能的资本。而在资本主义以前的一切生产方式中，商业资本表现为资本的真正职能，即价值增殖 $G—W—G'$，G'就是增殖了的资本。

三、为什么商人资本在资本主义以前长期存在着？为什么它是资本的历史形式(第14—24段)

本来，商品流通是资本主义的历史前提。商人资本的存在、发展本身就是资本主义的历史前提。因为：(1)它的存在、发展是货币财富集中的先决条件。(2)为大规模贸易而生产是资本主义的前提。另外,商人资本的发展促使产品日益商品化。

可见,商人资本必然先于资本主义而出现和存在。

商人资本的独立发展同社会的一般经济发展成反比例。

以往,商品是由交换(通过商业)变成商品,正是商业使产品发展为商品。而不是已经生产出来的商品以自己的运动形成商业(先有产品直接交换,在交换中变成商品)。因此,资本作为资本,以往先在流通过程中出现,在流通过程中货币发展成为资本。在流通中,产品首先发展或交换价值,发展成为商品和货币。其顺序为产品—商品—货币—资本。

以商业资本为媒介的各个生产部门的分离,农业、畜牧业、手工业的分离,是形成商业资本的一个主要源泉。在历史上,继第一、二次社会大分工之后出现商业这个社会分工。

因为商业资本的运动是 G—W—G′,所以商业利润一是通过买卖得到的,二是在卖中实现的。这叫"让渡利润"。以往,贱买贵卖是商业规律。

古代商业是作为纯粹的转运贸易、建立在生产民族的野蛮状态的基础上,商业民族对各生产民族起中介人作用。商业支配产业,它使旧关系解体。作为各个共同体之间的中介的古代商业,它的利润表现为侵占和欺诈。古代商业资本代表一种掠夺制度。例如,在古代迦太基、罗马以及后来的威尼斯、葡萄牙、荷兰都是如此。

四、商业资本的发展对旧的生产方式起解体的作用(第 25—26 段)

商业和商业资本的发展,到处破坏自然经济,使旧的以生产使用价值为主的生产方式解体。但在多大规模上起解体作用,则取决于旧生产方式的坚固性和内部结构。并且这个解体过程会导向何处,即什么新生产方式代替旧的,不取决于商业,而取决于旧生产方式的性质。

16—17 世纪地理的大发现促使欧洲商业和商人资本的大革命,它是促进封建生产方式向资本主义过渡的一个主要因素。然而,在这里,不是商业使工业发生革命,而是工业不断使商业发生革命。商业的统治权也是和大工业的优势结合在一起的。例如,荷兰作为一个占统治地位的商业国的衰落的历史,就是一部商业资本从属工业资本的历史。

资本主义前的民族生产方式具有的内部坚固性和结构,对于商业资本的解体作用造成很大障碍，这从英国人同印度和中国的通商上可以明显地看出来。在印度和中国，小农业和家庭工业的统一，形成了生产方式的广阔基础。英国人对印度曾经使用政治权力和经济权力，以便摧毁它的小规模经济公社。如果说，英国商业对印度公社产生影响，那只是指他们的廉价商品消灭了纺织业，从而破坏了公社。但是这种解体进行得极其缓慢。在中国就更缓慢了，因为这里的政治权力没有起作用，农业和手工业直接结合造成的巨大节约，对大工业产品进行了最顽强的抵抗。

五、商人资本与从封建制向资本主义的过渡(第27—30段)

从封建制向资本主义过渡，有两条途径：一条是生产者变成商人与资本家，与自然经济和行会手工业对立。这是真正革命化的道路。另一条是商人直接支配生产。这条路虽然在历史上起过巨大的过渡作用，例如17世纪英国的呢绒商人，但它并未引起旧生产方式的变革，毋宁说保存了旧生产方式，把它当作自己的前提予以维持。但它随着资本主义发展而消灭。

可见，在西欧发生了三重过渡：(1)商人直接成为工业家；(2)商业把小业主变成自己的中介人，他成了真正的资本家，即剩余价值的占有者；(3)产业家成为商人，直接为商业大规模生产。

第五篇　利润分为利息和企业主收入。生息资本

本篇的对象和结构

一、研究对象及其所包含的矛盾

恩格斯在编辑第三卷时讲过：第三卷的困难在第五篇，这一篇的内容最复杂。

这一篇涉及的问题就非常广泛。其中包括：1. 生息资本的产生及其特点；2. 利息和企业利润；3. 利息率和利息量；4. 信用制度；5. 银行资本、股份资本和虚拟资本；6. 货币资本和现实资本；7. 信用制度下的货币流通；8. 高利贷资本等。

为了阐明这些问题，本篇分析了一系列矛盾：

1. 货币资本与生息资本（借贷资本）的矛盾：利润分解为利息与企业主收入；
2. 生息资本与职能资本（产业资本、商业资本）的矛盾；
3. 利息与平均利润；
4. 利息率与利息量；
5. 银行资本、股份资本和虚拟资本；
6. 货币资本所有者与职能资本家；
7. 资本商品的二重性：它的使用价值与价值；
8. 资本市场、商品市场和劳动市场；
9. 商业信用与银行信用；
10. 资本的所有权与使用权；
11. 资本的借入与贷出。

上述矛盾中的主要矛盾是生息资本（货币资本家）与职能资本（产业资本和商业资本，产业资本家和商人）之间的矛盾。

上述矛盾的运动和关系可以图示如下：

(1) 生息资本→货币资本与借贷资本的统一→资本所有权与使用权的分离→货币资本所有者与职能资本家的对立→食利阶层与资本家代理人。

(2) 利润分解为→利息与企业利润、量的分割与质的分割→利息与平均利润→利息率与利润率→利息率与利息量。

(3) 生息资本运动产生信用制度→商业信用与银行信用→资本商品,它的价值与使用价值→资本的借入与贷出→债务与债权→信用下的资本形式:银行资本与股份资本、虚拟资本→市场分成资本市场、商品市场、劳动市场、股票交易所。

二、本篇的结构

本篇分上篇与下篇,各有八章,共十六章。

正篇八章,中心内容是从同产业资本的联系上,确定信用制度的发展及其二重性的作用。续篇八章,中心内容是,在同生息资本的联系上确定资本主义信用及其对生息资本的影响。

全篇结构,体现了从抽象上升到具体的逻辑方法。

我们可将这十六章划分为五个部分:

1. 第一部分:第二十一章至第二十四章。

论述生息资本和利息的一般原理。这里暂时抽象掉了所有的具体形式。

2. 第二部分:第二十五章至第二十八章。

论述信用与虚拟资本。包括论述信用与虚拟资本,生息资本意义上的货币资本的积累以及它对利息率的影响,信用在资本主义生产中的作用,流通手段和资本等。这里批判了资产阶级经济学家在流通手段和资本问题上的错误见解,同时阐明信用制度出现以后产生的新问题,例如,资本主义基本矛盾的新发展等。

3. 第三部分:第二十九章至第三十二章。

论述银行资本的组成部分,银行信用和商业信用的关系,以及货币资本运动和现实资本运动的关系。其中论述了商业信用及工业周期不同阶段上的货币资本和现实资本;货币转化为借贷资本;借贷资本的量和现有的货币量的关系;资本或收入转化为货币,这种货币再转化为借贷资本;由于现实资本的游离而形成借贷资本等一系列重要的原理。

4. 第四部分:第三十三章至第三十五章。

分析信用制度和货币流通的相互关系。包括信用制度下的流通手段,资产阶级经济学的所谓通货原理和 1844 年英国的银行立法,以及贵金属和汇兑率等。

5. 第五部分:第三十六章。

阐述生息资本发展的历史。分析了历史上的高利贷资本及其性质和作用,现代银行业和信用制度的产生及其与生息资本的关系,以及银行和信用在向新的更高级的生产方式过渡中的作用及其历史局限性。这里批判了早期圣西门学派和普鲁东等人的资产阶级社会主义和小资产阶级"信用"的社会主义的空想。

第二十一章　生息资本

本章主要阐明生息资本的性质、特点和运动,以及它同产业资本和商业资本的关系。同时阐明了利息的性质。

一、生息资本和资本商品

生息资本是当作商品的资本、可以买卖的资本,马克思把它叫作"资本商品"。在以上的研究中,我们所提到的资本价值,所指都是这些资本价值本身,亦即存在于商品(生产资本或商品资本)或货币(货币资本)上的资本价值。这里却遇到了一种纯粹从经济形式或经济关系中产生的、作为"资本商品"(注意:不要混同于"商品资本")的资本的"使用价值"和"价格"。我们知道,资本不是物,也不是商品和货币,而是一种关系,即资本和剩余价值的关系,或者说是价值自身对自身的关系、价值的自我增殖的关系。所以,在这个意义上,无论说"资本商品",还是说资本商品的使用价值和价格,都是荒谬的和虚幻的。然而正是这种关系使资本获得了一种形式上的"使用价值",即生产剩余价值或利润的"使用价值"。而利息也就歪曲地被表现为"资本商品的价格"。

资本商品的运动形式是资本的借贷,从形式上来看好像就是一般的商品的买卖。货币资本家把货币资本(它的形式上的使用价值)当商品出售给职能资本家,货币资本就变成生息资本。

二、资本所有权和资本使用权的分离

在生息资本上,资本的所有权和使用权相分离。这种分离表现出货币资本家与职能资本家这两部分资本家的对立,以及二者共同瓜分工人阶级所创造的剩余价值的关系。同时使同一笔资本,获得了二重的存在形式。列宁在《帝国主义是资本主义的最高阶段》等著作中，进一步说明了“食利阶层”的产生加深了资本主义的腐朽性。

三、生息资本运动的形式及其特点

（一）生息资本运动的形式

就与产业资本的关系来说，生息资本的完整的运动形式是：

$$G—G—W<\begin{matrix}A\\Pm\end{matrix}\cdots P\cdots W'—G'—G'$$

从与商业资本的关系上来看是：

$$G—G—W—G'—G'$$

如果撇开产业资本和商业资本的运动这些中介，那么生息资本的运动形式就是：

$$G—G'$$

（二）生息资本是资本的最富有拜物教性质的形式

这里，资本是带来剩余价值的价值的属性，完全暴露出来。然而事实上，资本之所以能够带来剩余价值，根本原因就在于产业资本的运动在其生产阶段中对于剩余劳动的无偿占有。所以，生息资本的运动又是资本的最富有拜物教性质的形式。

（三）生息资本的偿还

生息资本的运动和普通商品的买卖运动的区别在于：借贷出去的资本必须收回，而卖出的商品则不再回流到它的出发点。

普鲁东正是混淆了这两种买卖的区别。本章第386－388页批判了这个错误观点。

四、生息资本和利息

（一）利息的本质

货币资本家放款出去的目的是得到利息。

利息是平均利润的一部分。

利息是职能资本家从自己的平均利润中分让给货币资本家的一部分。它体现这两类资本家之间的关系，即其共同瓜分剩余价值的关系。

（二）利息作为生息资本的价格

利息在资本市场上表现为生息资本的价格。但利息是资本的价格这种说法是不合理的。这种所谓“价格”同“商品价格”的概念相违背。在这里，价格成为纯粹抽象的、无内容的形式。

一般商品价格是价值的表现形式，由价值决定的，它和使用价值无关。而作为生息资本（即资本商品）的价格的利息，却正好是由资本商品的使用价值来决定的。所以这是很荒谬的。更不要说资本的使用价值这种说法本身就已经是很荒谬的了。

但是，把利息说成是资本商品的价格，是有它的客观基础的：

第一，在资本市场上，资本确实是当作商品买卖的；

第二，同普通商品买卖一样，也发生商品使用价值的转让；

第三，利息作为资本商品的价格也由供求关系决定。

在生息资本和利息的形式上，资本关系的本质完全被掩盖、被歪曲了。利息来源看不到了。

第二十二章　利润的分割。利息率。"自然"利息率

这一章主要研究生息资本的独立形态和利息从利润中独立出来的过程。首先分析利息与利润、利息率与平均利润率两对矛盾（其联系），接着分析利息率的变动（前一章讲利息的性质，这里讲量的方面），最后分析利息率的特点。

利息是平均利润的一部分，它的最高额不能等于利润。特殊情况除外。

利息率受利润率影响，在此前提下，取决于利润在借方与贷方之间分割的比例。因此利息率在资本主义发展程度不同的国家和在同一国家资本主义发展的不同时期，也有不同的利息率。在同一资本主义国家内，利息率的变动与产业的周期变动密切联系着。马克思指出：低利息率多数与繁荣时期或有额外利润的时期相适应，利息的提高与繁荣到周期的下一阶段的过渡相适应，而达到高利贷极限程度的最高利息则与危机相适应。当然，另一方面，低的利息可能和停滞结合在一起，稳步提高的利息可能和逐渐活跃结合在一起。马克思在后面第三十章中还进一步讲道：危机阶段，对货币或支付手段的需求最高，所以利息率也会达到它的顶点；危机过后的萧条时期则相反。复苏时期，利息率稳步上升。繁荣时期，一方面利润率高，对货币资本的需求增加，利息率可以上升；但另一方面由于商业信用比较容易获得，利息率也有可能不升反降。此外，在比较不同国家的利息率高低的时候，还应考虑到不同国家的历史和习惯。所以，类似于商品的"自然价格"（实为市场价值或市场生产价格）那样的"自然"利息率是不存在的。资产阶级经济学家不懂得这一点，却要费尽心思地去寻找所谓的这个资本商品的自然价格（亦即所谓的"自然"利息

率)，这是徒劳的。

第二十三章　利息和企业主收入

这一章主要研究利润分解为利息与企业利润，研究这种分割怎样由量的分割变成质的分割，这种质的分割怎样掩盖了资本关系的本质。

利息是平均利润的一部分，职能资本家付出利息以后留下的那一部分平均利润，就是企业利润，即企业主收入。企业利润也叫纯利润。

如果职能资本家的资本是他自己的，本来不会发生这种分割。但是，因为社会上存在产业资本家、商业资本家和货币资本家(借贷资本家)这样不同的三个资本家集团，所以即使是自有资本，也有这种分割。

利润分解为利息和企业主收入这两部分，是资本主义经济中的一个事实。但是只有马克思对这种分割作出了科学的辩证分析，这是资产阶级经济学家所不可能做到的。这一科学分析深刻地揭露了被利息掩盖的资本关系的实质。

利润是怎样从量到质分割为二呢?

在第 415 页第 2、3 段，马克思指出:社会上有了两类资本家的存在，便要对利润进行分割。

把利润分为纯利润和利息，这是纯粹量的分割。见第 417 页第 2 段。

在职能资本家用自有资本经营的场合，他就会把全部利润或剩余价值装进自己的腰包。因此就不存在这种分割。见第 418 页开头。

而当利息表现为资本所有权的产物、企业利润则表现为资本执行一定职能的结果时，这种分割就由量的分割变为质的分割。同时，这种分割也就固定化和独立化了。这一分割在全体资本家中和全部资本上确定下来。因此，每个资本家都具有二重人格:资本的所有者和资本的使用者。资本也有了二重性:一方面作为处在生产过程以外、自身会提供利息的资本;另一方面作为职能资本处在生产过程中，会提供企业利润。

因此，不管职能资本家用的是自己的资本，还是借来的资本，都发生了利润的单纯量的分割转变为质的分割。

在利润的质的分割问题上，关键不在利润是否分给不同的资本家，而在利润分割为两个不同的范畴。

为什么利润会分解为两个范畴？

第一，随着资本主义的发展，大多数产业资本家都借入货币资本。

第二，在历史上，先有生息资本和利息，后有产业资本和产业利润。到了资本主义社会，产业资本家已经面临着既成事实的利息。他的利润只有扣除利息以后才是自己的收入。

第三，产业资本家首先是资本的所有者，他和借贷资本家一样，要求得到利息。因此，虽然是他自己的资本，他也把他的利润分为两部分。

这样，在这里，在这种社会的表面上，生息资本与职能资本相对立、利息与纯利润相对立，就代替了资本与劳动的对立。

剩余价值转化为利润和平均利润，已经使剩余价值的来源被掩盖起来。平均利润转化为利息与企业主收入，又增加了一层烟雾。

企业主收入被表现为职能资本的结果，表现为职能资本家活动的结果，资本家的活动变成了一种劳动，而他的收入似乎成了“工资”。

这里，马克思作了两种分析：企业管理的二重性——监督和指挥的劳动与资本家的剥削行为，以及企业管理人、资本家代理人与资本家，企业主收入与管理工资，董事、股东和经理、厂长等人的各种关系。

第二十四章　资本关系在生息资本形式上的外表化

这一章是前三章的总结。

这一章主要是分析、批判资本拜物教观念。对生息资本运动所造成的资本拜物教和利息与纯利润所掩盖的资本关系的阶级本质，进行了总的概括，并且直接批判了关于资本的庸俗观点。

第二十五章　信用和虚拟资本

前面四章只是在货币资本家与职能资本家之间的直接联系上考察生息资本。从这一章起，通过在货币资本家与职能资本家之间通过银行家和银行资本的中介作用而发生的联系，考察银行资本的作用。

银行资本的出现，没有改变生息资本的性质，但它的构成和它的形式发生了变化。

随着银行资本的出现，也出现了新的经济范畴。本章的标题加上了“虚拟资本”，但对什么是虚拟资本并没有作出“定义”。但是阅读这一章的正文和引文可以看到：马克思在本章中所说的虚拟资本，首先就是指“通过单纯的流通手段”而制造出来的那些“商业货币”、“信用货币”、“定期的支付凭据”。马克思这里把它们统一地概括为“汇票”这个范畴。

在信用制度的发展历史上，首先出现的是商业信用。在《资本论》第 1 卷第 3 章第 3 节中马克思就已经指出过，货币充当支付手段的职能，从而商品生产者和商品经营者之间债权人和债务人的关系，是由简单商品流通而形成的。随着商业和只是着眼于流通而进行生产的资本主义生产方式的发展，信用制度的这个自然基础也在扩大、普遍化和发展。而这时，“大体说来……货币在这里……是为取得定期支付的凭据而卖。……就像生产者和商人的这种互相预付形成信用的真正基础一样，这种预付所用的流通工具，汇票，就形成真正的信用货币如银行券等等的基础”。

之所以说它们是虚拟资本，这首先是因为这种汇票在它们期满之前，本身又会作为支付手段来流通。如果它们所执行的职能同时就是货币资本的职能的话，那就无异于人为地制造出了一批虚拟的货币资本。也正如马克思在第 451 页引用威·里瑟姆(约克郡的银行家)的话所指出的：“要判断票据有多少是来自实际的营业，例如实际的买和卖，有多少是人为地制造的，只由融通票据构成，这是不可能的。融通票据，就是人们在一张流通的汇票到期以前又签发另一张代替它的汇票，这样，通过单纯流通手段的制造，就制造出虚拟资本。”此外还加上银行用贷款制造存款等手段。所以这一章实际上已经列出了虚拟资本的几种主要的表现形式，只是暂时还没有做进一步深入地分析。

如上所说，信用制度是在商业信用的基础上产生的。早在简单商品流通中就有了赊账，这就是商业信用。而在资本主义下，商业信用是职能资本家之间在商品生产与商品流通中互相赊账、互相给予的信用。这种信用加速了产业资本家的商品实现过程，同时使买卖关系变成债权债务关系，并且通过信用而立即制造出大量的虚拟资本。

赊账的凭证是商业期票。期票是商业信用的工具。期票又叫汇票。期票没有到期以前可以到银行先兑换现金，叫作贴现。

期票是商业信用的凭证，是有一定支付期限的债券，是延期支付的证书。

期票的贴现，是商业信用向银行信用的扩展。

银行信用是银行资本家与货币资本家、产业资本家等等之间相互提供的信用。银行资本家是中介人。他一方面代表货币资本家的集中，一方面代表借入者的集中。

银行信用的工具是银行券。它也是一种汇票。但银行券不是纸币，也不是通货。

银行发行银行券，如果全部由黄金作保证，它的银行券不会增加它的实际的银行资本，因为它的银行券是拥有的黄金的凭证，随时可以兑换。同时，握有银行券的借款人，也不会增加他的现实资本，因为这种银行券只是代替商业期票。

不仅如此，即使银行券全部或部分地是以黄金为保证的，但因其在它的持有人手中可以像现金一样执行流通手段和支付手段的作用，所以就在一定程度上已经变成了虚拟资本。如果这些银行券被计入发行银行券的银行资本中，这部分银行资本就更加成了虚拟资本。

本章第 458 页第 2 段以后的几段，是恩格斯对马克思在第 455—458 页所引用的材料做的解释。

银行券与纸币的区别在于：银行券以私人票据为基础，是一种信用货币，属有价证券；而纸币是由一般流通创造的，由货币的流通手段职能产生。它是代表黄金的符号，它在铸币中孕育出来。它是由国家发行的。银行券则由银行发行。

第二十六章　货币资本的积累，它对利息率的影响

这一章完全是批判英国几个银行家、经济学家关于利息率的变动由什么决定、关于货币和资本的定义的谬论。这些人不向人们如实地说明利息率的界限实际上是如何决定的，却向人们兜售一大堆废话，实际上是因为他们暗中总是不安好心，力图通过人为的立法的干涉，从流通手段本身造出生息资本，并且提高利息率。

第二十七章　信用在资本主义生产中的作用

这一章完全地保存了手稿的原样。它作为手稿，显然带有只是准备写作的一个提纲的性质。这个提纲，一方面对前几章作了总结，另一方面也提出了新问题，如对股份资本的论述。

马克思对信用在资本主义生产中的作用，是从四个方面说明的：

第一，信用促进了一般利润率的形成。

第二，信用能使流通费用减少。

第三，信用促进股份公司和股份资本的形成和发展。

第四，资本主义信用制度的二重性。

第二十八章　流通手段和资本。图克和富拉顿的见解

马克思在本章的前三段，首先扼要地指出了图克和威尔逊等人在这一问题上的错误见解，以及应当如何正确看待他们所说的这种区别。马克思指出：

图克、威尔逊等人指出的通货和资本之间的区别，——他们在指出这种区别时，把作为货币的流通手段，作为一般货币资本的流通手段和作为生息资本（英语是 moneyed capital）的流通手段之间的区别，杂乱无章地混淆在一起，——可以归结为如下两点。

一方面，流通手段，在它对收入的花费，对个人消费者和零售商人之间的交易起中介作用时，所执行的是一般流通手段的职能，虽然它不断地补偿资本。另一方面，在货币对资本的转移起中介作用时，不管它是充当购买手段(流通手段)还是充当支付手段，它都是资本。所以，使它和铸币区别开来的，既不是它作为购买手段的职能，也不是它作为支付手段的职能。区别在于：在第二个场合，这个货币不仅为一方即卖者补偿资本，而且被另一方即买者作为资本来支出，来预付。因此，区别事实上是收入的货币形式和资本的货币形式之间的区别，而不是通货和资本之间的区别……在两种职能上，它都同样是通货。而图克的见解之所以产生了各式各样的混乱，是由于：

1. 混淆了职能上的规定；

2. 混进了关于在两种职能上合计需要多少流通货币量的问题；

3. 混进了关于在两种职能上，从而在再生产过程的两个领域内流通的流通手段量互相保持相对比例的问题。

然后对这种错误的说法，进行了逐一的批驳。见第 501—508 页。

另一方面，富拉顿则把作为购买手段的货币和作为支付手段的货币之间的区别，变成通货和资本之间的虚假的区别了。见第 508—523 页。

在这两个场合里，无论对图克和威尔逊等人还是富拉顿，作为基础的都是银行家关于流通和资本的狭隘观念。

第二十九章　银行资本的组成部分

一、研究对象及意义

从第二十九章到第三十四章是第五篇的续篇，这七章总的内容是联系生息资本考察信用和信用对生息资本的影响，以及生息资本在信用上所采取的形式。

本章分析银行资本的组成部分，重点说明：银行资本的最大部分纯粹都是虚拟的。并在这一说明中，深刻揭示了虚拟资本的形成及实质。

二、银行资本的组成部分

马克思首先指出，银行资本由现金(金或银行券)和有价证券两部分组成。有价证券也叫有息证券，它又包括商业证券即汇票，以及公共有价证券，如国债券、国库券、各种股票等，还可以包括不动产的抵押单。由这些物质组成部分构成的资本，又分为银行家自己的投资和别人的存款，后者形成银行营业资本或借入资本。

接下来，首先详细地分析了银行资本的这个由有价证券构成的部分。

银行资本和银行信用的发展使生息资本在虚拟资本的形式上得到进一步的发展。因此，资本关系更加神秘化了。

三、银行信用与虚拟资本的形成

随着资本主义信用制度的发展，在生息资本的基础上产生了虚拟资本。

虚拟资本是怎样形成的呢？

生息资本的运动，引起这样一种结果：每一笔确定的、有规则的货币收入，都可以看作是一个资本的利息，而不管这笔收入实际上是不是由资本产生的。这里，是把货币收入当利息然后计算出它的资本。所以马克思说："人们把虚拟资本的形成叫作资本化。"这样形成的资本，叫做虚拟资本。

第 528—529 页讲了虚拟资本的形成。

三、虚拟资本的实质及其荒谬性

那么，这个带来固定收入的虚拟资本，究竟是什么样的资本呢？马克思首先以国债和工资为例，说明虚拟资本的产生及其荒谬性。

（一）国债

在国债的场合，债权人通过购买国债而交付给国家的那笔资本本身，已经由国家花掉了、耗费了。并且在大多数场合，在国家手中，它甚至并不是被当作资本投入生产和经营活动的。但对国家的债权人来说，国债券在他手中仍然起着一笔货币资本的作用；他不仅靠这张国债券有权从国家那里索取一定的利息，而且还可以随意买卖。所以马克思说：这种资本，即把国家付款看成是自己的幼仔（利息）的资本，是幻想的虚拟的资本。而且不管国债的交易反复进行多少次，国债的资本仍然是纯粹的虚拟资本；一旦债券卖不出去，这个资本的假象就会消失。在国债的场合，连负数也表现为资本。这是一种十足的颠倒。

在下一章（第三十章）中马克思还写道：连债务积累也能表现为资本积累这一事实，清楚地表明那种在信用制度中发生的颠倒现象已经达到完成的地步。

（二）工人的劳动力

在劳动力的场合，工资被看成是利息，因而劳动力被看成是提供这种利息的资本。所以，马克思说，资本主义思想方法的错乱在这里达到了顶点，资本的增殖不是用劳动力的被剥削来说明，相反，劳动力的生产性质却用劳动力本身是这样一种神秘的东西即生息资本来说明。马克思说，可是在这里，“不幸有两件事情不愉快地和这种轻率的观念交错着：第一，工人必须劳动，才能获得这种利息；第二，他不能通过转让的办法把他的劳动力的资本价值转化为货币。其实，他的劳动力的年价值只等于他的年平均工资，而他必须通过劳动补偿给劳动力的买者的，却是这个价值本身加上剩余价值，也就是加上这个价值的增殖额。”

（三）股票和企业债券

股票（企业债券、公司债券）——一种某企业对私人的信用。股票代表股份资本。从形式上看来，股东是股份公司的所有者。实际上，股票只是领取一定收入的债权证书。马克思指出，这个资本不能有双重存在：一次是股票票面的资本价值；一次是已经投入企业的资本。所以马克思说，即使在有价证券（这里就是指股票）不像国债那样代表纯粹幻想的资本的地方，这种证券的资本价值也纯粹是幻想的。股票所有者不能支配他投在股票上的资本，就像他借出了一笔钱，交给别人支配而自己不能支配。不过，他可以把股票再卖给别人。因此，股票也就成了虚拟资本。

（四）虚拟资本的运动

马克思还通过股票等有价证券的“市场价值”的波动指出：

“只要这种证券的贬值或增值同它们所代表的现实资本的价值变动无关，一国的财富在这种贬值或增值以后，和在此以前是一样的。”

“只要这种贬值不表示生产以及……运输的实际停滞，不表示已开始经营的企业的停闭，不表示资本在毫无价值的企业上的白白浪费，一个国家就决不会因为名义货币资本这种肥皂泡的破裂而减少分文。”

“所有这些证券实际上都只是代表已积累的对于未来生产的索取权或权利证书，它们的货币价值或资本价值，或者像国债那样不代表任何资本，或者完全不决定于它们所代表的现实资本的价值。”

在一切进行资本主义生产的国家，巨额的所谓生息资本或货币资本（moneyed capital）都采取这种形式。货币资本的积累，大部分不外是对生产的索取权的积累，是这种索取权的市场价格即幻想资本价值的积累。

银行家资本的一部分，就是投在这种所谓有息证券上。

四、银行资本的最大部分都是虚拟资本

在这样分析了银行资本的这个由有价证券组成的部分（即一般意义上的虚拟资本）以后，马克思又回过头来分析了银行资本的另一个组成部分即“现金”（金或银行券），也就是由金或银行券构成的货币准备金。按说，银行的这种准备金应当表示在资本主义生产发达的国家中的贮藏货币的平均量了，然而实际上这种贮藏货币的一部分本身也是自身没有任何价值的证券，只是对金的支取凭证。因此，银行家资本的最大部分纯粹是虚拟的。而这些证券，无论是由债权（汇票）、国家证券（它代表过去的资本）和股票（对未来收益的支取凭证）构成的，它们所代表的资本的货币价值都完全是虚拟的。此外，还要加上这种情况：这种虚拟的银行家资本，大部分并不是代表他自己的资本，而是代表公众在他那里存入的资本（不论有利息，或者没有利息）。

至于银行存款，马克思也指出：全部存款，除了准备金外，只不过是对银行家的贷款，但它们从来不是作为保管的现金存在的。

这样，就出现了这样的结果：正如在这种信用制度下一切东西都会增加一倍和两倍，以至变为纯粹幻想的怪物一样，人们以为终究可以从里面抓到一点实在东西的“准备金”也是如此。

随着生息资本和信用制度的发展，一切资本好像都会增加一倍，有时甚至增加两倍，而这种“货币资本”的最大部分纯粹是虚拟的。

——

马克思对于银行资本组成部分的分析，彻底说明了发达资本主义国家的财富的虚假性，说明了资本主义制度趋于腐朽的内部根据，也说明了它的寄生性。到帝国主义时代，随着金融资本的出现，资本主义的这种腐朽性和寄生性进一步暴露出来。

第三十、三十一、三十二章　货币资本和现实资本

货币资本和现实资本是三章的共同题目。

共同的题目表明这三章共同的内容，是在上一章对银行资本的

组成部分和虚拟资本分析的基础上，分析货币资本和现实资本之间的这一对矛盾。主要是分析与信用制度相联系，生息资本意义上的货币资本的积累(或增长)与现实资本的积累(或增长)的差别和联系。重点在两种积累的差别。分析在什么限度内，两种积累相一致；在什么限度内它们沿相反方向发展。同时确定了信用制度从哪些方面促进了生息资本意义上的货币资本积累的增长。

马克思的分析是根据资本主义生产周期的不同阶段不同情况进行的，从而也说明了信用制度在经济危机中的作用。

第三十章的主要内容

一、货币资本的积累与现实资本积累的关系

前一章已讲过银行资本的绝大部分都是虚拟资本，其中以有价证券为主。本章分析生息资本的积累，就是从虚拟资本和有价证券形式上的“货币资本”的积累开始分析的，着重分析了这些生息资本意义上的货币资本(实为虚拟资本)的积累与现实资本积累的关系。

在有价证券的积累是生息资本积累的特殊形式的限度内，这种积累可以还原为对劳动的所有权的要求的增长。比如公债券的积累——一方面表示国家债务增加；另一方面则表示债权人阶级(食利者阶层)的增加。这种积累不仅要求占有当前的剩余劳动，而且要求占有下一代的剩余劳动。最初的投资人投在公债上的资本实际上早已不存在，但对它的所有者来说，这却仍然是他的生息资本。至于各种股票的积累——股票所有者投资于股票而要求占有企业剩余价值的一部分——，则不过表示要求瓜分剩余价值的特权的增加。由于股票所有者不能支配资本，而只能把股票当作商品来买卖，所以它也成为生息资本的形式。从而股票积累成为生息资本积累的特殊形式。

在资本主义社会里，资本家阶级在有价证券上的投机倒把，像赌博一样，表现为夺取资本的原始方法。因此，有价证券积累，虽在一定限度内(如发行企业股票)表现现实资本扩大，但一般情况下，意味着大量货币资本束缚在有价证券市场上。因此，有价证券的增加，不仅不表示现实资本增加，而且会同现实资本积累相反的发展。

在货币资本的积累和现实资本的积累之关系上，应注意以下三点：

第一，这种生息资本意义上的货币资本积累，与现实资本的积累

或再生产的扩大，不是一回事，不能混淆。二者有联系，但不是一致的，宁可说二者往往是相反的。

第二，不仅不能把货币资本的积累和现实资本的积累看作一回事，而且甚至也不能把借贷货币资本的增减与流通中的货币总额的增减等同起来。

第三，也不能把生息资本意义上的货币资本，与产业资本循环中的货币资本相混。前者属于生息资本或虚拟资本，后者才是现实的货币资本。讲货币资本积累，要先划清以上界限。

二、货币资本积累与现实资本积累的关系在经济周期各阶段的不同情况

（一）萧条阶段即本章讲的停滞、静止状态

——借贷货币资本的增长，表示出现实资本积累的停顿。因为这时，生产缩减，商品滞销，货币资本存入银行，借贷资本供过于求，利息率下降。借贷货币资本的充斥，正好表示现实资本停顿。

（二）复苏和繁荣阶段，即本章讲的恢复时期

——两种资本的积累相一致，并结合在一起。

（三）危机阶段

——信用破产，借贷货币资本奇缺。产业资本过剩，有价证券价格一落千丈，利息率涨到最高点。

总之，借贷货币资本积累充斥时，正是现实资本收缩时；借贷资本收缩或奇缺时，正是现实资本过剩时。

第三十一章的主要内容

对于货币资本的积累，需要具体地确定两种不同的情况：在借贷货币资本是单纯由货币转化为借贷资本的积累的情况下，这种积累不表示现实资本的增长或再生产扩大，而彼此往往无关；在借贷货币资本积累是由资本或收入转化为货币、这种货币再变成借贷货币资本的情况下，这种积累便成了以现实资本积累为基础的积极的积累了。

本章分别分析这两种关系。

Ⅰ. 货币转化为借贷资本

本节着重分析了以下两种主要的情况：

一、现实的货币资本转化为借贷资本

这里所指的是那种由于和生产积累成反比而同生产积累有联系的借贷资本的堆积或过多。这种情况发生在产业周期的两个阶段上：

第一是，在生产资本和商品资本这两种形式上的产业资本已经收缩，也就是危机以后周期开始的时期。在这种场合，以前用在生产和商业上的货币资本，表现为闲置的借贷资本。这种情况表示产业资本的停滞，正好是现实积累的相反表现。

第二是，在已经开始好转但商业信用还不大需要银行信用的时期。在这种场合，货币资本在日益增长的规模上被使用，但利息率很低。这种情况表示商业信用对银行信用的相对独立性，借贷资本过剩同再生产过程的新扩大结合在一起，伴随着它，但不是它的原因。借贷资本的过剩已经减少，仅仅同需求相比还相对地过剩。

在这两种场合，现实积累过程的扩大都会得到促进。因为这两个场合的低利息，都会增加利润中转化为企业主收入的部分。

二、在没有现实积累的借贷资本的积累

在没有任何现实积累时的借贷资本的积累，可以通过各种纯技术性的手段而实现。例如：

第一，通过银行业务扩大和集中、流通准备金或私人支付准备金的节约而造成的借贷货币资本的单纯技术性的增加。

第二，汇票的再贴现所造成的借贷货币资本的单纯技术性的增加。

第三，股份公司所募集的股东的款项，在没有实际使用以前存入银行，也会暂时增加借贷货币资本。

以上都是与现实资本积累无关的，这种借贷货币资本积累是单纯由货币转化来的。

Ⅱ. 资本或收入转化为货币，这种货币再转化为借贷资本

由资本或收入转化为货币，再变成借贷资本，是同产业资本现实积累相联系的，由绝对地增加而造成的积累，这是积极的积累。这同闲置的货币资本增加引起的借贷资本相对增加是完全不同的。本节分别考察了这两种情况：

一、资本转化为货币，货币再转化为借贷资本

其中又包括两种情况：

(一) 货币资本的积累由于金的异乎寻常的流入而发生

马克思举例指出，例如1852年和1853年，由于澳大利亚和加利福尼亚新金矿的发现，就发生过这种情况。这种金被存入英格兰银行，由此增加了银行的借贷资本。这种情况实际上是由于金生产的扩大引起的。

（二）现实资本的积累或营业的扩大引起的借贷资本的增加

产业资本家进行的现实积累，通常要由再生产中的资本本身的各种要素的增加来实现。由此而增加的那些货币资本会存入银行，因此必然会使银行家手中的借贷资本的积累，作为一个和现实积累不同的形式加速进行。借贷资本的这种迅速发展是现实积累的结果，因为它是再生产过程发展的结果。

二、收入转化为货币，货币再转化为借贷资本

这又有以下几种情况：

（一）由货币资本家的收入（利息）变成借贷资本

他的利息来源于职能资本家的利润，所以这种借贷资本积累也是现实资本积累的结果。

（二）产业资本家的收入变成借贷资本

即产业资本家用于消费的那部分利润，在暂时不消费时，也存入银行。这种存款也可以使借贷货币资本增长。

（三）其他各阶层的收入

如地租、高级工资、旧生产阶级的收入等等，存入银行，变成借贷资本。

总之，借贷资本的积累，只有在资本或收入转化为货币，货币再变为借贷资本的限度内，才同现实资本积累、即再生产的扩大相一致。

第三十二章的主要内容

本章对前一章的第二个问题进一步考察。

上面讲到两种积累的一致，但是那里的借贷资本的积累量同再生产的资本的量不一定相等，不能把这两个量混同。本章着重分析两个量的区别，并批判奥维尔斯顿把二者混同的错误。

货币资本的积累所反映的资本积累，必定总是比现实资本积累更大。因为，准备用于消费的那一部分收入增加了，资本家总是把它存起来，变成货币资本的积累，但这一部分根本不是现实资本。只是因个人消费的扩大而变为货币，再变成借贷货币资本的积累，通过借贷资本的形式为现实的资本积累提供一个货币形式。

另外，借贷货币资本的量还由于其他情况而会增大：

第一，生产要素(如原料等)的价格下降，会有一部分现实资本游离出来，转而加入到借贷货币资本中去；

第二，商业活动中断时，一部分商业资本游离出来，加入借贷货币资本；

第三，一些原来的职能资本家变成货币资本家。

此外，还有一部分利润用于积累，如果在本部门还能扩大生产时，也会转到借贷货币资本中去。这是因为本部门资本过多，或因为还未达到扩大生产的足够数量。

第三十三、三十四、三十五章的主要内容

这三章的对象是信用和货币流通的关系，实际上是考察货币资本和借贷资本的关系。因为资本主义条件下的货币流通大部分是货币资本的流通，信用大部分是借贷货币资本的让渡。

第三十三章分析了：信用一方面节省流通中的货币量；另一方面又创造新的流通手段与支付手段，如汇票、支票和银行券等。信用加速货币流通，使货币作为借贷资本执行职能，同时又创造出借贷资本如银行券等。

第三十四章，继续分析信用和货币流通的关系。并用前一章论证的原理批判"通货学派"。英国在1844年的银行法就是"通货学派"理论的应用。本章引用了许多证词说明这个银行法行不通。

第三十五章，继续分析信用和货币流通的关系。前两章是确定国内方面的互相关系，这一章从国际方面来考察。因为只有贵金属能执行世界货币职能，所以国际的信用与货币流通关系，便成为信用与贵金属在国际上的运动的关系。贵金属在国际上的运动取决于：一、商品的相向的运动；二、资本输出；三、向国外的单方面支出；四、汇兑行市。

学习第五篇要搞清楚的几个问题

一、本篇的研究对象和主要问题

本篇的研究对象是生息资本的运动(分析以生息资本为中心的一系列矛盾)。这个生息资本是指从产业资本循环中独立出来的货币资本;也指退出产业资本循环的闲置的货币资本变成的借贷资本;此外还有由收入转化而来的借贷货币资本。

生息资本是现实的社会资本的派生形式,生息资本的大部分都不是现实资本,而是虚拟资本。它是与现实的职能资本(即产业资本和商业资本)相对立的一种资本形式。

生息资本包括高利贷资本和资本主义条件下的借贷资本。生息资本不仅与现实的生产资本和商品资本相对立,而且是一种与现实的、甚至闲置的货币资本相对立的货币资本。

本篇研究的问题主要有八个(见前“本篇的对象和结构”)。

二、本篇的结构(见前)

三、生息资本的运动

(一) 与生息资本有关的概念、范畴

1. 生息资本是货币资本的一个特殊形式。见第 385 页第 1 行一第 385 页末段。

2. 生息资本具有的特点。见第 384 页第 2 段。

3. 生息资本——借贷资本;借贷货币资本——虚拟资本。

4. 借贷资本的中介者——银行资本。

5. 资本市场——银行、股票交易所、证券交易所。

(二) 生息资本的运动:以货币资本和职能资本为主要矛盾的一系列矛盾

1. 生息资本是货币资本和职能资本的统一。

2. 出息资本也是闲置货币资本和借贷货币资本的统一。

3. 生息资本的产生与存在,是在资本所有权和资本使用权的对立、分裂中进行的。

4. 资本所有权和使用权的分离和对立,表现为食利者和企业主的对立,以及货币资本家和职能资本家的对立。

5. 生息资本矛盾产生出利息与企业利润的对立。

四、利润分解为利息和企业利润

（一）什么是利息

利息是从利润转化来的。从产业资本中分化出商人资本，利润便分割为产业利润和商业利润。货币资本转化为生息资本，利润又分割为利息和企业利润。

资本形式的变化与利润的分解互相适应。

什么是利息？从最抽象、最片面和最表面的角度说，利息表示生息资本的价值增殖，即：表现为一个为货币资本而支付给贷款人的本金以外的价值额。具体地说，在资本主义下，利息是利润的一部分；其中就借贷资本家和职能资本家的关系来说，是职能资本家让渡给生息资本家的平均利润的一部分。

生息资本不是职能资本，所以利息不是生息资本执行职能的结果。资本只有在职能资本家手中才作为职能资本（产业资本和商人资本）执行职能。

（二）关于利息和企业利润的矛盾

1. 利息和企业利润的矛盾引起生息资本意义上的货币资本积累和现实资本积累的矛盾。

2. 利息和平均利润的矛盾，表现为借贷资本家和职能资本家之间的对立。

3. 利息量和利息率的矛盾。

4. 利息率和利润率的矛盾。

（三）关于利润分割为利息与企业主收入这一分割的两个方面

马克思专用一章，即第二十三章，分析利润分割为利息与企业主收入这一分割的两个方面：由量的分割转化为质的分割。

分析利润的质的分割有什么意义呢？

揭露了：一切职能资本，不管是自有或借入的，都包含所有权和使用权的二重性，都取得了所有权资本和职能资本的二重存在，从而就连使用自有资本进行生产和经营的职能资本家，也都具有了货币资本家和企业家的双重身份。

这样，一方面，本来是利润的派生形式的利息就硬化为独立的经济范畴，表现为生息资本即资本所有权或所有权资本的产物，从而在生息资本的形式上，资本的拜物教就完成了；另一方面，企业主收入被歪曲地表现为职能资本家（即企业家）执行职能的"劳动的工资"。正如马克思在第七篇中所说的：利润的范畴就被幸运地消除了，从而揭露了利润的分解所掩盖的资本关系的实质。

五、资本主义的信用制度

（一）信用的产生

在简单商品经济中已经产生了信用，它是从货币的支付手段职能中产生出来的。商品交换的发展，使商品流通和货币流通分离，货币事后支付，买卖关系变成债务债权关系。

赊账就是信用。

资本主义信用是由生息资本作为资本商品的内在矛盾产生的。

资本商品具有二重性：生息资本包含一定货币额所代表的价值。它的"使用价值"纯粹是由生产的资本主义性质或社会形式产生的，是一种"形式上的使用价值"，就是价值或货币转化为资本以后就能带来剩余价值的这种可能性，也就是转化为职能资本的可能性。马克思在第392—396页讲利息性质时讲到了"资本的使用价值"。

（二）资本主义信用所体现的关系

资本作为商品的买卖本身直接是借入和贷出，所以生息资本所体现的关系是借贷资本家与职能资本家之间的债务关系，即信用关系。

（三）信用和银行资本的关系

在发达的资本主义条件下，借贷双方的信用关系在多数情况下已经不是直接的，而是通过银行建立的。银行成了专门的信用机构，成了经营生息资本即借贷资本的机构，成为借与贷的中介。一方面在对存款人的关系上，银行成为总借款人，成为职能资本家的总代表；另一方面在对借款人的关系上，成为货币资本家的总代表，成为总借贷资本家。

（四）银行和资本市场

银行本身又是资本市场，它同货币市场、股票市场（交易所）、证券市场（交易所）等一起组成所谓的资本市场。资本市场与商品市场、劳动市场统一为资本主义市场。

（五）信用的种类和工具，虚拟资本

资本主义信用分为两种，即商业信用和银行信用。

信用就是赊账，就是债权与债务的关系。

赊账必须有凭证：商业信用的凭证叫做期票、汇票；银行信用的凭证除了汇票和支票外，还有银行券。此外还有大企业发行的股票和公司债券，以及资产阶级国家发行的国债即公债券等等信用凭证，都统称为有价证券。

有价证券又可以买卖，买卖的场所叫做证券交易所。

有价证券本身既不是现实资本（货币资本、生产资本和商品资本），也不是本来意义上的借贷货币资本。但它们在它们的持有人手中却起着生息资本的作用，所以是虚拟资本。

股票所实际代表的资本叫做股份资本。

银行资本、股份资本、虚拟资本都是和信用制度相联系的资本的具体形式，是最接近社会表面现象的资本形式。

（六）信用制度包含的矛盾

信用制度包含着一系列矛盾，亦即生息资本运动所包含的一系列矛盾，即：

资本商品的二重性；

借贷资本的借入与贷出；

资本市场与商品市场、劳动市场；

商业信用与银行信用；

银行资本与股份资本、虚拟资本；

信用制度二重性质等。

这一系列矛盾的爆发——就是信用危机。信用危机是资本主义经济危机的一个重要方面。

六、货币资本的积累和现实资本的积累的关系

（一）本篇所说的“货币资本的积累”的含义

货币资本的积累（或增长）和现实资本积累的关系，所指不是现实的货币资本（职能资本的一部分）与职能资本（产业资本和商业资本）的关系，而是生息资本意义上的货币资本的增长与现实资本增长的关系。也就是银行家手中可以被他当作生息资本来对产业资本家和商人发放的货币资本与现实资本的关系。

在这里，困难的问题是：

1. 真正的货币资本（不是有价证券那种虚拟资本）的增长在什么程度上标志着再生产的扩大？资本过剩是不是生产过剩的现象？货币过剩是不是借贷资本过剩的反映？

2. 借贷资本不足是不是反映现实货币的不足，在什么程度上反映货币本身不足？

“货币资本的积累”应当怎么理解？

这里应当理解为银行家手中的财富的积累。

货币资本积累既然是指银行家手中的财富的增长，而我们前面又已经知道，银行资本中大部分是有价证券形态的生息资本，所以，银行家们所说的“货币资本的积累”，实际上不过是生息资本在有价证券上的积累。

第539页末一第540页第1段，讲有价证券之一的国债券。

第540页第2段一第541页第2段，讲有价证券之二的股票。

（二）商业信用和银行信用的关系

在没有研究银行家手中财富增长以前，先要研究一下产业资本家和商人之间的相互借贷，因为，商业信用是银行信用的基础，也是信用制度的基础。

从第542页第3段开始到第549页研究了商业信用的积累，以及商业信用的积累和产业资本的积累的关系。

在这一部分讲了下列几点：

1. 商业信用及其特点，见第542页一第544页第1段。

2. 商业信用的界限（局限性），见第544页第2段。

3. 商业信用的增长和产业资本的增长（或现实资本的增长）的关系，见第545页第2段一第548页。

4. 商业信用和银行信用相联系，商业信用局限性就被冲破。但是，也会造成虚假繁荣，从而使经济危机的破坏性更大。

（三）货币资本增长和现实资本增长的关系

接着，在解决了上述有关问题之后，便分析：

借贷货币资本的增长、货币资本增长和现实资本（工商业资本）增长、再生产过程的扩大之间的关系。而资本主义再生产过程是一个不断地从危机到危机的周期性的过程，马克思把它叫做产业周期。所以，分析两种资本增长的关系，只能在周期变化中分析。马克思对周期的各阶段的称谓，与现在流行的名称不同，但内容是相同的。

这里，先讲萧条阶段，然后讲复苏、繁荣阶段，接着讲危机爆发。

最后从利息率上来说明：借贷资本的运动和产业资本的运动，一方面存在密切联系，借贷资本的积累在一定意义上（在一定限度内）可以是现实资本积累的结果或反映，可以促进现实资本积累；另一方面，货币资本的积累又不等于现实资本的积累，甚至总的来说是按相反的方向进行的。

其中在第三十章最后一部分，讲了资本主义信用制度和经济危机的关系：资本主义信用制度能促进危机爆发或者延缓其爆发。信用危机和货币危机是生产过剩危机的表现，而不是决定经济危机的原因。

（四）借贷资本的不同的来源

研究借贷货币资本积累和现实资本积累的关系，除必须联系产业周期的各个阶段来说明二者的关系（即区别周期过程的不同阶段不同表现）以外，还必须区别借贷资本的不同的来源，即：借贷资本是单纯由货币（闲置的）转化来的，还是由资本或收入转化为货币，再转化来的。

如果借贷资本单纯地由货币转化而来，那么借贷资本的增长，不表示现实资本的积累，亦即不表示再生产扩大（金的大量流入除外）。这种借贷资本积累和现实资本积累，往往没有关系。

如果借贷资本由资本或收入变成资本，再变成借贷货币资本，那么，这种借贷资本的增长就是以现实资本增长（生产发展、商业繁荣）为基础的，那就是积极的增长，而非虚假的、消极的增长。

什么是单纯地由货币转化为借贷资本？

1. 由各种纯技术性手段扩大借贷资本。例如银行业务的扩大和业务集中等，这当然跟生产发展无关。

2. 由汇票再贴现造成的借贷资本增长，这是虚假的信用。见第563页第2段。

3. 股份公司发行股票得到大量货币，这些货币在没有投入到生产中去以前，先存入银行，也会暂时使借贷资本增加。这种增加也与生产无关。见第565页第2段。

这里附带指出，借贷资本的量和通货的量是全然不同的两码事。

那么，什么是由资本或收入转化为货币，再由货币转化为借贷资本呢？

这就是同产业资本现实积累联系在一起的借贷货币资本的积累。这种积累是货币资本的绝对增加。

前一种单纯的货币变为借贷资本积累，是由闲置的货币资本充斥而造成的积累，即是货币资本的相对增加。

可见，应当区别货币资本积累的绝对增长和相对增长。这两种货币资本积累都集中在银行里，由银行家支配。

（五）小结

货币资本积累与现实资本积累的关系是：一方面，它们是互相对立的、排斥的；另一方面货币资本积累又可以是现实资本积累的结果。在什么情况下和为什么前者可以是后者的结果呢？因为：一方面，当着借贷货币资本的增加是由于随着现实资本的增长而引起现实的货币资本增加，从而由这些货币资本转化为借贷资本的时候；另一方面，随着着资本家阶级的收入（用于个人消费的部分）的增加，这些收入先存入银行，然后转化为借贷资本的时候，资本家阶级的这些收入的来源也是现实资本的利润。为什么二者又是对立的呢？因为利息是平均利润的扣除，双方利益对立。危机期间利息甚至可以把全部利润夺去。

此外，还有其他各阶层的收入。这些收入一方面来自现实资本（扩大再生产），另一方面，在转化为借贷资本后，也可以再转化为现实的资本。

七、借贷货币资本的积累和现实资本积累的关系

（一）对产业周期不同阶段上二者关系的考察

两种资本运动的方向有时一致，更多则是相反的，两种积累不一致。

在产业周期处于萧条阶段即停滞状态时，借贷货币资本充斥于资本市场，增长很快；这种增长正好是现实资本积累停滞的表现。

在复苏和繁荣阶段，借贷货币资本的增长和现实资本积累同时并进。这一时期，生产逐渐恢复发展，物价回升，商业信用扩大，利息率提高，借贷资本随之增长。

在危机阶段，生产过剩，商品积压，现实资本过剩，同时要求借入货币资本的产业资本家猛增，借贷货币资本奇缺。

（二）从借贷资本的不同来源考察

如果借贷资本单纯地由货币转化而来，那么，借贷资本的增长，不表示现实资本积累，亦即不表示再生产扩大，这种借贷资本积累同现实资本积累往往没有关系。

如果借贷资本由资本或收入变成货币，再由货币转化而来，那么，这种借贷资本的增长便是以现实资本积累（生产扩大、商业繁荣）为基础的，那是积极的增长，非消极的、虚假的增长。

（三）就积累量的不同来考察

借贷货币资本的量和再生产资本的量是不同的。

1. 货币资本的积累所反映的资本积累，必然比现实存在的资本积累更大。因为个人消费的扩大，会转化为货币从而再转化为借贷货币资本的积累。

2. 借贷货币资本量会因生产要素跌价，商业资本流通中断，一部分产业资本向银行资本转移等原因增加。

3. 一部分企业利润由于本部门资本过剩，有待向别的部门转移，先变成借贷货币资本，从而使它的数量增大。

———

在社会主义经济中，在存在着资本范畴的情况下，这两种资本的积累也存在对立统一的关系：它们既可以在公有制的基础上相统一，也会在由于计划工作失误时而形成对立，即现实资本的增长大大落后于货币资本的增长。从这个意义上说，马克思的货币资本积累和现实资本积累关系的原理，仍然具有重要的现实意义。

第三十六章　资本主义以前的状态

一、什么是高利贷资本

生息资本和商人资本一样，是最古老的资本形式。这两种资本是孪生兄弟，它们存在于不同的社会经济形态中。

高利贷资本是古老形式的生息资本。相反，生息资本则应指高利贷资本和现代借贷资本这两种形式的统一。

前资本主义的高利贷资本与现代生息资本（借贷资本）之间的区别不在利息的高低，不在量的方面，而在两种社会生产方式之间以及和它们相适应的社会制度之间的区别。

随着现代资本主义生产方式占据统治地位，高利贷资本并没有绝迹，而是仍然存在于资本主义社会的某些领域。马克思说："同一些形式会在资本主义生产的基础上再现，但只是作为从属的形式。"在这里，它们不再是决定生息资本特征的形式了。

现代借贷资本所反映的主要是货币资本家和职能资本家之间的关系；前资本主义的高利贷资本所反映的是货币资本所有者和商人、小生产者以及贵族之间的关系。

二、高利贷资本存在的条件

历史上的高利贷资本产生的条件是：至少已经有一部分产品已经转化为商品，同时随着商品买卖的发展，货币在它的各种职能上已经得到发展。就是说，它的存在以商品经济的一定程度的发展为条件。

高利贷资本和商人资本是孪生兄弟，它的存在也跟商人资本的存在相联系。

高利贷资本的发展，同商人资本的发展联系在一起。在古罗马，手工制造业发展水平很低，但这两种资本都发展到了最高点。在奴隶经济下，货币，通过奴隶和土地的买卖而占有别人劳动的手段，作为资本可以增殖，生出利息。

此外，它的存在同小生产、自耕农和小手工业主占优势的情况相适应。因为奴隶、农奴、雇佣工人没有借款的条件。高利贷者和这些人处于对立面，如同货币资本家和职能资本家相对立。

高利贷产生于货币的支付手段职能，而又扩大这种职能，扩大自己存在的地盘。

高利贷存在于生产的缝隙中。

三、高利贷资本的两种形式

高利贷资本在资本主义生产方式以前的时期存在的具有特征的形式有两种：

第一是对那些大肆挥霍的显贵，主要是对地主放的高利贷；

第二是对那些自己拥有劳动条件的小生产者放的高利贷。这种小生产者包括手工业者，但主要是农民。

四、前资本主义社会中高利贷资本的作用

高利贷资本，一方面破坏奴隶制的和封建制的所有制，使其解体；一方面毁灭小生产，但它不改变生产方式，而是像寄生虫那样紧紧吸在它们身上，使它们虚弱不堪，精疲力竭。只有在资本主义生产方式已经具有了产生、发展的其他条件时，高利贷才表现为促使资本主义产生的一种手段。因为它促使封建主和小生产破产，使生产资料集中为资本。

（一）高利贷资本造成前资本主义社会的货币资本的形成和集中

“富裕地主因高利贷而遭到破产，小生产者被敲骨吸髓，这二者造成了大货币资本的形成和集中。”

（二）残酷剥削劳动者，侵占他们的大部分剩余劳动或全部剩余劳动，使小生产的生产方式陷入贫困的境地

1. “超过生产者最必要的生活资料（即后来的工资额）的全部余额，在这里能够以利息形式被高利贷者所侵吞（这部分后来表现为利润和地租）。”

但是不应当像一些资产阶级经济学家所作的那样，以此来证明现代资本主义对雇佣工人的剥削好像比高利贷资本更仁慈了。因为这两种生产方式不同，劳动者在其中所处的地位也不同。

2. 它不是发展生产力，而是使生产力萎缩，同时使这种悲惨的状态永久化。在这种悲惨的状态中，劳动的社会生产率不能像在资本主义生产中那样靠牺牲劳动本身而发展。

（三）高利贷破坏旧的生产方式，但不改变生产方式

1. 高利贷资本破坏古代的和封建的财富，对这两种所有制发生破坏和解体的作用。同时它又破坏和毁灭小农民和小市民的生产。总之，破坏和毁灭生产者仍然是自己的生产资料的所有者的一切形式。

2. 高利贷在生产资料分散的地方，把货币财产集中起来。高利贷不改变生产方式，而是像寄生虫那样紧紧地吸在它身上，使它虚弱不堪。高利贷吮吸着它的脂膏，使它精疲力竭，并迫使再生产在每况愈下的条件下进行。

3. “高利贷资本有资本的剥削方式，但没有资本的生产方式。”

（四）高利贷资本促进商品生产发展

见第676页第3段。

五、高利贷没有一定的利息率

六、生息资本活动的地盘

有货币就会有货币贮藏。货币贮藏家总是向高利贷者转化。

货币贮藏建立在这种基础上：即商品生产和交换还不发达，交换价值还没占领全部生产领域，占领得也不深，货币表现为真正的财富。

“高利贷好像是生活在生产的缝隙中，如同伊壁鸠鲁的神生活在世界的空隙中一样。”

“货币的支付手段职能，是高利贷的真正的、广阔的、独有的地盘。”每一笔限期的付款，如地租、贡款、赋税等都必须用货币支付。

高利贷产生于货币的支付手段职能，而又扩大这一职能，扩大自己本来的地盘。

七、高利贷资本不创造任何生产方式

高利贷资本有资本的剥削方式，但没有资本的生产方式。

高利贷资本和资本主义的生息资本的区别，在于二者代表不同的生产关系，不在于资本本身的性质或特征。决定的一点是：贷给直接生产者，还是贷给产业资本家。

高利贷和商业一样，是破坏已有的生产方式，而不是创造这种生产方式，它是从外部和这种生产方式发生关系。

八、高利贷转化为资本主义银行信用

在资本主义制度产生、发展的过程中，高利贷资本被改造为资本主义的信用制度。资产阶级一开始就反对高利贷，高利贷同资产阶级利益是对立的。资产阶级力图把它从属于自己。信用制度是经过激烈斗争，反对高利贷而建立起来的。

九、信用在向新社会生产方式过渡中的作用

最后，马克思批判了圣西门主义者贝魁尔主张建立所谓“动产信用公司”来保证法国的经济繁荣，避免经济危机的观点。为此，马克思再一次说明了资本主义信用的作用。

(1) 促进资本主义矛盾的尖锐化。

(2) 使资本的社会性质充分发展，使资本的私有性质得到扬弃，包含有资本本身的扬弃。

(3) 货币制度是信用制度的基础，信用促使货币发展。

(4) 信用在资本主义生产方式向社会主义生产方式过渡中起杠杆作用。

第六篇　超额利润转化为地租

第三十七章　导　　论

一、研究对象及其性质

这一篇是马克思《资本论》的范围内的地租学说。马克思在本章开头，首先说明了本篇的研究对象及其性质。马克思说：

“对土地所有权的各种历史形式的分析，不属于本书的范围。我们只是在资本所产生的剩余价值的一部分归土地所有者所有的范围内，研究土地所有权的问题。”

“我们所考察的土地所有权形式，是土地所有权的一个独特的历史形式，是封建的土地所有权或小农维持生计的农业……受资本和资本主义生产方式的影响而转化成的形式。”

“考察一下现代的土地所有权形式，对我们来说是必要的，因为这里的任务总的来说是考察资本投入农业而产生的一定的生产关系和交换关系。不考察这一点，对资本的分析就是不完全的。”

这说明了以下三点：

第一，地租问题是与土地所有权问题结合在一起的，研究地租就是研究土地所有权问题。

第二，这里考察的不是一般意义上的地租和土地所有权，也不是它们的“各种历史形式”，而是“封建的土地所有权或小农维持生计的农业……受资本和资本主义生产方式的影响而转化成的形式”，也就是资本主义的土地所有权和资本主义的地租。

第三，本书和本篇对资本主义地租和资本主义土地所有权问题的分析，是从属于“资本理论”的，是资本理论的一种特殊情况，也就是“我们只是在资本所产生的剩余价值的一部分归土地所有者所有的范围内”来研究地租和土地所有权问题。否则，“对资本的分析就是不完全的。”

正是在此前提下，马克思把他的关于剩余价值、平均利润、生产价格的理论应用到土地产品和农业经济上来，创立了本书和本篇范围内的地租学说。

明确以上内容的好处是，可以使我们对本篇所论述的地租理论有一个更加恰当的认识，避免把这里所论述的地租理论与马克思的资本理论相脱离和相对立起来，并且避免以偏概全，认为这就是马克思的全部地租理论。

所以，作为本篇的对象的地租是资本主义的地租，本篇的任务是考察农业部门中的超额利润如何转化为地租。

不过，鉴于本书第三卷本身所带有的草稿的性质，现行第三卷的第 47 章中，还是部分地考察了地租的几种主要的历史形式。

二、资本主义土地所有权及其特点

正如上面所指出的，这里考察的地租和资本主义土地所有制，是在剩余价值的分配的范围内来确定的，而不是研究土地所有制的各种历史形态。这就是把土地当作资本的一个特殊的投资场所或领域，把农业部门当作如同其他工业部门一样的由资本来投资和经营的一个生产部门。在这个部门内，也同在其他工业部门内一样，存在着资本的自由竞争、资本在不同部门的自由转移，以及平均利润等等。

这里所说的地租，主要是指用于生产主要食物（粮食、小麦或谷物）的资本的地租。生产其他农产品，例如棉、麻等经济作物和经营独立畜牧业等等的资本的地租，是由投在主要食物生产上的资本所提供的地租决定的。这一点，亚当·斯密已经正确地说明过了。并且马克思还指出：为了全面起见，在这里，只要水流等等有一个所有者，是土地的附属物，我们也把它作为土地来理解。

那么，什么是资本主义的土地所有权呢？

要了解什么是资本主义的土地所有权，首先要了解什么是土地所有权？

马克思说，土地所有权的前提就是：一些人垄断一定量的土地，把它作为排斥其他一切人的、只服从自己个人意志的领域。

而资本主义的土地所有权则是历史上的各种土地所有权中的一种特殊形式。它是由资本主义生产方式通过剥夺农民的土地、破坏和改造旧的土地所有权而创造出来的。在这个前提下，问题就在于说明这种垄断在资本主义生产基础上的经济价值，即这种垄断在资本主义生产基础上的实现。

资本土地所有权的特点是：它一方面使土地所有权从统治和从属的关系下完全解放出来；另一方面又使作为劳动条件的土地同土地所有权和土地所有者完全分离。这样，土地所有权就取得了纯粹经济的形式。

马克思说：一方面使农业合理化，从而第一次使农业有可能按社会化的方式经营；另一方面，把土地所有权弄成荒谬的东西，——这是资本主义生产方式的巨大功绩。资本主义生产方式的这种进步，同它的所有其他历史进步一样，首先也是以直接生产者的赤贫为代价而取得的。

三、资本主义地租

要了解什么是资本主义地租，同样也要先了解什么是一般意义上的地租。

一般意义上的地租，按照马克思的说法，这就是土地所有权在经济上的实现。

第 714 页末段说：

“不论地租的特殊形式是怎样的，它的一切类型有一个共同点：地租的占有是土地所有权借以实现的经济形式，而地租又是以土地所有权，以某些个人对某些地块的所有权为前提。”

在第 715 页第 2 段又说，“不同地租形式的这种共同性——地租是土地所有权在经济上的实现，即不同的人借以独占一定部分土地的法律虚构在经济上的实现”。

如果说一般意义上的地租是土地所有权在经济上的实现，那么资本主义地租则是土地所有权这种垄断（马克思和恩格斯都说过：所有权本身就是一种最大的垄断）在资本主义生产基础上的经济价值，即这种垄断在资本主义生产基础上的实现。

马克思还指出：

“这个作为租地农场主的资本家，为了得到在这个特殊生产场所使用自己资本的许可，要在一定期限内（例如每年）按契约规定支付给土地所有者即他所使用土地的所有者的一个货币额。”

“在这里地租是土地所有权在经济上借以实现即增殖价值的形式。”

“在这里我们看到了构成现代社会骨架的三个并存的而又互相对立的阶级——雇佣工人、产业资本家、土地所有者。”

“地租，即土地所有权在资本主义生产方式基础上的独立的特有的经济形式”。

此外，在后边，在第715页还指出，“它始终是超过利润的余额，即超过商品价值中本身也由剩余价值(剩余劳动)构成的那个部分的余额”。

这样，我们可以为资本主义地租概括出如下几个要点：

第一，它是资本主义土地所有权在经济上的实现形式。

第二，是农业资本家为了使用土地而支付给地主的一个货币额。

第三，这是土地所有权在资本主义制度的基础上的独立的、特有的经济形式。

第四，地租反映三个阶级的关系。

第五，这是超过平均利润的余额。

四、为了避免误解而作的几点说明

为了正确认识资本主义的地租问题，马克思在第697页提到“在我们谈到本题以前，为了避免误解，还要作几点说明”，分三点说明了地租和租金的区别，地租和一般剩余劳动及剩余产品的区别，以及租金可以由一系列非常偶然的情况来决定。

(一) 地租和租金的区别

上面已经指出：真正的资本主义地租应当是“超过利润的余额，即超过商品价值中本身也由剩余价值(剩余劳动)构成的那个部分的余额”。但是由于在形式上地租又总是表现为农业资本家为了使用土地而支付给地主的一个货币额，这就容易使人们产生一些误解，以至于把一些在地租的名义下、但是并不属于真正资本主义地租的土地租金，与真正的地租混淆起来。

1. 地租与土地资本的利息。

土地资本是指为改良土地而投入土地的资本，这种投入既包括短期的投入，例如施肥和化学改良，也包括长期的投入，例如农田基本建设等。这种资本固定在土地上，它属于固定资本。这些资本在很多情况下都是由租地农场主即农业资本家投入的。但是租期一到，在土地上实行的这些投资就会作为土地的一部分变成地主的财产。在下一次出租土地时，地主便把投入土地的资本的利息，加到真正的地租上，而不管租地人是新的农场主，还是原有的农场主。因此，他的地租就要上涨。这就是为什么在资本主义制度发展过程中，地主尽力缩短租期，而农场主尽力要求延长租期。这种矛盾反映出地主和农业资本家的矛盾。但是这种土地资本的利息并不是真正的资本主义地租。

有些著作家，例如美国经济学家凯里，一方面作为土地所有权的代言人，反对资产阶级经济学家的攻击，一方面又竭力把包含各种对立的资本主义生产制度说成一种“协调”的制度，他们企图把地租这种土地所有权的特有经济表现，说成和利息一样的东西。其实这些著作家不懂得，即使没有土地资本的利息，地租也存在，而且土地所有者得到的不仅是土地资本的利息，还无偿地得到别人的资本。土地所有权的正当性，并不会因为把土地所有权看作与利息是一样的东西而得到证明。

与土地资本的利息相联系的另一种错误见解，是把地租看作土地购买价格的利息。但土地价格其实不过是地租的购买价格。所以，这实际上不过是把土地价格看作了一笔虚拟资本，也就是地租收入的资本化。但这必须是以地租的存在为前提的，因此应当用地租来说明土地价格及其利息，而不是相反。更何况决定土地价格的并非都是真正的地租，而是土地租金。现实的土地价格是土地租金的资本化，而不仅是地租收入的资本化。

3. 地租与农业资本的利润和农业工人的工资。

除了土地资本的利息以外，在租金里面还可能有一部分，在一定场合，可能全部(在完全没有真正地租、因而土地实际没有价值的时候)是平均利润的扣除，或正常工资的扣除，或同时是这二者的扣除。从经济学上来说，它们都不形成地租；但它们和真正的地租一样都形成土地所有者的收入，也是土地的垄断权在经济上的实现。

把租地农民自己还不是产业资本家(他作为租金支付给地主的，往往不仅有他的利润和正常工资的一部分，而且还有他的小额土地资本)的情况除外，即使在资本主义生产发达的国家中，也有一定数量的小资本家由各种条件所决定，不得不作为租地农民把自己的资本投到农业上，而被迫满足于平均利润以下的利润，并把其中一部分以地租形式交给土地所有者。

但是，一个更普遍得多更重要得多的事实是，“真正农业工人的工资被压低到它的正常平均水平以下，以致工资的一部分由工人手中扣除下来，变为租金的一个组成部分，从而在地租的伪装下流到土地所有者而不是工人的手中”。这是由于农业中的相对人口过剩，以及农业资本家为了向农业工人身上转嫁因地租和租金而遭受的利润损失造成的。

可见，租金包括四个部分：真正的地租，土地资本的利息，平均利润的一部分和农业工人工资的一部分。

（二）地租和剩余产品不能混同

马克思在这里还顺便指出了，不要把一般意义上的剩余劳动和剩余产品，与地租这个在资本主义生产方式基础上在量和质的方面已经特别规定的部分相混同。一般剩余劳动的自然基础是超出直接生产者必要劳动的农业生产率，农业劳动的这种自然生产率，是一切剩余劳动的基础。但却并非一切剩余劳动或剩余产品都构成地租。同时也不应当像英国资产阶级经济学家和哲学家达夫那样，从社会的角度看，只把农业部门的劳动看作必要劳动，而把其他一切部门（包括工业部门）的劳动看作剩余劳动。其实，农业部门的工人的劳动同其他工业部门的工人的劳动一样，也分为必要劳动和剩余劳动。

（三）租金还可以由一系列非常偶然的情况来决定

最后，马克思指出，在考察地租的表现形式，即为取得土地的使用权而以地租名义支付给土地所有者的租金时，必须牢牢记住，那些本身没有任何价值，即不是劳动产品的东西（如土地），或者至少不能由劳动再生产的东西（如古董，某些名家的艺术品等等）的价格，可以由一系列非常偶然的情况来决定。要出售一件东西，唯一需要的是，它可以被独占，并且可以让渡。

五、研究资本主义地租要避免三个错误

（一）把不同社会的不同地租形式混同起来

各个不同社会里的地租有一个共同点，即它都是实现土地所有权的经济形式。但是，土地所有权在不同的社会里或在不同的社会条件下属于不同的所有者，因而地租也就具有不同的经济的、历史的和社会的性质。例如，在古代社会（亚洲、埃及等地）里，土地所有者是代表公社的个人；在奴隶制度或农奴制度下，土地所有权只是奴隶主或封建主对直接生产者（奴隶和农奴）人身占有的附属品；在土地不提供地租的情况下，土地所有权表现为非生产者对自然（土地）的单纯私有权，是单纯的土地所有权；最后，在劳动孤立进行和劳动的社会性不发展的情况下，还可以直接表现为直接生产者对一定土地的产品的占有和生产。应当避免把地租的这些不同的历史形式与资本主义的地租相混同。

（二）把地租同一般剩余劳动、剩余产品相混淆

这种看法的错误在于：认为似乎只要把一般剩余价值和利润的一般存在条件解释清楚，和资本主义生产方式相适应的地租，——剩余价值的这个特殊的独特的组成部分也就解释清楚了。实际上，正如前面已经指出过的：尽管超出农业劳动者直接需要的农业的劳动

生产率是一切剩余劳动的基础,但绝不等于说把剩余劳动和剩余价值的这个一般基础说清楚了,就把作为剩余价值的一个特殊部分的地租的性质也说清楚了。

这里,马克思顺便说明了如下两个十分重要的基本原理:

1. 关于农业是国民经济的基础的原理

尽管农业部门的劳动者的劳动与在其他部门一样也要分为必要劳动和剩余劳动,但从全社会的角度看,全部农产品都是用来满足人类的必要生活消费的,因此它所代表的就只是生产食物所需的必要劳动。正因为如此,所以在这种生产中使用的劳动(即经济学上最广义的农业劳动),必须有足够的生产率,才可以使农业的剩余劳动和剩余产品成为可能,从而也才为农业和非农业部门的分工,以及农业部门内部的食物生产和原料生产的分工成为可能。

2. 关于价值规律问题的一系列进一步的提法

(1) 关于必要劳动的进一步提法。马克思说:"虽然食物直接生产者的劳动,对他们自己来说也分为必要劳动和剩余劳动,但对社会来说,它所代表的,只是生产食物所需的必要劳动。并且,不同于一个工场内部分工的整个社会内部的一切分工也是如此。这是生产特殊物品,满足社会对特殊物品的一种特殊需要所必要的劳动。"

(2) 关于市场价值规律的进一步提法。马克思说:"如果这种分工是按比例进行的,那么,不同类产品就按照它们的价值(后来发展为按照它们的生产价格)出售,或按照这样一种价格出售,这种价格是由一般规律决定的这些价值或生产价格的变形。"

(3) 关于价值规律的进一步提法和社会必要劳动时间的另一种含义。马克思特别指出:"事实上价值规律所影响的不是个别商品或物品,而总是各个特殊的因分工而互相独立的社会生产领域的总产品;因此,不仅在每个商品上只使用必要的劳动时间,而且在社会总劳动时间中,也只把必要的比例量使用在不同类的商品上。这是因为条件仍然是使用价值。但是,如果说个别商品的使用价值取决于该商品是否满足一种需要,那末,社会产品总量的使用价值就取决于这个总量是否适合于社会对每种特殊产品的特定数量的需要,从而劳动是否根据这种特定数量的社会需要按比例地分配在不同的生产领域。(我们在论述资本在不同的生产领域的分配时,必须考虑到这一点。)在这里,社会需要,即社会规模的使用价值,对于社会总劳动时间分别用在各个特殊生产领域的份额来说,是有决定意义的。"马克思又指出:"但这不过是已经在单个商品上表现出来的同一规律,也就是：商品的使用价值，是它的交换价值的前提，从而也是它的价值的前提。”“社会劳动时间可分别用在各个特殊生产领域的份额的这个数量界限，不过是整个价值规律进一步发展的表现，虽然必要劳动时间在这里包含着另一种意义。为了满足社会需要，只有这样多的劳动时间才是必要的。在这里界限是通过使用价值表现出来的。社会在一定生产条件下，只能把它的总劳动时间中这样多的劳动时间用在这样一种产品上。”

马克思以上附带说明的这些原理，都是在为说明地租与一般剩余价值的区别的意义上来说的。但这对于我们今天正确认识这里的问题，仍然具有十分重要的理论意义和实际意义。

但是，一般剩余劳动和剩余价值本身的主观条件和客观条件，与剩余价值的一定的形式（例如利润或地租）并不是一回事。因此这些条件适用于剩余价值本身，而不能说明地租。

（三）把一切生产部门及其一切产品在资本主义商品生产基础上共有的现象，当作地租的和一般农产品的特征来理解

这种错误之所以会发生，源于下列事实：在资本主义商品生产基础上，随着社会的发展，土地产品的市场和需求会增大，对土地本身的直接需求也会增大。因此，真正的农业地租和土地价值（即土地价格）会随着土地产品市场的扩大，也就是随着非农业人口的增加，随着他们对食物和原料的需要和需求的增加而发展起来。于是人们很容易把地租和土地价格的这种增长的原因，错误地归结于商品生产的一般发展，以及资本主义生产的一般发展。马克思指出：其实，农产品变成商品和价值，既不是地租的特征，也不是地租增长的原因。随着农产品变成为商品的条件的发展，土地所有权的权力也发展起来，这使它能使剩余价值的一部分日益增大从而转化为地租。

第三十八章　级差地租：概论

[本章的主要内容]

本章首先确定级差地租的一般概念。其中关于农业所要说的，大体上也适用于采矿业。

在上一章“导论”中，马克思首先说明了本篇所要研究的资本主

义地租的性质:即在分析资本的理论的范围内来研究资本主义的地租,也就是研究资本投在土地上(或说投在农业中)所产生的那些特殊现象,也就是在农业部门的超额利润转化为资本主义土地所有者的收入的范围内,来研究资本主义的地租。而农业部门中的超额利润,首先表现为级差地租。所以,《资本论》中的地租理论(而不是一般的地租理论),必须从分析级差地租开始。

在确定级差地租的一般概念之前,马克思先确定了一个必要的前提,即:土地和矿山的产品,像一切其他商品一样按照它们的生产价格出售。也就是假定这些产品的平均出售价格等于它们的生产价格。在这个基础上来研究:在这个前提下,地租怎么能够发展起来?就是说,利润的一部分怎么能够转化为地租,因而商品价格的一部分怎么能够落到土地所有者手中?而这样确定的这个生产价格,实际上是市场生产价格,也就是那种和它的各种变动相区别的平均市场价格。马克思指出:商品价值的性质,一般说来就是在这种起调节作用的市场价格或市场生产价格的形式上表现出来的。

其次,为了便于与工业部门的超额利润相比较,也就是"为了表明地租这个形式的一般性质",马克思举出了"一个国家的工厂绝大多数是用蒸汽机推动的,少数是用自然瀑布推动的"例子,用这种方法先来确定级差地租的一般性质。

这里立即表明两点:

第一,用自然瀑布作为动力的生产者的超额利润,和一切不是由流通过程中的交易偶然引起,也不是由市场价格的偶然变动引起的超额利润,首先具有相同的性质。这就是说:这个超额利润只能产生于一般生产价格和个别生产价格之间的差额,因此也只能产生于个别利润率和一般利润率之间的差额。如果不是这样,而是还要超过这个差额,那么前提就变成了:产品不是按这个由市场调节的生产价格出售,而是高于这个生产价格出售。那样的话,所谈论的就不是级差地租,而是绝对地租或者垄断地租了。而本章首先所要确定的是级差地租,也就是由超额利润转化而来的地租,毋宁说就是这个超额利润本身。

第二,但是这里很快就出现了差别:因为利用瀑布的推动进行生产的那个工厂主的超额利润,既不是一般地来自劳动和资本,也不是来自某种一般的已经被资本合并的自然力,而是来自一种与土地(马克思在前面已经指出,水流也属于广义的土地)密不可分地联系在一起的可以被垄断的自然力(这里就是瀑布)。这种自然力在自然界只存在于某些地方，只有那些支配着特殊地段及其附属物的人能够支配它。因此在这种情况下，超额利润就转化为地租，也就是落入瀑布的所有者手中。而利用瀑布的工厂主则只能满足于平均利润。如果资本家自己就拥有瀑布，那情况也不会有什么改变。他会照旧以瀑布所有者的身份，而不是以资本家的身份，占有这个超额利润。并且，正是因为这个余额不是由于他的资本本身产生，而是由于支配一种可以和他的资本分离、可以垄断、数量有限的自然力而产生，所以这个余额就转化为地租。

然后马克思从以下五个方面对这一概念进行了总结：

第一，这种地租总是级差地租，因为它不参加商品的一般生产价格的形成，而是以这种生产价格为前提。

第二，这种地租不是产生于资本所占劳动的生产力的绝对增加，而是利用这种自然力的个别资本与其他资本相比，相对来说具有较高的生产率。

第三，自然力不是超额利润的源泉，而只是超额利润的一种自然基础。如果没有价值到生产价格、再到市场生产价格的转化，就不会产生这种超额利润或地租。

第四，土地所有权本身也不是这个超额利润创造出来的原因，而是使它转化为地租形式的原因，也就是使这一部分利润或这一部分商品价格被土地或瀑布的所有者占有的原因。

第五，土地（这里就是瀑布）的价格，虽然会加到工厂主的个别成本价格上，但不会直接加到该类商品的生产价格上，因为在这里，地租产生于该类商品的生产价格与这个工厂主的产品的个别生产价格的差额，而不是相反。其次，瀑布的这个价格，完全是一个不合理的表现，这一点，后面再讲到土地价格时还会讲到。

［从中得出的启示］

马克思在本章中，首先是以工业生产的例子来确定级差地租的一般概念的，但这同样也适用于真正的农业地租和矿山地租。具体说来，从中可以得出以下两点启发：

一、关于农业级差地租的一般概念

资本主义地租包含级差地租和绝对地租两种形式。资产阶级经济学（首先是李嘉图）只承认级差地租，而否认绝对地租。但即使对于资本主义的级差地租，也只有马克思才做出了最科学的辩证分析。

资本主义农业部门的级差地租与上面所讲述的工业生产中的例

子一样，它的存在的前提也是：农产品（和工业品一样）在市场上按照由它的生产价格所调节的市场价格来出售，即农产品的平均出售价格等于它的市场生产价格（c＋v＋p，即 k＋p）。因为只有这样才能保证农业资本家得到平均利润（p）。否则资本家根本就不会去经营农业，也就谈不到有级差地租。因此，农业资本家支付的级差地租也同上面例子中使用瀑布的工厂主的情况一样，只能是平均利润以上的超额利润。

二、关于农业部门中的级差地租（超额利润）和工业部门中超额利润的区别

从以上分析中可以看出，级差地租的概念首先是从工业部门中引申出来的。而在前面第二篇中所讲的超额利润，就是工业部门中的超额利润。

那么，农业中的超额利润和工业的超额利润有什么区别呢？

有两点区别：

第一，在农业部门中，超额利润比较固定，而在工业部门中却只是暂时的。

第二，在农业部门中，优等和中等的土地都能得到超额利润（级差地租Ⅰ），甚至最坏的土地也有级差地租（级差地租Ⅱ）。工业中则不是这样。

为什么？因为：

第一，对级差地租Ⅰ来说，导致这种超额利润的条件（土地的肥力和位置的差别）相对来说比较固定，不像在工业部门中的先进技术或新机器那样，可以很快得到普及，从而导致工业超额利润产生的条件很快消失。

第二，土地的数量有限，限制了资本家间的竞争，容易形成土地的经营垄断。

第三，农业部门的劳动虽然也区分为必要劳动和剩余劳动，但农产品（特别是食物）的生产对社会来说，又可以全部看作必要劳动。加上农业（土地）的资本主义经营垄断，所以农产品的市场生产价格（社会生产价格）不是由农业部门中在平均生产条件或中等生产条件下生产的农产品的个别生产价格来调节，而是由最坏的生产条件下所生产的产品的个别生产价格来调节。

正是这几个方面的原因，决定了以上的区别。

至于马克思在本章中对于级差地租的一般概念所作的五点归纳，同样也都适用于农业级差地租。

第三十九章　级差地租的第一形式（级差地租Ⅰ）

本章是重要的一章。在本章开头，马克思首先肯定了李嘉图的地租理论中两个正确的论点：一、“地租总是使用两个等量的资本和劳动所取得的产品量之间的差额”①；二、“凡是使同一土地或新地上所得产品的差额缩小的事物，都有减低地租的趋势；凡是扩大这种差额的，必然产生相反的结果，都有提高地租的趋势。”

在基本肯定了李嘉图的这两个论点（在李嘉图那里只有级差地租、没有绝对地租）之后，马克思循着这个思路，着重说明了他自己的阐述和李嘉图等人的不同之处。

一、对级差地租Ⅰ的正面阐述及对李嘉图错误假定的克服

李嘉图的第一个正确论点是：“地租总是使用两个等量的资本和劳动所取得的产品量之间的差额。”但在李嘉图等人那里却存在着一种占统治地位的错误假定，即级差地租必然是以从好的转到越来越坏的土地或农业肥力越来越下降为前提的。就此，马克思通过自己的阐述，从理论和实际的结合上推翻了这种错误的假定。

（一）从土地肥力和位置的关系来看土地耕种的次序

马克思首先指出：造成级差地租Ⅰ的两个一般原因即土地的肥力和位置，可以发生相反的作用。一块土地可能位置很好，但肥力很差；或者情况相反。单是这一点就说明了：一国土地的开垦，既可以由较好的土地转到较坏的土地，也可以相反。至于位置这个因素，随着整个社会生产的进步，也是可以改变的。

（二）对土地肥力这个概念的科学说明

在这里，马克思区分了土地的自然肥力和人工肥力。指出：肥力虽然是土地的客观属性，但从经济学方面说，总是同农业化学和农业机械的现有发展水平有关系，因而也随着这种发展水平的变化而变化。正是由于这一点，所以各级土地耕种的序列，既可以由比较肥沃的土地转到比较不肥沃的土地，同样也可以相反。从人工肥力的角度看，劳动生产力的状态，也是土地的所谓自然肥力的要素。

---

① 李嘉图这里所说的“产品量之间的差额”应理解为是用价格来计算的。——编者注

（三）用数学表格说明级差地租的形成

马克思从辩证的观点出发，制定了三个表（其中第一个表用两次），说明了级差地租的形成。

表Ⅰ说明：下降序列的耕种和上升序列的耕种都能够形成级差地租Ⅰ，并且数量可以相等。

表Ⅱ说明：在耕种土地的面积扩大时耕种序列可以交错，并产生级差地租Ⅰ。

表Ⅲ说明：在劳动生产率提高时，级差地租Ⅰ也会随着产品产量的增加而增加。

马克思说，这三个表（实际上是四种情况），可以看作反映资本主义农业生产发展的三个基本阶段，也可以看作资本主义农业发展的同一阶段的不同国家的级差地租Ⅰ的形成和发展。由此可以看出：

1. 序列在完成时总好像是一个下降的序列。这是因为人们在考察地租时，总是从提供最高地租的土地出发，最后才谈到不提供地租的土地。

2. 不提供地租的最坏土地的生产价格，总是起调节作用的市场价格。

3. 级差地租Ⅰ的产生是由于等量资本必须投在对等量资本提供不等量产品的不同的各级土地上。

4. 级差地租Ⅰ的等级顺序，可以按四种序列排列。

5. 级差地租Ⅰ在农产品价格上涨、下跌和不变的情况下，都可以形成。

这样，马克思不仅更加科学地阐明了自己的级差地租理论，而且在威斯特、马尔萨斯、李嘉图等人那里还占统治地位的有关级差地租的第一个错误假定就被推翻了。

（四）对级差地租的实质（虚假的社会价值）及成因的马克思主义分析

马克思在列表说明了级差地租Ⅰ的产生过程以后，对级差地租的实质作出了十分重要的独特的解释和说明：

“关于级差地租，一般应当指出：市场价值始终超过产品总量的总生产价格。……这是由在资本主义生产方式基础上通过竞争而实现的市场价值所决定的；这种决定产生了一个虚假的社会价值。这种情况是由市场价值规律造成的。……被看作消费者的社会对土地产品支付过多的东西，对社会劳动时间在农业生产上的实现来说原来是负数的东西，现在竟然对社会上的一部分人即土地所有者来说成为正数了。”

马克思的这些论述包含极为丰富、独到的思想：

1. 级差地租是农产品市场价值超过农产品总生产价格的差额。

2. 它属于“虚假的社会价值”。

3. 这是由在资本主义生产方式基础上通过竞争而实现的市场价值决定的，是由市场价值规律造成的。土地产品也受这个规律支配。

4. 在资本主义生产由联合体代替以后，就不再存在现在这种形式的价值和虚假的社会价值。

二、级差地租的(量的)规律

李嘉图的地租理论中的另一个论点所涉及的是减低或提高地租量的因素。不过在李嘉图所提到的这些原因中，不仅包括一般的原因(肥力和位置)，而且也包括了赋税的分担、由不同地区农业的发展程度不同而引起的不平衡，以及资本在租地农场主之间的分配上的不平衡。马克思在接下来的研究中，另辟蹊径，以上面所设计的表Ⅰ为基础，并且另外设计了三个表(表Ⅰa、表Ⅰb 和表Ⅰc)，通过比较和分析，全面阐述了自己对于影响地租量的因素和地租量的规律的见解。

马克思首先指出：在考察地租量的变化的时候，所考虑的应当不仅是每单位面积(英亩或公顷)土地的个别地租量，而且应当是所耕种的各级土地的量及其在总耕地中所占的比例。因为这不仅直接关系到地租总额即总耕地面积的总地租(这是“直接重要的一点”)，以及每单位面积(英亩或公顷)土地的平均地租，而且也可以使我们进一步去说明在价格并没有上涨，或者价格虽然下降、但各级土地的相对肥力的差额没有增加这两种情况下的地租率的提高。

可以看出，马克思在这一问题上与李嘉图的理论相比，一开始就表现出了以下三点区别，或者说作出了以下三点新贡献：

第一，在所考察的地租量的指标上，在农产品价格不变的情况下，区分了同级土地的个别地租、总耕地的总地租和按总地租和总耕地面积计算的平均地租，以及按同级土地计算的地租率(个别地租率)和总地租率。而在李嘉图和当时的一些统计学家那里，这几个不同的指标却还混杂在一起。

第二，在影响或决定地租量的因素上，除影响或决定级差地租的一般原因(土地的肥力和位置，以及个别地租和个别地租率)以外，突出地强调了被李嘉图和统计学家们忽视了的“各级耕地在总耕地面积中所占的比重”这个对总地租和平均地租以及平均地租率，具有决定意义的因素。

第三，由于考虑到了上述因素，而更加正确和科学地说明了地租率变动的趋势，从而推翻了把地租和地租率上升的原因片面地归结于农产品价格的上涨，或土地肥力的变化，或一国土地的绝对肥力等等的错误见解。

通过对以表Ⅰ、表Ⅰa、表Ⅰb 和表Ⅰc 为例所进行的比较分析，马克思得出如下重要的结论，即：

1. 在农产品价格和各级耕地的地租率不变，以及在耕地的增加不是仅限于无租的土地的情况下，地租总额总是随着耕地面积的扩大和投资量的增加而增加。

由于这里涉及的是总地租，所以我们不妨也可以把它称作“地租总额随耕地面积的扩大和投资量的增加而增加的规律”。

不过马克思也指出：尽管有这种增加，但是增加额是不同的。如果扩大的是好地，那么地租就会增加得更多、更快；如果是最坏土地，就不增加；如果较坏的土地在扩大耕地中占优势（假定最坏土地等级不变），那么地租总额的增加就不会与耕地的扩大成比例增加。因此，马克思附带地提出另外两条原理，即：

(1) 假定有两个国家，它们的不提供地租的土地有相同的性质，地租总额就同最坏土地和较坏土地在总耕地面积中所占的相应部分成反比，从而等量资本投在相等的总面积上得到的产品总量也同最坏土地和较坏土地在总耕地面积中所占的相应部分成反比①。

(2) 一国总土地面积内最坏耕地和较好耕地之间的量的比例影响总地租，而最坏耕地和较好耕地以及最好土地之间的质的比例影

① 马克思这段话中后半句的德文原文为“und daher auch im umgekehrten Verh? ltnis zur Masse des Produkts bei gleicher Kapitalanlage auf gleich große Gesamtflächen.”从上下文意思上看，不是说“地租总额……也同等量资本投在相等的总面积上得到的产品总量成反比”，而是说，“等量资本投在相等的总面积上得到的产品总量也同最坏土地和较坏土地在总耕地面积中所占的相应部分成反比”。——本书编者

响每英亩的地租，并在其他情况相同时，也影响总地租①。

马克思说，正是这两个要素的混淆，成为引起各种反对级差地租的议论的原因。

2. 平均地租（地租总额除以耕地的总面积）和平均地租率（地租总额除以投资总额），取决于各级土地在总耕地面积中所占的比例部分，亦即取决于投资总额在肥力不等的各级土地上的分配。

由于这里涉及的是一国的平均地租和平均地租率，所以不妨将其称作平均地租和平均地租率的规律。

三、对有关级差地租的性质和成因（级差地租的决定）问题的进一步补充

在本章最后，马克思又回过头来，对与所论第一项级差地租的决定有关的几个问题，作了进一步的补充。

（一）未耕土地的价格由已耕种的同级土地的价格来决定

由于土地的价格不过是资本化的地租，而人们即使对于已耕地的价格所支付的也只是未来的地租，所以资本主义生产方式一旦也统治了农业，各种质量的未耕地的价格（假定只存在级差地租），就由具有相同质量和相同位置的已耕地的价格来决定，这只是已耕地上的投资及其结果的一种反映。这种决定使各种土地都有了一个名义上的价格。因此包括未耕地在内的所有土地的价格都会增长。土地投机就是以资本和劳动在未耕地上的这种反映为基础的。

（二）耕地的扩大向较坏土地发展，或者按不同的比例向各级土地发展的进一步的论据

马克思这里强调了在年轻国家中位置对于耕地扩大所具有的决定意义。并且指出，单是由于较坏土地和较好土地联在一起，就不得不耕种较坏土地。

（三）农产品价格、剩余产品、粗放经营与土地的自然肥力的关系

这里，马克思否定了那种把殖民地或年轻国家可以按比较便宜

---

① 马克思这段论述的德文原文为："Das Verhältnis zwischen der Quantität des schlechtesten bebauten Bodens und der des bessern, innerhalb der Gesamtbodenfläche eines Landes, wirkt also umgekehrt auf das Gesamtrental ein, wie das Verhältnis zwischen der Qualität des bebauten schlechtesten Bodens zu der des bessern und besten auf die Rente per Acre wirkt und daher, bei sonst gleichen Umständen, auch auf das Rental."其中并没有这两种比例所发生的影响"是相反的"这样的意思。此处按德文原文改译。——本书编者

的价格出口谷物与那里的土地必然具有较大的自然肥力联系起来的说法。马克思指出，这不是由于那里的土地必然具有较大的自然肥力，而是：

1. 在那里，谷物不仅低于它的价值出售，而且低于它的生产价格出售。

2. 由于经济条件和世界市场的分工，它们的劳动，从而体现它们的劳动的剩余产品，具有一种片面的形式。

3. 由于存在着对土地进行粗放经营的可能性，亦即存在着对在较大土地面积上的土地肥力的立即利用的可能性，这里起决定作用的，不是土地的质，而是土地的量。但这种粗放耕作的可能性，自然会逐渐消失，并且也不是普遍适用的。

（四）耕种扩大到较大的土地面积上，不以谷物价格的预先上涨为前提

恰恰相反，即使在平均价格的情况下，农业也像资本主义经营的其他一切生产部门一样，会不断发生那种本来和积累是一回事的相对生产过剩。农业的资本积累和新资本的形成，也会导致耕种扩大到包括各级土地在内的较大的土地面积上。

第四十章　级差地租的第二形式（级差地租Ⅱ）

一、级差地租Ⅱ的概念

上一章考察了级差地租Ⅰ，本章则考察生产率不同的各个资本连续投在同一地块上和同时投在不同地块上所产生的结果，即级差地租Ⅱ。

级差地租Ⅱ的实质也是资本投在农业（土地）上所带来的有等级差别的超额利润。它的形成，也与级差地租Ⅰ在本质上没有什么不同。它并不会影响超额利润的形成规律。只是在这里，超额利润到地租的转化，即超额利润由资本主义租地农场主手里到土地所有者手里的这种形式转化，会遇到一些困难。两者会因此而不断斗争，结果由连续投资所产生的超额利润的一部分，也会流入租地农场主的腰包。

级差地租Ⅱ的产生意味着耕作的集约化。在经济学上，所谓耕作集约化，无非是指资本集中在同一土地上，而不是分散在若干毗连

的土地上。租地农场主必须掌握足够的资本，才能按集约化的方法进行耕种。

马克思说，在考察级差地租Ⅱ时必须指出：

第一，级差地租Ⅱ的基础和出发点，无论从历史上还是从级差地租Ⅱ的现实运动来说，都是级差地租Ⅰ。

从历史上看，级差地租两种形式反映了资本主义农业生产的两个基本阶段：历史上的农业耕作总是先从粗放耕作开始，然后逐步发展到集约耕作。另一方面，级差地租Ⅱ的运动，在任何一定的瞬间，都只是出现在级差地租Ⅰ的运动领域内。就是说，出现在肥力不同的各种土地上，这一事实是级差地租Ⅱ的出发点。

第二，在级差地租Ⅱ的形式上，除了肥力的差别，还有资本（以及获得信用的能力）在租地农场主之间的分配上的差别。

二、级差地租Ⅱ中的超额利润的形成

首先很明显，级差地租Ⅱ只是级差地租Ⅰ的不同的表现，而实质上二者是一致的。

为了说明这一点，马克思在前面为说明级差地租Ⅰ而设计的表Ⅰ的基础上，把原来分别投在A、B、C、D四级土地上的资本，改变为依次（按照下降的序列）投在D级土地上，得出了与在级差地租Ⅰ的情况下同样的结果。这样，第四次投资所带来的结果就是一个不包含超额利润的产品，其结果与原来投在A级土地上一样。由此也再一次说明了级差地租Ⅱ是以级差地租Ⅰ为前提的。只有在造成超额利润减少的追加生产使A级土地的生产成为多余，因而把A级的一英亩土地从耕地中排挤出去时，才会由于D级土地上的追加投资的生产率的下降，而引起生产价格的下降。但也从这时起，我们就开始看到了李嘉图在对级差地租进行论述时所忽略了的各种复杂的组合。

三、把级差地租Ⅱ与级差地租Ⅰ联系起来考察时所出现的复杂组合

李嘉图对级差地租的论述极其片面，把它看作是很简单的事情。可是，级差地租，特别是在它的同Ⅰ形式联系在一起的Ⅱ形式上，会产生各种复杂的组合。例如：

第一，在以上所举的例子中，由于在D级土地上的追加投资，从而把A级的土地从耕地中排挤出去时，其起调节作用的市场价格（即市场生产价格）就会由A的个别生产价格变为B的个别生产价格，从而引起起调节作用的生产价格的下降。与此同时，D级土地上的地租却仍会有所增加（其增加额等于第一次投资和第二次投资的结果之和减去第三次投资的结果，亦即相当于在级差地租Ⅰ的场合，在D级土地和C级土地上投资结果之和减去在B级土地上投资的结果），从而D级土地的绝对产量和绝对剩余产品都增加。但是同时，在同一土地（D级土地）上相继投入的几个资本的生产率却减低了。所以马克思说，从一个观点来看，——就产量和生产价格来说，——劳动生产率是提高了；但从另一个观点来看，劳动生产率是下降了，因为对同一土地上的不同投资来说，每英亩的超额利润率和剩余产品都减少了。这就有力地证明了：李嘉图的论述是过分简单化和片面性的。

第二，马克思又指出：级差地租Ⅱ，在连续投入的几个资本的生产率下降的场合，只有在这些投资只能在最坏土地A上进行的时候，才会必然引起生产价格的上涨和生产率的绝对降低。但是，按照事物的性质来说，发展集约化耕作，主要是在较好土地上进行的。这也进一步否定了李嘉图等人关于地租只能随农产品价格上涨而增加，以及所谓“土地肥力递减”的规律。

第三，马克思指出：另一方面，只有在谷物需求增加的情况下，任何一级土地上追加投资的收获的减少，才会引起生产价格和起调节作用的市场价格的上涨。但在这种情况下，由于必要生活资料价格的上涨，利润率就会相应下降。只有在这种情况下，已耕地上以后追加的资本的生产率的下降，才能够引起生产价格的上涨、利润率的下降和较高的级差地租的形成。而李嘉图把这一种情况说成是唯一的情况、正常的情况，他把级差地租Ⅱ的全部形成，都归结为这种情况。因此，在这里，在级差地租Ⅱ的场合，级差地租Ⅰ就完全被忘记了。除了这种情况，追加资本的生产率的按比例的下降，则不会影响起调节作用的生产价格和利润率。这就再一次批驳了级差地租的上升是由于农产品价格上涨引起的论点。

此外，马克思还分析了如下三种可能的情况：

(a) 如果A、B、C、D任何一级土地上的追加资本只提供由A的生产价格决定的利润率，那么就不会形成任何超额利润，从而也不会形成任何可能的地租，正如耕种追加的A级土地时的情况一样。

(b) 如果追加的资本提供较高的产量，那么只要起调节作用的价格保持不变，就会形成新的超额利润（可能的地租）。但也并不必然是这种情形。

(c) 在各个连续投资的超额利润减少时，生产价格并不像乍看起来那样必然上涨，而是可能下跌。

可以看出，马克思进行这么详细的分析，同时是在批判李嘉图对级差地租Ⅱ看得过分简单和片面的错误。

四、级差地租的两种形式之间的本质区别

关于这一问题，在本章开头部分，马克思实际上已经从质的方面（概念上、历史上和事实上）作了阐述。在本章结束的部分和在以后的几章中，则是着重从量的变化的规律上来进一步展开对于二者之间的本质区别的阐述。本章在这里则仅归纳了在上一章（第39章）中已经分析过的这一矛盾的一个侧面，即级差地租Ⅰ方面的情况，即：

在生产价格不变和差额不变时，就级差地租Ⅰ来说，每英亩的平均地租或按资本计算的平均地租率，可以同地租总额一起增加；但按每英亩或按资本计算的实际地租额（个别地租），在这里仍然不变。

相反，在相同的前提下，按英亩计算的地租额却可以增加，虽然按所投资本计算的地租率仍然不变。在超额利润率下降，从而地租率下降时，也就是说，在那些仍旧提供地租的追加投资的生产率下降时，也能发生同样的情况。

总的规律是：级差地租Ⅰ在上述各种情况下，都会随着耕地面积的扩大而增加，只扩大无租（级差地租Ⅰ）土地的情况除外。

关于级差地租Ⅱ（它的前提是以级差地租Ⅰ作为自己的基础）的各种组合，亦即级差地租Ⅱ在这方面与级差地租Ⅰ的本质区别，则在后面几章中来谈。

［附：级差地租Ⅱ和级差地租Ⅰ的相同点和区别和几个与地租量有关的概念］

一、级差地租Ⅱ和级差地租Ⅰ的相同点和区别

（一）相同点

1. 它们的实质都是超额利润，源泉都是农业中的剩余劳动。

2. 它们都是投入土地的等量资本有不等量的生产率的结果。

（二）区别

1. 级差地租Ⅰ以土地的肥力和位置不相等为条件，级差地租Ⅱ是以技术水平不相等为条件。

2. 在级差地租Ⅰ的场合，由于土地的肥力和位置的差别是已经确定的，所以在订立租约时地租额往往也比较容易确定。在级差地租Ⅱ的场合，由于投资效果不能在农业生产开始前确定，所以在订约时地租额也较难确定。这一点是地主与租地农场主即农业资本家斗争的焦点。

3. 在其他条件不变时，级差地租Ⅰ的量，取决于所耕种的土地的面积和耕地的等级差别，以及各级耕地在总耕地面积中所占的比例，因为它是资本在不同块土地上的投资的结果。级差地租Ⅱ的量，除此之外，还要取决于投资总额、各级投资生产率的差别、各级投资在总资本中所占的比例，以及资本在不同等级耕地上的分配。

二、几个与地租量有关的概念

(一) 名义地租和真正的地租

1. 名义地租——租地农场主或农业资本家以地租的名义支付给土地所有者的货币额，即土地的租金。

2. 真正的地租——范畴意义上的资本主义地租，即资本投在农业(土地)上所形成的超额利润的转化形式。

(二) 地租量或地租额

1. 每英亩(或每公顷)的地租(或每英亩的实际地租)——单位面积耕地的地租或实际地租(个别地租)，它等于单位面积耕地上的各种地租之和。这里所说的地租包括级差地租Ⅰ和级差地租Ⅱ，以及后面将要讲到的绝对地租。其中，在第 39 章中是指级差地租Ⅰ，在本章中指级差地租Ⅰ或级差地租Ⅱ，或二者之和。

2. 地租总额和一国地租总额——也称总地租和一国的总地租。

3. 按资本计算的地租——单位资本所获得的地租，或者总资本的总地租。

(三) 平均地租$=\frac{\text{总地租}}{\text{总面积}}$

(四) 平均地租率$=\frac{\text{总地租}}{\text{总资本}}$

第四十一章至第四十四章 级差地租Ⅱ的各种组合

这四章的中心内容是确定在各种不同的情况下级差地租Ⅱ的形成和变化规律。分析在三种不同的情况下，即在农产品的生产价格不变、下降和提高的情况下，级差地租Ⅱ的形成和变化。并且在每一种情况下，又分析了在三种不同的条件下，即在追加投资的生产率不变、下降和提高的条件下，级差地租Ⅱ的形成、变化和客观存在，受到什么影响。

马克思进行这么详细的分析，首先是作为上一章的继续，完成从量的规律的方面对于级差地租的两种形式之间的本质区别的揭示；同时也是继续批判李嘉图在级差地租理论上的缺陷，阐明马克思自己的理论与李嘉图等人的级差地租理论的不同。

除确定级差地租Ⅱ的各种复杂的组合外，马克思还分析了在级差地租Ⅰ和Ⅱ相结合的情况下，最坏的土地也有级差地租。

以下是这四章的主要内容。

第四十一章　级差地租Ⅱ——第一种情况：生产价格不变

本章考察级差地租Ⅱ——第一种情况：生产价格不变情况下级差地租Ⅱ的量的增长和变化的规律。前提是：农产品的市场价格仍由投在最坏土地上的资本产品的个别生产价格来调节。马克思在第三十九章所提供的表Ⅰ的基础上，又设计了两个表，即表Ⅱ和表Ⅲ，并且分别考察了追加投资的效果（超额利润率）不变、下降和提高的四种情况，从中揭示出级差地租Ⅱ在量的增长规律方面与级差地租Ⅰ的本质区别。马克思所考察的这四种情况及其结果分别是：

Ⅰ．第一种情况

追加资本无论追加在哪一级土地上，都只按起调节作用的生产价格来提供平均利润，而不提供超额利润。这时追加资本对地租不发生影响（影响等于零）。这种情况类似于在级差地租Ⅰ的场合，耕地面积的扩大，仅限于不提供级差地租的最坏的土地。

Ⅱ．第二种情况

追加资本在每级土地上都生产出和各自的量成比例的追加产品。产量和地租会依据各级土地的肥力和追加资本增加的比例而增加。这种增加类似于在级差地租Ⅰ的场合，同质的提供地租的地块的耕种面积已经扩大，并且使用和过去在同一级地块上一样多的资本来进行耕种。追加资本的投资效果不变，与以前一样。但对级差地租Ⅰ来说，各级地租的算术差额（而不是比例差额）会发生变动，亦即会表示出等量资本投在不同地块上的投资生产率的差别。

Ⅲ．第三种情况

追加资本投资效果下降。即追加资本带来超额产品和超额利润，不过比率下降，不和追加资本的增加成比例。追加资本投资效果在下述区间内变动：投在最好土地的资本Ⅰ的产量构成的最高界限，投在不提供地租、也没有超额利润的最坏土地上的等额资本的产量构成最低界限。

这种情况的规律是：在所有各级土地上，地租都会绝对增加，虽然这种增加并不和追加投资成比例。亦即不论就追加资本来说，还是就全部投在土地上的资本来说，超额利润率都降低了；但超额利润的绝对量却增加了；正如整个资本的利润率的下降通常总是和利润绝对量的增加结合在一起一样。总地租绝对增加，但各级土地的地租的差额以及它们互相之间的比例会发生变动。但后者的变动从级差地租Ⅰ的角度看，是各级地租不均衡变动的结果，而不是这种变动的原因。

Ⅳ. 第四种情况

追加资本投资效果提高。在这种假定下，每单位面积土地的地租都会增加，并且增加的比例大于追加资本，不论这种资本投在哪一级土地上。

在这个场合，追加的投资和土地的改良结合在一起。这意味着一个较小的追加资本和从前一个较大的追加资本相比会产生同样或更大的效果。这对一切投资来说都是重要的。因为在对农产品的需求及其增长不变的情况下，劳动会以活的或物化的形式游离出来；对劳动和资本的支配能力将会增加。而资本和劳动的游离本身，就是财富的增加；其作用相当于资本积累，但节省了从事积累的劳动。这对资本家是非常有利的。

本章小结

1. 从以上可以看出：在生产价格不变的前提下，追加投资可以在追加投资的生产率（投资效果）不变、提高或降低的条件下投在所有较好的土地上。只有在投资效果不变或提高时才会投在最坏的土地上。但这会引起起调节作用的生产价格的上涨，因而是与生产价格不变的假定相矛盾的，所以在本章的分析中应予排除。

2. 所以，总的结论是：无论追加投资的投资效果（超额利润率）不变、下降还是提高，在各级土地上的追加投资都会引起总地租和平均地租的增加。平均地租会表现为一个增长着的比率。而且这个结果是在生产价格不变的时候发生的。这就是级差地租Ⅱ所特有的、不同于级差地租Ⅰ的现象。

3. 从历史的角度看，如果追加的投资不是在时间上相继地投在同一土地上，而是在空间上并行地投在新的、质量相当的追加土地上，总地租和平均地租也会增加，但每英亩的地租量不会增加。反之，资本在较小土地上的集中则会增进每英亩的地租量。资本主义生产方式越发展，资本就越是集中在同一土地上，集约化耕作的程度就会越高。从而，这些土地上的单位面积的地租也就越提高。这会影响到这些土地的价格。

因此，如果有两个国家，它们的生产价格是一样的，各级土地间的差别是一样的，所投资本的总额也是相同的，但是其中一国主要采用在有限土地上连续投资的形式，另一国主要采用在比较广阔的土地上并行投资的形式，那么，每英亩的地租，从而土地的价格，在前一个国家就比较高，而在后一个国家就比较低，虽然地租总额在这两个国家是相等的。因此在这里，地租量的差别既不能由各级土地的自然肥力的差别来说明，也不能由所用劳动的数量来说明，而只能由不同的投资方法来说明。

最后，马克思顺便交代了一下在本章和以后几章中，对于“剩余产品”或“超额产品”一词的一个特别用法，即“指产品中那个代表超额利润的相应部分”。这与在第一卷中所提出的那个“剩余产品”的一般概念，在用法上是不同的。在一般情况下，我们所说的剩余产品或超额产品，是指代表全部剩余价值的产品部分。而在另外的个别场合，也指那个代表平均利润的产品部分。

第四十二章　级差地租Ⅱ——第二种情况：生产价格下降

本章考察生产价格下降情况下级差地租Ⅱ的变动规律。当追加投资的生产率不变、降低或提高时，生产价格都可能下降。马克思分别考察了这三种情况。

Ⅰ. 追加投资的生产率不变

这个情况假定：各级土地的产量，会按照它们的质量，随着投在它们上面的资本的增加而按同一程度增加。因而在各级土地的差别不变时，剩余产品按投资增加的比例而增加。这个假定排除了在最坏土地上的任何一个会影响级差地租的追加投资。

在这些假定的条件下，起调节作用的生产价格所以能够下跌，是因为起调节作用的已经不是最坏土地上的产品的生产价格，而是较好土地的产品的生产价格。这样，资本就会从最坏土地上抽走。前提是：追加投资的追加产品足以满足需要。

在这种情况下，由于生产价格下降而造成的货币地租的减少，就可以通过追加投资增加的剩余产品来弥补。至于较好土地上的投资必须按怎样的比例增加，这要取决于追加投资在较好土地和最好土地之间的分配。而如果生产价格下降的程度较小，产生同额货币地租所需要的追加资本就会较少。

所以，总的结论就是：如果价格在生产率不变的情况下由于在提供地租的较好土地上投入追加的资本而下降，总资本就会有一种不是同产量和谷物地租按同一比例增加的趋势，因此，价格下降所引起的货币地租的损失，又可以由谷物地租的增加得到补偿。

事实上，这个规律所表示的，不过是在谈第一种情况时已经阐明的事情：生产价格已定时，不管它的量是多少，地租都会因追加投资而增加。这就表明，在这种情况发生的同时，每英亩的地租可以仍旧不变、增加或减少。

从中可以看出：谷物地租和货币地租并不是平衡的。而如果土地所有者同时又是以农产品为原料的企业的厂主或股东，在货币地租下降的时候，他们作为本人所需的原料的生产者，仍然可以获得很大的利益。

Ⅱ. 追加资本的生产率降低

这个情况不会引出什么新的东西。只是，由于追加投资的投资效果的降低，所以，为了弥补因生产价格下降而造成的地租的减少，就需要比在Ⅰ节中所说的追加资本更多地追加投资。

Ⅲ. 追加资本的生产率提高

这个情况和本章Ⅰ节所论述的情况的区别只是在于：当需要一定数量的追加产品把最坏的土地排挤出去时，这种情况在这里可以更快地发生。

在追加投资的生产率降低和提高的场合，追加投资都会按照它们在各级土地间的分配情况而发生不同的作用。随着这种不同的作用使差额平衡或扩大，各级较好土地的级差地租，从而地租总额，也将会按比例减少或增加。此外，一切取决于被排挤掉的土地面积和资本的数量，以及在生产率提高时为提供追加产品以满足需求所必需的预付资本的相对量。

在这里，只有一点区别，即：追加资本在一定情况下可以投在最坏土地上，也可以投在各级较好土地上。而且正是这一点导致级差利润转化为级差地租。

但是，在所有情况下，地租和每英亩的已经增加的地租都是土地上投资增加的结果，而无论在生产价格下降时追加投资的生产率不变、下降或提高。马克思说，这是绝对的观点。虽然生产价格的下降可以引起地租的下降，但如果不是由于资本的追加，地租就会下降得更厉害。因此，追加资本总是地租相对高昂的原因，虽然地租绝对地会下降。

第四十三章　级差地租Ⅱ——第三种情况：生产价格上涨。结论

本章由四个片断组成，包括：一、恩格斯参照前两章的方法补充性阐述（因为第三种情况，在手稿上只有一个标题，没有详细阐述）；二、恩格斯根据级差地租Ⅱ的三种情况和九种变例所得出的一般性结论；三马克思关于地租理论的一个结构提纲；四、马克思自己的结论。

一、恩格斯的阐述

恩格斯指出：生产价格的上涨是以不提供地租的最坏土地的生产率的降低（例如因对土地的粗放耕作而导致的肥力枯竭或衰退）为前提的。只有当投在最坏土地上的追加资本的生产率低于该级土地上原有投资的生产率但仍然能够获得平均利润时，或者必须耕种更坏的土地时，起调节作用的生产价格才会上涨。不过，生产价格的上涨也可以是由于对农产品的需求的增长引起的（恩格斯这里并没有提到后面这个原因）。

很明显，在上述起调节作用的生产价格上涨的情况下，如果原有土地等级不变和不使用追加投资（也就是即使没有级差地租Ⅱ），以货币形式来表现的级差地租Ⅰ，在其他条件不变的情况下也会按照

生产价格提高的比例而增长。货币地租的这种增长，完全可以弥补因生产率和产量的下降而引起的相反的趋势。但这会因为必要生活资料价格的提高而影响到工资和利润率，从而导致平均利润率的下降。而在使用追加投资的情况下，只要追加资本的生产率不低于生产价格提高以后的资本的最低生产率，也就是说只要追加资本的超额利润率>0，那就无论追加资本投在哪一级土地上，也无论追加资本的生产率不变、下降或者提高，都会产生级差地租Ⅱ，并且从而导致总地租和单位土地面积平均地租的增加。至于级差地租Ⅱ及其所导致的总地租和单位土地面积平均地租增加的幅度，则取决于追加资本的量、追加资本在各级土地上的分布，以及追加资本的生产率的组合。前提是：追加资本所带来的产量的增加，不足以抵消生产价格的上涨。以上，可以看作是我们对于恩格斯的补充的概括和补充说明。

二、恩格斯的结论

恩格斯根据以上关于级差地租Ⅱ包含的三种主要情况和九种派生情况的全部研究，得出了一般性的结论。为了给下面的研究结果提供一个明显的基础，恩格斯设计了一系列新表(共有24个)，从中所得出的结论是：

1. 首先，(对级差地租Ⅰ来说)把没有地租的起调节作用的土地作为零点，地租序列恰好与肥力差额序列成比例。对地租起决定作用的，不是绝对的收益，而只是收益的差额。

2. 这个结论，对级差地租Ⅱ来说，比对级差地租Ⅰ更加重要得多。

“这也就是说，在所有可能的情况中，就大多数情况来说，由于土地投资增加，每英亩有租土地的地租，特别是地租总额都会增加。”

恩格斯进一步从现实和历史的角度指出：

“只要已耕种的土地仍有竞争能力，土地上使用的资本越多，一国的农业，一般地说，也就是一国的文明越发展，每英亩的地租和地租总额就增加得越多，社会以超额利润形式付给大土地所有者的贡赋也就越多。”

“这个规律说明了大土地所有者阶级的可惊的生命力。任何一个社会阶级也不像他们那样浪费；任何一个社会阶级也不像他们那样有权要求过一种传统的‘适合身分’的奢侈生活，而不管挥霍掉的钱是从哪里来的；任何一个社会阶级也不像他们那样可以放心大胆地负债累累。他们总会再站住脚，因为别人在土地上的投资为他们提供地租，并且这种地租远远超过资本家从土地取得的利润。”

“但是，这个规律也说明，为什么大土地所有者的这种生命力会逐渐枯竭。”

这又是为什么呢？

恩格斯解释道，这是因为，随着资本主义在全世界范围的扩张和发展，欧洲和世界的农产品市场上的竞争会越来越剧烈，越来越多的未开垦的土地将会被开垦，越来越多的非资本主义的农业民族也会被卷入世界市场，从而最终会导致地租的下降，以及土地所有者的破产。

“因此，从苏格兰到意大利，从法国南部到东普鲁士，到处都听得到地主的怨言。值得庆幸的是，所有草原还远没有全被开垦；还有足够数量的草原可以使欧洲所有大地主以及小地主遭到破产。”

三、马克思考察地租的“项目”

恩格斯在本章中还编入了马克思在手稿中留下的一个考察地租问题的提纲。以下是这个提纲的原文：

“对地租进行考察的各个项目如下：

A. 级差地租。

1. 级差地租的概念。以水力作为例解。过渡到真正的农业地租。

2. 由各级土地的不同肥力产生的级差地租Ⅰ。

3. 由同一土地上的连续投资产生的级差地租Ⅱ。关于级差地租Ⅱ，要研究以下各种情况：

(a) 生产价格不变；

(b) 生产价格下降；

(c) 生产价格上涨。

还要研究：

(d) 超额利润转化为地租。

4. 这个地租对利润率的影响。

B. 绝对地租。

C. 土地价格。

D. 关于地租的结论。”

可以看出，这大体上也就是现行《资本论》第三卷中本篇的结构提纲。其所以如此是因为：马克思在《资本论》中，是把地租作为“资本理论”的一个组成部分来处理的。正如马克思在第 37 章“导论”中所指出的：

“对土地所有权的各种历史形式的分析，不属于本书的范围。我们只是在资本所产生的剩余价值的一部分归土地所有者所有的范围内，研究土地所有权的问题。”

“这里的任务总的来说是考察资本投入农业而产生的一定的生产关系和交换关系。不考察这一点，对资本的分析就是不完全的。”

四、马克思考察级差地租得出的结论

马克思通过对级差地租的考察，所得出的一般结论是：

第一，超额利润转化为地租，要以同级土地上的不同的实际个别生产价格平均化为个别平均生产价格为先决条件，并且级差地租Ⅱ必须转化为级差地租Ⅰ。其结果掩盖了两种级差地租的区别。

“任何一级土地每英亩的产量和A级土地每英亩的产量相比较时，既看不出它是同额投资的产品还是较大投资的产品；也看不出，追加产品是只够补偿生产价格，或者追加产品的产生是由于追加资本已有较高的生产率。”

第二，在追加投资的生产率降低时，各级土地上的追加投资的界限(即边界)，不是由追加投资产品的个别生产价格决定的，而是决定于该级土地上的总资本不再提供地租的界限。就是说，即使该级土地上的追加资本本身已经不再提供超额利润，甚至只提供等于或小于平均利润的利润，也就是说，无论追加投资的超额生产率(即超额利润率)＞0、＝0，甚至＜0，但是只要该级土地上仍然存在级差地租Ⅰ，该级土地上的地租就不会消失，因而就仍然可以在该级土地上追加投资。

但是由于资本主义土地所有权的存在，所以在资本的生产率下降，起调节作用的价格不变时，追加投资将会更早得多地达到它的界限，就是说，由于超额利润到地租的纯粹形式上的转化而在事实上达到一种或多或少是人为的界限。因此，一般生产价格的上涨不仅是级差地租上涨的原因，而且级差地租作为地租的存在同时又是一般生产价格更早、更迅速地上涨的原因。

最后，马克思指出，还要说明一点：

级差地租Ⅰ虽然是级差地租Ⅱ的基础，但它们同时还会互为界限，因此，有时在同一块土地上连续投资，有时在新追加的土地上同时投资。在别的情况下，例如在有较好土地加入序列时，它们也同样会互为界限。

第四十四章　最坏耕地也有级差地租

本章共由 4 个片断的手稿组成。第一个片断论述本章的主题：最坏耕地也有级差地租。其他三个片断系与本章主题有关的个别论点。

一、最坏耕地也有级差地租

在对级差地租的两种形式即级差地租Ⅰ和级差地租Ⅱ二者结合起来进行了一系列综合考察的基础上，本章进一步分析了最坏耕地也有级差地租。

这是怎样发生的呢？

马克思指出：总的说来①，这是由于对“谷物的需求不断增加，并且供给只能通过提供地租的土地上生产率不足的连续投资，或者通过 A 级土地上生产率也不断降低的追加投资，或者通过比 A 级更坏的新地上的投资来满足”这些情况引起的。马克思分别考察了这些情况。此外，马克思还分析了：即使在 A 级土地上追加投资生产率提高的情况下，由于资本主义土地所有权的存在(亦即由于超额利润转化为地租)，最坏耕地(A 级土地)上也可以存在级差地租。具体说来：

(一) 生产价格由 B 级土地的生产价格来调节的情况

这里把 B 级土地作为提供地租的土地的代表。

情况是这样的：如果需求的增加，使得通过在 B 级土地上生产率已经下降了的追加投资，其产品的个别生产价格已经高于 A 级土地产品的生产价格，并且在排除了其他情况的条件下，这个个别生产价格成为起调节作用的生产价格，这时，最坏土地就也能够提供地租。这也就是说，单纯就级差地租来说，所有的已耕地都会提供地租。这就像各级土地都变得比较不肥沃了。

在这种情况下，地租的产生是由于土地 A 级的个别的一向起调节作用的生产价格，和最后一个生产力不足的追加资本在较好土地上提供的必要追加产品所有的新的更高的生产价格相比，有一个差额。

---

① 本章开头第一个分句的德文原文是“Gesetzt,”即“总的说来,”而不是“假定”(德文 gesetztenfalls)的意思。——本书编者

（二）追加产品必须由更坏的（A－1级）土地来提供的情况

在这个场合，A－1就代替A成为最坏的耕地，而A就成为提供地租的土地序列中的最低一级。但这种情形不属于级差地租Ⅱ的考察范围之内。

（三）级差地租在A级土地上由另外两种方式产生

1. 追加的投资产生出超额生产率（在连续投资的生产力提高时的情况）

马克思指出，很明显，正是在最坏土地上，在一定范围内，情况必然总是这样。

但这时，由于A级土地产品的生产价格是起调节作用的生产价格，如果这个生产价格由投在A级土地上的追加投资产品的个别生产价格来决定，那就不会产生级差地租，反而会引起农产品价格下降，从而使各级有租土地的级差地租降低。从现实的角度讲，这意味着A级土地的改良和农业生产率的提高。

但是，如果这种改良最初只在A的一小部分面积上采用，那么，这个耕作得比较好的部分，就会提供超额利润，土地所有者就会迅速地把它的全部或一部分转化为地租，把它作为地租固定下来。并且随着这种新的耕作方法在A级土地的全部面积上的推广，逐渐在一切A级土地上形成级差地租。就是说，土地所有权的介入会把生产价格提高，因此，级差地租就不单纯是由个别生产价格和一般生产价格之间的差额引起的。对A级土地来说，这个情况会阻碍这两种价格的一致，因为它会阻碍A级土地的平均生产价格对生产价格的调节；因此它会保留一个高于必要水平的生产价格，并由此创造出地租。

总的说来，这里假定，“在上述场合，生产价格将会降低，但不是一直降低到它的平均价格水平，而是比平均价格高，但低于最坏耕地A的生产价格，这样A级新地的竞争就会受到限制。”

2. 追加资本的生产力降低时的情况

这又有两种情况。首先是在追加投资以后，A级土地产品形成一个新的平均生产价格，并且成为起调节作用的生产价格。这对这个生产力降低了的追加投资来说，会低于它的产品的个别生产价格，因而就没有超额利润，所以不会提供地租。其次是如果农产品按照追加投资产品的个别生产价格来出售，由于这个个别生产价格高于起调节作用的A级土地产品的新的平均生产价格，所以A级土地就都会提供一个超额利润，即地租。不过这种情况会是暂时的，A的新地块加入竞争，将会把生产价格恢复到原来的水平上。

至于追加资本产品的个别生产价格究竟是平均化为平均价格，还是变成起调节作用的价格，这取决于追加投资在现有的 A 级土地上使用的普遍程度。只有土地所有者赢得时间，把在需求满足以前，按照追加投资产品的个别生产价格所得到的超额利润，作为地租固定下来，这个个别生产价格才会变成起调节作用的生产价格。

二、对在连续投资时土地生产率降低的情形的补充说明

马克思指出，关于在连续投资时土地生产率降低的情形，可参看李比希的著作。而在前面我们已经看到，投资的超额生产力的递减，在生产价格不变、甚至下降时，也会不断增加每英亩的地租。

最后，马克思又一般地指出，从资本主义生产方式的观点来看，如果为了获得某个产品而对以前无须支付报酬的东西现在必须支付报酬，那么，这个产品及其生产就会变得相对昂贵。在最坏耕地也要支付地租的情况下就是如此。

三、级差地租与相当于单纯土地资本利息的地租①

在这个写于 1876 年的札记里，马克思结合已经进行过的对于级差地租的研究结果，进一步补充、分析了级差地租和土地资本利息的联系和区别，以及从后者到前者的转化。

通过把资本并入土地，可以改变土地的级别。但由此却引起了一种可笑的理论，认为人工好地的地租是利息，天然好地的地租却不是利息。其实，在人工好地上，地租只是与土地资本的利息并存；而在天然土地上，地租才纯粹表现为一笔虚拟资本（即土地价格，而不是土地资本）的利息。人工好地之所以产生级差地租，不在于投入了资本，而在于投资提高了土地的产出率。所以在这里，级差地租与土地资本的利息绝不是一回事。但是，一旦土地资本折旧完毕，这种利息也会变成纯粹的级差地租。

四、级差地租与劳动价值论：驳斥对李嘉图劳动价值论的攻击

马克思指出：一个最可笑的现象是，凡是反对李嘉图，反对只由劳动决定价值的人，在谈到由土地差别产生的级差地租时，认为在这里决定价值的是自然，而不是劳动；同时认为，土地的位置具有这种决定作用，甚至进一步认为，在耕作中投入土地的资本的利息，也有这种决定作用。其实，这里涉及的只是使用价值（即产品的量）及其

① 这个札记题目的德文原文是“Differentialrente und Rente als bloßer Zins des dem Boden einverleibten Kapitals.”此处按原文改译。——本书编者

价格。而这个产品的量又取决于劳动的生产率,而不是取决于这个劳动量的大小。至于这种生产率来源于自然还是来源于社会,是完全无关紧要的。只有在这种生产率本身要花费劳动和资本的时候,它才会使生产费用增加一个新的组成部分,而在它单纯来源于自然的时候,却不是这样。

马克思在本章所作的科学分析,说明了在资本主义社会,一切土地都能变成提供地租的土地。

[附录:关于级差地租的小结]

级差地租

前提:农产品价格等于生产价格

基础:土地的自然力

原因:肥力、位置、连续投资效果

实质:超额利润

源泉:剩余劳动

条件:土地私有权垄断

根据:土地经营垄断

第四十五章　绝对地租

一、绝对地租是资本主义土地所有权的产物

马克思分析级差地租时,最初是从最坏的土地不交付地租这一前提出发的。在上一章(第 44 章)中,马克思又进一步分析了:最坏的耕地也可以产生级差地租。但是,本章所要研究的却不是这个意义上的级差地租,而是与级差地租不同的绝对地租。因此,现在必须重新回到最初的那个假定,即最坏的土地不产生级差地租上来。这个假定意味着,只要资本家投资在土地上可以获得平均利润,就足可以使资本家在土地和农业上进行投资和经营。但是,能不能根据这一点就得出结论:这些不提供地租的最坏的土地会无条件地让资本家去经营?不能。因为如果是这样的话,那就等于废除了资本主义土地私有权。

正如马克思所说的:

“租地农场主不支付地租就能按普通利润来增殖他的资本这一

事实，对土地所有者来说，决不是把土地白白租给租地农场主并如此慈善地给这位营业伙伴以无息信贷的理由。这样一个前提，意味着土地所有权的取消，土地所有权的废除。”

“单纯法律上的土地所有权，不会为土地所有者创造任何地租。但这种所有权使他有权不让别人去经营他的土地，直到经济关系能使土地的利用给他提供一个余额…… 所以，市场价格必须涨到生产价格以上”。

在前面(第 38 章)的研究中，也已经提到了地租是土地所有权在经济上的实现。但在级差地租的场合，土地所有权只决定超额利润到地租的形式上的转化，也就是只决定级差地租从租地农场主即农业资本家手中转移到土地所有者手中。但在绝对地租的场合，则是“土地所有权就是引起这个价格上涨的原因。土地所有权本身已经产生地租”。

这样，马克思就从土地所有权的角度，阐明了不同于级差地租的绝对地租。

二、绝对地租的形成与价值规律

既然种最坏的土地也必须交付绝对地租，现在就产生了这样的问题:是不是就可以得出结论说，土地产品的价格必然是普通意义上的垄断价格，地租是否土地产品的一种单纯加价呢?

李嘉图在这个问题上采取的办法是，否认绝对地租，保存价值规律。

马克思的回答则是:这决不是必然的结论。

马克思既坚持用资本主义土地所有权说明绝对地租，又坚持价值规律，在价值规律的基础上去研究绝对地租。

马克思把他的资本有机构成理论应用到这里，从而科学地解决了资产阶级经济学没有能力解决的问题。

就是说，在资本主义社会，由于种种原因，农业生产的技术水平一般是落后于工业的，因此，农业资本的有机构成也一般地低于社会资本平均的有机构成。

因此，农业中的剩余价值必定比平均利润高，农产品的价值也就可以比生产价格高。在这种情况下，农产品只要按价值、或者按低于价值但却高于其生产价格的市场价格出售，那么在这个出售价格和生产价格之间就会形成一个差额。这个差额也是超额利润。这个超额利润就可以转化为绝对地租。

三、绝对地租的形成与竞争

农业部门的这个超额利润，为什么不参加社会范围的平均化过程，而留在本部门内转化为绝对地租？

我们在第三篇讲过，工业各部门的资本构成也有高有低，剩余价值也有多有少，但由于不同部门的资本之间的竞争，资本的自由转移，形成了平均利润。

但在农业部门，由于土地私有权存在，这就成了资本在工业和农业之间自由转移的障碍。因此这就使得农产品出售价格（等于或低于价值、但高于生产价格）超过生产价格余额，留在农业中，转化为绝对地租。

四、绝对地租与垄断价格

农业上的资本构成低于社会平均资本的构成的事实，表示出在生产发达的各国，农业的发展没有达到加工工业那样的程度。但是资本主义农业也是在不断进步的。如果一旦农业的资本有机构成不再低于社会资本的平均有机构成，又会出现什么情况？

马克思回答说：在这个假定不成立的地方，和这个假定相适应的地租形式也就不会成立。

又说：如果农业资本的平均构成等于或高于社会平均资本的构成，那么，上述意义上的绝对地租就会消失。而这种情况下，绝对地租就只能来自市场价格超过价值和生产价格的余额，简单地说，只能来自产品的垄断价格。

这里，马克思区分了农产品的两种不同的垄断价格：

一是市场价格低于价值但又高于生产价格。在这里，农产品的垄断在于：它们不像价值高于一般生产价格的工业品那样，会平均化为生产价格。这是绝对地租产生的正常情况。

二是市场价格超过价值和生产价格。后者就是一般意义上的垄断价格。

马克思说，对这种垄断价格的说明，不属于《资本论》的研究范围，而是属于竞争的学说。在那里，将研究市场价格的现实运动。

此外，马克思还指出：只要真正的农业地租单纯是垄断价格，那么，这种垄断价格只能是微小的；同样，无论产品价值超过它的生产价格的余额有多大，在正常条件下，绝对地租也只能是微小的。

五、关于资本主义的土地所有权

土地所有权——

在级差地租上，它是超额利润转化为地租的条件。

在绝对地租上，它本身产生地租。

这两种情况不能混淆，也就是不能混淆两种地租形式。

关于绝对地租的数量变化规律，没有在这里展开来讲，而在第四卷中做过比较详细的论述。

级差地租的产生与土地自然状况相联系，与土地私有权无关。

绝对地租与资本构成相联系，由土地私有权本身产生。

第四十六章　建筑地段的地租。矿山地租。土地价格

本章着重研究建筑地段地租的特点、土地所有权和垄断价格的关系，以及资本主义土地价格的变动趋势，并且批判了资产阶级经济学家关于土地肥力递减（土地枯竭）问题上的错误观点。

一、建筑地段地租的特征

在本章开头，马克思首先指出了与建筑地段地租有关的两个一般原理：凡是有地租存在的地方，都有级差地租。而且这种级差地租都遵循着和农业级差地租相同的规律。建筑地段地租也是如此。因此这种地租的特征是：

一是位置在这里对级差地租具有决定性的影响。

二是土地所有者的明显的完全的被动性。他只是利用社会发展的进步，而并不像产业资本家那样对这些进步有过什么贡献，冒过什么风险。

三是垄断价格在许多情况下的优势，特别是对贫民进行最无耻的剥削方面的优势。在这里，社会上一部分人向另一部分人要求一种贡赋，作为后者在地球上居住的权利的代价。土地所有权本来就包含土地所有者剥削土地，剥削地下资源，剥削空气，从而剥削生命的维持和发展的权利。社会发展必然会提高建筑地段的地租。

此外马克思还指出：在迅速发展的城市内，建筑投机的真正主要对象是地租，而不是房屋。

二、矿山地租

马克思指出：真正的矿山地租的决定方法，和农业地租是完全一样的。

三、地租与垄断价格的关系

这里，马克思阐明了以下几点：

（一）垄断价格的概念

马克思说，当我们说垄断价格时，一般是指这样一种价格，这种价格只由购买者的购买欲和支付能力决定，而与一般生产价格或产品价值所决定的价格无关。

（二）地租与垄断价格之间关系的两种情况

1. 先有垄断价格，然后由于土地所有权的介入而导致的垄断价格产生地租。

2. 由于土地所有权对在土地上投资的限制所造成的地租产生垄断价格。

四、土地价格对于资本主义土地所有权关系的掩盖及土地所有权的历史暂时性

马克思指出：一些人凭借土地所有权而把一部分社会剩余劳动作为贡赋来占有的事实，被土地价格即资本化的地租掩盖了：好像对土地的购入者来说，他对地租（作为土地价格的利息）的索取权不是白白得到的，而是支付了它的等价物才得到的。就像对购买了奴隶的奴隶主来说，他对黑人的所有权，好像不是由于奴隶制度本身，而是通过商品的买卖而获得的。

其实，这不过是一种由流通行为造成的错觉。因为这个权利本身并不是由出售产生，而只是由出售转移。这个权利在它能被出售以前，必须已经存在。创造这种权利的，是生产关系，而不是流通。

马克思特别指出：一旦生产关系达到必须改变外壳的程度，这种权利及其合理性就会消失。从一个较高级的经济形态的角度来看，个别人对土地的私有权，和一个人对另一个人的私有权一样，是十分荒谬的。甚至整个社会，一个民族，以至一切同时存在的社会加在一起，都不是土地的所有者。他们只是土地的占有者，土地的利用者，并且他们必须像好家长那样，把土地改良后传给后代。

五、地租与土地价格的变动

在这里，马克思撇开一切竞争的变动和土地投机，以及小土地所有制，在纯粹形态上进一步研究了地租与土地价格变动的关系。

（一）土地价格在地租不增加时的提高

1. 这或者是由于利息率的下降，结果资本化的地租即土地价格，就增长了。

2. 或者是由于土地资本的利息增长了。因为在土地价格的确定上，它与地租一起合并在租金中，并且共同对土地价格起作用的。

（二）土地价格因地租增加而提高

1. 土地产品价格提高时地租和土地价格的提高。

在土地产品价格提高时，地租和级差地租率也会提高，从而土地价格提高。

2. 土地产品价格不变时地租和土地价格的提高。

这时地租和土地价格也能提高。这种情况在分析级差地租Ⅱ时（第41－43章）其实已经分析过了。这里马克思进一步指出：不能孤立地认为，只有在连续投资的生产率或超额生产率出现差别时，地租才会增加。

马克思还顺便指出：在土地价格的决定上，作为剩余价值的货币地租对土地面积的比率，本身就是荒谬的、不合理的东西。但是作为资本主义生产当事人的地主和资本家，对此却很习惯、很自在。这证实了黑格尔所说的话：某些被普通常识认为是合理的东西，其实是不合理的。

3. 土地产品价格下降时地租和土地价格的提高。

这种情况其实在分析级差地租Ⅱ时也已经分析过了。

（三）结论

1. 这些使地租和土地价格提高的不同条件，是在互相竞争、互相排斥中，并且只能交替地发生作用的。

2. 不能从土地价格的增加直接得出地租的增加，也不能从地租的增加直接得出土地产品的增加。

六、对资产阶级经济学关于土地枯竭理论的批判

资产阶级经济学家为了替资本主义辩护，鼓吹反动的人口论，编造出一种土地肥力递减或地力枯竭的理论。其实，资本主义条件下的土地枯竭现象是有其特殊的自然和历史原因的。但这些经济学家却不去研究这些真正的原因，而竟然求助于这样一种肤浅的见解：在一块空间有限的土地上，并不是任何数量的资本都可以投入。事实的真相却正好相反。在农业中，各个连续的投资是会有成果的，因为土地本身是作为生产工具起作用的。与机器和发明相比，土地的优点是，各个连续的投资能够带来利益，而不会使以前的投资丧失作用。不过这个优点同时也包含着这些连续投资在收益上产生差额的可能性。

第四十七章　资本主义地租的起源

资产阶级经济学谈到地租问题，往往把资本主主义地租和资本主义以前的地租混为一谈。要正确地研究地租，必须结合不同的生产方式去确定每一生产方式下的地租的特点。

为了进一步研究资本主义地租的特点，马克思在第 47 章中分析了各个社会的地租的特点，从资本主义地租产生的历史过程，科学地阐明资本主义地租的性质。

Ⅰ．导　　论

这一节首先指出从作为资本主义生产方式理论表现的现代经济学的观点来看，地租研究上的困难究竟在哪里。

马克思指出，困难不在于一般地说明农业资本所生产的剩余产品和与之相适应的剩余价值，而在于说明在剩余价值转化为平均利润以后，怎么还会有超额利润转化为地租落入地主手中。

资产阶级经济学没有解决这个问题。

因为，资本主义地租的存在，是以平均利润的存在为前提的，没有这个前提，就谈不上现代意义上的地租。资产阶级经济学不懂得这一点，当然也就不能正确说明资本主义地租。例如有的资产阶级经济学家(例如帕西)就很幼稚，认为似乎在原始状态下，地租就已经是超过利润即剩余价值的余额。这是反历史的。

资产阶级的老一辈的经济学家只是刚开始分析当时还不发达的资本主义生产方式。因此，配第、康替龙等那些离封建时期比较近的著作家们，都把地租看成是一般剩余价值的正常形式。

重农学派作为资本的实际上最早的系统解释者，试图分析一般剩余价值的性质。但对他们来说，地租仍是剩余价值借以存在的唯一形式。他们的功绩是把对资本和剩余价值的研究从流通领域转回到生产领域，并且正确地看到了超过劳动者个人需要的农业劳动生产率，是一切社会的基础，并且首先是资本主义生产的基础。

但是，那些较近的经济学家，例如德尔、帕西等等，则只是在整个古典经济学趋于没落，甚至即将终结的时候，又重拣起了关于剩余劳动和一般剩余价值的自然条件的最原始的观点。

资产阶级经济学家在地租理论上的共同的缺陷是不了解资本主义地租只是地租的一种特殊的历史的社会形式。因此为了说明资本主义地租和前资本主义地租的联系和区别，就必须通过对前资本主义的各种地租形式的分析，来探讨资本主义地租的产生。

Ⅱ. 劳动地租

劳动地租是最简单的、原始的地租形式。

劳动地租的特点：

1. 地租是剩余价值的原始形态，它同剩余价值是一致的。

2. 地租是无酬劳动的直接表现形式。无酬剩余劳动所借以表现的形式就是地租，不是利润。

3. 依靠人身依附。

4. 如果国家既作为土地所有者，同时又作为主权者而同直接生产者相对立，那么，地租和赋税就会合为一体。因此也就没有私有土地的所有权。

Ⅲ. 产品地租

劳动地租转化为产品地租，并没有改变地租的本质。它的前提是直接生产者已有较高的文明状态，从而劳动和整个社会已处于较高的发展阶段。

产品地租的特点是：

第一，剩余劳动已不再在它的自然形态上，从而也不再在地主或地主代表的直接监督和强制下进行。驱使直接生产者的，已经是各种关系的力量，而不是直接的强制。

第二，直接生产者或多或少可以支配自己的全部劳动时间，生产者为自己的劳动和为土地所有者的劳动，在时间上和空间上已不再明显分开。

第三，产品地租的前提是自然经济，并且要以农村家庭工业和农业相结合为前提。

第四，体现剩余劳动的产品地租，不需要把农民家庭的全部剩余劳动吮吸殆尽。

第五，与在劳动地租的形式上一样，地租是剩余价值的正常形式。

Ⅳ. 货 币 地 租

货币地租是产品地租转化来的，它不像资本主义地租那样是超过平均利润的余额。它不是交付产品，而是交付产品的价格。所以，货币地租和前两种地租一样，都是前资本主义地租。

货币地租的特点在于：

第一，直接生产者的产品必须有一部分转化为商品，当作商品来生产。它反映自然经济向商品经济转化，即整个生产方式的性质的或多或少的变化。

第二，生产者必须计算生产费用，货币支出在其中所占的比率有了决定性的意义。

第三，对土地以外的劳动条件的所有权转化为直接生产者的所有权，是产品地租转化为货币地租的先决条件。

第四，产品地租向货币地租的转化要以商业、城市工业、一般商品生产、货币流通有了比较显著的发展为前提。同时还要以产品的市场价格或多或少接近自己的价值出售为前提。

第五，货币地租是作为剩余价值的正常形式和统治形式的地租的最后形式，同时又是它的解体形式。

第六，土地价格和土地让渡会随着这种转化而变为重要的要素。

Ⅴ. 分成制和农民的小块土地所有制

一、分成制

分成制可以看成是由地租的原始形式到资本主义地租的过渡形式。在这种形式下，经营者和土地所有者各自提供经营资本的另一部分，产品则按一定的比例在两者之间进行分配。

分成制的特点是：一方面，租地农民没有足够的资本去实行完全的资本主义经营。另一方面，土地所有者在这里所得到的部分并不具有纯粹的地租形式，或者说，地租在这里已不再表现为一般剩余价值的正常形式。

二、小土地所有制

（一）小土地所有制的特点

1. 农民是自己土地的自由所有者，土地是他的主要生产工具，是他自己劳动和投资的场所。

2. 这个形式下，不支付任何租金，因而地租也不表现为剩余价值的一个单独的形式。

3. 在最不利的条件下劳动的农民，他们的剩余劳动的一部分白白地送给了社会，它既不参与生产价格的调节，也不参与一般价值的形成。这种较低的价格是生产者贫穷的结果，而决不是他们的劳动生产率的结果。

（二）小土地所有制或小生产方式的历史局限性

1. 小土地所有制是一种具有历史局限性的生产方式。它灭亡的原因表明了它的限制。

2. 小土地所有制排斥社会劳动生产力的发展、劳动的社会形式、资本的社会积聚、大规模的畜牧和科学的不断扩大的应用。

3. 资本在土地价格上的支出，势必夺去用于耕种的资本。土地价格本身表现为对生产的限制。

4. 生产条件日趋恶化和生产资料日益昂贵是小块土地所有制的必然规律。

马克思对资本主义地租的辩证分析

马克思对资本主义地租的辩证分析，是在超额利润转化为地租这个总题目下展开的。

“超额利润转化为地租”这一总题目，表明了超额利润和地租的对立统一关系。因为资本主义地租是属于剩余价值分配的范畴，所以，地租是作为资本主义的土地所有者参加瓜分剩余价值的形式，而与农业资本家手里的超额利润相对立。农业资本家必须把农业中的超额利润让渡给土地所有者，他们才能把自己的资本投入土地经营农业生产。农业超额利润和地租的对立，是资本家和地主，以及资本家、地主和农业工人之间的对立的经济基础。

马克思把资本主义地租区分为级差地租和绝对地租。这是资本主义地租的两个基本形式，此外还有垄断地租。两个基本形式之间无论从逻辑上还是从历史上看，并没有内在联系，两个形式彼此独立，各有自己的规律。

马克思在第三卷中详细确定了级差地租，揭示了级差地租的规律。关于绝对地租在第四卷第二册有详细论述。

级差地租的规律（不仅是它的数量变化规律）包含一系列的矛

盾。

首先，级差地租本身就包含两种既互相联系、又有区别的形式。它的第一种形式由土地在肥力上和位置上存在差别而产生，这是等量资本、等量劳动、等量土地和不等量的生产率之间存在矛盾的反映。级差地租第二种形式，则由在同一土地上的连续投资的效果存在差别而产生，这是等量资本、等量劳动、等量土地和不等量生产率的矛盾的又一反映。

由于土地的自然状况存在着肥力、位置、连续投资于同一土地的不同生产率等各种差别，也由于这些差别不断地变化，使得农业资本家的经营顺序既是按照下降的序列进行耕作，也是按照上升的序列进行耕作。这种经营过程中的上升与下降的矛盾统一，是由土地的自然状况发展变化决定的，同时受农产品市场的供求变化的影响。

农产品在资本主义市场上是按照由起调节作用的生产价格所决定的市场价格出售的。这里存在着个别生产价格和社会生产价格的矛盾，以及市场价格和社会生产价格之间的矛盾。这种差额就是农业中的超额利润。

由于农业部门存在着资本主义的土地经营垄断，所以农业中的超额利润能够成为比较经常和固定的。土地所有者则依靠他们对土地私有权的垄断，通过地租形式把这个超额利润从农业资本家手里夺取过来。

可见，资本主义土地经营垄断和土地私有权的垄断这一对矛盾，是级差地租规律的各种矛盾中的主要矛盾。资本主义土地经营垄断是级差地租形成的根据，土地私有权垄断是超额利润转化为级差地租的条件。

马克思还揭示了级差地租的数量变化规律。这里分析了两对矛盾：总地租和平均地租；平均地租和平均地租率。对这两对矛盾的分析，可以归纳为一点：深刻地论证了在资本主义社会中，级差地租的总额在不断增加，土地所有者依靠土地私有权越来越多地占有社会财富。

绝对地租是直接依靠土地私有权的垄断赚得的超额利润。马克思说："土地所有权本身已经产生地租。"但是，绝对地租作为一种经济形式（或作为一种范畴意义上的绝对地租），它是农产品的价值和生产价格的矛盾运动的表现形式。这一对矛盾，又是由农业部门和工业部门在资本有机构成上的矛盾决定的。资本主义农业生产技术长期落后于工业生产技术，所以在资本主义的商品市场上，农产品的平均市场价格就会超过它们的生产价格。资产阶级经济学家受形而上学观点的支配，看不到这些矛盾，只好把所有这些客观存在的矛盾连同绝对地租一起抹煞掉。

最后，还要注意一点：无论是级差地租，还是绝对地租，它们作为剩余价值的具体形式，不仅表现在它们本身充满着错综复杂的矛盾，而且表现在这一切矛盾的运动又必然是在农业生产过程和流通过程的对立统一中，也就是在资本运动总过程的背景下展开的。

第七篇　各种收入及其源泉

前言：本篇是全卷和全书的总结

第三卷第七篇“各种收入及其源泉”，包括五章（第48—52章），第52章没有完成，全书前三卷理论部分到此结束。

这一篇直接论述的是各种收入和它们的来源，把前面几篇中论述的各种具体的分配形式加以综合。从这个角度看，可以看作是第三卷的总结。在论述各种收入的来源——剩余价值时，很自然地要同第一、二卷联系起来，从分配的角度论述本书的核心即剩余价值。而分配关系决定于生产关系，归结到资本主义的生产关系即阶级关系。从这个角度看，可以看作是三卷全书的总结。

从前一角度看，剩余价值分解为几种不同形式，转化为各种收入。然后，所有一切收入的来源总结为工人阶级的剩余劳动。工人阶级的劳动创造了全部价值。劳动价值论得到最终贯彻。

从后一角度看，全书从资本家与雇佣工人的阶级关系、生产关系开始，这一生产关系决定着资本主义的交换关系，最后是资本主义的国民收入即全部新价值的分配，总结为资本主义的生产关系和阶级关系。

对这一篇，一般把它看作是第三卷的总结，也是全书的总结。但是作为总结，不像第一卷最后一节那么明显。因为这是一个手稿，我们要从手稿的特点中去体会它所具有的总结的意义。

怎样体会它是第三卷全卷的总结呢？

第三卷前六篇所讲都是除工资以外的各种收入：企业利润、利息和地租，以及这些收入的源泉。本篇的标题概括了全卷的内容。收入属于分配范畴。收入的源泉属于生产范畴。由生产到分配，少不了流通这个媒介。这一篇的内容涉及生产过程、流通过程和分配过程。一句话，本篇所论述的是资本主义生产的总过程，这正是第三卷总标题所表示的。所以，本篇被看作本卷的总结是恰当的。

又怎样体会它是《资本论》全书的总结呢？

马克思在第一版序言中给本书规定的目的是“本书的最终目的就是揭示现代社会的经济运动规律”。经济运动规律包括生产、交换（流通）、分配、消费各方面的运动规律。所有这些资本主义的经济规律都分别在一至三卷各篇中加以揭示了。这些规律中的基本经济规律是剩余价值规律。第一卷讲的是剩余价值的生产和再生产的规律；第二卷讲了剩余价值实现的规律；第三卷讲了剩余价值的分配规律。所有这些规律又都是资本运动的表现和资本运动的结果：在资本的生产过程中产生剩余价值，在资本的流通过程中实现了剩余价值，在资本主义生产总过程中剩余价值分配到各剥削集团。所谓资本运动，就是在剩余价值的生产过程、流通过程、分配过程的全过程中自始至终的矛盾运动。

第三卷第七篇可以看作是全书的总结，是因为在本篇中把价值和剩余价值的生产、流通、分配高度概括起来了，并且最后归结到资本主义社会的阶级关系上，加以概括。这就使本篇具有总结的性质。不过因为它是手稿，没有明显的表述。

我们不妨从第七篇的五章的内容及它们之间的逻辑联系，来体会这一篇的全书总结的地位。

本篇各章之间的逻辑联系如何？

第四十八章从批判庸俗经济学的三位一体的公式开始。因为，这个公式把各种收入杂凑在一起，同时硬拉扯上三个并列的源泉。这是在资产阶级经济学中流行一时的庸俗的分配理论。也因为，这个公式包含着“社会生产过程的一切秘密”，就是说，它像一层厚厚的烟幕把生产过程、流通过程、分配过程的实质全部掩盖起来。所以必须从总生产过程出发去加以批判。这是作为全卷、全书的总结的最合适的题目。

尽管这个公式在理论上的荒谬和政治上的反动是显而易见的，但它却是支配着全部资产阶级经济学的荒谬的教条。所以马克思在全书结束时对它加以批判。

什么是公式？

社会科学中的公式，无非是一种理论概括或总结的形式和方法。

问题当然不在“公式”二字上，而在所谓“三位一体”四字上。这三位一体，涉及资本主义生产和再生产过程的各方面：生产、流通、分配、消费（收入），涉及价值和剩余价值的生产和分配。因此，这不仅是对第三卷的总结，也包括第一、二卷的重大问题。这里讲各种收入，其中，工资和劳动（雇佣劳动）就是第一卷的重大问题；各种收入的共同的源泉是价值和剩余价值，就是第一卷的中心问题。马克思抓住这样一个“公式”进行批判，给全书作总结提供了方便，提供了相当合适的形式和方法。

提出这个公式作批判的靶子，最有意义的一点还有：这个公式是资产阶级经济学的形而上学观点的难得的典型。

马克思既然抓出这样一个典型进行批判，来为全书作一个适当的总结，那么，就应当彻底批判下去，应当追查公式的根子。也就是为了批判三位一体的公式，一方面要分析社会总产品的价值构成，把国民收入确定下来；一方面要挖出“公式”的老根——“斯密教条”。

三位一体的公式是“斯密教条”的进一步庸俗化，它把“斯密教条”推到了极端。因此，必须再一次批判这个教条，把第二卷的批判继续到底。

“斯密教条”把价值说成是各种收入的来源，又把各种收入说成是价值的来源，颠三倒四。后面这种颠倒，被竞争的过程搞得非常复杂。所以必须揭穿竞争造成的假象，澄清各种收入的真正来源——工人的活劳动，它再生产出劳动力的价值（工资或工人收入），它创造出剩余价值（资本家和地主的收入）。

本篇对于“三位一体”的公式和斯密教条的批判，分作两部分：

第四十九章：马克思为第二卷的社会资本再生产学说作了一个扼要的总结，运用这个学说进一步批判“斯密教条”和三位一体的公式。这个教条和公式的一个严重错误，是混淆了生产和分配两个范畴，还混淆了总产品、总收入、纯收入三个范畴。马克思在第四十九章着重分析了总产品、总收入、纯收入之间的区别和联系，它们之间的对立统一关系。这不仅是为了批判资产阶级经济学，而且也对《资本论》全书作出适当总结。

对“年总产品”这个范畴的分析为什么是全书的总结呢？因为：

第一，年总产品既是资本主义生产的结果，又是资本主义再生产的前提。

第二，社会总产品的实现过程，包含着社会生产、再生产和流通的复杂关系，是资本主义生产总过程的缩影。

第三，年总产品、总收入、纯收入三者的关系，体现了资本主义的复杂的分配关系。

资本主义社会的分配关系包括三个方面：

1. 生产资料或劳动条件(c)在各剥削集团中的分配。

2. 社会劳动创造的新价值(v+m)即总收入或国民收入，在社会各阶级中的分配。

3. 社会剩余劳动创造的剩余价值(m)即纯收入，在各剥削集团间的分配。

可见，年总产品或社会总产品这个范畴概括了资本(c+v)、价值(c+v+m)和剩余价值(m)的全部分配关系。

年总产品是社会在一年间提供的商品产品，因而它就是商品资本。

年总产品的价值＝c+v+m＝资本价值+剩余价值；它的实物形式＝生产资料+消费资料。

第五十章：马克思为他的价值学说和生产价格学说作了一个简明扼要的总结，并运用这个学说批判“斯密教条”和三位一体公式。

“斯密教条”可以用两句话来归纳：商品价值分解为工资、利润(利息)和地租，亦即(v+m)，构成商品的价值。

很明显，这一教条把不变资本(c)从商品价值中排除出去了。价值＝v+m，把总产品和总收入混同起来。也很明显，把生产和分配混同起来。

价值和剩余价值的问题，是资本主义生产的根本问题，是影响资本主义经济全局的问题。在全书总结中提到这个问题是很自然的。

《资本论》创作的任务在于揭露资产阶级剥削工人阶级的秘密，资本主义社会财富及其发展的秘密。不了解资本主义财富的根本来源，就不了解资本家剥削的秘密。不了解价值，就不可能了解剩余价值。

“斯密教条”，价值由 v+m 构成是什么意思？难道价值不是劳动创造的？地主、资本家也是价值的创造者？

三位一体是什么意思？在这个公式上，劳动、资本、土地成了一体，劳动者、剥削者、寄生虫成了一体。它们之间的界线没有了。

针对批判“教条”和“公式”，马克思总结了五个重要观点：

1. 社会劳动是商品价值(社会财富)的唯一源泉，没有其他什么源泉。

2. 作为价值源泉的社会劳动，不仅是工人的活劳动，而且也是工人过去劳动，不仅是有酬劳动，而且也是无酬劳动。

3. 同社会劳动的性质相适应，价值分解为三部分即 c+v+m，而不是两部分即 v+m。不变资本的价值，c 的价值，旧价值，是过去劳动的表现；新价值 v+m，是活劳动的表现。

4. 工人新创造的价值，分解为工资、利润和地租三种收入形式，工资是有酬劳动的表现，利润和地租是无酬劳动的表现。

5. 工人的一个工作日是三种收入总额的界限，必要劳动时间是剩余价值额的界限的基础。因为剩余劳动是必要劳动的延长，这两部分劳动时间的比例不影响工作日长度。因而 v 和 m 的比例变动，不影响商品价值总额(c 的价值是既定的)。

《资本论》全书，以商品价值的分析开始，又以商品价值的分析结束，从这个意义上说，马克思总结了政治经济学自创始以来 150 年以上的研究得出的批判性的成果。①

第七篇的结构和内容

一、这一篇论述了三个主要问题

1. 资本主义社会各阶级的收入即各种收入的真正源泉：雇佣劳动者创造的新价值。

2. 资本主义社会的生产和分配，生产关系和分配关系的相互关系。

3. 社会总产品、总收入和纯收入的区别。

各种生产要素(劳动、资本、土地)的所有权是新价值转化为各种收入形式(工资、利润、地租)的原因，但不是商品价值的源泉，新价值的源泉只能是工人的活劳动。

二、本篇的结构

第四十八章：批判庸俗经济学的三位一体的公式。其观点混淆了社会关系和自然关系。

---

① 此处原稿所注的引文出处为马克思《政治经济学批判》中文版，单行本，第 36 页。其中马克思写道："把商品归结于二重形式的劳动，即把使用价值归结于实在劳动或合乎目的的生产活动，把交换价值归结于劳动时间或相同的社会劳动，是古典政治经济学一个半世纪以上的研究得出的批判性的最后成果。"参见《马克思恩格斯全集》第 13 卷，北京，人民出版社，1998 年第 2 版，第 445 页。——本书编者

第四十九章：三位一体公式把“斯密教条”推向了极端，因而更加荒谬。这个公式混淆社会总产品、总收入、纯收入三个范畴，混淆生产和分配两个范畴。马克思联系资本主义生产总过程，进一步彻底地批判了“斯密教条”。

第五十章：揭露亚·斯密的理论矛盾。他被竞争的假象所迷惑，一面说新价值分解为三种收入（这是对的），一面又说三种收入构成商品价值（这是错的），混淆了生产和分配、生产规律和分配规律。

第五十一至第五十二章：对前三章的分析作出理论的和政治的结论。资本主义分配关系由生产关系决定。同三种收入形式相适应的三大阶段的斗争是资本主义生产关系的特征。

综此四章所述，本篇的主要内容如下：

这一篇可以看作是第三卷的总结，即对资本主义生产总过程进行了全面分析以后的总结，也可以看作是整个《资本论》这部宏伟巨著的结束语。可惜，本篇没完成，同时又是一部手稿，作为一个总结，需要我们去认真体会。

首先，批判了三位一体的公式。这个公式是庸俗经济学体系的总纲，这里包含了生产、交换、分配、消费（收入）各方面的问题。对这个公式的批判，便于对资本主义生产过程作出总结。

这个公式的老根子在“斯密教条”。所以，接着从两方面，即从社会再生产理论和从价值与剩余价值理论两方面，进一步批判“斯密教条”，便于对资本主义生产总过程进一步作出总结。

最后，总的论述资本主义的生产关系和分配关系，以及同它相适应的阶级关系，这就给全部著作进行了全面的总结。

以下为本篇各章的主要内容。

第四十八章　三位一体的公式

第 48 章分析三位一体的公式。从三个手稿中可以归纳出三点，即：

(1) 首先肯定资本、劳动、土地是三种东西，不能综合为一个命题，不成一体。资本是一种生产关系，不是物；劳动是人的生产活动；土地是一种自然物。资本是资本主义社会特有的，劳动和土地是一切社会共有的。

利润、工资、地租同属价值范畴。

(2) 三种收入，各有各的来源，互不联系，把整个国民收入和各种收入的关系，总产品价值和各种收入的关系割断了；把整体与部分割开来；把人的关系和物的关系过错全颠倒了，明明是人的关系，颠倒成物的关系。这里，联系到第二卷的流通过程和第三卷讲过的价值转化为生产价格，来说明社会总价值和各种收入的关系。

(3) 区分了庸俗学派和古典学派的观点。指出三位一体的公式是庸俗经济学的“代表作”。

古典学派曾探索资本主义社会的内在联系；它把利息看作是利润的一部分，把地租看作是平均利润率以上的超额利润，二者在剩余价值中合而为一；把流通过程看作是单纯的价值形态的变化；把价值和剩余价值归结为劳动等等，都是古典学派的功绩。当然，所有这些观点都是不彻底的，包含有错误成分。

具体地说：

第一，马克思在本章开头，首先摆出了资产阶级经济学的这个三位一体的公式。

马克思首先着重指出：三位一体的公式既否定了资本、土地、劳动三者之间，以及利润、地租、工资三者之间的联系，又抹煞了它们之间的对立。这就从根本观点上揭露了这个公式是形而上学的典型，从根本上同唯物辩证法对立。

第 922 页第 3 段讲公式中的“每年可供支配的财富的各种所谓源泉”毫无联系。它们“属于完全不同的领域，彼此之间毫无相同之处。它们互相之间的关系，就像公证人的手续费、甜菜和音乐之间的关系一样”。

第 923 页“Ⅱ”的第 1 段讲，“各种收入源泉之间的联系尽在这个形式之中”。“像资本一样，雇佣劳动和土地所有权也是历史规定的社会形式”，“而且二者都是与资本相适应的、属于同一个经济的社会形态的形式”。

第 924 页第 2 段，讲三种收入作为产品价值的三个部分(价值部分、货币部分、价格部分)具有同一性，应当具有相同的来源。但公式却为它们安排了三个互不联系的源泉。

三位一体的公式把资本、土地、劳动之间的对立完全抹煞了，把互相对立的社会关系变成“和谐”的自然的比例关系。

第二，马克思指出这个公式完全是唯心主义的东西，是资本家的观念的系统化。

第 925 页第 2 段讲："庸俗经济学恰好对于各种经济关系的异化的表现形式……感到很自在，而且各种经济关系的内部联系越是隐蔽，这些关系对普通人的观念来说越是习以为常，它们对庸俗经济学来说就越显得是不言自明的。"

马克思还指出，这个公式是资产阶级拜物教观念的典型。

第三，马克思指出，这个公式纯粹是为了替资本主义制度辩护的目的而制造的。

这个公式的老根子是"斯密教条"，它把斯密教条推到极端。

要彻底批判三位一体的公式，就必须再一次进一步批判"斯密教条"。

对于"斯密教条"，第二卷第三篇已批判过，但那里还没有利润和地租两个范畴。

现在，运用两个理论进一步批判。这两个理论是：社会再生产理论（即资本主义生产理论）和价值与剩余价值理论。

第四十九章　关于生产过程的分析

本章的两大理论要点

在第四十九章，本章可以归纳为两个要点，即：马克思用他的资本主义生产总过程的理论，即社会资本再生产的理论考察社会总产品（社会总资本的产品价值即 c＋v＋m）；并进一步批判"斯密教条"。这里不是抽象地一般地分析生产过程，是以社会资本的产品价值为具体对象进行具体的分析。

1. 第一个要点：从再生产的理论的角度分析社会总产品的价值，这就是，产品价值不仅是＝c＋v＋m，而且是剩余价值＝平均利润＋利息＋地租。第二卷第三篇从流通角度分析社会总产品价值，只停留在剩余价值这个层次上，还未涉及剩余价值的各种具体形式。

2. 第二个要点：联系到国民收入问题进一步揭露了"斯密教条"的错误根源：

(1) 不懂得不变资本与可变资本的区别和联系，不懂得剩余价值的性质，从而不懂得资本主义生产方式的全部基础。资本家占有剩余价值正是以占有不变资本为前提，为手段。显然不应该把不变资本排除在商品价值之外。

(2) 不懂得劳动二重性，从而不懂得在新价值形态上保留了旧的价值，而不是新生产出这一部分价值，事实上确实没有生产出不变资本的价值。

(3) 没有从总资本运动的观点来理解再生产过程各方面的联系。在社会总资本运动，即再生产中不但要求 c、v、m 的价值得到补偿，还要求物质的补偿。

(4) 斯密坚持总产品价值只等于 v+m，是受他的资本与收入的"糊涂关系"(二者的规定性会互相交换，互换位置)的影响。例如，说资本产生收入，收入(指未消费掉的部分)变成资本。又如，某些商品在一个生产阶段是不变资本的一部分，在另一场合又可以是当作收入的消费品。再如，在社会总资本再生产过程中，第Ⅰ部类资本家与工人的收入，在价值和物质两方面补偿第Ⅱ部类资本家的不变资本，如此等等，使人产生错觉：对一个人是收入的东西，对另一个人是资本。资本与收入的区别，在资本家看来，只是相对的，而从总生产过程的角度看，又似乎不存在。

(五) 从价值到生产价格的转化，从剩余价值到它的各种形式的转化，都有许多中间环节，很容易使人忘了：价值分解为各种收入，不影响价值规定和价值规律本身。

资产阶级经济学从来不能区分下列三者：

总产品、总收益＝c+v+m；总收入＝v+m；纯收入＝m。

他们不敢正视这个总收入和纯收入的本质关系，不惜为逃避困难而在理论上大兜圈子：一面认定价值分解为工资、利润、地租，另一方面又说什么价值由工资、利润、地租构成。价值是收入的来源，收入又是价值的来源。这样的颠倒被竞争过程弄得更加复杂，这就需要揭穿竞争所造成的假象。

本章的主要内容

在第四十九章中，马克思首先对资本主义生产的总过程的研究作了一个总结，并对他的社会资本再生产理论作了全面的而又扼要的概括(把各种收入形式引进再生产学说)。然后，用这一理论，批判斯密教条，以及斯密教条的进一步庸俗化，并且指出产生斯密错误的五个原因。最后，特别论述了被斯密抛弃的、斯密无能力处理的不变资本 c。其具体内容有：

一、对资本主义生产总过程的总结和分析

(一) 分析资本主义生产总过程也必须从年产品出发

本章的主要内容就是分析资本主义生产总过程。资本主义生产的实质是生产剩余价值，剩余价值存在于剩余产品中，而剩余产品又是总产品的一部分。所以，分析资本主义生产过程，必须从年总产品价值出发。

为此，就需要分析年总产品的价值，即社会总资本的产品价值。

年总产品是生产过程的结果，因此同时表现着生产总过程。

年总产品价值＝c＋v＋m，即＝c＋v＋(p＋r)，它体现了包括生产、交换、分配、消费(收入)四方面的资本主义生产的总过程。

(二) 资本主义年总产品的构成和补偿

资本主义社会的年总产品的价值就是社会总资本的产品的价值。

总产品的价值的一部分：剩余价值分解为利润和地租，即 m＝p＋r；

总产品价值的另一部分：补偿可变资本和工资的部分，即 v；

这两部分合起来就是价值产品，即 v＋m。

此外应当还有一部分：从生产资料中转移过来的、亦即只是再现于产品中的不变资本价值 c。

这里，v＋m 是新创造的价值，c 是原有价值转移到新产品中来的。

马克思这里特别指出：

c 的价值，即不变资本价值，是从原来就存在于生产资料中的旧价值保存下来并且转移到产品中去的。在创造新价值的同时保存和转移旧价值，是具体劳动的结果。因此在年产品中保存 c，并不需要追加新的劳动。但是，要在价值和使用价值两方面补偿过去一年间所消费掉的不变资本，就必须有新的追加劳动。不补偿 c，就不能再生产。

已消耗的不变资本 c 怎样在价值和使用价值上得到补偿呢？

这个问题在第二卷第三篇已经解决了。

这里，第 947 页末一第 950 页末，再一次扼要地进行了分析。马克思说，这里回过来谈这个问题，首先是因为在那里剩余价值还没有在它的收入形式上即利润(企业主收入加上利息)和地租形式上加以阐明，因而还不能在这些形式上加以研究；其次还因为正是在工资、利润和地租形式的分析上，包含着一个从亚当·斯密以来贯穿整个政治经济学的令人难以置信的错误。

（三）马克思的结论

这一扼要分析是马克思研究资本主义生产总过程的结论。即：

1. 年总产品（社会资本）按照产品的使用价值分为两大部类。

2. 每一部类的产品在价值上都分为三部分，即 $=c+v+m$。但是由于现在有了利润和地租，所以剩余价值就分解为这两项，即 $m=p+r$。

3. 两大生产部类的关系为：

$$\text{Ⅰ}(v+m)=\text{Ⅱ}c$$

$$\text{Ⅰ}(v+m)+\text{Ⅱ}(v+m)=\text{Ⅱ}(c+v+m)$$

$$\text{Ⅰ}c+\text{Ⅱ}c=\text{Ⅰ}(c+v+m)$$

不过，由于有了 $m=p+r$，所以上述公式中的 m，现在应当改为 $p+r$。

这样，上述公式就会变为：

$$\text{Ⅰ}(v+p+r)=\text{Ⅱ}c$$

$$\text{Ⅰ}(v+p+r)+\text{Ⅱ}(v+p+r)=\text{Ⅱ}(c+v+p+r)$$

$$\text{Ⅰ}c+\text{Ⅱ}c=\text{Ⅰ}(c+v+p+r)$$

在这样扼要叙述了自己的社会总资本再生产理论后，马克思就返回来，进一步批判斯密教条和三位一体的公式。

二、对斯密教条和三位一体的公式的批判

（一）斯密教条的核心

斯密教条的核心在于：认为一国的总产品在价值上可以全部分解为全体国民的收入，即工资、利润和地租。更有甚者有时则还倒过来，把一国总产品的价值说成就是由这三种收入“构成”的。也就是把事情表现为：年总产品价值 $=v+p+r$，亦即 $=v+m$。这既违反逻辑，也违背事实。

所以，批判斯密教条，正好是总结资本主义生产总过程的一种适当形式。

（二）关于总收益和纯收益、总收入和纯收入

斯密教条之所以产生，在理论上的原因之一在于混淆了总收益和纯收益，以及总收入和纯收入，从而混淆了价值和剩余价值的生产和分配。

为此，马克思首先明确地区分了这几个概念，即：

1. 总收益或总产品是再生产出来的全部产品。总产品 $=c+v$

+p+r。

2. 总收入则是总产品扣除了补偿预付的、并在生产中消费掉的不变资本的价值部分和由这个价值部分计量的产品部分以后，所余下的价值部分和由这个价值部分计量的产品部分，即总收入＝v+p+r。这个总收入就是纯收益，也就是现在人们所说的国民收入。

3. 纯收入却是剩余价值，因而是剩余产品。这种剩余产品是从总收入（即纯收益）中扣除了工资以后所余下的、实际上也就是由资本实现的并与土地所有者瓜分的剩余价值和由这个剩余价值计量的剩余产品。所以，纯收入＝剩余价值 m＝利润+地租，即＝p+r。

（三）总产品中包含着的矛盾和对立

在总产品中包含着一系列矛盾和对立。

1. 首先是年产品价值会分解成两个部分：补偿预付不变资本价值的 A，与表现为工资、利润和地租这三种收入形式的 B。B 和 A 形成一种对立。

2. 其次是 B 本身又包含着对立。其中 p、r、v 三者都是收入的形式，但它们又有本质区别：p+r 体现着剩余价值，即无酬劳动，工资则体现着有酬劳动。

3. 三是产品中 v 这个价值部分执行资本和收入双重职能。它先以资本的形式存在，并且作为资本和劳动力相交换。在工人手里，它转化为工人出卖自己的劳动力所取得的收入，并且作为收入，转化为生活资料并被消费掉。这个双重的过程，是以货币流通作为媒介表现出来的。因此，v 首先以资本（可变资本）的形式，流回资本家手中。它以这种形式流回，是劳动作为雇佣劳动、生产资料作为资本、生产过程本身作为资本主义生产过程不断重新再生产出来的一个重要条件。

（四）对庸俗经济学错误的批判

庸俗经济学的错误则在于：认为总产品＝总收入（国民收入），即混淆了总产品和总收入、总收益和纯收益这两对范畴，从而认为消费者必须支付总产品的全部价值，或者认为生产者与消费者之间的货币流通必须等于生产者之间的货币流通。

其实，就社会总资本来说，当作收入（工资、利润和地租，亦即 v+p+r）消费的那部分产品的价值，同不能成为收入的那部分产品的价值一样，包含一个不变资本的价值。但是庸俗经济学却认为，总产品完全分解为三种收入。

为什么会产生这种背离事实的荒谬见解呢？

马克思在第955—959页指出了五个原因，其中包括阶级立场和认识上的根源。

三、对总产品中不变资本价值部分c的进一步分析

这一部分主要是讲追加的不变资本的问题，也就是资本积累的问题。由于追加的不变资本一般是利润的一部分或全部，所以这个追加的c总是首先采取收入的形式。这样，就出现收入和资本的关系问题。

马克思分析这个问题的要点是：

（1）从整个社会来看，不变资本的价值是从原有价值转移来的，不是新创造的。

（2）追加不变资本，需要有一个准备金，这个准备金和积累一样，是从利润中取出来的。（这种情况在社会主义社会仍将存在）

在积累过程中，不断发生利润向资本再转化。这就造成"一切资本都是从收入中产生的"假象。从而好像商品价值全部由收入产生。事实正与此相反，利润是由资本产生的。不过在积累过程中变得颠倒过来。利润向资本的转化，实质上不过用剩余劳动的一部分（表现为利润）来制造新的追加的生产资料。从这个意义上说，一切社会都是如此，例如原始人用打猎以外的时间制造石斧弓箭。不过在这里采取了资本主义的形式，支配剩余劳动的是资本家。总之，在资本主义下，形成追加不变资本的剩余劳动，首先表现为资本家的收入，由此，掩盖了形成新的不变资本的真正源泉。

（3）说构成不变资本的各种商品（机器、原料等）也能分解为各种价值部分（工资、利润、地租），是对的。这不外是说，一切商品价值都是包含在商品中的社会必要劳动。但这不会改变一个资本商品的总价值$=c+v+m$。

四、对施托尔希及其所代表的错误说法的批判

本章最后，马克思批判了资产阶级经济学家施托尔希下面这段话，马克思说施托尔希也表达了许多其他人的意见。即："形成国民收入的各种可出售的产品，在政治经济学上必须用两种不同的方法来考察：在对个人的关系上应看作价值；在对国民的关系上应看作财富"。

马克思就此指出：

第一，把一个在价值上建立起自己的生产方式，进而按照资本主义方式组织起来的国家，看成是一个单纯为了满足国民需要而工作的总体，这是错误的抽象。

第二，在资本主义生产方式消灭以后，但社会生产依然存在的情况下，价值决定仍会在下述意义上起支配作用：劳动时间的调节和社会劳动在各类不同生产之间的分配，最后，与此有关的簿记，将比以前任何时候都更重要。

第一点批判了施托尔希(在第二卷中马克思曾指出，蒲鲁东也有类似的看法)考察国民收入的所谓“两种不同的方法”，特别是总产品“在对国民的关系上应看作财富”的说法。这实际上是把在价值和交换价值的基础上建立起来的资本主义社会，看成是：只要从社会的角度来考察，总产品和总收入的价值性质和资本主义性质就不存在了。实际上，这是不可能的。

第二点说明了：不仅对于资本主义经济不能借口“社会的观点”或“对国民的关系”就把总产品的价值关系抛到一边，而且即使到了社会主义社会，不仅价值决定仍在劳动时间的调节和社会劳动在各类不同生产之间的分配中起支配作用，并且以此为基础的经济核算(即簿记)也比以前任何时候都重要。

第五十章　竞争的假象

引　　言

庸俗经济学派把各种收入说成是价值的来源。这种颠倒被竞争弄得很复杂。要重新颠倒过来，就需要搞清楚两个转化过程，即剩余价值到各种收入和价值到生产价格两个转化过程的界限，以及二者之间互相制约的关系。

第一，先看价值分解为各种收入。总产品中的新价值会分解为工资、利润、地租，这是不错的。但是，这种分解不会改变价值的界限，即各种收入分解的比例不会改变已定的价值量。分解成工资、利润、地租三部分的总价值额的绝对界限是在生产过程中已经确定了的。

第二，从工资、利润、地租三者本身来看，它们的平均的和起调节作用的界限也已确定。

第三，从剩余价值与工资的关系来看。剩余价值是以工资(雇佣劳动)为前提的,而工资本身有它的生理的、道德的界限。每个国家的平均工资是一定的。剩余价值的界限以工资为基础,受工资制约;剩余价值分为利润和地租,又受剩余价值的量的多少的制约,二者之和不能超过剩余价值总额。而企业利润和利息之和,又不能超过平均利润。总之,商品价值,除掉不变资本价值外,按如下的系列分解:

1. 商品价值分解为补偿可变资本的价值部分 v 和剩余价值 m。
2. 剩余价值分解为平均利润和地租。
3. 平均利润分解为企业利润和利息。

这些分解都有它的量的界限和规定。由竞争引起的工资、利润率、地租率的变动,各种收入的比例数量偶然地、由竞争的关系来确定;尽管地租在垄断价格基础上会发生例外的情况,但例外情况决不会改变规律本身,只是使研究更加复杂罢了。

总之,价值向生产价格转化,没有取消利润的界限,只会改变它们的比例。受竞争支配的市场价格虽然常常变动,但从长期来确定变动的幅度很小,而平均性的规律又那么强,可见由竞争引起的多种收入的分配的变动,只要从"商品价值是基础"这一原则出发,便可以弄清楚。

本章的主要内容

上一章从社会总资本再生产理论的角度,主要就总产品中不变资本 c 这个价值部分,说明商品价值不是由工资、利润、地租这三种收入构成的。本章则运用价值理论和剩余价值理论,从新价值 v+m 的角度,继续批判斯密教条,说明:商品价值不是由这三种收入构成的。马克思批判了这种说法在理论上的错误,并且结合竞争的假象,揭示了这种错误的根源。

一、用价值理论批判斯密教条

在本章开头,马克思首先指出了下面两种说法的本质区别:

一方面,商品价值或商品总价值调节的生产价格,分解为 c、v、m 三部分,其中 c 代表由生产资料中转移过来的、用来补偿不变资本价值的价值部分,v+m 代表由新劳动加到商品中的价值部分。因此,说商品价值中新创造的价值部分(v+m)不断转化为工资、利润、地租三种收入形式,是正确的。

但是,另一方面,反过来,如果说商品的价值(这里指 v+m,即把不变部分撇开不说)就是由这些要素结合而成的,或者说商品的价值取决于工资的价值、利润率和地租率，则是错误的。

为什么？

这是因为，产品中新价值(v+m)是加到生产资料上的活劳动创造的。因此产品中的这个新价值，就形成工人、资本家和土地所有者能以收入形式，即工资、利润和地租形式，从这个价值取出的份额的界限。工资、利润和地租虽然可以变动，并且尽管可以有各自不同的规律，但总是只能在这个价值部分的界限内变动。

先来说工资。工资的增加或减少，如果仅仅是指新价值中落到工人手中部分增加或减少了，那就只会改变新价值中 v 和 m 的分配，因此不会改变这个新价值本身。如果工资的变动是由劳动生产率的变化(降低或提高)引起的，这会影响到商品的价值和剩余价值。但这时，工资的变动是商品价值变动的结果，而不是它的原因。所以，工资不是决定产品价值的因素。

再来看利润。在不考虑地租的情况下，利润(利息+企业主利润)就是剩余价值。利润的提高或降低，可以是由于生产中所使用的不变资本的减少或增加引起的，这会改变商品的价值。但它改变的只是从生产资料中转移过来的旧价值，而不是新价值即 v+m。如果在不变资本减少的同时可变资本也减少了，这时利润率的增长就有双重的原因：一是不变资本的价值减少，二是剩余价值增加。但只要工人的劳动时间不变，这同样就不会影响新价值。

再来看平均利润和生产价格。价值转化为生产价格，并没有取消利润(即剩余价值)的界限，只是改变了它在各个不同资本之间的分配。

再来看地租。如果只考察级差地租，那么地租就无非是超额利润的转化形式，地租的确定的价值界限，就是一般利润率对生产价格的调节所引起的个别利润率的偏离。如果所考察的是绝对地租，那么，由商品价值规定的界限也不会消失。农产品的高于其价值或生产价格的垄断价格，不过是把其他商品生产者的一部分利润，转移到具有垄断价格的商品上。

最后，再来看利润分为利息和企业主收入。在这里，平均利润本身就是二者合在一起的界限。虽然这种分割比率完全要由竞争关系来决定，因而具有偶然性(在这里，竞争则是唯一的决定的要素)，但这同样并不会使它作为商品价值部分所具有的界限消失。

总之，虽然商品价值中的 v+m 部分会分解为三种收入的形式，但决不因此就得出结论说：工资、利润和地租就是 v+m 这个价值部分的构成要素，它们的总和就是对商品价值起调节作用的“自然价格”或“必要价格”。好像它们都已经独立决定，只要把这三个独立的量相加，就形成商品的价格。

实际上，商品价值是一个已定的量，不管工资、利润、地租的相对量如何，商品价值总是它们的全部价值的整体。

二、“斯密教条”和庸俗经济学三位一体的公式所导致的理论错误和根源

（一）庸俗经济学的错误

庸俗经济学由此导致的理论错误有二：

1. 这种理论从商品价值或价格中排除了不变资本 c 这个价值部分。像在第二卷中已经指出的亚·斯密那样，它只会把人们推来推去。这种见解甚至否认这个价值部分的存在。

2. 这种理论等于取消了价值的概念，剩下的只是价格（即货币）的观念。但是，离开了劳动价值论，工资、利润和地租的价格本身就都是无法理解的。

例如，工资作为“劳动的价格”首先就会被说成由工资、利润和地租三部分“价格”构成的。但这恰恰没有说明工资是什么。其次，用竞争也不能说明劳动的价格，而只在一定程度上说明工资的变化。最后，如果把工资归结为必要生活资料的价格，最终则会导致用劳动的价格来说明劳动的价格这种荒谬的结论。

此外，用竞争也不能说明利润和地租。平均利润以平均利润率为前提；平均利润率以竞争为前提；而竞争又以利润的存在为前提。竞争只能使不等的利润率平均化。要使不等的利润率平均化，利润作为商品价格的要素必须已经存在。竞争不创造利润。所以，其结果只能导致把利润看作是一种由不能理解的方式决定的、对于商品价格的单纯加价。地租的情况也是如此。

总之，通过各种迂回曲折的道路都走不通以后，最后还必须回到商品的价值决定上来。

（二）导致“斯密教条”和三位一体的公式错误的根源

为什么会出现这种混乱？

马克思指出，这是由于这种分割，在资本主义生产的可以看到的表面上，因而也在那些局限于资本主义生产的表面现象的当事人的观念中，总是颠倒地表现出来。具体说来：

1. 三种收入互相独立，分别同三种生产要素（劳动、资本、土地）及其所有权相联系，并且各有自己的规律。因此好像三种收入就是由三个独立的源泉产生的。

2. 在资本主义社会的表面上，可以看到价格与三种收入同方向的变动的现象。经验肯定了由这些颠倒的形式而引起的假象。

3. 资本主义生产方式不断再生产资本主义的经济关系。因此，对单个资本家来说，各种收入形式在契约上是当作前提存在的。

4. 随着价值转化为生产价格，价值如何决定对资本家来说成为无关紧要的事。只要从商品价格中扣除成本（工资、利息和地租）后，还能赚到企业利润，就实现了他的目的。所以在资本家看来，它们就是决定商品价值的要素。而在资本家看来，它们又统统是由竞争决定的。

5. 在资本主义生产方式占统治地位的基础上，那些与资本主义生产方式不相适应的生产形式可以包括在资本主义生产方式的几种收入形式中。所以，资本主义关系好像是每一种生产方式的自然关系的这种假象，就更加具有迷惑作用。例如，个体农民他一身兼有劳动者、资本和土地所有者三种身份，他的收入也可以包括工资、利润、地租三种成分。这样，资本主义关系就好像是一种自然关系。

未来社会里的必要劳动和剩余劳动

在本章结尾，马克思附带指出了：一旦我们消除了工资和剩余价值的资本主义性质，就不会再有现在这样的三种收入形式。

马克思这里首先讲了三个“如果”：

1. 如果我们把工资归结为它的一般基础，即归结为工人本人劳动产品中加入工人个人消费的部分；同时把这个部分从资本主义的限制下解放出来，把它扩大到一方面为社会现有的生产力（也就是工人的劳动作为现实的社会劳动所具有的社会生产力）所许可，另一方面为个性的充分发展所必要的消费的范围。

2. 如果我们再把剩余劳动和剩余产品缩小到社会现有生产条件下，一方面为了形成保险基金和准备金，另一方面为了按社会需求所决定的程度来不断扩大再生产所必要的限度。

3. 最后，如果我们把那些有劳动能力的人必须为社会上还不能劳动或已经不能劳动的成员而不断进行的劳动，包括到必要劳动和剩余劳动中去。

在这些前提下，马克思写道：

“也就是说，如果我们把工资和剩余价值，必要劳动和剩余劳动的独特的资本主义性质去掉，那末，剩下的就不再是这几种形式，而只是它们的为一切社会生产方式所共有的基础。”

可以看出，马克思的这些话，虽然也是为了批判资本主义生产方式和三位一体的公式而写下的，但是对于我们正确认识社会主义乃至未来共产主义社会中的必要劳动和剩余劳动问题，都具有十分重要的意义。

第五十一章　分配关系和生产关系

本章在前几章已经分析了资本主义社会中的各种收入及其来源以后，把各种收入当作分配关系，与生产关系联系起来，分析生产与分配的关系。这样做是必要的。资产阶级经济学的错误在于：既把生产和分配混为一谈，又把分配和生产截然割裂开来。所以，必须对生产关系和分配关系之间的关系进行科学的辩证的分析，作为全书、全卷的总结。

考察收入问题，即分配问题，不能离开分配关系从属于生产关系这一原理。

第 51 章可以抽出两个要点：

第一，分配关系本质上和生产关系是同一的，它从属于生产关系。它不是脱离生产关系的独立东西，因此，它和生产关系一样具有历史暂时的性质。

第二，资本主义生产方式的两个特征(略)。

资本本质上是生产资本的，但只有生产剩余价值，它才生产资本。资本家是人格化的资本，资本家购买生产资料和劳动力，生产商品即资本产品，无非是要占有剩余价值。这样，商品价值必然包含c、v、m 三部分。因此，资本主义的分配过程也必然包含两部分：首先是年产品价值分为劳动力价值和剩余价值，然后是剩余价值分为利润(企业利润和利息)和地租。

本章在内容上大体可以分为以下四个层次：

一、批判资产阶级经济学关于分配关系的错误观点

以上三章讲三种不同的收入形式，是讲新创造的全部价值怎样在生产要素的所有者之间分配。但是，资产阶级经济学家对此却有两种主要的错误见解：一是把资本主义的生产关系和分配关系全都看作永恒的，是人类社会的一般社会关系；二是只承认分配关系的历史性，不承认生产关系的历史性。

马克思则指出：相反，对资本主义生产方式的科学分析却证明：无论资本主义的生产方式和生产关系，都具有历史暂时性。而分配关系本质上和生产关系是同一的，是生产关系的反映，所以二者都具有同样的历史的暂时的性质。

具体说来：

首先，把资本主义的分配关系仅仅看作年产品分为三种收入是错误的。事实是：产品一方面分为资本，另一方面分为收入。其中的工资，也总是先要以资本形式同工人相对立，然后才取得工人的收入的形式。产品作为资本同工人相对立，从一开始就意味着全部资本主义的生产关系。

其次，资本主义生产方式不仅以生产条件的一定的社会形式为前提，而且也会不断地把这种形式再生产出来。它不断地再生产出资本主义的生产关系和分配关系。

最后，在产品的分配之前，首先是生产条件的分配。它是全部资本主义生产关系的基础，决定着资本主义生产的全部性质和全部运动。

二、资本主义生产方式的特征和由此决定的资本主义生产关系的特点

资本主义生产方式一开始就具有的两个基本特征：

第一，资本主义生产方式是一种商品生产占统治地位的生产方式，以至于劳动力也成为商品。从而，资本和雇佣劳动的关系成为占统治地位的社会形式和关系。从这种性质中产生出如下两个进一步的特征：

1. 生产由价值来进行调节。价值规律只是作为内在规律，对单个当事人作为盲目的自然规律起作用。

2. 资本产品中包含着生产的社会规定的物化和生产的物质基础的主体化。①

第二，剩余价值的生产是生产的直接目的和决定动机。劳动社会生产力表现为资本的生产力。由此而决定了另外两个进一步的特征：

---

① “物化”一词的德文原文为“Verdinglichung”，“主体化”的德文原文为“Versubjektivierung”。——本书编者

1. 资本家表现为人格化的资本。

2. 劳动表现为雇佣劳动。

因此，只是由于劳动采取了雇佣劳动的社会形式、生产资料采取了资本的社会形式，价值（产品）的一部分才表现为剩余价值，剩余价值才表现为利润和地租，扩大再生产才表现为资本积累。不过，雇佣劳动并不决定价值，而是只有在雇佣劳动的基础上，商品生产才成为生产的一般形式。

三、对于资本主义分配关系本身的进一步分析

既然资本主义的工资以雇佣劳动为前提、利润以资本为前提，因此这些分配形式就只是资本主义生产关系的表现。马克思以利润（包括利息和企业主收入）和地租为例，进一步说明了这一点。

（一）利润并不单是分配方面的范畴

1. 利润是资本积累的来源，因而是一种支配再生产的关系。

2. 利润是调节资本和劳动本身在不同生产部门之间分配的因素。

3. 利润分割为企业主收入和利息是资本主义生产发展引起的，从中发展出信用和信用制度。

4. 利息等所谓分配形式，也是作为生产要素加入价格的。

（二）地租能够表现为只是分配的形式

1. 地租只限于超过平均利润的余额。

2. 资本主义土地所有权是资本主义生产方式的历史前提和产物。

四、结论

(1) 分配关系是与生产关系相适应而产生的，分配的性质就是生产关系的性质，是生产关系的表现和实现。分配关系和生产关系都具有历史性。

(2) 只把分配关系看作历史性的东西而不把生产关系看作历史性的东西的见解，在一定程度上（在歪曲的形式上）反映了资本主义社会的基本矛盾。劳动的社会形式是不断发展的。当分配关系和生产关系的社会形式与生产力的矛盾和对立扩大和加深时，就表明这样的危机时刻已经到来。这时，再生产的物质发展和它的社会形式之间就会发生冲突。

第五十二章　阶　　级

本章是本篇的末章，也是全卷和全书的终点。

《资本论》全书以资本主义生产方式和生产关系为对象，以揭示现代社会经济运动的规律为目的，历经对于资本的生产过程、流通过程和总过程的各种形式的分析，而从本质到现象、从抽象到具体、从形式到内容的结合上，揭示出了人类历史上这一特定的社会生产形式的各种内矛盾及其运动，揭示出它的全貌和发展趋势。

揭示资本主义的生产方式和生产关系，也就是全面揭示资本主义社会内部的各种阶级关系，揭示资本主义社会分成三大阶级的经济条件和根据。马克思在其《政治经济学批判序言》中为其"六册计划"的前三册所规定的任务，也是揭示这三大阶级的生活条件。

所以，把本章作为《资本论》全书的终点和总结，是非常恰当的。

本章在内容上，由于手稿中断，现在保留下来的仅有五个自然段。这五个自然段，大体包含以下两层意思：

一、什么是阶级，以及什么事情形成资本主义社会的三大阶级

（一）首先指出资本主义社会里所存在的三大阶级

这里又有两层意思：

其一是说，单纯劳动力的所有者——即雇佣工人，资本的所有者——就是资本家，再加上土地所有者，这就形成了以资本主义生产方式为基础的现代社会的三大阶级。

其二是说，工资、利润和地租是这三大阶级各自的收入源泉。

这两点，显然就是本章研究的主题，从本篇的总标题"各种收入及其源泉"上也可以看得出来。问题在于：是什么事情使他们成为社会的三大阶级？是他们各自的收入及其源泉吗？可见，本段在这里，已经为这一问题设下了伏笔。

（二）从理论和实际的结合上，进一步指出现代社会三大阶级存在的事实

这里，马克思首先指出：在英国，现代社会的经济结构无疑已经有了最高度的、最典型的发展。但甚至在这里，这种阶级结构也还没有以纯粹的形式表现出来。不过这一点并不重要。重要的是资本主义生产方式的经常趋势和发展规律：它正在越来越大的规模上形成

这三大阶级。

这里，值得注意的是马克思的如下两个提法：

1. 三大阶级的形成是资本主义生产方式的经常趋势和发展规律。

2. 其具体表现则是：

（1）生产资料越来越同劳动分离，分散的生产资料越来越大量集中成群，因此，劳动转化为雇佣劳动，生产资料转化为资本。

（2）另一方面，适应于这种趋势，土地所有权同资本和劳动相分离而独立，换句话说，一切土地所有权都转化为适应于资本主义生产方式的土地所有权形式。

正是这些趋势，表明了资本主义社会三大阶级存在的事实。

在这里，三大阶级之间构成几对矛盾：雇佣工人阶级同资本家阶级之间的矛盾、资本家阶级同土地所有者阶级之间的矛盾、土地所有者阶级同雇佣工人阶级之间的矛盾，以及雇佣工人阶级与资本家阶级和土地所有者阶级之间的矛盾等。

但是可以看出，这里的主要矛盾则是第一对矛盾，即雇佣工人阶级同资本家阶级之间的矛盾。因为"生产资料越来越同劳动分离，分散的生产资料越来越大量集中成群"和"劳动转化为雇佣劳动，生产资料转化为资本"，是不可分离地联系在一起的。两者合在一起，就构成了这里所说的这种"资本主义生产方式的经常趋势和发展规律"。而"土地所有权同资本和劳动相分离而独立"，则是"适应于这种趋势"而产生的。当然，这并不否认，从历史的角度看，后者又是前两个阶级，从而全部资本主义生产方式的前提。

二、批判资产阶级经济学关于阶级划分的错误观点

既然知道了三大阶级存在的事实，那么接下来首先要解答的一个问题就是：什么事情形成阶级？而这个问题自然会由另外一个问题的解答而得到解答：什么事情使雇佣工人、资本家、土地所有者成为社会三大阶级？

马克思说：乍一看来，好像就是收入和收入源泉的同一性。三大社会集团的成员，即形成这些集团的个人，分别靠工资、利润和地租来生活，也就是分别靠他们的劳动力、他们的资本和他们的土地所有权来生活。有些资产阶级经济学家的所谓经济分析，就是这样进行的。

但是，马克思指出，如果这样的话，那么，例如，医生和官吏也形成两个阶级了；还有，对于社会分工在三大阶级中间造成的无止境的划分，例如，土地所有者分成葡萄园所有者、农场所有者、森林所有者、矿山所有者、渔场所有者等等，也同样可以这样说了。

这说明，按照收入及其来源来划分阶级是不能成立的。

马克思本章的手稿到此中断。

三、对于资本主义社会中的阶级问题的进一步探讨

本章关于阶级问题手稿虽然中断了，不过，根据本章和上一章以及马克思在其他地方的有关论述，从中仍可得出某些初步的结论。当然，这些概括是否准确，有待读者共同讨论。

实际上，我们知道，发现阶级和阶级斗争，这并不是马克思的首创。

正如马克思在1852年3月致魏德迈德信中所说的：

“在我以前很久，资产阶级的历史学家就已叙述过阶级斗争的历史发展，资产阶级的经济学家也已对各个阶级作过经济上的分析。我的新贡献就是证明了下列几点：(1)阶级的存在仅仅同生产发展的一定历史阶段相联系；(2)阶级斗争必然要导致无产阶级专政；(3)这个专政不过是达到消灭一切阶级和进入无阶级社会的过渡。”①

在这里，从《资本论》的角度看，对我们更加具有启发意义的是第“(1)”点，即“阶级的存在仅仅同生产发展的一定历史阶段相联系”。因此，对于资本主义社会中的阶级问题，也必须从与资本主义生产的联系中来探讨。

（一）什么是资本主义社会的阶级

本章所说的阶级，不是泛指其他社会中的阶级，而是以资本主义生产方式为基础的现代社会中的三大阶级，即雇佣工人阶级、资本家阶级和土地所有者阶级。

（二）什么事情形成这三大阶级

这三大阶级的形成，不是由于所谓的收入分配，而是由于资本主义生产方式和生产关系本身。也就是说，是由于这三大集团的成员在这种生产方式和生产关系中所处的地位，亦即所承担的（或所扮演的）经济角色决定的。资本主义社会的阶级，是资本主义经济关系的人格化。三大阶级的存在，既是资本主义生产方式的历史前提，又是它的发展的必然结果。

（三）资本主义社会中的三大阶级关系的特点

---

① 《马克思恩格斯全集》第28卷，北京，人民出版社，1973年，第1版，第509页。

这一点，也要从资本主义生产方式本身的特征来考察。正如马克思在上一章中所概括的，资本主义生产方式的基本特征在于：(1)商品生产和资本关系占统治地位，其中包含着生产的社会规定的物化和生产的物质基础的主体化。(2)剩余价值的生产是生产的直接目的和决定动机，劳动社会生产力表现为资本的生产力，从而包含了资本主义的基本矛盾。而这一矛盾必然表现为资本主义社会的三大阶级之间的矛盾，特别是工人阶级和资本家阶级之间的矛盾。

(四) 资本主义社会中的三大阶级的规定

1. 工人阶级。也叫雇佣工人阶级和现代无产阶级。是指在资本主义条件下，在法律地位上和在形式上具有人身自由的、自身劳动力的自由出卖者。其特点在于：被完全剥夺了一切生存资料(包括生产资料和生活资料)，只有把自己的劳动力当作商品出卖给资本家，为资本家不断地创造出资本和剩余价值来才能生存。也就是，必须不断地把自己的劳动力当作人身材料合并到资本当中去，并且把资本和剩余价值当作剥削和压迫自己的社会力量而不断地再生产出来，才能生存。从资本和雇佣劳动的关系上来看，工人的全部生活(包括生产后消费)时间都是从属于资本和资本家阶级的，所以工人阶级也叫人格化的劳动时间。但从另一方面看，也只有这个阶级才不仅是整个资本主义社会财富的创造者，而且代表了这种生产方式和生产关系的否定的方面，成为资本主义生产方式的掘墓人和新社会生产方式的建设者，从而代表了人类社会发展的方向和未来。

2. 资本家阶级。即资本所有者阶级，也叫现代资产阶级。指在资本主义条件下，以资本的形式出现的社会生产条件的所有者和资本职能的承担者。其实质是资本关系的人格化。但在流通领域内，在与其他商品所有者的关系上，却表现为自由的商品生产者和商品所有者。这个阶级的成员，既包括在现实的资本再生产过程中执行资本的再生产职能(生产和再生产资本和剩余价值)的职能资本家(产业资本家和商业资本家)，也包括不在再生产过程中执行职能的单纯的货币资本家(借贷资本家、银行资本家、金融家以及其他各种资本投机者)。不过，货币转化为资本需要有一定的最低限额，所以并不是任何数量的货币所有者或资本所有者都是资本家。在资本家执行相应的资本的再生产职能(经营管理等)的时候，他们之所以成为资本家，并不是因为执行了这些职能，而仅仅因为他们是资本所有者。随着资本主义股份公司的发展，这些职能将越来越被一种高级的雇佣工人——管理者阶层来执行。整个资本家阶级将越来越成为一个脱离社会再生产过程的单纯的资本所有者阶级，成为社会的赘瘤。

3. 土地所有者阶级。指资本主义社会中的土地所有者阶级。它不同于前资本主义社会（即封建社会）中的地主和贵族。它是随着土地所有权（地产）同资本和劳动相分离而独立，前资本主义的土地所有权转化为适应于资本主义生产方式的土地所有权形式而产生或形成的。它是资本主义土地所有权的人格化。而资本主义土地所有权的特点则在于：一方面摆脱了依附于土地所有权的各种超经济的特权和人身依附关系，把地产表现为一定数量的货币财产（土地价格）、把地租表现为这样一笔虚拟资本的利息或租金，也就是使资本主义的土地所有权具有了纯粹经济的形式。从这个意义上，资本主义的土地所有者阶级与资本家阶级具有某些共同的规定，因此也可以说与资本家阶级同属于广义的资产阶级。另一方面，又造成了土地所有权与对土地的实际耕作或使用的分离，也就是把土地所有权弄成完全荒谬的东西。资本主义土地所有权既是资本主义生产方式的历史前提。但是随着资本主义的进一步发展，土地所有权和土地所有者阶级首先会成为资本主义身份证的障碍。所以，即使在资本主义条件下也会出现否定资本主义土地所有权的土地国有化主张。

（五）资本主义社会三大阶级发展的趋势

资本主义三大阶级的关系，体现了资本主义生产方式和生产关系的各种矛盾，特别是资本主义的基本矛盾。不过资本主义社会还有一个特点就是，社会日益分裂为两大敌对的阵营，即资产者和无产者，亦即资产阶级和无产阶级。三大阶级中的土地所有者阶级由于表现得与单纯的货币资本家相类似，所以也可以将其归入资本家阶级的阵营。此外，根据各个国家资本主义发展程度的不同，每个国家在这三大阶级之外，都还有一些人数不同和在全部人口中所占比例也不同的中间阶级；并且即使在最发达的资本主义国家中，在这三大阶级中，也都会有个别或部分成员兼有其他阶级成员的身份。例如，工人阶级中的高级雇员或经理阶层就是一例。但是随着资本主义基本矛盾的发展，这些阶级关系也会变得越来越明朗化。这些矛盾发展的结果，必然导致资本主义生产方式本身以及三大阶级本身的灭亡。

总之，《资本论》的全三卷（以及还有《政治经济学批判》“六册计划”的前三册），都是要说明“资本主义生产方式以及和它相适应的生产关系”，同时也就是要说明构成现代社会三大阶级的生活条件。所以，以“阶级”作为本书的结束，是非常恰当的。

第六编 《资本论》的结束部分

第一节 《资本论》的逻辑终点

一、《资本论》的逻辑终点

众所周知，《资本论》的逻辑体系是按照由抽象范畴上升到具体范畴的原则制定的。它的开端的抽象范畴是商品，终端的具体范畴是阶级。

阶级范畴是《资本论》全书的逻辑上的终点。

什么是阶级呢？

"单纯劳动力的所有者、资本的所有者土地的所有者……也就是说，雇佣工人、资本家和土地所有者，形成建立在资本主义生产方式基础上的现代社会的三大阶级。"①

在《资本论》中，"阶级"，也像"个人"一样，都是被作为一定的"经济关系的承担者"和"经济范畴的人格化"来看待的。

在第1卷"序言"中，马克思写道：

"为了避免可能产生的误解，要说明一下。我决不用玫瑰色描绘

① 《资本论》，第3卷，北京，人民出版社，2004年第2版，第1001页。

资本家和地主的面貌。不过这里涉及的人，只是经济范畴的人格化，是一定的阶级关系和利益的承担者。”①

在第2章“交换过程”中写道：

“在研究进程中我们会看到，人们扮演的经济角色不过是经济关系的人格化，人们是作为这种关系的承担者而彼此对立着的。”②

在以后的论述中又写道：

“作为这一运动的有意识的承担者，货币占有者变成了资本家。他……作为资本家或作为人格化的、有意志和意识的资本执行职能。”③

“作为资本家，他只是人格化的资本。他的灵魂就是资本的灵魂。而资本只有一种生活本能，这就是增殖自身，获取剩余价值，用自己的不变部分即生产资料吮吸尽可能多的剩余劳动。”④而工人则成了“不过是人格化的劳动时间”⑤。

因此，“雇佣工人、资本家和土地所有者”，作为“形成建立在资本主义生产方式基础上的现代社会的三大阶级”，就成为建立在资本主义生产方式基础上、反映资本主义总体经济关系的经济范畴。

什么事情形成阶级？

马克思写道：“这个问题自然会由另外一个问题的解答而得到解答：什么事情使雇佣工人、资本家、土地所有者成为社会三大阶级？”

马克思以前的一些历史学家，曾经看到了阶级在历史上的作用。但却不懂得从经济的角度说明这些阶级的形成。

资产阶级和小资产阶级的经济学家，看到了资本主义社会中的阶级的事实，试图从经济的方面解释它。但他们同样不懂得这些阶级是怎样形成的，而是满足于这样一些表面现象，即：

“乍一看来，好像就是收入和收入源泉的同一性。三大社会集团的成员，即形成这些集团的个人，分别靠工资、利润和地租来生活，也就是分别靠他们的劳动力、他们的资本和他们的土地所有权来生活。”

然而马克思指出：

---

① 《资本论》，第1卷，北京，人民出版社，2004年第2版，第10页。

② 同上书，第104页。

③ 同上书，第178页。

④ 同上书，第269页。

⑤ 同上书，第281页。

"不过从这个观点来看,例如,医生和官吏似乎也形成两个阶级,因为他们属于两个不同的社会集团,其中每个集团的成员的收入都来自同一源泉。对于社会分工在工人、资本家和土地所有者中间造成的利益和地位的无止境的划分,——例如,土地所有者分成葡萄园所有者,耕地所有者,森林所有者,矿山所有者,渔场所有者,——似乎同样地可以这样说。"①

这就是说,这些经济学家仅仅从收入和分配关系上看阶级,而不懂得从资本主义生产过程(这个过程在现实中表现为它的总过程)的内部、把它们(阶级)作为一些不同的生产关系和经济关系来把握,也就是不懂得把它们作为体现这些关系的总体性的经济范畴来把握。

只有马克思和马克思主义的经济学才第一次科学地回答了上面的问题。

因此,为了了解"什么事情形成了阶级",就必须了解什么事情形成了"雇佣工人、资本家和土地所有者"。为此就必须批判三位一体的公式,就必须深入资本主义生产的总过程,揭穿竞争造成的假象,还必须科学地说明生产关系和分配关系的关系。这只有在把资本主义社会的全部经济关系分析完毕之后才能做到。因此,"阶级"就成为《资本论》终端的范畴。

此外,从逻辑的角度看,阶级之所以被放在全书的末章中来分析,则因为它们在《资本论》理论体系中、在资本主义社会经济体系中是最具体的存在。

第一,这三大阶级是有着最丰富的规定性、最丰富的内涵的范畴。

《资本论》中的范畴体系是从单纯上升到丰富、从简单上升到复杂之系列演进的。全书以劳动和资本作为轴心关系。

第1卷,在对资本的直接生产过程(在第一卷,积累过程也只是被"看作直接生产过程的一个要素"②)的分析中,从本质上揭示劳动与资本的关系,即资本主义生产关系的发生、发展、灭亡的全过程。在这里,首先从"G—W—G′"这个资本的"一般公式"及其矛盾中引出了资本家和工人在劳动力市场上作为买者和卖者的对立,戳破了在这一领域内"自由"、"平等"、"边沁"等"天赋人权的乐园"的实质;进而在资本的直接生产过程中考察了资本的现实的形态变化,从资

① 《资本论》,第3卷,第1002页。

② 《资本论》,第1卷,第652页。

本方面揭示出资本对劳动的"狼一般的贪欲"和对劳动的"专制"统治，从劳动方面揭示出劳动对于资本的"形式隶属"和"实际隶属"。最后，从资本积累过程的角度，进一步考察了资本积累的实质、规律和趋势。

第2卷，以在直接生产过程中的资本和劳动的关系为前提，在包含着资本的生产过程和流通过程的统一的资本的循环和周转中，进一步揭示在包括流通领域在内的更加广阔的领域内的资本和劳动的对立，同时揭示出资本之间的交换关系。在这里，考察了单个资本的流通和社会资本的流通。

第3卷，在对"资本主义生产的总过程"亦即"总过程的各种形式"①的分析中，揭示了在资本主义社会的各种表面关系对资本和劳动关系的本质的掩盖。在这里，这种掩盖是通过剩余价值向各种特殊形式转化而达到的。资本和劳动的关系的规定性愈益丰富，到第三卷它的内涵最为丰满。雇佣工人和资本家都不再单纯表现为单个的个人，而是表现为不同的"阶级"：在产业资本的范围内，工人阶级受整个产业资本家阶级的剥削；在资本的再生产过程和总过程中，工人阶级受全体资本家阶级的剥削。除了产业工人和产业资本家的规定之外，在工人阶级中又加上了商业工人和农业工人；在资本家阶级的概念中，包括了一切形式（包括"生息资本意义上的货币资本"和"虚拟资本"）的资本所有者。总之，无论就资本和劳动的关系、还是就这两大阶级之间的关系来看，这些范畴和关系的概念和规定，是越来越丰富了。

第二，这三大阶级是包含着最复杂的生产关系的范畴。

就"雇佣工人"阶级而言，作为一个现代的经济范畴和阶级，它并不是从来就有的，恰恰相反，它的产生就包含了一部人类苦难史。资本一旦站稳脚跟，它就会以不断扩大的规模把工人阶级连同过剩的贫困人口再生产出来。随着资本主义生产方式的发展，它就把越来越多的劳动人口囊括在由"雇佣工人"构成的"总体工人"的范畴。因此，"雇佣工人"所反映的，决不单纯是劳动力的买者和卖者的关系，也不单纯是劳动与产品及价值以及劳动过程的主观因素与客观因素的关系，而是包括了一系列极为复杂的经济关系。雇佣劳动和资本的关系，是资本主义社会赖以旋转的轴心。雇佣工人的范畴，在一定

① 《马克思致路德维希·库格曼》，《马克思恩格斯全集》第31卷下，北京，人民出版社，1972年版，第536页。

意义上涵盖了全部复杂的资本主义经济关系。

“资本家阶级”的范畴也是这样。作为一个阶级，也同样是一种高度复杂化了的关系。因为资本本来就是一个复杂的社会生产关系体系。但在社会的表面上，资本家却被表现为单纯的资本所有者，也就是“生息资本意义上的货币资本家”。但是，货币资本家的“收入”就是“利息”，而利息不过是利润的一部分。利润又包括产业利润、商业利润、农业利润，它们都是平均利润。而在考察平均利润时，事实上预先已经扣除了地租。它们全都不过是剩余价值的转化形式。此外，由于资本主义非生产劳动的存在，在资本家阶级的范畴中还包含了为这个阶级服务的各种非生产劳动者；并且由于信用和虚拟资本的存在，其中还包括了那些不是利用自己的资本、而是利用他人的资本亦即社会的资本进行冒险和投机的阶层。

因此，要了解什么是资本家阶级，就必须了解什么是利息和利润，就必须了解什么是“剩余价值”，什么是雇佣劳动和资本。就不能仅仅把他们理解为单纯的资本所有者，而是必须理解为资本家和工人、货币资本家和职能资本家以及各种不同的资本家之间的关系。

最后，“土地所有者”也决不能单纯地理解为法律上的土地的“主人”，也不能理解为前资本主义社会中也存在的那种“土地财产”的所有者。相反，它是以“地产”(即所谓“土地所有权”)转化为“资本主义地产”、地租转化为资本主义地租为前提的。而在资本主义条件下，“地租”不过是投在土地上的资本所获得的“超额利润”的转化形式，是资本主义“土地所有权”在经济上的实现。而表现为“土地价格”的“地产”，则不过是“地租”的购买价格，即“资本化了的地租”，如此等等。

总之，三大阶级不过是雇佣劳动、资本、资本主义土地财产的人格化。而作为这样一些人格化了的经济关系，是资本主义社会中最为复杂的经济关系。

第三，三大阶级是最现实、最接近社会表面的范畴。

马克思说：第 3 卷是要“揭示和说明资本运动过程作为整体考察时所产生的各种具体形式。资本在其现实运动中就是以这些具体形式互相对立的，对这些具体形式来说，资本在直接生产过程中采取的形态和在流通过程中采取的形态，只是表现为特殊的要素。因此，我们在本册中将要阐明的资本的各种形式，同资本在社会表面上，在各种资本的互相作用中，在竞争中，以及在生产当事人自己的通常意识中所表现出来的形式，是一步一步地接近了”①。

这三大阶级，作为有意识的生产当事人，是最接近现实、接近社会表面的。而在这个最接近社会表面的逻辑层次上，三大阶级的关系又被重新表现为创造价值的几个不同的“源泉”的所有者之间的简单的商品货币关系。

列宁讲到逻辑终点范畴的规定时说：“结果包含着自己的开端。”资本主义社会的三大阶级都不过是以商品和货币关系为开端的“经济范畴的人格化”的完成形态。

二、《资本论》全书的总结

（一）“各种收入及其源泉”与阶级

《资本论》的研究对象是“资本主义的生产方式以及和它相适应的生产关系和交换关系”。

全书按照在第一卷“序言”中规定的对象，分析了“资本主义的生产方式以及和它相适应的生产关系和交换关系”，也就是分析了“现代社会”亦即资本主义社会“经济运动的规律”，而在“各种收入及其源泉”问题上加以总结，特别是在“阶级”中加以总结。这一问题反映出全部资本主义生产关系的总的联系，而三位一体的公式则把资本主义生产过程的一切秘密都包括在内。

恩格斯说：“经济学所研究的不是物，而是人和人的关系，归根到底是阶级和阶级的关系。”马克思在《1857－1858 年经济学手稿》和《政治经济学批判·序言》中指出，他计划写作的“资本”、“地产”和“雇佣劳动”这些理论著作，所研究的是“形成资产阶级社会内部结构并且成为基本阶级的依据的范畴”②，即“现代资产阶级社会分成的三大阶级的经济生活条件”③。《资本论》第三卷和第四卷，即理论部分和历史文献部分的卷末，都以“收入及其源泉”作结束，意味着资本主义社会建立在三大阶级之间的关系上。

从逻辑上来看，阶级分析过后，就应当过渡到“国家”、“对外贸易”和“世界市场”。现行《资本论》虽并没有完全取代“六册计划”的前 3 册，但至少也已超出“资本一般”的内容，并且至少包括了前三册

① 《资本论》，第 3 卷，北京，人民出版社，2004 年版，第 29－30 页。

② 《马克思恩格斯全集》第 12 卷，北京，人民出版社，1962 年版，第 759 页。

③ 《马克思恩格斯选集》第 2 卷，北京，人民出版社，1995 年版，第 31 页。

的开头和结束部分。

(二) 在物的关系中揭示出人与人的关系

资本主义一切经济范畴都是资本主义生产关系的反映，但一切经济关系都采取物的形式，都有它们自己的物的外表、自然物质的外观，商品、货币资本、剩余价值等等一律如此。人格的物化，物的人格化，是资本主义生产关系的一种重要特征。

揭穿种种形式的拜物教是《资本论》的一个任务，这一任务贯串全书各卷，并且又以此为结束。集中地概括地以批判三位一体的公式为总结。

(三) 从商品上升到阶级结束《资本论》的逻辑体系

《资本论》逻辑体系的末端是阶级范畴。

通过分析生产关系和分配关系以及二者的内在联系而总结全书一系列的经济范畴，是过渡到“阶级”这个具体范畴的必要环节。三种不同的“收入”以及各自与其“源泉”的“同一性”，是建立在包括流通过程和分配过程在内的生产过程内部联系基础之上的。像其他所有事物一样，“各种收入及其源泉”也是内容和形式、本质和现象的统一。在这里，形式包含着与这些形式相反的内容；现象颠倒地反映着事物的本质。在这个意义上，“各种收入及其源泉”才成为三大阶级的区分标志，才成为“形成资产阶级社会内部结构并且成为基本阶级依据的范畴”，成为“现代资产阶级社会分成的三大阶级的生活条件”。

第二节　批判三位一体的公式

一、为什么要批判三位一体的公式

马克思为了在《资本论》的逻辑终端阐述三大阶级，彻底批判了三位一体的公式。

资产阶级庸俗经济学，出于辩护的目的，总是用“资本—利润(企业主收入加上利息)，劳动—工资，土地—地租”的公式来代替劳动与资本的对立。

马克思指明，这个三位一体的公式把资本主义的社会生产过程的一切秘密都包括进去了。

“其次，因为……利息表现为资本所固有的、独特的产物，与此相反，企业主收入则表现为不以资本为转移的工资，所以，上述三位一体的形式可以进一步归结为：资本—利息，土地—地租，劳动—工资；在这个形式中，利润，这个体现资本主义生产方式的独特特征的剩余价值形式，就幸运地被排除了。”①

这是把资本主义社会的生产关系、阶级关系说得颠三倒四的一种谬论，是各种拜物教的完备的理论形式，是一切资产阶级庸俗经济学的理论出发点和归宿。

公式美化资本主义制度，是拜物教观念的杰作。

公式掩盖了一切矛盾、对立，是最合适的辩护词。

公式取消了古典学派的全部研究成果，使资产阶级经济学作为一门科学被彻底埋葬。

公式把“斯密教条”推到极端，显露出它的荒诞。

从方法论上看，这里只有统一、一致、调和、均衡，没有矛盾、对立、差异、冲突，没有中介、联系。

因此，必须彻底批判三位一体的公式。为此：

第一，就要揭穿“公式”本身在逻辑上的荒谬和混乱。

第二，就要找出它的认识上的根源。“公式”在理论上来源是古典经济学的不彻底性和其中的庸俗成分，特别是“斯密教条”；在方法上来源于庸俗经济学特有的庸俗性；此外还在于不懂得生产关系和分配关系的关系。

只有在做了这些工作，才能彻底地驳倒“三位一体的公式”，然后才能上升到本书逻辑上的终点，也就是阶级。

这既是本篇第 48 章所要提出和解决的问题，也是全篇（第 48 章—第 52 章）的内容。因此，第 48 章在本篇中也带有“导言”、“绪论”或“总论”的性质。起点是三位一体的公式，终点是阶级。前者表现为“物”，是全部资本主义经济关系的最富有拜物教性质的总体形式；后者表现为“人”，表现为“阶级”，是这个总体拜物教的人格化形式。

---

① 《资本论》，第 3 卷，北京，人民出版社，2004 年第 2 版，第 921—922 页。

二、三位一体的公式的谬误

(一) 混淆了“财富的各种所谓源泉”的不同的规定

公式把完全不同领域的和毫无共同点的劳动、资本、土地都当成收入的源泉。但它们的关系“就像公证人的手续费、甜菜和音乐之间的关系一样”①。而“在这个公式中第一件引人注目的事情是：在资本旁边，在一个生产要素的属于一定生产方式、属于社会生产过程一定历史形态的这个形式旁边，在一个与一定社会形式结合在一起、并且表现在这个社会形式上的生产要素旁边，一方面直接排上土地，另一方面直接排上劳动，即直接排上现实劳动过程的两个要素，而这二者在这种物质形式上，是一切生产方式共同具有的，是每一个生产过程的物质要素，而与生产过程的社会形式无关。”②

(二) 歪曲了“收入”和“价值”的起源，混淆了使用价值和价值、以及价值生产与价值分配和价值补偿的关系

在资本—利息，土地—地租，劳动—工资这个公式中，资本、土地和劳动，分别表现为利息(代替利润)、地租和工资的源泉，而利息、地租和工资则是它们各自的产物，它们的果实。“前者是根据，后者是归结；前者是原因，后者是结果；而且每一个源泉都把它的产物当作是从它分离出来的、生产出来的东西。”但“这三种收入……就是产品价值的三个部分……用货币来表示，就是一定的货币部分，价格部分”③。

然而土地并不产生价值。资本作为价值什么也不创造，作为“生产资本”(生产资料和劳动力)生产的也不只是“利息”。劳动，即使作为资本主义劳动，它生产的也不是“工资”——作为创造价值的劳动，它生产出全部的新价值；作为必要劳动，它生产的是一个工资的“补偿价值”；作为剩余劳动，它生产出全部的剩余价值，包括利润、利息和地租。

因此，现实地看，这三个公式的每一个都是错误的。

(三) 单独来看的每一个公式的逻辑上的谬误

“土地—地租”的公式，是把一种当作物来理解的社会关系(即地

---

① 《资本论》，第 3 卷，北京，人民出版社，2004 年第 2 版，第 922 页。

② 同上书，第 924 页。

③ 同上书，第 924 页。

租),安置在一种和自然的比例关系上,“让两个不能通约的量互相保持一定比例”。“资本—利息”,要么意味着一个价值额可以是一个大于自身的价值额,因而这就像“4=5”一样,纯属“无稽之谈”;要么同样是一种“完全不能通约的关系”。而在“劳动—工资”这个公式中,实际上是把工资看作“劳动的价格”。而“这种说法显然是和价值的概念相矛盾的,也是和价格的概念相矛盾的”,就像说“黄色的对数”一样不合理。

(四)公式把不能综合的东西综合在了一起

正如马克思所说的:“庸俗经济学所做的事情,实际上不过是对于局限在资产阶级生产关系中的生产当事人的观念,教条式地加以解释、系统化和辩护。”因此它“丝毫没有想到,它作为出发点的这个三位一体……是三个显然不可能综合在一起的部分。”它们“显示出了一种整齐的对称的不相称的东西”。

(五)公式混淆了价值或“收入”的来源和分配

三位一体的公式从社会的表面上记录了各种收入的分配。正如马克思所说的:“这些收入,是由职能资本家作为剩余劳动的直接吸取者和一般劳动的使用者来进行分配的。”但是这种分配“并没有创造转化为这几个不同范畴的实体本身。相反,这种分配是以这种实体已经存在为前提的,也就是说,是以年产品的总价值为前提的,而这个总价值不外就是物化的社会劳动”。

三、三位一体的公式的认识上的根源

三位一体的公式不是凭空产生的,而是有其认识上的来源。

(一)公式在理论上的来源是古典经济学的不彻底性及其庸俗成分,特别是“斯密教条”

“斯密教条”的症结在于:在对资本主义生产作出了内在的深刻分析后,又将其归结为庸俗的见解,也就是把包括(c+v+m)在内的年产品总价值,说成是由工资、利润和地租(总和即 v+m)“构成”的,或者说只“分解为”这三种收入。因此,为了批判“斯密教条”,就要从对生产的分析出发,揭示出它的内在组织和联系,并且进而说明这些关系和联系,如何通过一系列的中间环节或中介,一步一步地在社会表面上表现为各种不同的收入及其源泉。

(二)公式的现实根据是资本拜物教和收入拜物教

这是资本主义生产关系独具的特征。此点在后面专门分析。

（三）公式在方法上的根源，则在于庸俗经济学所特有的庸俗性

正如马克思所说的："庸俗经济学所做的事情，实际上不过是对于局限在资产阶级生产关系中的生产当事人的观念，教条式地加以解释、系统化和辩护。因此，毫不奇怪，庸俗经济学对于各种经济关系的异化的表现形式……感到很自在，而且各种经济关系的内部联系越是隐蔽，这些关系对庸俗经济学来说就越显得是不言自明的（虽然对普通人来说，这些关系是很熟悉的）。"

"对庸俗经济学家来说，只要他达到了这种不能通约的关系，一切就都清楚了，他就不感到还有进一步深思的必要了。因为，他正好达到了资产阶级观念上的'合理'了。"

"在这里，庸俗经济学家才感到真正的满足，因为他现在终于达到了资产者的深刻见解"。

"还因为，正好是这个公式和价值概念的矛盾，使他免除了理解价值的义务。"

（四）公式的另一个认识上的根源，是不懂得生产关系和分配关系的历史性和一般关系

三位一体的公式所表示的，"就是分配的关系或形式，因为它们表示出新生产的总价值在不同生产要素的所有者中间进行分配的关系"。但是，"分配关系不过表现生产关系的一个方面"①。在产品的分配之前，是生产工具的分配和社会成员在各类生产之间的分配，"这种分配包含在生产过程本身中并且决定生产的结构，产品的分配显然只是这种分配的结果。"②庸俗经济学却把这种关系颠倒了。"按照通常的看法，这些分配关系被认为是自然的关系，是从一切社会生产的性质，从人类生产本身的各种规律产生出来的关系。"③

因此，庸俗经济学把"三位一体的公式"看作"把社会生产过程的一切秘密都包括在内"④的公式，也就不足为奇了。

此外，庸俗经济学不懂得资本和收入的区别和联系，不懂得资本收入和个人收入、总收入和纯收入这些概念的区别和联系；混同了价值形成、价值决定、价值分割、价值实现这些概念。其论据是"价值由收入形成，收入来自生产要素的使用价值。"

---

① 《资本论》，第3卷，北京，人民出版社，2004年第2版，第993、1000页。

② 《马克思恩格斯全集》第12卷上，北京，人民出版社，1962年版，第746页。

③ 《马克思恩格斯全集》第25卷下，北京，人民出版社，1979年版，第992页。

④ 《资本论》，第3卷，第921页。

第三节　资本的拜物教和收入的拜物教

“三位一体的公式”是各种拜物教的完备的形式。

这个公式把资本主义社会的生产关系、阶级关系归结为物与物的关系，把对立表现为同一，把对抗表现为调和、和谐。

马克思指出：“收入的形式和收入的源泉以最富有拜物教性质的形式表现了资本主义生产关系。这是资本主义生产关系从外表上表现出来的存在，它同潜在的联系以及中介环节是分离的。于是，土地成了地租的源泉，资本成了利润的源泉，劳动成了工资的源泉。”①

收入及其源泉的三位一体的公式，以最富有拜物教性质的形式掩盖了资本主义生产关系、社会三大阶级的关系。这些颠倒的歪曲的形式必然会在资本主义生产当事人观念中反映出来。庸俗经济学则把这些观念用经济学语言记录下来，用物与物的关系解释各种经济范畴。

马克思在《资本论》末篇，通过对“三位一体的公式”的批判，同时也就批判了资本主义经济关系的拜物教，以及相应的拜物教观念。

一、什么是拜物教

在《资本论》第 1 卷中，马克思揭示了商品中存在的“物的人格化和人格的物化的对立”②，也就是揭示了其中的拜物教。他指出：

“商品形式在人们面前把人们本身劳动的社会性质反映成劳动产品本身的物的性质，反映成这些物的天然的社会属性，从而把生产者同总劳动的社会关系反映成存在于生产者之外的物与物之间的社会关系。由于这种转换，劳动产品成了商品，成了可感觉而又超感觉的物或社会的物。”

“因此，在生产者面前，他们的私人劳动的社会关系就表现为现在这个样子，就是说，不是表现为人们在自己劳动中的直接的社会关

---

① 《马克思恩格斯全集》，第 26 卷第 3 册，北京，人民出版社，1973 年版，第 499 页。

② 《资本论》，第 1 卷，北京，人民出版社，2004 年第 2 版，第 135 页。

系，而是表现为人们之间的物的关系和物之间的社会关系。”

马克思拿宗教与它作比较：在宗教世界里，人脑的产物表现为赋有生命的、彼此发生关系并同人发生关系的独立存在的东西；在商品世界里，人手的产物也是这样。马克思把这称为“拜物教”①。

“货币拜物教的谜就是商品拜物教的谜”②，只不过变得明显了，耀眼了。

“而蔑视货币主义的现代经济学，当它考察资本时，它的拜物教不是也很明显吗？认为地租是由土地而不是由社会产生的重农主义幻觉，又破灭了多久呢？”③

可见，马克思在《资本论》中所说的“拜物教”，就是指资本主义条件下，在商品、货币、资本以及工资、利润、利息和地租等这些经济形式中所包含的“物的人格化和人格的物化”的矛盾，以及人和物的关系的颠倒。正如马克思所说的：“这只是人们自己的一定的社会关系，但它在人们面前采取了物与物的关系的虚幻形式。”④拜物教是商品生产和资本主义生产在生产关系方面的特征。

马克思还写道：“现实的颠倒借以表现的歪曲形式，自然会在这种生产方式的当事人的观念中再现出来。这是一种没有想象力的虚构方式，是庸人的宗教。庸俗经济学家——应该把他们同我们所批判的经济学研究者严格区别开来——实际上只是[用政治经济学的语言]翻译了受资本主义生产束缚的资本主义生产承担者的观念、动机等等，在这些观念和动机中，资本主义生产仅仅在其外观上反映出来。他们把这些观念、动机翻译成学理主义的语言，但是他们是从[社会的]统治部分即资本家的立场出发的，因此他们的论述不是素朴的和客观的，而是辩护论的。”⑤

“然而，在所有这些形式中，最完善的物神是生息资本。”⑥

因此，为了说明整个资本主义生产关系的拜物教性质，就必须首先分析以生息资本的形式表现出来的资本的拜物教。

---

① 《资本论》，第1卷，北京，人民出版社，2004年第2版，第88—90页。

② 同上书，第113页。

③ 同上书，第101页。

④ 同上书，第89页。

⑤ 《马克思恩格斯全集》，第26卷第3册，第499页。

⑥ 《马克思恩格斯全集》，第26卷第3册，第500页。

二、生息资本是资本拜物教的最完善的形式

马克思说："在论述资本主义生产方式甚至商品生产的最简单的范畴时，在论述商品和货币时，我们已经指出了一种神秘性质，它把在生产中由财富的各种物质要素充当承担者的社会关系，变成这些物本身的属性（商品），并且更直截了当地把生产关系本身变成物（货币）。一切已经有商品生产和货币流通的社会形式，都有这种颠倒。但是，在资本主义生产方式下和在构成其占统治地位的范畴，构成其起决定作用的生产关系的资本那里，这种着了魔的颠倒的世界就会更厉害得多地发展起来。"①

然而，为什么说"在所有这些形式中，最完善的物神是生息资本"呢？

因为在生息资本的形式上，"在这里，我们看到的是资本的最初起点——货币，以及 G—W—G′这个公式，而这个公式已被归结为它的两极 G—G′。创造更多货币的货币。这是被缩减成了没有意义的简化式的资本最初的一般公式。"

具体地说：

（一）生息资本的形式与"土地—地租"和"劳动—工资"的公式，以及与资本在生产过程和流通过程中的形式的比较

第一，在"土地—地租"的形式上，虽然这也"具有充分的拜物教性质"，但土地本身具有自然的生产力。因此，不管在这里如何混淆了价值的生产和分配、如何混淆了使用价值和价值，但这个公式与生产力和生产过程毕竟还存在某种联系。只是"这种生产力借助某种魔术在土地所有者身上人格化了。"

第二，"劳动—工资"这个形式，同样也存在拜物教。因为它把劳动同雇佣劳动混淆起来，从而把雇佣劳动的产品即工资同劳动的产品混淆起来。但这些产品毕竟是由工人创造的。在这个公式中还有"劳动"这个因素在里面。

第三，就资本在生产过程中的形式来说，在这里，资本表现猎取别人劳动的工具。但这种"猎取"本身总还是一种经济活动、一种经

① 《资本论》，第3卷，北京，人民出版社，2004年第2版，第936页。

济行为。它是以资本家和工人的关系为前提的，并且总是指的这种关系。

第四，就资本在流通过程中的形式来说，利润在这里被表现为“让渡利润”和欺诈。商人欺诈产业资本家，就像产业资本家欺诈工人那样，或者说，商人欺诈消费者，就像生产者相互欺诈那样。不管怎样，这里利润是用交换，就是说，用社会关系而不是用物来解释的。

所以，在以上 4 种情况下，虽然也都存在拜物教，但都不像在生息资本那里这样“纯粹”。

“相反，在生息资本上物神达到了完善的程度。这是一个已经完成的资本……而没有生产过程和流通过程作媒介。”“这个自动的物神，自行增殖的价值，创造货币的货币，达到了完善的程度，并且在这个形式上再也看不到它的起源的任何痕迹了。社会关系最终成为物（货币、商品）同它自身的关系。”“资本作为利息的神秘的、自行创造的源泉，即作为资本自行增长的源泉已达到了完善的程度。正因为如此，照[通常的]观念看来，资本主要存在于这种形式中。这就是真正意义上的资本。”①

（二）生息资本自身的拜物教性质的表现

生息资本的上述拜物教性质，体现在这个公式的方方面面。

1. 生息资本在始点上表现为“资本商品”。

马克思说：“既然在资本主义生产的基础上，体现在货币或商品中——真正说来是体现在货币即商品的转化形式中——的一定价值额提供了一种权力，使人有可能白白地从工人身上榨取一定量的劳动，占有一定的剩余价值，剩余劳动，剩余产品，那么很清楚，货币本身可以作为资本，作为特殊种类的商品出卖，或者说，资本可以在商品或货币的形式上被购买。资本可以作为利润的源泉出卖。”而且“货币或商品不是作为货币或商品出卖，而是作为它的二次方，作为资本，作为自行增殖的货币或商品价值来出卖了。它不仅会自行增长，而且会在总生产过程中把自己保存下来。”②

“不管怎样……物现在表现为资本，资本也表现为单纯的物，资本主义生产过程和流通过程的全部结果则表现为物所固有的一种属性；究竟是把货币作为货币支出，还是把货币作为资本贷出，取决于

① 《剩余价值理论》，见《马克思恩格斯全集》第 26 卷第 3 册，第 503 页。

② 同上书，第 503—504 页。

货币所有者，即处在随时可以进行交换的形式上的商品的所有者。”

“这里我们看到的是作为本金的资本和作为果实的资本的关系，资本提供的利润由资本自己的价值来决定，并且资本本身不会因这个过程而消失（这是符合资本的性质的）。”

而“作为生息资本的资本，它的充分的物化、颠倒和疯狂，——不过，在生息资本上，资本主义生产的内在本性，它的疯狂性，只是以最明显的形式表现出来，——就是生‘复利’的资本”①。

但是，作为商品的商品和作为货币的货币，在实际地转化为资本并在现实的再生产过程中执行资本的职能（货币在贷款人手中没有执行这种职能）之前，它们所具有的使用价值，不外是它们作为商品或作为货币所具有的使用价值。但在生息资本的场合，贷款人的商品或货币在被让渡之前就已经作为资本出现，就已经被当成了资本。与此同时，货币一旦不用于消费，商品一旦不再为它的所有者的消费服务，它们就会使它们的所有者成为资本家。这难道还不是十足的拜物教吗？

2. 生息资本的运动形式（贷放和偿还）表现为一种完全表面的、同现实运动相分离的形态。

对贷款人来说，货币转化为资本是从他把货币不是作为货币而是作为资本支出时开始的。而“这里表现出来的不是货币向资本的实际转化，只是这种转化的毫无内容的形式。……从而也具有特殊的让渡形式”。

另一方面，因此，资本的回流在这里也不是表现为一系列经济过程的归宿和结果，而是表现为买者和卖者之间的特殊的法律上的交易的结果。而且流回的量等于贷出的货币额加由它产生的增长额。

也正如马克思所说的：在生息资本的场合，“所有权没有被出让……借贷资本的出发点和复归点，它的放出和收回，都表现为任意的、以法律上的交易为中介的运动，它们发生在资本现实运动的前面和后面，同这个现实运动本身无关”②。而“资本的回流不再表现为由生产过程决定的结果，而是表现为资本似乎一刻也没有丧失货币的形式”③。

---

① 《马克思恩格斯全集》，第 26 卷第 3 册，第 504—505 页。

② 《资本论》第 3 卷，北京，人民出版社，2004 年第 2 版，第 388—389 页。

③ 《马克思恩格斯全集》，第 26 卷第 3 册，第 509 页。

因此，“货币或商品借以成为资本的现实的形式规定性消失了”。

这样，利息就“表现为从资本本身，因而从单纯的资本所有权中产生的资本的价值创造；因此利息表现为由资本本能地创造出来的收入。庸俗经济学家就是在这种形式上理解利息的。在这种形式上，一切中介过程都消失了，资本的物神的形态也像资本物神的观念一样已经完成。这种形态之所以必然产生，是由于资本的法律上的所有权同它的经济上的所有权分离，由于一部分利润在利息的名义下被完全离开生产过程的资本自身或资本所有者所占有”①。

对于要把资本说成是价值和价值创造的独立源泉的庸俗经济学家来说，这个形式自然是他们求之不得的，在这个形式上，利润的源泉再也看不出来了，资本主义过程的结果也离开过程本身而取得了独立的存在。在G—W—G′中，还包含有某种中介过程。但在G—G′中，我们看到了资本的没有概念的形式，看到了生产关系的最高度的颠倒和物化。

3. 从量的角度看，利息率表现为一个明确的、确定的量。

马克思指出：“一般利息率，或者说，一般利率当然是和一般利润率相适应的。……一般利润率远远不像利息率，或者说利率那样表现为可以捉摸的、明确的事实。”“相反，确定的、相同的利息率不仅按平均数来说是存在的，而且事实上也是存在的”。② “利息率的大小固然也会变动，但并不妨碍它对所有借款人来说都一样地发生变动，所以它在他们面前总是表现为固定的、既定的量，像货币的价值的变动并不妨碍它对一切商品来说都具有相同的价值一样；像商品的市场价格虽然每天发生波动，但并不妨碍它逐日都有牌价一样，利息率的变动也不妨碍它作为货币的价格有规则地在牌价中标示出来。……利息率总是表现为一般利息率，表现为这样多的货币取得这样多的利息。”③

这当然会使生息资本的拜物教性质得到进一步的加强。好像利息的实体，它的量的大小，并不取决于生息资本以外的任何情况，而仅仅取决于生息资本本身。

4. 生息资本表现为资本的总形态，表现为阶级的资本。

马克思指出：“在货币市场上，互相对立的只是两个范畴：买者和

---

① 《马克思恩格斯全集》，第26卷第3册，第511页。

② 同上书，第512—513页。

③ 同上书，第515—516页。

卖者，需求和供给。……如果说生产资本只是在特殊领域之间的运动和竞争中把自己表现为整个阶级共有的资本，那么，资本在这里现实地有力地在对资本的需求中表现为整个阶级共有的资本。另一方面，货币资本（货币市场上的资本）也实际具有这样一个形态，在这个形态上，它是作为共同的要素，而不问它的特殊使用方式如何，根据每个特殊领域的生产需要，被分配在不同领域之间，被分配在资本家阶级之间。并且，随着大工业的发展，出现在市场上的货币资本，会越来越不由个别的资本家来代表，即越来越不由市场上现有资本的这个部分或那个部分的所有者来代表，而是由把它集中起来，组织起来，并且以完全不同于实际生产的方式把它控制起来的银行家来代表。因此，就需求的形式来说，和货币资本相对立的是整个阶级的力量；但就供给来说，这个资本整个地表现为借贷资本，表现为集中在少数蓄水池里的全社会的借贷资本。”①

正是由于资本在生息资本的形式上获得了这样一种一般的形态，因此也就进一步加深了资本的拜物教性质：资本的一般形式就是生息资本，也就是资本的拜物教。

5. 生息资本和利息都采取货币的形式。

正如马克思所说的：“资本作为生息资本，而且正是在它作为生息货币资本的直接形式上……取得了它的纯粹的拜物教形式。第一，这是由于资本作为货币的不断存在；在这样的形式上，资本的一切规定性都已经消失，它的现实要素也看不出来……第二，资本所产生的剩余价值，又是在货币形式上，表现为资本本身应得的东西，表现为货币资本，即同它完成的过程相脱离的资本的单纯所有者应得的东西。G—W—G′在这里成了G—G′，而且，正像资本形式在这里是没有差别的货币形式一样……货币资本所产生的剩余价值，它所转化成或表现出来的剩余货币，也表现为根据货币额本身的量来计算的一定的比率。……这样就得出一个自行增殖的价值的，或者说，创造货币的货币的十分明显的形式。它同时又是毫无内容的形式，不可理解的、神秘的形式。”②

总之，由于生息资本以上几个方面的特点，所以生息资本就成为资本拜物教的最纯粹的形式。

马克思总结说：“我们在分析资本时是从G—W—G出发的，

---

① 《马克思恩格斯全集》，第26卷第3册，第514－515页。

② 同上书，第516－517页。

G—G′不过是它的结果而已。”而“现在我们发现 G—G′作为主体。正像生长是树木固有的属性一样,生出货币……是资本在其作为货币的纯粹的形式上固有的属性。我们在外表上发现的、因而曾经作为我们分析的出发点的这个不可理解的形式,现在又作为一个过程的结果被我们碰到了,在这个过程中,资本的形态越来越和它的内在本质相异化,并且越来越与之失去联系。”

“我们从作为商品的转化形式的货币出发。现在我们到达作为资本的转化形式的货币。这和我们曾经把商品看成是资本生产过程的前提和结果完全一样。资本在自己这种最奇特同时又和普通观念最接近的形态上,既是庸俗经济学家的‘基本形式’,又是肤浅的批判的最直接的攻击点。”①

三、资本拜物教的形成

(一) 货币转化为资本的最初公式,是资本拜物教的最初形式

无论从逻辑上还是从历史上来看,资本都是从货币转化而来的。上面我们看到,资本的拜物教是从商品拜物教和货币拜物教发展而来的。“我们从作为商品的转化形式的货币出发。现在我们到达作为资本的转化形式的货币。这和我们曾经把商品看成是资本生产过程的前提和结果完全一样。”因此,货币转化为资本的最初形式,G－W－G′,同时也就是资本拜物教的最初的形式。在这里,我们已经看到:资本作为自行增殖的价值,已经表现为一个不断地自行运动着的主体。剩余价值已经表现为资本本身的产物。资本已经表现为“生出价值的价值”,或者说“生出货币的货币”。不过,这一神秘化的过程,最初还是没有得到阐明的。生息资本形式上的拜物教,不过是在更加具体的层次上对于这一形式的复归。

资本的拜物教所经历的这个“哲学上的圆圈”(列宁语),就是它的形成过程。因此,深入分析资本的再生产过程以及这一过程在现实中的各种形式,就是科学地说明资本拜物教的形成。

(二) 资本的直接生产过程和资本拜物教

货币到资本的实际转化,是在资本的直接生产过程中完成的。但是在这里,剩余价值还没有取得它的特殊形式。它只是同产品的价值相区别的那一部分。价值归结为劳动,剩余价值归结为剩余劳

① 《马克思恩格斯全集》,第 26 卷第 3 册,第 517 页。

动即无酬劳动。它只用可变资本来计量。在这种胚胎状态中，困难只在于说明剩余价值同价值规律不发生矛盾。但是实际的联系还会强使这个过程的承担者即资本家本身接受，并且还被他们意识到。

但是，即使在绝对剩余价值生产中，资本就已经表现为剩余劳动的吸收器，表现为猎取他人劳动的工具，表现为一个有灵性的怪物。生产过程已经表现为"资本家购买的各种物之间的过程，是归他所有的各种物之间的过程"①。资本则已经发展成为对劳动，即对发挥作用的劳动力或工人本身的指挥权。并且发展成为一种强制关系，迫使工人阶级超出自身生活需要的狭隘范围而从事更多的劳动。"生产资料立即转化为吮吸他人劳动的手段。不再是工人使用生产资料，而是生产资料使用工人。不是工人把生产资料当作自己生产活动的物质要素来消费，而是生产资料把工人当作自己的生活过程的酵母来消费，并且资本的生活过程只是资本作为自行增殖的价值的运动"②。而工人，则仅仅被当作是人格化的劳动时间。

其次，随着相对剩余价值生产的发展，劳动的社会生产力以及劳动在直接劳动过程中的社会联系，都好像由劳动转移到资本身上了。"资本已经变成了一种非常神秘的东西，因为劳动的一切社会生产力，都好像不为劳动本身所有，而为资本所有，都好像是从资本自身生长出来的力量。"③

最后，随着资本的直接生产过程在原有规模和扩大的规模上的重复，随着资本的积累，资本同样把这种资本对劳动、亦即物对人的统治关系再生产出来。就连工人的个人消费以及贫困人口的不断增长，也都成为资本的正常的生活条件。

因此，随着资本关系从流通领域向生产领域的发展，资本的本质和秘密开始显露出来。但却并没有消除它的物的形式的外观。

（三）流通过程造成的假象

资本的流通过程包括它的通过各个环节的"总过程"、"资本和劳动能力之间的小流通"，以及资本在生产阶段以外进行的"大流通"。在后面这种运动中，资本经历的时间表现为同劳动时间相对立的流

---

① 《资本论》，第1卷，北京，人民出版社，2004年第2版，第217页。

② 同上书，第359—360页。

③ 《资本论》，第3卷，北京，人民出版社，2004年第2版，第937页。

通时间①。同生产过程一样，流通也“表现为资本的本质过程”②。在这里，剩余价值量(m)同时还取决于资本的流通时间，加入了与劳动时间不同的要素。资本的一切部分，都被卷入流通过程的物质变换和形式变换中来了。不管资本在直接生产过程中吸收了多少剩余价值并把它体现在商品中，商品中的价值和剩余价值都必须在流通过程中实现。“于是，生产上预付的价值的收回，特别是商品中包含的剩余价值，似乎不是单纯在流通中实现，而是从流通中产生出来的……流通时间虽然只是对价值和剩余价值的形成起消极限制的作用，但是它具有一种假象，好像它和劳动本身一样是一个积极的原因，好像它会带来一个从资本的本性中产生的、不以劳动为转移的规定。”③而且事实上这是一个竞争的领域。在每一个别场合偶然性都占据着统治地位。对单个的生产当事人本身来说，调节这些偶然性的内部规律是看不出来，不能理解的。因此，资本的神秘性质进一步加强了。

但是，正如前面我们已经指出的：不管怎样，这里利润总还是用交换，就是说，用社会关系而不是用物来解释的。

(四)资本主义生产的总过程或“总过程的各种形式”与资本拜物教的完成

资本的再生产过程，是生产过程和流通过程的统一。而作为现实的再生产过程，它又产生出种种新的形式，在这些形式中，内部联系的线索越来越消失，各种生产关系越来越互相独立，各种价值组成部分越来越硬化为互相独立的形式。

1. 剩余价值转化为利润和资本的拜物教。

从剩余价值到利润的转化，是资本运动在现实中、在社会表面上所引起的第一个形式变化。由于在资本主义社会表面上，工资被表现为“劳动”的价值或价格，因此商品价值中的(v+m)部分，亦即只是补偿资本支出的价值部分，被表现为成本价格，并且进而被表现为商品和价值的成本。不变资本和可变资本的区分被掩盖起来了。然后固定资本作为纯粹由流通过程造成的一种形式规定也参加进来。剩余价值被表现为不仅由成本价格产生，而且由资本的一切部分产生。利润形式的剩余价值，不再和它得以产生的投在劳动上的资本

① 《资本论》，第1卷，北京，人民出版社，2004年第2版，第196—197页。

② 《马克思恩格斯全集》，第46卷下，第28页。

③ 《资本论》，第3卷，北京，人民出版社，2004年第2版，第937页。

部分相比，而是和总资本相比。利润率受它本身的各种规律调节；这些规律，在剩余价值率不变时，允许利润率发生变化，甚至决定着利润率的变化，这一切使剩余价值的真正性质越来越隐蔽，从而也使资本的实际机构越来越隐蔽。一定的价值额生出一定的利润。剩余价值的实体变得模糊了。利润、剩余价值、剩余劳动三者的同一性已经不能辨认了，而且好像是相矛盾的。因为剩余价值转化为利润不仅由生产过程决定，也由流通过程决定。正是在利润形式上，在利润掩盖它的内核的情况下，资本越来越具有物的形态，越来越由一种关系转化为物。独立的固定的利润形式也是资本的形式，因为，资本是根据、是原因、是实体，利润是归结、是结果、是偶性。

2. 利润转化为平均利润和资本的拜物教

剩余价值转化为利润，价值转化为生产价格，“在这里，一个复杂的社会过程插进来了”①。这就是资本的平均化过程。这个过程使“商品的相对平均价格同它们的价值相分离，使不同生产部门……的平均利润同特殊资本对劳动的实际剥削相分离。”②现在，利润不仅在表面上，而且在实际上都跟剩余价值不同。这里，等量资本推动的劳动量极不相同，从而支配的剩余劳动极不相同，创造的剩余价值的量极不相同，但是，提供的利润量则相同。由于价值转化为生产价格，商品价格决定于它所包含的劳动时间这个基础似乎也被取消了。利润好像只是附带地由对劳动的直接剥削决定的。正常的平均利润本身好像是资本所固有的，同剥削无关；过度的剥削，或者，甚至特别有利条件下的平均剥削，好像只是决定同平均利润的偏离，而不是决定平均利润本身。

3. 商业资本，即商品经营资本和货币经营业资本的影响。

正像在单个产业资本的场合，利润不仅被表现为生产过程的产物、而且被表现为流通过程的产物一样，商业资本（商品经营资本和货币经营资本）从社会总资本中独立出来以后，这种情况并没有消失，而是得到了进一步的发展。因为商业资本只在流通中执行职能，只执行流通资本的职能。因此它们的利润更加好像完全是从流通中产生的，而不是从生产过程本身中产生的。剩余价值的真正起源被进一步掩盖了。

4. 利润分割为企业主收入和利息，完成了剩余价值形式的独立

---

① 《资本论》，第 3 卷，北京，人民出版社，2004 年第 2 版，第 938 页。

② 同上书，第 938 页。

化，完成了它的形式对于它的实体，对于它的本质的硬化。

这是剩余价值同它的特殊形式——利润或企业主收入的最后一次分裂，也是剩余价值的形式对于它的实体、对于它的本质的硬化。这种分割包括量的分割达到最终的质的分割。利息表现为货币或商品的天然果实。它是资本的种种秘密在最极端的形式上的表现。

马克思说：

“在利润分为利息和产业利润这最后一次分裂中，剩余价值的性质(从而资本的性质)不仅完全消失了，而且显然表现为一种完全不同的东西。”

“利息表示剩余价值的一部分，这不过是在特殊名称下从利润中分出的一个份额，这个份额是给资本的单纯所有者的，是由他夺去的。但是这个单纯的量的分割转化成了质的分割，这种质的分割赋予两个部分一种转化形式，在这种转化形式上，它们的原始实质的痕迹已经看不见了。……这不仅是在不同的人之间进行分配的利润的两个部分，而且还是利润的两种特殊范畴，它们和资本有不同的关系，也就是说，和资本的不同规定性有关。”①

“这样，从单纯的量的分割中就产生了质的分裂。资本本身被分裂。”而“在这两种剩余价值形式上，剩余价值的性质、资本的实质以及资本主义生产的性质，不仅完全消失了，而且转到了自己的反面。但是，由于物的主体化、主体的物化、因果的颠倒、宗教般的概念混淆、资本的单纯形式 G—G′在这里被荒诞地、不经过任何中介过程地展示和表现出来，资本的性质和形态也就完成了。同样，各种关系的硬化以及它们表现为人同具有一定社会性质的物的关系，在这里也以完全不同于商品的简单神秘化和货币的已经比较复杂的神秘化的方式表达出来了。变体和拜物教在这里彻底完成了。”②

“另一方面，这个利息形式又使利润的另一部分取得产业利润这种质的形式，即产业资本家——不是作为资本家而是作为劳动者(产业家)——的劳动工资形式。资本家作为资本家在劳动过程中所要完成的、恰好使他同工人相区别的特殊职能，被表现为单纯的劳动职能。……因此，如果说，剩余价值的一部分在利息的形式上完全同剥削过程相分离，那末另一部分在产业利润的形式上就表现为剥削过程的直接的对立面，即不是对别人劳动的占有，而是自己劳动的价值

---

① 《马克思恩格斯全集》，第 26 卷第 3 册，第 547 页。

② 同上书，第 548 页。

创造。因此，剩余价值的这一部分也就不再是剩余价值，而是一种和剩余价值相反的东西，是所完成的劳动的等价物。因为资本的异化性质，它同劳动的对立，处于剥削过程之外，处于这种异化的现实行动范围之外，所以一切对立性质也就从这个过程本身排除了。因此，现实的剥削，即实现并实际表现对立性质的东西，就表现为它的直接对立面，表现为一种在物质上是独特的、但是属于劳动的同一社会规定性的劳动，即雇佣劳动，即属于同一劳动范畴的劳动。在这里剥削的劳动和被剥削的劳动被等同起来了。"①

也正如马克思所说的："利润的一部分现在表现为一个规定上的资本应得的果实，表现为利息；利润的另一部分则表现为相反规定上的资本的特有的果实，因而表现为企业主收入。一个单纯表现为资本所有权的果实，另一个则表现为用资本单纯执行职能的果实，表现为处在过程中的资本的果实，或能动资本家所执行的职能的果实。总利润的这两部分硬化并且互相独立化了，好像它们是出自两个本质上不同的源泉。这种硬化和互相独立化，对整个资本家阶级和整个资本来说，现在必然会固定下来。而且，不管能动资本家所使用的资本是不是借入的，也不管属于货币资本家的资本是不是由他自己使用，情况都是一样。每个资本的利润，从而以资本互相平均化为基础的平均利润，都分成或被割裂成两个不同质的、互相独立的、互不依赖的部分，即利息和企业主收入，二者都由特殊的规律来决定。"②

"这个抽掉了生产过程的资本与执行职能的资本、处于生产过程中的资本不同，与代表这种执行职能的、'劳动的'资本的'产业资本家'不同。'利息'是资本的果实，即不进行'劳动'、不执行职能的资本的果实，而利润则是'劳动的'、执行职能的资本的果实。……这样一来，表现在一种规定性上的[生息的]资本，就和表现在另一种规定性上的[提供产业利润的]同一个资本，在固定的形式上对立起来，就像土地所有权和资本相互对立一样"③。

"因此，利息表现为由作为资本的资本，由单纯的资本所有权产生的剩余价值，资本之所以从生产过程中得到这个剩余价值，是因为资本作为资本进入生产过程，也就是说，这个剩余价值属于资本本身，而

---

① 《马克思恩格斯全集》，第 26 卷第 3 册，第 549—550 页。

② 马克思《资本论》第 3 卷，北京，人民出版社，2004 年第 2 版，第 420—421 页。

③ 《马克思恩格斯全集》，第 26 卷第 3 册，第 525 页。

不以生产过程为转移,——尽管剩余价值只是在生产过程中才出现,——因此,这个剩余价值是资本作为资本就已经潜在地包含着的。相反,产业利润则表现为不是属于作为资本所有者的资本家,而是属于作为执行职能的所有者的资本家,即属于执行职能的资本的那一部分剩余价值。就像在这种生产方式中一切看来都是颠倒的那样,在利息和利润的关系上的这种最后的颠倒也终于出现了,以致利润中划为特殊项目[利息]的部分反而表现为专门属于资本的产物,而产业利润却不过是在这个部分上增长起来的追加额。"①

"利息自身正好表现出,劳动条件作为资本而存在,同劳动处于社会对立中,并且转化为同劳动相对立并且支配着劳动的私人权力。利息概括了劳动条件对主体活动的关系上的异化性质。利息把资本的所有权,或者说单纯的资本所有权,表现为占有别人劳动产品的手段,表现为支配别人劳动的权力。但是,它是把资本的这种性质表现为某种在生产过程本身之外属于资本的东西,而不是表现为这个生产过程本身的独特的规定性的结果。它不是把资本的这种性质表现为同劳动对立,而是相反地同劳动无关,只是表现为一个资本家对另一个资本家的关系,也就是说,表现为一种存在于资本对劳动本身的关系之外的、与这种关系无关的规定性。利润在资本家之间的分配,与工人本身毫无关系。因此,在利息上,在利润的这个形态上,资本的对立性质固然得到了特殊的表现,但是表现成这样:这种对立在其中已经完全消失,而且明显地被抽掉了。利息除了表现货币、商品等等增殖自己价值的能力以外,还把剩余价值表现为从货币和商品中生长出来的某种东西,表现为它们的自然果实,也就是说,利息不过是资本的神秘化在最极端的形式上的表现,——只要它一般表现社会关系本身,它表现的就只是资本家之间的关系,而决不是资本与劳动之间的关系。"②

"利润的一部分转化为产业利润,正如我们看到的,是由利润的另一部分转化为利息引起的。与利润的一部分相适应的是资本的社会形式,即资本是所有权;与利润的另一部分相适应的是资本的经济职能,即资本在劳动过程中的职能,不过这种职能已摆脱并抽掉了使资本得以执行这种职能的社会形式,即对立形式。"③

可见,在利息和产业利润(更进一步说是企业主收入)上,剩余价

---

① 《马克思恩格斯全集》,第 26 卷第 3 册,第 528 页。

② 同上书,第 549 页。

③ 同上书,第 550 页。

值、资本、资本主义生产等等的性质，不仅完全消失了，而且转到自己的反面。在这里，资本的拜物教以同商品的和货币的神秘化完全不同的方式表现出来了，并且最终完成了。

四、资本拜物教与收入拜物教

在以上的分析中，我们分析了以生息资本为完成形态的资本拜物教。但是，资本拜物教的完成形式，同时也就是利润分割成的利息和企业主收入拜物教形式。因为在利润被分割为利息和企业主收入的形式上，剩余价值达到了形式与它的本体的彻底的分离。一方面，利息表现为与生产过程无关的资本本身的产物；另一方面，产业利润和商业利润，即企业主收入，表现为与资本无关的劳动工资。这样，剩余价值就被彻底掩盖起来了，利息和企业主收入这两种形式的收入的拜物教，也就完成了。因此，资本的拜物教同时就包含着收入的拜物教。

然而，以上所说，仍然是从生息资本的现实形态，或现实的生息资本（商品和货币）的角度来看的。生息资本的拜物教并没有穷尽资本的拜物教和收入的拜物教。资本不仅在现实形态上，而且甚至在它并不存在的地方，即在虚拟资本的场合，也被表现为生息资本，亦即生息资本意义上的货币资本。与此同时，在资本主义基础上的各种经常性的、有规则的收入，也都被歪曲地表现为生息资本意义上的资本的收入，即利息。作为生息资本的派生形式，这是资本拜物教的进一步的异化和外化，是资本拜物教和收入拜物教的虚拟形态。

虚拟资本的形式主要是信用和有价证券。此外，它还在“土地—地租”，以及“劳动—工资”上得到了不同形式的表现。

（一）信用和虚拟资本的拜物教

在资本主义的基础上，信用的形式主要有商业信用、银行信用和国家信用。信用的发展，一方面极大地节约了流通费用、促进了商品流通和商品生产的发展，促进了利润的平均化生产的社会化，并且造成了向新的生产方式过渡的过渡点。另一方面，则又造成了巨额的虚拟资本。虚拟资本既可以仅仅存在于债权和债务的形式上，也可以存在于商业票据、股票、债券等等有价证券的形式上。但是无论如何，它们全都并非实际的商品或货币，因此也都并非实际的资本。

商业信用的工具是汇票。“大体说来，货币在这里只是充当支付手段，也就是说，商品不是为取得货币而卖，而是为取得定期支付的凭据而卖。”“就这种票据由于债权和债务的平衡而最后互相抵消来说，它们是绝对地作为货币来执行职能的，因为在这种情况下，它们已无须最后转化为货币了。”①

但也正如马克思引用资产阶级经济学家的话指出的：“要判断票据有多少是来自实际的营业，例如实际的买和卖，有多少是人为地制造的，只由融通票据构成，这是不可能的。……这样，通过单纯流通手段的制造，就创造出虚拟资本。”②“一切便利营业的事情，都会便利投机。营业和投机在很多情况下紧密地结合在一起，很难说营业在哪一点终止，投机从哪一点开始”③。“当事人越穷，就越需要购买，因为他们要通过购买得到新的贷款，以便补偿他们在以前投机中已经损失的资本。现在，购买已经不是由供求来调节，而是成了一个陷于困境的商行进行金融活动的最重要的组成部分。”④甚至连银行家有时也难以判断这种汇票“签发得适当还是不适当，是代表产品还是只代表风”⑤。

银行制造虚拟资本的手段则主要有：发行本银行的股票、银行券和其他有价证券；开出本银行的汇票和支票；发放贷款和用贷款制造存款；在有价证券上进行投机；以有价证券为抵押发放贷款；贴现；以及准备金的节约等。正如马克思所说的：银行资本的最大部分，都是虚拟的。也正如马克思引用资产阶级经济学家的话所说的：同一笔货币，“通过一系列的转移，可以成倍地增长为一个绝对无法确定的存款总额。因此很可能，英国全部存款的十分之九，除存在于银行家各自的账面上外，根本就不存在”⑥。

然而，对于上述由于商业信用和银行信用所造成的虚拟资本来说，它们同样也都要获取利润或利息。因此，这些利润和利息形式的收入，连本来意义上的利润和利息都不是，而纯粹是对于社会总资本和总剩余价值的一种扣除。

虚拟资本的另一种表现形式是资本的所有权证书或有价证券。

马克思说：“人们把虚拟资本的形成叫作资本化。人们把每一个

---

① 《资本论》，第3卷，北京，人民出版社，2004年第2版，第450页。

② 同上书，第451页。

③ 同上书，第457页。

④ 同上书，第461页。

⑤ 同上书，第466页。

⑥ 同上书，第457页。

有规则的会反复取得的收入按平均利息率来计算，把它算作是按这个利息率贷出的一个资本会提供的收益，这样就把这个收入资本化了……因此，和资本现实增殖过程的一切联系就彻底消灭干净了。资本是一个自行增殖的自动机的观念就牢固地树立起来了。”①

而对有价证券来说，“即使在债券——有价证券——不像国债那样代表纯粹幻想的资本的地方，这种证券的资本价值也纯粹是幻想的。”因为“这个资本不能有双重存在：一次是作为所有权证书即股票的资本价值，另一次是作为在这些企业中实际已经投入或将要投入的资本。它只存在于后一种形式，股票不过是对这个资本所实现的剩余价值的一个相应部分的所有权证书”。“这些所有权证书——不仅是国债券，而且是股票——的价值的独立运动，加深了这样一种假象，好像除了它们能够有权索取的资本或权益之外，它们还形成现实资本。这就是说，它们已经成为商品，而这些商品的价格有独特的运动和决定方法。它们的市场价值，在现实资本的价值不发生变化(即使它的价值已增殖)时，会和它们的名义价值具有不同的决定方法。”②

然而，“只要这种证券的贬值或增值同它们所代表的现实资本的价值变动无关，一国的财富在这种贬值或增值以后，和在此以前是一样的。”

“所有这些证券实际上都只是代表已积累的对于未来生产的索取权或权利证书，它们的货币价值或资本价值，或者像国债那样不代表任何资本，或者完全不决定于它们所代表的现实资本的价值。”

“在一切进行资本主义生产的国家，都有巨额的所谓生息资本或货币资本(moneyed capital)采取这种形式。货币资本的积累，大部分不外是对生产的这种索取权的积累，是这种索取权的市场价格即幻想的资本价值的积累。”③

因此，在虚拟资本的形式上，资本的拜物教连同资本拜物教的观念，在已经完成了的基础上，进一步外化、虚化和异化了。而收入的资本化，就是这些收入在这些虚假的资本形态上的实现。

(二)“土地—地租”的公式和收入的拜物教

马克思在《资本论》中，对于地租和地产(土地所有权)的分析，是

① 《资本论》，第3卷，北京，人民出版社，2004年版第2版，第528—529页。

② 同上书，第529—530页。

③ 同上书，第531页。

放在专门论述资本的范围内来进行的。马克思说：

“我们只是在资本所产生的剩余价值的一部分归土地所有者所有的范围内，研究土地所有权的问题。因此，我们假定，农业和制造业完全一样受资本主义生产方式的统治，也就是说，农业是由资本家经营”。“我们要考察资本投入农业而产生的一定的生产关系和交往关系。不作这种考察，对资本的分析就是不完全的。”“在这个前提下，问题就在于说明这种垄断在资本主义生产基础上的经济价值，即这种垄断在资本主义生产基础上的实现。”①

就“土地—地租”而言，这个公式具有以下几个明显的特点：

第一，“土地对土地所有者来说只代表一定的货币税，这是他凭他的垄断权，从产业资本家即租地农场主那里征收来的……这样，土地所有权就取得了纯粹经济的形式”②。“在这里地租是土地所有权在经济上借以实现即增殖价值的形式。”③

第二，“土地价格”被看作地租收入的“资本化”，地租则被“看作一个想象资本的利息。”“这样资本化的地租形成土地的购买价格或价值”，并且“一看就知道，它和劳动的价格完全一样，是一个不合理的范畴，因为土地不是劳动的产品，从而没有任何价值”④。

第三，在这个形式上，“土地，或者说自然”，被表现为“地租即土地所有权的源泉，——这具有充分的拜物教性质”。因此，它甚至取得了一种比生息资本的拜物教更加粗糙、更加直观的拜物教形式。

第四，由于资本主义土地所有权的存在，土地所有者可以凭借它的这种土地所有权把剩余价值的一部分转移到自己的手里。而这个阶级既不亲自劳动，又不直接剥削工人，也不像生息资本那样可以找到一些在道义上宽慰自己的理由，比如说，贷放资本要冒风险和作出牺牲等。因此，土地的自然生产力就像借助某种魔法一样在土地所有者身上人格化了。

地租同土地私有权相联系，同土地本身的自然条件相连，又由于价值和生产价格不相等，因而它的实体和源泉同它的形式远远隔开。

因此，如同按预付资本计算的剩余价值(m)取得了利润(p)的形式、按生息资本(本金)计算的剩余价值取得了利息(z)的形式一样，

---

① 《资本论》，第3卷，第693—695页。

② 同上书，第697页。

③ 同上书，第698页。

④ 同上书，第702—703页。

当地租(r)用土地面积多少来计算时,地租的纯粹外表的独立形式便完成了。这里,本来属于剩余价值(m)的一部分的地租,被表现为土地这个"无机的自然物"的产物,而同人与人之间的关系完全无关。剩余价值的性质同样模糊了。超额利润也被归功于土地这个自然的、物质的生产要素。

正如马克思所说的:

"最后,在作为剩余价值的独立源泉的资本之旁,出现土地所有权,它是对平均利润的限制并把剩余价值的一部分转移到这样一个阶级手里,这个阶级既不亲自劳动,又不直接剥削工人,也不像生息资本那样可以找到一些在道义上宽慰自己的理由,比如说什么贷放资本要冒风险和作出牺牲。在这里,因为剩余价值的一部分好像不是直接和社会关系联系在一起,而是直接和一个自然要素即土地联系在一起,所以剩余价值的不同部分互相异化和硬化的形式就完成了,内部联系就最终割断了,剩余价值的源泉就完全被掩盖起来了,而这正是由于和生产过程的不同物质要素结合在一起的各个生产关系已经互相独立化了。"①

总之,只要剩余价值 m 分解为各种特殊部分,而它们又都同各种不同的生产要素发生关系;只要剩余价值 m 的一般形式转化为各种特殊形式,而它们又都有自己的发展运动规律,那么,这些特殊形式的共同性质(物化的剩余劳动)就无法辨认,就不会同它的现象相一致,而被现象掩盖和歪曲,从而必须被当作某种隐藏的秘密去发现。于是,它们都取得了神秘的拜物教形式,成了可感觉而又超感觉的存在物。

这些从剩余价值转化而成的特殊形式,既是资本主义的前提,又是它的结果。它们决定着资本家们的动机和行动,并反映在他们每人的意识中。庸俗经济学以学理主义的形式表现这种意识。他们越是抓住现象的表面,用肤浅的方法加以复制出来,他们就越觉得自己"合乎自然"。

(三)"劳动—工资"的公式和收入的拜物教

资本的拜物教和收入的拜物教,不仅表现在"资本—利息"和"土地—地租"这两种形式上,也表现在"劳动—工资"这个乍一看来似乎包含着部分合理因素的形式上。然而,即使在这个公式中也包含着资本的拜物教和收入的拜物教,并且一种更加荒谬的拜物教。

① 《资本论》,第 3 卷,北京,人民出版社,2004 年第 2 版,第 938 页。

在这个形式中，有如下几个明显的特点：

第一，“工人作为他个人的劳动力的所有者和出售者，在工资的名义下得到一部分产品。这部分产品体现着他的劳动中被我们叫作必要劳动的那个部分，也就是维持和再生产这个劳动力所必需的劳动部分，而不管这种维持和再生产的条件是较贫乏的还是较富裕的，是较有利的还是较不利的。”①因此在这里，工资作为劳动力的价值或价格，就取得了一部分劳动产品的物的形式。

实际上，它所表明的不过是“工人在他的产品中所占有的由劳动的特殊社会形式决定的份额”，也就是说：“工人用自己的劳动从产品(即从物质上考察的资本)中为自己购买从事生产的许可权，并在劳动中占有一个源泉，由于有了这个源泉，他的一部分产品才以报酬的形式从这个作为雇主的产品中流回他那里”。因此，这决不仅仅是一般意义上的“劳动”的物化，而是“雇佣劳动”这种特殊的资本主义生产关系的物化。

第二，它混淆了“劳动”和“雇佣劳动”的关系，并且从而混淆了“劳动的产品”与“雇佣劳动的产品即工资”的关系。

而在事实上，“就劳动形成价值，并体现为商品的价值来说，它和这个价值在不同范畴之间的分配无关。就劳动具有雇佣劳动的特殊的社会性质来说，它不形成价值。整个说来，我们以前已经指出，工资或劳动的价格只是劳动力的价值或价格的不合理的说法；并且，这种劳动力出售时所处的一定的社会条件同作为一般生产要素的劳动无关。劳动也对象化在商品的一个价值部分即那个作为工资构成劳动力价格的价值部分中；”②但它所生产的绝不仅仅是代表工资的这一部分产品，而是还有包括全部剩余价值即全部利润、利息和地租的剩余产品。

因此，“如果说体现雇佣工人为自己完成的劳动的产品，即体现他的收益，体现他的收入的产品，只是工资，只是价值(因而是用这个价值来计量的社会产品)中代表他的工资的部分，那么，这又只是以另一种形式上表达同一件事情。因此，如果雇佣劳动和劳动一般合而为一，工资也就会和劳动的产品合而为一，工资所代表的价值部分也就会和劳动所创造的价值一般合而为一。但是这样一来，其他的价值部分，即利润和地租，也就会同工资相独立，并且它们应当由它

① 马克思：《资本论》，第 3 卷，第 930 页。

② 参见上书，第 932 页。

们自己的、和劳动根本不同并且不以劳动为转移的源泉产生；它们应当由那些共同起作用的生产要素产生，而它们就是属于那些生产要素的所有者的，这样，利润就是由生产资料，即资本的物质要素产生的，地租就是由土地所有者所代表的土地或自然产生的。……第三部分转化为工资形式的源泉，转化成了真正的源泉，这个源泉本身产生出这几个价值部分和这几个价值部分借以存在或可以转化成的各相关产品部分，因而是产生出产品价值本身的最后源泉。"①

第三，"因为生息资本一般是一切颠倒错乱形式之母"，所以在这里，"工资被看成是利息，因而劳动力被看成是提供这种利息的资本。……资本家们思考方式的错乱在这里达到了顶点，资本的增殖不是用劳动力的被剥削来说明，相反，劳动力的生产性质却用劳动力本身是这样一种神秘的东西即生息资本来说明"②。

正如马克思所指出的："在 17 世纪下半叶(例如在配第那里)，这已经是一种流行的观念"。而在马克思的时代，"一部分是庸俗经济学家，另一部分主要是德国的统计学家"，则"非常热衷于这个观念。"一直到今天，这仍然是资产阶级经济学家热衷的观念。

但也正如马克思所指出的："在这里，不幸有两件事情和这种轻率的观念令人不快地交错着：第一，工人必须劳动，才能获得这种利息；第二，他不能通过转让的办法把他的劳动力的资本价值转化为货币。其实，他的劳动力的年价值只等于他的年平均工资，而他必须由他的劳动补偿给劳动力的买者的，却是这个价值本身加上剩余价值，也就是加上这个价值的增殖额。"③

第四，最后，在"劳动—工资"这个公式中，在"工资"这个范畴中所包含的不仅是真正的雇佣工人的工资，而且也包括了职能资本家(产业家和商人)的"企业利润"，即"企业主收入"。

由于利润分割为利息和企业利润(企业主收入)这两个互不联系的独立的形式，剩余价值同它的这两个独立形式离得越来越远了。而且它颠倒地歪曲地表现出来：利息表现成了资本价格，企业利润竟然成了资本家的"工资"了。而且，利息不算是利润的一部分，却变成利润的追加额。

事实上，正如马克思所说的：当然，在企业主收入中"也包含一点

---

① 《资本论》，第 3 卷，第 935—936 页。

② 同上书，第 528 页。

③ 同上书，第 528 页。

属于工资的东西(在不存在领取这种工资的经理的地方)。资本家在生产过程中是作为劳动的管理者和指挥者(captain of industry)出现的,在这个意义上说,资本家在劳动过程本身中起着积极作用。但是只要这些职能是产生于资本主义生产的特殊形式,(也就是说,产生于资本对作为它的劳动的劳动的统治,从而对作为它的工具的工人的统治;产生于作为社会的统一体,作为在资本上人格化为支配劳动的权力的社会劳动形式的主体而表现出来的资本的性质),那末,这种与剥削相结合的劳动(这种劳动也可以转给经理)当然就与雇佣工人的劳动一样,是一种加入产品价值的劳动,正如在奴隶制下奴隶监工的劳动,也必须和劳动者本人的劳动一样给予报酬。如果一个人把他对自己的本性、对外部自然界以及对其他人的关系以宗教形式想象成某些独立存在的力量,以致被这些想象所统治,那末,他就需要祭司和祭司的劳动。但是随着意识的宗教形式以及与此相联系的关系的消失,这种祭司的劳动也就不再进入社会生产过程。祭司的劳动与祭司一起消失了,而资本家作为资本家所完成的或他委托别人完成的劳动,也会与资本家一起同样消失。"①

五、资本和收入的拜物教的根源和历史暂时性

资本拜物教和收入拜物教,像上面已经分析过的那样,完全是来源于资本主义生产方式特有的性质。

如上所述,在论述商品和货币时,我们已经看到,"一切已经有商品生产和货币流通的社会形态,都有这种颠倒。但是,在资本主义生产方式下和在构成其占统治地位的范畴构成其起决定作用的生产关系的资本那里,这种着了魔的颠倒的世界就会更厉害得多地发展起来。"②而在以前的各种社会形态下,这种经济上的神秘化主要只同货币和生息资本有关。按照事物的性质来说,这种神秘化在下述场合是被排除的,即在生产主要是为了使用价值,为了本人的直接需要的场合下;在原始社会中个人直接依赖于原始共同体、生产的目的是共同体本身的生产和再生产的场合下;在奴隶制和农奴制中,在生产条件对生产者的统治被人与人之间的直接的统治和服从所掩盖的场合下;在中世纪的行会中资本和劳动受到严格的和狭隘的限制的场

① 《马克思恩格斯全集》第26卷第3册,第550—551页。

② 《资本论》,第3卷,第936页。

合下;这种神秘化是被排除的。

除此以外,资本的拜物教和收入的拜物教,则还来源于资本主义生产方式特有的性质。正如马克思所说的:

第一,“资本主义生产过程是社会生产过程一般的一个历史地规定的形式。……资本主义生产过程像它以前的所有生产过程一样,也是在一定的物质条件下进行的,但是,这些物质条件同时也是各个个人在他们的生活的再生产过程中所处的一定的社会关系的承担者。这些物质条件,和这些社会关系一样,一方面是资本主义生产过程的前提,另一方面又是资本主义生产过程的结果和创造物;它们是由资本主义生产过程生产和再生产的”①。

第二,“剩余劳动一般作为超过一定的需要量的劳动,应当始终存在。”但在资本主义社会中,剩余价值或剩余产品“是作为一份份的股息,按照社会资本中每个资本所占的份额的比例,在资本家之间进行分配的。在这个形态上,剩余价值表现为资本应得的平均利润。这个平均利润又分为企业主收入和利息,并在这两个范畴下分归各种不同的资本家所有。但资本对于剩余价值或剩余产品的这种占有和分配,受到土地所有权方面的限制。正像职能资本家从工人身上吸取剩余劳动,从而在利润的形式上吸取剩余价值和剩余产品一样,土地所有者也要在地租的形式上……再从资本家那里吸取这个剩余价值或剩余产品的一部分。”“资本直接从工人身上吸取体现为剩余价值和剩余产品的剩余劳动。因此,在这个意义上,资本可以被看作剩余价值的生产者。”而土地所有者则“表现为最重要的生产条件之一的人格化”。②

第三,“最后,工人作为他个人的劳动力的所有者和出售者,在工资的名义下得到一部分产品。”而“如果雇佣劳动和劳动一般合而为一,工资也就会和劳动的产品合而为一,工资所代表的价值部分也就会和劳动所创造的价值一般合而为一。”③

总之,资本的拜物教和收入的拜物教,都是由资本主义生产方式和生产关系的特殊的历史性质造成的。因此,不管这些关系在其他方面看起来多么不一致,但它们都有一个共同点:资本逐年为资本家提供利润,土地逐年为土地所有者提供地租,劳动力在正常条件下,

---

① 《资本论》,第3卷,第926—927页。

② 同上书,第927—930页。

③ 同上书,第930页、第935页。

逐年为工人提供工资。每年生产的总价值中的这三个价值部分，以及每年生产的总产品中和它们相适应的部分，可以每年由它们各自的所有者消费掉，而不致造成它们的再生产源泉的枯竭。“它们好像是一棵长生树上或者不如说三棵长生树上的每年供人食用的果实，它们形成三个阶级即资本家、土地所有者和工人的逐年收入。”①对资本家来说，资本是一台永久的吸取剩余劳动的抽水机；对土地所有者来说，土地是一块永久的磁石，它会把资本所吸取的剩余价值的一部分吸引过来；最后，劳动则是一个不断更新的条件和不断更新的手段，使工人在工资的名义下取得他所创造的一部分价值，从而取得由这部分价值来计量的一部分社会产品，即必要生活资料。“其次，它们从下述意义上讲是收入的源泉：资本会把价值的一部分，从而把年劳动产品的一部分固定在利润的形式上，土地所有权会把另一部分固定在地租的形式上，雇佣劳动会把第三部分固定在工资的形式上，并且正是由于这种转化，使它们变成了资本家的收入、土地所有者的收入和工人的收入”②。

因此，资本的拜物教和收入的拜物教就形成了。

六、资本和收入的拜物教和拜物教观念

这些现象，尽管是表面的、歪曲的和颠倒的，但在资本主义社会表面却客观存在着。这就是现实的资本拜物教和收入拜物教。

存在决定意识。有现实的资本拜物教和收入拜物教，就有资本拜物教和收入拜物教观念。

正如马克思所说的：“对那些生产当事人来说，资本、土地所有权和劳动，表现为三个不同的、独立的源泉，每年生产的价值——从而这个价值借以存在的产品——的三个不同的组成部分，就是从这些源泉本身产生出来的；因此，不仅这个价值作为社会生产过程的各特殊因素所分得的收入的不同形式，是从这些源泉产生出来的，而且这个价值本身，从而这些收入形式的实体，也是从这些源泉产生出来的。”③

因此，资本和收入的拜物教观念，不过是现实的资本拜物教和收

① 《资本论》，第 3 卷，第 930 页。

② 同上书，第 929—930 页。

③ 同上书，第 931 页。

入拜物教在人们头脑中的反映。而庸俗经济学的“三位一体的公式”，不过是用学理主义的形式，对现实的资本拜物教和收入拜物教的加以摹写和复制；对资本主义生产当事人的拜物教观念加以系统地、教条式地整理并说教。

至于这些拜物教观念的形成，除了现实方面原因之外，还在于资本主义生产当事人和一切资产阶级经济学所共有的、狭隘的资产阶级眼界的局限。

正如马克思所说的：“事实上，既然雇佣劳动不是表现为劳动的社会地规定的形式，而是一切劳动按其性质都表现为雇佣劳动（被资本主义生产关系束缚的人，就是这样看的），那么，对象化的劳动条件——生产出来的生产资料和土地——对于雇佣劳动所采取的一定的特有的社会形式（它们反过来又以雇佣劳动为前提），也就直接地和这些劳动条件的物质存在，换句话说，和它们在实际劳动过程中普遍具有的形态，即不以这个过程的每一历史地规定的社会形式为转移的、甚至不以其任何社会形式为转移的形态合而为一了。因此，劳动条件的这种和劳动相异化的、和劳动相对立而独立化的、并由此形成的转化形态——在这种形态下，生产出来的生产资料已转化为资本，土地已转化为被垄断的土地，转化为土地所有权——这种属于一定历史时期的形态，就和生产出来的生产资料和土地在生产过程一般中的存在和职能合而为一了。……但是，同样很清楚，如果从作为雇佣劳动的劳动是出发点，以致劳动一般和雇佣劳动合而为一好像是不言而喻的事情，那么资本和被垄断的土地，也就必然会表现为劳动条件的自然形式，而与劳动一般相对立。现在，资本表现为劳动资料的自然形式，从而表现为纯粹物的性质和由劳动资料在一般劳动过程中的职能所产生的性质。因此，资本和生产出来的生产资料就变成了同义词。同样，土地和被私有权垄断的土地也变成了同义词。因此，天然就是资本的劳动资料本身也就成了利润的源泉，土地本身则成了地租的源泉。”①

“在资本—利润（或者，更恰当地说是资本—利息），土地—地租，劳动—工资中，在这个表示价值和财富一般的各个组成部分同其各种源泉的联系的经济三位一体中，资本主义生产方式的神秘化，社会关系的物化，物质生产关系和它们的历史社会规定性的直接融合已经完成：这是一个着了魔的、颠倒的、倒立着的世界。在这个世界里，

---

① 《资本论》，第 3 卷，第 933－934 页。

资本先生和土地太太，作为社会的人物，同时又直接作为单纯的物，在兴妖作怪。”古典经济学揭穿了日常生活中的这个宗教。这是古典经济学的伟大功绩。然而，“甚至古典经济学的最优秀的代表，——从资产阶级的观点出发，只能是这样，——也还或多或少地被束缚在他们曾批判地予以揭穿的假象世界里，因而，都或多或少地陷入不彻底性、半途而废状态和没有解决的矛盾中。另一方面，实际的生产当事人对资本—利息，土地—地租，劳动—工资这些异化的不合理的形式，感到很自在，这也同样是自然的事情，因为他们就是在这些假象的形态中活动的，他们每天都要和这些形态打交道。庸俗经济学无非是对实际的生产当事人的日常观念进行教学式的、或多或少教义式的翻译，把这些观念安排在某种有条理的秩序中。因此，它会在这个消灭了整个内部联系的三位一体中，为自己的浅薄的妄自尊大，找到自然的不容怀疑的基础，这也同样是自然的事情。同时，这个公式也是符合统治阶级的利益的，因为它宣布统治阶级的收入源泉具有自然的必然性和永恒的合理性，并把这个观点推崇为教条”①。

第四节　关于生产过程的分析

在第 48 章中，马克思就“三位一体的公式”本身进行了分析批判。在第 49 章则追踪到它的老根上，即“斯密教条”。“三位一体的公式”是“斯密教条”的必然结论和进一步的庸俗化。

一、“斯密教条”本身的错误

“斯密教条”的最主要的错误，是混淆了年产品的“总价值”（也就是“总收益”）和其中包含的“新价值”（也就是“纯收益”、“总收入”或“国民收入”，也就是马克思所说的“价值产品”），以至出现了这样一个奇怪的公式，即本来是包括(c＋v＋m)的全部年产品的总价值，竟然可以只“分解为”由工资、利润（企业主收入＋利息）和地租构成的总收入即(v＋m)，也就是(c＋v＋m)＝(v＋m)。

为了批判这一教条，第 49 章重申了在本书第 2 卷第 3 篇中关于

---

① 《资本论》，第 3 卷，第 940－941 页。

社会总资本再生产的原理，特别在年产品的新价值已经转化为“收入”的各种形式即利润、地租、工资的形式上加以阐明。

“斯密教条”的认识上和方法上的原因，在于他的理论的不彻底性和动摇性，来自于他的一方面对于资本主义经济关系的深刻见解，和另一方面对于资本主义经济关系的庸俗见解之间的矛盾。一方面，他正确地提出并且阐发了劳动价值论，并在事实上把剩余价值（在他那里被归结为“利润”这个一般范畴）的起源归结于工人的剩余劳动。因为他认为，一国的总财富，亦即年产品的总价值，也像单个资本家的年产品一样，全部都是由工人的劳动创造的，因此这实际上就是认为一国全部年产品的总价值＝(c＋v＋m)。但在另一方面，他又从资本主义社会分配关系的表面现象出发，认为一国的全部年产品以及它们的价值可以全部“分解为”各种“收入”，包括工资、利润（利息＋企业主收入）和地租，也就是只“分解为”(v＋m)。他甚至倒过来，由此进一步得出价值也是由这三种收入“构成”或“形成”的这样错误的结论。

然而，斯密的这一荒谬的教条和结论，又不是凭空产生的，而是与资本主义现实中存在的下述事实和矛盾相一致的。这就是：

“一方面：在各种收入（工资、利润、地租）借以消费的年产品价值中，包含一个等于加入其中的不变资本部分的价值部分”。“所有这些在生产中消费掉的不变资本部分，都必须在实物形式上得到补偿。① 另一方面：新追加的全部劳动表现为一年内新创造的价值，而这种价值又会分解为三种收入：工资、利润和地租。——因此，这就没有留下任何多余的社会劳动，可以用来补偿已经消费的不变资本。也就是，这些收入的价值不足以支付或购买年产品中除了此之外还必然包含的不变资本部分。

上述困难和矛盾，按照马克思的劳动二重性的原理和价值形成过程原理，是根本不难解决的。因为“这里的前提是，在生产中消费的不变资本的价值，会作为产品价值部分再现出来”②。早在第1卷第5章“劳动过程和价值增殖过程”中马克思已经指出：单纯新劳动的追加，虽然不是再生产旧的价值，但同时会把旧的价值保存在产品中；这种旧价值的保存，并不是由于创造价值的劳动，不是由于一般劳动，而是由于执行某种职能的生产劳动，由于劳动的具体有用性。

---

① 参见《资本论》，第3卷，第946页。

② 同上书，第947页。

因此，为了在收入即一年内创造的全部价值借以花费的那些产品中保存不变部分的价值，并不需要任何追加劳动。但是，为了在价值和使用价值两方面补偿过去一年已经消费的不变资本，当然需要新的追加劳动。没有这种补偿，再生产就根本不可能继续进行。而后者，则是在第 2 卷第 3 篇中，通过对社会总资本和社会总生产两大部类的划分，以及通过对社会总产品的交换、特别是Ⅰ(v+m)和Ⅱ(c)之间的交换的分析，而得到了科学的说明。剩余价值分解为利润(包括利息和企业主收入)和地租，丝毫也没有改变上述原理的正确性。

因此，正如马克思所说的："我们看到，这里提出的问题已经在第二册第三篇考察社会总资本的再生产时解决了。我们在这里回过来谈这个问题，首先是因为在那里剩余价值还没有在它的收入形式上即利润(企业主收入加上利息)和地租形式上加以阐明，因而还不能在这些形式上加以研究；其次还因为正是在工资、利润和地租形式的分析上，包含着一个从亚当·斯密以来贯穿整个政治经济学的令人难以置信的错误。"①

二、亚·斯密和庸俗经济学家所说的"总收入"和"纯收入"，以及"总收益"和"纯收益"

"斯密教条"的另一个理论上的错误，是混淆了"总收益"和"纯收益"同"总收入"和"纯收入"这些概念，不懂得他们之间的区别。

"但是，亚·斯密在这里遭遇的全部不幸，都是'收入'这个范畴造成的。在他那里，不同种类的收入就是每年生产的、新形成的商品价值的'组成部分'，而反过来，这个商品价值对资本家来说分解成的两部分，——他购买劳动时以货币形式预付的可变资本的等价物和另一个也属于他但不费他分文的价值部分即剩余价值，——则是收入的源泉。"②进一步的结论则是，"商品价值由不同种类的收入构成，或'分解为'不同种类的收入"，这样一来，事情就变得好像"不是收入由商品价值组成，而是商品价值由'收入'组成"了③。

因此，为了避免不必要的困难，必须把"总收益"和"纯收益"同"总收入"和"纯收入"区别开来。在马克思看来：

---

① 《资本论》，第 3 卷，第 947—948 页。

② 《资本论》，第 2 卷，第 424 页。

③ 同上书，第 431 页。

（一）“总收益”或“总产品”

“总收益”或“总产品”，是再生产出来的全部产品。把固定资本中曾被使用但是没有消费掉的部分撇开不说，“总收益”或“总产品”的价值，等于预付的、并在生产中消费掉的资本即不变资本和可变资本的价值，加上分解为利润和地租的剩余价值。或者，如果我们不是考察单个资本的产品，而是考察社会总资本的产品，那么，“总收益”等于构成不变资本和可变资本的物质要素加上表现为利润和地租的那种剩余产品的物质要素。

（二）“总收入”或“纯收益”

“总收入”或“纯收益”，是总产品扣除了补偿预付的、并在生产中消费掉的不变资本的价值部分和由这个价值部分计量的产品部分以后，所余下的价值部分和由这个价值部分计量的产品部分。因而，“总收入”等于工资（或要重新转化为工人收入的产品部分）＋利润＋地租。

（三）“纯产品”

但是，“纯收入”却是剩余价值，因而是剩余产品，这种剩余产品是扣除了工资以后所余下的、实际上也就是由资本实现的并与土地所有者瓜分的剩余价值和由这个剩余价值计量的剩余产品。

而单个资本家的产品和社会的产品之间的区别只在于：从单个资本家来看，纯收入不同于总收入，因为后者包括工资，前者不包括工资。如果考察整个社会的收入，那么国民收入是工资加上利润加上地租，也就是总收入。但是，这也只是一种抽象，因为在资本主义生产的基础上，整个社会持有资本主义的观点，认为只有分解为利润和地租的收入才是纯收入。

“但是，如果像萨伊先生那样，认为全部收益，全部总产品，对一个国家来说都分解为纯收益，或者同纯收益没有区别，因而这种区别从国家的角度来看不复存在，那么，这种幻想不过是亚当·斯密以来贯穿整个政治经济学的荒谬教条的必然的和最后的表现，即认为商品价值最终全部分解为收入即工资、利润和地租这样一种教条的必然的和最后的表现。”①

① 《资本论》，第3卷，第952—953页。

三、资产阶级经济学家摆脱困难的不成功的尝试

马克思指出：以上这种情况，一方面在实际上是不可否认的事实，另一方面在理论上又是同样不可否认的矛盾和困难。要绕过这个困难：

1. 首先，最容易的办法就是断言：商品价值只是在表面上，从单个资本家来看，才包含另外一个和以收入的形式存在的部分不同的价值部分。“对一个人表现为收入的东西会对另一个人形成资本这样一句空话，使人们免除了一切更进一步的思考。”

但是，如果全部产品的价值都可以以收入的形式消费，旧资本又怎么能够得到补偿；每一个资本的产品价值怎么能够等于三种收入加上 c(不变资本)的价值总和，而所有资本的产品价值加起来的总和却等于三种收入加上零的价值总和。这一切仍然好像是一个无法解决的谜。因此，从亚·斯密以来的资产阶级经济学家就只有这样来解释，“这种分析根本不可能揭示价格的各种简单要素的秘密；不如说，只好满足于在恶性循环和无穷无尽的推论。结果是，表现为不变资本的东西，可以分解为工资、利润和地租，而表现工资、利润和地租的商品价值，又是由工资、利润和地租决定的，依此类推，无穷无尽。”①

2. 其次，上述“斯密教条”也可以这样来表述：消费者最终必须对总产品的全部价值实行支付。或者这样来表述：生产者和消费者之间的货币流通，最终必须同生产者彼此之间的货币流通相等。所有这些论点，都和它们所依据的那个根本论点一样是错误的。

3. 最后，对于“导致这种错误的并且显然是荒谬的分析的各种困难”，马克思作了如下的概述：

(1) 不理解不变资本和可变资本的基本关系，因而不理解剩余价值的性质，并且也不理解资本主义生产方式的整个基础。

(2) 不理解劳动在追加新价值时，如何和为什么会在新形式上把旧价值保存下来，而不是把这个旧价值重新生产出来。

(3) 不理解再生产过程从总资本而不是从单个资本来看时所表现出来的联系。也就是不懂得对再生产以及再生产的各个组成部分之间的关系从物质性质和价值关系两方面来进行分析。

---

① 《资本论》，第 3 卷，第 954 页。

(4) 由于收入和资本这两个固定的规定会互相交换、互换位置，以致从单个资本家来看，它们好像只是相对的规定，而从整个生产过程来看，它们就消失了。这个困难在剩余价值的各个组成部分表现为互相独立的各种收入的形式时更会加剧。

(5) 除了价值转化为生产价格所造成的混乱以外，由于剩余价值转化为利润和地租，还会出现进一步的混乱。人们已经忘记：商品的价值是基础；也已经忘记：价值的分配丝毫也不会改变价值决定和价值决定的规律本身，也不会把剩余价值本身取消。于是形成了这样一个美妙的恶性循环：商品的价值来自工资、利润和地租的价值总和，而工资、利润和地租的价值，反过来又由商品的价值决定，等等。

马克思指出：这就是我们将要在下一章考察的混乱；这种混乱必然同价值来源于它本身的各个组成部分的假象结合在一起。这就是说，商品的不同价值组成部分，首先会在各种收入上取得独立的形式，并且作为这样的收入，它们不是把商品的价值作为自己的源泉，而是把各个特别的物质生产要素作为自己的源泉。然而实际上，这不过是价值或收入的分配，而不是价值的创造或形成。而人们却设想，这些收入（价值组成部分）不是由商品的价值分解而成，相反，由于这些组成部分结合在一起才形成了商品的价值。“于是形成了这样一个美妙的恶性循环：商品的价值来自工资、利润和地租的价值总和，而工资价值、利润和地租，反过来又由商品的价值决定，等等。”①

四、再生产过程中的资本和收入

资本主义生产的当事人和资产阶级经济学家之所以把价值看作是由“收入”“构成”的，并且进而把各个特别的物质生产要素看作是价值和收入的源泉，很重要的一个原因是在资本主义现实中存在的一切“资本”都好像是来源于“收入”的假象。事实是：

（一）关于第Ⅱ部类不变资本的补偿

在简单再生产的正常状态下，只有一部分新追加的年劳动——即第Ⅰ部类的年劳动，也就是用来创造第Ⅰ部类的价值产品或收入、亦即创造Ⅰ(v+m)部分的年劳动，——是用在补偿第Ⅱ部类不变资本(Ⅱc)的实物形式生产上。但是这种情况之所以发生，仅仅是因为Ⅰ(v+m)=Ⅱc。这也就是说，从社会资本再生产过程的角度看，Ⅰ

① 《资本论》，第3卷，第958—959页。

(v+m)只是用自己的实物形式、而不是自己的价值来补偿Ⅱc的。至于这个不变资本Ⅱc的价值，并不是由第Ⅰ部类的年劳动生产出来的。因此，这个不变资本价值部分Ⅱc的补偿，既不是由第Ⅰ部类资本家和工人的“收入”来完成的，也不是由第Ⅱ部类资本家和工人的“收入”来完成的。而是首先由第Ⅱ部类的工人通过他们的年劳动的具体有用性，把原来就已经存在于不变资本Ⅱc中的这一部分价值再现在第Ⅱ部类的产品Ⅱc中，然后通过与第Ⅰ部类产品中Ⅰ(v+m)部分的交换，再转化为Ⅱc的实物形式。因此，按内容说，这里出现的只是社会劳动的物质变换，或两个部类的产品的形式转换。但是，由于第Ⅰ部类产品中Ⅰ(v+m)的价值，可以分解为第Ⅰ部类资本家和工人的“收入”，因此就形成了一种错觉：好像第Ⅱ部类的不变资本Ⅱc是由第Ⅰ部类资本家和工人的“收入”来补偿的。

(二) 剩余价值中转化为保险基金的部分

利润的一部分，即剩余价值的一部分，从而只体现新追加劳动的剩余产品的一部分，必须充当保险基金。在资本主义的基础上，这已经是“处在积累的预备阶段中的资本的组成部分”①。事实上，它是由剩余劳动和剩余价值转化而来的，同时这也是在任何社会状态下都必须要有的。但在资本主义条件下，由于剩余价值转化为利润，因此这些保险基金也取得了好像是来源于利润这种“收入”的外观。

(三) 积累和扩大再生产条件下的追加资本(即新资本)的形成

不论生产的社会形式如何，都不仅会有简单再生产、而且会有积累和扩大再生产的发生。但在资本主义的基础上，它却采取了资本积累即由剩余价值(或者它的各种转化形式，即利润、利息和地租)再转化为资本的形式。这一事实，使人产生一种错误的观念，好像积累和扩大再生产所需要的追加资本即新资本，来源于资本家和土地所有者的“收入”，进而好像商品的全部价值都来自“收入”。事实上，追加资本或新资本的来源只能是工人的剩余劳动。在积累和扩大再生产的条件下，由剩余劳动形成的剩余价值，一部分被积累起来，转化为新资本，剩下的才能够用作资本家和土地所有者阶级的个人消费基金即“收入”。

(四) 上述假象和错觉之所以产生的客观原因

马克思指出：上述现象之所以发生，根本原因是在于：本来是在任何社会中都必须存在的一般剩余劳动，在资本主义基础上却采取

① 《资本论》，第2卷，第99页。

了资本主义的剩余劳动和剩余价值的形式。一切新追加的劳动，只要它所创造的价值不归结为工资，就表现为利润，——利润在这里被理解为剩余价值的一般形式，——也就是说，表现为不要资本家花费任何东西，因而也无须用来为资本家补偿任何预付的东西、补偿任何资本的那种价值。因此，这个价值存在于可供支配的追加财富的形式上，总之，从单个资本家来看，存在于他的收入的形式上。但是，这个新创造的价值既可以用于生产消费，也可以用于个人消费，既可以作为资本来用，也可以作为收入来用。但是，由于剩余劳动的全部产品首先表现为利润这种“收入”的形式，因此，事情就表现得好像是：新形成的资本不是来源于劳动，而是来源于“收入”。

然而事实上，由利润，或一般说来，由剩余价值的任何形式再转化为资本的事实表明：劳动者除了要用劳动来获得直接生活资料以外，还要用劳动来生产生产资料的状况始终会存在。利润转化为资本，无非是把一部分剩余劳动用来形成新的追加的生产资料。而这一过程会以利润转化为资本的形式出现，无非就是说，支配着这种剩余劳动的不是工人，而是资本家。至于这种剩余劳动必须首先经过一个表现为收入的阶段，那也只是说，这种劳动或它的产品，要由非劳动者占有。但是，实际上转化为资本的东西，不是利润本身。剩余价值转化为资本，只是表明剩余价值和剩余产品不是被资本家当作收入用在个人消费上。实际上这样转化的东西，是价值，是物化劳动，是直接体现这个价值的产品，或者是这个价值先转化为货币、然后交换来的产品。即使是利润再转化为资本，剩余价值的这个特定形式，利润，也不是这个新资本的源泉。这时，剩余价值只是从一种形式转化为另一种形式。但是，使它变为资本的，并不是这种形式转化。现在作为资本来执行职能的，是商品及其价值。但是，对商品价值没有进行支付这一点，——只是由于这一点，这个价值才成为剩余价值，——同劳动的对象化，同价值本身毫无关系。

（五）对于各种误解的进一步分析

1. 误解在各种形式上表现出来。例如有人认为，构成不变资本的商品同样包含工资、利润和地租这几个要素。又如有人认为，对一个人来说代表收入的东西，对另一个人来说则代表资本，因此，这只是主观的关系，等。

2. 然而事实上，构成不变资本的商品的价值，不管对这个商品的生产者（即卖者）来说怎样分解为资本和收入，换句话说，怎样分解为有酬劳动和无酬劳动，这同商品本身的价值决定完全没有关系。

资本家及其庸俗经济学的代言人之所主张资本来源于“收入”而不是“劳动”,“在这里,背后总是隐藏着这样一种看法:利润或一般说来剩余价值,是超过商品价值的余额,只有通过抬高价格、互相欺骗和让渡利润才能产生出来”①。

3. 说构成不变资本的各个商品组成部分,像一切其他商品价值一样,可以归结为各个价值部分,这些价值部分对生产者和生产资料的所有者来说会分解为工资、利润和地租,这种说法是完全正确的。但“这不过是下面这样一个事实的资本主义的表现形式:全部商品价值都只是一个商品中包含的社会必要劳动的尺度。但是,我们已经在第一册中指出,这种情况根本不会妨碍任何一个资本的商品产品分割为各个单独的部分,其中一部分只代表不变资本部分,另一部分只代表可变资本部分,第三部分只代表剩余价值。”②

(六)对施托尔希的观点的批判

马克思针对施托尔希下述“也表达了许多其他人的意见”的观点进行了批判。施托尔希认为:“形成国民收入的各种可出售的产品,在政治经济学上必须用两种不同的方法来考察:在对个人的关系上应看作价值;在对国民的关系上应看作财富;因为国民的收入,不是像个人的收入那样,按照它的价值来估计,而是按照它的效用,或者说按照它所能满足的需要来估计。”

对此,马克思指出:

“第一,将一个把自己的生产方式建立在价值基础上,进而按照资本主义方式组织起来的国家,看成是一个单纯为了满足国民需要而工作的总体,这是错误的抽象。

第二,在资本主义生产方式消灭以后,但社会生产依然存在的情况下,价值决定仍会在下述意义上起支配作用:劳动时间的调节和社会劳动在不同的生产类别之间的分配,最后,与此有关的簿记,将比以前任何时候都更重要。”③

这就是说,在资本主义的基础上,即使在对国民收入的总体进行考察时,撇开“价值规定”也是错误的。此外,作为“价值规定”的内容的“社会必要劳动时间”,即使“在资本主义生产方式消灭以后,但社会生产依然存在的情况下”,仍会在“劳动时间的调节和社会劳动在

---

① 《资本论》,第3卷,第964页。

② 同上书,第964页。

③ 同上书,第964—965页。

各类不同生产之间的分配”等方面“起支配作用”。这对于我们正确认识社会主义条件下“价值”和“价值规律”问题，无疑具有重要的指导意义。

第五节　竞争过程的假象

第50章批判“斯密教条”和三位一体的“公式”把价值的分配形式、即收入形式，颠倒为形成(生产)价值的因素。指出这种生产与分配的颠倒主要是由竞争的假象造成的。

一、新生产的价值是收入的前提和界限，能够用来分配的只是生产的结果

马克思首先从正面提出问题：商品价值或生产价格分解为 c＋v＋m。“如果把不变价值部分撇开不说，下述说法就是正确的：商品价值就其代表新追加的劳动来说，不断分解为三个部分，这三个部分形成三种收入形式，即工资、利润和地租，它们各自的价值量，即它们各自在总价值中所占的部分，是由不同的、特有的、以前已经说明过的规律决定的。但是反过来，说工资的价值、利润率和地租率是构成价值的独立要素，而商品的价值(如果把不变部分撇开不说)就是由这些要素结合而成，却是错误的；换句话说，说它们是商品价值或生产价格的组成部分，是错误的。”①

为什么这样说呢?

这是因为：这个新生产出来的价值量，就工人、资本家和土地所有者能以工资、利润和地租等收入的形式，从这个价值取出的份额的界限。工资价值、利润率和地租率的变动，不管调节这些部分互相间的比例的各种规律会起什么作用，总只能在新创造的商品价值所划定的界限内进行。

具体说来：

(一) 工资方面的变化和构成总收入的新价值的关系

工资的提高无非只有两种情况：或者是因为工人得到自己劳动

---

① 《资本论》，第3卷，第967页。

的一个较大的部分；或者相反，是因为劳动生产率已经降低。在前一种情况下，可变资本的价值的增加或减少，在劳动生产率不变的前提下，会由剩余价值的相反的运动得到补偿，以至于可变资本的价值加上剩余价值，也就是说，由劳动新加到生产资料上的、新体现在产品中的价值仍旧不变。而在后一种情况下，工资的提高则是劳动生产率降低的结果，而不是它的原因。而这时，即使同量商品的价值量，从而同量商品中所体现的新价值增加了，也并不是工资的提高引起的。反之，则相反。因此，无论工资的价值提高还是降低，它都只能是劳动所创造的新价值的一部分。这个新价值是由工资所推动的劳动创造的，而不是由工资本身形成的。

（二）由剩余价值分解而成的其他各种收入（利润、利息和地租）的界限

在这里：第一，分为工资、利润和地租的商品价值量是已定的，也就是说，商品各价值部分的总和的绝对界限是已定的。第二，就各个范畴本身来说，它们的平均的和起调节作用的界限也是已定的。在这里，工资就是各个范畴的这种界限的基础。

“因此，其他一切收入的价值就有了一个界限。这个价值总是等于总工作日……的价值减去总工作日中体现工资的部分。因此，这个价值的界限是由无酬劳动所借以表现的价值的界限决定的，也就是由这个无酬劳动的量决定的。如果工人用来再生产自己的工资价值的工作日部分的最后界限，是他的工资的身体上的最低限度，那么，工作日的另一部分——代表他的剩余劳动的部分，即表示剩余价值的价值部分——的界限，就是工作日的身体上的最高限度，即工人在维持和再生产自己的劳动力的情况下每天一般可以提供的劳动时间的总量。”①因此，形成剩余价值并分解为除工资以外的其他各种收入的价值部分的绝对界限是已定的，是由工作日的有酬部分以外的无酬部分决定的，因而是由总产品中体现这个剩余劳动的价值部分决定的。具体地说：

1. 利润量和利润率的界限。

利润按绝对量来说，就等于剩余价值，因而它的界限也和剩余价值的界限一样，都是按照规律来决定的。但利润率的高度，也是一个要保持在确定的、由商品价值决定的界限以内的量。利润率是全部剩余价值对生产上预付的社会总资本的比率。这就是利润率的绝对

① 《资本论》，第3卷，第973页。

界限。

2. 平均利润和生产价格的形成并没有取消利润的界限。

社会利润按照平均利润率在不同生产部门的投资之间进行分配，就产生偏离商品价值的生产价格，即实际上起调节作用的平均市场价格。但是这种偏离，既没有使价值决定价格的性质消失，也没有使利润的合乎规律的界限消失。这也就是说，价值转化为生产价格，并没有取消利润的界限，而只是改变了它在构成社会资本的各个不同的特殊资本之间的分配，按照这些资本在这个总资本中所占的价值部分，把它均等地分配给这些资本。市场价格固然会高于或低于这个起调节作用的生产价格，但是这些变动会互相抵消①。

3. 级差地租、绝对地租和垄断价格(垄断地租)的界限。

(1) 如果商品价值平均化为生产价格的过程没有遇到障碍，地租就都是级差地租，也就是说，地租就以这种超额利润的平均化为限，这种超额利润本来是由起调节作用的生产价格给予一部分资本家的，而现在为土地所有者所占有。因此，在这里，地租的确定的价值界限，就是一般利润率对生产价格的调节所引起的个别利润率的偏离。

(2) 如果土地所有权阻碍商品价值平均化为生产价格，并占有绝对地租，那么，绝对地租就会受到土地产品的价值超过它的生产价格而形成的余额的限制，因而受到土地产品中包含的剩余价值超过按一般利润率应归各个资本的利润而形成的余额的限制。这个差额于是形成地租的界限；地租仍然只是已定的、商品中包含的剩余价值的确定部分。

(3) 最后，如果剩余价值平均化为平均利润的过程在不同生产部门内遇到人为的垄断或自然的垄断的障碍，特别是遇到土地所有权的垄断的障碍，以致有可能形成一个高于受垄断影响的商品的生产价格和价值的垄断价格，那么，由商品价值规定的界限也不会因此消失。某些商品的垄断价格，不过是把其他商品生产者的一部分利润，转移到具有垄断价格的商品上。剩余价值在不同生产部门之间的分配，会间接受到局部的干扰，但这种干扰不会改变这个剩余价值本身的界限。垄断价格能够在什么界限内影响商品价格的正常调节，是可以确定和准确计算出来的。

因此，结论是："正如新追加的、并且一般会分解为收入的商品价

---

① 参见《资本论》，第 3 卷，第 974 页。

值的分割，会在必要劳动和剩余劳动之间，工资和剩余价值之间的比例上遇到既定的和起调节作用的界限一样，剩余价值本身分割为利润和地租，也会在那些调节利润率平均化过程的各个规律上遇到这种界限。”①

4. 利润分为利息和企业主收入的界限。

就利润分为利息和企业主收入来说，平均利润本身就是二者合在一起的界限。平均利润提供一定量的价值由它们去分割，并且也只有这个量能够由它们去分割。在这里，一定的分割比率具有偶然性，这就是说，完全要由竞争关系来决定。……至于平均利润的分割在这里没有确定的合乎规律的界限，这并不会使它作为商品价值部分所具有的界限消失；就像一个企业的两个股东，由于各种不同的外在条件而不等地分配利润，这丝毫不会影响这个利润的界限一样。

总之，从以上可以得出结论：

“因此，如果商品价值中体现新追加到生产资料价值上的劳动的部分，会分解成以各种收入形式取得互相独立的形态的不同部分，那么，决不能因此就把工资、利润和地租看作这样一些构成要素，从这些要素的结合或总和中会产生出商品本身的起调节作用的价格（“自然价格”，“必要价格”），因而，商品价值，在扣除不变价值部分后，不是一个原始的会分成这三部分的统一体，相反，这三部分中每一部分的价格都是独立地决定的，只要这三个独立的量相加，就形成商品的价格。实际上，商品价值是一个已定的量，不管工资、利润、地租相互间的相对量如何，商品价值总是它们的全部价值的整体。而按照上述错误的见解，工资、利润、地租是三个独立的价值量，它们的总量产生、限制和决定商品价值量。”②

二、把工资、利润、地租看作是三个独立的价值量，认为它们的总量产生、限制和决定商品价值量，这只会导致逻辑上的混乱

（一）首先，这会造成在对不变资本价值的理解上的混乱

因为，如果认为工资、利润、地租构成商品的价格，那么，这同样也应当适用于商品价值中的不变部分。因此，总产品价值中的不变价值部分，就在一种无限地推来推去的循环论证中消失了。这正是

① 《资本论》，第3卷，第976页。

② 同上书，第976－977页。

"斯密教条"的流毒的影响。而这种见解甚至否认这样一个不变价值部分的存在。

(二) 其次,价值的概念在这里完全消失了

剩下的只是如下意义上的价格的观念:把一定数量的货币支付给劳动力、资本和土地的所有者。但货币是什么呢? 货币不是物,而是价值的一定的形式,因而又以价值为前提。而金银和其他一切商品一样,本身也是商品。因此,金银的价格,也是由工资、利润和地租决定的。因此,我们不能通过工资、利润和地租与一定量的金银相等,来决定工资、利润和地租,因为作为它们的等价物用来对它们进行估价的金银的价值,正是应该首先由它们决定,而不取决于金银,也就是说,不取决于任何一种正好是上述三因素的产物的商品价值。因此,说工资、利润和地租的价值在于它们与一定量的金银相等,那不过是说,它们与一定量的工资、利润和地租相等。

(三) 这还会导致在工资、利润和地租上的循环论证

1. 工资。工资的价值或价格可以归结为在一定数量的商品的价值或价格。但是按照上述见解,商品的价值是由工资、利润和地租"构成"或"决定"的。所以,其结果只能是:劳动价格是由必要生活资料的价格决定的,而生活资料的价格首先又是由劳动价格决定的。这也就是说:劳动的价格是由劳动的价格决定的。因而我们根本不知道劳动价格是由什么决定的。因此用这种方法,恰恰无法知道价格究竟是什么。

此外,把竞争带到问题中来,丝毫也不能有所帮助。竞争使劳动的市场价格提高或降低。但是如果假定劳动的需求和供给相抵,那么工资又由什么决定呢? 这个问题,按照庸俗经济学的方法,是根本无法解答的。

2. 平均利润和地租。如果说,把工资形式的"收入"看作是"产生、决定和限制商品价值"的"独立的价值量",这是荒谬的,那么被看作是"形成商品价格的第二要素的平均利润"的情况也是这样。因为,虽然利润的平均化是在竞争中实现的,但利润和利润率的界限、从而平均利润和平均利润率的界限,并不是由竞争决定的。竞争只能使不等的利润率平均化。但是,竞争并不创造利润,也不决定那种不以竞争的运动为转移却反而调节竞争的利润率。平均利润率是在互相竞争的资本家势均力敌的时候出现的。竞争可以造成这种均势,但不能造成在这种均势形成时出现的利润率。也就是说,它并不能说明:为什么当这种均势形成的时候,一般利润率会是10%、20%

或100%，而不是别的比率呢？

这样，只有一个办法，就是把利润率，从而利润，解释为一个以无法理解的方式决定的、加到在此之前已经由工资决定的商品价格上去的加价。

马克思写道：把这个荒谬的推论过程搬到地租上来重新探讨一番，是完全不必要的。无须重新探讨就可以看到，如果把这个过程多少贯彻下去，就会使利润和地租表现为由一些无法理解的规律决定的、加到首先由工资决定的商品价格上的单纯加价。一句话，竞争必须说明经济学家所不理解的一切东西，其实正好相反，经济学家必须说明竞争。

因此，实际上，这些经济学家最终不得不通过毫无概念的迂回道路把问题重新归结为：商品的价值是由其中包含的劳动量决定的，而工资的价值则是由必要生活资料的价格决定的，价值超过工资的余额形成利润和地租。

三、资本主义当事人及庸俗经济学家产生这种混乱的原因

商品扣除它生产上所耗费的生产资料的价值以后的价值，这个既定的、由对象化在商品产品中的劳动量决定的价值量，分为具有独立的、互不相关的收入形式，即工资、利润和地租这三个组成部分。这种分割，在资本主义生产的可以看到的表面上，因而也在那些局限于资本主义生产的表面现象的当事人的观念中，——在工业家、商人和银行家的观念中，以及在庸俗经济学家的观念中——之所以总是颠倒地表现出来，是由于以下几个方面的原因：

（一）收入的分配关系掩盖了真实的价值关系

在现实的资本主义经济关系中，商品价值的各个组成部分是作为独立的收入互相对立的，并且它们作为独立的收入，是与劳动、资本和土地这三种彼此完全不同的生产要素发生关系，因而好像它们就是由这些东西产生的一样。劳动力的所有权（劳动力财产）、资本

的所有权(资本财产)和土地的所有权(土地财产,即地产)①,就是商品这些不同的价值组成部分所以会分别属于各自的所有者,并把这些价值组成部分转化为他们的收入的原因。但价值并不是因它转化为收入而产生的,它在能够转化为收入,能够取得这种形式以前,必须已经存在。这三个部分的相对量是由不同的规律决定的,它们和商品价值本身的联系以及它们受商品价值本身的限制的事实,决不会在表面上显现出来,所以,颠倒的假象必然更具有迷惑作用。

(二) 价格因受工资的变动而发生变动的假象

这里比较突出的是以下三种所谓"经验"的事实:

1. 工资的一般提高或降低,在其他条件相同的情况下,会使一般利润率发生方向相反的变动,改变不同商品的生产价格,按照各有关生产部门的资本平均构成的不同情况,使其中一些上涨,另外一些下降。因此,这些"经验"好像说明:工资上涨,商品的平均价格就上涨,工资下跌,商品的平均价格就下跌。但"经验"并不能说明,那种不以工资为转移的商品价值隐蔽地调节着这种变动。相反,如果工资的上涨是局部的,只是在特殊生产部门内由于特殊的情况才产生的,这些商品的价格在名义上就会相应地提高。一种商品与工资保持不变的其他商品相比相对价值上的这种提高,在这里,只是剩余价值在不同生产部门的平均分配上遭到局部破坏的反应,只是一个使特殊利润率平均化为一般利润率的手段。"经验"不能说明的,则是这种联系的隐蔽的原因。

2. 劳动的平均价格,即劳动力的价值,是由必要生活资料的生产价格决定的。后者上涨或下跌,前者也会随着上涨或下跌。在这里,经验再次说明,工资和商品价格之间存在着联系;但原因可以表现为结果,结果也可以表现为原因。这种情况并不能证明价格的变动是由工资的变动决定的。而"显然总是必须和生产价格受商品价值的制约这一点相适应"。而且利润率可以由与工资变动无关的不变资本价值的变动来决定。

---

① 本文涉及的"所有权"一词,其德文原文为 Eigetum,相对应的英文版中的译文是 property 或 ownership。有"所有制"和"财产"的意思。马克思说:"在每个历史时代中所有权以各种不同的方式、在完全不同的社会关系下面发展着。因此,给资产阶级的所有权下定义不外是把资产阶级生产的全部社会关系描述一番。要想把所有权作为一种独立的关系、一种特殊的范畴、一种抽象的和永恒的观念来下定义,这只能是形而上学或法学的幻想。"《马克思恩格斯全集》,第 4 卷,第 180 页。

3. 所有这些经验,都肯定了由于各个价值组成部分具有独立的颠倒的形式而引起的假象,好像决定商品价值的,只是工资,或工资加上利润。只要一般地就工资来说产生了这样的假象,只要劳动的价格和由劳动创造的价值似乎一致,那么,不言而喻,就利润和地租来说,这样的假象也会产生。因此,利润和地租的价格即它们的货币表现的调节,就必然好像与劳动以及由劳动创造的价值无关。

(三) 工资、利润和地租在单个资本及其产品的现实运动中表现为商品价值的前提

从以上的分析中已经看到:工资、利润和地租这些"收入"的形式,不过是由劳动加在不变资本即生产资料上的新价值分割而成的转化形式。但在单个资本及其商品产品的现实运动中,不是商品价值表现为这种分割的前提,而是相反,它所分成的各个组成部分表现为商品价值的前提。这种情况加深了收入的拜物教,使人们错误地认为这些"收入"就是产生或形成价值的几个独立的价值部分。

1. 成本价格和工资。

因为成本价格等于不变资本加上劳动力的价值,而后者对生产当事人来说表现为不合理的劳动价格形式,以致工资同时又表现为工人的收入。而劳动的平均价格是一个已定的量。工资在与它相当的价值等价物被生产出来以前,已经由契约规定。因此,工资作为一个在商品和商品价值生产出来以前数量已定的价格要素,作为成本价格的一个组成部分,不是表现为一个在独立形式上从商品总价值中分离出来的部分,而是相反,表现为已定的量,表现得好像它在预先决定着商品的总价值,好像它是价格或价值的一个形成要素。

2. 平均利润。

平均利润在商品生产价格上所起的作用,和工资在商品成本价格上所起的作用相类似,因为生产价格等于成本价格加上预付资本的平均利润。而平均利润对单个资本家来说,也是一个预先存在的量,并且它在实际上也并不取决于单个特殊的资本家和单个特殊生产部门所生产的价值和剩余价值量。因此从现象上看,平均利润不是价值分割的结果,相反,是一个和商品产品的价值无关的、在商品生产过程中预先存在并决定着商品本身的平均价格的量,也就是说,是形成价值的要素。剩余价值,由于它的不同部分分解为彼此完全独立的形式,也以更为具体的形式,表现为形成商品价值的前提。

3. 平均利润中的利息部分。

平均利润中采取利息形式的那一部分,在职能资本家面前,同样表现为在商品和商品价值生产上的一个预先存在的要素而独立出现。利息量尽管变动很大，但在任何一个瞬间，对任何一个资本家来说，总是作为一个已定的量，加入这个资本家所生产的商品的成本价格。

4. 租金和地租。

农业资本家以契约规定的租金的形式和其他企业家以营业场所的租金的形式支付的地租，也是这样。

马克思总结以上这些情况，指出："剩余价值所分成的这些部分，因为对单个资本家来说作为成本价格的要素是已定的，所以反而表现为剩余价值的形成要素；它们表现为商品价格的一个部分的形成要素，就像工资表现为商品价格的另一个部分的形成要素一样。"但是，这些由商品价值分割产生的产物之所以会不断表现为价值形成本身的前提，其秘密简单说来就是：资本主义的生产方式，和任何别的生产方式一样，不仅不断再生产物质的产品，而且不断再生产社会的经济关系，即再生产产品形成上的经济的形式规定性。因此，它的结果会不断表现为它的前提，像它的前提会不断表现为它的结果一样。单个资本家正是预先把这些关系的这种不断再生产当作不言而喻的、毫无疑问的事实。只要资本主义生产本身继续存在，新加入的劳动的一部分就会不断转化为工资，另一部分就会不断转化为利润(利息和企业主收入)，第三部分就会不断转化为地租。在不同生产要素所有者之间订立契约时，这是前提，并且，不管相对的数量关系在各个场合发生多大变动，这个前提总是正确的。互相对立的各个价值部分采取的确定形式是前提，因为这个确定形式不断地被再生产出来。它不断地被再生产出来，又因为它不断地成为前提。诚然，经验和现象也都表明，市场价格(资本家实际上只把市场价格的影响看作价值决定)，从量的方面来看，决不取决于这些预先的东西；市场价格不以契约所定的利息或地租的高低为转移。但市场价格只有通过变动才是不变的；它们在较长期间内的平均数，恰好提供工资、利润和地租各自的作为不变的、归根到底支配着市场价格的量的平均数。

5. 不变资本价值上的错觉。

另一方面，下面这种想法好像很简单：如果工资、利润和地租之所以成为价值的形成要素，是因为它们表现为价值生产的前提，并且是单个资本家的成本价格和生产价格的前提，那么，其价值作为已定量而加入每种商品生产的不变资本部分，也是价值的形成要素。但不变资本部分不外是一些商品的总和，因而不外是一些商品价值的总和。因此，我们就得到荒谬的同义反复：商品价值是商品价值的形成要素和原因。但是“经验”会告诉资本家：他自己生产的产品，会作为不变资本部分加入其他的生产部门，而其他生产部门的产品，也会作为不变资本部分加入他的产品。因为对他来说，在只涉及他进行的新的生产的情况下，价值的追加表面看来是由工资、利润、地租的量形成，所以，这也适用于由其他资本家的产品构成的不变部分。因此，不变资本部分的价格，以及商品的总价值，最后分析起来，虽然是按照一种有点莫名其妙的方法，都会归结为由几个独立的、按不同规律调节的和由不同源泉形成的工资、利润和地租这些价值形成要素相加而成的价值总额。

（四）工资、利息和地租表现为商品出售价格的界限，从而掩盖了价值

在资本主义基础上，由于商品的价值转化为生产价格，所以商品是否按照价值出售，因而价值决定本身，对单个资本家来说，已经表现为无关紧要的事情。这是因为：

1. 价值决定或价值规律，一开始就已经是某种在他背后，通过各种和他无关的条件来进行的过程，因为在每个生产部门，成为起调节作用的平均价格的，不是价值，而是和价值不同的生产价格。

2. 价值决定本身之所以会使每个特殊生产部门的单个资本家和资本感兴趣，并对其有决定的作用，只不过是因为劳动生产力提高或降低时，商品生产上必要的劳动量的减少或增加，可以减少或增加它的生产费用，从而提高或降低它的利润。但是这些费用更直接地却是表现为工资、利息和地租。它们不仅对于生产价格是起调节作用的界限，而且对于成本价格也是起调节作用的界限。只要商品的出售使他除了由工资、利息和地租为他个人决定的成本价格以外，还能获得普通的或较大的企业主收入，那么，是否已经实现商品中包含的价值和剩余价值，对他来说就是完全没有关系的。

因此，撇开不变资本部分不说，工资、利息和地租，在他看来，就是商品价格的起限定作用、因而起创造作用和决定作用的要素，从而也是决定它在竞争中盈利（获取企业主收入）多少的因素。因此在这里，经验从理论方面，资本家的利己打算从实际方面表明：商品价格由工资、利息和地租决定，由劳动的价格、资本的价格和土地的价格决定；这些价格要素确实是起调节作用的形成价格的要素。这一点当然也适用于不变资本即生产资料的价值或价格。但是，除了不变资本的价值或价格以外，在资本家看来，起决定作用的，就是由工资、利息和地租构成的对他个人来说的成本价格。至于商品价值中的“第四个因素”即企业主收入，在他看来则取决于平均利润和竞争。

(五) 这种现象产生的其他历史方面原因

1. 在资本主义生产方式的基础上，这一方法在这几种收入形式的存在条件根本就不具备的地方，也会被人应用。例如，甚至在小生产者(小农)的场合，价值的一切部分也都会通过类比而被包括在这些收入形式中。并且在一定程度上，这样做并不是不正确的，——所以，资本主义关系好像是每一种生产方式的自然关系的这种假象，就更加具有迷惑作用。

2. 此外，这种包括方法，也为以前各种占统治地位的生产方式如封建的生产方式所固有。因此，在资本主义条件下，这就进一步加深了上述由竞争造成的假象①。

第六节　生产关系和分配关系

第 51 章从生产关系和分配关系的一般关系的原理和方法的角度，进一步批判“三位一体的公式”，以及资本的拜物教和收入的拜物教。从资本主义生产方式的特征、生产的社会形式和生产关系，以及从生产关系与分配关系相统一的角度，进一步分析了以“三位一体的公式”的形式表现出来的资本主义分配关系的本质及其历史暂时性。从而为不单纯是从分配关系的角度、而且是从生产关系及其历史性质的角度，来说明资本主义社会的三大阶级及其生活条件，奠定了基础。

一、资本主义分配关系和生产关系的历史暂时性

以“三位一体的公式”的形式表现出来的关系，表示出新生产的总价值在不同生产要素的所有者中间进行分配的关系。因此，这就是资本主义分配的关系或形式，也就是“按生产要素分配收入”的形式。通常的看法却把这些分配关系看作是自然的关系，是从一切社

---

① 以上凡未注明出处的地方，均参见《资本论》，第 3 卷，第 976—991 页。

会生产的性质，从人类生产本身的各种规律产生出来的关系。马克思指出：这种见解中唯一正确的一点仅仅是：在任何社会生产中，总是能够区分出必要劳动和剩余劳动，而不论剩余产品怎样分配，也不问谁执行这种社会需要的代表的职能。这样，不同分配方式的同一性就归结为这样一种抽象了：如果我们把它们的区别性和特殊形式抽掉，只注意它们的同区别性相对立的一致性，它们就是同一的。

也有一些更有学识、更有批判意识的人们，虽然承认分配关系的历史发展性质，但同时却更加固执地认为，生产关系本身具有不变的、从人类本性产生出来的、因而与一切历史发展无关的性质。

相反，马克思指出，对资本主义生产方式的科学分析却证明：

(1) 资本主义生产方式是一种特殊的、具有独特历史规定性的生产方式。

(2) 它和任何其他一定的生产方式一样，把社会生产力及其发展形式的一定阶段作为自己的历史条件，而这个条件又是一个先行过程的历史结果和产物，并且是新的生产方式由以产生的现成基础。

(3) 同这种独特的、历史规定的生产方式相适应的生产关系，——即人们在他们的社会生活过程中、在他们的社会生活的生产中所处的各种关系，——具有独特的、历史的和暂时的性质。

(4) 最后，分配关系本质上和生产关系是同一的，是生产关系的反面，所以二者都具有同样的历史的暂时的性质。

在这里，马克思一方面指出了资本主义生产方式和生产关系的特殊的历史性质和历史暂时性；另一方面指出了分配关系和生产关系的同一性。深刻地体现了马克思主义的辩证唯物主义和历史唯物主义的基本原理和方法。

二、资本主义分配关系的性质、前提和基础

(一) 资本主义的分配关系绝不单纯是“收入”的分配，而是包含着资本关系在内的生产关系

马克思指出：在考察分配关系时，人们首先是从年产品分为工资、利润和地租这种所谓的事实出发。但是，把事实说成这样是错误的。因为：

1. 产品一方面分为资本，另一方面分为收入。——这句话的意思包括：第一，社会总产品首先全部都表现为社会的总商品资本，这个总商品资本在物质上分为生产资料和消费资料，在价值上分为Ⅰ

(c＋v＋m)和Ⅱ(c＋v＋m)。第二，在物质上，Ⅰ(c＋v＋m)只能用来补偿简单再生产中消耗掉的不变资本，以及用作积累和扩大再生产的追加的不变资本；只有Ⅱ(c＋v＋m)才可以用作各阶级的个人消费，也就是才可以充作“收入”的实物形式。第三，在价值上，Ⅰc和Ⅱc部分是从不变资本的价值中转移过来的，必须用于补偿简单再生产上消耗的不变资本的价值；Ⅰv和Ⅱv对资本家来说同样表现为再生产出来的可变资本的价值，因此只能用作补偿再生产上所需要可变资本的价值，也就是“工资”。而“工资”不可能形成资本家阶级的“收入”；剩下来的Ⅰm和Ⅱm，在简单再生产条件下有一部分也要用作保险基金，也就是用作“准备资本”，而不能被当作“收入”来用于个人消费；而在扩大再生产的条件下，则还必须要有一部分用作追加的资本。如此等等。因此，资本主义社会总产品的分配，本身是一个极其复杂的过程，根本不可能像“斯密教条”和“三位一体的公式”所描述的那样。

2. 在上述总产品的分配中，其中一种收入，工资，总是先要以资本形式同工人相对立，然后才取得收入的形式，即工人的收入的形式。——这就是说，社会总产品中的Ⅰv和Ⅱv，以及Ⅰm和Ⅱm中用作追加可变资本的部分，并不是直接就形成工人的“收入”，而是首先在资本家手中被当作“资本”，用来购买工人的劳动力。而工人则只有通过用自己的劳动力与这个价值部分相交换，才可以得到它，从而形成工人自己的“收入”。因此对工人来说，这甚至根本算不上是“分配”，而是“交换”。

3. 生产出来的劳动条件和劳动产品总的说来作为资本同直接生产者相对立这个事实，从一开始就意味着：物质劳动条件和工人相对立而具有一定的社会性质，因而在生产中，工人同劳动条件的所有者之间，并且工人彼此之间，是处在一定的生产关系中。——因此，这也就是说，这种所谓的分配关系，其实乃是一种具有特殊历史性质的生产关系，绝非单纯的分配关系。

4. 这些劳动条件转化为资本这个事实，又意味着直接生产者被剥夺了土地，因而存在着一定的土地所有权形式。——因此，它是以资本的原始积累过程和地产(土地所有权)的现代形式(即资本主义地产)为前提的，也就是以资本主义社会中的三大阶级的存在为前提的。因此，以分配关系的形式表现出来的这些资本主义生产关系，说到底，就是三大阶级之间的阶级关系。

(二) 资本关系和生产关系决定着资本主义的分配关系

通过对资本主义生产方式的科学分析可看到：

1. 资本关系是资本主义社会中占统治地位的一种生产关系。而“如果产品的一部分不转化为资本，它的另一部分就不会采取工资、利润和地租的形式”。因此，上述分配关系在这里自始就是由资本主义生产关系决定的。

2. 另一方面，如果说资本主义生产方式以生产条件的这种一定的社会形式为前提，那么，它会不断地把这种形式再生产出来。它不仅生产出物质的产品，而且不断地再生产出产品在其中生产出来的那种生产关系，因而也不断地再生产出相应的分配关系。因此，资本关系既是资本主义生产方式的前提，又是它的结果。

3. 生产条件的分配和个人收入的分配是资本主义社会中两种不同的分配关系，前者决定着后者。正如马克思指出的：当然，可以说，资本（包括作为资本的对立物的土地所有权）本身已经以这样一种分配为前提：劳动者被剥夺了劳动条件，这些条件集中在少数个人手中，另外一些个人独占土地所有权，总之，就是在论原始积累的那一部分已经说明过的全部关系。但是，这种分配完全不同于资产阶级经济学家所说的收入的分配。后者只是被他们用来表示对产品中归个人消费的部分的各种索取权。相反，前者却是在生产关系本身范围内，并且成为同直接生产者相对立的、生产关系的一定当事人身上的那些特殊社会职能的基础。这种分配关系赋予生产条件本身及其代表以特殊的社会性质。它们决定着生产的全部性质和全部运动。

三、由资本主义生产方式的特征决定的资本主义生产关系的特点

(一) 资本主义生产方式的第一个特征：产品表现为商品，商品表现为资本主义商品

1. 资本主义生产方式的第一个重要特征，在于它所生产的产品是商品。但是使它和其他生产方式相区别的，不在于生产商品，而在于，成为商品是它的产品的占统治地位的、决定的性质。这首先意味着，工人自己也只是表现为商品的出售者，因而表现为自由的雇佣工人，这样，劳动就表现为雇佣劳动。由此也就决定了：资本和雇佣劳动的关系，成为占支配地位的经济关系即生产关系。而这种生产方式的主要当事人，资本家和雇佣工人，本身不过是资本和雇佣劳动的

体现者，人格化，是由社会生产过程加在个人身上的一定的社会性质，是这些一定的社会生产关系的产物。

2. 资本主义生产方式中“产品作为商品”和“商品作为资本产品”这种性质，已经包含着一切流通关系，包含了在连续不断的社会资本再生产过程中的生产当事人之间的一定的关系。因此从中可以得出“全部价值决定”和得出“全部生产由价值来进行调节”的结论。但在这个十分独特的价值形式上，内在规律只有通过资本主义生产当事人之间的竞争才能得到实现。因此在这里，价值规律不过作为内在规律，对单个当事人作为盲目的自然规律起作用，并且是在生产的各种偶然变动中，维持着生产的社会平衡。

3. 在上面这种性质中，也就是“在商品中，特别是在作为资本产品的商品中”，已经包含着作为整个资本主义生产方式的特征的生产的社会规定的物化和生产的物质基础的主体化。也就是已经包含了资本主义生产关系中的“人格的物化和物的人格化”的矛盾，包含了资本的拜物教和收入的拜物教。

（二）资本主义生产方式的第二个特征：剩余价值的生产是生产的直接目的和决定动机

资本主义生产方式的第二个特征是，剩余价值的生产是生产的直接目的和决定动机。由此也就决定了如下几个方面的特点：

1. 劳动的社会生产力表现为资本的生产力，以机器大工业为特征的资本主义生产方式成为劳动的社会生产力发展的一个特殊形式。不过，这种劳动社会生产力是作为与工人相对立的资本的独立力量，因而直接与工人本身的发展相对立。这种为了价值和剩余价值而进行的生产，包含着一种不断发生作用的趋势，要把生产商品所必需的劳动时间，也就是把商品的价值，缩减到当时的社会平均水平以下。力求将成本价格缩减到它的最低限度的努力，成了提高劳动社会生产力的最有力的杠杆，不过在这里，劳动社会生产力的提高只是表现为资本生产力的不断提高。

2. 资本在直接生产过程中发展成为对于劳动的指挥权和专制统治，与全社会生产的无政府状态的矛盾。一方面，资本家作为资本的人格化在直接生产过程中取得进行监督、指挥和进行专制统治的权威，并且使生产过程的社会性质取得了“实行严格管理的权威的形式”和“劳动过程的完全按等级安排的社会机构的形式”；但在另一方面，在这种权威的执掌者即资本家之间，“占统治地位的却是极端无政府状态，在这种状态中，生产的社会联系只是表现为对于个人随意性起压倒作用的自然规律。”①

(三)资本主义生产方式和生产关系的上述特征或特点决定了资本主义的分配关系

第一,只是由于劳动采取雇佣劳动的形式,生产资料采取资本的形式这样的前提,——也就是说,只是由于这两个基本的生产要素采取这种独特的社会形式,——价值(产品)的一部分才表现为剩余价值,这个剩余价值才表现为利润(地租),表现为资本家的赢利,表现为可供支配的、归他所有的追加的财富。但也只是由于一部分价值这样表现为他的利润,那种用来扩大再生产并形成一部分利润的追加生产资料,才表现为新的追加资本,并且整个再生产过程的扩大,才表现为资本主义的积累过程。

第二,尽管劳动作为雇佣劳动的形式对整个过程的面貌和生产本身的特殊方式有决定的作用,雇佣劳动却并不决定价值。它所决定的只是“社会劳动时间在商品价值上作为决定要素起作用的一定形式”。

四、从对“三位一体”的“分配关系”的进一步分析来看资本主义的生产关系和分配关系的历史性质

(一)工资以雇佣劳动为前提,利润以资本为前提

一定的分配形式是以生产条件的一定的社会性质和生产当事人之间的一定的社会关系为前提的。因此,一定的分配关系只是历史规定的生产关系的表现。

(二)利润是生产关系而不单纯是分配关系

1. 剩余价值的这种一定的形式,是在资本主义生产形式中形成生产资料的前提;因而是一种支配再生产的关系,虽然在资本家个人看来,好像他真正能够把全部利润当作收入来消费掉。但他会在这方面碰到限制,这些限制以保险基金和准备金的形式,以竞争规律等形式出现在他面前,并且在实践中向他证明,利润并不只是个人消费品的分配范畴。

2. 整个资本主义生产过程,都是由产品的价格来调节的,而起调节作用的生产价格,又是由利润率的平均化和与之相适应的资本在不同社会生产部门之间的分配来调节的。因此,在这里,利润不是

---

① 《资本论》,第3卷,第997—998页。

表现为产品分配的主要因素，而是表现为产品生产本身的主要因素，即资本和劳动本身在不同生产部门之间分配的因素。

（三）利润分割为企业主收入和利息与生产关系和分配关系

利润分割为企业主收入和利息，表现为同一个收入的分配。但这种分割所以会发生，首先是由于资本作为自行增殖、生产剩余价值的价值的发展，由于占统治地位的生产过程的这种一定的社会形式的发展。它从它本身发展出了信用和信用制度，因而也发展了生产的形式。利息等等这些所谓分配形式，是作为决定的生产要素加入价格的。

（四）地租与生产关系和分配关系

至于地租，它能够表现为只是分配的形式，因为土地所有权本身在生产过程本身中不执行职能，至少不执行正常的职能。但是：

1. 地租只限于超过平均利润的余额。

2. 土地所有者从生产过程和整个社会生活过程的指挥者和统治者降为单纯土地出租人，单纯用土地放高利贷的人，单纯收租人，这些事实却是资本主义生产方式的独特的历史产物。土地取得土地所有权（即土地财产）的形式，是资本主义生产方式的历史前提。土地财产取得允许实行资本主义农业经营方式的形式，是这个生产方式的特殊性质的产物。人们尽可以把其他社会形式中土地所有者的收入也称为地租。但那种地租和这个生产方式中出现的地租有重大的区别。

五、结　　论

（一）关于分配关系的一般原理

所谓的分配关系，是同生产过程的历史规定的特殊社会形式，以及人们在他们生活的再生产过程中互相所处的关系相适应的，并且是由这些形式和关系产生的。这些分配关系的历史性质就是生产关系的历史性质，分配关系不过表示生产关系的一个方面。资本主义的分配不同于各种由其他生产方式产生的分配形式，而每一种分配形式，都会同它由以产生并且与之相适应的一定的生产形式一道消失。

（二）“只把分配关系看作历史性的东西而不把生产关系看作历史性的东西”这种见解的实质

1. 它是对资产阶级经济学开始进行的、但具有局限性的批判。

2. 这种见解的认识上的和方法上的局限或错误：

“这种见解建立在一种混同上面，这就是，把社会的生产过程，同反常的孤立的人在没有任何社会帮助情况下也必须完成的简单劳动过程相混同。就劳动过程只是人和自然之间的单纯过程来说，劳动过程的简单要素是这个过程的一切社会发展形式所共有的。但劳动过程的每个一定的历史形式，都会进一步发展这个过程的物质基础和社会形式。这个一定的历史形式达到一定的成熟阶段就会被抛弃，并让位给较高级的形式。分配关系，从而与之相适应的生产关系的一定的历史形式，同生产力，即生产能力及其要素的发展这两个方面之间的矛盾和对立一旦有了广度和深度，就表明这样的危机时刻已经到来。这时，在生产的物质发展和它的社会形式之间就发生冲突。”①

第七节　《资本论》“第三卷末篇”与第四卷“附录”的比较

马克思在《资本论》第 3 卷末篇“各种收入及其源泉”中，和在第 4 卷(《剩余价值理论》)结尾的“附录：收入及其源泉。庸俗经济学”中，使用了大体相同的标题，论述了基本相同的问题。二者互相印证、互相呼应、互相衔接、互相补充，但也存在若干区别。

从时间上看，马克思写作第 3、4 两卷的时间次序，与它们本身的逻辑次序、结构次序、理论次序是相反的。第 4 卷(《剩余价值理论》)中这个“附录”写于 1862－1863 年，《资本论》第 3 卷的手稿大致写于 1863－1865 年。

在内容上亦各有其侧重点。第 4 卷“附录”通过分析“收入及其源泉”，通过分析现实的资本拜物教和收入的拜物教，侧重揭示由于这些现实的拜物教所引起的拜物教观念，批判庸俗经济学。“第 3 卷末篇”通过批判庸俗经济学的“三位一体的公式”及其所依据的“斯密教条”，论述现实的分配关系和生产关系，最后上升到阶级范畴。这与《政治经济学批判》第一册第一分册的写法相类似，同时也符合《资本论》原来计划的写法：前 3 卷叙述理论本身，也就是分析现实的经济关系；第 4 卷，也就是“理论史”的部分，则是把在前 3 卷中已经解

① 《资本论》，第 3 卷，第 1000 页。

决了的问题，从学说史的角度，重新叙述一遍。

"附录"是同卷首"总的评价"相呼应；"第3卷末篇"是同第1卷卷首的"商品和货币"以及"货币转化为资本"范畴相呼应的。

两个部分所使用的个别范畴也有所不同。在"附录"中还没有使用"企业主收入"的提法。在那里，平均利润的分割，由量的分割到质的分割，是讲"平均利润"分为"利息"和"产业利润"；在第3卷中，则把"商业利润"也包括了进来：总利润在扣除了"利息"之后，归资本家的部分采取的是"产业利润或商业利润的形式"，"或者用一个把二者包括在内的德语名词来表达，就是采取 Unternehmergerwinn[企业主收入]的形态。"①

两个部分都仍带有手稿的性质。但"第3卷末篇"的内容和结构更完整。然而其第48章和末章(第52章)有所中断。"附录"不存在类似上述的中断，但在叙述的形式上，还没有经过进一步的加工和整理，还带有本应分离到第3卷中叙述的内容。

两个部分却都是运用了现象与本质、形式与内容、抽象与具体的对立统一的原则进行分析和综合的。

第八节　向"国家"、"对外贸易"和"世界市场"的过渡

马克思在《1857－1858年经济学手稿》中拟定了、并在1959年出版的《政治经济学批判》的"序言"中向世人宣告了他的经济学著作的"六册计划"。

在这个"序言"中他写道："我考察资产阶级经济制度是按照以下的顺序：资本、土地所有制、雇佣劳动；国家、对外贸易、世界市场。在前三项下，我研究现代资产阶级社会分成的三大阶级的经济生活条件；其他三项的相互联系是一目了然的。"②

在1862年4月28日致拉萨尔的信中说："至于我的书，没有两个月是完不成的。……此外，我还有这样一个特点：要是隔一个月重看自己所写的一些东西，就会感到不满意，于是又得全部改写。"③

---

① 《资本论》，第3卷，第419页。

② 《马克思恩格斯选集》，第2卷，1995年版，第31页。

③ 《马克思恩格斯全集》，第30卷下，第617页。

同年12月28日在致路德维希·库格曼的信中又说:“第二部分终于已经脱稿,只剩下誊清和付排前的最后润色了。……它是第一册的续篇,将以《资本论》为标题单独出版,而《政治经济学批判》这个名称只作为副标题。其实,它只包括本来应构成第一篇第三章的内容,即《资本一般》。这样,这里没有包括资本的竞争和信用。这一卷的内容就是英国人称为‘政治经济学原理’的东西。这是精髓(同第一部分合起来),至于余下的问题(除了国家的各种不同形式对社会的各种不同的经济结构的关系以外),别人就容易在已经打好的基础上去探讨了。”①

可以看出,马克思在其经济学理论巨著的写作过程中,从“六册计划”到《资本论》,至少在出版计划方面发生了部分的改变。不论现行《资本论》是否涵盖了、或在多大程度上涵盖了“六册计划”的前3册“资本、地产、雇佣劳动”中的内容,但是由于有了本卷各篇、特别是本篇“各种收入及其源泉”的分析,就一国范围内来看,“现代资产阶级社会分成的三大阶级的生活条件”,已经十分清晰了。从逻辑上来看,接下来的就应当是向《国家》、《对外贸易》、《世界市场和危机》理论的过渡。尽管这并不排除:“六册计划”第一册中的《竞争》、《信用》和《股份资本》篇,以及第二、三册《地产》和《雇佣劳动》,同样也可以继续成为现行《资本论》的“可能的续篇”。

(附记:本文是根据周守正教授的一份讲授提纲整理的。谨以此作为对周老师执教60周年及90华诞的献礼。整理人:许兴亚,2003年9月于开封。)

---

① 《马克思恩格斯全集》,第30卷下,第636页。

DONGFAN
DONGFAN
DONGFAN